国家出版基金项目
NATIONAL PUBLICATION FOUNDATION

陈怀宇 著

在西方发现陈寅恪

中国近代人文学的东方学与西学背景

北京师范大学出版集团
BEIJING NORMAL UNIVERSITY PUBLISHING GROUP
北京师范大学出版社

铭　谢

　　我想借出版本书的机会感谢为本书写作和发表提供诸多帮助的新朋旧交，这些分布在世界各地的好友让我深感天壤间的物理距离并无法阻隔知交之间的深情厚谊。多年来，陈明、党宝海、董文静、江川式部、高远致、贺希荣、侯旭东、黄亮文、李丹婕、李纪、李四龙、刘后滨、刘诗平、马晓玲、施庆花、孙英刚、王承文、王苗、向群、萧越、许全胜、姚崇新、严平、杨继东、张铭心、张涛、张小贵、张业松、朱玉麒诸君，或长期关注、鼓励这一研究，或提示许多学术信息，或帮忙寻找、惠赠海内外出版物，或帮忙查阅各个图书馆所藏图书和期刊论文，或帮忙寻找照片、校正文字、匡正谬误，或安排报告会提供我分享心得的机会，或在我游历北京、上海、广州、京都、台北期间提供慷慨而周全的照顾。

　　很多师友亦在不同层面对本书各个阶段的写作提供了宝贵的协助。感谢荣新江、刘方、刘北成、张国刚、罗钢、万俊人、王中江、唐文明、张西平、李雪涛、高田时雄、谢文郁、蔡鸿生、姜伯勤、林悟殊、陈智超、徐文堪、葛兆光、戴燕等师友，先后为本书中一些文章的资料收集、写作、发表，乃至最后成书出版提供了具体而细致的启发、督促以及协助。部分文章的修订发表得到《清华学报》仲伟民、桑海先生的鼓励和帮助，在此对他们表示感谢。也感谢那些曾发表过拙作的期刊、文集给我机会发表一些不成熟的看法，感谢刊行这些期刊和文集的出版社允许我将拙作结集出版。

　　感谢王晴佳先生热心推荐拙作，感谢杨念群先生慨允本书纳入他所主编的新史学与多元对话系列丛书，感谢北京师范大学出版社学术出版中心谭徐锋先生及其出版团队特别是责任编辑赵雯婧不辞辛劳，使得拙稿最终得以出版。

我对近代思想和学术的兴趣也受到普林斯顿大学诸位师友的启发。书中不少想法与裴德生（Willard J. Peterson）、太史文（Stephen F. Teiser）、思陶特（Jeffrey Stout）、斯通（Jacqueline I. Stone）等教授的启发和熏陶分不开，感谢他们的教诲。也特别感谢旅美以来尤其是毕业以来在我面临许多困难和挑战时对我许多精神支持和具体帮助的陆扬先生。同窗好友安开莲（Caitlin J. Anderson）、朱隽琪（Jessey C. Choo）、迪磊（Alexei K. Ditter）在十余年来的交往中给我许多启发和帮助。

本书涉及的一些想法最初源自我在普林斯顿大学求学时期，最后结集成书则得益于普林斯顿高等研究院历史学部提供了一年的访学机会，感谢高等研究院（Institute for Advanced Study in Princeton）和胜达基金会（C. V. Starr Foundation）的大力支持。同时感谢亚利桑那州立大学历史哲学宗教学院和国际语言文化学院慨允一年学术休假，使我得以暂时卸下教学和服务任务，全心投入研究和写作。

目　录

导　论

　　本书主要以陈寅恪（1890 年 7 月 3 日—1969 年 10 月 7 日）和赫尔德（Johann Gottfried von Herder，1744 年 8 月 25 日—1803 年 12 月 18日）两人为重点探讨 20 世纪上半叶中外思想与学术发展的一些线索，特别关注中国近代人文学兴起的世界学术背景。在很大程度上，本书着重讨论了寅恪先生早期学术生涯中的若干重要议题，特别是寅恪先生与欧美近代思想学术传统的关联、寅恪先生早年学术在世界学术坐标系中的位置，同时也以寅恪先生的史学思想所受德国思想家赫尔德思想影响为基点，讨论了德国近代思想家赫尔德对中国近代人文学之影响。以史料而言，本书旨在探讨西文文献中所见寅恪先生及其学术与中文文献中所见赫尔德及其影响；以主题而言，本书试图发现 20 世纪上半叶波澜壮阔的世界学术史上一些中外学者在思想和学术上相互关联的网络。值此成书之际，我想略述本书之缘起，让读者在进入正文之前对本书所关心的主要议题、材料运用之范围、全书写作与结集之经历、所受前辈学者之影响、全书主要内容有所了解。

　　寅恪先生早年所处的时代是一个中西思想和文化激烈碰撞的时代。寅恪先生在亚、欧、美三个大陆多所学术机构受过十分严格的传统文化和现代学术训练，因而他的学术，无论是早期的"殊族之文、塞外之史"研究还是后来的中古史研究，均应放置在一个广阔的世界学术史背景下考察，而且需要用不同语言的文献材料等多重证据来进行辨析。广义上，虽然殖民主义时代的"东方学"也包括在欧洲人看来作为研究他者对象的"汉学"，本书所讨论的寅恪学问中的所谓"东方学"却主要指寅恪文中所谓"殊族之文、塞外之史"，实际上主要指寅恪早年利用中亚出土新文献以比较历史语言学进行的文史研究，并不包括寅恪以自身文化传统所进行之中古史研究。换言之，在本书所构建的寅恪先生的学术世界中，"东方学"主要指以比较历史语言学为方法、以中亚和塞外出土语言文献为主要史料的学问，特别是寅恪先生早年关注的佛学、蒙藏、西夏之学，而所谓"汉学"不算在内，涉及中国之研究在他的学问中应被理解为历史学，即对中国历史之研究，亦所谓寅恪从四部学的角度提及的"乙部之学"，而他中年时期特别注重的是中古史研究，晚年则转向明清史研究，出版了《论〈再生缘〉》、《柳如是别传》等重要论著。

但寅恪早年所着重研究的"殊族之文、塞外之史"是否也带有"东方主义"的色彩呢？欧洲东方学有复杂的思想和政治背景，不是铁板一块，在英、法、德、俄表现不一。有些学者认为欧洲东方学特别是英、法地区的东方学带有很强的殖民主义、福音主义色彩，有些学者则认为德国的东方学带有很强的文化民族主义色彩，但是基本上欧洲东方学很强调以东方传统语言、文献的研究来认识东方的历史、宗教、文化、语言传统，至少是带有很强的文献主义色彩，即以文献研究为基础重新构建已经"故去"的东方的历史、宗教、文化传统，在有些国家，也许这些历史、宗教、文化传统被看成是与欧洲近代文明相比落后、愚昧、低人一等，但在有些国家，这些历史、宗教、文化传统却被浪漫主义化，被塑造成更为原始、朴实、生动的文明。那么寅恪先生的东方学研究有没有以语言文献学术研究来构建所谓"他者"呢？就文献主义角度而言，应该算是有的。在 20 世纪初，塞外民族对于大多数中原地区尤其是南方的汉人比如寅恪先生来说，仍然较为陌生。虽然晚清以来西北史地吸引了很多学者的注意，研究西北史地似乎一时成为风气，但当时一些重要学者如王国维、陈寅恪等人，仍主要从文献角度进行研究，并没有亲身去西北和塞外地区考察，实际上在很大程度上还是从文本中重塑研究对象的形象，这也是一种对他者的好奇付诸文本研究进而以学术构建出来的"想象的他者"。寅恪先生后来说"取塞外野蛮精悍之血，注入中原文化颓废之躯"，乃是试图将塞外与中原两者在漫长的历史长河中的相互影响从整体上加以把握、理解和阐释。不过，他的这一说法，也可以看作是以研究"塞外野蛮精悍之血"来重新认识"中原文化颓废之躯"，而这实际上是以构建他者的形象来重新认识自身的形象。寅恪先生其实和欧洲东方学者有一点类似，这便是以所谓科学的客观的历史语言学来建立他自己有关塞外地区的知识权威。只不过他关注的中心是中原，而非欧洲，塞外对中原来说，正是所谓他者。换言之，他研究边疆塞外之史乃在于更好地理解中原地区的历史。就这一点而言，他其实也继承了德国东方学的传统。

寅恪本人并不太用"汉学"这样的字样，但他自柏林大学和哈佛大学所受训练而从事的"殊族之文、塞外之史"无疑是他早年治学之重点，他回国后也在清华开讲所谓东方学之目录学。他用"比较校刊学"（即校勘学）称梵、藏、汉文文献的比较研究，有时则用印欧比较语言学。这两者实际上均指他在柏林大学、哈佛大学所学习的"东方学（Oriental Studies/Orientalistik）"，其实更具体而言应是东方语文学（Oriental Philology），侧重于所谓"东方"地区发现的古代语言与文献研究。在我看来，寅恪先生早期从事东方学研究所走过的路颇似张之洞所说的从小学到经学再到史学。印欧比较语言学，对寅恪而言，相当于文字、音韵、训诂之学，而佛教文献学则相当于经学，寅恪最终的着眼点仍是史学。他早年的东方学研究正是因为继承了吾国传统之旧学，并与近代之新学进行衔接，从而能发挥两者的长处，取得令人惊叹的成就。另外，寅恪青年时期的学术发展时代似可谓经学逐渐衰落、史学开始凸显的时代。他的祖父陈宝箴参与了维新运动，父亲陈三立和梁启超等人来往密切，显见寅恪的家庭教育背景带有很强的新学色彩。而他自青年时期负笈海外，更深受欧美学术的新风气熏陶。他早年学术关注语言和宗教，也注意种族和文化的关系，这些研究主题其实便是当时德国东方学研究的治学重点。

本书特别关注的是寅恪学术之养成、发展、变化及其背后的语境，除了特别考察寅恪之学术发展之外，亦关注寅恪之前辈学者、学界同人之学术活动及其思想背景，以及寅恪与他们之间的思想和学术联系，比如烈维、白璧德等人的人文主义及其与佛学之关系，王国维、周作人等人对赫尔德之理解及其思想文化背景等。寅恪所成长的时代也正是中国传统士人向现代学者转化的时代，寅恪及其同时代的学者如何在这一进程中对各种政治、文化、思想、学术的变化作出反应，如何对自身的思想、文化、学术进行定位，如何对自身的思想、文化、学术与当时政治、社会之变动之间的相互影响作出反应，均值得考察，本书仅就其中部分富有旨趣之议题加以讨论。

先前学界一些学术史论著对寅恪先生本人成名以后的学术成就及其对后世学术的影响讨论较多，而对他成长过程所处的世界学术背景注意并不充分，这大概是因为研究寅恪先生生平和学术的以华人学者为主，所利用的资料亦以汉文材料为主。虽然很多学者也注意到寅恪先生之学术有着广阔的欧美背景，但对西文资料的发掘仍然存在不足。我们挖掘西文资料，并非说寅恪先生本人多么重视西文学者对其学术的研究和评价，而是需要利用这些资料从一个更广阔的世界文化和学术史背景来看待寅恪先生的学术成长历程及其成就，从而在世界学术史的坐标系中对其进行更为准确的定位。以材料而言，重视西文史料，实际上是以域外之胡语文献与吾国固有之汉文史料相互参证，以期更深入而全面地理解和把握寅恪学术之世界背景。这大约也可以看作是研究寅恪学术思想之二重证据法。具体而言，欲研究寅恪之学术，宜以域外之胡语文献、寅恪自身之撰述、寅恪师友所传之掌故三类资料相互参证，可谓三重证据法。

一些重要问题因有新史料、新角度之出现，值得继续进行深入讨论。第一，20世纪90年代中叶以来出来了所谓"陈寅恪热"，学界对寅恪先生生平和学术的研究有了许多丰富的成果，但仍有许多可以推进的余地，特别是20世纪上半叶一些西文文献中仍有不少有关寅恪先生生平和学术之记录，值得发掘和考察。第二，余英时先生曾提出寅恪先生一生史学之三大变化，其中包括从东方学转向中古史研究，而这一转向也应放置于世界学术背景下再加考察。寅恪先生的学术旨趣、学术训练、学术水平和学术贡献在当时整个世界学术坐标系中如何定位也值得探讨，这个问题与前一问题也密切相关。第三，当前西方学术界出现研究东方学学术史的文化转向，这一转向也可借鉴，将引起我们在近代思想和文化史背景下重新对寅恪先生早期学术进行观察和反思。

本书对这些问题力图用新材料从新角度放在新视野中来进行讨论，不仅提供了寅恪早年留学时期和步入中年之后与国际学界互动的一些材料和看法，包括他早年留学的老师、同学背景以及他中年以后获得欧美学界荣誉的记录；也力图从所谓学术史研究的文化转向角度探讨寅恪先生学术在近代世界学术史上的地位和意义，如其早年学术在世界东方学谱系坐标中的定位等。总之，本书将寅恪先生的生平和学术放置于一些域内与域外之语境之中试图提出一些新议题。

寅恪先生中年即开始饱受失明之痛，后来又经历内战、南迁、历次政治运动，但在此艰苦卓绝之条件下，仍能克服各种干扰，"衰病流离，撰文授学"，在其生命的最后二十年陆续写出《论韩愈》、《论再生缘》、《柳如是别传》等传世之作，其人格之伟岸、毅力之坚韧，惊天地、泣鬼神，世界学术史上极为罕见，堪称近世最杰出的中国人文学者。自1996年以来，随着学界和民间所谓"陈寅恪热"的兴起，寅恪先生的生平和学术研究不断引起东西方学者的广泛注意，此后出现的相关论著可谓汗牛充栋。除中文外，西文相关文献亦极多，这些论著皆有其贡献，使得重写一本全面探讨寅恪学术的著作并无必要。有鉴于此，本书的目的并非全面地、系统地探讨寅恪先生的国学与西学，而是选取寅恪先生生平和学术中一些富有旨趣的议题加以溯源和阐说，试图通过研读新材料，并发掘旧材料中之新议题，提供一些思考和看法，供有兴趣的读者参考。所以本书在内容上将尽量略人所详，详人所略。

寅恪先生在《冯友兰〈中国哲学史〉审查报告》中说，"其言论愈有条理统系，则去古人学说之真相愈远。"寅恪作古已四十余年矣，其生平行事涉及亚、欧、美三大洲，一生学术兴趣与取径亦颇多转移，欲从中条理出所谓单一之系统，虽有可能，但并无必要。因此本书也不预先设立一个有条理的整体框架，这样每一章亦不必削足适履放入一特定框架之中。我并非专攻近代思想文化史之学者，一开始也未曾打算写一部近代思想文化史专著，只是在浏览阅读一些书籍过程中注意到一些值得考虑的问题，提出来分别加以讨论。可是，在讨论这些问题的过程中，逐渐又被看到的新材料吸引，从而又发现一些新问题。诚如王汎森先生在一篇访谈中所感叹，"真正有价值的学问是没有地图的旅程"。新问题总是随着新材料和新想法不断出现，很难去预测其行程和终点。写作和出版是有截止日期的，我经常和友人开玩笑，写书是个"双规"的经历，即在"规定的时间"在"规定的地点"写出符合学术规范的作品，"规定的时间"指一件学术作品的完成当有一个截止日期，不可能无限写作或修改下去，"规定的地点"包括图书馆、书房、办公室。而学问本身并不可能有真正到达终点一说。无论多有价值的学问，出版之后终究只是旅途中的一个驿站而已。基本上，我一开始虽主要探讨寅恪先生的生平和治学，后来逐渐随着新问题的提出而进入了德国近代思想家赫尔德对中国学术之影响这一新的研究领域，陆续撰写相关章节，到现在终于形成了本书现在这样的规模。

其实做学问和写书稿好比是攀登寻宝的过程。一种通常的专著型做法是全书提出一个大问题，将其分成若干次要问题，每章逐一进行相对平行或递进深入式讨论，最后在结论部分提出总解答。如果要了解作者的主要观点，读者可翻到最后结论部分直接发现答案，而可忽略中间论证过程。这样好比在攀登山峰寻宝时，直接上山顶找出全部宝物。而在本书中我采用另一种做法，试图将宝物藏于各章之中，寻宝路线也不循着一定之规，让读者随着阅读不同风格、性质的材料、内容、分析不断改变路线，沿途欣赏风景之余，也能次第发现一些目标。而要发现全部目标，则非读完全书所有章节不可。

这里稍微回顾一下本书的写作历程和结集经过，或许对读者理解本书的学术旨趣有所帮助。本书并非一开始即构建了一个框架，而是随着对史料的阅读和认识，不断迂回前进写成，因此现在书中各个章节的安排也并非按照写作先后顺序来编辑成书，而是按照其内容的特点与逻辑相关性重新进行编排。在西文学界，一部专书要求有一个鲜明的、系统性的、强有力的论述。除了极少数学者是例外，大多数学者几乎不可能出版各种小观点散杂的论文集，因为出版社常常以不愿重印已刊论文为由拒绝出版论文集。不过，一次写成的专著虽然可以有单一清楚的逻辑可寻，但有时亦难免枯燥、单一，而且其中一个弱势在于书稿仅最后由审稿人一次看过，提出的意见较为有限。在中文学界，通常的做法是每个章节以单篇形式作为阶段性成果先行发表，最后再一总结集出版。这样或许每个章节能在发表之后获得较多读者的反馈，而自己重新阅读时，亦可不断发现不足之处，从而在收入书稿时进行增补。本书的章节大多数都曾幸运地以单篇形式发表于各类刊物，而我在准备本书书稿时将这些已刊论文内容根据读者的反馈进行了或多或少的补充和订正，文字也略有调整。另外，在各章节相关部分加了注释，以便使全书内容前后有所衔接和贯通。但不设结论一章，也给读者留下一点回味、思考、想象、继续讨论的空间。

具体来说，本书最早写成的文章其实是第五章，这一章主要讨论白璧德的佛学兴趣和佛学研究及其对哈佛数位中国留学生的影响。这篇文章完成于 2005 年，当时我受邀参加清华大学举办的纪念清华国学研究院成立八十周年会议，在会上简单介绍了此文的主要宗旨。当时写作此文乃是有鉴于中国学界更多注重寅恪先生本人的贡献及其对后世的影响，而我想要更多了解他老师一辈的思想和学术传承，故此文主要讨论白璧德对于佛教之兴趣与研究。白璧德乃是一位学术阅历极为丰富的学者，青年时游学欧洲，追随法国东方学家烈维问学。提起学界耳熟能详的知名学者，读者一般会注意这些学者成名后的成就和形象，很少会注意大学者成名之前的求学历程，本书将对寅恪先生及其同时代学者的求学经历略费笔墨，以期读者对大学者们的学术成长过程有所留意。

后来我又从白璧德与欧洲的学术联系进入到东方学兴起之前、兴起之时欧洲的思想和学术状况，试图找到寅恪先生思想与学术在欧洲的背景，但我主要集中讨论了他与赫尔德在文化民族主义思想上的关联，这便是本书第八章。接着我再通过白璧德与欧洲东方学的联系这一线索来看寅恪先生的佛学与欧洲东方学的联系，试图将其放在当时欧洲东方学坐标系中来看其早期佛学研究中所反映的文献主义与民族主义特点。

因在阅读史料过程中收集了不少关于赫尔德的材料，我又接着写了赫尔德对 20 世纪早期中国学者在民俗学、美学等方面的影响，因为寅恪先生早期师友如清华同事王国维（1877 年 12 月 3 日—1927 年 6 月 2 日）、柏林大学同学宗白华（1897—1986）等人都对这一重要的德国学者有所了解，这实在可以看作是近代世界学术史的一个因缘网络，这一网络将不同学术领域之学者联系在一起。最后，我又回到寅恪先生早期的求学和学术生涯，发掘了一些西文中有关他求学经历和海外学术联系的记录，撰成数篇文章，分别探讨他在美、德留学生活与学习史事、他中年所获欧美学术荣誉及其反映的欧美学界对其学术的认识、他与钢和泰的交往以及他对钢和泰学术评价之深层意义、他所提示的《东方学之目录学》在欧洲的源流等议题，并在文中也提示了这些议题所反映的欧美思想学术史语境，这些文章构成了第二、第三、第四章的基础。

在进行这一研究的过程中，我强烈感到寅恪先生和赫尔德在一定程度上有一些共同点。其关键是，从一个世界史角度而言，他们各自所处的民族、语言、思想、学术处境有些类似。赫尔德虽然生活在18、19世纪之交，但当时欧洲逐渐开始形成所谓近代民族国家，而法国因为启蒙运动的发展，在思想、文化、学术上占据欧洲之中心地位，这对于熟悉和热爱普鲁士民族文化的知识人赫尔德来说，不能不说在精神上产生了很大的压力。他的文化民族主义思想以及歌德的"世界文学"之论说均可以看作是德国学者对当时法国思想、文化、学术、文学在欧洲领袖群伦地位的一种反映。当20世纪上半叶寅恪在欧美游学时，其所处之政治、文化情境也约略类似，当时东亚地区虽有西方列强染指，而日本却隐隐然有霸主气象，因为它在明治维新以来，开始脱亚入欧，已逐渐在思想、文化、学术上引领亚洲各国。这一状况对寅恪等当时有强烈危机感的中国知识人来说，当是一个极大的思想压力。章太炎、鲁迅、周作人等人在日本感受尤为明显，这可从他们的著作中看出许多端倪。

寅恪先生早年曾短期留学日本，青年时期则主要在欧美留学，虽远离亚洲，但对日本在东亚日益取得政治和军事霸权这一局面十分敏感，加上从陈宝箴、唐景崧等祖辈那里留下来的国恨家仇，才会在诗中感叹青年学子"群趋东洋学国史"。我们要理解当时寅恪先生的心境，亦不得不考虑当时知识人所体会的时代精神（Zeitgeist）。质言之，当时寅恪先生所面临亚洲中、日之间的微妙处境类似于赫尔德所面临欧洲德、法之间的微妙处境。当然，这里并不是说寅恪有强烈的反日民族主义情绪或者赫尔德有强烈的反法民族主义情绪，实际上，他们分别借鉴了不少日本和法国的思想和学术资源。

此外，以两人教育、学术之背景和养成而言，也有很多类似之处。赫尔德原本受过很好的欧洲旧学教育，在神学和古典学修养上打下了很好的基础。不过，他后来的研究虽然有很强的神学影响，自己也曾身负神职，但他本人并未专注于神学研究而成为一位神学家，甚至在思想倾向上也与基督教信仰有一定的距离。也正因为他当时在欧洲处在一个由传统学术向近代学术的转化时期，后来他更关注史学、语言学、民俗学和人类学等领域。而寅恪先生也有类似的经历，他自小受传统私塾教育，熟读《十三经》和《皇清经解》，有很好的经学和小学修养。他十五岁时，清政府宣布废弃科举制度，经学教育不再以参加科举为目标，因此他青少年时其实主要是受新式学堂的教育，后来更负笈西洋达十余年之久，大概这样的求学经历使得他对经学并无特别的研究兴趣，而是从经学、小学进入比较语言学和史学，而最终在史学上取得极大成就。寅恪先生身上尽管带有很多旧时代的烙印，但无疑算不上是一位传统意义上的儒者，而是一位身负人文思想的现代学者。总之，一位是从神学转到史学，一位是从经学转到史学，赫尔德和寅恪先生从幼时基础教育到成年后从事近代学术研究走过了非常相似的道路，他们所做的语言学、语文学、史学研究大体上可算是德国学术传统中的所谓精神科学（Geisteswissenschaften），实际上便是所谓近代人文学。

从现代学术史发展来看，赫尔德所处的时代乃是现代德国学术学科萌芽分化的时代，而寅恪所处的时代也是中国传统四部之学逐渐解体而被西方传入的现代学术分科所逐渐替代的时代，在这一大背景下，考察两人对学术新发展的态度十分重要。正如我们在本书后面一些章节中看到的，赫尔德虽然深受神学影响，但对现代民俗学、人类学和美学的发展，均有奠基性贡献。而寅恪先生的学问虽以经学启蒙，但却在史学上取得成就最大，并成为中国近代史学奠基者之一，尤其开创了中古史研究的新范式。

寅恪先生作为近代学者，禀受近代历史学术中客观主义的影响，以追求真理作为学术之主要目标，与中国传统士人所谓通过"道问学"来"尊德性"，从而弘扬所谓圣人之道的理想，已经有所不同，但他仍主张学术乃与民族文化之存亡紧密相连，毕竟如他所说，中国学者乃传统文化所化之人，发扬学术，乃可保存民族文化传统，这又与标榜纯粹客观之欧洲近代东方学者之志业区别开来。寅恪先生在其学术论著行文之中，可见其此种微妙心理。一方面他极力主张客观问学；另一方面，他在写作形式和风格上刻意追求传统特色。他对域外学者在中国史研究上所取得的成绩有一方面欣赏借鉴，一方面却有民族自尊上的不甘心。他虽欲师夷长技以制夷，却不太愿意显露其治学之西洋因素，只偶尔有所流露，故其文章中偶尔也能发现柏拉图、黑格尔、卢梭、歌德之踪迹。

仅以寅恪先生的学术事业而言，他是一位真正的、纯粹的现代学者。和他的同时代学者如胡适、傅斯年、陈垣等人相比，他完全是个异数，他几乎不写学术论文以外的政论、时评、杂撰。他最主要的著述基本上局限于学术论文和著作，从不写书评。他对同时代学者的评判仅限于为人作序。尽管他给冯友兰著《中国哲学史》的审查报告被后人收入文集之中，但这类文章极其罕见。他对政治的看法，如同余英时先生等学者指出的，主要表现形式是诗。他之所以作诗，自然与现代学者的作风较为不同，但这一方面主要是继承了其家庭的文化传统，如父亲陈三立便是一位诗人。寅恪先生也从不专门撰文与同行进行学术商榷，在文章中与同行讨论也非常规范，针对作品而非作者。他虽然是位杰出的学者，但几乎很少犀利地批评他人。他似乎特别谨受现代学术的规范，一心一意钻研自己的发现和发明。在日本和欧洲，内藤湖南、福兰阁作为寅恪老师辈的学者，都曾当过记者，留下了一些时评、短文，而他们的学生如玉井是博、白乐日则已成为纯粹之现代学者，所留下的文字多限于学术论著。以这一点而言，寅恪和他同时代的学者玉井是博、白乐日则多有共同之处。

以现实的层面而言，本书的写作深受余英时、张广达、裴德生（Willard J. Peterson）等诸位学界前辈的启发。当年在普林斯顿大学求学时，和余英时、张广达先生的谈话直接启发了本书中的一些想法，很多文章在思路和方法上均受到两位先生的影响。他们的谈话常常涉及古今中外之史学与史家，这使我时常提醒自己要超越"中原关怀"而从一个更广阔的世界近代学术发展的框架下来思考中国思想与学术史的发展。

实际上，余英时先生的《论戴震与章学诚》一书直接影响我关注 18 世纪以来的思想史和学术史。值得注意的一点是，章学诚和赫尔德是同时代人，他们在史学思想史上有不少类似之处。原本想为拙稿取名《论陈寅恪与赫尔德》，以示致敬之意，又恐有狗尾续貂之嫌，遂放弃。而余先生《陈寅恪晚年诗文释证》中对寅恪先生史学和心境变化的论述亦直接对本书的研究深具启发性。其中余先生书中论述的以下两点看法尤其让人印象非常深刻，一是余先生论述寅恪先生在诗文中惯用古典和今典，即寅恪善于将史书中的故事和现实关怀密切结合起来；二是余先生强调寅恪先生史学经历了三大变化，以彰显其一生不愿逐队随人的学术性格。

余先生特别指出寅恪先生早年在哈佛留学时即对世界史感兴趣，购买了《剑桥史》进行学习。他还通过考察当时《剑桥史》的出版状况，提示寅恪可能购买了《剑桥史》的部分卷册。他也指出寅恪中年以后开始退出东方学领域，转向中国中古史研究。本书一些章节一方面试图补充余先生的论述，比如用新资料补充了寅恪在哈佛早年留学时的一些细节，以论证寅恪先生之史学所受德国近代学术之影响；另一方面也试图拓展余先生开辟的领域，比如本书提出寅恪不但用了中国的典故，可能也用了西典。我也提出了寅恪早年东方学中的中国文化本位倾向，比如其佛学研究，实际仍限于议论禹域之内的主题。即寅恪的佛学既反映了其所受欧洲东方学影响有文献主义的一面，又反映了其带有文化民族主义的一面。

近年来，欧美学界出现了思想史和学术史研究的文化转向，这一转向侧重分析塑造、养成学科、学术兴起与发展之文化因素与背景，特别是对东方学的欧洲中心主义思想文化偏见有所反思，使得人们对 19 世纪以来欧美学术的政治和文化语境有了更为深入的了解。考察寅恪先生早年的东方学研究，亦不可不关注这些欧美学界的最新进展。本书将寅恪先生的论著作为文本（texts），试图勾画出其背后的诸多语境（contexts），也将其论著视为文献（literature），将其背后生产的历史文化背景揭示出来。所以全书的讨论始终围绕文本、文献和历史的语境展开讨论，故不仅仅限于寅恪先生的著述，而试图提出一些更为广阔的语境进行讨论。

和许多中国古代史学者一样，我最早接触寅恪先生的学术是其中古史研究，特别是《隋唐制度渊源略论稿》和《唐代政治史述论稿》两书。本科时我曾上过唐代政治制度史和《资治通鉴》专题研究，正是在学习这些课程的过程中接触到寅恪先生的隋唐史研究两稿，只不过彼时尚谈不上治学。但就我自身的治学经历而言，原本学习中西交通史，后转入佛教史，时段更主要集中在中古时代。因为受张广达先生和业师荣新江教授的影响，在我接触的范围之内，中古史研究又常常和敦煌、西域研究密切相关。但是，这两个领域之间在中国学界内部对寅恪学术与世界学术的联系存在一些不同看法。

中古史研究会强调寅恪以现代方法开辟中古史新轨范的贡献，比如寅恪对地域集团、民族关系、宗教势力、社会阶级、婚姻集团、经济制度、武力消长、胡汉互动等领域的开拓性研究。在中古史学界内部学者们对寅恪先生中古史研究的思想渊源和背景看法不一，颇为多样。而敦煌、西域研究学界则常常更多强调寅恪的多种语言能力以及这一学术在国际东方学领域之预流，有关寅恪语言能力惊人的各种议论在学界流传很广。我原本从中西交通史专业背景来学习敦煌和西域文献，赴美以来逐渐将治学重点转到中原，于是从不同的距离和角度来观察这两个领域的不同发展，也因此对寅恪先生的学术有了新的理解和认识，本书部分内容无疑反映了我近年来的一些思考。

1999—2002年张广达先生在普林斯顿访问三年，我常常去拜访他和徐庭云老师，和他们谈话不仅心情十分畅快，更获得诸多新识。张先生对欧洲东方学的思想史背景极为熟悉，对法文、俄文、日文学界有关近现代学术、思想的第二手研究极为熟悉，他所论有关王国维、内藤湖南、沙畹、巴托尔德等人的文章均极具启发性。在与他谈话的过程中，我逐渐感到，不仅研究敦煌、西域史要留意多种古代语言文献和当代不同语言的研究，研究近代学人的思想和学术也应注意多个国家、多种语言文献的材料。具体到寅恪先生的思想和学术，必然涉及他所游学的欧、美、日本等不同语言建立的学术背景。如果仅仅依靠汉文材料来讨论、解释寅恪的学术历程，显然是不够的。

记得早在1995年，上荣老师的读书课，学期一开始他便给我们发过一份他在莱顿汉学院留学时使用的东方学主要西文期刊目录，并逐一介绍这些期刊发表论文和书评的范围，嘱咐我们有空常去图书馆翻阅这些期刊的目录，以便了解世界学术之进展。我当时的确常去北大和北图翻阅其中所列出的部分期刊。赴美以后，随着技术的发展，我已不再专门去图书馆浏览这些期刊目录，而是直接在这些期刊的主页上订阅其新目录通讯。当初也因为帮荣老师编辑欧美所藏吐鲁番文书总目，在北大健斋 108 室荣老师研究室抄过一些西文相关论著目录的卡片，整理抽印本和复印的西文论文，可算是敦煌、西域研究的基本功训练，这帮助我熟悉了过去和现在欧美主要东方学家的研究领域、方向及其论著，也更深切体会了寅恪先生所谓"诸国学人，各就其治学范围，先后咸有所贡献"一说。后来我在看德国早期东方学期刊《东方学之目录学》以及其他西文刊物时，不时看到一些自己还算熟悉的早期东方学家的名字，不由得会心一笑。也正是因为有着这样的积累，才使得我对早期东方学学术史产生了浓厚兴趣。

目前学界对有关寅恪先生的汉文材料搜罗甚为丰富，也对这些汉文材料作了非常详尽的解读。不过，寅恪在海外游学十余年，相信留下的印迹亦当不少，故而要了解寅恪的学思历程，不可不重视西文材料。不要说特别难找的珍藏文献，即便一般出版物也蕴含丰富的信息。如本书第一章提到的哈佛新材料其实并非特别的珍本秘籍，都是注册手册、目录、校报等校方公开出版物，只是因为其中可找到有关寅恪先生的记录而变得重要。而我讨论寅恪先生与欧美学界的互动时也利用了《德国东方学会会刊》、《英国学术院院刊》、《美国东方学会会刊》等十分常见的公开出版物中有关寅恪的记录，这说明常见出版物经过细读仍可发掘富有学术旨趣的论题。

同时我也感到，要了解寅恪先生的学术和思想，仅仅依靠学理的、逻辑的推演来理解其思想和学术，也是不够的，知人论世，要对"知"和"论"的对象有了解之同情，因此我认为自己的留学经历实际上也有助于了解寅恪早年的思想和学术。我感到对研究对象不仅要以事证之，以理证之，也要以心证之，这三证法不仅与寅恪先生所谓了解之同情暗合，其实亦是人文学的精要所在。因此，若干年来，我甚至也试图在寅恪先生早年游学过的地点一一徘徊，体会他当时在战争威胁下游学四方的心情。这种经历也让我对他当年的所思所想十分好奇。当然，要想重建当时的场景是不可能的。我深信寅恪先生的内心和学术带有强烈的时代印记，这些印记也可能会在不同语言文献中留下"事证"之痕迹，而这些痕迹正是后代史家赖以理解他的基本史料。所以我在本书中试图将不同国家、不同语言中的相关文献进行相互参证，以期对以寅恪为中心的中国近代思想和学术发展史上一些断片获得一个更为广阔的理解。

本书的一些想法无疑也深受我的中国思想史老师裴德生先生的影响。在我进入普林斯顿大学之后，虽在宗教系主修中国宗教史，亦在东亚系选择中国思想史作为副修专业。当时余英时先生已接近退休，所以我选择跟裴公念思想史。裴公在杜希德先生去世之后负责《剑桥中国史》的编纂，对欧美汉学之发展颇为了然。我有幸和他上一对一的读书课，我们虽然也讨论了一些原始文献，但花了很多时间议论世界学术史的过去和未来。记得那时候刚进他办公室，他就指给我看办公室墙上王汎森先生所赠墨宝。他又和我谈到在美国治西洋史出类拔萃的华人学者，比如夏伯嘉先生，因当时夏先生正好在普林斯顿大学历史系戴维斯中心访问。现在想起来，十多年前裴公和我谈到的这两位学者其实均研治近代史，而我现在也写近代思想学术史，也算是一桩往事因缘了。

裴公也告知他年轻时在伦敦大学亚非学院和刘殿爵先生念书的经历。与他的谈话让我感到他是北美学界中罕见的对中国传统博雅之学有着了解之同情的学者。虽然我们在课上主要讨论古代思想，但裴公一直认为我跨海而来算"带艺投师"，经常和我讨论中、西方近现代学术异同，特别是理论和方法、思路的同异。受这些讨论和思考的激发，我的学术兴趣也不断拓展，其中即包括中国和欧美近现代思想史和学术史之比较和联系这一议题。随后在研读19世纪以来思想学术史发展过程中，我逐渐意识到寅恪先生的著述其实是了解近代中国不同思想、学问传统发展的一个极好切片，从而也发展了自己新的学术关注点，注意到一些相关的新材料和新问题。细心的读者也许会注意到本书的研究在很大程度上关注中国近代思想和学术与美国、德国学术的关联，这是因为寅恪的学术训练主要还是在美国和德国，而赫尔德当然在德文思想界影响更大。尽管在法文、俄文学界也有很多讨论，但读者应参考张广达先生对沙畹、巴托尔德等学者的研究。总而言之，我对围绕本书一些论题的思想学术史研究，在很大程度上深受裴公思想史课程上课讨论的启发。特别是我课外阅读了一些西方近代思想和学术著作，助益甚大。但在具体论述上因为主题和材料的不同，本书和这些著作在关注点和内容上较为不同。

这里也简单提示一下本书的学术旨趣和基本内容。全书总体上包括正文和附录两部分。正文乃是一些较为正式的研究论文，或钩沉史料、考镜源流，以帮助读者获得历史的一些细节，以及时代的学术史背景；或进行一些学理论证和分析，提出一些自己的看法。在写作上本书以考证、叙述、分析等诸多方法交互为用，试图给读者提供一些史实、观点、推测，以备读者参考。附录是三篇小文章，是和正文有一些关联、从正文所使用材料中延伸出来的讨论。正文部分又可以分为两部分，前面七章主要讨论寅恪与现代西方学术特别是东方学和佛学的关系，中间第六章穿插介绍现代西方佛教学的兴起及其在日本的发展。后面几章则主要谈赫尔德文化民族主义对中国学术之影响。

具体来说，第一章勾勒出寅恪早年在哈佛留学的生活及其所身处的学术环境，特别通过研究哈佛出版物的记录追寻了寅恪在坎布里奇镇动荡不安的生活，以及他在哈佛的诸多同窗好友。第二章利用新材料补充了他早期学术生涯中与德国学术界的联系，主要表现在他从 1921 年秋入学柏林大学一直到 1926 年回清华任教这段时间一直作为成员参与德国东方学会活动，并曾在 1927 年捐赠石刻拓片给柏林民俗学博物馆，也对他在柏林大学求学期间的学术联系进行了考察，特别注重他和白乐日对于现代唐史研究的奠基所产生的影响，并对他 30 年代转向唐史研究的学术史背景提供了一点个人推测。我认为寅恪先生先是着重研究"殊族之文、塞外之史"，后来逐渐转向研究南北朝隋唐时期的胡汉关系，特别关注边疆民族对中原历史发展的影响，如五胡乱华、六镇之乱、安史之乱等重大事件，以及佛道之间的所谓夷夏之辨，然后再逐渐转向重点研究唐史，特别是唐代政治、制度、经济、文化之变迁，这是一个逐步有序地从域外向中原移动的研究历程。我也提出 20 世纪上半叶出现了三位重要的学者，即内藤湖南、陈寅恪、白乐日，正是他们奠定了世界中国中古史研究的新范式，开创了新局面。他们三位分别在日本、中国、欧美影响了当地唐史研究的方向，20 世纪下半叶的唐宋史研究学者多半出自这三人门下，或受其影响。内藤湖南和陈寅恪的影响后来也扩展到欧美，而内藤、白乐日对欧美唐宋史研究起了极大的推动作用。实际上这三位学者之间颇有一些学术联系，本书也有一些小节对此进行了探讨。

　　以上这些内容主要集中于寅恪早年在美国和德国的留学生涯，但涉及的主题实际上主要是寅恪留学经历，同时也介绍了寅恪所身处的哈佛学习制度以及德国学会制度，说起来这约略反映了邓广铭先生所说的治史入门之四把钥匙中的三把，年代、历史地理、制度。只有落实了寅恪生平中的关键年代，了解寅恪生活的地理和人文环境，以及寅恪面对的海外学术制度，方可理解寅恪当时所处学术大环境，设身处地，对寅恪予以了解之同情，从而加深对他生平和学术的认识。学术制度作为议题在本书中占有十分重要的位置，我不仅提示了哈佛的学术制度对寅恪学习之影响，哈佛学术聘用制度对钢和泰学术生涯的影响，也对欧美东方学的学会制度、欧美的佛学研究制度之发展等做了相应说明。

　　第三章以三个议题为中心讨论了寅恪先生所处的学术世界，主要讨论他在东方学谱系中的地位，他的论著中所反映的西典，以及他的历史学研究成绩在欧美所获的荣誉。第四章追溯寅恪先生早期在清华开设的所谓西人《东方学之目录学》在德国学术史上的源流。第五章讨论受到欧洲思想影响的美国新人文主义者白璧德如何关注"东方"佛教，这种关注改变了19世纪以来传教士普遍以殖民主义立场看待"东方"文化的视角，而这一变化的背景乃是20世纪初欧美出现的理性主义之危机。这种新人文主义的视界也对中国学者产生了影响。白璧德一方面吸收了欧洲近代佛教学者烈维的人文主义思想因素，另一方面也对追随他学习的中国近代学者们在人文主义思想方面有所熏陶。烈维是一位极为重要的学者，不仅是欧洲少数很早便注意大乘佛教研究的学者，其本人亦曾游学东亚，并对西洋、东洋学者如白璧德、寅恪等人有学术上的影响。第六章提示了佛教作为欧洲宗教的他者如何在学术史上被发现、重视、构建的历史，并以王恩洋为例探讨了当时佛教与欧洲流行思想源流之关系。

　　第七章以寅恪为例，来说明一位在欧洲、美国受近代思想和学术熏陶的学者如何在传统与现代之间看待佛教、处理佛教研究。我认为他的学术立场兼具欧洲东方学文献主义与近代欧洲文化民族主义的双重性格。一方面他在欧洲受到很好的近代东方学训练，对佛教材料保持一种疏离的科学、客观、冷静的观察和研究态度；另一方面，佛教作为他自身民族传统的一部分，并不仅仅是他研究的客体对象，他对佛教的论题选择仍反映了其中华中心主义的人文关怀。在他的研究中，可以看出他也试图发掘自身所承载的文化传统的历史定位和价值。

第二部分主要讨论赫尔德的思想对中国近代人文学术之影响。如第八、第九、第十章以中国近代学术的历史、美学、民俗学为例与来看近代中国学者如何利用德国文化民族主义的思想资源，这些章节特别以赫尔德的文化民族主义思想在中国的流传和影响为核心来展开论述。第十一章又回到寅恪先生的处境，但主要以寅恪为例来探讨近代中国知识人在个人和民族曲折命运中所面临的自由与生存问题，通过细读他的著作，分析一些关键性想法，我提出了一些新的解说。

考虑到种种不利因素，目前只能围绕我自己感兴趣的主题就身边能找到的材料略加提示，无法兼顾复杂的历史语境，希望以后继续研究以增补和改正本书留下的错漏，以弥补种种遗憾。很明显，学术的进步依赖于几代人的不断努力。

第一章　陈寅恪留学哈佛史事钩沉及其相关问题

导　言

　　寅恪先生的生平极富研究旨趣①。新出版的《陈寅恪先生年谱长编》（初稿）主要依据《吴宓日记》一手资料以及《吴宓与陈寅恪》、《吴宓自编年谱》、《陈寅恪先生编年事辑》等二手材料，虽提供了很多线索，但内容仍值得补充，如该书卷三所记寅恪先生在哈佛大学的一些经历较为简略②，而且因为一些资料广为人知，并未增加太多资料，值得加以补充。通过《长编》可知，寅恪先生约在1919年年初入读哈佛大学，学习梵文、希腊文等。又引《吴宓自编年谱》1919年编云陈寅恪君于1919年1月底2月初由欧洲来美国。寅恪在哈佛期间与吴宓、汤用彤、白璧德等有交往。寅恪于1921年9月离开美国赴德国。

　　事实上，如果补入哈佛大学早年的出版物资料以及德文中的资料，可补充《长编》者甚多。如寅恪在哈佛的注册信息可帮助我们确定1919年寅恪实际注册时间和当时学习的专业以及居住地址，从而对其当时的生活状态有更细致的把握，也可以纠正一些《长编》中的偏差。近百年来物是人非，好在波士顿一带是美国东北部新英格兰地区保存甚佳之古城，其近代建筑风貌保存良好，19世纪民宅比比皆是，一些建筑从建成

---

　　①　寅恪先生在著述中喜用"寅恪案"，故本书行文提及陈寅恪处，除标题用陈寅恪外，一般称寅恪先生或寅恪，读者可在阅读本书时参照寅恪先生的著述。

　　②　卞僧慧：《陈寅恪先生年谱长编》（初稿），69～76页，北京，中华书局，2011；以下简称《长编》。卞老编集此书时已年迈，加以寅恪先生一生行事跨越数大洲，收集其材料殊为不易，卞老之书存在未详之处完全可以理解。

到现在一直长期保存，甚至门牌号码也无甚变化，可以很方便地帮助我们回到当初的场景，聆听历史的余音。吴宓自己搬家的记录在其日记中留下了详细的记录，其实寅恪先生也多次搬家，但吴宓在日记中没有特别说明。而本章将利用哈佛公布的一些材料，大致恢复寅恪当时搬家的历程。

　　本章将利用现有公开的哈佛出版物中新发现的有关寅恪先生的记录，重建他在哈佛留学期间的一些生活情形，并考察当时他一些室友、同学、邻居、学术单位负责人、教授的相关信息，带领读者回到当时的历史现场，在寅恪先生留下足迹的地方游历一番，以期对寅恪先生成长的经历和环境获得一些新的体验和认识。一方面可供对 20 世纪初中国留学生生活有兴趣的读者参考，另一方面亦帮助对寅恪先生一生行事感兴趣的读者了解他当时所处的生活和学术环境，从而加深对寅恪心境的理解。本章的目标是提供迄今为止最详尽地介绍和分析寅恪先生在哈佛时其周围学术和生活环境的一个说明。

第一节　陈寅恪负笈哈佛园

（一）研究生一年级

　　寅恪在哈佛留学一共待了三十一个月左右，据目前的材料，至少在三个地方住过，以下将对寅恪的住处及其相关问题一一说明。根据哈佛大学 1919 年出版的《哈佛大学目录》①，寅恪注册哈佛文理研究院的时间是 1 月 29 日，当时他的状态被注为 1G，即一年级文理研究院研究生，专业为历史。G 指文理研究院（Graduate School of Arts and Sciences），该院正式成立于 1905 年，但行政上仍受文理学院管理。当时颇有一些学生只是来寻求教育经历，非为学位入读研究院。因此像寅恪这样不拿学位的学生并非罕见。

　　这里对寅恪入学前后哈佛的情况略作说明。根据哈佛大学校报（*The Crimson*《绯红》）1919 年 1 月 20 日的消息，这一年哈佛学院注册

---

　　①　1919 年一年的学费为 200 美金，相比于大量奖学金而言，并不算特别昂贵。

的本科生为 1740 人，其中 46 人为新成立的工程院学生。新成立的工程院院长是休斯（H. J. Hughes）教授。他在 1 月 23 日校报上阐述了该院的培养目标和学位课程，以及申请学位及毕业要求。该院主要培养有志从事工程行业的理学士，其入学标准和普通哈佛本科生一样，入学时希望学生已学过拉丁文，但非必需，毕业时要求已学过两门现代语言。如果完成四年学习继续学习一年，则可获得硕士学位。根据 1 月 23 日的消息，全校注册人数为 2706 人，其中文理研究院 195 人。根据校报 1 月 29 日的消息，寅恪先生在哈佛正式注册这天，发生了一些值得注意的事情，这里略举一二。这一天学生会选出 1919 届格罗斯（Robert Ellsworth Gross，1897—1961）同学为主席。此人当时已是哈佛校冰球队队长，领导能力已初露锋芒。他后来成为美国航空业传奇式巨子，1932 年以四万美金买下洛克希德公司，十年工夫其销售额已接近一亿五千万美金。其后二十多年，他将这家公司发展成庞大的军火和空间探险公司。另外值得注意的是，1919 年 1 月 29 日这一天哈佛宣布春假为 3 月 21 日周五至 27 日周四，5 月 31 日结束课程，6 月 14 日结束整个学期。

图一　20 世纪 20 年代的哈佛广场旧照片

当时哈佛校长是罗维尔（A. Lawrence Lowell，1856—1943；1909—1933 任哈佛校长，法学家），文理研究院院长是中古史学者哈斯金斯

(Charles Homer Haskins，1870—1937)①，代理院长是穆尔（Clifford
H. Moore，1866—1931；1898 年从芝加哥大学转任哈佛，1918 年 12 月
1 日—1919 年 3 月 31 日任代理院长，系古典学家，尤其是拉丁文）。哈
斯金斯住在弗朗西斯街 53 号，这栋住宅建于 1913 年，就在神学院旁边。
2 月 14 日的校报宣布当晚 7 点半文理研究院、商学院、神学院以及安多
佛神学院举行招待会，前校长埃利奥特（Charles Eliot）和文理研究院代
理院长穆尔、雷克（Kirsopp Lake）教授讲话。不过，不清楚寅恪是否
参加了这个招待会。2 月 24 日美国总统伍德罗·威尔逊访问波士顿，哈
佛大学从下午 1 点开始停课，以便学生去参加活动。4 月 7 日哈佛医学院
聘用了第一位女教授哈密尔顿（Alice Hamilton）。这些事件寅恪应该会
从校报上或者从其他同学那里获知，但不知他如何反应。当时哈佛的古
代史教授为费格森（William Scott Furgeson，1875—1954），他 1913 年
刚出版了《希腊帝国主义》（*Greek Imperialism*）一书。欧洲中古史教授
是哈斯金斯，他在美国开创了中世纪史研究。不过，当寅恪 1919 年 1 月
29 日注册入校时，哈斯金斯任哈佛文理研究院院长，而当时实际主持工
作者乃是代理院长穆尔。因为哈斯金斯是美国总统威尔逊的顾问，从
1918 年 12 月 1 日至 1919 年 6 月 30 日请假离校。1919 年 1 月 18—21 日
陪同总统在巴黎凡尔赛参加和平会议②。

　　根据哈佛文理研究院的统计，1918—1919 学年申请奖学金的人数，

---

　　①　他毕业于约翰·霍普金斯大学，1902 年被当时哈佛校长埃利奥特请来任教。
1920—1926 年担任第一届全美学术界联合会（American Council of Learned Societies）
主席。后来 1983 年起该会设立一个年度人文学讲座，以他的名字命名。1922 年曾任
全美历史学会会长，也是全美中世纪史学会开创者之一和第二任会长。他有位杰出
的学生斯特雷耶（Joseph Strayer，1904—1987）从 20 世纪 30 年代起便长期任教于
普林斯顿大学（1941—1961 年间担任历史系系主任），斯特雷耶又培养了乔丹
（William Chester Jordan），而他正是教陆扬欧洲中世纪史的老师。

　　②　当时参加巴黎和会的日本代表中有一位新渡户稻造（1862—1933），系威尔
逊就读约翰霍·普金斯大学时的同学。因为这层关系，威尔逊所倡导的国联成立后，
新渡户前往位于日内瓦的国联总部任秘书处事务局次长。他是《武士道》（1908 年，
丁未出版社）一书的作者，也曾和高楠顺次郎一起主编了一本《新式日英辞典》
（1905 年，三省堂）。

语文学专业是 67 人，15 人获奖；历史、政治学、哲学、教育专业一共是 81 人，也是 15 人获奖①。寅恪先生不在获奖者之列，也不知道他是否申请奖学金。寅恪来哈佛之前的身份是德国柏林大学学生，《目录》显示寅恪申请入读哈佛的背景填的是他 1910—1912 年在柏林大学的经历，但 1912—1919 年之间的身份未注明。其实，他 1912 年因脚气病回国治疗，1913 年再返欧洲，入法国巴黎高等政治学校经济部学习。1914 年因欧战爆发再次回国，之后为江西省教育司副司长符九铭电召到南昌阅留德考生考卷，其间"连阅考卷三年"，后因健康问题回家休养。1915—1916 年间受父亲三立先生的好友，全国经界局督办蔡锷、湖南省长兼督军谭延闿照应，先后短期在北京任蔡锷秘书、在长沙任湖南交涉使署交涉股长。同时，这份《目录》亦注明寅恪来自中国上海，注册时他在哈佛的住址是坎布里奇镇麻省大道 1134 号（1134 Mass. Ave.）②。这个地址很重要。因为《长编》引用吴宓的话，提及寅恪初到哈佛住在赭山（Mt. Auburn），似乎是他和寅恪认识之时寅恪的住址。寅恪 1919 年 1 月 29 日最初入读哈佛时注册的地址是麻省大道，而非赭山，后来才搬至赭山，我们下文再交代。

麻省大道 1134 号是个很有意思的地址，面积大，住宿人口多。同样根据《目录》，当时住在此处的还有俞大维（1897—1993）与金麒章两

---

① Harvard University，*Report of the President and the Treasurer of Harvard College*，*1917-1918*，1919，p. 83. 84 页载哲学专业的赵元任获西尔斯奖学金（Philip H. Sears scholarship，1914 年设立，面向哲学和心理学学生，得主可获 750 美金），经济学专业的朱中道（Chungtao Tahmy Chu）获哈佛奖学金（名义，可与其他奖学金一起获得），物理专业的胡刚复获坦多尔奖学金（John Tyndall scholarship，1885 年设立，1919 年得主可获 625 美金）。

② *Harvard University Catalogue*，*1918-1919*（以下简称 1919 年《目录》），1919，p. 175，寅恪的记录为 Student，University of Berlin，Germany，1910-1912。根据全国房地产经纪人协会网（www.realtor.com）的信息，此楼建于 1880 年，土地面积为 1753 平方英尺，使用面积为 3494 平方英尺，约合 324.5 平方米，一共三层，2010 年估价为 135 万零 200 美金，现主要出租给一些小型私营单位使用。麻省大道非常古老，大约 1632 年已奠基，200 多年来不断变换名称，1895 年改称麻省大道。

图二 麻省大道 1134 号建筑

图三 麻省大道 1134 号近景。张业松摄

人。两人都来自中国上海，这表明寅恪是和两位同乡住在一起。俞大维注册的名字是 David Yule，初看之下，容易被认为是夷狄之人。相比于寅恪的名字在《目录》中仅出现一次，俞大维的大名出现了三次。第一

次出现在 178 页的哈佛文理研究生院的学生名单中，注明来自中国上海，
现住址为麻省大道 1134 号，之前于 1918 年获圣约翰大学文学士，现为
一年级研究生，大学奖学金获得者（University Scholar），专业为哲学。
第二次是在 260 页奖学金获得者名录，其中大学奖学金获得者一共 14
人，俞大维因为姓氏的关系，按照音序排在最末一名①。第三次出现在
956 页的大学成员名录之中，列出住址为麻省大道 1134 号。该目录 184
页注明金麒章也来自上海，1918 年圣约翰大学理学士，主修商科。而
924 页标明其住址也在麻省大道 1134 号。根据 1920 年出版的《哈佛校友
通讯》，可知其 1920 年毕业于哈佛，论文为《银价与上海和香港的交易，
1916—1920》，获得工商管理硕士，就职于纽约圣勒克塔迪的国际通用电
气公司②。

综上所述，当寅恪先生 1919 年 1 月 29 日在哈佛注册时，他的专业

---

① 即 University Scholarship，每人 200 美金（当时哈佛学费每年 200 美金），
类似于助学金，只有二年级学生可申请。据 1919 年出版的《哈佛大学目录，1918—
1919 学年》497～502 页，1918—1919 年度哈佛一年学费为 200 美金（算三个学期
three terms，其中春天分两个学期，中间有一周春假），所以基本上拿到这个奖学金
意味着学费免除。但当时哈佛的政策是，研究生可按照课程付费，一般每课 50 美
金，其他特殊课程 17 美金一小时。晚注册的人将付 5 美金手续费。其他音乐、工程
等课程需付试验费，按照不同程度，一般 2～20 美金不等，只有化学 20（chemistry
20）最贵，36 美金。另 504 页说一年费用大致包括学费 200 美金，住房 50～200 美
金，餐饮 160～300 美金（两个大型食堂，the Union，每周收费 7 美金；Foxcroft
Hall，每周收费 3～3.5 美金），所以一年大约学费、食宿等大宗的费用约为 410～
700 美金，其他还有各类费用，估计共需 1000 美金。

② *Harvard Alumni Bulletin*，Vol. XXIII，No. 1，September 30，1920，
p. 375. 论文题为 *Price of Silver and Shanghai and Hongkong Exchanges*，*1916-
1920*，Harvard University. Graduate School of Business Administration，1920，共 312
页；按 Schenectady 乃是靠近纽约州首府奥尔巴尼的一个小城市，其任职单位为
International General Electric Co.，一般亦称奇异公司（G. E.）。其名见于熊月之、周
武编：《圣约翰大学史》，459 页，上海，上海人民出版社，2007。1921 年出版的
《中华留美学生名人录》有他的资料，见 Chinese Students' Alliance in the United
States of America，*Who's Who of the Chinese Students in America*，Berkeley：Lederer
Steet and Zeus Co.，1921，p. 47.

是历史，主要是世界史①。实际上，他这个学期选了两门课，即《歌德之〈意大利之旅〉》与《现代德国史》②。他住在麻省大道 1134 号公寓，室友是文理研究院哲学专业一年级学生俞大维和商学院一年级研究生金麒章，三人均登记来自上海，算是同乡。俞大维实际上是 1918 年入校，而寅恪是 1919 年 1 月入校，两人在文理研究院分别学哲学和历史。按照吴宓的说法，俞大维首先注意到兰曼（Charles R. Lanman，1850—1941）在教授梵文和巴利文，后来寅恪、汤用彤才因俞大维介绍而往学焉③。俞大维是 1918 年下半年开学不久即发现兰曼的梵文和巴利文课，据他 1918 年 11 月 27 日致兰曼的信，他当时正在学习伍兹的印度哲学课程，想要学习梵文，以便将一些汉文佛经翻译成英文，通过伍兹认识兰曼。俞大维旁听梵文的时间是 1918 年 11 月 27 日—1919 年 5 月 5 日④。兰曼当时除了教梵文，也在主持梵文哲学文本《摄一切见论》（*Sarva-darsana-samgraha*）研讨班。

---

① 余英时先生已据《吴宓日记》（北京，生活·读书·新知三联书店，1998）云寅恪当时对世界史感兴趣，推测他购买了《剑桥近代史》和《剑桥古代史》第一、第二册。见《陈寅恪史学三变》，原载《中国文化》，1997，第 15、16 期，1～2 页；收入《陈寅恪晚年诗文释证》，332～334 页，台北，东大图书公司，1998。余公引《吴宓自编年谱》云陈君初到时说自己正学习世界史，并购买了剑桥史。寅恪只有 1919 年春季这半年两个学期注册为历史专业，下半年秋季开学即改为古代诸语言了，开始上希腊文和梵文课程。据 1925 年 2 月 27 日《清华周刊》上登载的《清华研究院筹备处消息》："陈先生初治史学，继研究古今语言，如希腊文、拉丁文，及英、德、法文等。近七八年来，则攻读梵文、巴利文以及蒙文、藏文之类。其所用力者，为古代东方各国语言及历史，佛教发达传播之历史，中西交通史等。"

② 林伟：《陈寅恪的哈佛经历与研读印度语文学的缘起》，载《世界哲学》，2012，第 1 期，139～142 页。

③ 据《吴宓日记》，第二册 37 页，1919 年 7 月 14 日，吴宓与陈寅恪、汤用彤去白璧德家，寅恪与白璧德讨论佛理，有关讨论见本书第四章。其时，寅恪或已知兰曼，但可能未能选上兰曼的课，毕竟他 1919 年春季第一个学期注册时是历史专业学生，这一年 9 月才正式选兰曼的课。陈流求、陈小彭、陈美延：《也同欢乐也同愁——忆父亲陈寅恪母亲唐筼》，32～34 页，北京，生活·读书·新知三联书店，2010，提及陈寅恪进哈佛随兰曼学习梵文、巴利文，着重学习印度语言（文）学和闪米特语，并披露了兰曼给校长罗维尔的一封信。

④ 林伟：《陈寅恪的哈佛经历与研读印度语文学的缘起》。

图四　兰曼教授

　　根据 1919 年《哈佛大学目录》（1918—1919 学年）的信息，我简单介绍一下当时哈佛的课程设计以及有关兰曼教学的一些情况。这个《目录》提供了截至 1919 年 2 月的教学情况。当时哈佛一学年分三个学期（three terms），中间由 12 月的寒假和 3 月的春假分割开，一门课上三个学期，即每学期各上整个课程（full course）的三分之一。按照这个算法，1 月到 6 月包括冬季和春季两个学期，即 1 月到 3 月，4 月到 6 月，两学期下来其课程算是整个课程的三分之二。这意味着，寅恪因为是一月才入校注册，他如选三学期构成的整个课程，则在 1919 年 1 月至 6 月只能完成三分之二。以下我们会提到兰曼的梵文和巴利文从 1 月上到 6 月，构成整个学年课程的三分之二。当时哈佛文理学院全部课程分成以下四大学部（Divisions）：

　　Ⅰ．语言、文学、美术、音乐；

　　Ⅱ．自然科学；

　　Ⅲ．历史、政治学、社会科学（也通常指历史、政府和经济学）；

　　Ⅳ．哲学与数学。

一个专业学生必须所修课程的一半来自某个学部，另外一半课程要分摊到其他三个学部之中。比如一个学生要完成四大学部 12 门课，其中六门课是来自选定四大学部之一的专业，而其他六门则分别来自其他三大学部。一般来说，一门课约上一小时。按照这个分野，寅恪应该是选择了

第三学部的历史，而俞大维是选定了第四学部的哲学。但俞大维又学习数学，所以选择了第四学部的数理逻辑专业，这样正好哲学、数学都全了。赵元任也是同样这个修法。后来寅恪是从第三学部的历史专业跳到了第一学部的古代语言学专业。

当时第一学部的语言类课程首先列出的便是闪米特诸语言与历史（Semitic Languages and History），其次是印度语文学（Indic Philology）。我在这里列出当时闪米特诸语言与历史名下的课程①，读者或可从中略窥当时哈佛训练学生的课程设置内容以及规模。这些课程主要包括四种：面向本科生和研究生的课程，主要面向研究生的课程，研究课，讨论会（The Semitic Conference）。先说最后一种，这是老师和高级研究生每月一次的讨论课，讨论较新的研究进展。而第一类面向本科生和研究生的课程从低到高按照编号包括以下七门：

E1《基础希伯来语》，周一、三、五上午十点，凯尔勒教授授课②；

2《希伯来语》，周二、四下午两点半，里昂教授授课③；

4《旧约》，周一、三、五上午十一点，里昂授课；

8《后圣经希伯来语》，1—6月，每周两次，沃夫森讲师授课④；

9《二世纪至今的犹太文学与生活》，1—6月，周一、三、五上午九点，沃夫森授课；

21《中世纪犹太哲学导论》，每周三次，沃夫森授课；

22《希伯来语》，1—6月，周二、四上午九点，沃夫森授课。

第二类研究生课程包括：

A3《希伯来语》（预言书），周二、四下午两点半，阿诺德教授授课⑤；

---

① *Harvard University Catalogue*，1918-1919，pp. 399-401.

② Maximilian Lindsay Kellner（1861—1935），当时是圣公会神学院旧约文献与解释学教授，住在梅森街7号（7 Mason St.）。

③ David Gordon Lyon（1852—1935），当时是希伯来语及其他东方语言学教授兼闪米特博物馆馆长，当时他住在斯各特街12号（12 Scott St.）。

④ Harry Austryn Wolfson（1887—1974）博士，犹太文献与哲学讲师，住在宿舍Conant 5。1918年9月1日—1919年1月21日休假。他出生在白俄罗斯，1908年到哈佛，在此获得学士和博士学位。1919年寅恪入校时他仅32岁，刚出道不久。

⑤ William Rosenzweig Arnold（1872—1929），希伯来语言与文学Andover讲座教授，当时住在弗兰西斯大道17号（17 Francis Ave.）。

A4《以色列史》，阿诺德授课；

A5《旧约导论》，阿诺德授课；

A6《以色列之宗教》，周一、三、五上午十点，阿诺德授课；

A7《希伯来语——旧约诗歌文学》，周二、四下午两点半，阿诺德授课；

10《亚述语》（语法），每周两次，里昂授课；

11《亚述语》（历史、诗学、法律文献），每周两次，里昂授课；

12《巴比伦和亚述史》，周一、三、五上午十点，里昂授课；

13《阿拉伯语》，周一、三、五上午十一点，耶维特教授授课①；

14《阿拉伯语》，周二、四下午三点半，耶维特授课；

17《犹太阿拉米文》②，1—6月，周三、五中午十二点，沃夫森授课；

18《叙利亚文》③，每周两次，里昂、耶维特合上；

19《叙利亚文》④，每周两次，耶维特、里昂合上；

25《斯宾诺莎与中古犹太哲学》，1—6月，每周两小时，沃夫森授课。

第三类为研究课程，包括：

20a《亚述语》，研究未刊铭文，里昂授课；

A20《旧约诸问题》，阿诺德授课；

---

① James Richard Jewett（1862—1943），阿拉伯语教授，住在 44 Francis Ave. 他毕业于哈佛，后到欧洲游学，毕业于当时属于德国的斯特拉斯堡大学。曾任布朗和明尼苏达大学教授。

② 使用德文教材 Karl Marti（1855—1925），*Kurzgefasste Grammatik der biblisch-aramäischen Sprache：Litteratur，Paradigmen，Texte und Glossar*，Berlin，New York，Reuther & Reichard；1911.

③ 德文教材为 Carl Brockelmann（1868—1956），*Syrische Grammatik，mit Paradigmen，Literatur，Chestomathie und Glossar*，Berlin：Reuther & Reichard，1912；并读叙利亚文别西大本（Peshitto）《圣经》。

④ 教材为 Theodor Nöldeke，*Compendious Syriac Grammar*.With a table of characters by Julius Euting. Translated from the second and improved German edition by James A. Crichton，London：Williams and Norgate，1904. 这本书不断重印，目前仍然是学习叙利亚文的重要参考书。

20b《阿拉伯语》，研究十字军史料，耶维特任教。

1918—1919 这一学年，寅恪尚在学世界历史，并未选这些课。

印度语文学专业当时列出六门课，其中兰曼教五门，哲学教授伍兹（James Haughton Woods，1864—1935）教一门。当时兰曼已经 69 岁了，住在哈佛校园东侧的法雷尔街 9 号①。他是威尔斯梵文讲座教授、哈佛东方学丛书主编、印度古代写本保管人②。

1918—1919 学年《目录》列出的兰曼的课程列在印度语文学之下。

首先是给本科生、研究生的课：

1b.《基础梵文》（继续，算整个基础梵文课程 2/3），课程材料包括以下三种：古典文献（《兰曼读本》）选读、梵文史诗与寓言故事选读、《薄伽梵歌》，1919 年 1—6 月，周一、三、五下午两点半。

其次是主要面向研究生的课程为下列三门：

3.《高级梵文》（算整个高级梵文课程 2/3），课程材料包括以下三种：《薄提诃利》（Bharti-hari）短诗及注释、兰曼的《吠陀》选本、惠特尼的《阿闼婆吠陀》，1919 年 1—6 月，周一、三、五下午三点半。

5. 巴利文（继续），课程材料为：佛教圣书、《长部》（Dīgha Nikāya）佛经选读，1919 年 1—6 月，每周三次，时间待定③。

---

① 即 9 Farrar St.，这座三层小楼建于 1890 年，当时兰曼和新婚妻子从印度旅行回来，建造这栋房子作为他们在坎布里奇的永久性住宅。

② Harvard University Catalogue，1918-1919，pp. 13，926. 当时兰曼利用学术休假一年的机会去印度度蜜月，并顺便考察，1890 年从印度给哈佛大学带回来数百件梵文和其他语言的写本。兰曼从耶鲁毕业后于 1876—1880 年任教于约翰·霍普金斯大学，1880 年到哈佛主持新开设的印度—伊朗语言系，1902 年该系改为印度语文学系。

③ 这个课程之后列出了哲学梵文，由哲学教授伍兹讲授。伍兹 1887 年毕业于哈佛大学，专业为哲学和英文。随后到英格兰、欧洲大陆、印度（牛津、剑桥、斯特拉斯堡、柏林、瓦纳那西、喀什米尔）游学。1903 年回哈佛哲学系任教，讲授印度哲学。他的主要学术贡献，除了翻译出版梵文、巴利文哲学文本之外，更重要的是推动哈佛的东亚研究，先后支持了哈佛聘用姊崎正治（1913—1915）和服部宇之吉（1915—1916）两位日本教授短期访问，并于 1922 年促成赵元任受聘为第一位中文教授，以及随后 1928 年在霍尔基金支持下成立哈佛燕京学社。虽然寅恪、俞大维、吴宓等人在学术上受他影响不大，但他实在是一位极富远见卓识的学术组织者。

第三是两门特殊学习课程：

20a. 印度语文学讨论课，主要讲文献批评的原则及其在一件古代巴利文文本上的运用，此课未列出具体时间；

20c. 梵文讨论会（Sanskrit Conference），每周一次在兰曼图书馆，快速阅读和讨论哲学文本《摄一切见论》，未列出具体时间①，估计是按照学生和老师的时间需要聚会。

课程目录再往下是第一学部有关语言文学的其他课程，如希腊、拉丁文、古典语文学、古典考古学、英文、德文、斯堪的纳维亚语、罗曼语言及文学、凯尔特语、斯拉夫语及文学、比较文学、比较语文学、美术、音乐等专业的课程，因大多和寅恪的学习和训练关系不太密切，这里不再赘述。

（二）研究生二年级

根据《哈佛登记手册》提供的信息，寅恪在哈佛文理研究院成为二年级研究生（2G）之后，估计是在 1919 年秋季学期开始之前，就搬到了赭山街 36 号（36 Mt. Auburn St.）②。这里应该是哈佛本科生宿舍罗维尔堂（Lowell House），一共东西两个入口，东口为赭山街 52 号，西口包括赭山街 60、36、68 等号。不过根据目前该宿舍的信息，似有偏差，可能目前的名牌号有历史变化。根据《登记手册》243 页的信息，当时列名住在这个 36 号的哈佛学生有四人：道格拉斯（F. P. Douglas）、杭福瑞斯（F. S. T. Humphries）、顾泰来（T. H. Koo）、塔夫（A. E. Taff），电话号码是 3236-J。

不过我发现这个地址还住着一位名为隆德荷姆（O. H. Lundholm）

---

① 以上课程信息见 *Harvard University Catalogue*，1918-1919，p. 402.

② 见 *Harvard University Register*，Vol. 45，1919，p. 314，此书当出版于1919 年年底，前言是当时学生会主席 W. J. Louderback 1919 年 11 月 18 日所写。《哈佛登记手册》321 页记录了山本五十六，住在 157 Maple Road, Brookline。297 页上有位 Ochi Kohei，即越智孝平，注明来自华盛顿，也在哈佛留学，住在坎布里奇 63 Wendell St.（按，此楼建于 1894 年）。其实他是日本海军省派驻日本驻美使馆的武官，当时是海军大尉。1918—1919 年哈佛《目录》181 页记载越智来自东京，海军军官，专业为英文，住在 60 Egmont St.，Brookline，可见他第二年才搬到坎布里奇。关于 1919 年哈佛中日留学生状况的一个分析，参见本书附录一。

的一年级研究生。不知为何他和寅恪没有列在宿舍住宿名单之中，可能是研究生蹭住本科生宿舍，估计是本科生组织六人一起组团申请宿舍，毕竟共同申请中标率较个别人自己申请要高一些。顾泰来是中国苏州东吴大学来的一年级研究生，除了他和寅恪、隆德荷姆，其他人都是本科生①。塔夫来新泽西迪尔滩。道格拉斯来自密苏里圣路易斯，此人比较活跃，是本科生 ATO（Alpha Tau Omega）兄弟会、哈佛宇航协会成员。杭福瑞斯来自马里兰巴尔的摩。这样看来，这里是个小型国际社区，住着美、中、瑞三国学生，其中一半是外国留学生，而美国学生来自新泽西、密苏里、马里兰三个州。

寅恪在赭山街 36 号的新住处距离麻省大道 1134 号仅 220 米，顺着箭街（Arrow Street）走路三分钟就到。俞大维仍旧住在麻省大道 1134号②。这样看来，似乎寅恪刚来哈佛时，和俞大维、金麒章等同乡一起挤在麻省大道 1134 号，后来生活逐渐安定，熟悉了哈佛的环境，就找到自己的住处，即赭山街 36 号，但仍可与俞大维互相照应。寅恪搬走之后，俞大维、金麒章继续住在那儿，接着搬进来一位新生朱展宜，来自浙江杭州，圣约翰 1918 年文学士，看来是俞大维和金麒章以前的同学，当时来哈佛商学院读一年级。金麒章 1920 年夏季毕业后，三年级研究生俞大维与二年级研究生朱展宜搬到荷约克宿舍 10 号房间。这个新地址离他们以前的住处并不远，荷约克宿舍的门牌号码是麻省大道 1324 号③。

---

① *The Harvard Graduates' Magazine*，Vol. 30，1922，228 页有位瑞典来的一年级研究生 D. H. Lundholm，可能就是 O. H. Lundholm，因为 O 和 D 实在非常接近，只是未知孰是。再查 1922 年出版的《哈佛毕业生杂志》，发现有位 Lundholm 获得心理学博士；386 页记录为 Oskar Helge Lundholm, Ph. D. in Psychology，遂可确定这位瑞典人的真名。此人博士毕业后在 Waverley 的麦克林医院（McLean Hospital）工作，见 *Harvard University Catalogue of Names*，*1922-1923*，1922，p. 47；按，麦克林医院仍在，是全美最佳心理治疗医院之一，但其所在地现被列为贝尔芒市（Belmont）。

② *Harvard University Register*，Vol. 45，1919，p. 321。

③ 即 Holyoke House 10，见 *Harvard University Catalogue*，*1920-1921*，pp. 191，328；*Harvard University Register 1920-1921*，1921，p. 188；俞大维 1921年毕业后，9 月和寅恪去了柏林，而朱展宜又搬到赭山街 127 号，见 *Graduate School of Business Administration of Harvard University*，1922，p. 90。

赭山街附近居住的哈佛学生很多，尤以本科生为主①。吴宓在《自编年谱》中说他通过俞大维介绍认识寅恪。当时吴宓是 1920 届本科生②，汤用彤则是哈佛文理研究院一年级研究生，他们住在维尔德堂（Weld Hall）北口（North Entry）51 号③。据《吴宓日记》，他和汤用彤于 1919 年 9 月 15 日入住维尔德堂，一学年九个月房租为 140 美金。1920 年出版的《哈佛大学名录》将来自北京的吴宓列入哈佛文理研究院学生名单，地址为 W51，应是维尔德堂 51 号缩写，名字下注明吴宓已获文学士，专业为英文、历史、政府④。维尔德堂是哈佛核心校区的宿舍，距离威德纳图书馆仅数十步之遥。哈佛历史上，在这栋建于 1870 年的楼里住过的本科生名人非常多，包括前总统肯尼迪和美联储主席伯南克。

---

① 当然附近还有著名的赭山公墓。吴宓在日记中提到一位中国学生曹丽明去世后葬在此处。

② 据《吴宓日记》，第二册，172～173 页，他 1920 年 6 月 24 日正式取得哈佛文学士文凭（A. B.）。

③ 1921 年出版的《中华留美学生名人录》，收入了吴宓和汤用彤的条目。他们俩填的地址都是维尔德堂 51 室，这个名人录也收录了赵元任、金麒章、江绍原、蒋廷黻等人，见 *Who's Who of the Chinese Students in America*，1921，pp. 30，78，68，47，47，71；我只是按照所谓 Who's Who 通常译成《名人录》权且称其为名人录，其实这个中国留美学生的出版物更应该被称为名录，因为中华学联以问卷的形式发给各地中国学生，不管有名无名，填了问卷的人均可被列入。但这本出版物中没有寅恪和俞大维，显然这两位没有填写问卷。

④ *The Harvard University Register*，Vol. 45，1919，p. 233；312 页注明汤用彤住在 W51；*The Harvard University Catalogue of Names*，*1920-1921*，1920，p. 168；其专业为 English，History，Government。又，据《吴宓日记》，第二册，10 页，吴宓 1918 年 6 月 11 日到坎布里奇时住在赭山街 193 号，9 月 9 日搬至哈佛街 366 号（366 Harvard St.），9 月 23 日注册。之后搬至沙漪堂 25 号（Thayer Hall 15）。吴宓 1918 年 6 月即由室友施济元介绍认识梅光迪，又因梅光迪介绍认识白璧德，大概在 8 月梅光迪探访吴宓之后。吴宓好友吴芳吉（字碧柳，1896—1932）将 Thayer 译为沙漪厅，并作英文长歌《沙漪厅之梦》赠吴宓。吴宓在沙漪厅之室友为湖南人尹寰枢（任先，《哈佛校友录》记为 Yin, Huanchu Rensien）。见吕效祖：《吴宓诗及其诗话》，210 页，西安，陕西人民出版社，1992。

这里离赭山街上的寅恪住处的确不远，数百米，走路五分钟左右可达①。基本上，1919 年秋至 1920 年，汤用彤和吴宓同住于维尔德堂②，而顾泰来也搬出靠近查尔斯河的本科生宿舍斯坦迪许堂（Standish Hall），到赭山街 36 号与寅恪同住于罗维尔堂。

图五　维尔德堂历史照片

当时寅恪与吴宓、汤用彤过从很密，因为吴、汤是室友，他们又常常去找比较文学系的教授白璧德（Irving Babbitt，1865—1933）。白璧德的住处亦可确定。根据 1919 年《哈佛大学登记手册》第 45 卷，白璧德的地址是科克兰路 6 号（6 Kirkland Road）。这应该就是寅恪、吴宓等人

———————

①　据孙尚扬先生所编《汤用彤年谱简编》1919 年条云"公初入哈佛，与梅光迪同住，秋季开学前迁至 Standish Hall 与吴宓、顾泰来、李达同住。"参见《汤用彤全集》，第七卷，666 页，石家庄，河北人民出版社，2000。据《吴宓日记》，第二册，32 页，吴宓搬至 Standish Hall，B41 房间系于 1919 年 6 月 29 日。这个是四人宿舍，每年收费 220 美金（见 1919 年《目录》512 页）。

②　根据 1919 年 3 月 13 日以及 14 日哈佛校报的通知，本科生申请宿舍截止到 14 日下午 6 点。13 日的通知里面特别提到本科生可申请 Hollis，Holworthy，Matthews，Stoughton，Thayer 五处宿舍，如不够，则四年级学生可申请维尔德堂。14 日通知说分配宿舍将向组团申请的人倾斜，但一个团不能超过 12 人，每个房间不超过 2 人，1920 年毕业的人可申请。看来 1919 年下半年时吴宓正因为是 1920 届本科毕业生才住在维尔德堂，而且至少一直住到 1920 年上半年，汤用彤明显是蹭住本科生宿舍的研究生新生。

图六　维尔德堂现状，吴宓与汤用彤曾居于此

1919 年 7 月 14 日拜访的白府了。这里距离寅恪在赭山街的住址步行仅有
一公里，十几分钟就走到了。当时吴宓与汤用彤住在斯坦迪许堂，距离
白府更远，估计是吴宓和汤用彤先出发，半路与寅恪会合，再去白府。

图七　白璧德旧居

　　白璧德常常在自己家上课，比如 1919 年《哈佛大学目录》429 页列出白璧德所上《十九世纪浪漫主义运动》一课就在其住址进行。赖恩（Claes G. Ryn）在给新版白璧德著作《卢梭与浪漫主义》一书所作的前言中指出白璧德早期虽在哈佛任教，但并非永久性工作，薪水不高，为寻求额外收入，不得不去拉德克利夫学院教课，在那里结识了女生朵拉（Dora May Drew），开始了一段师生恋。朵拉 1899 年毕业，之后两人在 1900 年 6 月 12 日喜结良缘，婚后开始租住科克兰路 6 号的三层楼独立屋，再未离开过①。总之这栋宅子是寅恪、吴宓、汤用彤等人与白璧德夫妇一起吃过点心、聊过天的地方，值得留意。

　　这一年寅恪上的课程可略知一二。1919 年秋季学期兰曼上的课有二，1a《印度语文学》，2《印度语文学》，估计前者是导论课，后者提供给有基础的人。也许寅恪上的是 2《印度语文学》，主要讨论巴利文写本。前者上课时间是周一、三、五下午两点半，后者是周一、三、五下午三点半。兰曼坐班时间是周一、三、五下午四点半。讨论课上课和坐班都在威德纳图书馆 A 室（Widener A）②。《印度语文学》则在兰曼家进行。寅恪这一年秋季选修了《初级希腊文》、《印度语文学：梵文及其与英文、拉丁文、希腊文之关联》（a、b），1919 年 9 月 24 日出现在兰曼的课上。《印度语文学》上学期主要讲梵文文法，下学期则讲兰曼自己编的《梵文读本》。这门课只有几个学生，在兰曼家进行。1919—1920 学年上学期寅恪的梵文成绩是 B，此后梵文和巴利文成绩都是 A，成绩非常优秀③。实际上，寅恪同时学习梵文和希腊文，虽然也算当时学习梵

---

　　①　Irving Babbitt, *Rousseau and Romanticism*, with a new introduction by Claes G. Ryn, 2009, p. xv. 这栋维多利亚式独栋屋建于 1898 年，土地面积 3289 平方英尺，建筑面积约 2758 平方英尺，约合 256 平方米，2011 年估价为 119 万零 500 美金。此楼从修建到现在，未曾推倒重建过，但历代房主肯定进行了必要的房屋维护和设备更新。自 1993 年起已归哈佛教学与学习中心（Derek Bok Center for Teaching and Learning）奎瓦斯（Sue Lonoff De Cuevas）女士所有。

　　②　见 The Student Council of Harvard University *1919-1920*, *Harvard University Register*, 1919, p. 330.

　　③　见林伟：《陈寅恪的哈佛经历与研读印度语文学的缘起》，载《世界哲学》，2012，第 1 期，142～144 页。

文的惯例，但肯定得到兰曼本人的点拨。兰曼在耶鲁求学时即主要跟哈德利（James Hadley，1821—1872）学习希腊文，跟惠特尼（William Dwight Whitney，1827—1894）学习梵文。寅恪几乎是接受了跟老师年轻时一样的训练。

（三）研究生三年级

1920 年秋季，寅恪进入研究生三年级。据《哈佛大学名录》，他注册时填的地址是特罗桥街 14 号，见于《登记手册》全校人员名录 260 页，但《登记手册》187 页学生宿舍名录却将寅恪列在神学堂 38 号房间之下①。综合两处的信息，寅恪应该是住在特罗桥街 14 号，这是独栋小楼，并非大学宿舍。查遍这一期《登记手册》，并无其他哈佛学生住在此楼，似乎是寅恪单独租住的民房②。

根据 1920 年哈佛出版的《哈佛大学目录》，和这个住址一起登记的信息包括寅恪的专业古代诸语言（ancient languages）。当时哈佛大学全部专业分成十五个学部（Divisions），包括闪米特语言与历史、古代语言、现代语言、历史—政府—经济学、哲学、教育、美术、音乐、数学、物理、化学、生物、地质、人类学、医学。其中古代语言学部下分印度语文学和古典学两个系，学部主任为希腊学教授古立克（Charles Burton Gulick，1868—1962），印度语文学系系主任为兰曼，古典学系主任为穆尔，即前文我们提到的曾任文理研究院代理院长的学者③。

---

① 即 14 Trowbridge St.，见 *Harvard University Catalogue of Names*，*1920-1921*，1920，p.165；*Harvard University Register*，Vol.46，1920，p.260；神学堂（Divinity Hall）是神学大道（Divinity Avenue）上一栋常青藤覆盖的神学院学生宿舍，1826 年建成，内设聚会大厅和教堂。

② 这栋三层小楼建于 1873 年，共有 5 个卧室，4.5 个卫生间，土地面积 4684 平方英尺，使用面积 3083 平方英尺，约合 286 平方米。

③ *The Harvard University Catalogue*，1920，p.165. 其分类见 318 页。值得注意的是，1919 年 3 月 20 日《绯红》报道普林斯顿大学实行课程改革，取消 Bachelor of Letters（Litt. B）学位，并放弃对新生入学的希腊文要求，虽然对文学士（Bachelor of Arts）仍要求拉丁文，但对理学士申请人已不要求拉丁文，代之以数学及科学。4 月 21 日《绯红》有更详尽的说明。Litt. B 学位在普林斯顿大学是 1905 年加上的，以前只有 BA 和 BS 两种学位；相关报道见 *The Popular Science Monthly*，

《哈佛大学名录》也提供了当时兰曼开课情况。兰曼开的梵文、巴利文课按照从低到高的程度连续编号为1、2、3、4、5。其中1是基础梵文，2～3为高级梵文，4～5为巴利文。这一年有本科生和研究生合上的1a《梵文与英文、希腊文、拉丁文之关联》与1b《梵文与英文、希腊文、拉丁文之关联》，两者上课时间地点一样，都是周一、三、五下午两点半，但1a为课程前半段内容，1b为课程后半段内容。当时研究生课程有2～3《高级梵文》，4～5《巴利文》，其中2《高级梵文》主要讲《罗摩衍那》，3《高级梵文》主要学《薄提诃利》（*Bharti-hari*）短诗及注释、兰曼的《吠陀》选本、惠特尼的《阿闼婆吠陀》，4～5《巴利文》也和他以前上课的内容一样。而20c每周一次的梵文讨论会主要讨论《摄一切见论》以及《奥义书》等哲学文本。这一学年寅恪选修的课程计有《希腊文8：柏拉图与亚里士多德》、《希腊文A：荷马与希罗多德》、《印度语文学4：巴利文》、《印度语文学5：巴利文（续）》、《印度语文学9：哲学梵文》、《梵文》讨论会、《闪米特文13：阿拉伯文》等①。从古典学进入印欧古代语言，这是当时典型的比较历史语言学的路数②。

因为寅恪是单独租住，并无哈佛学生做室友，这里谈谈他的几位研究生邻居，这些友邻不乏从哈佛毕业后成就一番大事业者，可见当时能进入哈佛文理研究院的学生也确实实力非凡，不是说家里有钱就可以随

August，1905，p. 381. 而1919年3月18日出版的 *The Daily Princetonian* 已经登载了相关细节，指出校方在3月17日开会决定取消1905年起设立的 Bachelor of Letters 学位，并取消对 BA 本科生入学的希腊文要求，取消对 BS 本科生的拉丁文要求，这样可以吸引最好的学生，防止他们放弃普林斯顿转赴哈佛和耶鲁。Bachelor of Letters 学位最早公布在1904年6月15日出版的 *The Daily Princetonian* 上，但正式招生是1905—1906学年。普林斯顿校方网页说 Litt. B 学位存在于1904—1918年，这个学位1918年取消，希腊文要求也随之取消。见 http://etcweb. princeton. edu/CampusWWW/Companion/degrees. html。

① 林伟：《陈寅恪的哈佛经历与研读印度语文学的缘起》，载《世界哲学》，2012，第1期，143页。

② 寅恪也学习了希腊文和古典学，这是学习印欧比较语言学的基础。柏林大学的汉学教授福兰阁（Otto Franke，1863—1946）及其弟子西门华德（Walter Simon，1893—1981）均从印欧比较语言学转向了汉学，其实寅恪在20世纪30年代以后学术重点的转移也是这个转向，从东方学转向中古史。相关提示见第二章。

便进。这一条街住了很多哈佛学生，比如 19 号住着三个日本研究生，即福泽八十吉（Fukuzawa Yosokichi，1893—1947）、石川林四郎（Ishikawa Rinshiro，1879—1939）、岩崎诚一郎（Iwasaki Seiichiro，1919—1921 年在哈佛）。

福泽八十吉当时是三年级研究生，专业为经济学与社会伦理，从 1918 年庆应义塾理财科毕业来哈佛①。他的祖父就是著名的庆应义塾创始人福泽谕吉（1835—1901）。他的父亲是谕吉的长子一太郎（1863—1938），曾留学康奈尔大学，回国后接任庆应义塾塾长。八十吉从哈佛毕业后也回庆应义塾任社头。我们现在并不清楚寅恪是否和八十吉认识，两人的交谈应该会是非常有意思的。福泽谕吉是日本近代重要的思想家，也开办新学；而寅恪的祖父陈宝箴（1831—1900）在湖南也支持过时务学堂，参与维新运动。

1920 年的《哈佛大学目录》记录了石川（Ishikawa R.）②，1908 年东京帝大文学士，1920—1921 年间在哈佛学习，1929 年起任东京文理科大学教授，是日本重要的英语语言与文学专家。他 1925 年翻译出版了《勃朗宁诗选》，但主要以编写出版一些简明日英、英日辞典在日本英文教育界知名。

岩崎应是日本著名企业家岩崎清七的长子岩崎诚一郎。这位岩崎先生 1918 年从庆应义塾大学毕业，获法学士，随即于 1919 年来哈佛，专业为经济学与社会伦理③。他毕业后回到东京，住在东部深川佐贺町，开了很多间公司，业务涉及水泥、贸易、百货和保险④。仅看姓氏容易

---

① 见 1920 年《哈佛大学目录》，146 页。

② 其全名在后来 1926 年出版的《哈佛校友录》，441 页才可查到。

③ *Harvard University Catalogue of Names*，*1920-1921*，1920，p. 151.

④ 1929 年、1934 年出版的《哈佛校友名录》注明他住在东京的 Sagachio Fukugawa, Tokyo，这个地址拼写有误；1937 年、1940 年《哈佛校友名录》注明其地址在 Sagacho Fukagawa, Tokyo，这是对的，看来至少 1937 年起其地址已获更正。但这一地址通常按照日文习惯写作 Tokyo Fukagawa Sagacho，即东京深川佐贺。又，1945 年美国战争部战略服务处（United States. War Department, United States. Office of Strategic Services）出版的《日本内务手册：各县研究》（*Civil affairs Handbook*，*Japan. Prefectural studies*）第 4 卷，倒是有他的信息：IWASAKI,

让人联想到是三菱财团创始人岩崎弥太郎（1835—1885）家族的人，毕竟当时上私立庆应义塾大学的人非富即贵。岩崎弥太郎的曾孙岩崎精一郎（1901—1961）名字接近，但太年轻，除非是天才，否则不可能在1918年获学士学位。不过，根据《哈佛校友名录》记载他从哈佛毕业后长期居住在东京深川佐贺町，美国战争部说他拥有岩崎清七商店，因此我推测他是佐贺町当地靠酿造酱油起家的企业家和百货商岩崎清七（1865—1946）之长子。岩崎也是庆应义塾毕业生，后留学康奈尔大学①。他的第三子三郎娶了名古屋旧家高桥彦二郎的长女，当时他任东京瓦斯社社长。从岩崎清七第三子的名字三郎来看，长子应叫太郎或一郎。这位哈佛校友，名字中确实有一郎字样。假设他1918年从庆应义塾本科毕业时22岁，应是1896年生。说明清七31岁时这位长子出生。这样说来，则他求学经历和父亲一样，先上庆应义塾，再出洋留美进哈佛，毕业后回家乡佐贺町继承家业。其大名很可能是岩崎诚一郎。

特罗桥街25号当时住着经济系一年级研究生乔斯林（Carl Smith Joslyn）。此人来自麻省春田，少年得志，扬名哈佛。1920年5月22日出版的《绯红》和26日出版的《晚间记录》报纸均宣布他获得毕尔论文竞赛（Walker Blaine Beale contest）一等奖，奖金6000美金，当时他年仅21岁②。考虑到1919—1920年哈佛的学费是200美金，全年费用约1000美金，自费读四年哈佛本科也只需4000美金；而从1920年美

Seiichiro: dir. , Toyokui Cement Co. , Nanyo Trading Co. , Iwasaki Seiichi Store, Yurin Life Ins. Co. 又注明他生于1896年；庆应义塾1918年法学毕业；哈佛大学学习。看来他名下的公司还不少，这可能也是他被收入美国战争部出版的手册的原因。1970年《哈佛校友名录》注明他住在镰仓材木座乱桥1266号，可能第二次世界大战中为避战火搬到镰仓。岩崎清七商店成立于1889年，现仍在营业，其网址为：http://www. s-iwasaki. jp/index. html.

①　三田商业研究会编：《庆应义塾出身名流列传》，33～34页，东京，实业之世界社，1909。

②　见 *The Crimson*，May 22，1920，"Joslyn Awarded ＄6000"；*The Evening Record*，May 26，1920；*The Harvard Graduates' Magazine*，Vol. 29，No. 93，September，1920，p. 176。二等奖得主是宾夕法尼亚大学学生 Howard B. Wilson，奖金3000美金；三等奖得主是密歇根大学学生 W. P. Smith，奖金1000美金。

国生活水平来看，当年美国家庭平均年收入是 1236 美金，一辆福特车
（Ford Runabout）是 265 美金，哈佛大学助理教授 1919 年的年薪是
2500～3000 美金，教授是 4000～5500 美金（据哈佛校报《绯红》1919
年 9 月 19 日），六卧的独栋屋约需一万美金；所以这笔奖金简直是巨款。
这个奖由美国知名外交家毕尔（Truxtun Beale，1856—1936）为纪念其
第一次世界大战时丧生于法国的爱子（Walker Blaine Beale，1896—
1918）所设①，每年拿出一万美金，分为三等，以奖励为共和党竞选而
创造的平台设计。乔斯林获奖时三个评委包括哥伦比亚大学当时的校长
巴特勒（Nicholas Murray Butler，1862—1947）、前联邦参议员贝弗瑞奇
（Albert J. Beveridge，1862—1927）、前驻外大使希尔（David Jayne
Hill，1850—1932）②。1921 年 12 月出版的《美国经济学评论》第 11 卷
第 4 期宣布他获得美国经济学会的卡雷尔森优秀论文二等奖（Karelsen
Prize），奖金 500 美金。他后来于 1930 年获得哈佛经济学博士。原本毕

---

① 老毕尔出身外交世家，父亲曾在维也纳任美国驻奥匈帝国大使，他自己一
开始在加州照应家族产业，但很快也投身外交，1891—1892 年担任美国驻波斯大使，
1892—1893 年任驻希腊、罗马尼亚、塞尔维亚大使，1894—1896 年到中亚游历，足
迹远达西伯利亚和新疆。

② 巴特勒（Nicholas Murray Butler）是个天才式的人物。1884 年，年仅 22 岁
的巴特勒即从哥伦比亚大学获得博士学位，之后到巴黎、柏林游学，次年开始任教
于哥伦比亚大学哲学系。1902 年任哥伦比亚大学校长，年仅 40 岁，直至 1945 年退
休。曾任卡耐基和平基金会理事长，并于 1931 年与简·亚当斯（Jane Adams）分享
诺贝尔和平奖。但终其一生，争议颇多。传见 Michael Rosenthal, *Nicholas
Miraculous: The Amazing Career of the Redoubtable Dr. Nicholas Murray Butler*,
Farrar, Straus and Giroux, 2006. 巴特勒曾聘胡适到哥伦比亚大学教中国哲学和中国
文学，年薪四千美金，但胡适未接受该聘任；见曹伯言编：《胡适日记全编》第三
册，563～564 页，1922 年 2 月 23 日日记，合肥，安徽教育出版社，2001. 贝弗瑞奇
（Albert J. Beveridge）不仅是政治家，也是历史学家，曾任美国历史学会秘书长，主
要作品是《马歇尔传》（*The Life of John Marshall*, 4 Vols., Boston: Houghton
Mifflin Co., 1916-1919）和《林肯传》（*Abraham Lincoln 1809-1858*, 2 Vols., Boston:
Houghton Mifflin, 1928）。前者获得普利策奖。希尔（David Jayne Hill）也是一位学
者出身的外交家兼历史学家，1879—1888 年任巴克讷大学校长，1888—1896 年任罗
切斯特大学校长。1898—1903 年任助理国务卿。后来担任美国驻瑞士、荷兰、德国
大使。

业后留在经济系任教，但一年后即调入新成立的社会学系，成为索罗金
(Pitirim A. Sorokin，1889—1968) 于 1931 年创办哈佛社会学系时最早
任教的两位青年教员之一。而另一位是以在美国引介韦伯社会学而知名
的帕森斯 (Talcott Parsons，1902—1979)。帕森斯原先也在经济系，后
从经济系转到社会学系任教。1936 年，已升任副教授的乔斯林到马里兰
大学任教，1940 年任社会学系系主任①。

另外，26 号住着犹太移民林菲德 (Ben-Zion Linfield)，一年级研究
生。此人 1897 年 6 月 20 日出生于立陶宛，1913 年从波兰来美，刚下船
时尚不会说英语。后进入弗吉尼亚大学获得数学学士、硕士学位，1920
年进入哈佛，1923 年在别克霍夫 (George Birkhoff) 指导下获得博士学
位，1927 年成为弗吉尼亚大学数学系教授。

特罗桥 14 号这个住址相比于前两个住址因离热闹的麻省大道略远，
似乎较为安静一些，也许更有利于专心读书。从赭山街的住址到这里仅
400 米，五分钟即到，搬家自然较为容易。这一带当时是研究生租房居
住的主要区域，这一点从《目录》中记录的研究生地址可以看出来。当
时李济是一年级研究生，住在牛津街 64 号，离寅恪住处约 900 米，走路
10 分钟左右。但从《吴宓日记》记录的情形来看，寅恪、李济两人似乎
在哈佛交往不多，寅恪和李济的室友张歆海则因为吴宓的关系有所交
往②。《吴宓日记》1920 年 12 月 31 日，"是日为阳历除夕。晚，在李济、
张鑫海君室中。"③可知张歆海、李济彼时同住一室，则其地址均为牛津
街 64 号。这一点亦为当时哈佛的记录印证，如 1920 年《哈佛大学目录》
所载学生名录 141 页有张歆海的记录，他住在牛津街 64 号，约翰·霍普
金斯大学文学士，哈佛大学文科硕士，当时是英文专业二年级研究生。

---

① William Form 回顾了乔斯林对马里兰大学社会学系创建的贡献，见其回忆
文章，"An Accidental Journey: Becoming a Sociologist," *AS*, Vol. 28, No. 4 (1997),
pp. 31-54.

② 1919 年张歆海住在这里，见 *Harvard University Register*，Vol. 45，1919，
p. 261. 牛津街 64 号现在是一栋 1935 年建造的四层住宅，显然随着岁月变迁，此地
已非昔日李济等人所住旧楼。

③ 吴宓：《吴宓日记》，第二册，201 页。

该《目录》154 页则记载李济为克拉克学院文学士（1919）、硕士（1920），人类学一年级研究生。

其实 1920 年时还有个人住在这儿，这就是叶企孙，其记录见 168 页，系芝加哥大学理学士（1920），哈佛一年级研究生，专业为物理、数学。其中张歆海、叶企孙来自上海，李济来自北京。1921 年李济二年级时搬到爱普敦街 89 号（89 Appleton St.）。李济、叶企孙后来均成为寅恪在清华大学的同事。叶企孙在哈佛期间表现极为优异，其成果先后发表在《美国科学院院刊》、《美国文理科学院院刊》①。寅恪、元任、李济、叶企孙都毕业于哈佛，后来均在本专业取得卓越成就，也在清华培养了一大批学生。由此可见早期清华的发展受益哈佛中国留学生颇大。1928 年中央研究院史语所成立，下设历史、语言、考古三组，陈寅恪、赵元任、李济分别任主任，三人无一例外全是哈佛校友。

说到赭山街和特罗桥街，这里要提一下林语堂和他的室友。根据《吴宓日记》的记录，林语堂和夫人于 1919 年 9 月 18 日到达哈佛。当时他们就住在特罗桥街 85 号（85 Trowbridge St.）。但《林语堂自传》中说自己住在赭山街 51 号，在卫德诺图书馆后面。看来后来他搬到赭山街 51 号了，不过，从《吴宓日记》来看，他和寅恪、吴宓等人或许因为理念不同，似乎来往不多。检 1919 年出版的《哈佛大学登记手册》214 页，当时住在这个地址的还有一位中国学生曹丽明。而《登记手册》97 页有当时哈佛中国同学会名录，一共 46 人，列出寅恪、俞大维、张歆海、吴宓等人，还有林语堂、林语堂夫人和曹丽明等人，林语堂夫人列名拉德克利夫学院。曹丽明当时是中国同学会副会长，应该是帮助林语堂在哈佛落脚的人，身为中国同学会副会长，有义务帮助初到哈佛的

---

① William Duane, H. H. Palmer, and Chi-Sun Yeh, "A re-measurement of the Radiation constant, *h*, by means of X-Rays," *PNAS*, 7（8）, August, 1921, pp. 237-242; Chi-sun Yeh, "The Effect of Hydrostatic Pressure on the Magnetic Permeability of Iron, Cobalt, and Nickel," *PAAAS*, Vol. 60, No. 12 (Dec., 1925), pp. 503-533.

新生①。

第二节　哈佛园中多英杰

寅恪先生在哈佛时，读书甚多，按照吴宓《空轩诗话》中的说法，
"在美国哈佛大学得识陈寅恪。当时即惊其博学，而服其卓识，驰书国内
诸友谓：合中西新旧各种学问而统论之，吾必以寅恪为全中国最博学之
人。"而寅恪回国后，很快声誉鹊起，主要因为他是当时罕见的掌握多种
西域语言文字的中国学者。不过，寅恪在哈佛时却并非校内明星。这里
并非想将他和其他同学进行简单比较高下，而是从横向角度来看同时代
哈佛中国学生在哈佛的生存状况，其实有一部分中国学生在哈佛众多外
国留学生中表现相当突出。

当时在哈佛读书的中国学生不算多，只有数十人。根据 1919 年 3 月
7 日出版的哈佛校报，当时哈佛学院录取的外国本科学生仅二十人，中
国学生最多，一共九人，加拿大有六人，其他日本、巴西、玻利维亚、
法国、埃及各一人而已。根据 1919 年《哈佛大学名录》，参加中国同学
会的人数是四十六人，大多是研究生，有些可能是旅美华侨。而根据
1920 年 2 月 12 日出版的《哈佛校友通讯》，当时全美大约有六千六百位
外国留学生，主要来自日本、中国、拉美。其中哈佛约有两百名外国留
学生，中国学生最多，共五十三人，其次是日本学生，三十八人。但日
本同学会更为活跃，经常邀请部分中国同学去布鲁克斯学生宿舍

①　曹氏 1915 年来美，在波士顿附近的阿默斯特学院学习，1919 年在哈佛学
习。可惜 1920 年 2 月 18 日即在坎布里奇英年早逝，仅 30 岁。其事见 1921 年 11 月
出版的《阿默斯特学院毕业生季刊》11 卷 56 页和 93 页，后者亦提供了数行说明，
他拿庚子赔款奖学金到阿默斯特学院学习，毕业后到哈佛完成历史与社会学学习，
之后打算回中国效力，但不幸因肺炎病逝。见 *Amherst Graduates' Quarterly*，
Vol. 11，November，1921，pp. 56，93；不过该学院 1922 年 8 月出版的《通讯》云其
死于 2 月 20 日，见 *The Bulletin*，Vol. 11，No. 4，August，1922，p. 124，不确；《哈佛
校友通讯》云其死于 2 月 18 日，见 *Harvard Alumni Bulletin*，Vol. 23，September 30，
1920，p. 718。吴宓 1920 年 2 月 23 日致明德社社友的信说明了曹丽明去世的经过；
见吴学昭整理：《吴宓书信集》，54～57 页，北京，生活·读书·新知三联书店，
2011；陈宏振、吴宓、李达等人曾在医院守候，但未能在其临终时见到曹君。

(Brooks House) 参加每月一次的喝茶活动。当时因为第一次世界大战德国战败，日本占据了原属德国的青岛租界，引发了五四运动。在哈佛校报上也出现中国留学生的投书，抗议巴黎和会对山东问题的处理①。考虑到这一国际背景，日本留学生似乎比较小心处理两国留学生之间的关系，避免激怒中国留学生，试图息事宁人，安抚中国留学生。哈佛校内对这些人数日益增多的外国留学生也较以前重视。1919 年 5 月 1 日校报报道校学生会将首次接纳一至两名留学生代表。1919 年 10 月时哈佛曾举行面向全校外国留学生的招待会，当时有 75 人参加②。我们尚不清楚寅恪、吴宓、汤用彤等人是否到场。

有些中国学生后来学成回国，与寅恪齐名。1919 年在哈佛学习人文的学生包括陈寅恪、俞大维、林语堂、张歆海、顾泰来、吴宓、汤用彤、韦卓民、洪深九人，这九人均是学有所成的知名人物；而这之前有 1918 年毕业的赵元任，之后有 1920 年入学的李济，这真是一个"天才成群地来"的时代③。1919 年寅恪在哈佛留学的时代可谓约略近之，从《吴宓

---

① 实际上在巴黎和会上讨论山东问题时美国极力支持中国，对日本取代德国取得山东的权利提出许多批评，认为日本一方面通过战争对中国进行威胁，另一方面也与北洋政府勾结进行秘密协定。美国也指出日本对山东的控制乃是帝国主义行径，是日本试图控制整个东方的帝国主义计划的一个步骤。美国还批评了日本以种种借口逃避侵华责任，提醒世界各国不得相信日本的承诺。美国也指责说，正是因为日本的阻挠，使得中国未能早日加入协约国盟军，以便加入打击同盟国的战线。而日本也极力进行了辩解，认为自己因为付出了许多努力和牺牲，按理应该获得在山东的特权，而且与北洋政府有正式协议；其次，日本也指出当时中国南、北两方政府存在意见分歧，中国政府在财力上并无力量加入第一次世界大战，尽管当中国宣战时已不再支付欠德国和奥地利的七千万美元，也可以推迟交付给俄、英、日、葡、比、意、法的四千四百万美元赔款，但政府财政仍极为紧张。日本也为美国指责所谓帝国主义侵略辩护，认为当时已和中国北洋政府交涉，希望北洋政府不得租借领土给西方列强，不然这些外国势力在东亚占据租借地也会影响日本的国家安全，据此日本坚持出兵山东乃是必要的自卫行动。见 Katsuji Kato, "The Shantung Controversy," *The Japan Review* No. 1, November, 1919, pp. 11-12.

② *Harvard Alumni Bulletin* Vol. XXIL, No. 20, February 12, 1920, p. 456.

③ 王汎森先生认为，不但因为常常会出现一群人把一个人的学问及思想境界往上顶，而且一群人一边做着"白首《太玄经》"的工作，一边也不拘形式地围绕着一两个中心人物自由地交流、对话，故而出现"天才成群地来"的状况。见王汎森：《天才为何成群地来》，载《南方周末》，2008 年 12 月 3 日网络版。

日记》可看出，寅恪、俞大维、汤锡予、吴雨僧这些人总是聚在一起议论古今中外，相互之间受益匪浅。他们或常常一同去选修兰曼的梵文课，或一同去白璧德家清谈。

前述九人之中只有寅恪未拿学位，俞大维、张歆海两人分别拿到哲学和文学专业的博士学位，其他人则拿到硕士学位。其中九人之中张歆海、汤用彤、韦卓民三人后来分别担任过光华大学副校长、北京大学副校长、华中大学校长。林语堂 1954 年曾被新加坡聘为南洋大学首任校长，但未赴任。在当时哈佛校园内，寅恪沉浸于个人的读书世界，较为默默无闻，而有些学生却是哈佛炙手可热的读书种子、优秀毕业生①。

经常出现在哈佛各类奖学金名单中的中国学生便有赵元任（1892—1982）和俞大维。赵元任毕业后获得哈佛的谢尔顿游学奖学金（Frederick Sheldon Traveling Fellowship）②，于是 1918 年 8 月 21 日离开坎布里奇，9 月 20 日到达芝加哥大学开始游学第一站。他并未在哈佛和寅恪相遇。寅恪后来与赵元任成为清华国学研究院同事，并曾短期借住在赵家，两人乃成为至交好友。但俞大维在哈佛一直和寅恪联系极为密切。赵和俞不仅从哈佛拿到博士学位，而且均获得竞争激烈的谢尔顿奖学金到处游学，生活无忧。相比之下，寅恪似乎在校内较为默默无闻，安心读书，不以求学位为目标，可能也是出于这个原因，他很难参与竞争奖学金。他在哈佛似乎更多地不过是一位匆匆过客。当时他拿的似乎

① 　比如数学专业的姜立夫（早年留美时用 Chan-chan Tsoo 一名），1915 年加州大学毕业后到哈佛读博士，1919 年 5 月获得学位，曾因学业优异获得约翰·哈佛奖学金。毕业后留校任数学讲师，但 10 月份即因兄长去世返国。1920 年任南开大学教授，算学系系主任。1949 后是寅恪在岭南大学、中山大学的同事。其他当时在哈佛学习的还有后来成为著名心理学家的唐钺（1891—1987）以及成为植物学家的钟心暄（1892—1961）。参见附录一。

② 　据 1919 年出版的《哈佛大学目录，1918—1919》645 页，Amey Richmond Sheldon 女士 1909 年赠与哈佛 34 万 6458 美金，后又追加 15393.83 美金，设立谢尔顿基金，以纪念 1842 毕业于哈佛的丈夫 Frederick Sheldon 先生。当时每年大学可从这笔基金获得约 15000 美金收入用于奖励毕业生，但金额并不固定，端赖大学委员会的推荐。奖学金必须用于哈佛以外地区的游学，不一定非得去海外，比如赵元任选择去芝加哥和伯克利，而俞大维则选择去柏林大学游学。

是江西省政府许给的官费①，可能并未申请哈佛奖学金。只是和赵元任、俞大维相比，学习上似不算杰出，仍处于学术积累阶段。如果说他后来声誉鹊起，主要有影响的成果都发表于 20 世纪 30 年代中期以后，或许可以看作是"大器晚成"。

图八　青年时代的赵元任

赵元任年纪比寅恪略小，但他去哈佛早，可算是前辈学长。他的名字在 1919 年《哈佛大学目录》中共出现了四次，包括文理研究院的出外旅行学者名单、奖学金获得者名单、博士学位获得者名单、全校师生名单②。赵元任的学术履历非常惊人。他 1914 年获得康奈尔大学学士学位，期间屡屡获得各类荣誉。1914—1915 年注册为哈佛研究生。1916 年身为一年级研究生的赵元任甫一入学即获得沃克尔奖学金③。1917—

①　有趣的是，在浦江清 1928 年 1 月 14 日的日记里记录了寅恪的一些看法，认为祸害中国最大者有两件事，一是袁世凯之北洋练兵，二是派送留美官费生。见浦江清：《清华园日记·西行日记》，4 页，北京，生活·读书·新知三联书店，1999。王震邦认为这是因为寅恪以世家子自居，与作为新兴阶级的留学生不同；见王震邦：《独立与自由：陈寅恪论学》，52~54 页，上海，上海人民出版社，2011。

②　分别见于 *The Harvard University Catalogue*，1919，pp. 155，259，288，903.

③　James Walker Fellowship，1881 年设立，得主将获得 575 美金。考虑到 1919 年时哈佛学费一年仅 200 美金，这是笔相当大的收入。

1918 年获得西尔斯奖学金，1918 年获得哲学专业博士学位，并获得谢尔顿游学奖学金。他选择了芝加哥大学的赖尔逊物理实验室作为谢尔顿奖学金旅行的第一站，后来从这里去伯克利游学，之后再到康奈尔教物理，1922 年返回哈佛任教。他在哈佛上学期间屡获各类奖学金，这不仅和寅恪空白的奖学金记录相比非常显眼，甚至在当时美国学生当中也罕有匹敌者。他后来多以英文发表研究论著，活跃于数学、物理、音乐、语言等多个领域，在学术界有着极为广泛的影响，先后担任哈佛大学、加州大学伯克利分校教授，也算是水到渠成。

　　1919 年的《哈佛大学目录》155 页显示，当时获得谢尔顿奖学金的哈佛博士毕业生仅三人，按音序排列，依次是赵元任、德莫思（Raphael Demos，1891—1968）、托雷（Ray Ethan Torrey，1887—1956）。其中赵元任和德莫思有很多共同之处，其一，他们都是外国人；其二，两人后来都在哈佛任教授；其三，两人都是哲学博士。德莫思出生于土耳其士每拿（Smyrna），毕业于安纳托利亚学院，1919—1962 年任教于哈佛，是柏拉图研究的权威，1936 年编辑了《柏拉图全集》，1939 年出版了《柏拉图之哲学》。他退休后也曾短期任教于王德比尔特大学和加拿大麦吉尔大学①。托雷是著名的农业学家，1919—1955 年任教于麻省农学院②。这些获得谢尔顿游学奖学金的毕业生均有非凡的职业生涯，可见当初哈佛的选择很有远见，评选谢尔顿奖学金也较为公平，至少赵元任和德莫思当时身份都是外国留学生，照样获奖。

　　其实俞大维获得的奖学金名目和赵元任也不相上下，他 1918—1919 年获大学奖学金③，1919—1920 年获罗杰斯纪念奖学金④，1920—1921

①　其讣告见 1968 年 8 月 13 日出版的哈佛校报 *The Crimson*.

②　1947 年改名麻省大学，即麻省大学阿默斯特校区。

③　见 *The Harvard University Catalogue*，1919，p.260.

④　得主可获 150 美金；其获奖信息见《1919—1920 年度哈佛学院校长以及司库的报告》，"David Yule, Henry Bromfield Rogers memorial fellow, philosophy, third-year graduate student," 见 *Reports of the President and the Treasurer of Harvard College*，Harvard University，Harvard University. President's Office，Harvard University. Treasurer. 1918-1919，published in 1920，p.61.

年获沙漪奖学金①。1921 年 4 月 1 日出版的哈佛校报（*The Crimson*）公布了年度奖学金得主，俞大维名列九位谢尔顿游学奖学金得主名单。他选择去柏林游学，1921 年出版的《哈佛大学目录》显示他的地址是柏林中国使馆代转②。而当时和他一起得奖的拉尔金（Oliver Waterman Larkin，1896—1970）也值得注意，此人 1950 年获得普利策奖。总之这些获奖者后来都在自己的领域有所成就。

图九　中年俞大维

这里还想特别举一个例子来说明俞大维在哈佛念书期间显示的杰出学术能力。哈佛大学宗教史教授穆尔（George Foot Moore，1851—1931）在其出版的《宗教史》一书中有一处补白特别感谢俞大维的指正。他写道，"能力非凡的中国青年学者俞大维先生了解儒学和佛学文献，其个人亦非常熟悉诸多宗教之外在因素，我因受益于他而对本卷这一部分进行了修改。他指出，在这一章中，我提出（藏传）佛教给人印象是，它不仅作为重要的学问和宗教遗产在衰落，甚至在中国人的生活中很多情况下已不再是一个宗教因素，这样的看法显然有误，相反，在革命所

① 即 Thayer Fellowship，见 *The Harvard University Catalogue*，1920，p. 310；1857 年设立，俞大维当年获得 500 美金。

② 其地址为：Chinese Legation，218 Kurfürstendamm；见 *The Harvard University Catalogue*，1921，p. 129.

创造的新条件下其复兴并非不可能，其活力与适应性业已常常有所体现。"①俞大维指出的问题应是根据此书1920年修订版，其中中国部分分为国家政权之宗教（the Religion of the State）、道德与政治哲学（这里主要指儒学）、道教、大众之宗教（the Religion of the Masses）、佛教五个部分，日本部分分为本土宗教神道（the Native Religion，Shinto）和佛教两部分。穆尔1872年毕业于耶鲁大学，是精英兄弟会"骷髅会"会员。他先是在安多弗神学院任希伯来语教授、院长，1902年转任哈佛大学神学院教授，1904年成为哈佛神学院第一任福洛兴汉宗教史讲座教授，直至1928年退休②。1920—1921年期间他在哈佛教《宗教史》③，估计用自己的书作课堂阅读资料，俞大维在他的课上读过此书，从而指出其错误。当时俞大维可谓已初露锋芒，而且以其儒学、佛学方面广博的文献知识以及丰富的一手经验赢得穆尔教授的尊重。在哈佛神学院念书的韦卓民应该也上过穆尔教授的课，他在1920年发表的英文《佛教净

---

① George Foot Moore，*History of Religions*，Vol. 1：China，Japan，Egypt，Babylonia，Assyria，India，Persia，Greece，Rome，International Theological Library，revised edition with corrections and additions，New York：Charles Scribner's Sons，1922，addenda，p. 604，note 6；这里指对本书第92页内容的指正。本书初版于1913年，1920年再版。据作者1913年10月12日第一版前言，第一卷主要写"古代文明人的宗教"，即以前被错误地称为"原始宗教"；而第二卷主要写犹太教、基督教和伊斯兰教。1920年2月20日修订版前言中作者感谢了瓦雷普散和姊崎正治帮助他修改佛教部分。姊崎正治之前曾访学哈佛，与穆尔有切磋。现在1922年出版的这个版本中，作者感谢了俞大维。92页的部分其实主要讲当时蒙古和清朝的藏传佛教。

② Frothingham Professor of the History of Religion 是哈佛神学院设立的不针对具体基督教某个特定神学派别的宗教史讲座，来源于1892年神学院通过的捐赠方案，该方案接受1849年本科毕业、1855年神学院毕业校友福洛兴汉（Frederick Frothingham，1825—1891）的遗愿，设立此讲座，但正式设立在1904年。见Justin Winsor ed. ，*Harvard University Bulletin*，No. 53，October，1892，p. 2；福洛兴汉的生平简介见 Samuel Atkins Eliot ed. ，*Heralds of Liberal Faith*，Vol. 3，Boston：American Unitarian Association，1910，pp. 257-258，footnote.

③ 1920—1921年他上的课包括4b《宗教史》（希腊化犹太教）、5《宗教史》（宗教与哲学中之不朽），见 *Harvard University Catalogue of Names*，*1920-1921*，1920，p. 94.

土宗以信得救的教义及其与基督教之比较》一文中引用了里昂
(D. G. Lyon) 和穆尔合编的论文集《宗教史研究》中卡平托
(J. E. Carpenter) 的文章①。

图十　穆尔教授

除赵元任、俞大维之外，还有其他同学也值得注意。1919 年出版的
《目录》260 页也显示当时汤森奖学金（Townsend Scholarship）得主中

---

① 即 *Studies in the History of Religions*，见 Francis C. M. Wei, "The Doctrine
of Salvation by Faith as Taught by the Buddhist Pure Land Sect and its Alleged Relation
to Christianity," *The Chinese Recorder and Missionary Journal*, Vol. 20（1920），
pp. 395-489；韦卓民纪念馆中译本见《韦卓民博士教育文化宗教论文集》，27～44
页，台北，华中大学韦卓民纪念馆，1980；高新民：《韦卓民学术论著选》，341～
355 页，武汉，华中师范大学出版社，1997，高氏注为张新义译文；实际仔细比对可
知后者袭自前者，仅略有字句更变和注释增减，如纪念馆译文保留了引用的姉崎正
治关于马鸣菩萨的文章，张译删去。另，纪念馆中译误将 P. Y. Saeki 译为赛基，张
译袭此错误，此应为佐伯好郎；张译 348 页脚注所谓理查德（T. Richard），亦误，
应译为李提摩太。

也有一位中国留学生，这就是韦卓民（Francis Cho-min Wei）①。同书176 页有文理研究院的韦卓民注册信息，来自中国武昌，住在梅森大街10 号（10 Mason St.）②。下注中国文华大学（Boone University）1911年学士、1915 年硕士，任文华大学数学、政治学、哲学教员，正在进行学术休假；一年级研究生，汤森奖学金获得者，专业为哲学和宗教史③。

考诸韦卓民早年的游学轨迹，可发现其与寅恪先生均曾在哈佛大学、柏林大学学习，算是两校校友。韦卓民籍贯广东，1911 年毕业于文华学院，获学士学位。由美国主教吴德施（Logan Herbert Roots，1870—1945）推荐赴哈佛学习，导师霍金（William E. Hocking，1873—1966）。韦卓民撰写的《武昌文华书院及其后身华中大学》云"1918 年，圣公会主教吴德施替我在美国哈佛大学研究院取得一名助学金，那年夏季，我赴美国留学。"④ 实际上，根据现有的哈佛记录表明这一奖学金或即汤森

---

①　据这一《目录》664 页，汤森奖学金每年授予五位学生，每人 300 美金。1861 年波士顿的汤森小姐（Miss Mary P. Townsend）捐赠两万美金设立。据 260 页的名单，其他四位获奖同学为 Harold Hooper Blanchard（英语、意大利语专业）、George Humphrey（来自英国肯特郡，1912 年牛津大学本科毕业，1912—1913 年伦敦大学硕士，1913—1914 年德国莱比锡大学留学，St. Francis Xavier's College 古代史教授，哈佛文理研究院博士一年级，1920 年获博士学位）、Claude Allan Patterson（爱荷华州立大学毕业，装饰艺术和装饰史教员，哈佛美术专业一年级）、Cleveland Sylvester Simkins（1916 年俄勒冈大学毕业，生物学专业二年级）。

②　当时住在这里的其他学生包括新泽西普林斯顿大学 1913 年毕业生福特（Edwin Shepard Ford），经济学二年级；纽约协和大学 1917 年毕业生哈洛克（Arthur Clifford Kimber Hallock），军事科学一年级；缅因科尔比学院 1916 年毕业生乔德瑞（Robert Joudry），历史、英语、斯拉夫语二年级；圣公会神学院和哈佛神学院注册学生古斯特雷（Frank Goostray）。韦卓民二年级搬到了劳伦斯堂 34 号（Lawrence 34），见 *Harvard University Register*，1919，p. 317.

③　*The Harvard University Catalogue*，1919，p. 176.

④　关于韦卓民留学哈佛之事，参见李良民、张运洪、申富强：《韦卓民年谱》，24～25 页，武汉，华中师范大学出版社，2010，295 页为韦卓民提及获奖之事；但书中未提韦是否与其他中国留学生有来往。又，高新民：《韦卓民传略》，见《韦卓民学术论著选》，478～483 页，此文主要基于曹方久文章（《韦卓民：沟通中西文化的巨人》，载《武汉春秋》，1996，第 5 期）改编，但有错讹，如韦卓民在哈佛的导师霍金写作 W. L. Hooking，误；此人早年在安多弗神学院和哈佛求学，后去德国哥廷根随胡塞尔学习，并游学柏林和海德堡，1914 年起任教哈佛。这样说来，韦卓民

奖学金，可补充韦氏年谱之记录。吴德施（Logan Herbert Roots，1870—1945），1891 年毕业于哈佛，1896 年毕业于麻省坎布里奇的圣公会神学院。他作为哈佛神学院校友而推荐韦卓民入学。韦氏 1918 年 9 月入哈佛，1919 年 7 月获哲学硕士。他在梅森大街的住址就在拉德克利夫学院边上，距离寅恪居住的麻省大道 1134 号约 1100 米，步行需十几分钟。韦卓民似乎和寅恪、俞大维这些同学没有太多来往。不过，他曾就读的武昌文华大学和俞大维上学的圣约翰大学都是美国圣公会在华支持的著名私立教会大学。1920 年 9 月韦氏回国任教于文华大学。虽然他和寅恪有一年半在哈佛重叠，似乎两人之间并不熟悉。1924 年文华大学和其他几所学校包括湖南雅礼大学、湖滨大学合并成立华中大学，韦卓民任副校长、副教务长，1926 年任校长。1927 年赴英国留学，1929 年在霍布豪斯（Leonard Trelawny Hobhouse，1864—1929）指导下获伦敦大学博士学位，其间也曾去牛津、巴黎、柏林等地游学。1929 年初韦氏在柏林时曾问学于汉学家福兰阁（Otto Franke，1863—1946）。这样他和寅恪一样都与哈佛和柏林大学有渊源。另外，1934 年当叶理绥（1889—1975）出掌哈佛燕京学社时，曾与访问美国为华中大学募款的韦卓民见面，叶理绥答应给华中大学捐助资金①。1936 年韦氏又陪同来华访问的叶理绥考察华中大学。

在我看来，韦卓民选择住在梅森大街，应该是出于学术和信仰上的双重考虑。因为此处不仅离哈佛很近，而且也离圣公会神学院（Episcopal Theological School）很近②，步行数分钟即可抵达。况且他

可算胡塞尔再传弟子。有关韦氏生平之英文文章，参见 Terry Lautz, "Christian Higher Education in China: The Life of Francis C. M. Wei," *Studies in World Christianity* Vol. 18, No. 1 (2012), pp. 21-40.

① 段锐：《春蚕萦绕千千缕只为兴学吐尽丝：忆韦卓民先生的办学精神》，载《中国高等教育》，2002，第 23 期，38～39 页；文中所说的埃里会夫叶理绥，日文名英利世夫；又，《韦卓民年谱》，73 页引了此文，作叶绥夫，恐怕是糅合此君的中日文名字。

② 这所圣公会学校 1867 年由波士顿商人瑞德（Benjamin Tyler Reed）创办，后来在 1974 年与费城神学院合并成圣公会神学院（The Episcopal Divinity School），地址仍在坎布里奇。

的一位同屋正是该神学院的学生，可以相互砥砺。这所神学院当时与哈佛大学联系密切，很多圣公会神学院的教授也同时在哈佛教书。韦卓民本身在圣公会文华大学受教育，毕业后又受洗为基督徒，估计在学术上和信仰上，选择距离圣公会神学院较近的地区居住，比较容易理解。

结　语

通过以上考察，可知寅恪在哈佛留学的三十一个月期间，至少住过三处。他1919年1月底初抵哈佛，便和俞大维、金麒章住在麻省大道1134号。从这里走麻省大道三分钟可到哈佛校园。如今从这里去哈佛校园会经过哈佛客栈（The Inn at Harvard），2008年3月我去哈佛东亚系演讲便住在此处。之后到秋天，寅恪成为二年级研究生，与顾泰来住在赭山街36号，同一地址还包括三位本科生和一位来自瑞典的心理系博士生隆德荷姆。当时吴宓和汤用彤作为研究生新生正住在哈佛本科生宿舍维尔德堂51号，他们经常去科克兰街6号白璧德府上讨论问题，甚至有时上课也在白府进行。白府本是一栋三层独立屋，自1993年以来归哈佛教学与学习中心的一位女士所有。这附近有个尔文旅舍（The Irving House），则是私人经营的民居式小型旅馆，房间里放置一些房东和房客留下的书籍供阅读，很有意思。2010年我去哈佛神学院做报告时被安排住在此处。这些机会颇帮助我了解了当地一些地理状况，如果要回到历史现场，对历史进行同情之理解，确实个人的具体体验有时会有所助益。寅恪进入第三年独自租了特罗桥14号的民宅居住，没有研究生室友，但其周围住着许多研究生。通常情况下，他们在路上相见时，也许会按照美国文化的惯例，简单打个招呼。

寅恪在哈佛短短两年多，竟换了三个住处，即麻省大道1134号、赭山街36号、特罗桥街14号①。另外，吴宓也频频更换住处。俞大维至少换了两个住处，但他基本上都是和圣约翰校友同屋。其实，这一点也不令人意外。单身留学生频频更换住处，常常是迫于无奈，一般一开始

---

①　将来如果有心人要拍摄有关寅恪或者1919年中国留学生在哈佛的影片，这几个地址毫无疑问正是绝佳取景点。

图十一　哈佛附近的尔文旅舍

常常和国内来的熟人、朋友或本国同学住在一起，有时虽然是研究生，却也能在本科生宿舍蹭住，到高年级便往往独自租住，图个清静。寅恪时代的研究生居住境况甚至延续到21世纪初。当我入读普林斯顿大学之时，第一年便住在学校优先安排新生入住的研究生宿舍（Graduate College），第二年则和朋友合租巴特勒研究生公寓（Butler Apartments）。熟悉环境之后，搬到距离学校更近的狄更森街（Dickinson St.），独自居住。后来也曾经在本科生宿舍洛克哈特堂（Lockhart Hall）蹭住半年，因此目睹了反映纳什生涯的电影《美丽心灵》在楼下的拍摄过程。最后一两年更不得不先后租住两处民宅，幸好大部分书籍存放在本系地下室的研究生公用办公室。我之所以在此严肃学术探讨中提出一点个人日常生活经验，乃想说明文献的阅读、学理的辨析与个人日常生活经验，对于一个人文学者研究历史，特别是知人论世均十分重要。前文我亦提及穆尔相当激赏俞大维的文献能力以及他对当时中国宗教生活的体验，而这些正是他更正穆尔的《宗教史》著作的学术与经验背景。

通过考察寅恪搬家的几个地点之间的距离以及他们和哈佛校园的关系，可知当时寅恪搬家的距离并不算远，距离学校也很近。同时距离学校近，可多利用图书馆。寅恪在哈佛的两年多时间，大部分时间室友和邻居都有不少外国留学生，如中国、瑞典、日本留学生，显然生活在一个比较国际化的小环境。总之，这样对当时地理环境、方位距离、邻里左右的考察可让我们获得一些现场感，从而对在其中成长的历史人物的真实生活有更直接的把握，而这对我们理解当时寅恪的留学生活状态非常重要。

从当时哈佛校方的记录来看，寅恪刚入学哈佛时1919年春季两个学期登记的专业领域为历史，后来在1919年秋季学期改为古代诸语言，主要集中学习印度语文学，旁及古典学和闪米特研究。前文的考察也揭示了寅恪留学时哈佛各主要相关学术部门负责人，包括校长法学家罗维尔、文理研究院院长中世纪史专家哈斯金斯、古代语言学部主任希腊学专家古立克、闪米特学系主任里昂、印度语文学系主任是兰曼、古典系主任穆尔。

我们知道寅恪先生当时在哈佛选过《现代德国史》等课程，也上过兰曼的《印度语文学》课以及希腊文，特别学习过柏拉图、亚里士多德、荷马、希罗多德等人的作品，而吴宓在日记中提及寅恪对希腊、罗马的议论，显然来自寅恪在哈佛修课的学习体会。后来寅恪可能觉得哈佛的古代语言研究深受德国影响，经与家人商议，决定重返德国，于是和俞大维一起到柏林大学。以当时哈佛文理研究院的教育状况而言，正如《哈佛大学名录》所清楚表明的，相当一部分学生以受教育为主要目的，来文理研究院只是利用丰富的学术资源，而并非追求具体学位①，看来寅恪属于其中一位。

另外，虽然寅恪后来对中国史学有着卓著的贡献，但他当年在哈佛不过是一位颠沛流离的普通留学青年。从当时整个留学生群体来看，他虽然深得梵文教授兰曼赏识，但在整个哈佛并非学术明星式人物，和赵元任、俞大维、韦卓民等人相比，因为不以学位为学习目标，他并没有获奖记录。不过他深得兰曼欣赏，梵文、巴利文学业成绩也较为优异。他年纪比赵元任、俞大维略大②，在哈佛已表现出一定的语言天赋，后来他在学术上声誉鹊起乃在于读书阶段有很深的积累。这和他在柏林时

---

①　*Harvard University Catalogue of Names*，1920-1921，1920，p. 284.

②　俞大维生于1897年，赵元任生于1892年，陈寅恪生于1890年，韦卓民生于1888年。

不同，在柏林，他的同学诺贝尔曾请益于他。他在哈佛期间似乎也不爱和人交往，韦卓民、李济等人和他都在哈佛，但似来往不多。他大概也是比较独来独往的，只跟俞大维、吴宓等少数人来往较多。他虽然参加了哈佛的中国同学会，但没有参加中华学联组织的问卷调查，所以《全美中华留学生名录》上没有他的信息。他也不如赵元任那样活跃，元任和当地学生常常打成一片，并与美国女生约会。寅恪先生的英文交流能力如何，难以获知，但恐怕和这几位相比不算很好①。因为他之前在德国学习，可能德文不错。而韦卓民出身文华大学、俞大维出身圣约翰大学，这都是圣公会办的顶尖大学，英文训练非常好。这种训练显然对他们适应在哈佛的英文学习和写作有巨大的帮助。毕竟外国留学生英文学术论文写作能力的培养和提升并非易事。赵元任 1910—1914 年在康奈尔读了四年本科，加上是语言天才，他的英文写作更无问题。寅恪和他们相比，至少英文上不占优势。寅恪后来填官方表格时将德文列为其最为通晓的外语可能并非仅仅是谦虚，亦反映出他个人实事求是的体会和认识。

寅恪三年级时的一些邻居，有日本留学生，犹太移民学生，也有美国本土学生，其中亦颇不乏青年才俊，后来有些成为知名教育家、文学研究家、企业家、社会学家、数学家，如福泽八十吉、石川林四郎、岩崎诚一郎、乔斯林、林菲德等人。这些人有些在当时也是默默无闻的，如石川、林菲德，但乔斯林却已是位冉冉升起的学术明星，屡屡在校内外各项论文竞赛中获大奖。寅恪和他们相比，似乎可以说成是"大器晚成"。当然得不得奖和专业有关，彼时哈佛汉学尚处于萌芽起步阶段，恐怕尚谈不上学术研究，而当时梵文亦是极为边缘的学科，因此得奖并非易事。以寅恪扎实的旧学背景，当时其汉学水平大概可称雄整个美洲大陆。

从当时哈佛教学情况来看，闪米特语言与历史专业课较多采用德文教材，而印度语文学恐怕也涉及不少德国研究成果，显示德国东方学对

---

① 我在以前的文章中曾将寅恪和其他东方学家如钢和泰、叶理绥等人的语言能力进行了对比，见《从陈寅恪论钢和泰的一封信说起》，载《书城》2009，第 6 期，13~18 页。见本书第二章。

当时美国影响甚大。我想当时这些情况大概对寅恪先生后来在 1921 年重返德国柏林大学不无影响。

最后略为补充寅恪留学哈佛时和他专业有关的一些博物馆的情况。首先是闪米特博物馆（The Semitic Museum），1889 年成立，1902 年博物馆在神学大道建立新馆，收藏品包括亚述语、叙利亚语、阿拉伯语写本，以及来自巴勒斯坦地区的各类文物和遗物。当时馆长是里昂教授①。他来自美国南部的亚拉巴马，求学于南浸信会神学院，后留学欧洲，1882 年以研究叙利亚文在莱比锡大学获博士学位，之后 1882—1910 年任教哈佛，被任命为荷利斯讲座教授（Hollis Chair），1910 年被任命为汉科克讲座教授（Hancock Professor of Hebrew and other Oriental languages）。哈佛闪米特博物馆由来自德国的犹太移民富翁施弗（Jacob H. Schiff，1847—1920）捐赠成立于 1889 年，而里昂是第一任馆长。1919 年寅恪到哈佛时，这位老先生已 67 岁，但仍在教学和研究上非常活跃，1921 年才退休。因他当时在哈佛的学术声誉和地位甚高，寅恪大概也了解一点他的学术。其次是福格艺术博物馆（The William Hayes Fogg Art Museum），1895 年建立，当时主要收藏希腊、意大利和德国的一些早期艺术品，以及少量东方艺术品。

本章提供一些寅恪留学时期的详细信息，可让我们获得对他更为丰富而生动的认识，毕竟他的经历已成为他个人、哈佛和那个时代历史的一部分。

---

① *Harvard University Catalogue of Names*，*1920-1921*，1920，p. 580.

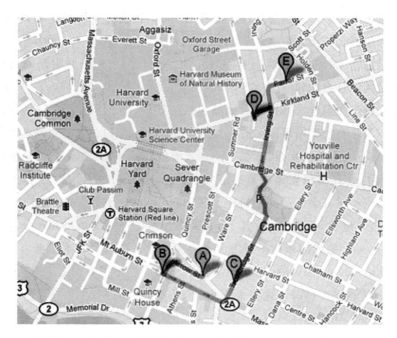

图十二　寅恪 **1919—1921** 年搬迁路线图及其住址至白璧德、兰曼家路线示意图

A：1134 Massachusetts Ave. 寅恪 1919 年春住址

B：36 Mt. Auburn St. 寅恪 1919—1920 学年住址

C：14 Trowbridge St. 寅恪 1920—1921 学年住址

D：6 Kirkland Rd. 白璧德教授住址

E：9 Farrar St. 兰曼教授住址

图十三　笔者用 IPAD 中的 Google Earth 制作的寅恪住地附近形势图

第二章 陈寅恪与德国早期学术联系新证

导　言

　　陈寅恪先生曾两次留学德国，分别是 1910—1912 年、1921—1925 年。但他早年留学时期与德国学术界的种种联系，学界了解并不多，仅张国刚先生撰文提示过寅恪先生在柏林的一些指导老师和学习科目的情况①。尔后陆扬先生在《泰东》（*Asia Major*）杂志发表研究鸠摩罗什的长篇论文《解读〈鸠摩罗什传〉：兼谈中国中古早期的佛教文化与史学》，引用诺贝尔（Johannes Nobel，1887—1960）早期译注《高僧传》中收录的《鸠摩罗什传》时，注意到诺贝尔感谢寅恪帮他看了一些难度很高的段落，他提示这大约是寅恪影响西方学术的最早记录②。这个提示很重要，当时诺贝尔和寅恪都在柏林大学，学友之间互相切磋可见一斑。除了与梵文专业同学有直接交往，寅恪大概也和汉学专业的同学有一些来往，虽然没有直接证据，但可根据一些蛛丝马迹推想当时的情况。

　　其实，20 世纪上半叶西文中有关寅恪之学术的记录还有一些③。比如 1931 年，当时还是柏林大学博士生的艾伯华（Wolfram Eberhard，

---

　　①　张国刚：《陈寅恪留德时期柏林的汉学与印度学——关于陈寅恪先生治学道路的若干背景知识》，见胡守为主编：《陈寅恪与二十世纪中国学术》，210～220 页，杭州，浙江人民出版社，2000。

　　②　Yang Lu, "Narrative and Historicity in the Buddhist Biographies of Early Medieval China: The Case of Kumarajiva," *AM*, Vol. 17, No. 2 (2004), pp. 5-6. 此文中文版刊《中国学术》，2005，第 23 辑，30～90 页。

　　③　不过，寅恪之学术在西文学术界的接受是个复杂的问题，具体到每个学术观点，应留给专门研究这些问题的学者去总结。

图十四　青年寅恪

1909—1988）也在法兰克福大学出版的《汉学》（*Sinica*）杂志提示过寅恪有关华佗的文章。艾伯华 1927 年进入柏林大学研究院，随福兰阁（Otto Franke）学习汉学，1933 年以研究汉代天文学的论文获得博士学位①；其同学中包括白乐日和卫德明（Hellmut Wilhelm，1905—1990）。白乐日 1923 年进入柏林大学，1932 年以研究唐代经济史获得博士学位，卫德明 1932 年以研究顾炎武的伦理思想获得博士学位，两位的论文均由福兰阁指导。艾伯华进入柏林大学时，寅恪早已回清华任教，两人在柏林未打照面。但白乐日和寅恪 1923—1925 年间均在柏林大学，或许有所交往。

　　其实除了以上其他学者揭示的寅恪先生在德国的经历之外，他与德国的早期学术联系还有若干线索值得略作评说。这些学术联系主要体现在寅恪曾长期作为德国东方学会会员与德国东方学界保持联系，也曾寄赠拓片给德国博物馆。而寅恪与他同时代一起在柏林大学学习的同学特别是白乐日之间或许也存在一些学术交流，寅恪后来之所以转向唐史研究或许和白乐日早年学术关注有关。

　　① 其学记见 *Wolfram Eberhard* （1909-1989）：*Sinologe*，*Ethnologe*，*Soziologe und Folklorist*；*Schriftenverzeichnis*，zusammengestellt mit einer biografischen Einleitung von Hartmut Walravens，Wiesbaden：Otto Harrassowitz，2009.

第一节　陈寅恪与德国东方学会

20 世纪初德文学术出版物中保存了若干提及寅恪的线索，颇值得留意，通过仔细考察这些线索，可略知当时德国东方学界一些学者之动向以及寅恪与德国学术界之联系。

首先值得一说的是，寅恪离开哈佛到柏林不久即找到组织，加入了德国东方学会，他至少从 1921 年 9 月起即是德国东方学会会员，这一联系一直维持到他赴清华国学研究院上任。1922 年出版的《德国东方学会会刊》（ZDMG）在其会员名单中列上了寅恪的大名，会员号为 1888。当时他还是研究生，地址是柏林选侯大街中国使馆①。1921 年 1 月 7 日和 9 月 30 日东方学会在莱比锡开了两次会，寅恪在柏林大学的老师吕德斯（Heinrich Lüders，1869—1943）是德国东方学会副会长②。大概因为老师是"领导"的缘故，他在 1921 年 9 月加入了东方学会③，算是1921—1922 年度会员。当时的会长是外交部长罗森（Friedrich Rosen，1856—1935），东方学会会员号为 1735。他虽然是外交部长，也是位学者，父亲是伊斯兰学家，后投身外交事业，长期在中东出使，母亲则来自英国犹太学者家庭。罗森在莱比锡出生，在耶路撒冷长大，从小便学习了德语、英语、阿拉伯语和土耳其语，后来在柏林、莱比锡、哥廷根、巴黎等地学习东方诸语言。1887 年起在柏林大学教波斯语和乌尔都语。1890 年因和柏林大学领导发生冲突，遂放弃教职进入外交界，长期出使

①　ZDMG，Vol. 76（1922），p. XXI；原文为 1888. Herr stud. phil. Yinkoh Tschen, Berlin, Kurfürstendamm, Chinesische Gesandtschaft. 即学习印欧语言，在哲学学院。

②　ZDMG，Vol. 75（1921），p. XIII；吕德斯是 Stellvertr. Vorsitzende，地址是Berlin-Charlottenburg, Sybelstraße 19. 这里距离寅恪的住址并不远，步行十几分钟能到。有关吕德斯的中文简传见刘震译、瓦尔德施米特撰：《吕德斯与西格追思》，载《西域文史》，2010，第 5 辑，243～247 页。

③　寅恪于 1921 年 8 月 21 日自哈佛赴纽约，8 月 28 日赴汉堡；11 月 3 日才正式注册柏林大学；见林伟：《陈寅恪的哈佛经历与研读印度语文学的缘起》，载《世界哲学》，2012，第 1 期，149 页。

中东地区。1921 年 5 月至 10 月担任外交部长。所以《东方学会会刊》注明了他的身份（Staatsminister）。1935 年他病逝于北京。

图十五　寅恪的老师吕德斯

　　按照现代学会的惯例，会员加入学会需按年度缴纳会费，而加入学会之后将定期收到学会会刊、通讯以及召开年会的信息。所以只要参加这种学会成为会员，便可以及时了解学术界同行的学术活动和学术进展。与寅恪同一年出现在东方学会会员名单中的其他几位值得注意的学者还包括哥廷根大学教授吐火罗语学者西格（Prof. Dr. Emil Sieg，1866—1951）①、莱比锡大学的学生哈隆（Herr Gustav Haloun，1898—1951）②、林语堂③、卫礼贤④。而上一年的学会会员名册中则有西格林、

---

　　①　见 XIX 页，1805 号会员；住址为 Göttingen, Herzberger Landstr. 52，他和下面提到的 Siegling 都是吐火罗语学者，是后来季羡林留学哥廷根时的老师。

　　②　见 XX 页，1850 号会员，地址是 Leipzig-Neureudnitz, Mühlstr. 10b, I. 他来自奥匈帝国，是捷克人，当时还是莱比锡大学的学生，毕业后任教于布拉格、哈勒、哥廷根、剑桥等大学。

　　③　见 XX 页，1869 号会员，地址是 Leipzig，Bauhofstr. 11。

　　④　1886 号，Herr Pfarrer Dr. Richard Wilhelm，Allg. Evgl. Missionsverein，Berlin W. 57，Pallasstr. 8. 再往后 1888 号便是寅恪。

勒柯克、缪勒①。

在 1923 年出版的会刊中，寅恪地址变为克讷塞贝克街 22 号②。这个地址业已为张国刚先生揭示，在搬入这个地址之前，寅恪住在康德大街 30 号③。康德大街 30 号这个地址自 1905 年起住着一家犹太人，即乌瑞一家（男主人埃米尔·乌瑞，Emil Ury，1835—1920；女主人弗兰琪丝卡·乌瑞，Franziska Ury，1847—1940），两人育有两子两女，长女是著名的儿童文学作家埃尔泽（Else Ury，1877—1943）。他们一家 1905—1933 年居住在此（1933 年搬至 Kaiserdamm 24），不过，因为 1920 年埃米尔去世，所以当寅恪 1921—1922 年住在此处时没有见过埃米尔，但对弗兰琪丝卡和埃尔泽应该并不陌生。1943 年 1 月埃尔泽在奥斯维辛集中营被党卫军毒杀④。现在这里有一块铭牌注明是埃尔泽旧居。这家人应该便是寅恪 1921—1922 学年的房东了。

其实，克讷塞贝克街 22 号距离康德大街 30 号很近，只有不到五百米，其距离类似他在哈佛时期从麻省大道 1134 号搬到赭山街 36 号。看来没搬多远。上文我已提示俞大维离开哈佛时，留给哈佛一个在柏林的地址，由中国使馆转信，这个地址在选侯大街 218 号（Kurfürstendamm 218）。实际上，寅恪在克讷塞贝克大街的住址距离这里只有区区八百米，步行十分钟即可到达。寅恪住处距离柏林大学约 5.6 公里，中间要经过

---

① *ZDMG* Vol. 75（1921），p. 16；1730 号 Herr Prof. Dr. Albert v. Le Coq，Kustos im Museum für Völkerkunde，Berlin-Dahlem，Humboldtstr. 25. 1737 号 Wilhelm Siegling，地址为 Berlin-Friedenau，Offenbacherstr. 5；1738 号：F. W. K. Müller，地址为 Berlin-Zehlendorf，Berlinerstr. 14。

② *ZDMG* Vol. 77（1923），p. XIX，Herr stud. Phil. Yinkoh Tschen，Berlin，Knesebeckstr. 22b / Sander。1924 年出版的 78 卷 XXXIV 页记录了 2402 号会员突厥回鹘学者葛玛丽 Frl. stud. sin. Annemarie von Gabain，Berlin SW 11，Hallesches Ufer，Nr. 24.

③ 张国刚：《陈寅恪留德时期柏林的汉学与印度学——关于陈寅恪先生治学道路的若干背景知识》，见胡守为主编：《陈寅恪与二十世纪中国学术》。

④ 有关其生平见 Marianne Brentzel，*Mir kann doch nichts geschehen：Das Leben der Nesthäkchen-Autorin Else Ury*，Berlin：Edition Ebersbach，2007. 也参见拙撰介绍，《埃尔泽：陈寅恪先生在柏林的房东》，载《文景》，2012，第 10 期，77～84 页。

图十六 左：**1896** 年的 **Else Ury**；右：中年 **Else Ury**

蒂尔加藤公园，许多政府机构都设在此地。了解这些地理信息对于理解寅恪早年留学生活和交游也至关重要。

1926 年《德国东方学会会刊》卷 80 第 115 页列出的会员名单中第二人为寅恪先生，会员号未变，当时身份仍为研究生，但地址变为北京清华大学清华研究院①。该卷 88 页列出的 1232 号会员为苏俄东方学家巴托尔德（1869—1930），来自圣彼得堡。92 页 1529 号会员为美国印度学家爱哲顿（1885—1963），地址是宾夕法尼亚州。这说明爱哲顿当时还在宾夕法尼亚大学任教，而 1926 年下半年他就搬到耶鲁担任塞利斯伯里讲座教授。94 页 2043 号会员为奥地利印度学弗劳瓦尔纳（Erich Frauwallner，1898—1974）。

有趣的是，该卷 115 页第八人为 1552 号会员宇井伯寿（Ui Hakuju，1882—1963）教授，地址为仙台东北帝国大学印度学系。此人曾在图宾

---

① *ZDMG*，Vol. 80，1926，p. CXV；原文为 Tschen Yinkoh，stud. phil. The Tsinghua Research Inst. Tsinghua Univ.，Peking.

图十七　青年寅恪在柏林

根及牛津大学留学，回国后任教于东北帝国大学。前一页记录有 2234 号会员铃木宗忠（Suzuki Munetada，1881—1963），地址为仙台（东北帝大）比较宗教系①。他也是重要的佛教哲学和宗教学者，曾留学欧洲，与宇井伯寿一起编过《德格版西藏大藏经总目录》，甚至早在 1933 年即翻译出版了迪尔凯姆的《自杀论》。寅恪对这几位学者都不陌生，他撰写《梁译〈大乘起信论〉伪智恺序中之真史料》时翻检了多种有关《大乘起信论》的日文论著，其中也包括铃木宗忠、宇井伯寿的作品②。

---

① 1925 年出版的 ZDMG 第 79 卷 XXXIII 页记录了 2479 号会员东北帝大的金仓圆照 Yensho Kanakura，Sendai（Japan），z. Zt. Bonn a. Rh. ，Kaiserstr. 175. 当时住在波恩。他也是参与编辑《德格版西藏文大藏经总目录》的学者之一。1928 年的 ZDMG 第 82 卷（p. XVIII）有荻原云来的名字，和西门华德列在地址变更成员的名单中。

② 见陈美延：《陈寅恪先生遗墨》，135～136 页，广州，岭南美术出版社，2005。

另，这一卷 115 页倒数第二人为瓦尔德施米特（1897—1985），地址为柏林南部的施瓦茨霍夫伯格大街 3 号①。这位先生是寅恪的柏林大学梵文班同学，后来在哥廷根大学教季羡林先生。当时他和寅恪都是吕德斯的学生。瓦尔德施米特 1924 年以研究梵文写本中的比丘尼戒在吕德斯指导下获博士学位，毕业后即在吕德斯推荐下受雇于柏林民俗学博物馆，以便研究格伦威德尔和勒柯克从中亚获得的古代遗物。在这之前，吕德斯还有一位学生诺贝尔，1911 年博士毕业，年仅 24 岁。诺贝尔 1915 年进入柏林皇家图书馆工作。他曾感谢过陈寅恪帮他看一些汉文佛教史料，前文已经提及。

图十八　**1936 年任教哥廷根大学的瓦尔德施米特**

这一期的会员名单中还有 2137 号会员泰戈尔（Rabindranath Tagore，1861—1941）②，以及 1393 号会员英国印度事务部图书馆长托马斯（F. W. Thomas，1867—1956）。托马斯在剑桥大学学习梵文和印度学，1898—1927 年之间托马斯在印度事务部图书馆任馆员，主要负责保管斯坦因、霍恩雷从中亚带回的古物以及联系英国本土和欧洲大陆的相

---

① Waldschmidt，Ernst. Dr.，其地址为 Berlin-Lankwitz，Schwarzhofbergerstr. 3；1921 年《会刊》75 卷 XVI 页注他是 cand. phil. 哲学学位候选人，地址为 Berlin N 58，Lychenerstr. 115 VI.

② 据《吴宓日记》，第二册，197 页，泰戈尔曾于 1920 年 12 月 5 日赴哈佛演讲，吴宓参加。

关研究人员，帮助整理这些古物。1927—1937 年任牛津大学博登梵文讲座教授。

1927 年出版的《德国东方学会会刊》第 81 卷 99 页将寅恪列入地址变更的会员名单，头衔变为教授，地址变为清华学校①。因为寅恪没有博士学位，所以没有按照德国的惯例称之为 Prof. Dr. Yinkoh Tschen。前一年他的地址为清华大学清华研究院，到了这里就成了清华学校（Tsching Hua College），未知何故。实际上他就职单位的正式名称为清华学校研究院。同书 100 页记录了著名的梵文学家洛伊曼（1859—1931）②。洛伊曼即是受霍恩雷委托研究他从新疆带回来的于阗文写本的学者。他原本出生在瑞士，曾游学于日内瓦、苏黎世、莱比锡和柏林，在莱比锡获得印欧语言学博士学位，后来待在柏林一段时间研究中亚写本，之后到斯特拉斯堡大学任教至 1919 年，因为第一次世界大战的原因，转到弗莱堡，一直待到去世。

1928—1930 年的《德国东方学会会刊》没有提及寅恪。但 1931 年出版的《德国东方学会会刊》第 85 卷将寅恪列入退出该会的学者名单③。此后寅恪将不再是德国东方学会会员。1931 年起大概因为他将治学重点转向中古史，不再花精力关心德国东方学的进展，因而也不再继续通过德国东方学会追踪东方学的进展。1921—1931 年间寅恪作为德国东方学会会员长达十年之久，这十年间他显然将东方学会作为一个重要学术窗口来了解德国东方学的进展。

综上所述，我将这些重要的学者列出，乃是想让读者获得一个参照系，读者可了解寅恪身为德国东方学会会员，到底与哪些国际同行属于一个学术共同体。因为寅恪作为会员，能定期收到《德国东方学会会刊》，当然会看到这些名单，对这个圈子的学者有所了解。

---

① *ZDMG*，Vol. 81，1927，p. xcix；原文为 Herr Prof. Yinkoh Tschen，Peking，Tsching Hua College.

② 其记录为 Prof. Dr. Ernst Leumann，Freiburg i/Br.，Ludwigstr. 33.

③ "Herr Yinkoh Tschen，Peking，The Tsing Hua Research，Insritute Tsin Hua University," in *ZDMG*，Bd，85，1931，p. 101. 这个记录略显粗糙，正确的写法应该是 The Tsing Hua Research Institute，Tsing Hua University.

另外，寅恪1927年曾捐赠三件碑铭拓片给柏林民俗学博物馆，也附记于此。1927年出版的《柏林博物馆》柏林"民俗学博物馆"（Museum für Volkskunde）下第二条东亚部分提到一份礼物来自北京陈寅恪，系一个中国人给的某不明寺院铭文的三件拓片①。不过寅恪的名字写成Tschen Ying-koh，显然寅字多了一个g。这个记录很简略。民俗学博物馆已于1999年改名为德国民族学博物馆，这些拓片如果没被第二次世界大战时盟军的战火摧毁的话，可能还在。上文提到，格伦威德尔、勒柯克、瓦尔德施米特等人均在柏林民俗学博物馆研究中亚古物，想必受业于吕德斯的寅恪当时亦常走访这个博物馆，因而建立联系，不然他不会捐赠拓片给该馆。

图十九　**1910**年的柏林大学。寅恪先生**1910—1912**年第一次留学柏林大学

---

① Staatliche Museen zu Berlin，Preußischer Kulturbesitz，*Berliner Museen*，Vol. 48，No. 4 (1927)，p. 104.

第二节 陈寅恪、白乐日与现代唐史研究

说到德国学术对寅恪的影响，一般读者或许会立刻想到寅恪先生在柏林大学学习梵文和其他东方古文字的经历，其实我很想了解寅恪先生在德国的学术经历是否对他后来转向中古史特别是唐史研究有潜在的影响。因而这一节将主要探讨寅恪在柏林大学念书时其同窗白乐日学习和研究的状况，以及后来他回国后与日本唐史学者的接触，探讨寅恪在当时西洋和东洋汉学大氛围下所受的学术影响。换言之，我非常想提供寅恪在中国建立现代唐史研究轨范之前世界唐史研究的一个背景说明，并从中找出一些现代唐史研究发展的线索。

我想寅恪先生大概和他的柏林大学同学白乐日（Balázs István，1905—1963，后来常用 Étienne Balázs）在学术上相互砥砺。从寅恪论著发表的时间表来看，他 1931 年发表一篇唐史论文《李唐氏族之推测》，1933 年发表两篇唐史论文，包括《连昌宫词质疑》和《李唐氏族之推测后记》，到 1935 年，他连续发表了多篇有关唐史的重要文章，涉及民族（《李太白氏族之疑问》、《三论李唐氏族问题》）、政治（《李德裕贬死年月及归葬传说考辨》）、经济（《元白诗中俸料钱问题》）、宗教（《武曌与佛教》）、文学（《韩愈与唐代小说》）等诸多议题。考虑到当时寅恪先生的考证文字篇幅都较短，而一篇论文发表周期也不长，应该可以推测他将治学重点转向唐史不会早于 1931 年。从寅恪发表这些文字涉及的议题来看，他很注意政治与经济、宗教之关系，而当时寅恪在柏林大学的学弟白乐日已在其博士论文中将政治、经济和宗教伦理结合在一起考察唐代经济史。除了议题之外，以方法和材料而言，白乐日的研究路径正是以韦伯之政治经济学和宗教社会学为理论依托来研究唐代经济史，而他使用的材料，除了制度史、正史史料之外，也利用了少量诗文和敦煌文书。这些史料之运用也是寅恪治唐史之特色所在。

寅恪先生早年因关注中亚史地，在其未大量发表唐史论文之前，早已注意敦煌文书中的唐史史料，并陆续阅读了大量魏晋南北朝隋唐史料。兹举一例为证，《陈垣来往书信集》载一封寅恪致陈垣书信，托陈垣在其

所编《全唐文》、《全唐诗》索引中查三个大中时代的人名：王端章、陈元弘、左承珍①。这封信落款为四月五日，故编者编在1930—1932年之间，或推测其写于1931年4月5日。从内容看似乎寅恪注意力转向唐史，但稍微仔细看一下这几个人名，可知其实际上出自敦煌出土的《张议潮变文》（见敦煌文书P.2692）："先去大中十载，大唐差册立回鹘使御史中丞王端章持节而赴单于，下有押衙陈元弘走至沙州界内，以游奕使佐承珍相见。"此处佐承珍应是寅恪托陈垣所查左承珍。故而可知寅恪彼时关注点仍在敦煌、中亚史事也，非转向唐史②。不过，这一段时间他在研习敦煌文书过程中，一定积累了相当多的唐史史料，为后来钻研唐代制度史打下坚实基础。另外一例是他当时也关注寺本婉雅的《唐蕃会盟碑》译文研究。同时他也借阅《广雅丛书》所收《东晋南北朝舆地表》、《南北史表》，以及《九通》、《全汉三国晋南北朝诗》，并订购罗振玉著《魏书宗室传注》。他借书的范围也包括许多唐代史料及其相关辩证研究，如《大唐新语》、《唐国史补》、《开天传信记》、《明皇杂录》、《大唐传载》、《贞观政要》、《资治通鉴注辩证》等书。1930年他也开始订购《全唐文》，似乎是为将治学重点转向唐代做准备③。前文说过，1931年起他退出了德国东方学会④，这应该也是他自此全面转向中古史的一个

---

① 陈智超编注：《陈垣来往书信集》，增订本，397页，北京，生活·读书·新知三联书店，2010。

② 1923年8月《学衡》杂志第20期刊出的寅恪《与妹书》云"我所注意者有二：一历史，唐史、西夏、西藏即吐蕃，藏文之关系不待言；二佛教，大乘经典，印度极少，新疆出土者亦零碎。"他这里所说的唐史，将西夏、西藏放在一起，大概也主要是指唐代西域史、敦煌归义军史料等。寅恪真正开始出版唐史论文是1931年以后的事。

③ 以上借书和订书记录参见刘经富披露的陈寅恪先生书信，就1932年以前的记录来看，其研究重点仍是中亚史地和佛学；见刘经富：《陈寅恪未刊信劄整理笺释》，载《文史》，2012，第2辑，229～255页。刘先生文中亦提及寅恪关注《水经注》，实际上1936年寅恪在《清华学报》第11卷第1期发表的《〈桃花源记〉旁证》一文中使用了《水经注》中所收的戴祚《西征记》文字，以讨论东晋末中原坞壁之遗迹；见陈寅恪：《金明馆丛稿初编》，192～193页，北京，生活·读书·新知三联书店，2001。

④ *ZDMG*，Bd.85，1931，p.101.

信号。

但他转向唐史其实有一个过程，先从研究中亚、西域、边疆转向研究胡汉关系、边疆胡族与文化对中原的影响，再转向中原地区历史研究。比如他 30 年代在清华开了一门课"晋南北朝隋唐史研究"，从他留下的备课笔记看，主要关注民族和文化，其中民族问题主要集中在"五胡乱华"、"六镇之乱"、"安史之乱"等主题，而文化主要讲道教和佛教，道教尤其注重道教与佛教论争中的夷夏问题①。所以总的来说，还是关注边疆、域外民族文化对中原历史发展的影响。

寅恪 20 世纪 30 年代不仅是因为不甘逐队随人继续做东方学，其转向中古史研究或许也来自白乐日 1931—1932 年所出版博士论文《唐代经济史研究》②的刺激。白乐日的论文虽然是论述唐代财政史，但因为他熟悉韦伯的著作，其论著涉及政治制度、军事制度、民族关系、宗教文化等诸多方面，举凡当时的政治制度发展、权力分配、府兵制度③、寺院经济、胡族移民，均有涉及。他的著作不仅特别强调了传统史籍中的志书如《唐六典》、《通典》、《唐会要》、《唐律疏议》的重要性④，还引用了翟林奈（Lionel Giles，1875—1958）的敦煌经济社会文书研究，堪称是现代唐史研究的开山奠基之作。正如李雪涛先生所言，白乐日将其研究所用原始资料分为"同时代的原典"如《唐律疏议》、《唐六典》、《通典》、《元和郡县志》等，以及"之后的原典"如《旧唐书》、《新唐书》、《唐会要》、《资治通鉴》、《文献通考》等两类，显然受到德国史学

---

① 陈寅恪：《陈寅恪集·讲义及杂稿》，34 页，北京，生活·读书·新知三联书店，2012。

② Balázs István, "Beiträge zur Wirtschaftsgeschichte der T'ang-Zeit, 618-906," *MSOS*，Vol. 34（Berlin，1931），pp. 1-92；Vol. 35（1932），pp. 1-73；Vol. 36（1933），pp. 1-62. Beiträge 意为贡献，可称为论文集，或论丛，或论集，这里以研究称之。

③ Balázs István, "Beiträge zur Wirtschaftsgeschichte der T'ang-Zeit, 618-906," *MSOS*，Berlin，1931，p. 26，注 53 是一个长注，讨论了府兵制度。

④ Balázs, "Beiträge zur Wirtschaftsgeschichte der T'ang-Zeit, 618-906," *MSOS*，Berlin，1931，p. 7。

对史料认识的影响，很有意思①。

白乐日 1905 年生于匈牙利布达佩斯，1923 年入柏林大学，以福兰阁为师，1925—1926 年留学巴黎，由马伯乐（Henri Maspero，1882—1945）指导，1926 年返回柏林继续学业，1932 年 2 月 15 日获得博士学位。之后短期任教布拉格大学，后因纳粹占领捷克，迫不得已于 1935 年移民法国。但作为一位在德国拿到学位的匈牙利移民，他在法国并不顺利，一直未能获得稳定的学术位置。1940 年德国入侵法国之后，他和妻子躲到法国南部乡下，以种地和养鹅为生。1945—1948 年他在当地天主教学校教英文和德文。1948 年才回巴黎。他一开始参与了《1400 年前的中国制度史》的研究项目，陆续写了一系列研究东汉至六朝思想与制度变化的论著，特别讨论了玄学、清谈的兴起和发展，也对竹林七贤做了详尽的讨论②。1949 年他在《通报》卷三十三发表了《汉末的政治哲学与社会危机》一文，此文虽然主要参考西洋学者的成果，但居然也引了汤用彤的《汉魏两晋南北朝佛教史》以及容肇祖的《东汉几个政治家的思想》（1927 年刊于《国立第一中山大学语言历史学研究所周刊》）等中文论著，白乐日主要探讨了王符、崔寔、仲长统等人的思想。

1949 年白乐日进入国立科研中心，开始研究中古经济社会史。1953—1954 年他刊布了《隋书·食货志》的法文译注，此书获得儒莲汉学奖。1954 年布罗代尔（Fernand Braudel，1902—1985）在高等实验学院第六部开展中国研究项目请白乐日加盟。白乐日次年正式加入布罗代尔的研究团队。布罗代尔请白乐日草拟了宋史研究计划，试图获得洛克菲勒基金会资助，但未获成功，因为洛克菲勒基金会认为这一计划并不

---

①　李雪涛撰文介绍了白乐日在德国的学术经历和成就，特别提示了白乐日博士论文的基本内容、规模和学术取向，颇为明了；见《作为德国汉学家的白乐日》，见阎纯德主编：《汉学研究》，第 12 集，360～367 页，北京，学苑出版社，2010。

②　见 Balázs，"Political Philosophy and Social Crisis at the End of the Han Dynasty," in *Chinese Civilization and Bureaucracy*：*Variations on the Theme*，translated by H. M. Wright，edited by Arthur F. Wright，New Haven and London：Yale University Press，1964，pp. 193，225. 这篇文章也提到了中国学者杨联陞的《晋书食货志研究》（《哈佛亚洲学报》卷九，1946）以及冀朝鼎的《中国历史上的基本经济区》（1936 年伦敦出版）两种英文著作。

研究当前中国问题。不过白乐日得以和布罗代尔合作，留在高等实验学院开展学术研究①。1958 年，第六部成立了中国研究中心，白乐日、谢诺（Jean Chesneaux，1922—2007）、谢和耐、小英利世夫（Vadim Eliseeff，1918—2002，即叶理绥之子，后任吉美博物馆馆长）进入这一研究中心工作。在布罗代尔努力下，白乐日的研究计划获意大利图齐基金会赞助。白乐日在高等实验学院的授课吸引了不少国际学者参与，比如剑桥的杜希德（Denis Twitchett，1925—2006）、蒲立本（Edwin George Pulleyblank，1922—2013）、布拉格的普实克（Jaroslav Průšek，1906—1980）、慕尼黑的傅海波（Herbert Franke，1914—2011）都前来学习。

　　这里简单提示一下白乐日在欧洲学术谱系中的地位。他实际上深受韦伯、布罗代尔等人的影响。早年他受福兰阁提示，主要用韦伯的思路来研究中国经济史。后来他又加入布罗代尔的全球比较研究计划，实际上他的研究是布罗代尔全球比较经济社会史研究的一个分支项目。韦伯曾试图通过研究中国和印度的诸宗教来探讨它们与新教的差异。而布罗代尔实际上也很关注中国和印度，不过，他是从物质文化、经济社会史的角度来看待"东方"（中国和印度）和"西方"（欧洲）在中世纪以来历史发展的差异。所以他特意请了白乐日来主持中国经济社会史的研究，同时请了一位美国左翼历史学家桑纳（Daniel Thorner，1915—1974）来主持印度经济史的研究。桑纳主要研究印度农民史，但因受麦卡锡运动影响，与妻子出走到印度，在印度待了十年，先出版了《印度的农村前景》（1956）一书，离开印度之后又出版了《印度的农业合作社》（1964）

---

　　① 参见 Françoise Aubin，"Introduction à la série I，'Histoire et institutions'，" in *Études Song：In Memoriam Étienne Balazs*，series I，pt. 1，ed. by Françoise Aubin，Paris：Mouton，1970，pp. 23-24；Christian de Pee，"Cycles of Cathay：Sinology, Philology, and History of the Song Dynasty（960-1279）in the United States，" *Fragments：Interdisciplinary Approaches to the Study of Ancient and Medieval Pasts* Vol. 2（2012），pp. 42-43.

和《印度的土地与劳作》（1965）①。这三本著作引起学界的广泛注意。1962 年布罗代尔请他到高等实验学院参加自己的团队，负责印度史研究②。布罗代尔继续了韦伯提出的资本主义兴起史的研究。他试图进行世界各国的近代经济社会史比较研究，以建立一个宏观的历史解释框架，特别注重从物质文明和经济发展两方面来重新解释资本主义的兴起。

英国当代学者古迪（Jack Goody）批评布罗代尔仍然是一位欧洲中心主义学者，即试图证明欧洲资本主义的优越，在这一点上与韦伯一脉相承。他也批评韦伯对文化事件的所谓客观性分析，认为韦伯将"文化"定义为人类传递意义和重要性的一部分并不合理，而应回到英国人类学家泰勒的传统定义，即文化涵盖人类所有已知的活动，既包括物质活动也包括精神活动。然后他又批评布罗代尔在转向研究资本主义时实际上接受了很多西方学者关于东西方历史差异的预设，比如关于欧洲城市的独特性；不过布罗代尔不同意韦伯所提出的新教伦理创造出资本主义精神的看法③。

白乐日晚年常常应邀到世界各地讲学。比如 1960 年在牛津和剑桥做关于中国资本主义起源的演讲。尔后 1961 年傅吾康邀请他到汉堡任访问教授，这使得他有机会在第二次世界大战后第一次访问德国。1962 年他到美国参加亚洲学会年会，也借机访问了耶鲁和哈佛，与芮沃寿、费正

----

① 这三本书即 *The Agrarian Prospect in India：Five Lectures on Land Reform Delivered in 1955 at the Delhi School of Economics*，Delhi：University Press，1956；*Agricultural Cooperatives in India*，London：Asia Publishing House，1964；*Land and Labour in India*，London：Asia Publishing House，1965.

② 见 Harriet T. Zurndorfer，"Not Bound to China：Étienne Balazs, Fernand Braudel and the Politics of the Study of Chinese History in Post-War France," *Past & Present*，Vol. 185，No. 1（2004），pp. 191-192.

③ 见 Jack Goody，*The Theft of History*，Cambridge：Cambridge University Press，2006，pp. 180-211. 不过，Goody 举的基本上也都是宏观研究的二手资料来批判布罗代尔，而且是有利于他看法的论著。比如他批评所谓"中国农业发展劳力太过充裕"乃是一普遍而错误的看法时，引的是 John M. Hobson，*The Eastern Origins of Western Civilization*，Cambridge：Cambridge University Press，2004；他没有引中国农业发展史专家的研究。

清见面，两位美国学者建议将其著作译成英文在美国出版。这便是后来由芮沃寿作序的《中国文明与官僚主义》（*Chinese Civilization and Bureaucracy*）一书。1963 年他应邀在伦敦大学亚非学院做了系列演讲，讨论黄宗羲、顾炎武、王夫之等人的思想。可惜当年 11 月份，他终于因心脏病去世。

也许因为白乐日的论著大多以德文、法文发表，加上他的作品偏重论述，而非考证，在法国汉学中属于另类，不属于伯希和学术传统的谱系之中，至少就中国学界而言，似乎注意他的人不多。伯希和在中国声名远播，也是因为他的考据路数与中国传统学术颇有相合之处。有趣的是，作为寅恪密友的吴宓却对伯希和有一番不同的评价，他 1931 年 2 月 24 日在巴黎游学时曾与伯希和见面，但对伯氏印象不佳。他说"其人乃一精明强干之人，又系一考据学者，宓不喜之。"又说"然彼之工夫，纯属有形的研究，难与语精神文艺。"①虽然寅恪先生当时的研究也重考据，但既然吴宓这么说，以他对寅恪的欣赏，似乎不能完全将寅恪的学术取向与伯希和视为相同，寅恪考据之外仍有其关注天竺外来文化与中国本土文化之碰撞这一更大的语境，不纯然属技术性考据工作。实际上，白乐日对传统汉学之琐碎颇多批评，可以说在白乐日看来，伯希和代表的是类似汉儒之章句小儒、破碎大道式汉学，而他自己的汉学更像宋代儒学，关注大问题、大趋势②。从这种偏好宏观视野来看，他深受韦伯和老师福兰阁的学术思想影响，类似于内藤湖南对于玉井是博的影响，有关这一点后文将进行更多讨论。不过，后来薛爱华（Edward H. Schafer）对美国汉学界的反伯希和趋势有一些反思，认为这一趋势使得美国汉学界丧失了从伯希和著述获益的机会。在他看来，伯希和学术有两大特色，一是娴熟使用各种东方语言，这是法国汉学奠基人雷慕萨

---

① 见吴学昭整理：《吴宓书信集》，181 页，吴宓 1931 年 2 月 25 日致浦江清的信；《吴宓日记》，第五册，1931 年 2 月 14 日日记。

② 白乐日对传统汉学之批评见于他给费正清主编的《中国思想与制度》一书的书评，Review：*Chinese Thought and Institutions*，edited by John K. Faibank，Comparatice Studies of Cultures and Civilizations，Chicago：University of Chicago Press，1957，in：*JAS*，Vol. 19，No. 3（May，1960），pp. 321-325，批评见 321 页。

留下的传统；二是批判地辨别史料①。在法国，高等实验学院于 2002 年 5 月组织了白乐日学术研讨会，重新检视白乐日的学术成就②。

　　白乐日主要是福兰阁培养的学生，福兰阁尤其在介绍韦伯的社会学理论方面对白乐日影响很大。这里对福兰阁的学术生涯略作介绍。福兰阁早年在弗莱堡学习历史和比较语言学，1884 年转到哥廷根大学研究院随基尔豪恩（Franz Kielhorn，1840—1908）学习梵文，1886 年毕业，博士论文写吠陀《式叉论》。之后他去了基尔大学短期学习梵文俗语。值得注意的是，后来吕德斯也去哥廷根追随基尔豪恩学习梵文和印度学，1894 年获得博士学位。1895—1898 年留学牛津大学，求学于缪勒（Max Müller，1823—1900）门下。吕德斯实际上是福兰阁的师弟。基尔豪恩（Franz Kielhorn）是印度学家斯坦茨勒的学生，获得布雷斯劳大学博士后 1862—1865 年在牛津参加莫尼尔-威廉姆斯（Monier Monier-Williams）的项目，1866—1881 年在印度浦那的德干学院任教，1881 年以后任教哥廷根。这样看来，实际上吕德斯是福兰阁在哥廷根的师弟，而福兰阁算是寅恪的师伯。

　　福兰阁在哥廷根念印度学时也学习了法律和中文。是以 1887 年转入柏林大学开始学习古代语。1888—1901 年他在德国驻大清公使馆任翻译，其间广泛游历了中国、蒙古、朝鲜半岛和日本，并在北京目睹了戊

---

　　①　见 Edward H. Schafer，"What and How is Sinology?" Inaugural Lecture for the Department of Oriental Languages and Literature，University of Colorado，Boulder，14 October，1982；*Tang Studies* Vol. 8/9 (1990-1991)，pp. 23-44；这篇文章非常有意思，极为简明准确地提供了整个欧美东方学特别是汉学的发展简史；也提及了他 1958 年任《美国东方学会会刊》主编时即主张放弃"汉学"、"汉学家"这样的词汇，他认为汉学最重要的特色其实是语文学（Philology）。有趣的是，他特别批判了当时一些华裔学者坚持所谓华人更能理解汉语诗歌的文学批评立场，认为这是种族批评主义（ethnic criticism）。

　　②　这次会议的主要论文后来结集出版，见 Pierre-Étienne Will et Isabelle Ang ed. *Actualité D'Étienne Balazs*（1905-1963），*Témoignages et réflexions pour un centenaire*. Paris：Collège de France，Institut des Hautes Études Chinoises，2010；而其中一篇另行刊出的重要论文是 Harriet T. Zurndorfer，"Not Bound to China：Étienne Balazs，Fernand Braudel and the Politics of the Study of Chinese History in Post-War France，" *Past and Present* Vol. 185，No. 1（November，2004），pp. 189-221.

戊维新运动的发展，也和李鸿章等高级官员有所接触，可以说对晚清的政治、社会现状有亲身体验和实际认识。1902—1907 年在德国任记者，专门写有关亚洲的消息报道，并同时任大清驻德国公使馆顾问。1910 年他担任汉堡大学首任汉学教授。1923 年他转到柏林大学任汉学教授，1931 年退休，前前后后指导了很多学生，其中包括他的儿子傅吾康（Wolfgang Franke，1912—2007，1931 年父亲退休之后才进柏林大学）①、艾伯华（Wolfram Eberhard，1909—1988）、卫德明（Hellmut Wilhelm，1905—1990）、白乐日②。他认为白乐日关于唐代经济史的博士论文最为杰出，而白乐日是他最杰出的学生③。

考虑到寅恪 1921—1925 年在柏林大学留学，可推知白乐日和寅恪 1923—1925 在柏林大学这段时间显然可以算是同学，当时梵文和汉学都列为东方学。不过，没有证据表明寅恪曾出席福兰阁的课堂。听过福兰阁讲课的其他中国学生则颇有几位，比如俞大维、姚从吾（1894—1970）、蒋复璁（1898—1992）等人。其中蒋复璁 1930—1932 年留学柏林，和寅恪没有交集。姚从吾（士鳌）1922—1929 年留学柏林大学学习汉学，侧重辽金元史。他和寅恪有几乎三年时间（1922—1925）在柏林大学有交集。他毕业后于 1929 年任波恩大学讲师，1931 年任柏林大学

① 其学记参见李雪涛：《此心安处即吾乡：德国汉学家傅吾康在中国的十三年（1937—1950）》，载《東アジア文化交渉研究》别册第 4 号（2009 年），63～106 页。

② 有关 1945 年以前德国汉学的发展，参见马汉茂、汉雅娜、张西平、李雪涛主编：《德国汉学：历史、发展、人物与视角》（郑州：大象出版社，2005）中所收费丁豪的文章《从德意志帝国到第三帝国之间的中国学》和柯马丁的文章《德国汉学家在 1933—1945 年的迁移：重提一段被人遗忘的历史》。

③ 福兰阁在东亚旅行日记见 Otto Franke，"Sagt an，ihr fremden Lande" Ostasienreisen. Tagebücher und Fotografien（1888-1901），Hrsg. von Renata Fusheng Franke und Wolfgang Franke，Sankt Augustin：Nettetal，2009；李雪涛对这本书作了介绍，见《耳闻、目见、足践——福兰阁的东亚旅行日记散论》，载《文景》，2010，10 月号，56～61 页；《行万里路，读万卷书——汉学家福兰阁的东亚旅行日记》（上、下），载《读书》，2010，7 月、8 月号，105～111 页、100～107 页。

图二十　法兰西学院高等中国研究所出版的纪念白乐日学术讨论会论文集

讲师，1934 年回国①。另外，韦卓民也曾受到福兰阁的点拨。他 1929 年
3 月完成博士论文《孔门伦理》时，人在柏林，请教过福兰阁有关景教
的问题。他回忆说："那时，我到德国请教柏林大学 Franke 教授（我过
去的老师），他找到一篇尚未发表的内部传阅的论文，文中提到亚里士多
德的著作可能于公元 7 世纪时通过大秦景教从叙利亚传入中国，但缺乏
具体材料证实。"②韦卓民拜访福兰阁时，白乐日、卫德明、艾伯华等人
正在柏林大学跟福兰阁念书。1932 年 6 月 2 日胡适（1891—1962）被选

---

①　有关姚随福兰阁学习史学的讨论，见 Q. Edward Wang, *Inventing China Through History: The May Fourth Approach to Historiography*, Albany: State University of New York Press, 2001, pp. 92-96. 另外，毛子水 1923 年 2 月到柏林，傅斯年 1923 年夏到柏林，均和寅恪有交集。

②　韦卓民：《浅论科学研究的方法》，载《华中师范大学学报》（哲学社会科学版），1990，第 2 期；参见李良明等：《韦卓民年谱》，54 页。

为普鲁士科学院通讯院士，实际上是因为柏林大学福兰阁教授的提名①。

图二十一　福兰阁

福兰阁从印欧比较语言学转向汉学，其实他的弟子西门华德（Ernest Julius Walter Simon，1893—1981）也是如此。西门华德是寅恪两度在柏林大学留学的同学，其学思历程和寅恪有约略相似之处，且寅恪在致友人书信之中对其治学特色有一些评价，值得一提。西门1911—1914年在柏林大学学习罗曼语和古典语文学，1920年发表博士论文，讨论萨洛尼卡的犹太—西班牙方言（Judaeo-Spanish dialect）的特点。1921年作为图书馆员服务于基尔大学。1922年回到柏林大学担任图书馆员，同时在福兰阁指导下学习汉学，也同时教书。1932—1933年他曾作为交换馆员到北京图书馆访问。因纳粹上台，1934年西门的教师证书被撤回，1935年他的图书馆员职务也被终止。他被迫于1936年逃往英格兰，在伦敦大学亚非学院任教，从讲师一直做到教授（1936—1960），1960

------

① W. Schüler, "Hu Shi und die Preußische Akademie der Wissenschaften," *Ostasiatische Rundschau*，No. 19，1932，pp. 398-399；李雪涛：《不做一只不舞之鹤——有关胡适获普鲁士科学院通讯院士的几份史料》，载《万象》，2011，第5期，36～55页。

年退休①，1961 年获不列颠帝国司令勋章（CBE）。退休之后，又到多伦多大学、澳洲国立大学做访问教授②。1964—1975 年间西门还担任《泰东》（Asia Major）杂志主编③，1967—1970 年担任英国语文学会会长，1976—1981 年任英国皇家亚洲学会荣誉副会长。

　　寅恪去哈佛之前，1910—1912 年曾留学柏林大学，后来 1921—1925 年再度留学柏林大学，实际上都和西门华德有交集。第一次留学柏林大学期间他是否和西门曾有接触不得而知，但第二次在柏林大学期间肯定见过西门，因为当时西门在柏林大学图书馆负责汉文藏书。他在 1934 年 3 月 6 日给沈兼士的信中议论了西门的学问，这个议论正是在西门访华之后。他说，"德人西门，据高本汉字典，以考西藏语，便略有发明。西门中国学问至浅，而所以能有少少成绩者，其人素治印欧比较语言学，故于推测语根分化之问题，较有经验故耳。"④作为一位饱读四部书的中国学者，寅恪固然对西门的汉学造诣不以为然，但他仍佩服西门的印欧比较语言学训练。这里所说的西门的研究大概指西门 1930 年出版的《藏

---

　　①　他退休之后，其汉学教授位置由杜希德（Denis Twitchett）接任，直至 1968 年杜希德才转往剑桥。

　　②　C. R. Bawden，"Professor Emeritus Walter Simon，" BSOAS，Vol. 36，No. 2，In Honour of Walter Simon（1973），pp. 221-223.

　　③　1975 年英国受经济危机影响，大学经费紧缩，此杂志被迫终止出版，直至 1988 年才在杜希德努力下在普林斯顿大学重新出版，称为第三系列（Third Series），并将杂志的出版重点确定为中国史。《泰东》最初于 1923 年由 Bruno Schindler（1882—1964）在德国创刊，1933 年因 Schindler 是犹太人而被迫离开德国逃往英国，该刊停止出版。1949 年由 Schindler 主持在剑桥大学复刊，成为"新系列（New Series）"，出版至 1975 年。有关这一段时期该刊的出版情况，见 Hartmut Walravens，Asia Major（1921-1975）：eine deutsch-britische Ostasienzeitschrift：Bibliographie und Register，Wiesbaden：Otto Harrassowitz，1997. 之后 1988—1998 年《泰东》由普大东亚系出版。不过，1998 年《泰东》杂志又离开普大迁到"中研院"史语所。

　　④　原载《沈兼士学术论文集附录》，收入陈寅恪：《陈寅恪集·书信集》，171～172 页。沈兼士曾建议陈垣将著作寄赠法国集美博物馆，并介绍那波利贞与陈垣见面；见陈智超：《陈垣来往书信集》，97 页。

汉语比较词汇集》①，此书出版后高本汉发表长篇书评对其进行了
批评②。

白乐日起初的兴趣是中国思想和哲学，特别是六朝时期的道教和佛
教，研究过范缜的《神灭论》，这一点业已为戴密微（Paul Demiéville，
1894—1979）指出③。仅以专业兴趣而言，当时如果他没有和一同在柏
林大学学习的寅恪同学交流那是很奇怪的事。但很快福兰阁指点他注意
韦伯的著作，特别是《宗教社会学》④，对世界宗教之经济伦理予以特别
关注。他也读了韦伯的《中国之宗教：儒教与道教》一书，接受了韦伯
所谓中国未能像西方一样崛起等问题，他认为士大夫的专制权力影响了
私人企业的发展，而中国古代的城市也缺乏自治。当然，福兰阁也译注
过《耕织图》，也算德国的中国经济史研究先驱。这也影响到白乐日对学
术方向的选择。总之，在理论和方法上，他和福兰阁一样，深受韦伯影
响，对宗教与经济、政治、官僚制兴趣颇为浓厚。他后来移民法国之后，
又与布罗代尔关系密切。他认为宋代承前启后，堪称中国近代之开端。

----

① Walter Simon, *Tibetisch-chinesische Wortgleiehungen：Ein Versuch*, Berlin：
W. De Gruyter，1930；这之前他发表了讨论中国古音的专著：Walter Simon, "Zur
Rekonstruktion der altchinesischen Endconsonanten," *MSOS*, Vol. 30，1927-1928，
pp. 147-167；Vol. 31，1928-1929，pp. 157-204.

② Bernhard Karlgren, "Tibetan and Chinese," *TP*, Vol. 28，No. 1-5,
（1931），pp. 25-70. 后来冯蒸也进行了评论和分析，见冯蒸：《汉藏语比较研究的原
则与方法：西门华德〈藏汉语比较词汇集〉评析》，《词典研究丛刊》10，177～203
页，成都，四川辞书出版社，1989。

③ Balazs, "Buddhistische Studien. Der Philosoph Fan Dschen und sein Traktat
gegen den Buddhismus," *Sinica*, Vol. 7（1932），pp. 220-234，英译本见"The First
Chinese Materialist," in *Chinese Civilization and Bureaucracy*, pp. 255-276；Paul
Demiéville, "Étienne Balazs（1905-1963），" *TP*, Second Series，Vol. 51，Livr. 2/3
（1964），pp. 247-261. 据这篇讣文，白乐日早年曾醉心于哲学和音乐，后来与同样逃
到伦敦的匈牙利作曲家 Matyàs Sieber（1905—1960）成为好友。

④ 即 Max Weber, *Gesammelte Aufsätze zur Religionssoziologie*, 3 Vols.，
Tübingen：J. C. B. Mohr，1920-1921. 福兰阁看来十分欣赏韦伯，他的中国学生姚从
吾也阅读了一些韦伯的著作，其中《宗教社会学》购于 1931 年 3 月 22 日，也看过韦
伯《政治学论文集》；参见周运：《姚从吾西方史学藏书点滴》，载《南方都市报》，
2011，11 月 13 日网络版。

法国后来研究宋史的学者很多均受其影响，法国学界出版的宋史研究丛书也以纪念他为名（Études Song in memoriam Étienne Balazs）①。

白乐日甚至可以说是整个西方现代唐宋史研究乃至中古史的奠基人，他不但影响了后来西文学界最重要的唐史学者杜希德（Denis C. Twitchett，1925—2006），也曾指导到欧洲留学的美国学者芮沃寿（Arthur F. Wright，1913—1976）。杜希德在 1965 年给白乐日所著《传统中国的政治理论与管理现实》一书的序中说他是欧洲中国现代研究之父②。杜希德虽然是哈隆（Gustav Haloun）的学生③，但 20 世纪 50、60 年代一直注重唐代经济史研究，基本上是受白乐日影响，其博士论文是《〈旧唐书·食货志〉译注》④，显然是接续白乐日译注《隋书·食货志》的传统。杜希德早年研究的主题都是推进早年白乐日《唐代经济史》一书涉及过的问题，这一时期的论著包括《伦敦大学亚非学报》、《泰东》、《东方经济社会史学刊》等杂志上的一系列论文以及《唐代的财政管理》一书⑤，这些论著大多写于 20 世纪 50、60 年代。杜希德与芮沃

---

① 参见兰克利的文章 Christian Lamouroux，"Balazs ou l'actualité de la sinologie," in：Pierre-Étienne Will et Isabelle Ang ed. *Actualité D'Étienne Balazs*（*1905-1963*），*Témoignages et réflexions pour un centenaire*. Paris：Collège de France，Institut des Hautes Études Chinoises，2010，pp. 75-84，以及 Claude Chevaleyre 所编辑的白乐日论著目录。

② 原文为 the father of modern studies of China in Europe；见 Denis Twitchett，"Preface," in：Étienne Balazs，*Political Theory and Administrative Reality in Traditional China*，London：School of Oriental and African Studies，University of London，1965，p. 3.

③ 哈隆（中文名霍古达，他自己可能偏好"夏伦"一名）是捷克人，原本在莱比锡学习汉学，毕业后到哥廷根大学任教。纳粹上台后，哈隆移居英国，任剑桥汉学教授。有关他的学术经历以及和中国学者的交往，见朱玉麒：《古斯塔夫·哈隆与剑桥汉学》，载《国际汉学研究通讯》，第 3 期，261～310 页，北京，北京大学出版社，2011。哈隆的师兄西门华德在哈隆去世后也写了一则简短的讣文，见 Walter Simon，"Gustav Haloun," *JRAS*，No. 1 & 2（April，1952），pp. 93-95.

④ 有关杜希德博士论文的提示，见赖瑞和：《追忆杜希德教授》，载《汉学研究通讯》，26 卷 4 期，26～27 页，2007。

⑤ 此书即 *Financial Administration under the Tang Dynasty*，Cambridge：Cambridge University Press，1963；此书系从其博士论文导论部分修订而来。

寿两人合作编辑了英文学界早期最重要的唐史论文集《唐代面面观》①。
而芮沃寿和妻子芮玛丽（H. M. Wright）翻译出版了白乐日的论文集
《中国的文明与官僚主义》②，向英文学界介绍白乐日的成就。他本人也
出版了专著《隋代》（The Sui Dynasty）一书。这些著作的诞生均可以
看作是白乐日学术影响造成的结果。总之白乐日对欧美唐宋史研究影响
极其深远，类似于寅恪对中国唐宋史研究的影响。

很遗憾的是，目前白乐日留下的文献中尚未发现任何他和寅恪交往
的直接证据。白乐日研究唐代经济史的博士论文出版于 1931 年，没有只
言片语提及寅恪，所以我们不清楚是否他在写作论文过程中得到过寅恪
的帮助。白乐日进入柏林大学时年仅 18 岁，28 岁即获得博士学位。寅
恪比他大十五岁，要说寅恪在学术上受他影响，恐怕令人难以置信。但
白乐日强于方法，特别是韦伯的经济学、社会学理论，寅恪熟谙中古史
史料，他们都注意到有关唐史研究中史志材料的重要，因此两人互通有
无一起讨论并非不可能。从后来寅恪反对中研院给予福兰阁通讯研究员
荣誉一事来看，他对福兰阁的学问肯定是不佩服的。1936 年 11 月 13 日
他在致傅斯年的回信中说，"Otto Franke 此人在今日德国情形之下，固
是正统学人，此无待论者，但除有他种可考虑之事实外，若仅据其研究
中国史之成绩言，则疑将以此影响外界误会吾辈学术趋向及标准，此不
能不注意也。"③他首先说是趋向，然后才说标准，这说明寅恪对福兰阁
的看法和寅恪本人的学术取向重视语文学和史料学有关，在寅恪看来，
福兰阁虽然是 19 世纪末 20 世纪初德国汉学的开拓者，其学问并不精。
实际上，高本汉即批评福兰阁翻译的《左传》犯了一些简单、基本的错
误。但福兰阁写过《中国通史》，大格局颇有一些可取之处。福兰阁出版
了五卷本《中华帝国史》（Geschichte des Chinesischen Reiches，1930，

---

① Arthur F. Wright and Denis Twitchett eds. , *Perspectives on the T'ang*,
New Haven：Yale University Press，1973.

② *Chinese Civilization and Bureaucracy. Variations on a Theme*，trans. by
H. M. Wright，edited by Arthur F. Wright，New Haven and London：Yale University
Press，1964；中译本，黄沫译：《中国的文明与官僚主义》，台北，久大文化公司，
1992。

③ 陈寅恪：《陈寅恪集·书信集》，53 页，北京，生活·读书·新知三联书店，
2001。

1936，1937，1948，1952）。他虽然在 1943 年已完成第四、五卷，1944
年写了第四卷的前言，但 1946 年去世了，未能看到第四、五卷的出版。
这部大书是按照典型德国传统政治史写的中国通史，全书写至元代为止，
不过全书将中华帝国史看成是一个不断变化的历史过程，与当时欧洲人
传统上认为中国是一个停滞的帝国看法不同①。白乐日对自己的老师福
兰阁较为尊重，其论文中多处征引福兰阁的论述。俞大维先生在《怀念
陈寅恪先生》一文中说："他平生的志愿是写成一部《中国通史》，及
《中国历史的教训》。"现在有鉴于福兰阁的学术事业，我相信俞先生的话
在很大程度上是反映了寅恪先生的想法的，而寅恪先生这个志愿很可能
是受到福兰阁这部五卷本《中华帝国史》的激发而产生的。从他反对中
研院选聘福兰阁为通讯研究员来看，他不是很看得上这位也从梵文转向
中国史的师伯的学问，当然在学术上他也不甘落在福兰阁之后。不过，
他中年以后因为视力不济，恐怕也就放弃了写一部通史的雄心。

　　寅恪虽然在 40 年代出版了奠基性的隋唐政治史研究两稿，即《隋唐
制度渊源略论稿》和《唐代政治史述论稿》，但白乐日和他老师马伯乐
（Henri Maspero，1882—1945）所著《古代中古之历史与制度》一书隋
唐部分并未征引②。此书六朝以前部分马伯乐在 1945 年去世前已完成，
白乐日 1947 年开始接着写中古以及晚期部分，此书实际完成于 1955 年。
此书征引著作大多为西文，包括沙畹、伯希和、福兰阁、夏德、戴何都、

---

　　①　这是欧洲有史以来最有雄心的一部中国史，正文部分即达 1633 页，注释
728 页，索引 302 页，全书长达 2563 页。其详尽评价见 O. Berkelbach van der
Sprenkel，"Franke's *Geschichte des Chinesischen Reiches*，" BSOAS，Vol. 18，No. 2
(1956)，pp. 312-321.

　　②　即 *Histoire et institutions de la Chine ancienne*，Paris，1967；马伯乐和白乐
日在世时此书尚未出版，后来由戴密微修订出版。1931 年吴宓访问英国，曾与伦敦
大学东方美术及考古学家叶慈（W. Perceval Yetts）和马伯乐一起讨论一块碑刻，当
时马伯乐并不知道寅恪这个人，令吴宓大为惊讶。见吴学昭整理：《吴宓书信集》，
178 页；并参见吴学昭：《吴宓与陈寅恪》，78 页，北京，清华大学出版社，1992。
吴宓也去了牛津见到当时的汉学教授苏慧廉，但认为此人老朽昏庸、卑俗。而在伦
敦与庄士敦商谈，推荐寅恪、浦江清、张荫麟三人可继任伦敦大学东方学院 Bruce
之职，而庄士敦对浦江清感兴趣；见吴宓 1931 年 1 月 27 日在伦敦写给浦江清的信，
《吴宓书信集》，176 页。

艾伯华、魏特夫等欧洲汉学家的著作，以及日本学者的英文作品，如加藤繁、高楠顺次郎、塚本善隆、水野清一、长广敏雄等，也引用了当时汉学新秀周一良、杨联陞、陈观胜、蒲立本、薛爱华、芮沃寿、杜希德等人的英文著作，几乎很少提及中、日文二手资料，只偶尔提到郑振铎《中国文学史》、日野开三郎的藩镇研究。尽管马伯乐、白乐日写作此书时，寅恪之史学成就已让其获得一些英美学界荣誉①，但寅恪的著作并不容易读懂，也许是当时流传不广的原因。后来法国汉学家们又合作出版了一套通俗中国史读物《中国之诸面相》，其中第一卷通史部分，白乐日编写了若干小节，其中《周代之社会》一节主要引用了马伯乐和葛兰言，略显其社会史品位；《秦始皇帝之革命》一节主要引用了梁启超和卜德（Derk Bodde，1909—2003）；《中国之中世》一节引了马伯乐以及侯思孟（Donald Holzman）；《唐代》一节主要引了戴何都的《〈新唐书〉选举志译注》②、《〈新唐书〉百官志、兵志译注》，以及赖世和（Edwin O. Reischauer，1910—1990）的《圆仁入唐求法巡礼行记》译注③、蒲立本的《安禄山叛乱之背景》；《宋代》一节主要引了伯希和、柯睿格等人④。

----

① 见本书第三章第三节，陈寅恪所获英美学术荣誉之背景略考。

② 他 1922 年 2 月在北京，曾与喜龙仁、胡适等人在钢和泰家吃饭；见曹伯言编：《胡适日记全编》，第三编，1922 年 3 月 26 日日记，594 页。

③ 赖世和是叶理绥的学生，20 世纪 30 年代曾拿哈佛燕京学社的奖学金在巴黎访学，由戴密微建议翻译这一重要文献。赖世和的译注以 Ennin's Diary：The Record of a Pilgrimage to China in Search of the Law（New York：The Ronald Press，1955）为名出版。其研究部分则作为第二卷以 Ennin's Travels in T'ang China 为名出版。第二卷 1963 年被译成日文，中村元在日文版前言中对这一作品评价很高。这一年是圆仁入寂 1100 周年，赖世和与妻子松方去了比叡山，住在延历寺。见 George R. Packard，Edwin O. Reischauer and the American Discovery of Japan，New York：Columbia University Press，2010，pp. 47-50. 赖世和的哥哥 Robert Reischauer 也是位哈佛毕业的日本史学家，获聘为普林斯顿大学讲师，但 1937 年 8 月 14 日在带领一些学生赴上海时遇到日本侵华战争，在旅馆中被流弹误炸，死于送医的路上。

④ Étienne Balazs，"La société des Tcheou," in Paul Demiéville et al.，Aspects de La Chine：Langue，historie，religions，philosophie，literature，arts，volume premier，Paris：Presses universitaires de France，1959，pp. 50-54；"La révolution de Ts'in Che Houang-ti," pp. 59-63；"Les T'ang," pp. 76-81；"Les Song," pp. 89-94.

当时极少的汉学家，甚至包括所谓世界汉学中心巴黎的汉学家，会比较重视中国学者的著作，而熟悉中国学者著作的西方学者，不过伯希和、艾伯华等数人而已。这一局面到现在仍未有根本性的改变，只有第一流的西方学者才会注意中国当代学者用中文出版的学术贡献①。一方面可能是一些汉学家眼界有问题，有时是西方中心主义作祟，有时是学术取向的问题；另一方面也有些汉学家有能力上的限制，毕竟处理大量一手材料之外，再处理大量二手材料并非易事。

总而言之，白乐日在其论著中引了王国维、梁启超、胡适②、汤用彤、容肇祖的著作，其中也包括《观堂集林》、《汉魏两晋南北朝佛教史》等名著，而且他也很熟悉经常出现寅恪大名的《哈佛亚洲学报》等英文刊物，按说不可能不知道寅恪，但是他的论著中并未提及寅恪及其学术，着实是一个令人十分费解之谜。

第三节　陈寅恪与玉井是博

尽管上文主要讨论了白乐日唐史研究的意义，但事实上寅恪先生对东西洋汉学的了解来源十分广泛，他对唐史研究的信息也包括来自日本学界的进展。我们知道他曾和日本学者多次晤谈，在研究中也常引用日本学者的著作。他在写给王国维（1877—1927）先生的挽诗中特别推重所谓东国英儒藤田丰八（1869—1929）、狩野直喜（1868—1947）、内藤

---

① 1936 年哈佛的汉学家魏鲁南（James R. Ware）曾翻译寅恪的《韩愈与唐代小说》在《哈佛亚洲学报》发表，但那是纪念伍兹（James H. Woods）的文章，并不算真正意义上的重视中国学者的论著。

② 他在 1933 年发表的 "Ein vorläufer von Wang An-schï" 一文中指出胡适乃是发掘李觏的学者，引了胡适的《记李觏的学说》（《胡适文存二集》，卷一，43～73页；此文写于 1922 年，收入 1924 年出版的《胡适文存二集》）一文，也引了梁启超 1908 年写的《王荆公传》；该文英译本见 "A Forerunner of Wang An-shih," in *Chinese Civilization and Bureaucracy*, pp. 277-289.

湖南（虎次郎，1866—1934）①，这几位学者主要是因为他们和王先生很熟的缘故，而且也是和王国维同一辈的学者，所以寅恪特别提出来说。梁启超生于 1873 年，王国维生于 1877 年，年纪比寅恪大十几岁，都很早出道，在学术上实际上算寅恪的长辈，所以其交往对象也多半是他们同时代已经成名的日本学者。实际上寅恪和其同辈人也有不少交往，其中包括一些内藤的学生辈人物。在中国留学的仓石武四郎（1897—1975）、吉川幸次郎（1904—1980）、加藤常贤（1894—1978）②、玉井是博（1897—1940）等人均与寅恪见面晤谈，他们都参加了 1930 年 5 月 27 日徐森玉（1881—1971）、赵万里（1905—1980）、钱稻孙（1887—1966）等人在宣南广和居举行的宴会，仓石认为"陈氏论如利刃断乱麻，不愧静庵先生后起。"而吉川则认为"这人看起来很敏锐，有西田几多郎先生年轻时的风貌。"③这些日本学者当中，加藤常贤系日本学士院松方基金会 1927 年资助来华留学，后来日本文部省又于 1928 年派遣仓石武四郎、塚本善隆、楠本正继来华，1929 年派遣大渊慧真、玉井是博、奥村伊九良、原富男、鸟山喜一来华。多位日本学者如加藤、玉井等人与中国学者联系密切④。吉川将寅恪和西田联系在一起，似乎更多在于强调寅恪的思辨和论说能力，而不仅仅是博学和对大量史料的掌握，毕竟西田学问的特色是思辨和论说。

上述这几位日本学者中值得特别注意的是玉井是博，一位唐宋经济

---

① 狩野、内藤的介绍参见高田时雄、砺波护的文章，载砺波护、藤井让治编：《京大东洋学の百年》，京都，京都大学学術出版会，2002。有关内藤的唐宋变革说及其对后世的影响，参见张广达，《内藤湖南的唐宋变革说及其影响》，载《唐研究》，第 11 卷，2005，5～71 页。

② 在 1930 年与寅恪见面之前，他已出版了《荀子》（新光社，1923 年）、《近思录》（支那哲学丛书刊行会，1924 年）两书；此后 1940 年又出版了《支那古代家族制度研究》（岩波书店）、《礼の起源と其発達》（中文館书店，1943 年）等书。

③ 参见荣新江，"前言"，荣新江、朱玉麒辑注：《仓石武四郎中国留学记》，北京，中华书局，2002；池田温先生则对寅恪先生与日本的关系作了梳理，见《陈寅恪先生和日本》，见《纪念陈寅恪教授国际学术讨论会文集》，115～138 页，广州，中山大学出版社，1998。

④ 参见桑兵：《国学与汉学：近代中外学界交往录》，209～230 页，杭州，浙江大学出版社，1999。

图二十二　内藤湖南

社会史研究的先驱者。他在1922年即发表了《唐代土地制度之管见》的长篇论文，1927年发表了《关于敦煌户籍残简》的论文，主要考察伯希和藏品中的《唐天宝六载（747）敦煌县龙勒乡都乡里籍》（编号P.3354）。1929年他和仓石武四郎、塚本善隆（1898—1980）、驹井和爱（1905—1971）、鸟山喜一（1887—1959）等人一起到太原考察①。想必寅恪和他在1930年见面时会了解到他对唐宋经济社会史的治学兴趣，也大概谈到了利用敦煌文献研究社会经济史的研究取向。1933年他的《唐代土地制度之管见》即被译成中文，题目改为《唐代土地问题》，由《中法大学月刊》连载。可惜玉井英年早逝，其所著论文的结集《支那社会

---

① 仓石武四郎：《〈三里湾〉之难懂处》，加藤三由纪译，中国赵树理研究会编：《外国学者论赵树理》（赵树理研究文集下卷），100页，北京，中国文联出版社公司，1998。1929年6月出版的日本《京城帝国大学法文学会第二部论纂》第一辑朝鲜支那文化研究专号中发表了这几位学者的文章，如加藤常贤《舅姑甥称谓考》、玉井是博《唐代贱民制度及其由来》、鸟山喜一《猛安谋克与金之国势》等；而1935年3月出版的《京城帝国大学文学会论纂》第一辑东方文化史丛考专号则发表了鸟山喜一《太平天国乱之本质》、玉井是博《南宋本大唐六典校勘记》；1936年10月出版的第五辑（京城帝国大学创立十周年纪念论文集史学篇）则有大谷胜真《高昌麹氏王统考》、鸟山喜一《关于山东省黄石崖及玉函山的石窟》、玉井是博《支那西陲出土的契》等文章；参见陈广宏：《韩国"汉学"向"中国学"转型之沉重一页——日据朝鲜时期京城帝国大学的"中国学"研究及其影响》，载《韩国研究论丛》，第12辑，254～275页，上海，复旦大学出版社，2006。

经济史》在他死后的 1942 年才由岩波书店刊行，文集前附《玉井教授年谱》①。寅恪和他是否曾就唐史研究进行过具体交流，是否谈到他老师内藤、桑原、松本等人的研究，亦已不得而知。不过，玉井是博对唐宋经济社会史的治学兴趣显然与白乐日十分接近，但白乐日没有提及他早年的研究成果②。仅就研究主题和使用资料而言，他们两位的研究很可能均影响了寅恪的学术转向。

图二十三　玉井是博《支那社会经济史研究》一书所载肖像

据《玉井教授年谱》，玉井系爱知县人，属日本净土真宗大谷派信徒。1916 年 9 月入真宗大谷大学兼修科学习，1919 年 6 月毕业。当年 9 月进入东京帝大文学部选科学习东洋史学，1922 年 3 月毕业，其毕业论文即《以土地问题为中心的唐代社会史考察》。毕业后从 4 月开始任教于大谷大学，但旋即在 5 月进入京都帝大大学院，在内藤湖南（1907—1926 年任教京都帝大）、桑原骘藏（1871—1931，1909—1930 年任教京

---

① 此书由玉井诸位同僚大谷胜真、鸟山喜一、松本重彦、藤田亮策、田保桥洁、末松保和等人编集成书，大谷撰写跋语。不过，《玉井年谱》极为简略，以表格形式出现，只能算一个大事记。下文我将玉井在其所发表文章中提示自己国内外行踪的内容与这个年谱提供的大事记结合起来考察其学术行迹，不再一一注明。

② 而深受白乐日影响的杜希德则征引了玉井的早年研究成果，见 Denis C. Twitchett, *Financial Administration under the T'ang Dynasty*, Cambridge：Cambridge University Press, 1962，pp. 207，215，220，335。

都帝大）、松本文三郎（1869—1944，1906—1929 年任教京都帝大）指导下学习东洋史。同一年宫崎市定（1901—1995）也进入京都大学学习东洋史，在内藤、桑原指导下主要关注中国经济史和中西交通史①。宫崎市定后来声誉甚隆，盖因学术生命极长，成就极大，培养学生极多。而玉井惜乎英年早逝，虽然于中国唐宋经济史有开创性贡献，却未及取得更大成就。

　　1922 年玉井进入京大之后即在导师们推荐下在《史学杂志》三十三卷发表《唐代土地问题之管见》长文，乃是他东京帝大毕业论文一部分修改而成②。因其观点早已被后来的学者进行修正，这里不拟细说，仅就其引用的一手、二手资料范围及其特色略作提示，以便和白乐日治学特色进行比较。此文从唐以前土地制度之概观特别是周代井田制之崩溃讲起，确实有大视野，可见其受内藤、桑原之学术风范影响③。他所用资料以典制体史书如《文献通考》、《通典》、《晋书食货志》等为主。然后讲到北魏均田制的发展，再进入唐代均田制的讨论。玉井文中不仅引用正史如《旧唐书》、《册府元龟》、《唐会要》、《通典》、《唐大诏令集》、《北梦琐言》、《唐语林》、《陆宣公奏议》、《全唐文》等材料，而且引用了道宣的《续高僧传》、赞宁的《宋高僧传》、道诚《释氏要览》，讨论寺观之庄园，或许是松本文三郎的指点，因松本通晓中国佛教史。他居然还提及摩尼教和景教寺院④，这大概是出自桑原骘藏的指导。

　　玉井也注意考察土地制度背后的时代思想，特别是社会政策、女性观、农业立国主义、阶级思想，可以说这些思路完全是近代学术特别是

---

①　砺波护、间野英二：《东洋史学宫崎市定》，见《京大东洋学の百年》，220～250 页，京都，京都大学学术出版会，2002。

②　玉井是博：《唐時代の土地問題管見》，载《史学杂志》33 卷，七、八、九，1922；收入《支那社会经济史研究》，1～96 页，东京，岩波书店，1942。

③　内藤、桑原均注重东洋史的大视野，对中国史的分期有其独特的看法。内藤之唐宋变革说影响甚大，自然不必赘说。桑原则早在 1899 年出版的《中等东洋史》即已提出其分期，将东洋史分为上古期（上古至秦统一，称为汉族膨胀时代）、中古期（秦汉至隋唐，称为汉族优势时代，后修订为汉族塞外族竞争时代）、近古期（五代至明代，称为蒙古族最盛时代）、近世期（清代至当代，称为欧人东渐时代）。参见连清吉的提示，《日本京都中国学与东亚文化》，109～111 页，台北，学生书局，2010。

④　玉井是博：《支那社会经济史研究》，90 页，东京，岩波书店，1942。

政治经济学、社会学的视野，其中所谓"时代思想"，颇让人想起德文之所谓时代精神（Zeitgeist）。不过，此文虽系标准之学术论文，但并未引用任何西洋著作。其分析所用概念受 1909 年中田薰所著《日本庄园之系统》一文之影响。

1923 年玉井又在《史学杂志》发表《唐代社会史的考察》一文，较多使用《唐律疏议》、《资治通鉴》中的史料，也注意到宋敏求《长安志》、志磐《佛祖统纪》、段成式《酉阳杂俎》、王仁裕《开元天宝遗事》、李冗《独异志》中的史料，还特别分析了韩愈上《谏佛骨表》的宗教背景①。他在使用"阶级"一词时注出英文（caste）②。他 1925 年任第五高等学校教授，1926 年任京城帝大助教授，1927 年在京城帝大讲授"宋史"、"支那土地制度"、"支那近世史"等课程，同年 7 月在《东洋学报》发表《关于敦煌户籍残简》的论文。这篇文章引起了寅恪的注意，在笔记中对其所用材料有所提示③。

1928 年他继续讲授"支那土地制度"。1929 年他开始讲授"唐制之研究"，并在当年 9 月的《朝鲜支那文化之研究》上发表《唐代贱民制度及其由来》一文，开篇即回顾学术史，提示了之前的研究，包括东川德治为《经济学大辞典》所写的支那奴隶制度（1916 年）、梁启超在《清华学报》发表的《中国奴隶制度》（1925 年）、王世杰在《社会科学季刊》发表的《中国奴婢制度》（1925 年）、何士骥在《国学季刊》发表的《部曲考》（1927 年），之后主要分析《唐律疏议》、《唐六典》、《唐书百官志》、《唐大诏令集》中的规定，但也利用了敦煌文献，如斯坦因藏品中的唐大历四年《沙州敦煌县悬泉乡宜禾里户籍》④。

---

① 玉井是博：《支那社会经济史研究》，134 页。

② 同上书，108 页。

③ 见《陈寅恪集·读书札记二集》所收《沙州文录补遗附录之部》，293 页，北京，生活·读书·新知三联书店，2001。

④ 玉井是博：《支那社会经济史研究》，176 页；主要根据罗福苌《沙州文录补》。民国初期学界中国奴隶制度研究的学术史及其背景值得探讨，在这个问题上，梁启超应是一个关键的人物，他可能受到日本学界的影响，而日本学界则接受了西方学界的奴隶制研究的影响。到了 30 年代，出现社会史大论战，当然是因为加入了马克思主义史学家们引入的人类社会发展五阶段理论，其中奴隶社会被认为是一个重要的历史阶段。

1929 年 10 月玉井因为在京城帝大已教满两年而获得出国访学机会①。1930 年 2 月 15 日他从神户出发，24 日到达北平。4 月到张家口、多伦等地，后回到北京，5 月与仓石武四郎等人一起参加与寅恪见面的宴会。期间他因从业师内藤湖南处得知中国有《大唐六典》之古本，所以在北平旅行期间特别留意，他在国立历史博物馆看到了展览的《大唐六典》宋刊本，又在傅增湘之双鉴楼看到了傅氏收藏的宋本《六典》、《通典》残本，甚至得到了傅氏写下的校记②，还托北平的日本人桥川制作了照片，后携至日本入藏于京城帝大附属图书馆。这些信息帮助他撰成有关《六典》、《通典》宋刊本的论文。

之后，他 6 月到大同、云冈等地，7 月到上海、杭州、南京等地。是年 8 月 5 日他从上海出发去法国，于 9 月 7 日在马赛登陆，随后访问了巴黎。10 月又去了罗马和马德里。1931 年 7 月到柏林、维也纳，8 月到阿姆斯特丹、布鲁塞尔游历。9 月 2 日从巴黎到伦敦。1932 年 1 月 16 日离开英国赴美，22 日到达。25 日离开旧金山返日，3 月 13 日回到横滨，19 日回京城帝大任教，开始讲“唐史之诸研究”和“耶稣会士撰述汉籍解题”等课。1933 年开始讲授“支那律令考”、“《日知录》”等课。1934 年在《支那学》杂志上发表《关于〈大唐六典〉和〈通典〉的宋刊本》一文，其所用材料主要来自内藤的提示，以及他在北平参观博物馆、傅增湘双鉴楼等地的公、私藏品。

因《玉井教授年谱》极为简略，我们虽然知道他曾访问了巴黎、柏林等当时欧洲的汉学中心，但他具体与哪些学者见过面，今已不得而知。但他不可能只是简单观光旅行，应该访问了一些学术单位，拜访了一些学者。不然难以解释他原本仅致力于唐宋史研究，突然开起了“耶稣会士撰述汉籍解题”的新课。他在 1932 年还写了一篇文章《有关典礼问题的两则汉文资料》，讨论在巴黎看到的有关礼仪之争的新史料，这当然也是受导师桑原影响。但他也指出高第（Henri Cordier，1849—1925）的《汉学书目》下相关文献列出数百种之多，而他在巴黎国立图书馆看到的

①　据前引仓石武四郎《〈三里湾〉之难懂处》，他和玉井在 1929 年曾访问太原，然《玉井教授年谱》中未载，但年谱太过简略，或许有颇多遗漏也未可知。

②　玉井是博：《支那社会经济史研究》，440 页、454 页。

两则汉文史料可补充北京收藏的康熙朱批文书①。玉井这一学术兴趣应该是在欧洲受到了当地学者的影响。

好在玉井的论文中留下了一些蛛丝马迹，尚可供发掘其学术行迹。这里可补充二例说明玉井与欧美学术的联系。其一，1931 年下半年他曾访问了伦敦大英博物馆和法国国立图书馆，分别考察馆内所藏斯坦因、伯希和所获敦煌西域文书，并进行录文②。其二，玉井之受到欧美学者影响可从其 1933 年完稿 1934 年发表之《唐代之外国奴》一文中略窥一二，此文一定得到了其导师桑原骘藏的指点，不但引用桑原对蒲寿庚的研究，以及原田淑人、石田干之助等的西域研究，还引用了西洋学者对印度、波斯的研究，特别提到了夏德（Friedrich Hirth，1845—1927）和柔克义（W. W. Rockhill，1854—1914）对赵汝括（《诸蕃志》）的研究（*Chau Ju-kua*，1911）。而这之前他发表的论著并未提及西洋学者的作品③。

从时间上来看，当 1931 年 7 月玉井访问柏林时，白乐日也正好在柏林大学学习，正在忙于撰写有关唐代经济史的博士论文，这一年白乐日也发表了论文的第一部分。他很可能和玉井见过面，有过学术交流。至少从使用史料的范围和特色来看，两人的研究有共同之处，如两人均十分重视典制体史书特别是《唐六典》、《通典》、《唐会要》、《唐律疏议》、

---

① 玉井是博：《支那社会经济史研究》，603～618 页。

② 玉井是博：《再论敦煌户籍残卷》，见《支那社会经济史研究》，266 页（S. 6090 号文书）、275 页（P. 3290 号文书）；他也注意到唐代户籍多发现于吐鲁番；仁井田陞发表了中存不折所藏文书，而那波利贞则刊布过柏林科学院（玉井称为柏林翰林院）所藏勒柯克获得的文书。除了引用仁井、那波之外，这篇 1937 年的文章还引用了内藤、王国维的论著。他在《支那西陲出土之契约》（1936 年）一文中也指出他在巴黎和伦敦分别抄出十二和六件契约文书，其中巴黎抄出的西域契约文书较刘复《敦煌掇琐》（1925 年）中所录文书多出七件。该文征引了斯坦因《古代于阗》以及沙畹的研究，结语部分感谢巴黎国立图书馆写本部和大英博物馆东洋部主任的协助。这位主任很有可能是 Robert Lockhart Hobson，当时任东洋古物和民族部主任。

③ 韦栋出版了一部探讨中国的黑人的新书，见 Don Wyatt, *The Blacks in Premodern China*, Philadelphia：University of Pennsylvania Press，2010；拙撰书评见 *The Historian*，Vol. 73，No. 3（2011），pp. 605-606.

《唐大诏令集》，也重视《册府元龟》、《资治通鉴》中的史料，而且也注意到宗教社区在社会发展中的重要作用，这使得两人治唐史看上去在史料运用和选择论题上有极为相似之处。事实上，玉井的老师内藤和白乐日的老师福兰阁均是记者出身的汉学家，两人均不局限于具体史实考据而重视长时段历史变化、历史大格局。而玉井、白乐日显然在这一点上均受到了各自老师的影响。

其实，寅恪先生的中古史研究也有这个特点，但比他们两位更重视实证，这显然来自其对中国传统学术的继承以及在德国受到印欧语言学之影响。寅恪的中古史研究并非大量补充新史料，而是更重视提出宏观问题，对中古时代的制度演变和权力变迁进行阐释，并提出一套论说体系，如所谓关陇本位、河北胡化之说。后世学者对寅恪先生史学的认识对此亦有所反映，比如牟润孙先生说寅恪先生所注重的是政治制度和社会变迁，皆是历史上的大问题。他又说，"我们悼念寅恪先生，更为我们中国学界仍然有人在那抱残守缺，惟知去找新材料，以史料代替史学，专走考据或汉学之路，深深的感叹！"[1]陈弱水先生引了这一节，并指出，"牟润孙个人的治学风格，也和陈氏近似，以发掘问题、解释辨析为主。"[2]我想补充的是，如果我们将中国史学从方法的角度分成编史学、考史学、释史学、写史学四大类，寅恪史学的演化可谓从早年以东方学为重点的考史学转向中年以隋唐制度文化变迁为重点的释史学，最后转向以《柳如是别传》为代表的写史学。他从未专门以编集、钩沉史料为治学重点，早年着重考证辨析史料，中年则偏重论述和解释历史上政治经济制度与文化之变迁，以发掘其隐含的发展逻辑与历史事件之间的因果关系，晚年则尝试以叙事写史为手段，穿插考据，但无疑灌注了史家个人的价值关怀。

---

① 见牟润孙：《敬悼陈寅恪先生》，见俞大维等：《谈陈寅恪》，72、83 页，台北，传记文学出版社，1978。

② 陈弱水：《现代中国史学史上的陈寅恪——历史解释及相关问题》，见"中央研究院"历史语言研究所七十周年研讨会论文集编辑委员会编：《学术史与方法学的省思："中央研究院"历史语言研究所七十周年研讨会论文集》，61～62 页，台北："中央研究院"历史语言研究所，2000。

玉井虽然见过寅恪，但玉井文章中并未出现寅恪的大名，大概因为他和寅恪1930年见面时寅恪仍在关注"殊族之文、塞外之史"，尚未转入唐史研究，并未在唐史论文发表上有所表现。值得注意的是玉井的文章中也引了梁启超和王国维的论著，这大概是内藤的影响所在。白乐日在文章中也引用了玉井导师桑原的《蒲寿庚考》以及王国维的《观堂集林》，这大概是出自马伯乐的指点。而以中日学者的影响而言，他的经济史研究颇受益于加藤繁的成果，论著中频引加藤著作，他也注意到中国学者全汉升、杨联陞的论著①。

如果比较玉井和白乐日的唐代经济史研究，可以发现他们基于不同的学术框架，玉井受日本前辈学者如中田薰研究日本庄园制度的影响，而白乐日主要采用了韦伯的政治、经济、社会学理论，尤其注重政治与经济、社会之互动关系。他们两位均探讨了唐朝的经济结构和阶级结构，讨论了社会阶级议题中过去不太被学者重视的奴婢问题，特别有趣的是两人不约而同地研究了唐代来自外国的奴隶，以及佛教寺院经济的地位和影响②。

具体来说，以原始材料而言，玉井对典制体史书的重视与白乐日并无太大区别。他们使用的这一类史料非常相似，包括正史、典制体史书、敦煌文书，均使用了《唐六典》、《通典》、《唐会要》、《唐律疏议》、《文献通考》、《陆宣公文集》，他们也都提及了斯坦因的《古代于阗》③。但他们使用史料的区别在于玉井使用了笔记如《北梦琐言》、《唐语林》，以及《唐大诏令集》，而白乐日使用了《元和郡县志》、《白氏长庆集》，引

---

① 见 *Chinese Civilization and Bureaucracy*，pp. 64，91，99，116.

② 他们两人的研究都被谢和耐吸收了，见 Jacques Gernet，*Buddhism in Chinese Society：An Economic History from the Fifth to the Tenth Centuries*，translated by Franciscus Verellen，New York：Columbia University Press，1995，pp. 330，339，342，344，353，412.

③ 白乐日在讨论开元通宝钱时提及斯坦因的《古代于阗》所载图板，见 Balázs，"Beiträge zur Wirtschaftsgeschichte der T'ang-Zeit，618-906，" *MSOS*，Berlin，1932，p. 27，注 302.《古代于阗》在法国汉学界是本有名的书，因为它 1909年获得过儒莲汉学奖。

用了白居易所撰《钱塘湖石记》①。以二手资料而言，两人借鉴的前人研究仍有较大差别。有趣的是，玉井基本上没有提及西方学者的研究，而白乐日也鲜少借鉴日本学者的研究，仅在讨论唐朝和阿拉伯世界贸易时提及桑原骘藏的《蒲寿庚考》一文②。玉井提到了景教和摩尼教，但没给出出处，白乐日则引用了沙畹和伯希和的《摩尼教入中国考》一文。尽管白乐日和玉井都涉及寺院经济，白乐日主要受韦伯的宗教社会学理论启发，而玉井注意佛教寺院的社会角色大概是因为受到导师佛教学家松本文三郎的指点。

图二十四　沙畹

比较而言，白乐日比玉井更重视中国学者的研究，白乐日引用了王鸣盛《十七史商榷》、张星烺《唐时非洲黑奴输入中国考》（《辅仁学志》第一期，1929 年）、赵文锐《唐代商业的特点》（《清华学报》第三期，1926 年）、李兆洛《历代地理志韵编》、姚士鳌《中国造纸术输入欧洲考》（《辅仁学志》第一期，1929 年）等③。另外白乐日也注意到了中国

① Balázs, "Beiträge zur Wirtschaftsgeschichte der T'ang-Zeit, 618-906," *MSOS*, Berlin, 1931, p.35；不过，他没有使用白居易的诗作为史料，所以是否寅恪受其引用《白氏长庆集》之启发，以诗证史，尚存疑问。

② Balázs, "Beiträge zur Wirtschaftsgeschichte der T'ang-Zeit, 618-906," *MSOS*, Berlin, 1932, pp.54-56.

③ Balázs, "Beiträge zur Wirtschaftsgeschichte der T'ang-Zeit, 618-906," *MSOS*, Berlin, 1932, pp.13, 34, 40.

学者如陈焕章等人的英文著作。姚士鳌（从吾）1922 年入柏林大学，与当时在柏林留学的寅恪、俞大维、傅斯年等人来往密切①。他 1928 年撰写了《中国造纸术输入欧洲考》一文，1929 年发表。他的导师之一正是福兰阁，白乐日 1931 年毕业，他 1934 年毕业，所以他和白乐日算是真正的同门师兄弟。白乐日和他应该是十分熟悉的，引用他的著作并不令人惊讶。

最后，以写作方式而言，玉井和白乐日均将其研究成果以现代学术论文的方式展示，提出问题，摆出史料，进行分析，得出结论，并提供注释。他们两位的唐史研究均非以考证史实、辨别史料为主要研究目的，而特别注重史料阐释和史学论述。而寅恪的隋唐史两稿亦特别注重史学论述，其写作方式则仍然继承了中国传统的文章特色，没有将注释分开，虽可称为所谓借鉴南北朝时流行的"合本子注"，但这使得论文看上去更像是读书笔记修订成文，经常在文中加入对当代社会或者其他国家历史的评论，如果从现在学术规范来看，首先编辑就不会同意这样做，但或许因为当时中国学界尚未有统一之学术写作之规范，加上作者是名闻海内外之寅恪，其论著亦得以刊行。也许因为寅恪未读学位，在写作上未接受当时西洋论文之训练和规范，也因为他是一位传统的学者，要体现其特立独行，故写作风格上更坚持鲜明的个人特色，以彰显其保存学术传统之愿望。话说回来，他在学术研究上仍是现代学者，强调一篇论文要有"完备及有系统结论，"②而写论文时"凡经参考之近人论著，尤宜标举其与本论文之异同之点，盖不如此，则匪特不足以避除因袭之嫌，且无以表示本论文创获之所在也。"③这是他 1936 年任教清华时给学生毕

① 王汎森先生认为陈寅恪、傅斯年、俞大维、毛子水等人在柏林倾向于忽略他们所谓西学的学科分野，而是学习各种专业课程；见 Fan-sen Wang, *Fu Ssu-nien, A Life in Chinese History and Politics*，Cambridge：Cambridge University Press，2000，p. 59. 也许傅斯年个人的学习经历可以这么说，而当时寅恪实际上还是相当专注于历史语言学。

② 《陈寅恪集·讲义及杂稿》，"刘钟明大学毕业论文有关云南之唐诗文评语"（1936 年 6 月 11 日），458 页。

③ 《陈寅恪集·讲义及杂稿》，"张以诚大学毕业论文唐代宰相制度批语"（1936 年 6 月 16 日），459 页。

业论文写评语提出的要求。

结　语

综上所述，本章通过《德国东方学会会刊》的记录提示了寅恪在德国一直作为东方学会会员与德国东方学界保持联系，尽管其地址屡屡变迁。据此可知，寅恪在清华国学院任教之初，仍继续和德国东方学会保持联系，维持会员身份，并捐赠拓片给德国柏林民俗学博物馆。最后，从当时欧洲汉学史的发展可推测寅恪转向唐史研究可能受白乐日唐代经济史研究的影响。当然这里仅仅是提出一个假说，以后或许能出现证实寅恪与白乐日交往的材料亦未可知。

总而言之，白乐日、玉井与寅恪的唐史研究至少在两方面存在一些共性。一是他们均有大视野，注重政治与经济之相互关系，注重社会阶级变迁与社会关系；二是他们虽主要关注唐代，但均注意从整个中古史去理解唐史，注意到应该将唐史与宋史联系在一起考察①。白乐日和玉井后来也均写过有关宋史的文章。寅恪虽未就宋史发表重要作品，但非常强调宋代历史的重要。

---

① 我这里不涉及具体唐史问题的研究，有关学术史的考察读者可参考胡戟主编：《二十世纪唐研究》，北京，中国社会科学出版社，2002；张广达先生所写序言亦值得细读；以及张国刚主编：《隋唐五代史研究概述》，天津，天津教育出版社，1996。西方唐史学术史的考察参见陆扬：《西方唐史研究概观》，载张海惠、薛昭慧、蒋树勇编：《北美中国学：研究概述与文献资源》，83～110页，北京，中华书局，2010。

第三章　东方学、西学与历史学：
陈寅恪的学术世界

导　言

寅恪先生在哈佛从历史学转向古代语言学，1921年9月转到柏林大学之后，遂潜心东方学，学习各种东方古代语言。他回国后，很快声誉鹊起，尤其以通晓多种语言、且能运用多种语言进行学术研究而著称于世，在学界赢得了极高的声誉。季羡林先生后来介绍了寅恪先生留下的读书笔记本，也证明了寅恪早年所受的语言学训练十分严格，他非常广泛而深入地学习了相当多的东方古代语言。在中国学者中，他掌握的古代东方语言，无疑是首屈一指的。后来寅恪转向唐史研究，也取得了卓越的成就，他出版的唐代政治史两稿奠定了中国现代唐史研究的基本格局，迄今为止，唐史学界基本上在大方向上仍在他建立的框架下讨论各类议题，比如唐代统治阶级升降中所谓关陇集团与山东士族权力的变迁，比如唐代关陇本位议题，又比如河北地区的胡化议题等。

不过，正如我在导言中所说，如今治学，当以世界学术为背景，因此有必要对寅恪的东方学与他同时代的学者略作一点参照，可帮助我们了解那个时代中国学术在世界学术史上的地位。另外，寅恪先生虽然研究东方学，对西学也颇关注，因而本章第二节也对其论著和言论的西学背景略作考辨和提示①，或许有读者会感兴趣。

实际上，西方学者从其自身文化角度出发，早已提出寅恪先生学术中的西方影响，虽然难以确证，但值得重视，至少这提供了审视寅恪学术的新视角。比如，早在1953年2月，恒慕义（Arthur W. Hummel，1884—1975）便提出寅恪先生的《元白诗笺证稿》中对《长恨歌》的解读或许受到西方学界对柯勒律治所作《古舟子咏》（*The Rime of the Ancient Mariner*）研究方式的影响②，注意追溯相关的传奇、历史与文学。寅恪在讨论白居易《长恨歌》时特意提出历史与文学之关系，指出当时白氏《长恨歌》与陈鸿《长恨歌传》实为一体，而陈氏之《长恨歌传》之与《长恨歌》之关系类似《莺莺歌》与《莺莺传》之间的关系，实反映出当时小说作为新文体之兴起，而此一新文体实可见作者之史才、诗笔及议论③。

恒慕义是美国国会图书馆中文部主任，负责收购中文图书，这本《元白诗笺证稿》出版于1950年，但当时因为"冷战"开始，极少有物品能从大陆流传到美国。而这本书则是袁同礼（1895—1965）先生获得之后转送给国会图书馆的。恒慕义推测这是当时美国唯一的一册《元白诗笺证稿》，但他认为此书代表了中国人文学的最高水平，因为作者寅恪

① 陈弱水先生将寅恪先生学术之渊源略分为六个方面：清代考据学、西方之东方学、中国传统史学、西方史学、梵佛之学、传统诗学；见《一九四九年前的陈寅恪——学术渊源与治学大要》，"中央研究院"历史语言研究所编：《新学术之路》上册，105～108页，台北，"中央研究院"历史语言研究所，1998。Axel Schneider, *Wahrheit und Geschichte: Zwei chinesische Historiker auf der Suche nach einer modernen Identität für China*. Wiesbaden：Otto Harrassowitz，1997；关山、李貌华译：《真理与历史：傅斯年、陈寅恪的史学思想与民族认同》，北京，社会科学文献出版社，2008；施奈德比较强调寅恪史学之人文主义特点，着重探讨历史发展的民族特殊性。

② 《古舟子咏》是英国诗人柯勒律治（Samuel Taylor Coleridge，1772—1834）于1798年刊出的一首长诗，系英国浪漫主义文学之开端作品。胡先骕在他的《评〈尝试集〉》一文中也提到这位诗人，称之为辜勒律己及其《古舟子咏》。此文发表于1922年《学衡》第1、2期。因为这杂志是吴宓等人创办，寅恪大概看过胡先骕这篇文章。见胡先骕：《胡先骕文存》上卷，25～33页，南昌，江西高校出版社，1995；又见于其所撰《论批评家之责任》一文，见《胡先骕文存》上卷，64页。

③ 陈寅恪：《元白诗笺证稿》，5～6页，北京，生活·读书·新知三联书店，2001。

先生不仅对诗歌本身的内容提出许多新见，亦揭示了其中相关人物传记以及文化史上以前不为人知的事实①。类似这样西洋学者对寅恪研究路数的看法虽不一定让人同意，但也颇具启发性。

  本章第三节则主要钩稽了寅恪先生在 20 世纪 40 年代获得欧美学界荣誉的来龙去脉，首先考察了提名寅恪为英国学术院通讯院士的主要当事人陶育礼（Eric R. Dodds，1893—1979）的中国之旅，并提示了他与其他两位提名人的社会关系，以及他与修中诚的联系对列举寅恪三种代表作之影响。随后又考察了寅恪获选为美国东方学会荣誉会员和英国皇家亚洲学会荣誉会员的经过。

第一节　从陈寅恪论钢和泰的一封信谈起

  寅恪早年留学欧美多年，中年也曾获聘牛津汉学教授之职，去世之后西方则有多种汉学论著感谢其论述的启发之功②，可说始终无法与西方学术绝缘。他留学归国之初，学术重点是德国学来的东方学，而往来最密切的欧洲学者应是钢和泰（Alexander Staël von Holstein，1877—1937）。钢和泰年纪和王国维一般大，是德国印度学家皮舍尔（Karl Richard Pischel，1849—1908）培养的博士。而皮舍尔在斯坦茨勒指导下

---

  ① Arthur W. Hummel，"Orientalis：China，" *Quarterly Journal of Current Acquisions* Vol. 10，No. 2（Feb.，1953），p. 77. 寅恪的这本书出版之后，萧公权在《清华学报》（新 1 期，1956 年，170-174 页）撰文称赞此书虽属于文学史研究，却在文化、社会、政治史研究上影响深远。但王靖献认为萧公权将寅恪视为文学史家和诗歌批评家大成问题，在他看来寅恪不过是以诗为史料研究历史；见 C. H. Wang，"Ch'en Yin-K'o's Approaches to Poetry：A Historian's Progress，" *CLEAR*，Vol. 3，No. 1（Jan.，1981），pp. 3-30.

  ② 蔡涵墨在他论韩愈一书的扉页将此书题献给寅恪，见 Charles Hartman，*Han Yu and the T'ang Search for Unity*，Princeton：Princeton University Press，1986，此书宜参照麦大维书评阅读，见 David McMullen，"Han Yu：An Alternative Picture，" *HJAS* Vol. 49，No. 2（Dec.，1989），pp. 603-657；杜希德则提示了寅恪对中古史研究之贡献，见 Denis C. Twitchett ed.，*The Cambridge History of China*，Vol. 3：*Sui and T'ang China*，Part I，Cambridge：Cambridge University Press，1979，pp. 10-11.

于 1870 年在布雷斯劳大学获得博士学位。斯坦茨勒其他学生还包括舍尔曼（Lucian Scherman，1864—1946）、基尔豪恩。基尔豪恩又是吕德斯的老师。从学术辈分上说，钢和泰算是寅恪的师叔①。

图二十五　皮舍尔

《书信集》收录一封寅恪致傅斯年的信非常重要，可略窥两人之交往及寅恪对钢氏的评价②，而细读寅恪对钢氏之评价可以略窥寅恪当时的学术取向，这里将试图提供一些寅恪发表这些议论的学术史背景。收入《书信集》中的这封信没有写明年代，落款仅注为五月四日，编者推测这封信写于 1935 年前后。从其内容来看，该信实际上应写于 1928 年。寅恪在这封信中提到：

①　我把这些人的传承线索列在这里，一条是波普和施勒格尔教斯坦茨勒，斯坦茨勒在布雷斯劳教基尔豪恩和皮舍尔，基尔豪恩在哥廷根教福兰阁、吕德斯，皮舍尔在哈勒教钢和泰，福兰阁在柏林大学教白乐日、艾伯华、卫德明、姚从吾等人，吕德斯在柏林大学教诺贝尔、陈寅恪、瓦尔德施米特，白乐日在巴黎索邦教芮沃寿、杜希德（杜希德虽算哈隆学生，却学术兴趣和思路主要来白乐日），陈寅恪、瓦尔德施米特分别在清华和哥廷根教过季羡林，陈寅恪在清华教过杨联陞，杨联陞在哈佛教余英时，季羡林、杜希德、余英时分别在北京大学和普林斯顿大学教过陆扬。

②　陈寅恪：《陈寅恪集·书信集》，48 页。

　　钢氏已为哈佛大学聘定，不日即启程赴美。前数月，北京燕京哈佛共分得 Hall 遗产后，推派代表数人往英商议办法。其时钢君适得哈佛请其担任梵文功课之聘书，燕京已支钢路费等。钢君不愿久留美，大约居住数月，即往欧洲，一年后再来中国。渠现已得安南法人东方学校（L'École française d'extrême orient）及英人金钱之助，可以自立门户，欲自创一 Sino-Indian Institute。不知来（？）电所言为何事，然彼目前必须赴美则不成问题。弟年来居京，获其教益不少（学问不博，然而甚精）。彼虽暂去，仍可再来，似亦无妨也。

信中提到的安南法人东方学校即当时设立在河内的法国远东学院，原为1898 年设立的法国印度支那古迹调查会，1900 年改称法国远东学院，主要为培养法国了解东亚和东南亚的东方学人才，沙畹、伯希和、马伯乐等人都曾在此接受汉语训练①。

图二十六　沙畹和夫人在日本留影

　　为什么说这封信写于 1928 年呢？钢和泰最初被哈佛聘用为访问性质的讲师是在 1928 年，1929 年以后才转成教授。钢氏去世之后，哈佛燕

---

　　① 其历史渊源和演变见 Pierre Singaravélou，*L'École française d'Extrême-Orient ou l'institution des marges. Essai d'histoire sociale et politique de la science coloniale*（*1898-1956*），Paris/Montréal，L'Harmattan，1999，réédition 2001.

图二十七　伯希和在敦煌莫高窟藏经洞

京学社首任社长叶理绥（Serge Elisséeff，日文名英利世夫，1889—1952）在1938年《哈佛亚洲学报》第三卷第一号上发表文章追忆钢氏。这篇文章称哈佛在1928年聘钢氏为访问教授，1929年起为中亚语文学教授（Professor of Central Asian Philology）。这个说法应是当事人提供的准确信息。这一信息也同样出现在哈佛官方的档案记录之中①。这个记录很清楚，提供了钢氏的学历和受聘情况。钢氏获圣彼得堡帝国大学硕士，哈勒大学哲学博士。在1928—1929年间被聘为哈佛中国语言文学访问讲师，1929年才转为中亚语文学教授。钢和泰档案中所遗留的聘书亦已说明钢氏受聘的位置即是中国语言文学访问讲师②，聘期为一年，始于1928年9月1日。

---

①　即 "Alexander von Staël-Holstein，DR. PHIL.（Univ. of Hal/c）1900，M. Ltfl.（Imperial Univ.，St. Petersburg）1913. Visiting Lecturer on Chinese Language and Literature 1928-1929；Professor of Central Asian Philology 1929-"；见 *Historical Register of Harvard University，1636-1936*，Cambridge：Harvard University，1937.

②　汉文翻译件见王启龙：《钢和泰学术年谱简编》，94页，北京，中华书局，2008。

图二十八　哈佛燕京学社早期所在的博尔斯顿楼 **Boylston Hall** 旧照片，
此楼 **1959** 年已整修一新

　　寅恪称哈佛聘书上请钢氏担任梵文功课的说法并不完全准确。教职
是一回事，教学内容则是另一回事。在历史记录中钢氏的位置其实是中
国语言与文学，1929 年才改为中亚语文学。这一中国语言文学教职的设
立与该教职的资金来源于哈佛燕京学社不无关系，但聘用的人则为哈佛
校方开课，所以教课内容可以灵活一些。虽然和聘书无关，但寅恪所谓
钢氏教梵文一说亦有所本，去哈佛教梵文一事应是钢氏亲口告诉他。因
为钢和泰在给哈佛校方蔡斯教授的信中提出教"佛教神话"与"《大宝积
经》译释———以汉藏文译本及释论为基础"两门课，并提出替代方案为
"初级梵文"或"梵文或藏文《菩萨本生鬘论》摘译"等课程。大概钢氏
和寅恪在讨论梵文时，钢氏顺口将自己的教学计划告诉寅恪，故而寅恪
在信中提到教梵文一事。其后校方复信，准许钢氏教"佛教神话"与
"《大宝积经》译释 ——- 以汉藏文译本及释论为基础"两门课。

　　到 1929 年，大概钢氏熟练运用梵文、藏文和汉文研究《大宝积经》
的能力给哈佛留下深刻印象，结果校方给他转成中亚语文学教授。考虑
到当时的学术制度，当时哈佛并无固定的中亚语文学教职，聘用钢氏完
全是拿哈佛燕京学社的基金因人设岗，而哈佛燕京学社着重支持远东研

究，则中文是其重点支持领域。哈佛记录使用中亚语文学，而非梵文学（Sanskrit studies）或者印度学（Indology），以其已有梵文讲座制度之设立在先。有趣的是，尽管叶理绥在 1917 年已经取得彼得格勒帝国大学的助理教授位置，但当他 1932 年到哈佛任教时也是受聘为讲师，教授中文和日文。1934 年重返哈佛才得以获得教授位置。在这之前的 1933—1934年，他在法国巴黎高等实验学院担任导师。

除了上述叶理绥和哈佛大学记录提供的聘用证据之外，还有两点可以证明寅恪的信写于 1928 年。其一，寅恪信中提到燕京和哈佛得到霍尔基金的事发生在 1928 年①。霍尔基金会与哈佛燕京的谈判开始于 1925年，但这样一笔大捐助一定不会立刻成交，旷日持久的谈判持续到 1927年终告结束。哈佛燕京学社则于 1928 年 1 月 4 日正式成立。寅恪信中所谓"前数月"哈佛和燕京得到霍尔基金，应该指 1928 年年初的事。

其二，这封信中寅恪还提到他"年来居京"获钢氏教益不少，这个年来显然指 1926 年他到清华任教以来大约一年多时间，即他从柏林归国后与钢氏交往的时间，他们都曾负笈德国大学学习梵文，自然容易找到很多共同语言②。如果是 1935 年，则不应该说年来。钢氏在 1928 年 9月赴美，符合寅恪信中所说不日即启程赴美。其二，钢氏逝于 1937 年，1935 年的时候没有去哈佛，因为叶理绥在纪念文中提到钢氏最后五年身体很差。钢氏 1936 年夏曾短暂访问日本，因健康恶化迅速返回北京。《钢和泰学术年谱简编》亦云 1935 年钢氏住北京，任哈佛燕京学社所属中印研究所（北京）所长，哈佛大学中亚语文学教授。彼时人并不在美国。综上种种理由，可以肯定这封信完成于 1928 年 5 月 4 日。

寅恪说钢氏学问不博，然而甚精，主要是认为钢氏仅注重印度学和佛教学，而不像他那样不仅通晓四部典籍，亦研究中亚古代历史文化，举凡梵、藏、汉、蒙、突厥、回鹘、西夏，诸语言文献无不涉及。钢氏

---

① 樊书华：《美国铝业大王查尔斯·马丁·霍尔与哈佛燕京学社的缘起》，载《世界历史》，1999，第 2 期，78～82 页。

② 我们现在可以在寅恪先生的遗墨中找到钢和泰 1931 年 8 月 4 日到寅恪处借《譬喻集》（Avadānakalpalatā）和《大事》（Mahāvastu）两本书的记录；见陈美延：《陈寅恪先生遗墨》，132 页。

早年即对印度感兴趣，曾亲至印度巡礼，与印度吠陀学者联系很多。他
在德国哈勒大学学的是古典印度学，博士论文在皮舍尔指导下做古典印
度学中的显学吠陀研究①。他到北京来主要是为了寻找藏文和蒙文文献，
和很多喇嘛接触频繁，当然他也在北京研究汉文文献。1922 年他在北大
讲授《古印度宗教史》，由胡适亲自担任翻译，光吠陀宗教就讲了三个
月②。当然这是他读博士时的本行，可以想见内容相当丰富。他于 1926
年在上海商务印书馆出版了《大宝积经大迦叶品梵藏汉六种合刊》，这部
作品融汇梵、藏、汉多种语言文献，引起了当时国际印度学界的瞩目。
他当时四十余岁，可算学术盛年，被哈佛聘用正当其时。

图二十九　钢和泰

　　寅恪在北京与钢氏交往，也曾于 1921—1926 年在德国柏林大学追随
吕德斯（Henrich Lüders，1869—1943）学习梵文，了解当时德国古典
印度学的主流，当然也熟悉钢氏的学术出身。根据 Valentina Stache-
Rosen 所撰写的《德国印度学家》一书所载吕氏的传记③，吕氏早年便

　　①　他的博士论文是研究《羯磨灯》第二分，*Der Karmapradīpa*，
II. Prapāthaka，Halle a. S.，Druck der buchdruckerei des Waisenhauses，1900.
　　②　曹伯言编：《胡适日记全编》，第三册，民国 11 年 2 月 13 日日记，556 页。
　　③　Valentina Stache-Rosen，*German Indologists：Biographies of Scholars in
Indian Studies Writing in Germany*，New Delhi：Max Müller Bhavan，1981.

主要从事吠陀及《摩诃婆罗多》研究，后来才转而研究中亚出土梵文写本和碑铭。一直以来，德国古典印度学的主流是吠陀研究，甚至今天哈佛大学的威尔斯梵文讲座教授亦聘用非美国本土培养的学者，而是出身德国的学者魏策尔（Michael Witzel），其早年专业领域也主要是吠陀研究，现在仍担任《电子吠陀研究杂志》的主编①。寅恪本人则对吠陀研究兴趣索然。吾国读者听到印度学，大概常常立刻想到的领域并非吠陀研究，而是梵文和佛教学，而寅恪也的确主要兴趣在梵文和佛教学，特别是佛教对中国文化的影响。

美国早期古典印度学也重吠陀研究。寅恪在哈佛的梵文老师兰曼早年在耶鲁以研究《黎俱吠陀》中的梵文名词获得博士学位。兰曼、皮舍尔、钢和泰都曾游学印度，可见印度对古典印度学家的吸引力。寅恪对古典印度学尤其是吠陀研究一向没有特别的兴趣，他研究梵文和西域古代写本均是为了研究中国，他的中原关怀可从其佛学研究的范围和讨论的议题中窥见一斑②。他后来发表的文章都多少发挥了熟悉汉文文献的特长，关心的问题也是中印古代思想和文化的交流。这一点其实俞大维在《怀念陈寅恪先生》一文中亦有提示，俞氏给他读因明学著作特别是法称的作品，他兴趣索然。法称研究目前却是佛教研究中维也纳学派与

---

①　他硕士、博士论文均是有关吠陀的研究，其他主要英文论著包括"On the Localisation of Vedic Texts and Schools（Materials on Vedic sakhas，7），" in: *India and the Ancient World. History，Trade and Culture before A. D. 650. P. H. L. Eggermont Jubilee Volume*，ed. by G. Pollet，Orientalia Lovaniensia Analecta 25，Leuven 1987，pp. 173-213；"The Development of the Vedic Canon and Its Schools: The Social and Political Milieu（Materials on Vedic Sakhas，8），" in: *Inside the Texts，Beyond the Texts. New Approaches to the Study of the Vedas*，ed. by Michael Witzel，Harvard Oriental Series，Opera Minora，Vol. 2，Cambridge 1997，pp. 257-345；"How To Enter the Vedic Mind? Strategies in Translating a *Brahmana* Text，" in: *Translating，Translations，Translators From India to the West*，Harvard Oriental Series，Opera Minora，Vol. 1，Cambridge: Harvard Oriental Series，1996；Steve Farmer，John B. Henderson，and Michael Witzel，"Neurobiology，Layered Texts，and Correlative Cosmologies: A Cross-Cultural Framework for Premodern History，" *BMFEA*，Vol. 72（2000），pp. 48-90.

②　见本书第七章第二节的讨论。

京都学派的重点。从弗劳瓦勒尔（Erich Frauwallner）到施坦克勒尔（Ernst Steinkellner），再到他们的弟子，已出版许多著作。他们和日本学者也举行过多次国际法称研究讨论会。施坦克勒尔的弟子中有两位做中古中国佛教史，分别是陆扬和船山徹。船山也曾发表多篇有关法称的论文①。

　　钢氏被聘为哈佛中国语言文学讲师，说明其汉文程度为哈佛重视，不仅有上面提到的直接证据，也有一些旁证。其一，1923 年胡适翻译钢氏著《音译梵书与中国古音》一文②，发表在《国学季刊》，曾引起中国旧学家的群起而攻之。但以梵文和藏文佛教文献译本来研究中国古音的方法在中国学者中影响甚大，汪荣宝、罗常培的古音研究都受到钢氏治学方法的影响。寅恪在 1933 年撰成《四声三问》大概也受到钢氏启发。其二，哈佛出身的艺术史家舒斯特（Carl Schuster，1904—1969）在1929 年被派往北京随钢氏学习汉文③。虽然 20 年代哈佛汉学水平尚不高，但哈佛对钢氏的汉文水平相当信任。其所谓中亚语文学教职可能重点是汉藏语言学。同年被聘为哈佛访问教授的还有燕京大学的洪业，讲授中国历史④。

　　从当时哈佛的学术发展来看，哈佛当时有自己的梵文教授，即克拉克（Walter Clark）。他在 1927 年接替寅恪以前在哈佛的老师兰曼，担任梵文研究的威尔斯讲座教授。此人精通吠陀梵文（Vedic Sanskrit）、佛教梵文（Buddhist Sanskrit），也懂一些藏文和汉文。哈佛当时并不缺梵文教授，钢氏被聘到哈佛做访问，恰恰可能是因为克拉克也对梵文、藏文、

---

　　①　有关法称的研究，我为那体慧（Jan Nattier）《诸善男子》一书所写书评末尾部分略有提示，见《敦煌吐鲁番研究》第八卷，2005，371 页。

　　②　胡适日记记录 1922 年 4 月 4 日他在西山旅馆读钢氏的《陀罗尼与中古古音》，感到钢氏以法天的梵咒译音来考证当时的音读，是个可惊的发现；《胡适日记全编》第三册，605 页。

　　③　他 1927 年获哈佛学士、1930 年获哈佛硕士，1934 年获维也纳大学艺术史博士。

　　④　张凤：《哈佛燕京学社七十五年星霜》，载《汉学研究通讯》22 卷 4 期（2003），23～34 页提到洪业、博晨光、伯希和均在 1929 年受聘到哈佛任教，但这个名单中不见钢氏。

汉文都感兴趣，因而对钢氏的汉文、藏文很看重。后来周一良先生在哈佛写有关密宗三大士的博士论文《中国的密教》（*Tantrism in China*）在克拉克指导下即充分利用了梵、藏、汉文文献。这样看来，1929 年钢氏担任中亚语文学教授时一定和克拉克有许多共同语言。他 1928 年去哈佛时曾将自己在北京喇嘛庙搜集的资料整理了一箱寄到福格艺术博物馆转交哈佛的联络人蔡斯教授①。钢氏在 30 年代出版的著作也多和藏文文献有关，这反映了他被哈佛任命之后的主要研究方向。其实，按照美国的学术制度，一般校方对受聘者在其主要研究领域有一定的学术研究和出版要求，钢和泰的治学重点应和雇主的期待有所重叠，则其研究汉藏语言比较可以符合哈佛燕京学社方面的期待。另外，钢氏还曾是中国学者于道泉的藏文老师，可知其藏文能力已有相当程度。

钢氏和寅恪是 20 世纪 20、30 年代国际东方学在华的主要代言人。钢氏尤其是推动中国国内梵、汉、藏文本对勘之学的倡导者，在这方面他也算是寅恪在中国的老师。当时寅恪虽然在中国学界呼声很高，但表现尚不多，因为他 1927 年才开始发表文章。1929 年他在致傅斯年的信中说“盖现在佛经之研究为比较校刊学，以藏文校梵文，而藏文有误，更进一步以蒙文校之，又核以中文或稍参以中央亚细亚出土之零篇断简，始成为完全方法。”②这时候的寅恪，从国内学界来看，当然可说是预流者，接了德国东方学的轨。但从国际学界来看，也可以说他当时仅是刚出道的学术新手，只是跟着德国学界走，并没有发展出其自身学术的独特之处。

到 1933 年，他虽然发表多篇文章，似多利用汉文文献优势，利用佛典比对其异同，而罕有鸿篇巨制，更未能写出钢和泰那样以梵、藏、汉文本全面校勘一种佛经的作品。同为吕德斯的学生，1911 年在柏林大学获得博士学位的诺贝尔（Johannes Nobel，1887—1960）后来则花了三十年整理出版《金光明经》的梵、藏、汉对照的校勘本，1937 年刊布梵文本，1944 年刊布藏文本，1950 年出版梵、藏、德文对照本，1958 年出

---

① 后来保存在哈佛图书馆的两件喇嘛教众神像由克拉克整理出版。钢氏带去哈佛的其他一些藏文文献近些年则由美国学者 Jonathan Silk 整理刊布。

② 陈寅恪：《陈寅恪集·书信集》，23～24 页。

版该经的词汇①。他 1908 年入柏林大学学习阿拉伯文、土耳其文和梵文，1911 年博士毕业。所以寅恪 1910—1912 年在柏林大学时和他是同学。他 1915 年起任职于柏林皇家图书馆，1920 年转任普鲁士国家图书馆。1921 年起在柏林大学获得讲授印度语文学的资格证书，曾讲授有关汉传佛教、藏传佛教以及日本佛教的课程。而寅恪 1921—1925 年间正在柏林大学留学，两人也有不少交集。诺贝尔 1927 年开始正式任教柏林大学。1928 年起转入马堡大学教梵、藏、汉文，直至 1955 年退休②。顺便说一下，吕德斯 1909 年到柏林大学任教，诺贝尔很可能是他门下毕业的第一个博士。寅恪 1910—1912 年在柏林大学，正是诺贝尔写作博士论文期间，估计是在 1910—1911 年间在阅读汉文文献时获得寅恪的帮助。

我在后文中要再讨论的寅恪佛学在文献主义和民族主义两个面向，实际上我认为寅恪早年对于史学的兴趣对他研治东方学仍有影响，他在治学上的兴趣并非是印欧比较语言学，所以其研究的目标也并非如德国

---

① *Suvarnabhāsottamasūtra. Das Goldglanz-Sūtra*：*ein Sanskrittext des Mahāyāna-Buddhismus. Nach den Handschriften und mit Hilfe der tibetischen und chinesischen Übertragungen hrsg*. Harrassowitz, Leipzig, 1937；*Suvarnaprabhāsottamasūtra. Das Goldglanz-Sūtra*：*ein Sanskrittext des Mahāyāna-Buddhismus. Die tibetische Übersetzung mit einem Wörterbuch*. Band 1：*Tibetische Übersetzung*，Kohlhammer, Stuttgart 1944. Band 2：*Wörterbuch Tibetisch-Deutsch-Sanskrit*，Kohlhammer, Stuttgart, 1950；*Suvarnaprabhāsottamasūtra. Das Goldglanz-Sūtra*：*ein Sanskrittext des Mahāyāna-Buddhismus. I-Tsing's chinesische Version und ihre tibetische Übersetzung*. Band 1：*I-Tsing's chinesische Version*. Band 2：*Die tibetische Übersetzung*. Leiden：Brill，1958.

② 诺贝尔曾在 1941—1944 年间与旅欧日本学者北山淳友（1902—1962）合作研究，讲授比较宗教学。北山系出身静冈的净土宗僧人，早年在宗教大学（今大正大学）学习佛教、印度学和中国古典学。1924 年被净土宗派往德国。首先进入弗莱堡大学，跟现象学家胡塞尔学习。1927 年转到海德堡大学学印度学、藏学、社会学。后来在雅斯贝尔斯指导下写作博士论文《佛教之形而上学》，1930 年获得学位。之后先到法兰克福大学讲授日本文化和日本语，1936 年辞职。然后到柏林的日本大使馆工作，任柏林日本学会第二主事。1940 年转任马堡大学客座教授，讲授日本语言、文化、宗教等相关课程。参见小川誉子美：《日本語講師北山淳友の事績—戦間期の対独時代を中心に一》，载香港日本语教育研究会编：《日本学刊》，2011，第 14 号，4～15 页。

图三十　寅恪在柏林大学的同学诺贝尔

学界的传统做法，参照各种语言文献，为读者提供特定佛教文献的校订本（critical edition），而是注重佛教文化对中华文化的影响。换言之，在寅恪的东方学研究中，印欧比较语言学仍然是工具，佛教文化史才是真正的重点所在。这大概和张之洞在《书目答问》中的说法有类似之处，即所谓"由小学入经学者，其经学可信；由经学入史学者，其史学可信。"而寅恪正是从印欧比较语言学（文字、音韵、训诂之学问）入经学（佛教文献学）再入史学（佛教文化史），只不过他以现代的"小学"入现代"比较校勘学"，而进入现代史学，所以从提出问题假说，到论证问题，提出解释，更显得视野宏阔、论证严密。当时能做出很高成就的学者都是能将吾国传统之旧学和西洋传入之新学衔接起来并完美结合在一起的学者，王国维如此，寅恪也是如此。

　　20 年代末 30 年代初寅恪恐不足称国际东方学界的领军人物，难怪当时伯希和仅推重已出道多年的陈垣①。从当时世界范围来看整个学科

---

　　①　陈垣年纪较长，资历甚老。他 1917 年因发表《元也里可温教考》成名。20 年代已成为教育界领袖，1921 年任教育部次长，1926 年任辅仁大学校长，当时著述甚为宏富。寅恪 1925 年才回国，1926 年始任清华学校国学院导师。虽然学界常讲所谓南北二陈，以陈垣、寅恪并提，但以科举和婚姻而言，两人实属两代人。陈垣先生曾参加科举考试，中过县试，从学历上说是清朝的廪生。而寅恪 15 岁时，科举已废，他从小受祖父、父亲影响，主要求学于新式学堂。两人家庭生活也非常不同，寅恪是新式婚姻。

的发展，寅恪的中国研究水平确实是佼佼者。但从整个东方学来看，他对材料的使用和研究方法都来自德国，开创性方面和很多东方学家尚有差距，如中亚学、比较语言学的各个分支梵文、巴利文、梵文俗语、西夏学、藏学、吐火罗学、蒙古学、粟特学、回鹘—突厥学等，他均非奠基者或领军人物。仅以佛教研究而论，他对于汉文佛典固然很熟，但以梵文、巴利文、藏文文献综合而言，则其语言背景和成就似不如在巴黎不幸英年早逝的林藜光。当然，寅恪的领域很广泛，他并非是一位完全恪守传统东方学的学人，实际上其关心的领域仍是史学，而其真正奠基性成就乃是建立现代史学意义上的中国中古史研究之轨则，这可以从当今学术界其学术传承的谱系看得更明显。

如果以学界常常推崇的寅恪之语言能力而论，与当时国际顶尖东方学家相比，寅恪似略欠火候。学语言，看和听最容易，写作最难。即使具备英、法、德等西欧主要语言流利口语者，在东方学界恐不算杰出。寅恪因只是选课，不读学位，大约在语言训练特别是写作训练的严格程度上，不甚突出。有学者称寅恪能写典雅的拉丁文，这实在难以想象。很多欧美学者从初中即开始学拉丁文，大学入读哈佛大学古典系，也不一定能写典雅的拉丁文，更不要说寅恪出国留学之后才开始学拉丁文。20世纪初，入读哈佛大学大学部即哈佛学院必须通过学院组织的入学考试，每年六月、九月各举行一次。1918年的《哈佛大学目录》记录了当时大学部的入学要求，其中一种培养计划是要求学生必须具备基础希腊文和拉丁文背景才能无条件入学，否则必须补充十五个课时的学习。当时考基础希腊文是测试学生是否能翻译色诺芬的作品，而高级希腊文测试是考翻译荷马史诗如《伊里亚特》的段落，考拉丁文是测试学生能否翻译西塞罗和维吉尔的作品①。

20世纪初欧美大学已经有古典语言和现代语言之划分，希腊文、拉丁文、梵文、古波斯文都算古典语言。欧美现代语言则包括当时日常使用的英、法、德、俄、荷、西、意、葡等语言。以古典印欧语言训练而论，欧美学术制度上一般要求以梵文为主修的研究生入学前应有相当的

---

① *Harvard University Catalogue of Names*，*1917-1918*，published by the University，1917，pp. 166-167.

希腊文、拉丁文水平作为基础。斯坦因、伯希和、兰曼、白璧德、吕德斯、钢和泰、叶理绥等人都是中学即开始学习希腊文、拉丁文，虽寅恪是天纵英才，但先天不足，故在语言方面恐怕难以和当时东方学界顶尖的学者相提并论。现代语言，寅恪也没有优势，西欧、北欧学者自然不必说，芬兰、瑞典、丹麦、比利时、荷兰、瑞士等国学者都会说临近国家的语言，而英美学者四会法、德、意等语言也不稀见。比如斯坦因，从小就说匈牙利语和德语，十岁时在德累斯顿上学，开始学习希腊文、拉丁文、法语和英语。后来又去维也纳、莱比锡和图宾根学习。毕业后去牛津、伦敦等地游学①。对于斯坦因这样的欧洲学者来说，英、法、德语之间差别并不大。斯坦因从小会说德语，长大学习了英、法语，那说起来不会有什么困难。中文和这些欧洲语言差别较大，完全掌握听说读写并非易事。

其实寅恪的表弟俞大维先生早已指出这一点，他在《谈陈寅恪先生》一文中说"其他边疆及西域文字，寅恪先生在中国学人中是首屈一指的。"②俞大维的话很有分寸，他说寅恪的语言能力在中国学人中是首屈一指的，没有说在全世界学人中是首屈一指的。他也用寅恪跟他的谈话来谈寅恪在中西文化交流、佛学传播以及西域史地上的研究深受西洋学者的影响。劳干先生也说，"寅恪先生治学的范围，据我所了解的，在欧洲时治学集中于欧洲诸国文字，以及梵文及西域文字。回国以后，就集中在本国历史，尤其是魏晋南北朝至唐的制度方面，再就其中最重要的部分来说，梵文及南北朝唐代制度更是重点中的重点。若就梵文和南北

---

① Jeannette Mirsky, *Sir Aurel Stein: Archaeological Explorer*, Chicago: University of Chicago Press, 1998; Annabel Walker, *Aurel Stein: Pioneer of the Silk Road*, Seattle: University of Washington Press, 1999.

② 载俞大维等：《谈陈寅恪》，10 页。据同书所载姚从吾致《"中央"日报》社长曹圣芬的信，可知此文原题为《陈寅恪先生的治学方法与经过》，在《"中央"日报副刊》发表时改为现名。此书仅署俞大维等著，据其中所收毛子水文章可知实际编辑成书者乃是刘绍唐。牟复礼（1922—2005）先生对此有个英文简述，见 Frederick W. Mote, *China and the Vocation of History in the Twentieth Century: A Personal Memoir*, edited by Nancy Norton Tomasko. Princeton: East Asian Library Journal in Association with Princeton University Press, 2010, p. 141；据此书 159 页注 44，牟公曾拟撰写第五、六章细论寅恪之史学，未及完成即去世，甚为可惜。

朝唐代历史比较，寅恪先生似乎更侧重于南北朝唐代历史方面。寅恪先生对于梵文是下过深厚功力的，他的功力之深在全国学人之中，更无甚匹。不过，站在中国学术发展的立场，权衡轻重。他觉着由他领导南北朝唐代历史的研究，更为急需。所以他放弃了独步天下的梵文知识，来在南北朝唐代历史集中精力，就他所发表的研究成果来说，他的确能见其大。他认清了政治和文化的主流来做提纲挈领的工作。"①劳先生的话固然来自事后追忆，诚然有其不确切之处，比如在欧洲时治学集中于欧洲诸国文字，实际应是印欧语系文字，又劳先生所谓回国之后寅恪即转向南北朝唐史，实际寅恪并非回国后即转向，而是经过了若干年在1930年代初才转向。但劳先生的评论确实有其合理的部分，比如寅恪后来确实侧重于南北朝和唐史的研究，也的确因为在寅恪看来，由他来领导中古史的研究更为急需。这也显然体现了一种文化民族主义的心态。劳先生也仅云寅恪之梵文功力在全国学人中更无甚匹，并未说在全世界学人中首屈一指。他的总结和俞先生颇有相合之处。

余英时先生在《陈寅恪史学三变》中归纳了寅恪早年学术的两个研究重点，一是佛教译本及其对中国文化的影响，二是唐以来中亚及西亚外族与汉民族之交涉。同时余先生也指出，"无论如何，在深入这一学术领域的堂奥之后，他自然比谁都清楚，以'殊族之文、塞外之史'而言，欧洲的东方学是居于绝对领先的地位。他本人的基础功力虽然在中国首屈一指，但若与欧洲第一流的东方学家相较，也并不特别超出。"②这个判断无疑是很精准的。寅恪中年时获得英国学术院通讯院士和美国东方学会荣誉会员等称号均因其史学贡献受到推崇，而并非东方学造诣③。

我再举一个当代的例子，来提供一个语言环境对学习者语言学习影响之大的背景说明。当前居住在以色列的犹太人一般都是双语，因为大多数是"二战"后的外来移民，除了希伯来语之外，他们多半也说原出生国的语言。寅恪的哈佛校友，在科幻片《星球大战》中扮演艾米拉达女王的女演员娜塔丽·波特曼是从以色列来美的犹太移民，肯定会说英

① 劳干：《忆陈寅恪先生》，载俞大维等：《谈陈寅恪》，37页。
② 余英时：《陈寅恪晚年诗文释证》，342页，台北，东大图书公司，1998。
③ 参见本章第三节。

语和希伯来语两种语言。她本科在哈佛读心理学，后来在耶路撒冷的希伯来大学读硕士。据媒体报道，她能说六种语言，不仅会英语、希伯来语，而且会讲一点法语、德语、日语等。以哈佛的多种族多语言氛围和开课条件，加上波特曼天赋异于常人且秀外慧中，又常常周游列国出席各类文艺活动，学习这些语言不但可能，亦并非难事。而其他族裔的第一、二代移民往往也是双语，在家说本族语①，在学校说英语。

美国现在大学研究院提供的中国学博士学位课程一般要求学生会中文和英文，还要求学生在参加博士候选人资格考试前必修一门东方语言和一门欧洲语言，东方语言基本以日语为首选，欧洲语言则要求能通过阅读能力考试，通常学生们会在法语和德语中选，因为法国汉学较强，尤其以法语最为流行。周一良先生在《史语所一年》中说到所长傅斯年建议他学德文，然后他为了在哈佛拿学位，突击过关，后来不用，又还给老师了②。不过，牟复礼先生在回忆录中说当他1955年在莱顿参加青年汉学家大会时遇到了周一良，说他英文、日文甚流利，因自小便有专人进行训练，亦通法文、德文，故而当时周的主要任务是给翦伯赞当翻译③。学语言需要环境，钢氏曾游学印度，常常向苦行僧请教，梵文因此了得；到了北京，又与很多喇嘛成为朋友，藏文也因此上去了。寅恪不和番僧往来，则其语言程度较钢氏欠火候也在情理之中。寅恪似对语言本身不如对文献兴趣那么大，特别偏重语文学，注意从文献分析历史和文化，而对鲜活的语言本身并不太关心。这可能是因为他受德国传统语文学训练之故。

伯希和的学生很多都是多语言学者，出身东欧而执教美国的学者早期有叶理绥（Sergei Grigorievich Elisséeff，1889—1975），后来有塞诺（Denis Sinor，1916-2011）。叶氏出身于圣彼得堡一家极其富裕的商人家

---

① 在美国通常称为 heritage languages，即从父母辈那儿继承来的语言，而非从学校学习的语言。

② 见周一良：《史语所一年》，载《新学术之路》，557页，台北，"中央研究院"历史语言研究所，1998。

③ Frederick W. Mote, *China and the Vocation of History in the Twentieth Century：A Personal Memoir*，Princeton：*East Asian Library Journal* in Association with Princeton University Press，2010，p. 186.

庭，祖父以进口葡萄酒起家。他从小就受外语的熏陶。他的父母在餐桌上说法语，以防止仆人了解和传播关于他们家的谣言。他六岁开始便跟随母亲的私人秘书学习德语，这位秘书是一位出生于德国的女士。七岁家里就请了私人教师教他语言。他上小学后继续学习德文，十岁进入凯瑟琳大帝创办的拉林斯基学校学习拉丁文和希腊文。十一岁和父母去巴黎郊区度暑假，因参观万国博览会，始对东洋学感兴趣。同年又和私人老师学习英语。所以他后来能够流利使用八种语言。他虽仅比寅恪大一岁，但其语言超强表达能力，似远胜寅恪。他母语是俄语，因在法国留学，追随伯希和，在讨论和写文章方面受到伯希和的正规训练，法语口语和写作均不成问题。据赖世和在《哈佛亚洲学报》发表的纪念文章，叶氏本来想以中文为主修，但圣彼得堡帝国大学的奥登堡（Serge Oldenburg，1863—1934）认为当时俄国汉学家还颇有几位，不如去学日文。叶理绥便主要攻日文。

1907年，十八岁的叶氏进入柏林大学学习，主要导师是萨豪（Eduard Sachau，1845—1930），他也跟普劳特（Hermann Plaut）和市川代治学习日文，跟顾路柏（1855—1908）学习中文，顾死后则由福兰阁教他中文，并学习《孟子》。兰格（Rudolf Lange）则教他德川时期的日本史。他在柏林大学也见过一些东方学家，如勒柯克、格伦威德尔、缪勒等人。他在德国柏林大学留学时，也已经和许多旅德日本学者有交往，包括语文学家新村出（1876—1967）、哲学家桑木严翼（1874—1946）、数学家桑木彧雄（1878—1945）、历史学家原胜郎（1871—1921）。而这位桑木不是旁人，正是对王国维研究德国哲学影响很大的日本新康德主义者。

1908年8月，叶氏短暂回到圣彼得堡之后便启程赴东京留学，带着新村出给东京帝大日本语教授上田万年（1867—1937）的信，以及奥登堡给其他几位日本学者的介绍信，其中包括给高楠顺次郎的信。他在东京帝大先跟俄语教授八杉贞利（1876—1966）上课。但八杉建议他先去上预科，介绍他去找文科学长坪井九马三（1858—1936）。坪井曾在德国留学，能以德文和叶氏交谈，认为叶氏当时的日文和汉文文言文水平尚不足以和其他日本学生一起上课。不过上田很支持他，介绍他认识芳贺矢一（1867—1927）、藤冈作太郎、保科孝一等人。在上田、八杉等人做保证人的情况下，高楠等人也出面，叶氏得以入学东京帝大。他跟上田、藤冈胜二等人上课，还上过科贝尔（Raphael von Koeber，1848—1923）的西方哲学史。另外在课外他也受到栗原武一郎的指点，同时跟一位老先生学日本古汉文。1912 年他成为最早留学东京帝国大学并取得正式学位的西洋学生，甚至在毕业典礼上获明治天皇亲自接见①。之后，他又进入东大研究院，跟泷精一、三上参次等人学习。

另外，他在东京交往的其他名人也颇多，其中主要包括夏目漱石（1867—1916）、芦田均、犬养毅。叶氏同学小宫丰隆（1884—1966）乃是夏目门人，遂介绍叶氏与夏目认识，夏目邀请叶氏参加每周四在他家举行的定期聚会，即所谓“木曜会”②。叶氏日文之好，在写作上亦得到日本学者的肯定，上研究生时他定期为《朝日新闻》的《文艺栏》撰写评论俄国小说的文章。他虽在柏林已经开始学汉语，开始研读《孟子》，但在日本受到更多日本传统汉学家的熏陶，阅读汉语古文的水平也不错③。

1914 年夏他离开日本返回圣彼得堡，成为圣彼得堡大学的博士候选人。1915 年 3 月，叶氏在圣彼得堡考古学会东方部作了《论新井白石作为传统日本史家》的报告。这一年在圣彼得堡他参加了博士学位口试，出席的人包括伊凡诺夫（Alexis Ivanov）、柳比莫夫（L. E. Lyubimov）、巴托尔德等人。伊凡诺夫主要问他《今昔物语》、《史记》、《汉书》、《论语》、《孟子》，柳比莫夫主要考他德川立法问题、萨哈林岛、库叶岛问题，巴托尔德则考他中国史。他顺利通过考试。之后留校教日文。1917

① 叶理绥常常开玩笑说，明治天皇在毕业典礼上授予他学位时，发现他是白人而十分震惊，竟因此一病不起，很快于 1912 年 7 月 30 日去世。这个小段子见于 George R. Packard, *Edwin O. Reischauer and the American Discovery of Japan*, p. 36. 明治天皇其实死于糖尿病引起的尿毒症。

② 相关考察参见仓田保雄：《夏目漱石とジャパノロジー伝説——「日本学の父」は門下のロシア人・エリセーエフ》，东京，近代文艺社，2007。

③ 以上叶氏生平参见 Edwin O. Reischauer, "Serge Elisséeff 英利世夫先生小传," *HJAS*, Vol. 20, No. 1/2 (June, 1957), pp. 1-35. 叶理绥 1940 年被选为法国远东学院荣誉院士，1946 年被授予法国荣誉军团骑士称号，1955 年被选为英国皇家亚洲学会荣誉会员。其日文传记见仓田保雄：《エリセーエフの生涯——日本学の始祖》，中公新书系列，东京，中央公论社，1977。

图三十一　夏目漱石

年他转为助理教授。但随着俄国发生革命，他的生活受到很大影响，遂于1920年逃至芬兰，停留了一个月又逃到斯德哥尔摩。

1921年1月他到达巴黎，以打学术零工为生，主要在吉美美术馆担任助理，以及在日本驻法使馆做翻译，同时也上着伯希和、马伯乐等人开设的课程。1922年他开始在索邦、东方语言学院等院校教日语和日本文学。1930年他正式成为索邦的高等研究学院导师。后来哈佛大学欲开展东方学研究，邀请伯希和担任哈佛燕京学社社长，伯氏不愿赴美，推荐这位弟子，看来对他颇器重。哈佛愿意一试，遂邀请叶氏在1932—1933年先担任哈佛客座讲师，以观察其表现。至1934年叶氏才正式出任哈佛燕京学社社长及哈佛东亚系正教授①，这一地位是和其学术背景、

① 其任命的消息亦见于哈佛校报，"Serge Elisseeff chosen to be Harvard Professor," *The Crimson*，January 26，1934；这里没提哈佛燕京的职务，应该是他到达哈佛之后才被正式任命为学社社长。1936年起在叶氏主持下哈佛燕京学社开始出版《哈佛亚洲学报》。1956年他辞去哈燕社长一职，仍坚持授课至次年；1957年8月他回到巴黎索邦大学任教。他1957年退休，哈佛燕京学社社长一职由赖世和接任。赖世和1950年任哈佛远东系教授，时年40岁。1955年赖世和被选为美国远东学会会长。1957年除了接任社长一职，赖世和也被母校奥伯林学院列为校长候选人，但他当即拒绝。不过，奥伯林学院仍授予他一个荣誉文学博士学位。

学术表现与成就分不开的。周一良先生曾在哈佛上叶氏的讨论课，学习日本文学，因此在回忆录中盛赞叶氏日、法、英、德语均十分流利，日本语言、文学、艺术知识也很丰富①。1936—1937 年他来华考察教育，走访了六所受哈佛燕京学社资助的大学，如燕京大学、华中大学、齐鲁大学等。

寅恪、钢氏、叶氏均有在德国、美国、日本或求学或研究的经历。钢氏和叶氏都曾当过外交官。钢氏服务于俄国出使印度的外交使团，这一任命完全改变了他的学术方向，也改变了他的命运。他在印度走访了不少佛教古迹圣地，因为疑惑才对玄奘的《大唐西域记》感兴趣，更进而想到中国游学。一系列机缘使他在异国他乡的北京成就了他一生不朽的学术事业，并因在中国的成就而从北大被聘到哈佛，其学术轨迹横跨三个大陆，堪称 20 世纪初的奇迹。

叶氏曾留学柏林大学、东京帝国大学、巴黎高等实验学院，得到过诸如奥登堡、巴托尔德、福兰阁、高楠顺次郎、伯希和、马伯乐等人的指点，学术经历之复杂，视野之宽阔，对当时东西方学术的把握，甚至在寅恪和钢氏之上。只是后来因担任哈佛燕京学社社长，大量时间和精力用于行政事务，最后留下的学术著述并不丰富。他 1921—1929 年长期在巴黎的日本使馆作为翻译官服务于日本驻巴黎的外交使团，以外交服务补贴其在法国求学和研究的费用，也利用机会磨炼了法文和日文。最终得到伯希和赏识，这才有后来在哈佛开创汉学和日本学的成绩。其实叶氏的老师伯希和也是外交人员出身，在学习东方语言过程中获得沙畹、烈维的赏识，加以指点，才进入学术殿堂。伯希和曾服务于河内法国远东学院，这个机构当时隶属法国外交部。1900 年伯希和被远东学院派到北京购买古书，此为伯希和后来到西域探险收获大量古物之张本。其他欧洲一些同时代的汉学家比如德国的福兰阁、荷兰的戴闻达也均曾做过外交官，分别在德、荷驻北京使团工作，后来才转向专业的汉学研究（所谓 the "professional" Sinology）。

寅恪虽出身政治家庭，却从未做过外交官，只是 1915—1916 年间曾短期担任北京政府经界局督办蔡锷的秘书，又在谭延闿任湖南省长及督

---

① 见周一良：《毕竟是书生》，31～33 页，北京，北京十月文艺出版社，1998。

军时任湖南交涉使署交涉股长，蔡、谭两位均是寅恪父亲三立先生的朋友，大约是这两位朋友给寅恪安排了清闲职位以谋生。可是寅恪当小公务员的短暂经历对他学术发展和训练似乎没有像钢氏和叶氏那么有影响，终其一生，他基本上是书斋中的学者。

第二节　陈寅恪著述中的西典

寅恪先生的博学是广为人知的。但他的学术受到了哪些古今中外文化的影响则是一个需要进一步探讨的课题。俞大维在悼念寅恪先生的文字里对此做出过很有价值的评论。牟润孙先生也指出，"惟有寅恪先生能够真正贯通中西，他有许多观点诚然是受了西方影响，如论政治制度和社会习俗等。他的著作中却一点不露模仿的痕迹，表现的很自然，使人感觉到是在讨论中国本有的问题。"① 但这些议论终究不是详细的评说。而寅恪先生本人的个性也给后人了解他的思想学术资源增加了难度。比如寅恪为不少同辈学者的著作作过序言，在言辞间对这些学者也有诸多推崇，但他自负和孤傲的个性使得他的作品中甚少引用同辈人的著作。而学界常注意寅恪学说对后世学术的影响，却甚少注意其学说的学术渊源，特别是西学之背景②。仅陈弱水先生等少数学者特别注意到寅恪先

---

① 见牟润孙：《敬悼陈寅恪先生》，载俞大维等：《谈陈寅恪》，71页。

② 王永兴认为寅恪史学主要渊源于司马光、欧阳修为代表的宋贤史学，以及重忠义气节的家族传统，完全未提及寅恪所受当时欧美学术风气的影响；见王永兴：《陈寅恪先生史学述略稿》，1～12页，北京，北京大学出版社，1998；同一年李玉梅出版《陈寅恪之史学》（香港，三联书店有限公司，1998）则搜罗了更多材料，但仍较大程度上忽视西文论著；而桑兵认为西学只是东方人的看法，并无一定标准，所谓西方甚为复杂，因而寅恪谈不上学贯中西，只是中学较通，西学略知文史之学，但相对于同时代人，他对西学更为了解；见《陈寅恪的西学》，载《文史哲》，2011，第6期，54～69页。不过，此文涉及寅恪具体学术研究实践之处并不多，很多看法仅据其同时代人的评价。王、桑均未深入讨论寅恪治学之学理与方法论的大背景；又，王震邦出版《独立与自由：陈寅恪论学》（台北，联经出版公司，2011）侧重讨论寅恪思想与学术之关系，特别考察了寅恪既有晚清以来的中体西用思想，也有天竺为体、华夏为用的思想；此书序论部分亦评述了各家从各个角度研究陈寅恪思想与学术之历程；虽涉及西学处颇多，惜利用西文资料较少。

生史学的西学背景，弱水先生指出寅恪之史学方法可归纳为三点，即严格的实证、想象与感受力的发挥、历史解释的观念，并将寅恪先生之重视史学研究中的律则问题解释为寅恪受到了数学、自然科学以及语言学之重视精密研究的影响①。这当然是指寅恪先生所受西方新学之影响。

其实如果对寅恪先生的著作做精细的解读，也不难发现他对同时代其他学者的贡献颇为留心。而他著作中所受到的西学影响，则可以从他不着痕迹地运用西典中略窥一二。寅恪的著作有时提到一些说法并不明确引用其出处，常常让人费解其受启发之渊源。比如寅恪在《论再生缘》一文中有一节专门讨论中国文学的结构，他认为中国文学在结构编排上不如西洋文学，尤其长篇小说，和西洋没法比。他主要从文体的角度来谈这个问题，亦顺便提到刘勰的《文心雕龙》其书或受佛教论藏影响②。他既没引出处，也没展开论述。这样很容易让人误解他在谈论文体时顺带引出关于《文心雕龙》的一个文体问题，还以为是他自己的创见。其实，这个说法最早由范文澜在1929年出版的《文心雕龙注》中提出。范氏在注释《文心雕龙》之《序志篇》中有关"文心"一条时引慧远《阿毗昙心序》，指出刘彦和精通佛理，"《文心》之作，科条分明，往古所无。自《书记篇》以上，即所谓界品也，《神思篇》以下，即所谓问论也。盖采取释书法式而为之，故能思理明晰若此。"这一将文心与阿毗昙心联系起来的看法，后来由饶宗颐先生发表两篇文章（即《〈文心雕龙〉与佛教》、《文心与阿毗昙心》），加以发挥。

考虑到当时的历史情形，寅恪虽然对范文澜的史学似乎并无太大兴趣，但范氏论《文心雕龙》之书流传甚广，寅恪对中古史下功夫最深，似乎不太可能没有接触此书。再说，50年代北京中国科学院将拟议中的历史所分三个部分，第三所所长拟聘曾在延安待过的范氏，而寅恪被聘

---

① 陈弱水：《现代中国史学史上的陈寅恪——历史解释及相关问题》，载《学术史与方法学的省思："中央研究院"历史语言研究所七十周年研讨会论文集》，27～65页，2000。相较于上引诸书，弱水先生对寅恪治史之说更为仔细、深入，他指出寅恪之通识与其西学背景有关，因其曾研习古希腊语文和哲学。他还敏锐地指出即便是寅恪早年的考据之文，其怀抱也远在考据之外。

② 陈寅恪：《寒柳堂集》，67页，北京，生活·读书·新知三联书店，2001。

为第二所所长。寅恪似未和范氏直接打过交道，却因为新机构的设立两人差点阴差阳错成了历史所同僚，但显然寅恪对成为范的同事不是很有兴趣。寅恪上述引用不注出处，如果不了解文学史研究的学术史，则很难明白其出处。可是，有关寅恪受西方影响使用的西典，则似乎明显得多。这里主要谈谈他使用的《圣经》中的典故。

谈到西方学术潜移默化对寅恪的影响，虽然以他的文化民族本位立场而言，他在著作中不太明说，但通过细读他的各类论述可以略窥其一斑①。余英时先生所著《陈寅恪晚年诗文释证》一书已经详析寅恪先生写诗好用典故，其中包括古典和今典。这个古典主要指的是中国古代诗文中的典故，今典则是寅恪生活的时代发生的重大历史事件或现象。寅恪研究李武韦杨婚姻集团以及"李怀光以赴难之功臣，忽变为通贼之叛将"②、甚至李渊建国之初称臣于北方强敌突厥等史事背后均有当时重大历史事件的影子。

其实，除了余先生指出的"中典"之外，寅恪先生的一些著述也好用"西典"，即西方的典故，特别是《圣经》中的典故。他有时提一个说法，并不给出出处，我们大可不必说他不讲学术规范，凡一个字一句话都要给出来源，因为有些典故在西方大概是大家都非常熟悉的典故，并无需提供出处。寅恪虽被当今学者视为国学上的一代通人，但他留学欧美十多年，未见得每天仅在四部书中打转，要不然以他的旧学底子，也不需要去欧美留学。其实，他的思想和学术来源还颇为广泛。他对西方思想史上影响最大的传统之一基督教一定也耳濡目染，对《圣经》亦不陌生。最近读到他女儿写的回忆录，提及他认为了解外国文化须读外文版《圣经》，英文版文字很好③。这至少证明寅恪对英文版《圣经》较为称赏。

寅恪先生引用《圣经·新约》中的典故并非罕见。他在《冯友兰

---

① 本书第八章主要讨论寅恪所说的了解之同情实来自赫尔德的说法。

② 陈寅恪：《论李怀光之叛》，原载1937年7月《清华学报》12卷3期，收入《金明馆丛稿二编》，该句见217页。

③ 陈流求、陈小彭、陈美延：《也同欢乐也同愁——忆父亲陈寅恪母亲唐筼》，264页。

〈中国哲学史〉下册审查报告》中提到"以新瓶而装旧酒"一语①，指用新的形式来讨论旧的内容。其实这句短语出自在西方人尽皆知的《圣经》中所谓"旧瓶装新酒"一语：《马太福音》9 章 17 节"没有人把新酒装在旧瓶里，若是这样，旧瓶裂开了，酒漏出来，酒瓶也坏了；但是将新酒装在新瓶里，两样都保存了"②；《马可福音》2 章 22 节"也没有把新酒装在旧瓶里，恐怕新酒将旧瓶裂开，酒和旧瓶都坏了；所以新酒必须装在新瓶里。"③ 很明显，寅恪其实是将西方人耳熟能详的典故顺手拿来就用。因为这类言说在西方实在太为人熟知了，当然也不值得寅恪特意点明其出典。

　　上面这个例子未免太容易理解了，我在这里再举个例子来推测一下寅恪可能也运用了《圣经》中的其他典故。他在《清华大学王观堂先生纪念碑铭》中开篇即说"士之读书治学，盖将以脱心志于俗谛之桎梏，真理因得以发扬。思想而不自由，毋宁死耳。"其实，这句话主旨在讲真理和自由的关系，追求真理，保持思想自由。这在《圣经》里面很容易找到其对应，见和合本《约翰福音》8 章 31 节，耶稣对信他的犹太人说，"你们必晓得真理，真理必叫你们得以自由"（Then you will know the truth, and the truth will set you free.）④。而在这一句前面有一句更有意思的话，即和合本 8 章 30 节，"你们若常常遵守我的道，就真是我的门徒"（If you hold to my teaching, you are really my disciples.）⑤。如果我们看牛津注释本《圣经》（*The New Oxford Annotated Bible*），则在《约翰福音》8 章 31 节找到这样一句"If you continue in my word,

---

　　① 原刊 1934 年 8 月商务印书馆冯友兰著《中国哲学史》，收入陈寅恪：《金明馆丛稿二编》，285 页，北京，生活·读书·新知三联书店，2001。

　　② *Matthew* 9：17，"Neither do men put new wine into old bottles；else the bottles break，and the wine runneth out，and the bottles perish；but they put new wine into new bottles，and both are preserved. "

　　③ *Mark* 2：22，"And no man putteth new wine into old bottles；else the new wine doth burst the bottles，and the wine is spilled，and the bottles will be marred；but new wine must be put into new bottles. "

　　④ 和合本成书于 1919 年，以下英文对照 New International Version.

　　⑤ 国际圣经协会，Colorado Springs，1984 年，178 页。

you are truly my disciples. 你们若继续我的话，你们就真是我的门徒"，后面一句和前面所引和合本一样，"and you will know the truth，and the truth will make you free."①。两者的区别正在于"遵守我的教导"与"继续我的话"之不同。亚洲圣经协会出版的《新约圣经》由希腊文译出，参照和合本对之略有修改。在这一节上给出了这样的翻译："你们如果住在我的话语中，就真是我的门徒了，并且你们将明白真理，而真理将使你们获得自由"②。

牛津版中的 Word 其实希腊文原文是 Logos，和合本中译成"道"。其实，在《新约》的语境里，神的话即是基督教的真理，比如在和合本《约翰福音》18 章 17 节则有这样一句："求你用真理使他们成圣，你的道就是真理"（Sanctify them by the truth，your word is truth.）。这里的道则以 word 出现，是《约翰福音》开篇中所说"太初有道，道与神同在，道就是神。这道太初与神同在"（In the beginning was the Word，and the Word was with God，and the Word was God. He was with God in the beginning.）中的道，即希腊语的 Logos。上面所引牛津注释版《圣经》中的注释特意指出这个 Logos 意义远比言语更为丰富（more than speech）。来自希腊文的这个 Logos 在希腊哲学家赫拉克利特那里原意其实指说出来的话③，后来也指表达思想，又从说和写的话引申为理性和论证的概念，然后到事物的真理，一般原则，一般律，万物本原与宇宙原则。而《约翰福音》可能宣告了创作者自己认为的 Logos，用来和当时受希腊哲学影响的听众对话④。Logos 可以指神的话，神的真理，

① 牛津大学出版社，1989 年修订版，《新约》部分，163 页。新美国版《圣经》这一段写作 "If you remain in my word, you will be truly my disciples, and you will know the truth, and the truth will set you free."（*The New American Bible*，Wichita，KS：Fireside Catholic Publishing，2003，p.1150）.

② 《新约圣经》，216～217 页，田纳西州纳什维尔市，霍尔曼圣经出版社，2008 年 12 月初版。

③ 即 Anything said，见 W. K. C. Guthrie，*A History of Greek Philosophy*，Vol. 1，Cambridge：Cambridge University Press，1962，p.420.

④ 谢文郁：《约翰福音和古希腊哲学》，载《外国哲学》，2004 年 3 月，感谢作者惠赐此文电子版。作者已将此文旨趣写成一部专书，即《道路与真理：解读〈约翰福音〉的思想史密码》，上海，华东师范大学出版社，2012。

也可以指耶稣本身。所以这个所谓"Word"也即是神说的话，神所说的理性、原则、真理。

虽然 Word 指"道"，毕竟这个 Logos 仍保存了 speech 的原意。遵守神的道也可以理解为听他的话。如果说这里可以理解为"听我的话"，则可以提醒我们所知的寅恪先生晚年答复科学院的话，他说他的思想和主张完全见于他所写的王国维纪念碑中。他要请的人，要带的徒弟都要有自由思想、独立精神。如果不是这样，即不是他的学生。"所有周一良也好，王永兴也好，从我之说即是我的学生，否则即不是。"[①]这样的话看上去未免太过霸道，似乎不应出自一位受过现代学术训练的学者之口。其实这句话中应该隐含了暗码，这个暗码就是从他之说，就是与自由思想和独立精神站在一起。这样的话，在语气上，和《约翰福音》所说的"If you continue in my word, you are truly my disciples." 可以说完全一致。

当然，在这里推测寅恪在表达上与《圣经》表达之间的关联，绝对不是在谈寅恪的信仰，只是想指出这些《圣经》里的话，大约在西方太为人们熟悉，可算是典故，而寅恪肯定在不同场合听到过、看到过，可能觉得比较有意思，所以采用拿来主义，对他主张的真理，以及独立精神、自由思想进行阐发。意思是对他以前的学生而当时怀疑他的人说，真理在我这里，我所说的话都刻在王国维纪念碑上，你们继续我的话 [真理]，追随我的道 [Logos]，你们就是我的学生，我的门徒。

我推测，寅恪先生晚年虽提到周一良、王永兴两位学生，但那句话主要是对周先生说的。理由如下，寅恪先生对周先生一向十分欣赏，而且他用暗码也一定是认定周先生能理解其中隐含的意思。周先生字"太初"，这与圣经和合本《约翰福音》中第一句话实际上暗合："太初有道，道与神同在。"而且周先生早年在燕京大学读书，他一定记得燕京大学的校训"因真理得自由以服务"（Freedom Through Truth For Service）。燕大是美国教会支持的学校，这句校训来自《约翰福音》无疑。而且寅恪说这话的时间是 1953 年 12 月，正是全国高校院系调整、取消教会大

———————

① 陈寅恪：《对科学院的答复》，1953 年 12 月 1 日，见《陈寅恪集·讲义及杂稿》，464 页。

学不久，燕京大学也在 1952 年不复存在。寅恪这样讲是有针对性的。也许在他看来，燕京虽亡，而校训不应忘。这样来理解寅恪先生的话大概可以很清楚了，他这是让周先生回到正道上来。如果我的推测不误，这真是一件很绝妙的事。

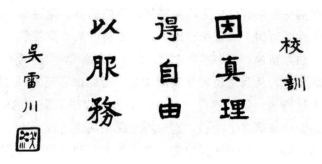

图三十二　吴雷川所书燕京大学校训

按，如果我们置身历史情境当中，应不难理解寅恪先生对燕大并不陌生。他曾于 1943—1946 年任教于在成都复校的燕京大学历史系。据梅贻宝《燕京大学成都复校始末记》，寅恪先生在燕大任教时因眼疾突然加重，住入大学对街的存仁医院，由燕大的同学们轮流照顾。寅恪感念之余，跟梅氏说未料到教会学校仍有师道存焉①。

当然，寅恪本人并不是基督徒，他这样说，即使来自《约翰福音》，也并不意指自己是站在神的立场说话，他并非以耶稣自居。他说这样的话，只是用来告诉他的学生他自己的道路和生命更具理性，而希望他的学生放弃当时主流意识形态宣传的具有垄断性质的绝对真理。其实，我们中国人即常常引用《论语》里的话，如"三人行，必有我师焉"，或"有朋自远方来，不亦说乎"。老外听了觉得很有趣味，但如果不了解《论语》，肯定也一头雾水。中西文化积淀很深，熟悉双方文化的学者两边典故都用，这大概可说得上是四海同心。

也许这样推测和联想有点过度阐释之嫌，实际上以寅恪先生写诗常常用典的习惯，他在著作中运用《圣经》的典故应当不是没有可能。既

① 原载台湾《传记文学》，第 44 卷第 2 期，参见卞僧慧：《陈寅恪先生年谱长编》，227 页所引。

然都是用典，当然不必分它中典还是西典，拿来能用即可。何况寅恪对基督教一点也不陌生。他在哈佛求学之时，已经购买了《剑桥近代史》，对西方历史应不陌生。在哈佛留学期间，他曾和吴宓这样谈到基督教："朱子之在中国，犹西洋中世之 Thomas Aquinas（1225—1274，托马斯·阿奎那），其功至不可没。"①他认为欧洲中世纪，被称为 Dark Ages〔黑暗时代〕，其实并不尽然。并指出中国的中世纪，比如所谓宋代为衰世，也不尽然，值得研究而发明之。他还指出耶稣教不祭祀祖先，诸多行事与中国礼俗文化相悖。如果耶稣教独行中国，则中国之精神亡。因为中国其他宗教虽然能兼容耶稣教，但耶稣教不能容忍其他宗教。因此有些留学生主张耶教救国，实属谬误。他将程朱哲学比喻成西方耶稣教的正宗，主张以理制欲，克己修省。这个思想传统来自耶稣使徒圣保罗、圣奥古斯丁，后来由帕斯卡、约翰逊、白璧德等人继承并发展。

吴宓在 1937 年 6 月 22 日的日记里也提到寅恪和他谈学问，认为熊十力之新唯识派，乃是以法国哲学家伯格森（Henri Bergson）的创化论解释佛学，欧阳竞无的唯识学，则是用印度烦琐哲学解释佛学，相当于欧洲中世纪耶教的经院哲学（scholasticism），劳而无功，但与熊十力相比还算正途。寅恪在 1930 年 6 月发表在《史语所集刊》上的《大乘义章书后》一文中则提到耶教圣奥古斯丁（St. Augustin）与巴士卡儿（Pascal）均有钦圣之情，但因二人所处时代不同，感情也非常不同②。

寅恪也曾读过耶稣会传教士的著作。他在 1931 年 4 月发表在《中研院史语所集刊》第二本第三分上的《几何原本满文译本跋》一文中说自己偶于图书馆检夏鸟氏（Sommervogel）耶稣教会著述目录见有满文《几何原本》之名。他认为耶稣教会诸子号称通达权变，折衷中西，虽于东

---

① 见《吴宓日记》1919 年 12 月 14 日条。1922 年《学衡》第 3 期刊出胡先骕所译《白璧德中西人文教育谈》一文，其中有白璧德对阿奎那与朱熹进行比较的看法，白璧德引 Revue Philosophique 杂志上某位作者的论文说阿奎那的学说系糅合了亚里士多德与耶稣的学说，而朱熹的学说则取自孔子与释迦之说，是以二者可以相提并论。见胡先骕：《胡先骕文存》上卷，75 页。白璧德此文亦引了法国汉学家沙畹（胡先骕称之谓霞纲）对孔子的看法，以及翟林奈（Lionel Giles）所译《论语》（此书 1910 年出版）。

② 陈寅恪：《金明馆丛稿二编》，181 页。

土旧传拜死敬天之礼，有不妨宽假之意，但对欧氏几何这样的专门名家之学，未必能改变原书体裁①。

这位 Sommervogel 即法国耶稣会学者 Carlos Sommervogel（1834—1902）。寅恪看到的他的耶稣教会著述目录当指 *Bibliothèque de la Compagnie de Jésus*，该书实际上是比利时耶稣会士 Augustin de Becker（1809—1873）在 1853 年完成的 *La Bibliothèque des écrivains de la Compagnie de Jésus* 一书的增补本。迪贝克的书一共七卷。而夏鸟增补本则在 1890—1916 年间陆续出版。1960 年由鲁汶哲学与神学学院耶稣会图书馆重印时再做了增补②，一共十二卷。1998 年再次重印（Mansfield Centre：Martino Fine Books），一共九卷，每本都重新装订成大厚册，堪称研究耶稣会最重要的书目。

寅恪对希腊思想和文化似乎也情有独钟，他虽然不主要研究这个领域，但他在哈佛时选修了《希腊文 8：柏拉图与亚里士多德》、《希腊文 A：荷马与希罗多德》等课程，而其阅读范围显然也对希腊有所侧重，并且在诸多著作中流露出将中国传统文化与希腊文化相比较的意思。他这种对希腊文化推崇的情结可能和早期受到白璧德等新人文主义者对古典文化的倾心态度影响有关。他早年在哈佛留学期间对希腊简直推崇备至，认为"中国之哲学、美术，远不如希腊，不特科学为逊泰西也"③。他将希腊文化的主要成就归结为哲学、美术和科学，显然受到新人文主义影响。我们下文会提到，哲学、科学、艺术作为希腊主义的支柱，主要来自马修·阿诺德（Mathew Arnold）的论说。

寅恪后来在 1927 年的作品中又提到了柏拉图。他在《王观堂先生挽词》序中说"吾中国文化之定义，具于白虎通三纲六纪之说，其意义为

---

① 陈寅恪：《金明馆丛稿二编》，106～107 页。按，2001 年三联版《金明馆丛稿二编》所收寅恪文章中将 Sommervogel 排成 Sommer Vogel 有误，检《史语所集刊》第二本第三分 281 页原文，寅恪所谓夏鸟氏虽是夏和鸟两个德文字，但这里合在一起仅仅是姓氏。

② 即 Editions de la Bibliothèque S. J.，Collège philosopgique et théologique，Louvain.

③ 《吴宓日记》，第一册，100 页。

抽象理想最高之境，犹希腊伯拉图所谓 Eidos（Idea）者"①。他在《论再生缘》一文中极为称赞《再生缘》七言排律所具有的独一无二的严密结构，认为中国文学史上罕有。顺便他也提到天竺、希腊、西洋的长篇史诗都很讲究结构让世人"震矜"，而且传达的宗教、哲学思想精深博大，而他在四十年前曾读过希腊、梵文长篇史诗②。他所说的希腊长篇史诗显然就是指荷马史诗《伊利亚特》和《奥德赛》。《论再生缘》写于20 世纪 60 年代初，则他所说四十年前可推算为 20 年代初他留学欧洲期间。在《与刘叔雅论国文试题书》中，寅恪明确提到了荷马。他还评论了希腊文学注释研究的兴起："昔希腊民族武力文化俱盛之后，地跨三洲，始有训释标点希腊文学之著作，以教其所谓'野蛮人'者"③。

　　寅恪这种言必称希腊的态度显然和他早年在哈佛受白璧德的影响有关。白璧德是新人文主义的倡导者，他的学生玛瑟（Frank Jewett Mather Jr.）指出他在 1893—1894 年间在思想上受到马修·阿诺德影响。阿诺德在 1869 年出版了《文化与无政府》（*Culture and Anarchy*）一书，认为欧洲文明的两个来源即希腊主义（Hellenism）和希伯来主义（Hebraism），希腊主义带给欧洲科学、艺术、民主，即对理论知识的重视、对审美的感受力与创造力、自由的精神和自我决定命运的意志；而希伯来主义则带给欧洲文明道德、责任以及服从。当然后来随着阅历的增长，特别是对佛教的了解日益加深，白璧德的兴趣渐渐转向宗教。当然，寅恪未必在具体问题上完全赞同白璧德。

　　总之，从以上一些线索来看，寅恪之学有其较为复杂的西学背景，希腊思想、基督教思想都有影子，这样看寅恪的思想渊源也许也符合他在七十八年前所说的"盖今世治学以世界为范围，重在知彼，绝非闭户造车之比"④。寅恪对希腊哲学、基督教的了解当然也不止于上面提及的奥古斯丁、阿奎那，但也不是说很有造诣，似乎拿来用典已经足以。他

---

①　陈寅恪：《诗集：附唐篔诗存》，12 页，北京，生活·读书·新知三联书店，2001。

②　陈寅恪：《寒柳堂集》，71 页。

③　陈寅恪：《金明馆丛稿二编》，250 页。

④　陈寅恪：《吾国学术之现状及清华之职责》，见《金明馆丛稿二编》，362 页。

很喜欢研究中国传统故事在天竺文献中的原型，比如曹冲称象以及《西游记》玄奘弟子故事等等，这里我也将他的作品拿来分析其在西学中的出典，也算一种"后世相知或有缘"。

第三节　20世纪40年代陈寅恪所获英美学术荣誉始末

2010年陈寅恪先生的女儿陈流求、陈小彭、陈美延出版了《也同欢乐也同愁——忆父亲陈寅恪母亲唐筼》一书，其中记载了1943年他们一家在广西大学的经历。书中提到他们住在半山小筑时有位英国人修中诚（Ernest Richard Hughes，1883—1956），牛津大学的中国宗教与哲学高级讲师，应邀到家中做客，当时修中诚乃是专程来和寅恪讨论其去牛津的工作构想，双方谈得很投机①。他们一家八月底离开桂林前往重庆②。十二月下旬才抵达成都。后来又写了寅恪先生在成都燕京大学任教期间即1944年当选为英国科学院通讯院士（Corresponding Fellow of the British Academy）一事。当时寅恪由以下三人推荐：陶育礼（Eric Robertson Dodds，1893—1979）、汤因比（Arnold Joseph Toynbee，1889—1975）、库克（Stanley Arthur Cook，1873—1949），主要依据寅恪先生20世纪30年代的成就，列举的代表作为《天师道与滨海地域之关系》、《支愍度学说考》、《东晋南朝之吴语》三篇文章；同时她们还提到这一年还有一位牛津大学高级讲师（Reader）来访。这位所谓牛津高级讲师就是汉学家修中诚了，汉学教授一职则虚位以待寅恪。

修中诚是位热爱中华文化的传教士学者，但国内学界对他注意不多。他去世后，他的学生芮沃寿在美国亚洲学会会刊《亚洲研究杂志》（JAS）上发了一则简短的讣告，报告了1934—1947年任教牛津的修中诚于1956年10月20日去世。修中诚早年在牛津受教育，1911年被伦敦会派到中国福建汀州传教，1933年底被牛津召回英国。在学术上，修中

---

①　陈流求、陈小彭、陈美延：《也同欢乐也同愁——忆父亲陈寅恪母亲唐筼》，171页。

②　按寅恪1942年6月19日致朱家骅、叶企孙、王毅侯、傅斯年的信，他们全家于1942年6月18日由香港逃亡到桂林。见陈寅恪：《陈寅恪书信集》，84页。

诚也是牛津中国研究现代化以及该校设立中文荣誉学位的奠基者。修中诚退休后于1948—1952年间走访了美国许多汉学研究中心，曾任加州大学伯克利分校、克莱蒙学院客座教授。芮沃寿也列出了修中诚的八种主要论著、译著。芮沃寿盛赞修中诚一生十分同情中国人民为创造一种新文明而斗争，从而指出修中诚首先是一位人文主义者①。这一点亦可从修中诚的论著中看出。他曾在1937年出版了《西方世界之入侵中华》一书，作为《先锋历史丛书》之一种，在前言中修中诚略述了此书撰述缘起，指出因丛书主编要求一位有智慧的公民应放弃本地视野而以一种普遍视野来学习一个被欧洲思想入侵之后的世界的历史，而要达到这个目标，在修中诚看来，一个人应站在一种博通的立场，以高质量的想象式同情（imaginative sympathy），来了解其邻居的历史，无论这个邻居是黄种人、黑种人，还是棕种人。所以他撰述此书时尽可能使一般读者能有一种同情式观点（sympathetic point of view）②。这里所谓想象式同情、同情式观点，与寅恪所谓"了解之同情"颇为相似。两人相知可见一斑。

修中诚是牛津聘用寅恪的主要推动者，也是牛津和寅恪两方之间的主要接洽人。他对寅恪十分推重，他在1942年出版的《大学》与《中庸》序言中，说，"如果条件允许我将此书献给牛津大学历史上第一位中国来的本校中文教授陈寅恪，我将获得最大的满意"，他很叹惜因为战争条件的限制，阻止了寅恪前往牛津，也因而剥夺了他从寅恪那儿获得教正的机会③。不仅如此，他还是推动英国学术院最终给予寅恪通讯院士

① 见 Arthur Wright，"Ernest Richard Hughes，1863-1956，" *JAS*，Vol.16，No.2 (Feb.，1957)，p.333.

② E. R. Hughes, *The Invasion of China by the Western World*, The Pineer Histories, edited by V. T. Harlow and J. A. Williamson, London：Adam & Charles Black，1937，p. x.

③ 见 E. R. Hughes, *The Great Learning and Mean-in-action：Newly translated from the Chinese, with an Introductory Essay on the History of Chinese Philosophy*, London：J. M. Dent and Sons, 1942, p. vi. 他在序言中也感谢了王维诚（1904—1964，1937—1939年任牛津大学 Spalding Lecture in Chinese）和顾颉刚。此书书稿完成于1940年12月，但1941年初他从好友萧乾那获知朱谦之已出版一本《中国思想对于欧洲文化之影响》（1940年7月7日出版），当即通过上海商务印书馆订购一本，但该书1942年2月3日才到达他手中，而他一周之后即赶往中国四川。

荣誉之发起者，这主要因为他是古典学家Dodds的好友。提名寅恪的人，我认为最主要便是修中诚在牛津大学的好友Dodds。Dodds当时是牛津大学希腊文钦定讲座教授（Regius Professor），1942年被选为英国学术院院士，推荐寅恪时他才51岁；汤因比（Toynbee）当时任职于皇家国际关系研究所，1937年入选学术院院士，推荐寅恪时他55岁；而库克1933年入选学术院院士，1938年从剑桥大学退休，推荐寅恪时他71岁。不过，他退休之前是剑桥希伯来语钦定讲座教授（Regius Professor of Hebrew）。因这一讲座教授（Regius Professor）由英国国王任命，是谓钦定，只设立在牛津、剑桥、圣安德鲁斯、格拉斯哥、阿伯丁、爱丁堡、都柏林等大学，地位非常崇高。Dodds和汤因比当时正当盛年，库克则是老前辈。牛津、剑桥两校的两位钦定讲座教授加上著名的汤因比一起为寅恪背书，确实非常惊人。其中Dodds和汤因比都去过中国。下面我要利用Dodds的自传、《英国学术院院刊》以及其他材料，重点讲讲Dodds如何因为种种因缘推举寅恪入选通讯院士，以及Dodds与汤因比和库克等人以何因缘一起参与这一提名。

图三十三　李约瑟

应该指出的是，寅恪先生是比较早入选英国学术院外籍通讯院士的中国学者，这里列出一些中国学者可能较熟悉的汉学、东方学、历史学入选者及其入选年份，可帮助我们对那个时代的国际学术界有所了解：

兰曼（1930）、伯希和（1931）、克罗齐（1935）、高楠顺次郎（1936）、米诺尔斯基（1943）、潘诺夫斯基（1955）、图齐（1959）、布罗代尔（1962）、列维-斯特劳斯（1966）、高本汉（1968）、戴密微（1969）、王浩（1970）、辻直四郎（1971）、赵元任（1973）、夏鼐（1974）、郑德坤（1985）。这些人有些是寅恪的老师、前辈，也有些是同事和学生，其中两位是考古学家，即夏鼐和郑德坤。其他一些是对学界影响较大的学者，如高楠、克罗齐、潘诺夫斯基、列维-斯特劳斯等。目前入选英国学术院通讯院士的中国人文学者是李学勤和宿白。

当前的坊间出版物对寅恪被提名和当选英国学术院通讯院士一事并没有提供进一步的详细说明。我曾托在伦敦大学亚非学院留学的张小贵博士和英国学术院联络，从该院电子邮件中所获答案并不比陈氏三姐妹书中提供的信息更多。最近我读一些有关寅恪与海外学术界相关的西文材料，注意到 Dodds 经历之复杂①，非同小可，发现还颇有些新信息可以发掘出来，丰富我们对当时学术史背景的认识。近代我国学人的域外活动和荣誉常常在当代通过口耳相传以讹传讹，老一代留洋回国常常比较谦虚，新一代留洋回国则多有夸大之辞，可能因为信息不对称的缘故，常引发一些不必要的误解，有必要通过域外胡语文献与我国学林掌故相互参证，以这种二重证据法清理其细节，达到所谓 well-documented 的程度，方可使我们对近代史认识更加清晰、精确、明朗。

这位提名寅恪的 Dodds 先生不是旁人，正是在 1943 年与李约瑟一起访华的牛津大学希腊文讲座教授陶育礼。这里根据洛伊德-琼斯（Hugh Lloyd-Jones）给他写的讣告略说一点他的事迹②。他本是北爱尔兰人，拥有爱尔兰和英国双重国籍。他在都柏林的圣安德鲁斯和牛津大学受教育，专业为古典学。他在牛津时曾受教于古希腊研究大师穆雷（Gilbert

---

① 其讣告见 Donald Russell, "Eric Robertson Dodds, 1893-1979," *PBA*, Vol. 67, 1981, pp. 357-370.

② Hugh Lloyd-Jones, "E. R. Dodds," *Gnomon* Vol. 52, No. 1 (1980), pp. 78-83. 实际上陶育礼的个人回忆录有更详细的有关其生平的介绍。他父母都上过大学，但父亲是个酒鬼，在他幼年时便死去。他算是个早慧儿童，五岁已能自己读书，十岁开始学习拉丁文和法文。他和他老师穆雷都算是爱尔兰裔。

图三十四　陶育礼

Murray，1866—1957），并颇受赏识。他同班同学里有后来成为著名文学家的艾略特。1914 年曾去德国游学，"一战"时在西伯利亚的一间医院服务。他从牛津毕业后返回北爱尔兰教书，在都柏林认识了诗人叶慈等人，直至 1919 年获聘为利丁大学古典学讲师。1924 年被聘为伯明翰大学希腊文讲座教授，在那里他和诗人奥登等人交游。1936 年被聘为牛津大学钦定讲座教授，但他在牛津的圈子里并不受欢迎。1949 年他应邀赴加州大学伯克利分校演讲。1960 年自牛津退休。除了获得中研院通讯研究员荣誉之外，陶育礼所获外国学界荣誉还包括德国巴伐利亚科学院通讯院士、美国文理科学院通讯院士、法兰西学会（L'Institut de France）通讯会士。

实际上，我们只要稍微翻阅王国忠先生的《李约瑟与中国》①，可知英国文化委员会（The British Council）派遣剑桥大学的高级讲师（Reader，实际上相当于副教授）李约瑟和牛津大学讲座教授陶育礼组成英国文化科学赴中国使团。陈氏三姐妹书中提到的这位 Eric Robertson Dodds 中文名正是陶育礼。他与李约瑟被派到中国考察科学和学术现状。

---

① 王国忠：《李约瑟与中国》，上海，上海科学普及出版社，1992 年。

他比李约瑟早一些到达中国，两人在昆明会合，尔后于 1943 年 3 月 21 日从昆明到达成都①，后来陆续见了当时中国科学界和学术界的一些头面人物，如中研院代理院长朱家骅（1893—1963）、总干事叶企孙（1898—1977）、清华校长梅贻琦（1889—1962）、北大校长蒋梦麟（1886—1964）等人。陶育礼转达了英国学术院对中研院的慰问。当时陶育礼、李约瑟两人除了分别代表牛津和剑桥、英国学术院和皇家学会慰问中研院之外，还转达了大英帝国大学局（Universities Bureau of the British Empire）致中国各个大学、伦敦大学亚非学院致重庆政府教育部、英国大学教师协会致中国各位教师、布里斯托市长致重庆首长的问候。李约瑟和陶育礼走访中研院之后，代理院长朱家骅聘请李约瑟和陶育礼为中研院通讯研究员②，因为当时中研院尚没有选举院士，这个通讯研究员其实相当于通讯院士了。朱家骅后来代表中研院委托陶育礼在 1943 年 6 月以及 1944 年 1 月两次致信英国学术院表示感谢。

　　按，李约瑟和陶育礼被聘为中研院通讯研究员之后，1944 年陶育礼也联合汤因比和库克提名了寅恪入选英国学术院通讯院士，这可能可以看作是对他和李约瑟被聘为中研院通讯研究员的回礼。根据《英国学术院院刊》第 7（vii）页的记录③，这一年 7 月 12 日学术院在伦敦伯林顿花园六号（No. 6 Burlington Gardens）召开大会，院长克拉普汉姆爵士（Sir John Harold Clapham，C. B. E.，1873—1946）致辞，大会选出新院士和通讯院士。寅恪（Professor Tschen Yinkoh，China）列名通讯院士。同一年和寅恪一起当选的还包括法国中世纪教会史学者雷克勒克（Henri Leclercq，1869—1945）和苏俄历史学家塔尔勒（Yevgeny

---

　　①　陶育礼的书信未能见到，但李约瑟的书信已译成中文，收入《李约瑟游记》，14～43 页，贵阳，贵州人民出版社，1999 年；1943 年 2 月 26 日李约瑟因被玛格丽特·米德询问而在昆明总领馆写了一封信介绍他对刚进入中国三十六小时的观感。在昆明李约瑟也得到正式的文件，被授予北平研究院通信研究员之荣誉。

　　②　参见 "The Work of the British Council 6：Intial Activity in China," *Great Britain and the East*，Vol. 60，1943，August 21st，p. 22；Sino-British Science Co-operation Office，*Science Outpost*：*Papers*，*1942-1946*，London：Pilot Press，1948，p. 68.

　　③　British Academy ed.，*PBA*，Vol. 30，1944，p. vii.

Viktorovich Tarle，1874—1955）。这几位的大名也见于1945年《英国学术院院刊》卷31第3页。此后，寅恪的大名出现在每一年的《英国学术院院刊》通讯院士名单之中，一直到1975年出版的60卷（1974年）第12页，1975年开始的61卷上不再登出全部在世与去世院士、退休院士、通讯院士名单。显然一直到1975年英国学术院仍将寅恪当成在世院士，不知他已于1969年10月过世。换言之，《英国学术院院刊》将寅恪作为通讯院士的资料保存了三十年，从1944年至1974年。

图三十五　伯林顿花园6号，今皇家艺术学院

不过，此事不止于此，陶育礼虽然曾短期访问昆明和成都，却并未在这里见到寅恪本人，寅恪当时尚在桂林任教广西大学。这位陶育礼是牛津大学希腊文讲座教授，精通希腊文，并不通晓中文，但是他和其他两位院士联名推举寅恪时列出的寅恪代表作却是三篇寅恪早年发表的中文论文，而未包括寅恪发表在《哈佛亚洲学报》上的两篇英文文章《韩愈与唐代小说》和《〈顺宗实录〉与〈续玄怪录〉》，也未包括寅恪关于唐史和唐诗的论著。这是值得注意的现象。如果结合域外之学术记录与国朝之学林掌故，以二重证据法，整合不同语言文献所传达的多重信息，

可帮助我们揭开一些疑团。

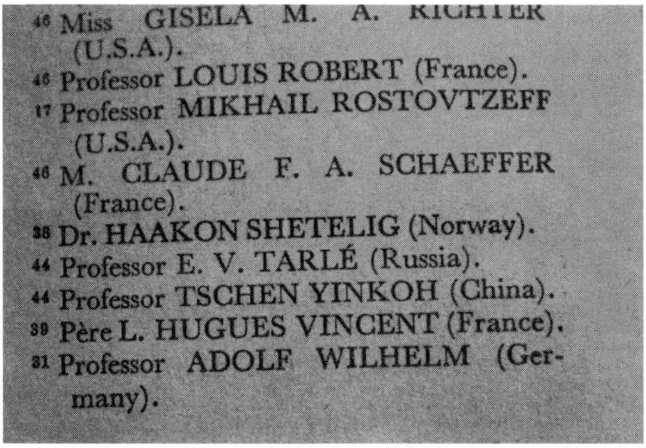

```
46 Miss  GISELA  M.  A.  RICHTER
     (U.S.A.).
46 Professor LOUIS ROBERT (France).
17 Professor MIKHAIL ROSTOVTZEFF
     (U.S.A.).
46 M.  CLAUDE  F.  A.  SCHAEFFER
     (France).
38 Dr. HAAKON SHETELIG (Norway).
44 Professor E. V. TARLÉ (Russia).
44 Professor TSCHEN YINKOH (China).
39 Père L. HUGUES VINCENT (France).
31 Professor  ADOLF  WILHELM  (Ger-
     many).
```

图三十六　《英国学术院院刊》所记通讯院士陈寅恪 **TSCHEN YINKOH**，
中国籍，**1944** 年当选

陶育礼本人的著作值得注意，其中透露的信息似可告诉我们他曾到桂林访问陈寅恪。他在 1977 年出版的自传第十五章中叙述了他的中国之旅始末①。这个叙述对我们理解他推举寅恪先生当选英国学术院通讯院士的语境非常有帮助。他的回忆录说他去中国、在中国和从中国回来一共十一个月，这段岁月在他一生中最为特别。他去之前并无太多关于中国的背景知识。回来之后这次旅行的记忆也逐渐逝去，而他的回忆主要根据他写给夫人的一些信件。他说这次旅行得以成行虽说最终来自森塞姆爵士（Sir George Sansom，1883—1965）找到的资源，但发起者是牛津大学中国宗教与哲学高级讲师修中诚。

修中诚曾作为传教士在中国服务，太平洋战争爆发后，重返中国，恐惧地发现中国东部地区一些知名大学大多迁移到西南角落中勉强求生。所以修中诚考虑邀请一对英国学者作为代表，即一位科学家和一位人文学者，访问中国一些大学，以列出他们最需要的援助，同时做一些讲座，并和中国当局讨论战后或者中缅公路重新开通之后的学术合作。修中诚将这一想法反映给当时重庆的英国驻华大使西摩爵士（Sir Horace

———————

① E. R. Dodds, *Missing Persons*：*An Autobiography*，Oxford：Clarendon Press，1977，pp. 145-159；此书文笔甚佳，出版后获得 Duff Cooper 文学奖。

Seymour，1885—1978）。西摩十分支持这一计划，于是联络了伦敦的大学中国委员会、英国文化协会以及外交部，最终说服他们对这一计划进行手续和资金支持①。

修中诚于是开始列出代表名单，首先便列出了科学家代表李约瑟，当时他是剑桥的生物化学家，同时此人对中国科学史非常感兴趣。不过修中诚在考虑人文学者时遇到了困难。当时人文学者中了解中国者寥寥无几，而会讲中文的人因为战争的需要大多在政府部门工作。修中诚找上了陶育礼。陶氏当时是修中诚在牛津的同事和好友，而且修中诚认为陶育礼在其专业以外有着广泛的兴趣，正好参加这次赴华之旅。当时陶育礼完全不会中文，他尝试听了一些中文录音以熟悉中文，但并不成功。中文的四声让他倍受困扰。不过，他对中国文化尚有一些基本认知，这主要来自他曾列席修中诚的课堂，了解了一点中国历史和哲学。他也读过魏礼（Arthur Waley，1889—1966）的一些译著。同时，他个人对中国文明的好奇心也促使他接受了修中诚的邀请。他认为中国文化是一种希腊化和基督教之前高度发达的文化，且它是一直以来唯一尚存的古代文化，这一文化在19世纪40年代以前甚至很少被外界影响从而保留了其本土传统。毫无疑问，这些看法深受修中诚影响。他还认为西方文明在希腊化和基督教衰退之后失去了智识和道德上的引导，而中国文化更因此看来十分重要。但他仍对战时的长途旅行心存疑虑。

他1943年3月到达中国，8月回到伦敦。虽然他在中国只有十三周，途中却旅行了三大洲，整个旅途之艰辛可想而知。他从利物浦随一支船队出发，其所坐船只两侧围绕许多驱逐舰，途中屡屡响起躲避德国潜艇的警报。船队首先横跨大西洋到达南美洲巴西的伯南布哥，又折返过来跨越大西洋绕过好望角，到达德班。历经千辛万苦，他们途经科隆坡，然后转往印度新德里。最后从加尔各答经过当时世界上最危险的驼峰航线飞往昆明。他在昆明受到修中诚的接待。

陶育礼第一次到中国，对昆明的印象是，这是一个有电灯而没有教

①　Eric R. Dodds，*Missing Persons：An Autobiography*，Oxford：Oxford University Press，1977，reprinted in 2000，p. 146.

皇的中世纪城市①，街上有很多小商贩贩卖特产，还有很多专门替人写信的代笔人、算命先生、说书人。他在昆明遇到北大和清华的教授和学生，他们虽然生活极其艰难，住在低矮的盒子般房子里，却积极和他讨论艾略特、文献考据、维也纳的逻辑实证主义。

起初陶育礼被联大安排住在一间美国空军住的当地旅馆，略微舒适一些。但当他看到西南联大师生的艰苦环境时，认为自己旅行一万五千英里远道而来应和中国师生打成一片，于是他和修中诚也住进了联大教授的宿舍。这位牛津的讲座教授平生第一次在室外做讲演，题为《英国教育的传统与实验》②。在修中诚陪同下，他也面向不同规模的听众做了一些其他演讲。后来他离开修中诚前往重庆，整个行程主要由中英文化协会总干事杭立武（1903—1991）和英国驻华使馆文化专员浦乐道（John Blofeld，1913—1987）安排③，同时获得英国驻华大使西摩的支持。他在这里不断和国民政府的政客和教育、文化、学术官员会面，其中也包括蒋介石。在和蒋进餐过程中，他恰好被安排坐在其邻位，因而对这位总裁有近距离接触，不过他对总裁印象还不错，认为他彬彬有礼，看上去不像独裁者，倒像一位诗人。之后他也与西摩一道秘密拜访了当时常驻重庆的中共代表周恩来。在译员帮助下，周恩来和他讨论了一些更为具体的事，比如土地改革、开发矿产、充实军队。看来英国外交人

①　这和日本相比，在电气发展方面可能确实相对落后。汤因比 1929 年 10 月去日本开会时，从神户坐火车到京都，发现沿途整个神户、大阪、京都地区的电灯亮成一片，而奈良则是个乡村小镇；见 Arnold J. Toynbee, *A Journey to China or Things which are Seen*, London：Constable & Co. LTD.，1931，p. 173；后来他又到了奉天，则相比较现代化，见 p. 192；他在高野山参观时，英文翻译是个军校士官生出身的日本人，他后来转向学习古藏文，给高野山图书馆掌管藏文图书，但此人并无意和汤因比讨论大乘佛教；见 p. 175.

②　陶育礼的回忆录没有提供演讲的细节，而李约瑟在 1943 年 3 月 1 日的信中则提到他在西南联大演讲前，听众唱了三民主义的歌，并向装饰着中国国旗的孙中山遗像三鞠躬；见《李约瑟游记》，19 页。

③　1940 年杭立武发表文章介绍中国的研究成就，在人文学部分列出了胡适和陈寅恪，认为他们在史学上将人们的注意力转到批判地研究国故，见 Han Lih-wu, "Research Movements and Institutions," *The China Christian Year Book 1938-1939*, November, 1940, p. 58.

员深知重庆国民政府之腐败和羸弱，并不能完全信任，遂有国共两边下注之举。

后来他又途经贵州去了广西桂林，发现桂林人比成都人更爱微笑。这一趟可是非常辛苦，途中坐汽车大约四五个小时，坐火车约二十四小时，可见途中不断停车。不过，回忆录十分简略，陶育礼没有提到他在桂林具体做了什么事，见了哪些人，着实令人遗憾①。后来他重返昆明，再次通过驼峰航线到加尔各答，从那里坐飞机到开罗，在游历开罗时不幸摔伤而不得不住院三周，略微康复后即飞往里斯本，从里斯本途经英国空军兵站飞往伦敦。1943 年 8 月 6 日，他安全返回英国。李约瑟和陶育礼的中国之行促进了中英之间的学术交流，战后英国文化协会和牛津大学邀请邵循正、孙毓棠、沈有鼎、洪谦等人赴英讲学。寅恪亦赴英治疗眼疾。

考虑到 1943 年 7 月时寅恪还在桂林，而陶育礼当时也的确到了桂林，很可能在桂林见到了寅恪。我想，要是能回到现场聆听他和寅恪的谈话那就最有意思不过了。可惜目前的资料根本不能确定这一点。陶育礼说他写了很多信给当时在英国的陶夫人，如果他在桂林也写了信，那么也许这些信能给我们一些他在桂林活动的线索。希望这些信还保存在牛津或者英国其他地方，以后或许有机会重见天日。

总之，因为陶育礼乃是修中诚的好友，所以大概他推举寅恪入选英国学术院通讯院士与修中诚的建议分不开。修中诚彼时正担任牛津汉学高级讲师，也是牛津方面主持聘用寅恪做汉学教授的主要联络人。他中文不错，所以对寅恪的学术文章也较为了解。他汉学上的兴趣主要是宗教和哲学，也正因为这一背景，大概他介绍陶育礼选择三篇中文文章作为陈寅恪的代表作，这三篇文章主要涉及佛教和道教思想与中国文化之

① 相比之下，李约瑟则留下了详细的书信，至少我们知道他 1943 年 6 月初访问了史语所，见到了所长傅斯年和其他学者，他认为"那里的学者是我迄今会见的人们中最杰出的，因这个学科一直是中国学者特别擅长的，这也是意料中的事。"见《李约瑟游记》，36 页。12 月中旬，他又会见了俞大维，他们以德语交谈，讨论谁是欧洲最杰出的数学家和物理学家，李约瑟认为兵工署是当时除了国立资源委员会之外管理最佳的组织，见 43 页。1944 年 9 月 12 日他在云南喜州见到了时任华中大学校长的韦卓民，见 88 页。

关系，正好是修中诚的兴趣所在。当时欧美东方学界对寅恪学术的了解是很有限的，因为寅恪的主要论著以中文发表，而且这些中文论著并不容易读懂。寅恪之所以入选英国学术院通讯院士与修中诚的大力推荐和介绍分不开，也是他被牛津聘为汉学教授之后水到渠成的额外荣誉。

修中诚在 1949 年所写的一篇文章中提醒外国学者要留意中国学界的新趋势，即重视六朝史的重要性①。在注释中他列出了四位在他看来这一领域最为重要的学者，其中第一位是寅恪，紧随其后的是汤用彤、冯友兰和罗根泽。他当时将寅恪的名字写成 Ch'en（Tschen）Yin-ch'iao，显然他将"恪"读成"que"了②。我想，以这四个人作为当时中国六朝史的代表人物肯定会引起争议，但寅恪和汤用彤改变学界对六朝史的认知贡献极大这一点似不成问题。无论如何，现在看来，陶育礼推举寅恪入选英国学术院三篇代表作时肯定得到过修中诚的指点。

最后，我要稍微讲一下汤因比和库克与陶育礼的关系。先说汤因比和陶育礼。汤因比在中国历史学界主要以其鸿篇巨制《历史研究》知名，而实际上他算是一位游走于政、学两届的学者型政治人物。根据《英国学术院院刊》上的讣告③，他有点家学渊源，他母亲曾在剑桥学习英国史，这在那个女性受歧视的年代极为罕见。他青少年时对古典学十分钟情，熟读希腊、拉丁文文学。1907 年他拿到奖学金，进入著名的牛津大学贝利奥尔学院，并得到游学机会流连于南欧希腊罗马古迹。回来后被选为贝利奥尔学院 1912—1915 年研究员，但 1915 年他放弃了牛津的工作，成为当时英国学术院院长布莱思爵士的助手，研究土耳其人与亚美

①　E. R. Hughes，"Epistemological Methods in Chinese Philosophy," in：*Essays in East-West Philosophy*：*An Attempt at World Philosophical Synthesis*，edited and with an introduction by Charles A. Moore，Honolulu：University of Hawaii Press，1951，p. 64. 此文系 1949 年的学术会议论文，但 1951 年才出版。

②　Ibid.，p. 72. 实际上赵元任也说他一直叫寅恪是 Yin-ch'iao，日记里记成 Y. C. Chen，后来 1924 年 8 月 27 日在德国看到寅恪自己的拼法，才改称 Yinko Tschen；见赵元任：《忆寅恪》，见俞大维等：《谈陈寅恪》，26 页。其实这个问题不值得太多争论，作为江西人，我想说在江西方言里，事实上"的确"的"确"字念法就类似于"恪"字。

③　William H. McNeill，"Arnold Joseph Toynbee，1889-1975," *PBA*，Vol. 63，1977，pp. 441-469.

尼亚人的冲突。随后几年他陆续发表关于土耳其特别是奥斯曼帝国的研究著作。因为他对奥斯曼帝国的研究，1918 年 5 月他被招入外交部政治情报部，并于 1918 年 12 月至 1919 年 4 月作为英国代表团一员参加了巴黎和会。回来之后被聘为伦敦大学国王学院希腊、拜占庭语言、文学、历史讲座教授。但 1924 年他再次离开学术界，进入设于伦敦（Chatham House）的皇家外交事务研究所。1929 年 7 月至 1930 年 1 月间，他经过波斯湾访问了印度、中国和日本，后经西伯利亚铁路回英国。1931 年出版了《中国之旅》（*A Journey to China or Things Which are Seen*）一书①，谈他在中国的经历，他虽然到过上海、奉天、北京、南京等地，仅提及曾走访东北大学，未提及是否与中国任何一位大学教授有所接触。此后致力于撰写十卷本《历史研究》。此书的陆续出版为他赢得许多声誉，其中包括 1937 年被选为英国学术院院士。1939 年他出任外交部外交研究与出版局局长②，1943 年改称外交部研究局局长。这些年虽然他在学术上、政治上非常成功，但家庭生活一塌糊涂。他 1913 年与罗莎琳德（Rosalind Murray，1890—1967）结婚，两人生育了三个儿子，但长子（Anthony Harry Toynbee，1914—1939）1939 年自杀身亡③，随后

① 此书原本书名为 *Things Which are Seen*，但后来发现这个书名已经被其他书用过了，故而加上前面的 *A Journey to China*，而全书实际记录了他 1929 年 7 月 23 日至 1930 年 1 月 29 日这段时间从伦敦到京都参加第三届太平洋关系学会年会的旅程，中国部分仅占全书很小的篇幅，其中两章是土耳其和中国对比以及日本和中国对比。他去日本之前短暂路过香港九龙和上海，开完会之后离开日本从朝鲜半岛再次进入中国，先到奉天，后到长春、哈尔滨、山海关、北京、南京等地。见 Arnold J. Toynbee, *A Journey to China or Things which are Seen*, London: Constable & Co. LTD., 1931. 中文的简单介绍见秋叶：《英国历史学家汤因比的中国之旅》，载《中华读书报》2007 年 2 月 7 日国际文化版。但此书信息很丰富，值得仔细研究。1929 年他在南京参加了扶轮社的会议，也应邀和蒋介石、宋美龄夫妇一起进餐；见 Arnold J. Toynbee, *Acquaintances*, London: Oxford University Press, 1967, pp. 235-237.

② 其实应该称研究与出版部部长，不过，我这里按照中国行政系统的称呼习惯，部长下级称为司长或局长，故称其为局长。

③ 汤因比长子托尼曾在波恩大学留学，颇有语言天赋，除了说一口流利的德语之外，也学习了一些斯拉夫语，甚至还学习了蒙古语和一点中文；见 Arnold J. Tonybee, *Acquaitances*, London: Oxford University Press, 1967, p. 263.

1942 年他与妻子分居，1946 年以离婚收场。他当年九月便和多年来的助手薇罗妮卡（Veronica Boulter）再婚。新妻子全力支持他的事业，使他大感宽慰。他的行事先叙述到此告一段落，有两件事因和我们这里的主题有关，值得注意。一是他长期以来对东方文明较为关注，也到过中国；二是他第一任妻子是罗莎琳德。

图三十七　**1969** 年的汤因比

为什么说他太太很重要呢？罗莎琳德的父亲是牛津大学希腊文讲座教授穆雷，这是当时极有影响的古典学者和公共知识分子。穆雷 1908—1936 年在牛津任希腊文钦定讲座教授（Regius Professor）。退休之前，因为他在业内的声誉和影响，牛津大学委托他推荐接班人。当时牛津校内多名希腊文学者对他退休后将腾出的讲座教授位子虎视眈眈，但他力排众议，选定他以前的学生、当时在伯明翰大学任职的陶育礼作他的接班人①，因为陶育礼当时以出版研究新柏拉图主义学者普洛克鲁斯的著作而声名远播。陶育礼早在学生时代便受到穆雷的优待，曾被邀请到穆雷府上参加社交性的周六午餐会。尽管陶育礼在伯明翰大学日子过得很惬意，但他不好意思拂却恩师穆雷的推荐，很勉强地接受了牛津的位子，

①　按照常规，牛津大学这一钦定教授的位子应该是校内组织委员会审核申请人，做出决定之后，最后由当时英国首相任命。但当时英国首相是 Stanley Baldwin，他非常信任穆雷，告诉穆雷，新的钦定讲座教授可由穆雷决定，穆雷遂选择了自己的学生陶育礼；见 E. R. Dodds, *Missing Persons：An Autobiography*, p. 124.

并在这个位子上一直待到 1960 年退休。陶育礼在牛津期间，和汤因比也有一些业务往来。1940 年汤因比找到他，问他是否有兴趣参与外交部外交研究与出版局的活动，特别是战后的研究计划。陶育礼答应了他的请求，着手研究德国的大学教育，很快完成《麦克米兰战争手册》以及《德国各大学与政治的关系纪要》两篇文献①。后来他一直和外交部研究局保持合作关系，这正是他得以 1943 年去中国一趟的政治基础。他在昆明期间也作了一个关于德国大学的报告，想必基于他 1940 年的研究。这么说来，陶育礼受汤因比委托研究德国大学教育、陶育礼去中国、陶育礼是穆雷的弟子、穆雷是汤因比的岳父、陶育礼与汤因比联名推举寅恪这一连串的事件和社会关系之间存在很多联系。我想，他找汤因比一起推举寅恪肯定考虑了汤因比和他长期合作以及汤因比是穆雷女婿这个因素。因为汤因比的太太是陶育礼恩师的女儿，汤因比和陶育礼应该勉强算师兄弟的关系了。

图三十八　牛津大学索默维尔学院收藏的穆雷像

---

① David Phillips, "War-time Planning for the 'Re-education' of Germany: Prof. E. R. Dodds and the German Universities," *Oxford Review of Education*, Vol. 12, No. 2, 1986, p. 195.

这里简要介绍一下穆雷，因为他整个家族很重要，且和中国略有一点瓜葛，主要是他孙女是中国艺术史家。他出生于悉尼，父亲是新南威尔士议员，被英王封为爵士。在他父亲死后，他于1877年与母亲移居英格兰，后来拿到奖学金而进入牛津大学圣约翰学院受古典学教育。他曾在1889—1899年任格拉斯哥大学希腊文教授，之后回到牛津，撰写了大量戏剧和政治作品，与1925年诺贝尔文学奖得主萧伯纳成为好友。1908年他被牛津聘为讲座教授，翻译了大量希腊戏剧。并积极参与政治活动，长期支持英格兰自由党。因为政治观点的不同，他和好友哲学家罗素决裂。他父亲和哥哥都是爵士，他在1912年也封爵，但他拒绝接受。他也和剑桥女希腊学家哈里森（Jane Harrison，1850—1928）以及著名科幻小说家威尔斯（H. G. Wells，1866—1946）等人也是好友①。顺便说一下，爱因斯坦在1933年6月以前曾短期在牛津大学基督堂学院流亡，当时穆雷也是这个学院的负责人之一，故而也曾和爱因斯坦有过交往②。之后，爱因斯坦前往普林斯顿高等研究院并在新泽西度过余生。

他们一家名人辈出。他的次子是西班牙内战的战地记者，支持反法西斯运动，不幸英年早逝。孙女安·帕鲁丹（Ann Paludan）是中国学专家，出版了多本建筑史著作，丈夫是丹麦驻华大使，他们夫妇曾在1972—1976年常住北京。安的儿子琼斯（Mark Jones）曾任苏格兰国家博物馆馆长、维多利亚与阿尔伯特博物馆馆长，现任牛津大学圣十字学院院长，也受封爵士。

库克出生于一个商人家庭，但父亲却极为热爱音乐和科学。不过，库克从小即对人文更感兴趣，学了很多语言，希伯来语、拉丁语、希腊语、法语。他1891年进入剑桥大学学习，获得很多奖学金，1895年毕业，但1896年未能通过大英博物馆的考试，进馆工作的希望破灭。此后他为《圣经百科全书》编辑部工作了七年，有机会接触了当时一些顶尖学者的著作。之后1904—1932年他获聘为剑桥希伯来语讲师，1902—

---

① J. A. K. Thomson, " Gilbert Murray, 1866-1957," *Proceedings of the British Academy*, Vol. 43 (1958), pp. 245-270.

② Arnold J. Toynbee, *Acquaitances*, London: Oxford University Press, 1967, p. 268.

图三十九　**1957 年《英国学术院院刊》43 卷 Plate XVII**，穆雷像

1932 年他也参与编辑《巴勒斯坦探险基金会季刊》，中间还参与编辑
《大英百科全书》第十一版（1910—1911），亦参与编辑《剑桥古代史》
(1923—1927)①，1925 年被选为英国《旧约》学会会长，1931 年被选为
美国圣经学会荣誉会员，1932 年获聘为剑桥希伯来语钦定讲座教授
(Regius Professor)，他是这一位置历史上第一位身份为非教士的学者，
但他只做了 6 年便于 1938 年退休，同年获得牛津大学荣誉博士，之前在
1937 年获得阿伯丁大学荣誉博士。1938 年他获得牛津大学荣誉博士时，
陶育礼正担任牛津大学希腊文钦定讲座教授，肯定参与了库克获得这一
荣誉的甄选工作。库克的学术生涯以 1910 年为分界线，前期专注于传统
闪米特语言、铭文、历史，以及旧约文献学与考古学，也包括一些对叙
利亚文献和景教的研究。他后期转向心理学、社会学、哲学和宗教学的
研究。他被认为是语言学家、铭文学家、考古学家、宗教学家、哲学家

---

　　① 《剑桥古代史》一共 14 卷，1924—1939，1970—2001 年间相继出版。可见
寅恪 1919 年在哈佛念书时此书尚未出版。余英时先生在《陈寅恪史学三变》对此已
有提示。

和心理学家①，他能驾驭这样广博的学术领域可能便是他被陶育礼拉去推举陈寅恪的缘由所在了。

综上所述，在修中诚邀请下，陶育礼和李约瑟作为英国文化与科学使团成员 1943 年 3—8 月访问中国，受到国民政府的接待，并双双被聘为中研院通讯研究员。陶育礼访问了昆明、成都、桂林，在成都转达了英国学术院对中研院的问候。他在桂林很可能也见到了寅恪。他回国后，即在 1944 年邀请自己的好友、恩师穆雷的女婿汤因比以及老前辈库克一起联名推举寅恪为英国学术院通讯院士。1944 年 7 月 12 日在伦敦伯林顿花园六号召开的院士大会通过了寅恪当选英国学术院通讯院士的提案。此后寅恪作为通讯院士的记录一直出现在《英国学术院院刊》，一直到 1975 年。

1944 年寅恪获选为英国学术院通讯院士之后，很快他又于 1947 年获选美国东方学会荣誉会员、英国皇家亚洲学会荣誉会员。寅恪 1945 年不幸双目失明，1945 年秋至 1946 年春赴英治疗眼疾，两次动手术，仍未治好，寅恪感叹"万里乾坤迷去住，词人终古泣天涯"，不得不辞去牛津教职绕道美国回国。1946 年 4 月 16 日船到纽约，胡适托全汉升送信告知哥伦比亚大学医生亦无办法，故寅恪未上岸。19 日赵元任夫妇、周一良、杨联陞登船探望②。胡适原本要一同去，因故未能前往。5 月底返回上海。8 月初，家人自川赴沪，一家团聚。10 月 26 日全家返回北平，入住清华新林院 52 号。这之后在 1947 年 4 月，寅恪获选为美国东方学会荣誉会员（Honorary Member of American Oriental Society），其地址即为北平清华大学新林院 52 号。目前有关寅恪的出版物似乎尚未提及这一荣誉，值得略说一二。

寅恪获选为美国东方学会荣誉会员，乃在他获选为英国学术院通讯院士之后，二者之间可能还是有点联系。陶育礼从中国回来之后，1945 年初他接到洛克菲勒基金会与士嘉堡稀有语种教育协会（Scarborough

① 其讣告见 D. Winton Thomas，"Stanley Arthur Cook，1873-1949，" *PBA*，Vol. 36，1950，pp. 261-276.

② 船停在布鲁克林 26 号码头，杨写作卜汝克临；见杨联陞：《陈寅恪先生隋唐史第一讲笔记》，俞大维等：《谈陈寅恪》，30 页。

Commission on the Teaching of Rare Languages）的联合邀请，赴美考察美国中文教学新模式。他首先到达纽约，之后访问了当时北美主要的远东研究中心，包括哈佛、耶鲁、哥伦比亚、多伦多、西雅图、伯克利、斯坦福、博尔德、芝加哥、安娜堡，报告了他在中国的所见所闻。他很可能在一些场合提到了他提名为英国学术院通讯院士的寅恪先生。北美汉学界可能也因此获得了一些关于英国学者对寅恪先生的第三方评价。

和寅恪同时入选的其他两位学者包括法国的雷克勒克和苏俄的塔尔勒都是历史学家，寅恪当然也应是被英国学术院视作历史学家。修中诚明确说他对六朝史有着卓著贡献①。而美国东方学会选寅恪也是因为他在历史和文学研究上的贡献，可见当时英美学界已正式承认他是卓越之历史学家，而非传统上欧美学界所说的东方学家②。寅恪实际上在 1931 年后已将治学重点转移到禹域之内的中古史上，而逐渐放弃论述"殊族之文、塞外之史"。

寅恪获选美国东方学会外国荣誉会员的具体时间和地点均可确定。根据 1947 年 6—9 月出版的《美国东方学会会刊》67 卷 3 期发表的"1947 年美国东方学会在首都华盛顿召开年会"通讯，美国东方学会于 1947 年 4 月 15、16、17 日在华盛顿召开了 157 届年会，共有 115 人参加，会址分散在四个地点，包括华盛顿宾馆、弗利尔美术馆、合众国博物馆、维拉德宾馆。当时会长是执教于哥伦比亚大学的汉学家傅路德

---

① 不过，在聘用寅恪做牛津汉学教授的过程中，修中诚给牛津校方的说明却侧重强调寅恪在唐史上的贡献，这可能是他与寅恪交谈之后的印象。他说"陈教授是仍在世的最伟大的唐代文献权威和在敦煌手稿（写本）这个特殊领域的大师。"参见程美宝：《陈寅恪与牛津大学》，载《历史研究》，2000，第 3 期，152～164 页；以及程美宝、刘志伟：《"虚席以待"背后——牛津大学聘任陈寅恪事续论》，见胡守为主编：《陈寅恪与二十世纪中国学术》，693～708 页。

② 这也许只算一个个案。实际上以学术制度而言，欧美大学历史系直至 20 世纪 60、70 年代仍主要以欧美史为主，其学位仅授予限于以欧美史为研究方向的学生，而中国史以及其他"东方"史则设在东方学系或远东系、近东系，学术制度上，历史系不设立中国史教职，只是偶尔从东方学系请中国史教授开课。见 Frederick W. Mote, *China and the Vocation of History in the Twentieth Century*：*A Personal Memoir*，Princeton：*East Asian Library Journal* in Association with Princeton University Press，2010，pp. 250-251.

（Luther Carrington Goodrich，1894—1986，亦作傅路特）。东方学会的工作会议在华盛顿宾馆的华盛顿厅召开，时间是 4 月 15 日周二上午 10 点至 12 点半，讨论了有关会员、财政等问题 ①，这些我们这里不去细说，只说和陈寅恪有关者。

首先值得注意的是，学会秘书斯蒂芬斯（Ferris J. Stephens）在工作会议上报告了三名外籍荣誉会员已经去世。这三位已逝荣誉会员都是德国学者，即神学家和东方学家达尔曼（Gustaf Dalman，1855—1941），印度—伊朗学家盖革尔②、印度学家吕德斯（Heinrich Lüders，1869—1943）③。之后秘书给执行委员会提交一个推荐，提请学会选举新一届荣誉会员。当时的荣誉会员委员会主席为印度学家爱哲顿（Franklin Edgerton，1885—1963）。爱哲顿随即提出了一份包括十三位候选人的名单，并附上了这些候选人的专长领域，但没有提供国籍，现在我将他们当时的国籍附录于后，并补充两位入选英国学术院学者的年代：

布洛赫（Jules Bloch，1880—1953），Sanskirist，Dravidianist 法国印度学家

查特吉（Suniti Kumar Chatterji，1890—1977），Specialist in modern Indo-Aryan languages 印度语言学家

陈寅恪（Yin-k'o Ch'en，1944 年英国学术院通讯院士），Chinese history and literature 中国历史学家

德布隆纳（Albert Debrunner，1884—1958），Sanskritist and Indo-Europeanist 瑞士语言学家

阿列克谢耶夫（Vasily M. Alexéiev，1881—1951），Sinologist 苏俄汉学家

---

① *JAOS*，Vol. 67，No. 3（1947），p. 235.

② Wilhelm Geiger，1856—1943，1928 年入选英国学术院通讯院士，有关他的介绍参见拙文《东方学之目录学之前传》，简本载《文景》，2011，第 6 期。增订本收入本书第四章。

③ *JAOS* Vol. 67，No. 3（1947），p. 236.

戴闻达（J. J. L. Duyvendak，1889—1954），Sinologist 荷兰汉学家①

富阿德（Köprülüzade Mehmed Fuad，1890—1966），Turkish philologian and Historian 土耳其历史学家

戈愣尼希谢夫（Wladimir Golénishcheff，1856—1947），Egyptologist 苏俄埃及学家

玛西尼翁（Louis Massignon，1883—1962），Arabist 法国阿拉伯学家

帕德森（Johannes Pedersen，1883—1977），Arabist and Hebraist 丹麦东方学家

勒努（Louis Renou，1896—1966），Indologist 法国印度学家

托尔克维斯特（Knut Tallqvist，1869—1945），Assyriologist 芬兰亚述学家

特纳（R. L. Turner，1888—1983，1942 年入选英国学术院院士），General Indic linguist 英国印度学家

结果全部提名人均获大会投票通过，当选为荣誉会员②。这一荣誉会员是永久性的。这些人来自世界各地，但以欧洲学者为主，的确反映了当时欧洲东方学繁荣的局面。苏俄学者阿列克谢耶夫应该是叶理绥推举的。他四月才当选荣誉会员，六月出版的叶理绥主编的《哈佛亚洲学报》就刊出了柯立夫（Francis Woodman Cleaves）翻译的《作为中国文学史家

---

① 他早年曾任职于北京荷兰外交使团，也是外交官出身的汉学家。1936 年他撰文介绍了荷兰早期汉学史；见 J. J. L. Duyvendak，"Early Chinese Studies in Holland," TP, Second Series, Vol. 32, No. 5（1936），pp. 293-344. 他是高延（J. J. de Groot）在莱顿的学生，也熟悉法国汉学家马伯乐和葛兰言的著作，其兴趣主要还是文献研究。他于 1930 年创办了莱顿汉学系。也参见 Harriet T. Zurndorfer, "Sociology, Social Science, and Sinology in the Netherlands before World War II: With Special Reference to the Work of Frederik van Heek," RESS, T. 27, No. 84, Sociologie de la Chine et Sociologie chinoise（1989），pp. 19-32.《吴宓日记》，第三册，124～125 页；1926 年 1 月 11 日，赵元任夫妇在清华宴请戴闻达，吴宓作陪。吴宓下午陪同其游览清华。

② JAOS Vol. 67，No. 3（1947），p. 244.

的阿列克谢耶夫院士》一文，全面介绍此人的汉学成就①。

考虑到寅恪被提名，我们应关注一下当时东方学会的整体情况。美国东方学会 1842 年成立，是美国历史最悠久的学术团体之一。当时 1946—1947 届会长是傅路特，任教于纽约哥伦比亚大学，副会长是普林斯顿大学的东方学家本德尔（Harold Bender）。这一届执行委员会委员包括上面提及的傅路特、本德尔、斯蒂芬斯、哈里斯（Z. S. Harris）、威廉·F·爱哲顿（William F. Edgerton）、叶理绥（S. Elisseeff，1947 年届满）、威尔逊（J. A. Wilson，1948 年届满）、布朗（W. N. Brown，1949 年届满），其中来自芝加哥大学的威廉·F·爱哲顿担任执行委员，此人是埃及学家，是上文提到的耶鲁印度学家爱哲顿的胞弟。当时美国东方学会提名委员会（Committee on Nominations）包括以下诸人：卡麦隆（George Glenn Cameron，主席，1947 年届满）、卜弼德（Peter A. Boodberg，1947 年届满）、爱哲顿（Franklin Egerton，1947 年届满）、尔文（William A. Irwin，1948 年届满）、克拉克（Walter A. Clark，1948 年届满）、汉密尔顿（Clarence H. Hamilton，1948 年届满）。其中卡麦隆是伊朗和伊斯兰学家；卜弼德是汉学家，尤其注重北方民族史；爱哲顿是印度学家，1928 年曾任东方学会会长，后来又长期担任东方学会司库，负责财政工作；克拉克是哈佛的印度学家，周一良的梵文老师，邀请钢和泰到哈佛任教的人；尔文是旧约学家；汉密尔顿是佛教学家。

这些人中有相当一部分人对寅恪不会陌生。哈佛系统的叶理绥和克拉克当对寅恪较为熟悉一些。比如叶理绥，当时是哈佛燕京学社社长，

---

① Lev Zalmanovich Ejdlin（艾德林），"The Academician V. M. Alexeev as the Historian of Chinese Literature," trans. by Francis Woodman Cleaves，*HJAS*，Vol. 10，No. 1，Jun. 1947，pp. 48-59；最近《通报》又刊载了一篇有关他的文章，见 Christoph Herbsmeier（何莫邪），"Vasilii Mikhailovich Alekseev and Russian Sinology," *TP*，Vol. 97，No. 4-5，2011，pp. 344-370；他的中文名原本叫阿翰林，中国学者称其为阿力克。他曾和沙畹一起到中国游历，也长期和伯希和保持通信联系。不过，由于这篇文章对学术史进行批判性反思，何莫邪也指出艾德林在文章中对阿翰林有过誉之处。

和魏鲁南（James R. Ware）一起主编《哈佛亚洲学报》①。《哈佛亚洲学报》上当时屡屡出现寅恪大名。比如 1936 年该刊创刊号也是伍兹教授纪念专号刊出了魏鲁南翻译的寅恪的《韩愈与唐代小说》。1938 年 4 月寅恪的《〈顺宗实录〉与〈续玄怪录〉》也发表于此刊第三卷第一期。这两篇文章都是魏鲁南翻译的，但其实都算是纪念文章。第一篇发表于伍兹纪念专号，伍兹是寅恪、俞大维等人在哈佛念书时的老师，也是哈佛燕京学社成立的主要推手。第二篇发表于钢和泰纪念专号。寅恪与伍兹和钢和泰分别有一些交游，故为二人纪念专号贡献其大作，由魏鲁南英译刊出。1936 年的《哈佛亚洲学报》伍兹纪念专号还发表了赵元任、汤用彤、姊崎正治②、服部宇之吉、叶理绥、爱哲顿、瓦雷普散、钢和泰等人的文章。

　　不过，高罗佩随即在 1938 年出版的《日本学志》第一卷第 2 期上发表书评③，评论钢和泰纪念专号，第一篇评论的文章便是寅恪的大作，他首先说中文和英文论文体例不同，抱怨魏鲁南忽略了一些注释。同时补充了一些他自己收集的材料，他发现《顺宗实录》存在四个版本，其中两个比较零碎地保留了一点片断，即 1794 年的《龙威祕书》和 1792 年的《唐人说荟》，第三个版本是清人胡珽所藏本，但仍不完整。而陈寅

　　① 魏鲁南当时虽然在哈佛教中文，但其实是教古文，而非汉语口语。他并不会讲中文，这是因为当时一种汉学传统是将"汉学"当成"埃及学"一样，研究所谓"故去的文明"（dead civilization），这当然不需要会讲中文。魏鲁南不会讲中文，但中文阅读能力还不错，曾翻译寅恪的《韩愈与唐代小说》在《哈佛亚洲学报》发表。赖世和便是魏鲁南的学生，曾跟魏鲁南学习中文。见 George R. Packard, *Edwin O. Reischauer and the American Discovery of Japan*，p. 33. 当时学古文的条件相当艰苦，赖世和用的是卫三畏（S. Wells Williams）1874 年所编字典的 1909 年修订本，错误较多。他 1932 年参加了一个洛克菲勒基金会支持的哈佛汉学讨论班，得以和华尔纳（Langdon Warner）、恒慕义（Arthur W. Hummel）等人学习中国艺术和中国史；见 35 页。
　　② 姊崎正治是和西方学者联系密切的日本学者，曾在 20 世纪 30 年代任日本亚细亚协会副会长，其他两位副会长包括赖世和和萨姆森爵士（Sir. George B. Samson）。姊崎正治和赖世和的父亲 August Karl Reischauer 关系较为密切，见 George R. Packard, *Edwin O. Reischarer and the American Discovery of Japan*，New York：Columbia University Press，2010，p. 20.
　　③ 见 *MN*，Vol. 1，No. 2，July，1938，pp. 623-625.

图四十 **1913—1915** 年在哈佛任访问教授的姊崎正治

恪用的版本是比较完整的《四部丛刊》重印的宋版。1936、1938 年《哈佛亚洲学报》也附录了一些中文期刊的英文目录和英文摘要，其中寅恪有多篇论文列入。随后 1945 年、1946 年周一良、杨联陞分别在《哈佛亚洲学报》发表其博士论文，也都提及寅恪。再比如克拉克，这是兰曼在哈佛的印度学接班人，钢和泰在哈佛的接待人，周一良的老师，应该对寅恪不会陌生。卜弼德专攻中古民族史，应该也对寅恪的学术有所了解。总之这一届美国东方学会的头面人物有相当一部分人对寅恪并不算陌生。寅恪的专业列出中国历史与文学，可能和当时学人的普遍认识有关。甚至当年 11 月份中央研究院选举院士也将寅恪的主要领域列为唐代历史与文学①。

另外，1941 年时，叶理绥和魏鲁南曾组织了一个类似《牛津英文大辞典》的汉语辞典项目，从耶鲁请来了赵元任参与这个计划，该计划名

① 中研院公告云："人文组陈寅恪，研究六朝隋唐史，兼治宗教史与文学史。人文组语言文学学科院〈士〉候选人陈寅恪在学术上贡献要点：唐史及唐代文学。"见刘桂生、欧阳军喜：《〈陈寅恪先生编年事辑〉补》，载王永兴编：《纪念陈寅恪先生百年诞辰学术论文集》，443 页，南昌，江西教育出版社，1994。

义上由哈佛燕京学社社长叶理绥领衔，但实际负责人是魏鲁南，参与者还包括俄国学者柏烈伟（Serge A. Polevoy，1886—1971）。赵元任对这个计划颇不以为然，认为他们主要依赖《佩文韵府》之类的二手资料，而非一手文献①。但显然叶理绥、魏鲁南等人和寅恪的好友赵元任非常熟悉。

不过，需要特别指出的是，这里寅恪的提名人爱哲顿值得注意，他当时在耶鲁任教，是混合梵文（Hybrid Sanskrit）研究的主要学者，著作等身，翻译和出版了大量印度学著作、译著和辞典，最有影响的著作比如《佛教混合梵文文法及辞典》，以及英译《薄伽梵歌》、《五卷书》等。他和寅恪似乎没有直接打过交道，但和寅恪的好友赵元任则相当熟络。他是赵元任的东方学和语言学同行，前者1928年当选为美国东方学会会长，1934年当选美国语言学会会长，赵元任1945年当选为美国语言学会会长，1960年当选美国东方学会会长。爱哲顿和上文中的哈里斯也是美国语言学会的活跃人物，他们和赵元任、魏鲁南一起都参加了1944年12月29—30日在纽约市举行的美国语言学会第十九届大会，赵元任和爱哲顿均列名执行委员会。这次会议选出赵元任担任新一届即1945年会长②。

爱哲顿在1947年提名寅恪入选东方学会荣誉会员，多少对寅恪有所了解，很可能和赵元任进行过交流和讨论。即使难以判断赵元任是否在

---

① 见 *Chinese linguist，phonologist，composer and author，Yuen Ren Chao*，With an Introduction by Mary Haas，An Interview Conducted by Rosemany Levenson，The Bancroft Library，University of California，Berkeley，1974-1977，pp. 164-166. 柏烈伟（一译鲍立威）曾任北大俄文教员，和李大钊、胡适有交往。如曹伯言编：《胡适日记全编》，第三册，356页记柏伟烈1921年7月4日拜访胡适，他专攻中国哲学，试图将胡适《古代哲学史》译为俄文。他也收藏了大量满蒙文图书，后归其女儿 Tamara S. McIntyre；见 Joseph Fletcher，Review：*Manchu Books in London：A Union Catalogue*，by W. Simon and Howard G. H. Nelson，in：*HJAS*，Vol. 41，No. 2 (Dec.，1981)，p. 658，footnote 10.

② 见 *Language*，Vol. 21，No. 4，1944，pp. 5-19；此杂志为美国语言学会机关刊物。

图四十一　爱哲顿

推动爱哲顿提名寅恪一事上起了决定性作用，也可以说他提供了许多有
关寅恪学术成就的信息。爱哲顿大概没看过寅恪早年发表的有关梵文和
佛教的中文文章，所列寅恪的专业也限于历史和文学，实际属于当时美
国学者所认知的汉学范围，似不关心其早年的东方学论著。但他肯定看
过寅恪的《韩愈与唐代小说》，因为 1936 年他论佛教混合梵文的文章和
寅恪的这篇文章同时登在《哈佛亚洲学报》的伍兹纪念专号①。实际上，
早在 1932 年出版的《美国历史评论》上即有学者介绍北京明清档案出版
情况，其中列出寅恪作为当时知名历史学家，列名编辑委员会②。由此

①　他的文章即 "Nouns of The a-Declension in Buddhist Hybrid Sanskrit,"
HJAS Vol. 1，No. 1 (1936)，pp. 65-83.

②　Cyrus H. Peake，"Documents Available for Research on the Modern History
of China," *AHR*，Vol. 38，No. 1，Oct. 1932，pp. 61-70；66 页列出陈寅恪、朱希祖、
陈垣、傅斯年、徐中舒等人。这一信息应是来自当时傅斯年所撰《明清史料发刊例
言》，载《明清史料》，甲编，第一册，1 页，北平，中央研究院历史语言研究所，
1930。1930 年至 1951 年一共出版了四编，1959—1975 年又出版了六编。

可见美国史学界对中国史学界还算注意，也有一点了解。

而当时的会长傅路特大概也非常支持寅恪入选。傅路特以在哥伦比亚大学教中国历史与文化通史课程闻名，其所著《中国人简史》一书初版于 1943 年，此后一再修订出版，影响甚大。此书引用了很多中国学者的成果，如冯友兰、李济、林语堂、冀朝鼎、费孝通、胡适、陈翰笙等。也引用了当时许多汉学家的著作，如夏德、戴闻达、劳费尔、拉铁摩尔、翟理斯等。不过，最令人惊奇的是，他这部短小的通史在中古部分，竟也利用了相当多的考古新发现，斯坦因的《在中亚古道上》赫然在列。当时因为是通史课，面向美国本科生，列举的著作大多是适合本科生阅读的，像伯希和、沙畹等大家的著作似很难被列入。不过，1941 年纽约中美协进会出版了傅路特所教《中国文明与文化史》的讲义修订本，更可反映他的敏锐，教授内容不仅有政治、经济、天文、地理，甚至物质成就、音乐、戏剧、园林、数学，居然还有景教、祆教、摩尼教的内容，引用书目也相当广泛，梁思永、陈梦家、齐思和、陈荣捷、周一良、杨联陞、胡适、熊式一、钱钟书等自然不必说，沙畹、伯希和、马伯乐、戴何都、高延、高本汉、戴闻达、穆尔、翟林奈、傅吾康、佐伯好郎、藤田丰八、林仰山、崔骥等欧洲、日本名家的著作也在其中。不过，这些材料中未见寅恪大名。这主要因为寅恪大部分作品以中文发表，故难以用来作为学生读物。寅恪当选后，傅路特开始注意寅恪的著作，在其著述中开始引用寅恪。比如他在 1949 年与瞿同祖合写《隋文帝宫廷中的胡乐》一文，引用了寅恪的《隋唐制度渊源略论稿》[①]；他在 1954 年《美国东方学会会刊》74 卷 4 期上为李约瑟《中国科技史》撰写书评时引了寅恪的论文《三国志曹冲华佗传与佛教故事》。

此后《美国东方学会会刊》多年来第 4 期的年会会议通讯均记载了荣誉会员的信息，比如 1949 年出版的 69 卷 4 期 247 页记录寅恪为荣誉会员，地址为中国北平清华大学新林院 52 号，入选年份为 1947 年；同

---

① 见 "Foreign Music at the Court of Sui Wen-ti," *JAOS* Vol. 69，No. 3，July-Sept.，1949，pp. 148-149.

页还记录有姊崎正治，1934 年入选。1951 年 71 卷 4 期 289 页记寅恪和戴闻达同一年入选为荣誉会员，高本汉 1941 年入选。1959 年 79 卷 4 期记董作宾 1952 年入选；魏礼（Arthur Waley）1955 年入选；于阗文大师贝利（Harold Walter Bailey，1899—1996）1955 年入选①。

《美国东方学会会刊》1971 年 91 卷 4 期登载了 1971 年美国东方学会年会通讯，其中 574 页记录了两位荣誉会员去世的消息，勒努和寅恪。寅恪实际去世于 1969 年 10 月 7 日，故 1969 年 12 月出版的第 4 期会刊不可能登载其去世的消息。当时信息传递缓慢，1970 年 4 月东方学会开会时也尚未得知这一不幸的消息，故此 1970 年的会刊也没有登他去世的消息。直到 1971 年年会他去世的消息才被通报给东方学会会员。

1947 年美国东方学会通报了寅恪老师吕德斯去世的消息，同时将寅恪选为荣誉会员，虽然寅恪当时的专业列出历史和文学，如果寅恪在场的话，也许会有点薪火相传的感受。可惜寅恪不在现场。和他同时被选为荣誉会员的荷兰汉学家戴闻达当时则正在现场。戴闻达当时担任荷兰莱顿汉学教授，但正处于学术休假中，在普林斯顿高等研究院访问，并任哥伦比亚大学访问教授。1946 年寅恪无奈离开英国之后，牛津曾邀请戴闻达担任其汉学教授，但戴未接受。

戴闻达在美国东部地区逗留期间积极参与美国东方学会的年会活动。据 1946 年《美国东方学会会刊》66 卷 4 期 328 页记载，美国东方学会于 1946 年 4 月 24—26 日在纽约举行 156 届大会，由哥伦比亚大学作东道主，当时共有 112 人参加，注册与会人员包括戴闻达、费耐生（Richard N. Frye，周一良在哈佛的室友）等人。根据会议通讯，可知 1946 年 4 月 24 日周三上午 10 点开始在哥伦比亚大学哈克尼斯学术剧院开工作会议，选出汉学家傅路特为会长。周四，即 4 月 25 日下午 2 点一刻大会举行第

---

① 后来入选为荣誉会员的学者还有一些，如中国中亚学界熟知的博伊斯（Mary Boyce，1920—2006）、侯思孟（Donald Holzman）、宗德曼（Werner Sundermann，1935—2012）、辛姆斯-威廉姆斯（Nicolas Sims-Williams），以及中国考古学家李学勤、宿白。

四场，而 C 组是远东组，在哥伦比亚大学南堂 522 房间举行会议，主席
为傅路特。当晚 7 点与会者受邀到哥伦比亚大学男教授俱乐部参加晚宴，
122 名与会人员全部参加。晚宴之后，当时在普林斯顿高等研究院做研
究并任哥伦比亚大学访问教授的戴闻达发表演讲，题为《一位汉学家的
几点想法》(*Reflections of a Sinologue*)。而当时杨联陞参加了 26 日周
五上午 9 点半远东组的讨论，发表题为"二十四史书名的一个理论"的
会议论文①，但他未出现在注册名单中，也许是来晚了，未提前注册。
1947 年东方学会在华盛顿举行的 157 届年会戴闻达也注册参加了，杨联
陞缺席，在这次大会上寅恪和戴闻达均被选为荣誉会员。

总之，可以肯定的是，1947 年 4 月 15 日上午 10 点至 12 点半之间，
美国东方学会在华盛顿宾馆的华盛顿厅召开大会，首先进行了工作会议，
讨论学会的财政、管理等问题。大致在工作会议后半部分，即 11 点至 12
点半之间，由爱哲顿提名，在会长傅路特以及其他执行委员以及大会成
员投票支持下，寅恪先生被选为荣誉会员。爱哲顿对寅恪的了解恐怕很
多信息来自他在美国语言学会的同行好友赵元任。

之后，根据 1947 年 5 月 15 日英国皇家亚洲学会的报告，该会在伦
敦安妮女王街（Queen Anne Street）56 号举行第 125 届年会，选出了
1946 年度九位荣誉会员，其中也包括寅恪。根据 1947 年 12 月出版的
《英国皇家亚洲学会会刊》②，这九位成员包括印度学者贝尔瓦卡尔
(Shripad K. Belvalkar, 1881—1967)，法国语言学家、符号学家邦旺尼
斯特（Emile Benveniste, 1902—1976）③，美国印度学家爱哲顿
(F. Edgerton)，奥地利学者海涅-戈尔登男爵（R. Heine-Geldern,

---

① 后来这篇文章发表在《哈佛亚洲学报》，10 卷 1 期，1947 年 6 月出版，41
～47 页。

② "Anniversary General Meeting," *JRAS*, No. 2 (Dec. , 1947), p. 246.

③ 法国结构语言学家、符号学家，除了出版大量印欧语言学论著之外，也出
版了关于波斯宗教的论著，并且出版了有关中亚出土粟特文献的研究。

图四十二 从左至右：何四维、戴闻达、芮玛丽，
此为 **1949** 年莱顿青年汉学家会议合影

1885—1968)①，苏俄学者卡拉奇科夫斯基（I. Y. Krachkovsky，1883—
1951)②，挪威印度—伊朗学家摩根斯提尔讷（G. Morgenstierne，
1892—1978)，法国东方学家维特（Gaston Wiet，1887—1971)③，中国
历史学家陈寅恪（Ch'en Ying K'io），印度学者洛伊（Bimala Churn

① 全名为 Robert Baron（Freiherr）von Heine-Geldern，奥地利民族学家、历史
学家、考古学家，德国诗人海涅的曾侄孙，因为祖父是海涅的弟弟 Gustav Heine von
Geldern（1812—1886）。他也是奥地利科学院院士、英国皇家人类学会荣誉会员、法
国远东学院荣誉会员。

② 苏俄东方学家，通晓 26 种语言，尤精通阿拉伯文献，1921 年即入选俄国科
学院院士。其讣告见 *JRAS*，New Series，No. 83（1951），pp. 225-226.

③ 1951—1959 年任法兰西学院阿拉伯语言文献讲座教授，1957 年入选法国金
石与美文学院院士。

Law，1892—1969）①。从这个会议报告来看，并不清楚具体是谁提名寅恪，但显然他获选为荣誉会员与早先他入选为英国学术院通讯院士有关联。同时，也可能因为他被聘为牛津大学汉学教授，因而入选为皇家亚洲学会荣誉会员。那时候皇家历史学会还不太了解东方史，其会员主要是欧美史学者。

在《皇家亚洲学会会刊》的报告中，寅恪的名字写得很奇怪，大概是写错了；后来的会刊则写成 Ch'en Ying-k'o，也成问题；应该是 Ch'en Yin-k'o 才准确。会刊将他的地址写成南京，单位是中研院史语所，这个地址一直就没变过，1970 年出版的会刊还列着这个地址。1973 年第 2 期会刊通报了寅恪去世的消息，该会刊登载的是 1973 年 5 月 10 日亚洲学会年会总结 1972 年度工作的消息，应该 1972 年学会大概便知道了寅恪去世的消息，但遗憾的是当时无人给寅恪在会刊上写一篇讣告②。这一届荣誉会员中还包括美国梵文学者爱哲顿，促成美国东方学会选举寅恪为荣誉会员的学者，两人颇有些缘分。这次会议也选出于阗文大师贝利为副会长，当时会长是蓝丽伯爵③。很多知名东方学家都曾获选为该会荣誉会员，这里举出中国读者熟悉的若干学者为例，汉学家高本汉（1929）、汉学家戴密微（1948）、印度学家勒努（1948）、日本学家叶理绥（1955）、佛教学家瓦尔德施密特（1958）、藏学家李盖提（1967）、突厥—回鹘学家葛玛丽（1969）。

根据以上的叙述，可知寅恪 1944 年入选英国学术院通讯院士，1947 年入选 1946 年英国皇家亚洲学会荣誉会员，1947 年入选美国东方学会荣誉会员。

---

① 当时他是皇家亚洲学会孟加拉分会会长。当皇家亚洲学会以八千镑租六十年拿下安妮女王街的房子时，他捐赠了 1400 镑给皇家亚洲学会装饰其中两个房间，用于日常运作，这两个房间也以他的名字命名。见 *JRAS*，No. 2（Dec.，1947），pp. 250-251。

② *JRAS*，No. 2（1973），p. 196。

③ 即 Roger Lumley，11th Earl of Scarbrough，1896—1969。

结　语

这一章虽是由分别撰成的三篇文章组成，它们看上去相互之间的联系似乎并不那么紧密。学理上而言，确实是这样，但它们反映了我对寅恪学术的一些基本关怀，即寅恪学术与欧美学术的联系和比较，以及欧美学界如何看待寅恪的学术成就。寅恪在整个汉语学界赢得了极高的声誉，受其影响的入室弟子、别传弟子、再传弟子不计其数，造就了学界中古史研究极为繁荣的局面。而寅恪本人的家学根基、游学经历、学术训练，在今天的形势下，绝无法再复制。但是研究其与当时世界学术的联系，能带给我们一些启示。

质言之，通过以上考察，可知寅恪的训练，就传统旧学而言，远迈当时的汉学家，而就古代印欧语言的训练而言，特别在中亚语言上的修养，寅恪虽在哈佛、柏林等受到最好的训练，但与欧美顶尖东方学者相比，仍有差距。其次，我们虽然主要关注寅恪的东方学和历史学，但也要注意到他在西学上的熏陶，颇有可圈可点之处，通过仔细阅读其论著，对比当时其心境，可略窥其西学用典之一斑。最后，我也提示了寅恪之史学在欧美受到的承认。寅恪之所以获得欧美的学术荣誉，当然有修中诚、赵元任等人在欧美替他美言的个人原因，但亦可看出，当时学界仍较为尊重寅恪之史学成就。我也特别揭示了寅恪所获英国学术院通讯院士的背景，这首先是因为中央研究院授予来访的李约瑟、陶育礼通讯研究员荣誉，而陶育礼作为英国学界代表，为了支持盟友的学术事业，提名寅恪入选英国学术院，联络了他导师穆雷的女婿汤因比以及牛津的同事库克，一起提名，使得寅恪获选为英国学术院通讯院士。

值得一提的还有，陶育礼和李约瑟关系密切，也有学术合作和交流活动。李约瑟曾感谢一些帮助他修改其所主编《中国的科学与文明》（《中国科学技术史》）第二卷有关自然法部分的学者，其中包括陶育礼。这一部分最初在 1951 年 4 月以《中国和欧洲的自然法》为题发表在《思想史学刊》（*Journal of the History of Ideas*）上，而李约瑟还感谢了其他对这一部分进行过评议的学者包括白乐日、卜德（Derk Bodde）、宾格尔（K. Bünger）、韦德（E. S. Wade）、魏礼（Arthur Waley）等人①。白乐日 1951 年 3 月 30 日曾写信给李约瑟提出自己的意见，后来又写了两封信提供了参考书目。其实修中诚也写信作了评论，但不知何故他的名字并未出现在李约瑟的铭谢名单中。当时修中诚在加州克莱蒙学院做访问教授②。

①　Joseph Needha，*Science and Civilization in China*，*Vol. 1*：*Introductory Orientations*，Cambridge：Cambridge University Press，1956，pp. 15-16，提供了感谢名单；Joseph Needham，*Science and Civilization in China*，*Vol. 2*：*History of Scientific Thought*，Cambridge：Cambridge University Press，1956，pp. 524，531，572，感谢白乐日；其实其他部分也借鉴了白乐日的看法，甚至 290 页提及通过白乐日了解到戴密微对理学中关键字"理"的翻译（ordonnancement）。

②　见于剑桥大学网上的李约瑟档案目录 Needham/NRI2/SCC2/49/1 栏。

第四章　陈寅恪所谓东方学之目录学之源流

导　言

　　1926 年寅恪先生回国担任清华研究院导师，曾开设一门课，名为"西人之东方学之目录学"，作为普通演讲课程，其实主要介绍西洋人研究梵文之目录学。这门课必然涉及多种欧洲现代语言所写的论著，如果当时清华的选课学生没有相当程度的英、法、德、俄语，恐怕如同听天书一般。这也许是寅恪所指导的学生人数较少的原因。寅恪先生当初去德国留学时，也学过这些欧洲现代语言。待转到哈佛时，虽然很多课程使用的教材用德语所写，但对他而言已不成问题。当代研究近现代学术史的学者虽然关注寅恪的学术背景，但似乎很少有人注意这一课程出现的更为具体的学术史语境。我想，如果结合寅恪先生的学习历程和当时欧洲的学术出版现状，这一课程背后隐藏的"西人"之"东方学"学术史或许值得一说。

　　近二十年来，所谓欧、美、日本汉学史的研究在海内似蔚然成风，然多忽略其作为东方学之一支的大背景。对于欧美学术界而言，东方学的范围很广，从近东到远东，从埃及学到日本学，汉学乃是东方学之重要一支，在很长时期内，却并非是最受重视的一支。萨依德《东方学》一书名头甚响，然其涉及的主要领域乃是近东和中东研究，对所谓远东研究并未措意。在英、法、德等国，印度学、埃及学尤其发达，汉学与这两种学问相比，受重视程度略逊一筹，其学者在汉学上的建树亦不如在印度学、埃及学上影响深远。

　　俞大维、傅斯年等寅恪的亲友均指出过，因以哈佛和柏林留学的学习经历最为重要，寅恪先生早年治学尤注重德国东方学，特别是历史比较语言学，如梵、藏、汉佛教文献比较，以及佛教文化史。这一学术取向须得放在一个广阔的东方学背景下考察。季羡林先生曾整理寅恪的早年读书笔记，提示说多本笔记本上实际上记着大量的东方学书目。这当然是很值得重视的信息。可惜这些书目无从得到发表机会，而我亦无缘考察这些书目，难以确定其来源。这里只是以寅恪的所谓东方学之目录学作为话头谈谈德国的东方学之目录学的早期发展。如果单以东方学之目录学作为一个正式的学术论述的题目，有许多问题可以发掘，完全可以写一本专书，我在这里只能做一点极为简单的提示，略窥 19 世纪末以来西人治东方学之路径。

首先值得一说的是，西人之东方学之目录学实际上并非寅恪为了介绍西人的东方学而自己创造出来的新词，而相当可能是出自当时德国出版的一套杂志，即《东方学目录》（*Orientalische Bibliographie*）。中国学者其实早就注意到这个出版物，比如丁福保《佛学大辞典》有"欧文佛书之二"条，列出了 *Orientalische Bibliographie*，称之为《东洋图书解题》，注记为 August Müller 著，1887—1901 年出版。从东洋这样的字样来看，丁福保使用的这个题目可能是根据日本学者的翻译。

不过，丁先生这个书名使用得并不贴切。一是日本的东洋学和欧美人所谓东方学（Oriental studies）还是有差别；二是解题是另外一种体例，如日本学者编译的《国译一切经》前面有对每个佛教经典的解题，详细评说其版本、刊刻、流传、内容。换言之，解题的主要对象其实是原始文献，如四部书、佛道典籍、原始文献写本等。张之洞在 1874 年编纂的《书目答问》实际上也算是解题，或者提要，因此书侧重在介绍四部古籍的版本和学术价值。这本书也大量介绍了清人的考证研究成果等等，但仍然注重原始文献。陈垣先生也十分重视目录学，他治学以《书目答问》和《四库全书总目提要》入手。他在目录学研究上也有不小的贡献，如编辑《敦煌劫余录》这样专门的目录，还撰写了《中国佛教史籍概论》，其体例颇类似提要和解题。这些发展均说明 19 世纪后半叶以来，中国学者是非常重视目录学的，将目录学视为入学重要门径。而德国学者主持编辑的 *Orientalische Bibliographie* 主要是为学界提供二手研究材料的现状，乃是现代目录学的典范作品。所以，不如按照寅恪的说法，强称之为《东方学之目录学》吧。这样说来，这个杂志的存在和持续出版或许可看作是寅恪在清华研究院开课的学术史背景了。

这个出版物在国际东方学界影响甚大，虽然一开始是由德国学者主持出版，并由德国东方学会赞助，但后来美国东方学会也加入进来共同赞助，并派一名代表加入编辑队伍，使得这一出版物成为国际东方学界的重要窗口，我将在本章第二节中再详细谈谈这套出版物。日本东方学者继承了这个西洋的学术传统，于 1934 年日本东方文化学院京都研究所开始出版《东洋史研究文献类目》，基本上就是依据《东方学之目录学》的编辑旨趣和规模，只不过其关注重点是东洋史罢了。《东洋史研究文献类目》在 1963 年改称《东洋学文献类目》，一直出版至今，目前由京都大学人文科学研究所附属汉字情报研究中心负责编辑出版，并有网络版供学者检索，非常便利。

目前美国亚洲学会（AAS）也主持编集西文《亚洲研究目录》（BAS）电子数据库，以备学者查询使用，了解本行业发展脉络和理路。此外，亚洲研究下面的各个学科也出版了一些本学科的书目，如中国宗教研究领域，由汤普森（Laurence G. Thompson，1920—2005）在 1985年首先编辑出版了《西文中国宗教书目》①。后来又出版了三集，改名为《中国宗教：西文出版物》（Chinese Religions：Publications in Western Languages），最近一本是 2002 年美国亚洲学会出版的第四集，收集 1996—2000 年的西文资料。

第一节　东方学之目录学之前传

《东方学之目录学》这个杂志影响这么大，好像中国学界并不大重视。这里边的原因值得略说一二。主要是因为近现代中国学者更重视汉

---

① Laurence G. Thompson, *Chinese Religion in Western Languages：A Comprehensive and Classified Bibliography of Publications in English*，*French*，*and German through* 1980，Tucson，Arizona：Published for the AAS by the University of Arizona Press.

学，而这个杂志的主要内容涵盖东方学，重点是欧美特别是德国学者擅长的印度、伊朗和中东地区的研究，汉学不过是其内容的一小部分。只有寅恪这样在德国东方学氛围下成长并通晓多种语言文字的学人才会留意《东方学之目录学》吧。即便如此，寅恪本人治学的重点仍然是中国及其边疆地区，超越这个之外的地区，如印度、伊朗等本土的学问，寅恪虽然通晓其文字，却并无太大兴趣。谈到汉学方面的书目，中国学者耳熟能详、提及较多的书目是高第（Henri Cordier）的《汉学书目》（Bibliotheca Sinica）。此书还有个副标题也几乎常常被省略了：《关于中华帝国的书目辞典》①。以及由袁同礼编纂的《西文文献中的中华》②，这是高第书目的延展书目，此书中国学界常称之为《西文汉学书目》。此书之撰述目的和高第略有不同，对袁先生而言，中华并非他者，而是自身文化认同的根本所在，所以他特意在扉页上将此书献给有着四千年历史的中华文化。

第二次世界大战结束，法国学者从战争的废墟中收拾残局，重新燃起旧日汉学激情，担当西方汉学的领跑者，从 1957 年开始出版《汉学书目评论》（Revue Bibliographique de Sinologie）③。行文至此，忽发奇想，如果当时寅恪在汉学更为发达的法国留学，他是否还会关注整个东方学之目录学呢？寅恪是位在欧、美、日均有游学经历且有宏大眼光的学者，他给陈垣写《敦煌劫余录》的序言即提及东西方学者咸有所贡献。他的眼光总是世界性的，在一定程度上这也算是德国东方学之目录学熏陶所致吧。

实际上，按照西方的学术传统，目录学有两大类，即列举目录（Enumerative bibliography，或称系统化书目 systematic bibliography）和分析目录（analytical bibliography），前者仅列出作者、题名、出版时间、地点，后者则有对书籍本身物理状况如纸张装帧甚至制作经过的描

---

① Dictionnaire bibliographique des ouvrages relatifs à l'Empire chinois.

② T'ung-li Yuan, *China in Western Literature：A Continuation of Cordier's Bibliotheca Sinica*, New Haven：Yale University, 1958.

③ 其介绍见孟华翻译的叶利世夫女史所撰短文，载《法国汉学》第三辑，题为《汉学书目杂志》。

述。而分析书目下面又包括历史目录（historical bibliography）、注记目录（descriptive bibliography）、文献目录（textual bibliography）三大类。历史书目提供书籍史的研究，涉及参与的人员、制度、书籍产生过程的历史、技术及其所处的文化和社会状况等；文献目录学则和文献学类似，研究书籍的版本和文字错讹等，即中国和日本学术界传统上所称的解题目录；注记目录则提供书籍物理状况的描述①。我们下文要讨论的《东方学之目录学》应该归入列举目录一类，并未涉及书籍本身具体物理状况的描述。

欧洲东方学之注重目录学由来已久，最初是来自学者为写本和古物收集者搜罗的书籍编写注记目录。如以伊朗学目录学为例，可知西方东方学之目录学在伊朗学学科这一领域的肇源。莱顿大学的德布鲁因（Johannes Thomas Pieter de Bruijn，1931— ）为《伊朗学百科全书》撰写了西方伊朗学目录学词条②。根据他的介绍，西方的伊朗学目录学肇端于16、17世纪。当时大量波斯语写本流入西方王室图书馆、大学和学者私人手中，一些当时的拍卖目录、收藏笔记留下了很多线索。最早的目录之一于1630年由法国数学家伽森狄（Pierre Gassendi，1592—1655）出版，主要是荷兰东方学家戈留斯（Jacobus Golius，1596—1667）收集品目录，以拉丁文撰成③。

虽然德布鲁因并未提供这个书目编撰过程的细节，但是他提及的法国和荷兰两个学者的关系值得略说一二。伽森狄也是位哲学家，1628—1931年间在弗兰德和荷兰旅行，估计目录即编写于其旅居荷兰期间。他

① Jean Peters, ed., *Book Collecting*：*A Modern Guide*（New York and London：R. R. Bowker，1977），pp. 97-101；Ray Stokes, The Function of Bibliography（London：Andre Deutsch，1969）.

② Johannes Thomas Pieter de Bruijn, "Bibliographies and Catalogues i：In the West," in Ehsan Yarshater ed., *Encyclopedia Iranica*，网络版见 http://www.iranicaonline. org/.

③ P. Gassendi, *Catalogus rarorum librorum*，*quos ex Oriente nuper advexit et in publica bibliotheca inclytae Leydensis Academiae deposuit...Iacobus Golius*，Paris，1630. 法国国民图书馆已扫描此书上网，可在以下地址下载此书：ftp://ftp. bnf. fr/574/N5744747_PDF_1_-1DM. pdf。

1645年才入选法兰西学院数学讲座教授。在哲学上，他是伊壁鸠鲁和蒙田的追随者，对亚里士多德和笛卡儿则有较多批判。他最为著名的弟子之一是贝尔尼埃（François Bernier，1625—1688），此人是著名医生和旅行家，是目前文献记载中最早到达喀什米尔的西方人。他曾以私人医生身份服务于印度莫卧儿皇帝奥朗则布（Badshah Aurangzeb Alamgir I，1618—1707）长达十二年。因为莫卧儿宫廷流行波斯语的缘故，他也掌握了波斯语，后来甚至将其老师伽森狄的著作译成波斯语，传入亚洲①。戈留斯是不但是位东方学家，也是位数学家。他1612年进入莱顿大学学习数学，1816年则开始学习阿拉伯语和其他东方语言，导师为阿拉伯学家爱珀尼乌斯（Thomas Erpenius，1584—1624，1613—1624年任莱顿阿拉伯语及其它东方语言教授）。毕业后曾在外交部门服务。1625年回到莱顿接替他老师的教授位子。1626—1629年去叙利亚和阿拉伯地区旅行。1629年之后一直留在莱顿，担任数学和阿拉伯语教授，在介绍阿拉伯数学思想到西方方面贡献良多。他也是在欧洲极力提倡研究中西文化交流史的西方学者之一，他一早就在欧洲宣扬马可波罗之前所访问的国家以及耶稣会士所说的契丹即中国②。很显然，伽森狄在荷兰旅行期间，曾到莱顿拜访这位也精通数学的荷兰学者戈留斯。法国学者迪卡尔曾随戈留斯学习数学。而迪卡尔又是伽森狄的论敌。当时法、荷学界之小圈子内的讨论由此可见一斑。简言之，最早的伊朗学目录学其实是写本收集品的注记目录。

而德国所出版的《东方学之目录学》之前身是《东方语文学文献杂志》（*Literatur-Blatt für orientalische Philologie*）。《东方语文学文献杂志》在1884—1888年之间由莱比锡的奥托舒尔策（Otto Schulze）出版社刊行了四卷。这里主要以第一卷为例谈谈这部出版物的出版内容、体

---

① 见 Peter Burke, "The Philosopher as the Traveller: Bernier's Orient," in Jas Elsner and Joan-Pau Rubies eds. , *Voyages and Visions: Towards a Cultural History of Travel* (London: Reaktion Books, 1999), pp. 124-137.

② 参见德布鲁因所撰词条中列出的 J. J. Witkam, *Jacobus Golius (1596-1667) en zijn handschriften*, Leiden, 1980. 他出版了阿拉伯语和拉丁语辞典，即 *Lexicon Arabico-Latinum*, Leiden, 1653.

例和旨趣，并介绍相关的学者。有两点可事先说明，首先，在第一卷中会涉及一些关键学者，我只能简单提示这些学者的一生行事和主要东方学业绩。如他们在第二卷中出现，亦一并在行文中略加提示。同时，考虑到西洋学者姓氏繁琐，我取其中文译名第一个汉字称其为某氏，以方便行文。其次，从这部出版物可看出当时德国东方学界的治学重点，如印度学、希伯来文和《旧约》、阿拉伯学和伊斯兰、埃及学等，汉学和中亚学并不占重要地位。比如第二卷上有印度学家施罗德（Leopold von Schroeder，1851—1920）给兰曼的《梵文读本》写的书评。后来寅恪、俞大维、汤用彤等人去哈佛学习，其梵文、巴利文老师就是兰曼。

第一卷涵盖了 1883 年 10 月至 1884 年 9 月之间的出版物，两位主编为柏林的克拉特（Dr. Johannes Klatt，1852—1908）博士和慕尼黑的库恩（Prof. Dr. Ernst Kuhn，1817—1919）教授。克拉特是东方学家和目录学家，特别是印度学，专攻耆那教。他 1868—1872 年在柏林大学随韦伯（Albrecht Weber，1825—1901）学习，后于 1873 年在哈勒大学完成博士学位，按照传统，其论文以拉丁文撰成①。他后来出版了多种有关耆那教历史的著作。他在哈勒大学学习时，当时哈勒尚无专门的梵文教席，当时负责梵文的教授是普通语言学教授波特（August Friedrich Pott，1801—1887）。波特曾在柏林大学追随威廉洪堡和弗朗茨波普（Franz Bopp）学习语言学和梵文，于 1830 年取得教授资格。他在哈勒的教授职位后来由皮舍尔继承，此公培养了许多梵文学家，其中包括与中国学界结下不解之缘的钢和泰②。

库恩是印度—伊朗语专家③，在 1877—1919 年间长期任教于慕尼黑

---

① Johannes Klatt, *De trecentis Cāṇakyae poetae indici sententiis*, *in quibus centum adhuc ignotae*, *nunc primum foras datae*: *mit einer Schrifttafel*, Halle, 1873. 有关他的研究，参见 Peter Flügel, "Johannes Klatt's Jaina-Onomasticon," *Jaina Studies. Newsletter of the Centre of Jaina Studies*, No. 6 (2011), pp. 58-61.

② 关于钢和泰的语言学习，我曾在 2009 年第 6 期《书城》上作过介绍；见第三章第一节。

③ 他和格伦威德尔有大量书信往来，见 Hartmut Walravens ed., *Albert Grünwedel*: *Briefe und Dokumente*, Wiesbaden: Otto Harrassowitz, 2001, pp. 1-102.

大学，担任所谓雅利安语教授，其实当时这个所谓雅利安语主要是指印度—伊朗语。他是最早注意到兴都库什地区存在一种独立语言即所谓克什米尔语的学者。库恩在《东方语文学文献杂志》第二卷中比在前一卷活跃，贡献两篇短篇书评，分别评论英国学者缪勒（Edward Müller）的《巴利文简化文法》和比利时印度学家涅维（Félix J. B. J. Nève，1816—1893）的《印度史诗文学：梵文诗歌研究》①。缪勒任教卡迪夫大学，他这本书和下文将提到的那本《马达加斯加语简明文法》属于同一个系列，都是为英国传教士写的。他在此书前言里还提到他参考了库恩本人写的巴利文文法研究。涅维是比利时古典印度学奠基人，1838 年他才 22 岁即获得哲学和文学博士，毕业后在波恩随挪威梵文学家拉森（Christian Lassen）学习了八个月，又于 1939 年 1 月至 9 月在慕尼黑与温迪施曼（Friedrich H. H. Windischmann）常相过从，受其影响开始研究亚美尼亚语。然后转到巴黎法兰西学院问学于法国东方学大师布努夫（Eugène Burnouf，1801—1852）。他于 1841 年回鲁汶大学担任希腊文、拉丁文古典与文学讲座教授，在这里一直任教三十六年，直至 1877 年退休。他的教职虽是古典语文学，同时也讲授梵文课程，这是比利时梵文学的开端。他的主要贡献在于研究《黎俱吠陀》和翻译《罗摩衍那》。令人惊奇的是，他也是亚美尼亚研究的权威。在欧洲，特别在他的祖国，他还以研究 16、17 世纪比利时文艺复兴时期的哲人们而在学界闻名遐迩。

库恩最为知名的作品是他和盖革尔合编的两卷本《伊朗语文学百科全书》②，于 1895—1904 年在斯特拉斯堡陆续出版了十三个分册，其中第一卷分两部分，共八册，第二卷五册，全书实际分成九章，按十三个分册由十三位学者撰写。《东方学之目录学》（*Orientalische Bibliographie*）上介绍了其中一些分册。这部巨著虽然题为语文学百科全书，实际不仅涉及语言，也涉及文学、历史、地理、宗教，堪称 19 世纪伊朗学研究集大成

---

① Félix J. B. J. Nève, *Les époques littéraires de l'Inde：études sur la poésie sanscrit*, Bruxelles：C. Muquardt; Paris：E. Leroux, 1883.

② Wilhelm Geiger and Ernst Kuhn eds., *Grundriss der iranischen Philologie*, Strassburg：K. J. Trübner, 1895-1904.

之作，对欧洲伊朗学影响深远①。

施密特（Rüdiger Schmitt）专门在 2002 年出版的《伊朗学百科全书》（*Encyclopedia Iranica*）分册中为这一巨著撰写了词条，陈述和评论此书的成就和影响。他认为此书出现的意义主要在于两点，一是当时伊朗学研究成就突出，如葛德纳（Karl Geldner）积十年之功出版了三卷本的《阿维斯塔经》（1886—1896），巴托洛梅出版了《古伊朗语辞典》②，二是在波斯和中国新疆等地区发现了许多伊朗语写本。这些重大成就和发现均需要一部大书来综述其研究，以总结一个时代的成就并为新时代提供一个坚实的学术史基础。葛德纳和巴托洛梅也是《伊朗语文学百科全书》的主要撰稿人。其中只有关于帕拉维语文献一章是英语撰写的，作者是英国学者维斯特（Edward W. West）。盖革尔撰写了其中的四章，并编制索引，贡献很大，库恩没有写作贡献，只是发挥了其组织才能。这可能是两主编中盖革尔的名字排在库恩之前的原因。

图四十三　盖革尔

其实，现在哥伦比亚大学组织编辑出版的《伊朗学百科全书》也是按照字母顺序，一个分册一个分册出，其作者来自世界各地，比如中国

---

① 此书也因此在 1974 年由柏林的学术出版机构 de Gruyter 出版社重印。

② Christian Bartholomae, *Altiranisches Wörterbuch*, Strassburg：K. J. Trübner，1904.

学者荣新江教授为字母 c 打头的部分撰写了《千佛洞》（Cave of Thousand Buddhas）的词条，主要介绍敦煌藏经洞写本的发现对伊朗学的贡献。《伊朗学百科全书》的小薄分册流传很广，我甚至曾在北京旧书摊上买过一本简装本单册，但太过零散，其实用处不大。而北大图书馆收藏了多卷大本的精装本，用起来觉得十分沉重。现在此书还在出版，尚未出齐。但部分内容已经能够在此书官方网站数据库中查阅①，此书能够提供网上免费检索，出版者真是功德无量。

《东方语文学文献杂志》第一卷的主要内容分为三大部分，第一部分是书评（Reconsionen）和报告（Berichte），第二部分是讣告（Nekrologe），第三部分是书目（Bibliographie）。从这个分类来看，只有第三部分称书目。这里不准备对这些内容全部予以介绍，只采摘一些我本人约略了解并且有兴趣的内容略说一二。第一部分实际上是短篇书评和书介。但从这里登载的书评形式来看，完全是现代学术书评的格式。其抬头首先列出作者，然后是书名，出版地、出版社、出版年代，页码、定价，书评不长，主要介绍此书的主要内容、观点和成就，并对其在学术史上进行定位。落款是作者名及其服务单位所在地。这也正是目前欧美学术刊物上所登载的书评的标准格式。

第一卷上第一篇书评是莱比锡的加贝楞茨（G. von der Gabelentz）为英国学者帕克尔（G. W. Parker）在 1883 年出版的《马达加斯加语简明文法》（*A Concise Grammar of The Malagasy Language*）所写的书评。此书在伦敦（Trübner & Co.）出版，只有六十八页，售价五先令。此书列为该公司出版的首要亚欧语言简化文法丛书之一种出版，主要读者是在全球各地旅行布道的英国传教士。这套书中第一种是帕默尔的《阿拉伯语、波斯语、印度斯坦语简化文法》②。

加贝楞茨（Hans G. C. von der Gabelentz，1840—1893）是德国普通语言学专家，也是汉学家，他曾在 1881 年出版过《中文文法》

---

① 即 http://www.iranicaonline.org/.

② E. H. Palmer，*Simplified grammar of Arabic，Persian，and Hindustani*，London：Trübner & Co.，1882.

（*Chinesische Grammatik*），深受好评。此人有家学渊源，他父亲老加贝楞茨（Hans C. von der Gabelentz，1807—1874）在莱比锡和哥廷根学习东方诸语言。作为一位语言天才，老先生一生学习和研究过约八十种语言，跨越印欧、阿尔泰、芬乌多个语系。老先生并非浅尝辄止，在某些领域建树颇大，尤专长于满语，在 1833 年用法文出版了《满语文法之元素》一书①。老先生在政治上也很活跃，曾服务于魏玛宫廷，并在 1848 年担任萨克森-阿尔腾堡大公的首相。他还翻译过满文的《四书》、《书经》、《诗经》，直至他死后的 1877 年，他翻译的满文《大辽史》才得以在俄国圣彼得堡刊出②。小加贝楞茨看来也和父亲一样具有语言天赋，高中即开始学习荷兰语、意大利语、汉语、满语，本科在耶拿学习。大学毕业后服务于萨克森宫廷，后来转到莱比锡继续学习各种东方语言，并于 1876 年以研究周敦颐《太极图说》获得博士学位。1878 年由莱比锡大学聘为德语世界第一位远东语言学教授，也因此培养众多汉学家和日本学家，如以研究中国宗教知名的高延（J. J. M. de Groot）即是其弟子③。他于 1889 年因离婚而离开莱比锡，转往柏林大学任教。这个突发事件对莱比锡的汉学发展是个巨大的损失，他留下的教授空位直到 1891 年才由汉学家孔好古（August Conrady，1864—1925）填补。

　　《东方语文学文献杂志》第一卷第一部分书评涉及面很广，依照其目录的顺序列举类别如下：马来和波利尼西亚语，中国，突厥语，印度日尔曼语，印度，伊朗、亚美尼亚、小亚，楔形文字（Keilschrift）、希伯来学（Hebraica）、犹太学（Judaica），阿拉米语，阿拉伯语、希木叶尔语（Himjarisch，也门语旧称），埃及语、阿比西尼亚语（Abessinien，埃塞俄比亚语旧称）。从具体内容来看，以印度学和阿拉伯学为重点，印

---

① Hans Conon von der Gabelentz, *Eléments de la grammaire mandchoue*, Altenburg, 1833.

② Hans Conon von der Gabelentz, *Geschichte des großen Liao*, *aus dem Mandschu übersetzt*, St. Petersburg: Kaiserliche Akademie der Wissenschaften, 1877.

③ Raphael Jehudah Zwi Werblowsky, *The Beaten Track of Science: The Life and Work of J. J. M. de Groot*, edited by Hartmut Walravens, Wiesbaden: Otto Harrassowitz, 2002.

度学十五条，阿拉伯学八条，其他都较少。而汉学也占非常小的篇幅，只有四个条目，其中三条由夏德（F. Hirth）撰写，117～119 页是夏德为香港出版的《中国评论》所作的介绍①，落款是上海夏德。接着是他给英国学者包罗杰（Demotrius Charles Boulger，1853—1928）在1881—1882 年出版的两卷本《中国史》（*History of China*，此书 1898年增订重版）和英国汉学家巴尔福（Frederic H. Balfour）《北京口语中的惯用语对话》（*Idiomatic Dialogues in Peking Colloquial*，上海，1883）所写的书评，都很短，各一页而已。最后一条是乌勒（Max Uhle，1856—1944）为其老师小加贝楞茨的《中文文法》写的书评，长达五页，算篇幅较大的书评。乌勒本来是语文学家，后来因为在德累斯顿博物馆工作期间对秘鲁发生兴趣转向南美考古。

印度学部分书评内容最为丰富，所评论的书涉及语言、文献、考古、辞书学研究等诸多方面，如奥地利学者胡尔茨施（E. Hultzsch）评论伯吉斯（James Burges）的《西印度考古调查》（卷四、卷五）②，布雷斯劳大学教授③、吠陀神话学专家希勒布兰德（Alfred Hillebrandt，1853—1927）评论温迪施（Ernst Windisch，1844—1918）的《黎俱吠陀十二颂及其 *Sāyaṇa* 疏解》④。温氏是个奇才，和尼采是好友。此人精通印欧语言学，特别是梵文、巴利文、凯尔特文研究。他于 1867 年在莱比锡获得比较语言学博士学位，后来在伦敦印度事务部图书馆研究梵文写本。1871 年年仅 27 岁即获聘为莱比锡大学教授。还有印度学家奥登伯格（Hermann Oldenberg）介绍英国巴利文圣典学会出版物四种的文章。书评作者也来源广泛，十五篇评论来自十位作者，其中耶拿大学的印度—伊朗学名家卡普勒（Carl Cappeller）贡献三篇。伊朗、亚美尼亚、小亚

---

① China Mail Office，*The China Review*，*or notes & queries on the Far East*，Hong Kong，1872-1901.

② James Burges，*Archaeological Survey of Western India*，Vol. 4 & 5，London：Trübner & Co.，1883.

③ 布雷斯劳"二战"后成为波兰领土，称为弗罗茨瓦夫。

④ Ernst Windisch，*Zwölf Hymnen des Rig-Veda mit Sāyaṇa's commentar. Text. Wörterbuch zu Sāyaṇa Appandices*，Leipzig，1883.

部分评论六本书，最有意思的是，这六本书分别以六种语言出版：法文、德文、希腊文、荷兰文、拉丁文、希伯来文，真是蔚为大观。阿拉伯研究部分八篇书评，涉及广阔地域，从阿拉伯半岛到西班牙。我对这些内容完全外行，这里不准备多说。

讣告部分也值得简单一说。讣告的形式和现在的学术纪念文很像，首先是叙说学者的一生学术经历，然后列出学者的主要论著目录，甚至比现在的学术纪念文还详细，因为目录下每个条目还带有简短解题说明。在第一期的讣告部分，一共出现四人。其中第一人是英年早逝的吠陀学家戈德施密特（Siegfried Goldschmidt，1844—1884）。戈氏曾游学于莱比锡、柏林，23 岁在图宾根获得博士学位，毕业论文很快就发表在《普鲁士科学院月报》上。后来又去哥廷根、巴黎等地学习古典印度学，其主要兴趣在梵文俗语（Prakrit），一生只发表了十四篇文章。

讣告上第二人（245～251 页）是著名藏学家叶施克（Heinrich August Jäschke，1817—1883）①。叶氏最有名的著作当然是 1881 年出版的《藏英辞典》，在印度仍不断重印中。我在尼泊尔旅行时流连于当地英文书店，也跟风购买了一册小开本的印度版，从加德满都带到拉萨，又从拉萨带到北京，但几乎没怎么用过，遇到藏文问题都直接请教通晓藏文的活字典朋友。《东方语文学文献杂志》第二卷上有顾路柏（Wilhelm Grube，1855—1908）给他的《藏文文法》第二版所撰书评②。

讣告上第三人是法国亚述学家、考古学家勒诺尔芒（François Lenormant，1837—1883），其讣告由巴黎学者巴泰勒米（L. N. Barthélemy）以法文发表，讣告中列出了很长的论著目录，显示勒氏是位勤奋多产的学者。勒诺尔芒是另一位早逝的天才。他的父亲老勒（Charles Lenormant，1802—1859）是考古学家、埃及学家，曾和埃及象形文字解读者商博良一起在埃及工作。小勒幼承庭训，六岁就开始学

---

① 　关于他的事迹，沈卫荣也有所介绍和评价，见《联邦德国的西藏学研究和教学》，1～65 页，台北，蒙藏委员会，1994。

② 　有关他的一生业绩，见 Wilhelm Grube（1855-1908）: *Leben，Werk und Sammlungen des Sprachwissenschaftlers，Ethnologen und Sinologen*，bearbeitet von Hartmut Walravens und Iris Hopf，Wiesbaden: Otto Harrassowitz，2007.

习希腊文，十四岁就在法国考古学界权威杂志《考古评论》（*La Revue Archéologique*）上发表考察孟菲斯出土希腊文碑铭的学术论文。十九岁获得法国金石与美文学院的钱币学奖。他在 1867 年转向亚述研究，并成为最早意识到在楔形铭文中存在一种非闪米特语的学者，这便是苏美尔语的发现。1870 年"普法战争"爆发，他加入法军参加作战，而这导致他和前文提及的戈氏有一个尴尬的人生交集。两人都参加了普法战争，小勒为法国参战，不幸在巴黎保卫战中受了点伤，而小戈则作为普鲁士战士，成为普军占领巴黎的亲历者。战后小勒并未放弃学术研究，很快于 1874 年被聘为巴黎国家图书馆考古学教授。作为一位百科全书式的学者，他的研究几乎涉及地中海沿岸各主要文明的语言、历史、文化。他虽然只活了四十六岁，从其论著目录来看，却对学界贡献甚多。他的传记同时出现在《大英百科全书》和《天主教百科全书》，这在亚述学家中并不常见。

讣告名单上最后一位是普鲁士埃及学家、语言学家和考古学家勒普修斯（Carl Richard Lepsius，1810—1884）。此人出身瑙姆堡的名门望族，祖父（Johann August Lepsius，1745—1801）是瑙姆堡的市长，父亲是瑙姆堡郡长官。他自己求学于莱比锡、哥廷根和柏林大学，主要学习希腊、罗马考古学。博士毕业后游学埃及，因参加商博良弟子勒特隆纳（Jean Letronne）讲授的埃及学课程而引发对埃及学的浓厚兴趣。1842 年在亚历山大洪堡等学者推荐下普鲁士皇帝威廉四世派他去埃及和苏丹考察古代埃及文明。在三年多时间里，依照当年拿破仑派遣的法国考察队模式进行工作，德国考察队对古埃及文明进行了详尽的调查，收集了大量古物，并根据其考察成果出版了十二卷本巨著《埃及与埃塞俄比亚碑集》①，内容非常丰富，此书对神庙、古墓的描绘相当精确，直至今天仍然是埃及考古学的重要参考书。因为这一考察非常成功，勒氏在

---

① Carl Richard Lepsius, *Denkmäler aus Aegypten und Aethiopien：nach den Zeichnungen der von seiner Majestät dem Koenige von Preussen Friedrich Wilhelm IV nach diesen Ländern gesendeten und in den Jahren 1842-1845 ausgeführten wissenschaftlichen Expedition*，Abth. 1-6 in 12 Bd.，Berlin：Nicolaische Buchhandlung，1849-1859.

1846 年迎来双喜临门，与德国著名作曲家克莱恩（Bernhard Klein，1793—1832）之女伊丽莎白（Elizabeth Klein）结为秦晋之好，并在同年获聘柏林大学考古学教授，同时担任埃及学博物馆馆长。他被认为是现代埃及学之父。他的六个孩子很多都是名人，其中一位曾任达姆施塔德工业大学校长（G. Richard Lepsius，1851—1915），一位化学家（Bernhard Lepsius，1854—1934），一位画家、普鲁士艺术学院院士（Reinhold Lepsius，1857—1922），一位东方学家（Johannes Lepsius，1858—1926）。满门都是名士，堪称门风鼎盛。

图四十四　勒普修斯

《东方语文学文献杂志》第一卷论著目录（bibliographie）部分也分成若干小类别，和前面的书评、讣告两大部分穿插出版，一共出现三组论著目录，见于 33～42 页、72～116 页、253～377 页，这些论著目录包括专著和论文，两者混排，但专著下列出相关书评。同时整个书目按照东方学的不同领域分类，然后每个类别下又按照作者姓氏字母顺序排列。第一组分如下几类：总论、马来—波利尼西亚语、中国、日本、中南半岛等五类。从现在的眼光来看，这主要是指东亚和东南亚地区。从 72 页开始是第二组书目，首先是西藏、满洲、蒙古—中亚，收入了英、法、德、俄等语言的论著条目。接下来的类别包括中亚、南亚、中东、近东、非洲主要语言和地区，如乌拉尔—阿尔泰语、突厥语、印度斯坦（原文为 Vorderindien，没有汉文对应词，这里暂以印度斯坦地区对应）、旧伊朗（Alt-Iran，或称古代伊朗、传统伊朗）、新伊朗（Neu-Iran）、亚美尼亚和高加索地区、小亚（Kleinasien）、楔形文字、巴勒斯坦和叙利亚地区、希伯来文和《旧约》文献、拉比学与犹太学（Rabbinica und Judaica）、叙利亚文、阿拉伯文和伊斯兰、阿比西尼亚、非洲、埃及学。其中有关印度斯坦、希伯来文和《旧约》文献、阿拉伯文和伊斯兰、埃及学等领域书目篇幅较长，可知这些领域的西文学术较其他领域积累更深一些。

第三组从 253 页开始则是更多论著目录，其语言和地区分类大约继承了前面的书目，但略有变化，增加了若干新条目。以下列出这一组书目的类别，读者或可了解一下和上文的异同：总论、马来—波利尼西亚语、中国、日本、中南半岛、西藏和满洲以及蒙古—中亚、乌拉尔—阿尔泰语—北亚（Nord Asien）、奥斯曼学和突厥语、印度日尔曼语、印度、旧伊朗、新伊朗、阿富汗、卑路支斯坦、卡菲里斯坦和帕米尔、亚美尼亚和高加索地区、小亚、闪米特语、楔形文字、巴勒斯坦和叙利亚、希伯来文和《旧约》、拉比学和犹太学、阿拉米文、阿拉伯文和伊斯兰、阿比西尼亚、非洲、埃及学。和前面那组类似，篇幅最大的部分包括印度、希伯来文和《旧约》、阿拉伯文和伊斯兰、埃及学。

印度部分篇幅非常长，最后一部分按印度地区一些方言列出论著目录，如巴利文下又列出数种论著目录，包括弗兰西斯（H. T. Francis）研究乔叟文学中的佛本生故事的论文，以及后来到新疆考察建立印度学界声誉的格伦威德尔在慕尼黑大学完成的博士论文。同时，这一组论著目录还专门列出了书评目录。比如在 276 页有关中国的部分列出了加贝楞茨的《中文文法》一条，下面注出有希姆利（K. Himly）和缪勒（Frdr. Müller）的两篇书评。同页还记录了南条文雄在 1883 年出版的《大明三藏圣教目录》，书评记录有五条，只有一条有作者名，即加贝楞茨的书评。275 页记载了很多有关中国的书目，其中包括高第（Henri Cordier）的三种论著，一是刊登在巴黎《东方学札记》（*Mélanges Orientaux*）杂志上的文章《试说十七至十八世纪欧人在华出版图书目录》，二是《关于远东教会史的未刊文献》，三是一篇短论，关于法国耶稣会传教士刘应（Claude de Visdelou，1656—1737）谈缅甸王国的报告中文译本。

　　这一节我想将介绍的重点放在东方学之目录学之起源上，除了要特意提示《东方语文学文献杂志》的旨趣，也想追溯一下东方学之目录学在欧洲的发展源流脉络。前文略述了《东方语文学文献杂志》的内容结构和分类，其实这些分类有其所本，这便是之前出版的《东方学之目录学》年刊（*Bibliotheca Orientalis*）（1876—1883）。这套书在海内治汉学史的学者著述中也很少出现。其实很有意思，其题名是拉丁文，内容实际以英文撰成，其副标题是《英格兰及殖民地、德国、法国出版的东方历史、语言、宗教、古物、文学、地理的书籍、论文、丛刊、论集的完整清单》①。编者是弗里德里奇（Charles Friederici），每年出版一本。在1882 年 4 月 27 日出版的《自然：国际科学杂志》杂志上有一小段介绍这一期刊的出版信息，"那些对'东方'这样一个广阔地区感兴趣的读者将发现 Trübner & Co. 出版社出版的《东方学之目录学》非常有用。它号称是一个 1881 年英格兰及殖民地、德国、法国出版的东方历史、语言、宗教、古物、文学、地理的书籍、论文、丛刊、论集的完整清单。编者为弗里德里奇。这是此书出版的第六个年头。"②这么简单的介绍有点像是出版社做的广告。现在《自然》杂志在东亚科学界简直是炙手可热的杂志，那时候当然没有现在这么影响深远。弗氏的《东方学之目录学》虽然主要由伦敦的这个 Trübner & Co. 出版社出版，从封面所印文字来看，却同时在莱比锡、巴黎和纽约发行。在莱比锡的发行商正是后来出版《东方学之目录学》（*Orientalische Bibliographie*）的出版商奥托舒尔策。最后要提一下的是，莱顿的荷兰近东研究所目前仍负责出版 1943 年创刊的《东方学之目录学》（*Bibliotheca Orientalis*），由比利时鲁汶著名学术出版单位彼得斯出版集团（Peeters Publishers）刊行，只不过其涵盖范围集中在近东和中东地区的语言、考古、历史、宗教、文化，而将远东完全放弃了。

---

　　①　*A Complete List of Books，Papers，Serials and Essays published in 1876 in England and the Colonies，Germany and France on the History，Languages，Religions，Antiquities，Literature and Geography.*

　　②　*Nature：International Journal of Science*，April 27，1882，p. 615.

如果稍微看看这个出版物的分类及其下属次级分类，即可知那个时代学者对学术的认识、归类和取向。其类别如下：语文学总论（期刊、丛刊、诸种雅利安语）、比较神话学（宗教等）、历史和地理总论、中国、日本和韩国、澳洲和波利尼西亚、印度洋群岛和马六甲、印度支那（阿萨姆、缅甸、安南、交趾支那）、印度（历史和地理、古物和钱币、哲学和宗教等、佛教、婆罗门教、梵文、梵文俗语和巴利文以及孟加拉文、印度斯坦等）、阿富汗、波斯（历史和地理、文学和语言）、亚美尼亚、高加索、北部和中部亚洲以及西藏（历史和地理、语言和文学）、小亚和土耳其以及奥斯曼、闪米特语文学、美索不达米亚和楔形文字（亚述语、巴比伦语和亚美尼亚语等）、巴勒斯坦和叙利亚（历史与地理、圣经考古学、希伯来学、希伯来文、叙利亚文、腓尼基文等）、阿拉伯（历史和地理、穆罕默德教、阿拉伯文、也门文铭文）、非洲（总论、历史、地理等）、埃及（现代史和地理、古物、艺术、古代史、语言、纸草文字、科普特文）、阿比西尼亚（埃塞俄比亚）、东非、南非、中非、西非和摩洛哥、阿尔及利亚、北非（摩尔人、柏柏尔人、卡比利亚、突尼斯、的黎波里）。这个分类较《东方语文学文献杂志》的分类明显更为复杂。从这个分类系统来看，其对印度和近东的研究也比对远东的研究更为深入和全面。汉学在这一东方学之目录学中远非重点。

我在这里举出若干例子，可知此书目的价值所在。此书目记录了19世纪80年代出版的一些有关东方的西文出版物，按作者姓氏排列。著作很有意思，除了书名之外，我们亦可看到书的出版地、页数、售价。这些售价可以说是很重要的学术经济史资料，从这些售价大约可推知当时书籍的价格，以及流通对象和消费范围。其中，以1878年出版的第三卷为例，中国部分（15～22页）值得注意者有下列几条。如毕尔（Samuel Beal）名下有两条记录，第一条即他1874年在伦敦出版的《东方学家学会会刊》发表的《印度事务部汉文佛书调查结果》一文，第二条是他在《皇家亚洲学会会刊》发表的汉文佛典中所见《数论注疏》及其他著作的中文译本。毕尔后来在1885年出版了《大唐西域记》的英译。毕尔之后值得留意的是布雷特施耐德（Emil Bretschneider，1833—1901），这一卷16页上记录他在《英国皇家文会北华分会会刊》刊出的文章，即关于从汉文和蒙文史料看中亚和西亚的地理和历史。同一页上还有一条记录伦敦会传教士湛约翰（John Chalmers）在伦敦出版的三卷本厚达一千页的《简明康熙字典》，售价仅 21 先令。还单列出艾德在香港主编出版的《中国评论》杂志一条，底下列出理雅各（James Legge）、翟理斯（Herbert A. Giles）等传教士汉学家在上面发表的数篇文章。17 页上列出高第的《汉学书目》，18 页上列出老加贝楞茨的《大辽史》。其他 19 世纪知名传教士汉学家的著作也列出，如麦都思、丁韪良、卫三畏等。

在"北部和中部亚洲以及西藏"部分可看到主要是一些西方探险家的中亚行记，如 57 页上列出俄国探险家普尔热瓦斯基名字下有五条论著，第一条即《从伊犁穿越天山至罗布泊》的英译本，由摩尔根（E. Delmar Morgan）翻译，在伦敦出版，此书共 258 页，售价 15 先令。摩尔根从伊顿公学毕业之后随父母旅居圣彼得堡，由是精通俄语，并致力于俄英翻译。普尔热瓦斯基此书由圣彼得堡地理学会以俄文出版，迅速被译成英文和德文。普尔热瓦斯基名下列出的五条中，第二、第三条即此书德文节译本。接着在同一页（57 页）上列出了李希霍芬名下的六条论著，此人即丝绸之路一词的始作者。这六条中的第二条是李氏对上文提到的普氏罗布泊之行考察的评论。

再往前还有 1859—1881 年间出版的《东方学科学研究年报》①，这是《德国东方学会会刊》（ZDMG）的不定期增刊。德国的东方学之目录学是有深厚传统的，真正的开创者是德国人岑克尔（Julius Theodor Zenker，1811—1884）。他在 1846—1861 年间出版了两卷《东方学之目录学》，正标题是拉丁文 *Bibliotheca Orientalis*，这比上文的年报要早不少。1846 年出版第一卷的《东方学之目录学》有个法文副标题《东方学之目录学手册》，表明此书实际以法文撰写。署名岑克尔，其头衔为哲学博士和巴黎亚洲学会会员。出版商为莱比锡的恩乐曼公司②。

---

①　Deutsche Morgenländische Gesellschaft, *Wissenschaftlicher Jahresbericht über die morgenländischen Studien*, Leipzig, in Commission bei F. A. Brockhaus, 1859-1881.

②　Julius Theodor Zenker, *Manuel de Bibliographie Orientale*, Leipzig: Chez Guillaume Engelmann, 1846.

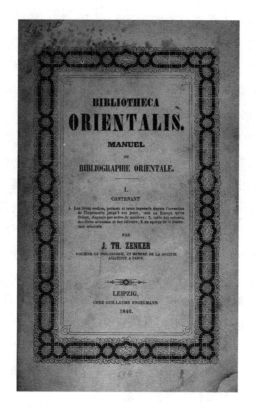

图四十五　岑克尔《东方学之目录学》书影

　　岑氏出生于萨克森州的图姆，青年时代游学莱比锡、哥廷根和柏林，学习东方语言，并到巴黎留学。他在 1840 年即发表一篇文章题为《东方学之目录学》（*Bibliographie Orientalis*）的文章，用拉丁文介绍新出版的阿拉伯文、新波斯文和土耳其文书籍。他早年主要关注东方文学史，特别是上述语文所代表的文学。1846 年开始在罗斯托克大学取得教授资格，他在罗斯托克教授希伯来文文法、《旧约》、阿拉伯文、梵文、圣经考古学。在 1847 年冬离开罗斯托克前往莱比锡。他个人研究的主要重点是地中海东岸地区的语文学，其主要作品除了编辑《东方学之目录学》之外，还包括《土耳其、阿拉伯、波斯语袖珍辞典》（1862—1876 年）。在 1861 年他出版了第二卷《东方学之目录学》，其包含的内容如下：对前一卷的补充、东方基督教文献、印度文献、波斯文献、印度支那和马来语文献、中国文献、日本文献、满洲蒙古西藏文献、作者和书名以及出版社列表。

　　1846 年在德国出版的这部法文《东方学之目录学》，其编排内容如下：第一部分包括两类，一类是阿拉伯文、波斯文、土耳其文图书，另一类是自印刷术出现以来欧洲所出版的关于东方的书籍，据其材料的顺序；第二部分为作者、东方书籍题名和出版社列表，实际上是索引；第三部分为东方文献概览。我虽然能够看到这本 1846 年出版的第一卷《东方学之目录学》，第一部分的第一类全部按阿拉伯文、波斯文、土耳其文原文按作者顺序排，完全如同看天书。第二部分则比较有趣，能看出他收录的书籍来源十分广泛，包括有德文的、俄文的、拉丁文的、法文的印刷品。第一章是图形（graphique），似乎主要指阿拉伯文、波斯文书法一类作品，这一类书目只有一页多一点，一半左右是拉丁文书目。第二章是辞书学，一共四小节：阿拉伯语辞典、波斯语辞典、土耳其语辞典、对话手册。一般都按东方作者和欧洲作者的先后顺序排列书目。第三章是文法，即包括阿拉伯、波斯和土耳其语文法书目。第四章是修辞、书信艺术（art epistolaire）、度量，也按阿拉伯、波斯、土耳其顺序排列。第五章是诗歌选集，只有阿拉伯和波斯两类。第六章是谚语集，也只列出阿拉伯和波斯。第七章是诗歌，又列出阿拉伯、波斯、土耳其三类。第八至十三章均按阿拉伯、波斯、土耳其排列，分别是寓言和浪漫文学、历史、数学和军事科学、医学与自然史、哲学。第十四章是神学和法学，包括两小节；第一节包括穆斯林神学和律法，第二节是基督教神学。第十五章是百科全书和论著目录。从这个分类来看，其类别完全是按照所谓学科领域来分的，其中语言、文学相关内容是大宗。医学和自然史放在一起，这和现代学科将医学史与科技史常常归在一起很接近。神学和法学放在一起当然是中世纪基督教大学的学术传统，但数学和军事科学放在一起不知何意。总之，这一分类系统很有意思，既有中世纪传统学术的影子，亦体现了近代学术的趋势，值得目录学史家仔细琢磨。

第二节　东方学之目录学之本传

　　德国柏林出版《东方学之目录学》（*Orientalische Bibliographie*）首

刊于 1888 年，终结于 1926 年，由柏林的罗伊特与雷查德出版社出版①。
其间 1888—1910 年间其主要支持单位是德国东方学会②，1899—1910 年
间由德国东方学会主办，巴伐利亚科学院③和美国东方学会（AOS）协
办，1904—1910 年间英国印度事务部亦参与，1907—1910 年协助单位又
加上了普鲁士皇家教育部④。1911 年参与的单位为德国东方学会、普鲁
士教育部、莱比锡萨克森科学院⑤、海德堡科学院⑥、普鲁士殖民事务
署⑦、美国东方学会，出版社为柏林的罗伊特公司（Berlin：
H. Reuther）。基本上这是一个德国各地学术团体、德国政府教育机构和
美国东方学会联合资助的一项事业。此杂志每年将收集到的前一年新书、
新书书评、学者讣告一总公布，有时也加入前两年的学术信息，使读者
一册杂志在手，可极为便利地了解学界动态。而且支持这一杂志的单位
来自欧美两个大陆，又同时在柏林、伦敦、巴黎、纽约等地发行，足见
其有着广泛的世界影响。

《东方学之目录学》主编先后换了三位，1887—1891 年为缪勒
（August Müller，1848—1892），1892—1894 年为库恩（Ernst Kuhn，
1846—1920），1895—1912、1926 年为舍尔曼（Lucien Scherman，
1864—1946），缪勒当时任教于柯尼斯堡大学，库恩和舍尔曼均在慕尼黑
从事教学和研究工作。该期刊在 1912—1925 年之间未出版。舍尔曼是库
恩的弟子。他出生于德国波森，1882 年进入布雷斯劳大学随斯坦茨勒
（Adolf Friedrich Stenzler，1807—1887）学习梵文，1883 年转到慕尼黑
大学，并于 1885 年获得博士学位⑧，导师便是库恩。他后来曾任慕尼黑

---

① Verlag von Reuther & Reichard.

② Deutsche Morgenländische Gesellschaft.

③ Bayerische Akademie der Wissenschaften.

④ K. Preussische Unterrichtsministerium.

⑤ Sächische Gesellschaft der Wissenschaften，1919 年改名为 *Sächsische Akademie der Wissenschaften zu Leipzig*.

⑥ Heidelberger Akademie der Wissenschaften.

⑦ Das Reichs-Kolonialamt.

⑧ 论文题目为 *Eine eingehende Erörterung der philosophischen Hymnen aus der Rig- und Atharva-Veda-Sanhitâ sowohl an sich als auch im Verhältnis zur Philosophie der älteren Upanishad*.

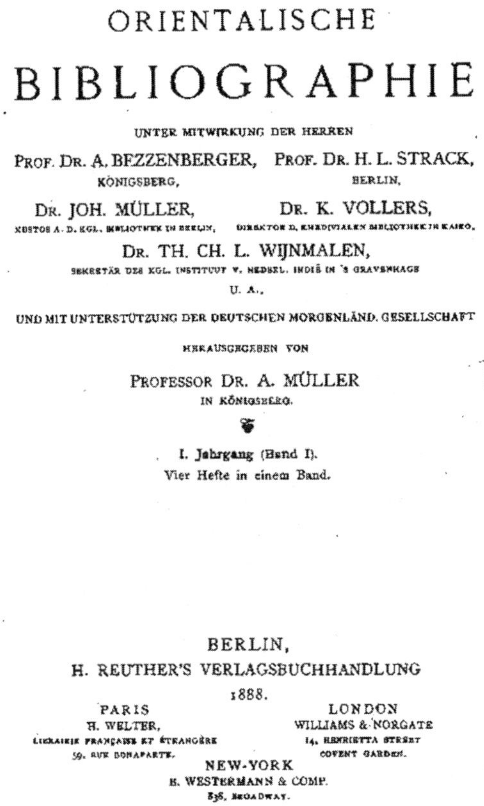

ORIENTALISCHE

BIBLIOGRAPHIE

UNTER MITWIRKUNG DER HERREN

PROF. DR. A. BEZZENBERGER,　　PROF. DR. H. L. STRACK,
KÖNIGSBERG,　　　　　　　　　　　BERLIN,

DR. JOH. MÜLLER,　　　　　DR. K. VOLLERS,
KUSTOS A-D. KGL. BIBLIOTHEK IN BERLIN,　　DIREKTOR D. KHEDIVIALEN BIBLIOTHEK IN KAIRO.

DR. TH. CH. L. WIJNMALEN,
SEKRETÄR DES KGL. INSTITUUT V. NEDERL. INDIË IN 'S GRAVENHAGE

U. A.,

UND MIT UNTERSTÜTZUNG DER DEUTSCHEN MORGENLÄND. GESELLSCHAFT

HERAUSGEGEBEN VON

PROFESSOR DR. A. MÜLLER
IN KÖNIGSBERG.

I. Jahrgang (Band I).
Vier Hefte in einem Band.

BERLIN,
H. REUTHER'S VERLAGSBUCHHANDLUNG
1888.

PARIS　　　　　　　　　　　　LONDON
H. WELTER,　　　　　　　　　WILLIAMS & NORGATE,
LIBRAIRIE FRANÇAISE ET ÉTRANGÈRE　　14, HENRIETTA STREET
59, RUE BONAPARTE.　　　　　　　COVENT GARDEN.

NEW-YORK
B. WESTERMANN & COMP.
838. BROADWAY.

图四十六　**1888** 年德国出版的《东方学之目录学》封面

民族学博物馆馆长①，并任教于慕尼黑大学。1910—1911 年他和妻子在
锡兰、缅甸和印度等地进行调查研究。1928 年，他请柏林的藏学教授弗
兰克（August Hermann Francke，1870—1930）和科尔贝（Hans
Körber）将他们收集的于阗出土文物和文书捐入慕尼黑民族学博物馆，
这批收集品虽然有一千多件，但都相当残破。弗兰克和科尔贝 1914 年前
往中亚探险，在于阗附近收购了许多古物。他们将这些收集品暂时存放
在喀什葛尔的瑞典传教士之家后，便前往拉达克旅行，结果遇到第一次

---

① 该馆原称 Königlich Ethnographisches Museum München，后来改名为
Staatliches Museum für Völkerkunde München。

世界大战爆发，当地的英—印军队将两人囚禁，并送往英属印度的战俘营。这批古物后来经历诸多故事到达柏林，并于 1928 年从柏林入藏慕尼黑民族学博物馆①。

图四十七　库恩七十岁庆寿文集中所收的照片②

《东方学之目录学》编委会包括许多国际知名东方学家。1900 年俄国学者巴托尔德加入编委会③。这一年开始编委会有所调整，主编仍为舍尔曼，编委会成员包括圣彼得堡的巴托尔德、柏林的费克（R. Fick）、

①　Ulf Jäger, "Archaeological Finds from Khotan in the State Museum of Ethnography in Munich," *IDP News* Issue No. 25，Spring，2005，p. 3.

②　*Aufsätze zur Kultur-und Sprachgeschichte vornehmlich des Orients. Ernst Kuhn zum 70. Geburtstage am 7. Ferbruar* 1916 *gewidmet von Freunden und Schülern*，München：Breslau，Von M. und H. Marcus，1916.

③　Wilhelm Barthold，1869—1930，俄文名 Vasily Vladimirovich Bartold，但《东方学之目录学》以德文名出现。有关他的介绍，参见张锡彤、张广达，《试论俄国东方学家瓦·弗·巴托尔德对蒙古史的研究及其〈突厥斯坦〉一书》；收入《张广达文集》之《史家、史学与现代学术》，176～195 页，桂林，广西师范大学出版社，2008。

普林斯顿的格雷（L. H. Gray）、喀山的卡塔诺夫①、慕尼黑的库恩、雅法的穆拉德（F. Murad）、柏林的努策尔（H. Nützel）、赫尔辛基的威奇曼（Y. Wichmann）、隆德的策特斯蒂安②。科隆的普拉泽克③和柏林的斯特拉克④离职，接替他们的是巴托尔德、费克、穆拉德。

　　下面介绍一下《东方学之目录学》之结构与规模。第一卷出版于1888年，收入1887年的信息。全刊分成六大部分，这样的分类可以看出当时欧洲人的东方观和亚洲图景。此卷前69页是一个概要，70页是新书广告，第71页是介绍。以下看看全书的具体框架。第一部分总论，下面按学科分为十个部分：1、总目、杂纂和全集；2、学术史（Geschichte der Wissenschaft）、学会（Gelehrt Gesellschaften）、人物，其中也列入了苏格兰教士、圣安德鲁斯大学圣经学教授克朗别（Frederick Crombie，1827—1889）在《大不列颠百科全书》中为法国圣经学者理查德·西蒙（Richard Simon，1638—1712）撰写的词条⑤；还收了一些杂志如《英国皇家亚洲学会会刊》中刊出的讣告、纪念文。第20条记录了理雅各（James Legge）为1887年2月去世的伟烈亚力（Alexander Wylie，1815—1887）所写的纪念文；第23条记录了《皇家亚洲学会会刊》上登出的吉布斯（James Gibbs）以及葛罗特（Arthur Grote，1814—1886）

---

①　Nikolaï Fedorovich Katanov，1862—1922，突厥学家。

②　Karl Vilhelm Zetterstéen，1866—1953，瑞典东方学家，毕业于乌普萨拉大学，1895—1904年任隆德大学代理教授；1904年起任乌普萨拉大学闪米特语教授。曾在柏林大学留学，师从萨豪（Eduard Sachau，1845—1930）。除专攻阿拉伯语语文学之外，亦通晓波斯语、土耳其语、努比亚语，曾将《古兰经》译成瑞典语。

③　Justin Václav Prášek，1853—1924，普拉泽克系捷克历史学家和东方学家，1882年获布拉格大学历史学和古典语文学博士，1885年起在慕尼黑和柏林等地游学，研究亚述和巴比伦铭文。在试图进入布拉格大学任教失败之后，他在科隆的高中任教，但继续自己的研究。

④　Hermann Leberecht Strack，1848—1922。

⑤　Richard Simon系近代圣经文献学的奠基人，他在讨论圣经文献时总是将文献和基督教的宗教实践联系在一起，并对基督教和犹太教进行比较，也注意宗教仪式的重要性；参见 Guy G. Stroumsa, *A New Science: The Discovery of Religion in the Age of Reason*, Cambridge, MA: Harvard University Press, 2010, pp. 62-76, chapter III: "From Biblical Pholology to the Study of Judaism."

的讣告；第 27 条记录了德国印度学家斯坦茨勒的讣告。斯坦茨勒是德国东方学家波普（Franz Bopp，1791—1861）和施勒格尔（August Wilhelm Schlegel，1767—1845）的弟子，1829 年在波恩大学获得博士学位，然后游学巴黎，后在伦敦东印度公司图书馆任职，1833 年开始在布雷斯劳大学任教，教授东方语言，特别是波斯语、阿拉伯语和梵文等语言。他出版于 1868 年的《梵文基础读本》由季羡林及其学生译成中文①，广为流传；3、地理学；4、人类学与民族学，当时这两个学科关系非常密切，早期民族学几乎被视为文化人类学的同义词，如第 41 条为安德烈（Richard Andree）所著《人类学：一个民族学研究》一书②；5、宗教学（Religionswissenschaften）；6、历史总论与文化史，其中比较重要的是 87 条李白特（Julius Lippert，1839—1909）的两卷本《有机结构中的人类文化史》一书，1886—1887 年在斯图加特出版，这部书实际上已不限于东方学范围；7、艺术与工艺（Kunst und Gewerbe）；8、语言学（Sprachwissenschaften），同时附录了人工语言（künstliche Sprachen）和万国语（Pasigraphie），第 107 条是缪勒 1887 年在维也纳出版的多卷本《语言学纲要》第三卷③，第四卷是最后一卷，出版于 1888 年，当时尚未收入；9、文学史（Litteraturgeschichte）；10、钱币学。然后是评论。

宗教学部分稍微多说几句，因为本书前面第三章讲了欧洲现代宗教学和佛学的兴起。这一部分收入了二十五种论著，其中包括近代宗教史研究奠基人之一提勒（Cornelis Petrus Tiele，1830—1902）的《宗教史

---

① Adolf F. Stenzler, *Elementarbuch der Sanskrit-Sprache*, Breslau：M. Mälzer, 1868；季羡林、段晴、范慕尤等译：《梵文基础读本》增订本，北京，北京大学出版社，2009。

② Richard Andree（1835—1912），*Die Anthropologie：Eine Enthnographische Studie*，Leipzig：Veit & Co.，1887. 他最著名的著作是《通用地图集》（*Allgemeiner Handatlas*，1881），后来的《泰晤士世界地图集》（*Times Atlas of the World*，1895-1900）基于这一地图集。

③ Friedrich Müller, *Grundriss der Sprachwissenschaft*, Wien：A. Hölder, 1887.

图四十八　斯坦茨勒

概要》①。提勒 1877 年被莱顿大学聘为新设立的宗教史教授，1896—1898 年他被爱丁堡大学选为吉福德讲座（Gifford Lectures）主讲人，主讲《论宗教科学之诸要素》②，后来由该校结集出版。当代荷兰学者莫楞戴克（Arie L. Molendijk）通过仔细考察荷兰近代思想史之后，指出提勒的思想来源并非出自达尔文主义，而是德国唯心主义。当时流行的社会进化理论主要出自摩尔根（Lewis Henry Morgan，1818—1881），他在《古代社会》中描述了人类社会从野蛮到文明的进化历程。早期民族学、文化人类学接受了这一理论，尤其以泰勒（Edward B. Tylor，1832—1917）与弗雷泽（James G. Frazer，1854—1941）等人为代表。这一理论也影响了当时人对宗教的看法，认为宗教的发展也存在一个从低级到高级的进化过程，早期是万物有灵说和拜物教，后来从粗疏的多神论发展到精致的一神论。但有些人却不以为然，例如泰勒的弟子安特路朗

---

① 即 *Kompendium der Religionsgeschichte*，Prenzlau：Biller，1887.

② C. P. Tiele，*On the Elements of the Science of Religion*，Edinburgh and London：W. Blackwood and sons，1897.

（Andrew Lang，1844—1912）便对此持退化论的看法①。

第二部分题为北、中亚、欧罗巴。1、北亚和欧罗巴，下分两小节：
1）土地和人民，2）历史、语言、文学，其中 2）下面又分满、蒙语言、
芬、乌诸语言，乌拉尔诸语，奥斯曼诸语；2、中亚，主要包括突厥斯坦
和西藏。这部分记录了一些地理探险书籍，其实真正严肃的学术论著并
不多。

第三部分为东亚和大洋洲，第一小节为中国，下分土地与人民、宗
教与哲学、历史②、语言文字和文学，其中以语言文字和文学所收录的
书目最多，如 197 条为艾约瑟之《中文语言之进化》、208 条为理雅各所
撰《弥勒菩萨之图像》、214 条为曾纪泽所译傅澧兰（W. H. Freeland）
一首诗的中文版。第二小节为高丽（Korea），只有三条。第三小节为日
本，下分杂纂、艺术与工艺、语言文学，附录有关虾夷（Aino）文化两
条书目，即日本帝国大学文学部纪要登载的虾夷语语法和书目，以及萨
默尔斯（J. Summers）所撰《虾夷语—英语词汇表》。第四小节为印度支
那，下分总论、安南和北部湾、交趾支那和柬埔寨、暹罗、缅甸，其中
251 条是外交官兼学者萨道义（Ernest Mason Satow，1843—1929）所编
辑发表在《英国皇家文会海峡分会会刊》的暹罗研究论著目录③。第五
小节为大洋洲部分，下分总论、波利尼西亚、澳洲、米拉尼西亚、密克
罗尼西亚。第六小节为马来，下分菲律宾、荷属印度。第七小节为马达
加斯加。最后是评论部分，其中提及了理雅各翻译的法显《佛国记》以

---

① Arie L. Molendijk，"Religious Development：C. P. Tiele's Paradigm of Science of
Religion," *Numen* Vol. 51，No. 3（2004），pp. 321-351. 他随后出版的书中有更详尽
的讨论，见 *The Emergence of the Science of Religion in the Netherlands*，Leiden：
Brill，2005.

② 如 13 页 192 条为曾纪泽的《中国：先睡后醒》*China：The Sleep and the
Awakening*，载《亚洲评论季刊》*Asiatic Quarterly Review*.

③ E. M. Satow，"Essay towards a Bibliography of Siam," *Journal of the
Straits Branch of the Royal Asiatic Society*，June，1886，Singapore，1887，pp. 1-
85. 萨道义长期在远东地区担任外交官，娶日本女子武田兼，给自己取日文名佐藤爱
之助。他 1862—1883，1895—1900 年任英国驻日外交官，1884—1895 年在暹罗、乌
拉圭、摩洛哥等地任外交官，1900—1906 年任驻华公使，1901 年代表英国签署《辛
丑条约》。萨道义是日本亚细亚协会的早期创人之一，也是西方研究日本的先驱。

及收入《东方圣书》系列丛书的《中国圣书》。

第四部分为印欧语。第一小节照例是总论。第二小节为印度，下分总论、土地和人民、宗教哲学风俗民俗和权利（358 条为德邻写的《密教：无神论的新福音》①、377 条为神智学协会创始人奥尔科特《佛教宣教手册》的德译本②）、艺术和工艺、历史、语言文学（达罗毗荼语、梵语、新印度雅利安语，如 28 页 452 条为钢和泰老师皮舍尔的印度学论文）、锡兰、吉普赛。第三小节为伊朗、高加索、小亚细亚，下面又分 1）波斯，分为总论、宗教、艺术和工艺、语言文学（古代波斯语、中古波斯语、新波斯语）、钱币学；2）阿富汗；3）亚美尼亚；4）高加索和跨高加索地区；5）小亚，包括赫梯、塞浦路斯。其中收入的书目以英、法、德、拉丁语出版的论著为主，偶尔也包括一些俄文和希腊文论著。

第五部分为闪米特，下分 1）总论；2）亚述和巴比伦；3）叙利亚与米索不达米亚，下分杂纂、阿拉米语言和文学（犹太以外部分）、钱币；4）巴勒斯坦、以色列、犹太（包括巴勒斯坦风俗、古代希伯来语、《旧约》文献；《旧约》文献下又分总论、单本书如《六卷书》、《大先知书》、《小先知书》、《圣徒传记》；后《圣经》犹太文化，也分语言、历史、文学）；5）腓尼基；6）阿拉伯与伊斯兰，下分杂纂、埃及印刷的阿拉伯语文献、阿拉伯与伊斯兰（政治与宗教史）、钱币学；7）埃塞俄比亚语言与文学，但空缺，注明参见 64 页以后的非洲部分。

第六部分为非洲。第一小节为埃及，下分土地与人民、语言文字历史。第二小节为埃及以外的北非，下分土地和人民、语言文学。第三小节为西北非，如阿尔及利亚、突尼斯等地。第四小节为非洲其他地区。

奥古斯特·缪勒于 1887—1891 年间担任主编。1888 年 4 月 26 日在柯尼斯堡为第一卷写了后记③，提到这一卷从准备到出版只有不到七个

---

① E. H. Dering, *Esoteric Buddhim*：*The New Gospel of Athiesm*，London：Washhouse，1887；这是比较早研究密教的著作，但显然带有浓厚的基督教认识论背景。

② Henry S. Olcott，（1832-1907），*The Buddhist Cetachism*，Madras，1881；德译本 Elliott Coues trans.，*Ein Buddhistischer Katechismus nach dem Kanon der Kirche des südlichen Indiens*，Berlin：Th. Grieben，1887.

③ *Orientalische Bibliographie*，band 1，heft 1（1887-1888），pp. 297-300.

月的时间，因为时间短，准备仓促，有些书单未能列入此书，如伊斯坦布尔和喀山出版的图书，前者是因为君士坦丁堡书局虽承诺提供书目却在最后时刻放弃，后者是因为沙俄东方部 1887 年度《通讯》在考古学会会长罗森男爵刚获任命的情况下迟至 1888 年尾才出版①，未及收入，但将收入下一卷。除了缺失之外，他也请读者原谅，书中存在一些错误和重复的地方。随后他介绍了全书收藏的重点和不足。他坦承，德国、俄国、意大利的书目收录较全，法国和英国的书目欠缺较多。法文书参考了法国出版的 Polybiblion 杂志，但要么没有出版时间，要么出版地不明。最后作者感谢了那些为收集书目做出贡献的人士②。

法国 Polybiblion 杂志系法国书目学会机关刊物③，1868 年开始发行。Polybiblion 第一卷的分类如下：神学（下分教会学、《圣经》学、公会、礼仪、神学、异端神学）、法学（下分民法与刑法、经典法）、科学与人文（百科全书、哲学、道德、政治、政治经济学、化学、自然科学、医学、农业与园艺、美术）、美文（下分语言学、中世纪诗学、现代诗学、当代诗学、浪漫文学、批评与文学史、杂集、全能作家）、历史（地理学、旅行、教会史、古代史、中世纪史、法国史、外国史、骑士与贵族、考古学、传记、目录学），后面还附有作者人名索引、年表、通讯。

如果以法国这个目录与《东方学之目录学》的分类来比较，可知法国的目录继承了欧洲中世纪学术的分野，仍然将神学和法学置于全书之首。而德国的《东方学之目录学》已经出现一些 19 世纪发展起来的新兴学科，如宗教学（Religionswissenschaften）、人类学（Anthropologie）、

---

① Baron Victor Romanovich Rosen (1849—1908)，阿拉伯语专家，当时任俄国考古学会东方部主任。他的兄长 Baron Roman Romanocivh Rosen (1847—1922) 是著名外交家，曾任沙俄驻日、美公使。

② 如海牙的 Wijnmalen 博士、维也纳 Mechitharisten 的 Kalemkiar 博士。柏林皇家图书馆的 Gleiniger 博士也将为下一卷提供信息。此人即 Theodor Gleiniger，生于 1851 年 1 月 11 日，古典语文学专家，1875 年 12 月 30 日任柏林皇家图书馆志愿者，1876 年 5 月 1 日任助理，1878 年 12 月 1 日任助理馆员，1887 年 4 月 1 日任助理主任馆员，1887 年 10 月 1 日任主任馆员，1895 年 11 月 8 日任高级馆员。参见 Dr. O. Hartwig ed., *Centralblatt für Bibliothekswesen*, Vol. 17 (1900), p. 36.

③ 全名为 *Polybiblion: Revue Bibliographique Universelle*，系 Publication de la *Société bibliographique*.

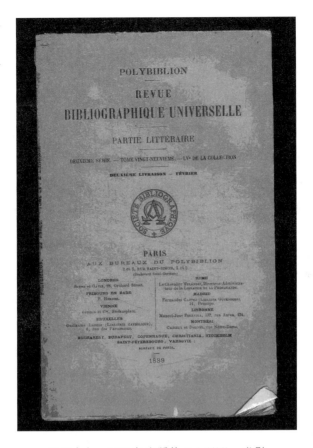

图四十九　**1889** 年出版的 *Polybiblion* 书影

民族学（Ethnologie）。法国语言学（Linguistics）收在美文（Belles-lettres）
之下，强调语言形式特别是语法结构的研究；而德国的语言学
（Sprachwissenschaft）单独列出，语文学（Philologie）在其中占据中心
位置。

　　法国书目学会乃是西方书目学界较早的学术团体，英国直至 1892 年
才成立自己的书目学会。而美国则迟至 1904 年才成立全美书目学会，
1906 年开始出版其机关刊物《全美书目学会会议通讯及论文集》①，杂志

---

　　①　*Bibliographical Society of America*：*Proceedings and Papers*，Vol. one，
1904-1906；其出版人为 Wilberforce Eames，George Watson Cole，Charles Alexander
Nelson.

在纽约出版，首印三百份。后来该杂志改为《美国书目学会论文集》①。
德国柏林的德意志目录学会在 1902 年成立②，很快在 1904 年开始出版
其机关刊物③，主编为伯尔尼的瓦尔策尔（Oskar Franz Walzel，1864—
1944）和柏林的霍本（Heinrich Hubert Houben，1875—1935）。瓦尔策
尔是研究德国浪漫主义的名家。霍本则参与了德国目录学会的创建，并
在 1902—1907 年间担任秘书一职。他是著名的文献编辑和出版家以及目
录学家，尤其精通 19 世纪以前的欧洲禁书史，因而在 1924—1928 年出
版了两卷本的《古今禁书录》④；他也编辑出版了《海涅谈话录》⑤；他
后来参与了很多旅行志的编辑和出版，比如斯文赫定（Sven Hedin）的
旅行志即在他帮助下出版。

　　最后要说明的是，接替《东方学语文学文献杂志》的刊物还有一个
附属于德国东方学会的《东方学文献杂志》⑥，创刊于 1898 年⑦。1921
年出版的《德国东方学会会刊》（ZDMG）将这个杂志列为附属于东方学
会的出版物，而《东方学之目录学》（Die orientalische Bibliographie）
则是和东方学会密切合作的杂志⑧。大概后来 OLZ 的影响也逐渐超过了
《东方学之目录学》，所以《东方学之目录学》也走向衰落，甚至最后于

---

① *Papers of the Bibliographical Society of America*，*PBSA*.

② Deutsche Bibliographische Gesellschaft in Berlin.

③ *Bibliographisches Repertorium*.

④ Heinrich Hubert Houben，*Verbotene Literatur von der klassischen Zeit bis
zur Gegenwart. Ein kritisch-historisches Lexikon über verbotene Bücher*，*Zeitschriften
und Theaterstücke*，*Schriftsteller und Verleger*. 2 Bde.，Berlin：Rowohlt 1924；Band
2，Bremen：Schünemann 1928.

⑤ *Gespräche mit Heine*. Potsdam：Rütten und Löning，1926，1948 年重印.

⑥ *Orientalistische Literaturzeitung*，*OLZ*.

⑦ 其中有关东亚和中亚的文献已经由 Hartmut Walravens 编辑成单册出版，见
*Die ost- und zentralasienwissenschaftlichen Beiträge in der Orientalistischen Litera-
turzeitung：Bibliographie und Register*，*1898-1975*，herausgegeben von Hartmut
Walravens，München：Kraus International Publications，1980；*Die ost- und zentra-
lasienwissenschaftlichen Beiträge in der Orientalischen Literaturzeitung*，*1976-
1992：Bibliographie und Register*，herausgegeben von Hartmut Walravens，Berlin：
Akademie，1994.

⑧ 见 ZDMG，BD. 75，1921，p. XIV.

1926 年退出历史舞台。

结　语

东方学之目录学当然是一个很大的题目，这里基本上仅就德国出版的《东方学之目录学》作一点基本提示。中国学者非常重视目录学，陈垣先生、邓广铭先生均将目录学列为治史之重要工具。但近代以来编纂东方学、佛教学目录、书籍提要取得更大成就的还是日本学者[①]，他们编辑出版了大量的工具书、目录和索引，其中最得西文书目学精髓者便是前文提及的京都大学编辑出版的《东洋学文献类目》。我们今天看《东方学之目录学》之源流，可知寅恪见识之敏锐。如果想要在学术上取得成绩，不能不广泛了解东西洋学者的贡献和学术进展，因而编辑整理各类学术论著目录乃是学界不可忽视之重要治学领域。

[①]　日本学者也极为重视传统版本学，如钱婉约指出，日本精通汉籍版本者主要有田中庆太郎、岛田翰、内藤湖南，见"此生成就名山业，不厌重洋十往还——内藤湖南中国访书及其学术史意义述论，"《东アジア文化交涉研究》别册 3，2009，137 页，注 2。

第五章　佛学与新人文主义：
白璧德对中国学者的影响①

导　言

　　近代学人的日记颇有珍贵史料助益我们了解近代学术思想文化。譬如《吴宓日记》即是近年来出版的较为有用的一种，学界常有文章发掘其中有用的线索，帮助我们了解 20 世纪初期中国学人的思想和学术动向。据吴宓记述，白璧德和寅恪曾在家中讨论其学术经历和佛教。其文云：

　　　　1919 年 7 月 14 日。晚八时，偕陈寅恪君及锡予同往，巴师与其夫人陪坐。谈至十一时半始归。巴师述其往日为学之阅历，又与陈君究论佛理。夫人则以葡萄露及糕点进，以助清谈云。②

此处白璧德往日为学之阅历与所究论佛理之关系，未见学界有人深究。其实其中大有文章可作。我们知道寅恪早年也刊出不少佛学文章，其关注重点是佛教对中国文化之影响。寅恪虽然和汤用彤同样留学哈佛，但

---

　　①　本文初刊《清华大学学报》（哲学社会科学版），2005，第 5 期，31～47 页，原题为《白璧德之佛学及其对中国学者的影响》；后来张源出版《从"人文主义"到"保守主义"：〈学衡〉中的白璧德》，北京，生活·读书·新知三联书店，2009，此书对白璧德讨论更为详细，但重点和本文不同，读者可参看。

　　②　吴宓：《吴宓日记》，第二册，37 页，北京，生活·读书·新知三联书店，1998。白璧德一名的汉译，出自胡先骕。吴宓原译为巴比陀，其日记中所云巴师者，即白璧德也。胡先骕译白璧德名一事，见吴宓：《吴宓自编年谱》，233 页，北京，生活·读书·新知三联书店，1995。

所撰佛学文章路数与汤氏殊为不同。汤氏治哲学出身，在对佛教有着极为广博的理解和见识的同时，尤好谈佛教义理。吴宓在 1919 年 12 月 14 日的日记中还记录了寅恪关于佛学对中国影响的谈话，寅恪认为佛教对于性理之学（metaphysics，今通译作形而上学）独有深造，因此可以救中国在这方面之缺失，为常人所欢迎。但是其思想实践与中国固有之风俗如祭祖、娶妻等相违背，引起韩愈等人不满而辟佛。但实际上民众仍热衷佛教。宋代儒家均精通佛教，认为佛教在义理方面颇有儒家可取之处，但也有以夷变夏的危险，故而仅以佛教之精粹义理来注疏《四书》、《五经》，以阐明古学的名义来吸纳异教。总之，佛教对中国影响甚大。而中国学问也因为得到佛教的帮助而增长元气，别开生面。可见寅恪也早已洞察了佛理影响宋儒的思想。

图五十　青年吴宓

寅恪的早期佛教研究着重在通过比对梵汉译本来看佛教思想从印度到中国的变迁，以及佛教文化在思想、文学、语言、历史方面对中国的影响，比如《莲花色尼因缘跋》和《四声三问》等。因此我的兴趣开始只是在于通过探讨早期寅恪在留学期间所受佛学方面的训练和西方学界的影响来理解寅恪早年的学术路数①。但是，在梳理这一学术理路的同时，受《吴宓日记》所见这一条材料启发，感到有必要梳理中国学界比较忽视的《吴宓日记》中所谓白璧德"为学之阅历"及其与"佛理"之关系。

20 世纪中叶特别是最近十年以来中外学界对于白璧德的新人文主义（New Humanism）、白璧德的宗教观有了不少新认识和新成就②。随着90 年代以来学界开始研究学衡派，许多成果都反映了白璧德新人文主义对于中国文化保守主义阵营的主力学衡派有极大影响③。本章重点考察

① 近代日本佛教学的兴起源于在英国留学的高楠顺次郎和南条文雄等人，中国的近代佛教学研究源于梁启超、陈寅恪、汤用彤、陈垣、吕澂、胡适等人。他们所受的东西洋学术影响值得深究，当代学者已对他们做了很多研究。至于欧洲和日本现代佛教学兴起的一般背景，参见本书第六章的讨论。欧洲佛教研究对北美的早期影响则参见 Thomas A. Tweed, *The American Encounter with Buddhism*, 1844-1912: *Victorian Culture and the Limits of Dissent*, Chapel Hill and London: University of North Carolina Press, 2000.

② Thomas R. Nevin, *Irving Babbitt: An Intellectual Study*, Chapel Hill: University of North Carolina Press, 1984; George A. Panichas and Claes G. Ryn eds., *Irving Babbitt in Our Time*, Washington, D.C.: Catholic University of America Press, 1986; Claes G. Ryn, *Will, Imagination, and Reason: Irving Babbitt and the Problem of Reality*, Chicago: Regnery Books, 1986; Michael A. Weinstein, "Irving Babbitt and Postmodernity: Amplitude and Intensity," *Humanitas* 6: 1 (1992), pp. 42-48; Claes G. Ryn, "Irving Babbitt and the Christians," *Modern Age* 32: 4 (1989); Richard M. Gamble, "The 'Fatal Flaw' of Internationalism: Babbitt on Humanitarianism," *Humanitas* 9: 2 (1996), pp. 4-18.

③ 仅举一些比较有代表性的较近的论著。Ong Chang Woei, "On Wu Mi's Conservatism," *Humanitas* 7: 1 (1999), pp. 42-55; 2000 年美国亚洲学会（AAS）年会曾有一个讨论组题为〈民国的文学团体〉，有 Yi-tsi Mei Feuerwerker 发表的《再论学衡派：民国早期的新保守主义》（*Reconsidering Xueheng: Neo-Conservatism in Early Republican China*）；孙尚扬与郭兰芳主编：《国故新知论——学衡派文化论著辑要》，北京，中国广播电视出版社，1995；李怡：《论学衡派与五四新文学运动》，《中国社会科学》，1998，第 6 期，150～164 页；沈卫威：《回眸学衡派：文化保守主义的现代命运》，北京，人民文学出版社，1999；郑师渠：《在欧化与国粹之间——学衡派思想文化研究》，北京，北京师范大学出版社，2001；王晴佳：《白璧德与学衡派——一个学术文化史的比较研究》，载《"中央研究院"近代史研究所集刊》第 37 期，2003，41～92 页。

白璧德与佛教的关联，并通过这种关联来看当时以白璧德为中心之学术圈的学术兴趣与学术取径及其对中国留学生的学术思想影响。

　　在切入正题之前，作为一般背景，我们稍微简单回顾一下白璧德的生平概略。白璧德于 1865 年 8 月 2 日出生于俄亥俄州代顿市，这里有著名的天主教代顿大学。少年时代白璧德曾经随家庭的搬迁而生活在纽约和新泽西等地，曾在纽约街上卖过报纸。十一岁时父亲去世，他到辛辛那提与祖父母生活在一起。1885 年白璧德进入哈佛大学学习。大学三年级与一位同窗好友到欧洲旅行，游历了法国、西班牙、意大利、瑞士、德国和荷兰等国。1889 年从哈佛毕业，获得古典研究方面的荣誉学士学位。随即到蒙大拿学院任教两年①。接下来的一年白璧德去了巴黎，跟当时法国最负盛名的印度学家烈维（Sylvain Lévi，1863—1935）学习印度古代语言与文化。返美后，白璧德进入哈佛文理研究院跟兰曼学习东方学，1893 年获得硕士学位。随后他到威廉姆斯学院（Williams College）教法文、西班牙文和意大利文一年，期间还给高年级本科生上"但丁（Dante）研究"的课程。

　　1894 年白璧德回到哈佛法文系任教。1900 年他与在中国出生长大的朵拉（Dora Drew Babbitt）在伦敦结婚。1902 年他获聘为助理教授。1912 年获聘正教授。尽管白璧德一直对东方情有独钟，他从未到过东方。他第一次休假去了法国和英国。第二次则是 1923 年去巴黎索邦大学当交换教授。1928 年再次休假，他去了意大利、希腊、法国和英国。他最后一次学术活动是 1931 年在多伦多亚历山大系列讲座演讲。1933 年 7

---

　　①　当时的蒙大拿学院有大约一百名学生，八到十名教员。全校设有预科部、艺术部、古典学院、矿业学院、商学院、音乐学院等学术单位。白璧德在古典学院教拉丁文和希腊文。他班上的一位同学在学完希腊文之后去了中国，在中国进行传教活动。事见 Anne Douglas（Mrs. Hirman Hixon）所撰回忆白璧德的文章，载 Frederick Manchester and Odell Shepard eds. *Irving Babbitt：Man and Teacher*（New York：G. P. Putnam's Sons，1941），pp. 26-29.

图五十一　白璧德

月 15 日逝于麻省坎布里奇家中①。白璧德是 20 世纪初美国新人文主义思想家，长期执教于哈佛大学，教授比较文学和文学批评，学生和学术

———————

①　Dora D. Babbitt，"Biographical Sketch"，in：Frederick Manchester and Odell Shepard eds. *Irving Babbitt*：*Man and Teacher*（New York：G. P. Putnam's Sons，1941），pp. ix-xiii. Richard P. Buch，"Fair-Harvard's Intellectual Giants of the Early 1930s"，*Modern Age* 32，No. 2（1988），pp. 113-121. 中文简略介绍见侯建：《梁实秋先生的人文思想来源——白璧德的生平与志业》，余光中编：《秋之颂》，69～85 页，台北，九歌出版社，1988；按，此文原载 1987 年 5 月《联合文学》。其他早期有关传记还有：*Irving Babbitt*. Harvard Class Reports，Class of 1889，50th Anniversary Report（1939），pp. 90-96；Frank Jewett Mather，"Irving Babbitt，" *The Harvard Graduate's Magazine*，December 1933，65-84 ；Fred N. Robinson，Jeremiah D. M. Ford，and Louis J. A. Mercier. "Minute on the Life and Services of Professor Irving Babbitt，" *Harvard University Gazette*（October 14，1933），pp. 13-14.

传人众多①。他还是一位梵文和巴利文学者，他翻译的《法句经》（Pāli. *Dhammapada*，Skt. *Dharmapada*）在他逝世之后才得以出版，译文之后附有长篇大论讨论他所理解的佛教与西方思想的关系②。在他的课上，也活跃着为数众多的中国留学生，这些学生后来许多成为中国 20 世纪文化史学术史上的重要人物。这些学生当中，在思想学术上受白璧德影响的至少包括吴宓、寅恪、汤用彤、林语堂和梁实秋等人。

　　白璧德与中国颇有渊源，他的太太出生在中国，并在中国长大。因此，除了曾指导许多中国学生的功课之外，白璧德对中国儒家思想和艺术并不陌生。先说艺术方面，白璧德家的墙壁上挂着现代中国画，据说是他的中国学生送给他的礼物。但是白璧德的朋友认为他对视觉艺术和音乐从未培养出真正的兴趣。因为他志不在此。虽然他家里有中国画，他的朋友说从未听说他哪怕花半天时间去离他家只有二十分钟路程的波士顿艺术博物馆看看那里的东方艺术品。可见他对视觉艺术兴趣甚微③。1901 年 9 月刚到达哈佛的新生麦格（William F. Maag）租住白璧德的房子。他注意到房间的壁炉旁边立着一个很大的落地灯，上面的灯罩上有一条中国龙。房间里的纺织品也有中国风格。作者随即联想到白璧德的太太出生在中国，在中国生活了很多年④。作者还支持了前面白璧德朋

---

　　① 亲承衣钵的学生比如：T. S. Eliot，Norman Foerster，Van Wyck Brooks，Austin Warren，Theodore Spencer. 其他深受其影响但不算直接学生的有：Walter Lippmann，Gilbert Seldes，Newton Arvin，Harry Levin，Granville Hicks，Crane Brinton.

　　② Irving Babbitt，*The Dhammapada*：*Translated from the Pāli with an Essay on Buddha and the Occident*（Originally published by Oxford University Press，New York，1936；New York：New Directions Publishing Co. 1965，first paperback）. 我使用的是 1965 年简装本。

　　③ 见 Frank Jewett Mather Jr. 的回忆文章，载 *Irving Babbitt*：*Man and Teacher*，p. 50.

　　④ William F. Maag 的回忆文章，载 Ibid.，p. 58. 这篇回忆录谈作者上白璧德的课讨论卢梭比较多，但也提到白璧德会经常在课堂上引用佛陀、孔子、基督等宗教人物，也会引用柏拉图、亚里士多德，以及诗人维吉尔、歌德。而在白璧德眼中，哈佛当时最有个人特性的三位学者是 Charles Norton、Nathaniel Southgate Shaler 和校长 Eliot。但是他们没有一个在知识的广度和深度上可以和白璧德媲美。

友的看法，指出白璧德似乎不太在意音乐，他可能稍微偏好一点莫扎特的作品①。

　　白璧德的学生在回忆录中也透露了白璧德对自己不会中文感到十分遗憾。的确，虽然白璧德精于英、法、德语等现代欧洲语文，也通晓拉丁文、希腊文、巴利文、梵文等古典印欧语文，但不懂中文②。白璧德十分关心中国情势。他曾与吴宓谈及国事，"以目前情势，英、法、日三国，实行瓜分中国，迫不及待。不知中国士大夫阶级（the Educated Class）将何以自处。岂皆先家而后国，营私而忘公，懵然而坐听之耶?"③ 这则日记记于 1919 年 9 月 23 日，此处应是谈及巴黎和会帝国主义重新划分在中国的势力范围一事。对于白璧德这样一位入世很深宣扬新人文主义的学者来说，东方的政治和思想文化命运，他并不能置之不理。

第一节　白璧德与早期东方学

　　白璧德的学术业绩虽然主要在文学批评，但从兴趣取向上看，他早年的学术经历基本上是从研究哲学进入研究古代语文学最后再回到哲学，发挥一些新思想。而从他的学术训练来看，基本上是从古典学（Classic Studies）进入印度学（Indology），再回到哲学和文学。在 19 世纪末叶，印度学家很多都有古典学的基本功，学习过希腊文、拉丁文几乎是学习梵文和其他古代语言的基本要求。而值得注意的是，白璧德曾经跟欧美两大印度学名家烈维和兰曼学习过古典印度学。他在哈佛上本科时即选修了兰曼教授的梵文课。显然兰曼的课激发了这位年轻人对于古代印度语言的强烈兴趣，这直接导致了他后来去法国留学一年追随烈维。留学回来之后他又回到兰曼门下读硕士学位。下面我们将通过考察来看白璧德如何在印度学的取径上更接近佛教思想和哲学研究，而没有注重当时欧陆流行的比较历史语言学或古典语文学研究，其实这是受其两位印度

---

①　*Irving Babbitt*：*Man and Teacher*，p. 68.

②　Hoffman Nickerson 的回忆文章，见 Ibid.，pp. 91-92.

③　吴宓：《吴宓日记》第二册，77 页。

学老师的思路影响①。其次，本节通过考察也将说明哈佛印度学学术圈很多学者比如艾略特（T. S. Eliot，1888—1965）、西斯特（C. Cestre）等是因白璧德介绍才接触并引发对于梵文和印度古典文化的兴趣，可以说白璧德是推动早期北美梵文与印度学的功臣。以下我们依循白璧德的老师、同学、朋友和学生的顺序梳理白璧德与印度学和佛学的联系。

在讨论白璧德与对佛教研究的贡献之前，我们有必要以白璧德的老师兰曼为基点回顾一下20世纪哈佛的学术网络以及白璧德在这一网络中的位置。兰曼是毕业于耶鲁的高材生，出自耶鲁梵文教授惠特尼（William Dwight Whitney，1827—1901）门下②。他在1873年完成博士论文，研究梨俱吠陀（*Rig Veda*）中的梵文名词形式。毕业后去欧洲游学，先后求学于当时德国印度学三大中心柏林、图宾根、莱比锡。1880

---

①　这种分野在清代表现为所谓理学和朴学之别，如果可以类比的话，白璧德似乎更重视理学而不是朴学。关于清代理学和朴学之学术史的讨论，参见艾尔曼（Benjamin Elman）：*From Philosophy to Philology*：*Intellectual and Social Aspects of Change in Late Imperial China*（Los Angeles：UCLA Asian Pacific Monograph Series，2001，2nd，revised edition）。

②　一般认为美国第一位真正意义上的印度学和梵学家是美国东方学之父索里兹伯里（Edward Elbridge Salisbury，1814—1901），他留学巴黎，追随布努夫；见Thomas A. Tweed，*The American Encounter with Buddhism*，*1844-1912*：*Victorian Culture and the Limits of Dissent*，Chapel Hill and London：University of North Carolina Press，2000，p. xxxi。索氏在耶鲁首先开设梵文课程，同时也教阿拉伯文。他之后的美国著名印度学和梵学家是Fitzedward Hall（1825—1901）。他曾留学印度，并成为印度Banaras的梵文教授。惠特尼是索里兹伯里的学生。1854年成为耶鲁梵文研究正教授，1879年出版里程碑式的名著《梵文文法》（*Sanskrit Grammar*）。兰曼的《梵文读本》是配合这本书而著的教材。惠特尼的在耶鲁的继承者是霍普金斯（Edward Washburn Hopkins，1857—1932），他的成就主要在印度宗教，以1895年出版的《印度诸宗教》（*Religions of India*）闻名。他还翻译出版了《摩诃婆罗多》。后来的继任者爱哲顿则以研究混合梵文知名，他编著的《佛教混合梵文文法与辞典》（*Buddhist Hybrid Sanskrit Grammar & Dictionary*）至今难以替代。中国梵文学者季羡林先生对混合梵文跟他看法不一，有不少学术讨论。爱哲顿也翻译出版了《薄伽梵歌》。爱哲顿对于印度的知识可以说是百科全书式的，举凡哲学、文学、艺术、语言，他无一不通。他1934年担任美国语言学会（Linguistic Society of America）会长。这个学会的第二任会长（1926年度）是语言学家布龙菲尔德（Maurice Bloomfield，1855—1928），1945年度会长是赵元任。

年兰曼开始在哈佛任教①，直至 1926 年退休，在哈佛任教近半个世纪。1888 年出版其传世之作《梵文读本》（*The Sanskrit Reader*），此书一版再版，成为美国大学梵文教学的标准教材。他的另一名著是《印度泛神论的开端》（*Beginnings of Hindu Pantheism*）。1891 年起，在其好友华伦（Henry C. Warren）支持下，兰曼开始主持出版哈佛东方学系列丛书（Harvard Oriental Series）。兰曼是美国 19 世纪末 20 世纪初最重要的梵文和印度学家之一。他担任过美国哲学会会长一职②，主编《哲学会会刊》，但主要学术活动在东方学会（American Oriental Society），可见其治学重点之一斑。他一生荣誉极多，被选为英、法、德、俄等国科学院院士。

兰曼的弟子包括许多后来在学术界、文化界发挥很大影响的重要人物。除白璧德之外，他在哈佛的学术接班人是克拉克（Walter E. Clark，1881—1960）。克拉克教授于 1928—1950 年任教于哈佛，中国学者周一

---

① 据哈佛南亚研究系官方网页，当时叫印度伊朗语言系。1902 年阿维斯塔被去除，加入巴利语和梵文俗语，改成古印度语文系。后来兰曼陆续主持加入藏文和乌尔都语等。但该系直至兰曼去世后的 1951 年才改成梵文与印度研究系，2010 年改为南亚研究系。哈佛的梵文研究起源于格林那夫（James Bradstreet Greenough，1833—1900）。

② American Philosophical Society，APS，该会实际相当于科学院，会员皆是荣誉选入，如历史学家余英时先生即被选为会员。该会由美国早期著名科学家富兰克林（Benjamin Franklin）推动，1743 年成立，属北美最早荣誉学会，会员皆是知名学者。但早期美国的建国者华盛顿、亚当斯、杰斐逊、汉密尔顿、托马斯·潘恩等都被选为会员。1789 年帝俄科学院院长俄罗斯公主 Dashkova 被选入该会，成为历史上第一位女会员。值得注意的是，美国哲学会 19 世纪后半叶的主要兴趣是古生物学、地质学、天文和气象观察、印第安民族学。所以一些博物学家被选为会员，比如博物学家达尔文、发明家爱迪生、百科全书式的德国学者亚历山大·冯·洪堡。美国另有 1900 年成立之全美哲学学会（American Philosophical Association），专为哲学学者组织，非荣誉性专业组织，系美国学术界联合会（American Council of Learned Societies，ACLS）之一分支。

良系其高足①。克拉克分别在 1903 年、1904 年、1906 年从哈佛获得学
士、硕士、博士学位。克拉克显然在哈佛求学的时间比白璧德稍晚。兰
曼的弟子中还包括著名诗人艾略特。艾略特 1906 年进入哈佛，1910 年
毕业，跟白璧德学习比较文学，获得学士和硕士学位，随后去巴黎索邦
大学留学一年②，之后 1911 年至 1914 年在哈佛攻读博士学位。兰曼还
有三位中国学生，即 1919 年在哈佛求学的俞大维、汤用彤、寅恪③。我
们可以看到，在跟随兰曼学习的这几位中国学生中，寅恪虽然精于梵文，
但他们当时的学术取向似乎还不是以德国传统印度学中那种比较历史语
言学研究方法为重点。兰曼自然是梵文名家，并在柏林、图宾根、莱比
锡等德国梵学重镇留学，但可能在词章考据之外，也重视义理。而与寅
恪迥异，俞大维和汤用彤则对义理兴趣颇浓。

　　除了兰曼之外，白璧德在巴黎的留学生涯是跟法国高等研究院
(École des hautes Études, Paris) 的烈维分不开的。值得注意的是，烈
维的印度学主要不是当时欧洲十分流行并占主导地位的比较历史语言学
或古典语文学路数，而是印度历史和宗教研究路数④。换言之，白璧德
之所以后来只是特别关注佛教思想而没有进入梵文研究做印欧历史语言

<hr />

①　见周先生自传《毕竟是书生》中的回忆，《周一良集》第五卷，351～352
页，沈阳，辽宁教育出版社，1998。并参见拙撰《怀念周一良先生》，载周启锐编：
《载物集——周一良先生的学术与人生》，287 页，北京，清华大学出版社，2003。
按：克拉克教授于 1960 年去世之后，其 1800 余册藏书于 1961 年卖给加州大学洛杉
矶分校，成为该校南亚研究资料的早期基础。

②　他虽然主要跟法兰西学院讲座教授烈维学梵文，但也同时通过上一些课亲
受许多法国学术大家的教诲，比如 Émile Durkheim，Paul Janet，Rémy de
Gourmont，Pablo Picasso，和 Henri Bergson。关于他的生活和创作，可以参看
A. David Moody's *Thomas Sterns Eliot：Poet*，Cambridge：Cambridge University
Press，1994.

③　吴宓：《吴宓自编年谱》，187 页，北京，生活·读书·新知三联书店，
1995。

④　关于欧美近代佛教研究的简单介绍，见释圣严：《近代的佛教学》，载《现
代佛教学术丛刊》，第 10 期，19～34 页，1980；更详细的介绍见李四龙：《欧美佛教
学术史：西方的佛教形象与学术源流》，北京，北京大学出版社，2009；英文论著见
J. W. de Jong，*A Brief History of Buddhist Studies in Europe and America*，Tokyo：
Kosei Publishing Co.，1998.

研究，可能跟他追随烈维从事历史思想研究有关。烈维 1886 年开始担任高等研究院讲师，1889—1894 年在索邦大学（Sorbonne）教梵文，1890年完成其博士论文《印度戏剧》（*Le Théatre indien*）。烈维后来成为法兰西学院（Collège de France）印度文明史讲座教授，精于印度古代语言与文化，专长佛教和耆那教研究。他的论集在印度出版之后，在古典印度学学界风靡一时①。白璧德在巴黎还结识了语言学家布雷尔（Michel Bréal，1832—1915）和艺术史家福歇尔（Alfred Foucher，1865—1952）。布雷尔是德国巴伐利亚人，留学巴黎高等师范学院，并在柏林大学学习梵文。他早年以研究琐罗亚斯德教的起源而知名，后转向研究各种古代语言，被选为法兰西学院比较语法学教授、巴黎金石与美文学院院士。福歇尔后来成为研究犍陀罗佛教艺术的先驱②。

白璧德在哈佛的同窗好友吉思（William F. Giese）还提到，白璧德在巴黎东方语言学校（École des langues Orientales）学习时曾让他的梵文老师十分吃惊，因为白璧德一页一页地快速阅读梵文读本，而不是像一般学生那样专注于缓慢而细致的语法分析。吉思指出，这是因为白璧德认为语文学家过多注重于阅读和理解文献的技术性工作，而忽视了学者作为独立个体自身的目标和想法。这也是白璧德主要关注希腊语和希腊人文主义的原因③。可见，白璧德在法国跟烈维留学学习期间，虽不能说完全对"章句梵学，破碎大道"不屑一顾，但显然更重视佛教义理。白璧德不喜语文学，这一点亦可为其哈佛学生斯宾赛（Theodore Spencer）的印象证实。斯宾赛 1925 年进入哈佛念研究生。他说，当时有

---

① 烈维最杰出的佛学学生之一是比利时的瓦雷普散（Louis de La Vallee Poussin，1869—1938）。瓦雷普散的学生是拉莫特（Étienne Lamotte，1903—1983），其名作《印度佛教史》至今仍是佛学重要参考书。这一学术传承可以说是印度学法国、比利时学派的延续。

② 参见 Frank Jewett Mather Jr. 的回忆文章，见 *Irving Babbitt：Man and Teacher*，p. 43. 他指出白璧德在威廉学院任教时常常表示对佛教思维的钦服，见 p. 44。而 1893 至 1894 学年对白璧德影响较大的还有 Charles Eliot Norton 和 Matthew Arnold。作者还认为那时白璧德对宗教的兴趣最小，后来随着白璧德的成熟以及他对于历史的广博知识，他开始日益重视宗教。这一点也跟他后来和摩尔走得很近有关。见 Ibid.，p. 49。

③ Ibid.，p. 14.

些研究生包括他自己深感被哈佛的语文学气氛折磨，故而想和白璧德学习以呼吸一点新鲜空气①。白璧德的学生麦格认为白璧德在哈佛最好的朋友莫过于哲学家罗伊思（Joshiah Royce），这可能也是白璧德注重哲学的一个旁证。

白璧德的好友摩尔（Paul Elmer More，1864—1937）是兰曼门下另一位十分出色的学生，也是一位新人文主义的领军人物。他十分欣赏白璧德，说他也许是自己所认识的美国最伟大的老师②。尽管他显然在梵文和希腊哲学方面比白璧德更有造诣。里普（Dale Riepe）评论摩尔的学术时说，摩尔写过几篇讨论印度哲学的文章，在学术界有些影响。他的贡献不仅在于帮助美国哲学家们理解印度哲学，也帮助印度哲学家们理解西方思想。摩尔指出西方并非物质主义至上，也不是科学的奴隶。摩尔试图让东西方之间有着更好的相互理解③。

1892年摩尔到哈佛学习梵文和巴利文时在兰曼的研究室开始认识白璧德，他们是兰曼高级课程《印度语文学研究》仅有的两名学生，很快熟络起来。两人的友谊一直持续到白璧德去世。摩尔1894—1895年在哈佛任教，1895—1897年到布琳莫尔学院（Bryn Mawr College）教授梵文，1899—1900年间是兰曼的助手。他还出版了一系列有关希腊思想史的著作。1917年刊出《柏拉图主义》（*Platonism*），1921年刊出《柏拉图之宗教》（*The Religion of Plato*），1923年出版《希腊化诸哲学》（*Hellenistic Philosophies*）流传于世④。后来摩尔主要在普林斯顿从事讲学和研究工作。

摩尔指出，白璧德从一开始就被印度教而不是婆罗门教的佛教因素所吸引，被最正宗的记录佛教教义的巴利文而不是梵文所吸引，而这可能跟他拒绝浪漫主义有关。首先吸引白璧德的可能是巴利文在风格上的

① Theodore Spencer 回忆文章，见 *Irving Babbitt：Man and Teacher*，p. 282.

② William F. Maag 的回忆文章，见 Ibid.，p. 87.

③ Dale Riepe，"The Indian Influence in American Philosophy：Emerson to Moore"，*Philosophy East and West* 17：1：4（1967），pp. 135-136.

④ 其传记见 Arthur H. Dakin，*Paul Elmer More*（Princeton：Princeton University Press，1960）. 吴宓在给白璧德的信中提及胡先骕读过摩尔的书，他本人也关注摩尔，见吴学昭整理：《吴宓书信集》，15、17、39页。

清晰和实在。相比之下，梵文要模糊得多，特别是《奥义书》。巴利文显然表达佛陀的伦理学义理更为清晰。白璧德认为最糟糕的是疏于磨炼性情，疏于磨炼积极的意志。佛教则教导人们在性情上的精进，比如佛陀最后对弟子的教导也是在人性上不断地修炼和精进①。

白璧德的哈佛同窗吉思在白璧德去世之后撰写的回忆录中留下了一些有关白璧德本科时代学术经历的珍贵信息。这些学术经历表明，从大学一年级开始，白璧德就对哲学和佛教伦理感兴趣。白璧德和吉思相识于大一的希腊语班。吉思说，和自己一贯喜欢坐在教室靠后的位置不同，白璧德上课坐得靠前，发言十分积极踊跃。吉思也认为白璧德天生是个哲学家，因为白璧德一开始就表现出对固有观念的挑战。他十分冲动，对所谓学术权威根本不屑一顾，主张"尽信书不如无书"。而且他一开始就深受佛教影响②，这大概指白璧德不太信一些传统教条，喜欢挑战权威。吉思认为，尽管白璧德在分析方法上深受古希腊思想家亚里士多德影响，但他所主张的人文主义背后隐藏着终极信仰，而这个终极信仰只能从他接受的东方思想传统的影响中去理解。吉思深情地回忆了他们俩在从哈佛到阿灵顿（Arlington）之间许多次散步中的思想交流。

吉思指出，白璧德当时沉溺于谈论他读到的哈代（Spence Hardy）、莱斯戴维斯（Thomas Williams Rhys Davids，1843—1922）以及奥登伯格（Hermann Oldenburg，1854—1920）书中关于伦理绝对主义（ethical absolutism）和东方深刻的心理见解。显然白璧德一开始关心的就是佛教哲学思想中的伦理问题。这对于后来他提倡新人文主义一定十分有启发。当吉思对白璧德表示他怀疑一种非欧洲教义存在道德有效性时，白璧德幽默地回到，"什么？你不觉得佛教是一个极好的宗教——一个有十四层地狱的宗教！"③

值得进一步注意的是白璧德和莱斯戴维斯与奥登伯格之间的联系。莱斯戴维斯曾在斯里兰卡研究巴利文和南传佛教长达八年之久。1872 年

---

① Paul Elmer More 的回忆文章，见 *Irving Babbitt：Man and Teacher*，p. 328.

② William F. Giese，"Memoir，"见 Ibid.，pp. 1-9.

③ Ibid.，p. 5.

回到英国伦敦，1881 年在伦敦建立巴利文圣典学会（Pali Text Society）①。其实，佛教中除了一些佛教经典（Sutra）常常谈到伦理问题，实际上处理佛教伦理问题的资料还保存在许多佛教律典（Vinaya）当中。吉思说白璧德阅读奥登伯格而关心伦理问题，据此或许可以推测白璧德阅读的是奥登伯格从巴利文翻译成英文的佛教律藏（Vinaya-pitaka）。他是旅居英国的德国学者，于 1879—1883 年间先后出版五卷本的律藏译本。基于白璧德对巴利文的兴趣和热情，可以推断他很可能已经读到奥登伯格的这一译本。

受白璧德影响学习梵文和佛教的学生很多，其中以后来成为文学家的艾略特最为知名。他们的关系介于师友之间。艾略特学习梵文虽然主要是跟兰曼，但是引发他对梵文和印度思想文化产生学术兴趣的人却是白璧德。比如，有美国学者指出，艾略特对于印度思想的兴趣很大程度上受哈佛诸多老师影响，而在哈佛时代艾略特受白璧德影响最大②。在白璧德的启发下，1910 年艾略特去巴黎留学，学习梵文一年。1911 年 9 月艾略特才回到哈佛，继续在兰曼指导下学习印度古代语言和经典长达两年之久③。据此可以推测在白璧德和兰曼两位老师的指导下，艾略特对《法句经》（Dharmapada）和《奥义书》（Upanishads）以及《薄伽梵歌》（Bhagavad-Gita）都很熟悉，这些文献中的一些思想也反映在他的作品之中④。

白璧德去世之后，艾略特立即为一份杂志写了一个编者按，他指出那些只是通过白璧德的作品知道白璧德这个人却未能将他当作一位老师

①　该会出版的会刊第一卷刊于 1882 年，有莱斯-戴维斯的年度报告和奥登堡整理的印度事务部所藏巴利文写本简目。

②　G. Nageswara Rao, "A Famous Poetr and Student of Sanskrit," *The Literary Criterion* 8 (1967), pp. 19-32. Rao 指出当艾略特入学哈佛时，正是哈佛的黄金时代，许多伟大的思想家都在哈佛任教：Geroge Santayana, Irving Babbitt, Josiah Royce, George Lyman Kittredge。而教授梵文、巴利文的教授有兰曼，教授印度哲学的教授有伍兹（James Naughton Woods），见 20～21 页。

③　T. S. Eliot, *After Strange Gods*, New York: Harcourt, Brace and Company, 1934, pp. 40-41.

④　比如他的作品 *The Waste Land*（London: Faber & Faber, 1961）就有《奥义书》和《薄伽梵歌》的反映。

和朋友并有日常接触的人也许不能欣赏白璧德的伟大。因为白璧德首先是一位老师和交谈对象。当艾略特初识白璧德时，在哈佛众多教员当中，白璧德被时人认为是一位有趣、自我中心、反叛的教授。他上课不是刻板地遵守固定的教学模式，而是天马行空、纵论古今，一会儿谈论佛陀、孔子等东方人物；一会儿又开始谈论柏拉图、亚里士多德①。

除了艾略特之外，受白璧德影响成为兰曼学生的还有 1896—1898 年在哈佛留学的法国学生西斯特。西斯特在回忆白璧德的文章中说，白璧德精通拉丁文和希腊文，也十分熟悉《东方圣书》。白璧德把西斯特介绍给兰曼学习梵文。并且在西斯特离开哈佛返回巴黎时，白璧德给他写介绍信到巴黎，介绍他认识印度学家烈维、汉学家福歇尔，以及意大利学者何维特（Hauvette）②。

白璧德的学生还说白璧德喜欢在课堂内外谈论宗教，虽然话题涉及各种宗教，但显然主要话题是天主教和佛教。白璧德对甘地的评论是非常有趣的。他曾说，甘地不像有些人宣称的那样可列入耶稣以来的所谓圣人传统之中，因此他的学生亚当斯（James Luther Adams）对此感到好奇。白璧德解释说，

> 一位圣人想要为了圣性之故而离弃此世并生存于此世标准之上，那么甘地已犯下大错，这是一个危险的信号，因为他试图给日常生活直接输入一种特殊之宗教思想。他试图在人之成为人之前而让他们变成超人，因而他鼓动和宣传要取消特定的一些限制和制度，而这些限制和制度至少在某种程度上能够在公民生活中维持正义。因此，一个人断断不可能同时是圣人和政治领袖。甘地的想法受托尔

---

① 艾略特的回忆文章，见 *Irving Babbitt：Man and Teacher*，p. 102. 有意思的是，寅恪在哈佛念书时选修过《希腊文 8：柏拉图与亚里士多德》、《希腊文 A：荷马与希罗多德》，大概和白璧德谈谈这些希腊哲人也有一点背景知识。1930 年 1 月吴宓休假时去伦敦曾与艾略特见面并有过交谈，涉及了白璧德；参见《吴宓书信集》1931 年 8 月 15 日致白璧德的信，51 页。

② C. Cestre，见 *Irving Babbitt：Man and Teacher*，p. 53. 此处西斯特所记有误，福歇尔并非汉学家，而是法国考古学家，曾供职于法国远东学院，后来还担任过法日文化中心主任。何维特即 Henri Hauvette，是法国的意大利学者，1906 年担任索邦大学意大利语言文学讲座。

斯泰启发，并非来自基督，因此他混淆了恺撒之事与上帝之事。社会的首要理想是正义，而圣人社会的理想则是舍弃（日常生活）与（保持心态）平和①。

很显然，白璧德在比较东西方社会的传统基础方面更强调社会的正义和个人道德价值观的选择，他批评甘地离开了基督的道路则又表现出西方中心主义的立场。对于人文主义（humanism）常被人混淆成人道主义（humanitarianism），白璧德被人诟病为非宗教论者，他的学生为他辩护说实际上白璧德非常佩服大多数基督教绅士和基督教人文主义传统。而查尔默思（Gordon Keith Chalmers）则指出白璧德认为佛教给了人们外在的宁静和内在的活力。他说，

> 据佛教徒而言，人性的真正困难在于极容易懒惰，这使得一个人很难获得宗教价值。懒惰是一件你可以观察到的事：我发现这种懒惰存在于我自身当中，更存在于本科生当中。那种冠冕堂皇的懒惰对人们太心爱了（所以难以舍弃）②。

这一说法可能是对于佛教讲究精进和时刻不放松对于精神净化的一种解释。在新人文主义的框架下，时刻内省是非常难得的一种修炼人性的方式。

白璧德晚年的学生哈姆（Victor M. Hamm）说，假如白璧德有一种宗教的话，他与佛教的距离肯定要比他与其他宗教的距离要近。他记得白璧德的朋友摩尔也完全赞同这一点。他认为白璧德的遗著译作《法句经》更支持了这一点。而哈姆本人则觉得他深深地为白璧德深刻的打坐实践所震动③。哈姆还认为白璧德对天主教十分钦服和敬重。哈姆在和白璧德进行私人接触时，白璧德常常表示他对天主教哲学和文学非常有兴趣。当哈姆准备去法国留学时，白璧德表示法国是西方文明的中心和

---

① James Luther Adams and J. Bryan Allin 的回忆文章，见 *Irving Babbitt：Man and Teacher*，pp. 276-277.

② Gordon Keith Chalmers 回忆文章，见 Ibid.，p. 289.

③ Victor M. Hamm 的回忆文章，见 Ibid.，p. 314.

真正的家。白璧德不信任和德国有关的许多被自然主义和浪漫主义玷污的东西①。白璧德对法国的偏爱，除了来自他的法国文学和文化专业研究之外，恐怕也和他对法国业师烈维的钦服分不开。

白璧德专业是法国文学和比较文学，他的佛教思想和学术最为鲜明地体现在他翻译的《法句经》和撰写的《佛陀与西方》（"Buddha and the Occidental"）一文②。白璧德的《法句经》译本是对著名东方学家缪勒（F. Max Müller，1823—1900）旧译本的修订。缪勒译本于1870年首次出版，后来收入他自己主编的《东方圣书》（Sacred Books of the East）第十卷于 1881 年初版，1898 年二版。白璧德的学生曼彻斯特（Frederick Manchester）曾在白璧德处借阅这本译本，读完之后感到《法句经》中似乎有相当负面的因素。而白璧德则认为里面不乏正面因素③。他告诉这位学生，"你注意到佛陀的眼睛看上去是闭着的，但完全不是这样。佛并不是在睡觉"④。白璧德重译这本佛书大概也是为了纠正当时读者对佛教所谓悲观负面立场的偏见。

白璧德的译本参考了当时他能看到的许多译本，比如最早的丹麦学者佛斯别尔（Victor Fausböll）在 1855 年用拉丁文译出《法句经》⑤。他还参考了 1914 年巴利文圣典学会出版的由特拉（Suriyagoda Smangala Thera）编辑的巴利文本、1893 年诺依曼（K. E. Neumann）出版的韵文体德译本、1921 年伍德华德（F. L. Woodward）出版的英译本、1920 年

---

①   Victor M. Hamm 的回忆文章，见 *Irving Babbitt：Man and Teacher*，p. 316.

②   Mayo 更认为白璧德整个思想系统建立在巴利文写本的研究基础之上，而巴利文写本被当时人认为是最早的佛教文献。E. L. Mayo，"The Influence of Ancient Hindu Thought on Walt Whitman and T. S. Eliot," *The Aryan Path* 29 （1958），p. 173.

③   斯里兰卡现代学者对一般读者认为佛教宣扬悲观哲学有十分精彩的辩护，见 Walpola Rahula，*What the Buddha Taught*，Grove，1986，2nd ed.

④   曼彻斯特的回忆文章，见 *Irving Babbitt：Man and Teacher*，p. 134。

⑤   此书在 1900 年出版了修订本。此后《法句经》的各种西文译本出现了几十种。1962 年在伦敦大学任教的梵文学家 John Brough 整理出版了《犍陀罗语法句经》，再次引发人们对它的强烈的兴趣。见 John Brough，*The Gāndhārī Dharmapada，edited with an Introduction and Commentary*，London Oriental Series，London：School of Oriental and African Studies，1962.

出版的瓦吉斯瓦拉（W. D. C. Wagiswara）和桑德尔斯（K. J. Saunders）收入《东方智慧丛书》系列（*Wisdom of the East Series*）的散文体英译本。1921 年伯灵盖姆（E. W. Birlingame）翻译的《法句经注》也被白璧德借鉴了①。白璧德说他的翻译尽可能地采取直译的方式，即使这种直译可能损害文字的优美。以下我们将疏理白璧德翻译《法句经》的学术思想来源，同时提示白璧德对佛教的具体看法。

第二节　白璧德之佛教思想及其历史背景

白璧德的大作《佛陀与西方》（*Buddha and the Occident*）一文是白璧德留下的唯一的反映其佛学思想的作品。这篇作品可能完成于 1931 年以前，曾经让他同样了解印度哲学和宗教的好友摩尔看过，摩尔提供了一些建议②，但此文直到 1936 年才得以出版。在这篇作品中，白璧德主要涉及了一些早期佛教的基本概念，比如四谛、业、涅槃、缘起等。他的着眼点在于以佛教的一些正面基本精神来与基督教思想进行比较，也顺带讨论一些西方哲学传统学者的思想，以此来探讨早期佛教思想对于当时刚结束第一次世界大战不久西方世界面临种种精神问题的现实意义。白璧德吸收了他那个时代印度学家通过新发现的大量巴利文文献而对早期佛教研究日益深入的成果来议论早期佛教，他也注意了中国和日本佛教，实在难能可贵，这恐怕是烈维的影响，因为烈维是当时欧美较早注意大乘佛教的学者。

但是，尽管白璧德的妻子到过中国，白璧德本人对于东方的了解仍然停留在想象的层面，他到过的最东边仍然是欧洲。他的"东方"的概念是以欧洲人所说的"近东"和"远东"来表达的，以至于他把西藏、

---

① 这一译本是一个详细的三卷本，收入兰曼主编的哈佛东方学系列丛书。见 Irving Babbitt, *The Dhammapada*, p. viii-ix. 白璧德的老师烈维也曾发表有关研究《法句经》的大作，参见 Sylvan Lévi, "L'Apramāda-varga: étude sur les recensions des Dharmapadas," *JA*, No. 2 (1912), pp. 207-223.

② 哈佛大学白璧德档案（HUG1185 号）把他 1931 年以前的著述列在一起，《法句经》及《佛陀与西方》一文列在这一组著述中，含摩尔的评语。

锡兰、英属印度等地区都称作远东。今天看来，这实在有点匪夷所思。尽管他尽力发掘早期佛教思想的优点，他仍把东方世界看作是"他者"，看作是"基督教世界"的对立面。他虽然认识到亚洲世界的复杂和多样，但仍以"东方"来看待和称呼整个亚洲，带有想象的、构建的色彩，"东方"对他而言是他者。这样的表述当然带有鲜明的时代局限性，可以算是典型的"东方主义"的表述①。

西方世界对于亚洲的表述直到第二次世界大战之后，特别是 60 年代殖民主义体系逐渐瓦解，才逐渐在学术界开始严肃地区分东亚、南亚、西亚，政治与经济的变化也引发了思想和学术的变化，这主要体现在制度性变化和学科内容结构的变化，前者主要体现在大学相关系所的重新组织以及相关学科的革新。比如普林斯顿大学 1927 年成立东方语言与文学系，到 1969 年开始分为近东学系和东亚学系。哈佛在 1972 年将远东系改名为东亚语言文明系。在老欧洲，这一改名过程发生较晚，比如剑桥 2007 年才将东方学系改称亚洲与中东研究系。在这些制度性变化发生之前和之后，这些学校课程和学位的结构和内容也发生了很大变化，东方学原本以古代语言文献研究为重点，这在老欧洲出现了很多改变，剑桥大学、柏林自由大学相继取消了古典印度学和梵文的本科学位，佛教写本研究的重镇哥廷根大学逐渐也将重点转向了现代南亚研究，莱顿汉学也由以古典汉学为重点转向近现代中国研究为主。

白璧德在这篇大作的一开篇就表明，他那个时代的危险是，尽管民族和种族之间物质上的交往和联系在日益增加，而精神上的交流仍然十

---

① 关于东方主义表述，开创者见 Edward Said，*Orientalism*，New York：Vintage，1979；他主要处理英法两者的东方学研究。而对东方主义理论的梳理见 Edmund Burke III and David Prochaska eds.，*Genealogies of Orientalism*：*History*，*Theory*，*Politics*，Lincoln and London：University of Nebraska Press，2008. 东方主义被认为是资本主义现代性、欧洲中心主义话语的一部分；但东方主义的生产者并不限于欧洲学者，一些东方学者也接受了这一立场的影响，其论点变成所谓亚洲人的东方主义；见 Arif Dirlik，"Chinese History and the Question of Orientalism，" *History and Theory* Vol. 35，No. 4（1996），pp. 96-118. 他举的例子包括：Chen Xiaomei，*Occidentalism*：*Theory of Counter-Discourse in Post-Mao China*，New York，1994.

分陌生。而达成东西方更好的相互理解的障碍是，西方认为东方不得不从西方学习所有的一切，却没有东西可以回报①。白璧德指出，西方优越感主要以三种形式存在：首先是种族的优越，这种优越感表现为西方人预设了白人特别是北欧的金发一族比棕种和黄种人优越的神秘信仰；其次，西方预设的优越感基于其在物质科学方面的巨大成就以及它推行的那种"进步（progress）"模式，这种预设认为东方在物质效益上十分落后；最后，西方还预设了自己在宗教上的优越感，把非基督徒的亚洲人视作是异教徒，或者把亚洲宗教特别是佛教信仰中的价值放在基督教模式中考量。白璧德指出，虽然在他那个时代亚洲人开始注意西方的科学发现，但他们比第一次世界大战前要更少承认西方的道德优势。白璧德特意从吸收西方因素最多的亚洲国家日本的变化来说明这一点。白璧德认为，亚洲人有他们自己对优越感的认识，他们不仅把自己和西方相比，而且互相比较。寅老也注意了日本的变化，其议论颇能考虑古今中外，如他曾以日本之变化议论唐宋风俗之变迁；他说"考吾国社会风习，如关于男女礼法等问题，唐宋两代实有不同。此可取今日日本为例，盖日本往日虽曾效则中国无所不至，如其近世之于德国及最近之于美国者然。但其所受影响最深者，多为华夏唐代之文化。"②

白璧德指出，印度人认为印度圣地产生的真正灵性从未在世界上出现；而中国也认为自己是文明的国家。他还引用一位中国唐朝的官员上书皇帝说佛陀乃是蛮夷（barbarian）。白璧德这里引用的这个说法可能是指韩愈的表文。白璧德从何处得知这个故事，已经无从得知。但值得注意的是，和他曾经谈论佛理的寅恪在20世纪50年代却撰文专门讨论韩愈思想中的夷夏之辩。寅恪论韩愈或许也有自己身处南粤类似韩愈被贬至潮州之联想，可作一假设③。我颇怀疑他早在1919年便和白璧德讨论过韩愈以及其他中世纪的中国思想家，比如朱熹。当然白璧德也认识到

①　Irving Babbitt, *The Dhammapada*, p. 65.
②　见陈寅恪：《元白诗笺证稿》第二章《琵琶引》，53页。
③　陈寅恪：《论韩愈》，载《历史研究》，1957，第2期，105～114页；关于韩愈以传统儒家圣人思想反驳佛教的佛为圣人思想的讨论，参见陈怀宇：《论韩愈反佛》，载《唐研究》，第七卷，2001，39～53页。

东方也是十分多样的、复杂的。比如他引用他老师烈维的话，认为把广州的商人、北京的满大人、日本的大名放在一起，将他们看成一类的人是十分荒唐的。

白璧德还指出，在他所处的时代东西方的关系是十分复杂的。最主要的原因是西方的帝国主义侵略已经开始刺激东方包括近东和远东等一些国家出现民族主义的觉醒，这种觉醒以远东诸国表现更为明显。白璧德认为这是和希腊罗马时代不同的因素，当时的西方主要指希腊罗马，只和近东关系密切，不了解远东。而现在，远东也包括在西方所认识到的"东方"概念里了。白璧德还认为这种民族主义意识使得日本放弃了佛陀，而把注意力转向了它的战舰，指现代科技和军事[1]。这个说法并不妥当。白璧德并不了解，日本一些佛教徒已经把佛教变成了日本可以超越西方的文化因素，比如井上圆了（1858—1919）就是这些视日本佛教为日本国家、民族精神的佛教徒中的一个突出代表[2]。另外，日本禅宗僧人也把佛教和日本的民族主义结合起来，他们在日本侵略战争中起了推波助澜的作用[3]。

白璧德认为日本抛弃了佛陀，相比之下，中国则不同。他认为佛陀和孔子的人文主义和缺乏教条主义使得他们很少被认为是弱势的思想。他举他的中国学生张歆海（H. H. Chang）的抱怨为例。张抱怨说西方人已经把不必要的神学和形而上学的纠葛带入了宗教。比如张说帕斯卡用他的怪异教条来攻击耶稣会式的诡辩。随后白璧德说远东最自由的教义是佛陀自己的教义。他指出学者一般同意巴利文中的材料即是在锡兰和

---

① Irving Babbitt，*The Dhammapada*，p. 68。

② Jacqueline I. Stone，"A Vast and Grave Task：Interwar Buddhist Studies as an Expression of Japan's Envisionaed Global Role," in J. Thomas Rimer ed.，*Culture and Identity：Japanese Intellectuals during the Interwar Years*. Princeton University Press，1990，pp. 218-219. 并参见本书第六章有关日本近代佛教学的讨论；关于日本近代佛教作为宗教的讨论见 Jason A. Josephson，"When Buddhism Became a 'Religion'：Religion and Superstition in the Writings of Inoue Enryō," *JJRS* Vol. 33，No. 1（2006），pp. 143-168.

③ Robert Sharf，"The Zen of Japanese Nationalism," in Donald S. Lopez，Jr.，ed.，*Curators of the Buddha：The Study of Buddhism under Colonialism*（Chicago：University of Chicago Press，1995），pp. 107-160.

缅甸等地流行的小乘宗教基本形式，这比流行于西藏地区、中原地区、韩国、日本等地的大乘宗教形式更值得相信是来自佛陀本人的教诲①。其实这可能也受托马斯的学术影响，托马斯所著《作为传奇和历史的佛陀传记》附录部分列出了巴利文经典和其他佛教派别的文献，但其著述主要基于巴利文文献②。白璧德在一开始的《法句经》翻译引言里已经提到他参考了托马斯的著作。他还认为新发现的阿育王铭文也能证实这一点。白璧德当时能够注意到阿育王铭文，已经很不寻常。他看来并不是一位只关心文本文献的佛教学者，也还注意到当时发现不久的阿育王铭文。不过，他对大乘、小乘的认识基本上反映了早期东方学特别是印度学以新发现的巴利文文献重建所谓早期佛教的认识，这当然一方面认识到了佛教文献不断发展的历史，但另一方面，这实际上也反映出当时人对巴利文佛教的认识是一种欧洲印度学、佛教学家"文献主义"建构起来的佛教形式③。

　　白璧德对东方文明特别是佛教理论体系缺乏诡辩、反启蒙主义、不宽容三种观念极为推崇。他认为佛陀教导要远离这三种观念，而这种教导被阿育王发扬光大，这才使得佛教成为一种世界宗教。白璧德还举了佛经中"盲人摸象"为例来说明佛陀教育众生的幽默感，他认为这种幽默感超越大多数宗教导师。他认为巴利文《本生经》故事远比《圣经》中的故事有趣得多④。白璧德认为佛教有更多的人文性而非宗教性，更考虑人的实际生活处境。所以他举巴利文律典的例子，认为佛陀能够因地因时制宜为修行者考虑不同的准则，这也是所谓中道的本质。白璧德认为西方反启蒙主义中还有反智识的因素。在西方，头脑和心灵的冲突

---

　　① Irving Babbitt, *The Dhammapada*, p. 69。

　　② 即 *The Life of Buddha as Legend and History*，该书的第十七章谈佛教与基督教比较。白璧德提到托马斯的这本书，见 Irving Babbitt, *The Dhammapada*, p. viii. 我参考 1997 年在印度出版的翻印本，Edward J. Thomas, *The Life of Buddha as Legend and History* (Motial Banarsidass, 1997).

　　③ 参见第六章对欧美早期佛教学的兴起，以及第七章对寅恪佛学研究所受到的德国东方学文献主义影响。

　　④ Irving Babbitt, *The Dhammapada*, p. 70。

从早期基督教到伯格森（Henri Bergson，1859—1941）由来已久①。但这种冲突在佛陀那里看不到②。换句话说，在佛陀那里，智识和灵魂是统一的。从上可以看出，白璧德对当时大名鼎鼎的法国哲学家伯格森的本能超越智识的哲学思想不甚赞同，这一点似和寅恪的立场类似。

白璧德还指出，19世纪以来的许多西方思想家对佛教的错误认识来自阅读布努夫（Eugene Burnouf）翻译的《法华经》（*Lotus of the Good Law*），其中那些没有西方语言对应词的佛教术语更加是特别的陷阱。他举佛斯别尔的例子，说佛斯别尔的首个《法句经》西方译本中把十五个不同的巴利文术语都译成英文的"欲望（desire）"。除了翻译的困难之外，白璧德也认为当时西方人对远东的严肃学术研究可能或者是浪漫化的，或者是所谓科学或理性化的，而这些都不足以抓住东方之所以为东方的关键。在白璧德看来，佛陀之教义和柏拉图与基督教等西方思想来自完全不同的源泉，这也因此改变了西方学者对宗教的一贯认识。西方宗教强调一种精神和灵魂的信仰，这种信仰必须依赖于上帝。而佛陀拒绝西方哲学中心灵的概念，也没有给上帝留个位置。

白璧德还从佛陀的智识主义进一步指出，佛陀可以被视作是一位批判性的、实验性的超自然主义者。白璧德认为早期佛教对神通（iddhi）非常有保留，神通在佛教中的地位甚微。他还举例说佛陀肯定不会接受基督教中所谓的异象。白璧德接着讨论了佛陀教导中的谦卑、谦恭，他认为佛陀所说的谦卑和基督教的谦卑非常不同。在基督教中，谦卑指人类的意志和基督的意志都服从于神圣人格的意志。但是佛陀的教导中没有这种神圣人格的地位，因为佛陀是批判性的、实验性的超自然主义者。对佛陀来说，很难肯定有人格化的上帝和个人灵魂的不朽。佛陀坚持没

---

① 伯格森，法国哲学家，毕业于法国巴黎高师和巴黎大学。1898年成为巴黎高师哲学教授，1900年任法兰西学院哲学讲座教授。他出身于一个犹太家庭，但他本人在1921年以后皈依天主教，并宣称自己的哲学思想来源于基督教的传统。1927年他获得诺贝尔文学奖。他的主要著述有 *Essai sur les données immédiates de la conscience*，1889，以及 *Matiere et Memoire*，1896，*L'Evolution créatrice*，1907，*Les deux sources de la morale et de la religion*，1932. 有关他的思想，参见 Gilles Deleuze，Bergsonism（New York：Zone Books，1988）.

② Irving Babbitt，*The Dhammapada*，p.73.

有人格化的神，他的谦卑表现在对佛法的谦卑。白璧德认为佛陀超越了教条和形而上学的假设，强调从实际经验中获得觉悟。白璧德指出，西方的传统有两种对实际经验的态度：思想和感觉，前者是理性主义者的基础，后者是感性主义者的基础。而佛陀既不是理性主义者，也不是感性主义者①。白璧德说西方传统中人们把对直接经验的感知放在智识和意识上考量，实际是和谦卑不相适应的。而这可能是西方精神生活的主要问题。白璧德把佛教徒看成是二元主义者，和斯多葛一元主义相区别。

白璧德还将西方一些哲学家的思想与佛陀的思想进行比较。他指出圣奥古斯丁和威廉·詹姆斯（William James）可能会在以心理学方式处理意志的问题上和佛陀达成一致，认为意志可以通过注意、专心得以展示②。白璧德认为佛陀教导的是知识、行动对佛教都很重要。仅仅知道四谛而不实践，一个人是不能得到解脱的，所以佛陀强调所谓佛"道"的重要性，即它需要"践行"。白璧德认为，在实践上，佛陀也和耶稣说上帝的归上帝、恺撒的归恺撒那样教导他的弟子要远离世俗世界。佛教徒不仅不能参与政治，甚至不能讨论政治。尽管如此，佛陀不能被当成是基督教意义上的救世主（Saviour）③。佛陀认为，每个人都只能靠他自己拯救自己。这种形式的个人主义在基督教中也是不能接受的。基督教的个人主义更多指自我表达和逃避道德责任的综合。佛陀的个人主义也有更多批判性精神，佛陀不希望他的弟子依赖佛陀的权威来认识真理，也不能依赖传统的权威。

从这种对佛陀个人主义的讨论，白璧德进一步深入探讨了大乘佛教的问题。白璧德认为大乘佛教过多强调发展一种建立在帮助、拯救仪式基础上的自信，这种对仪式的强调和对形而上学思维的鼓励，实际上与佛陀的早期教导背道而驰④。白璧德还批评大乘佛教把佛陀变成了一位神和救世主。白璧德举日本佛教为例，以前日本佛教认为个人可以通过自我修炼达到觉悟，现在他们唯一的希望是阿弥陀佛的慈悲。不仅从思

①　Irving Babbitt，*The Dhammapada*，p. 81.

②　Ibid.，p. 86.

③　Ibid.，p. 88.

④　Ibid.，p. 90.

想上突出佛陀早期教导的个人主义，白璧德还从制度上指出早期佛教的优越性。他指出早期佛教从未发展出罗马天主教廷那样极其精致和有效的外在权威，而罗马教廷的制度完全是模仿了罗马帝国的组织。

接着白璧德转向讨论佛教的传教，他认为早期佛教是以宣传名言警句为特色的，甚至他还大胆推测也许因为《法句经》的第二章使阿育王皈依了佛教，用他的话来说，这次皈依事件在远东文化史上的意义实在难以估计。从白璧德的立场看，佛陀的教导对阿育王影响的关键是"业"的概念，也许这种概念影响阿育王建寺、立柱、铭文以达到弘法的目的。白璧德又由"业"的概念联系到"转世"的概念。他说这个概念在印度古代就很普遍，可能吸引了许多西方思想家甚至包括柏拉图的注意，因为柏拉图哲学思想中也有"转世"的概念。

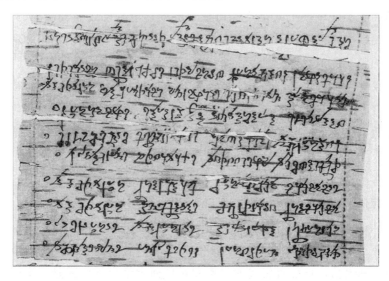

图五十二　健陀罗语《法句经》残片

白璧德坚持认为佛教不是一种哲学系统，而是一种"道（path）"。这种"道"和印度古代的瑜珈（yoga）传统有着密切的关系。白璧德还用拉丁文词jugum和英文词yoke来源于yoga来看其在早期佛教中的意义。他认为佛陀吸收了早期印度禅定的传统，而将禅定的最后一个阶段发展成"涅槃"，即所谓终极的解脱。这种解脱是指去除三毒，即贪、嗔、痴。白璧德的这种仅仅以词汇变化来看涅槃思想史的发展似乎比较粗浅，当时西方学界对瑜珈的研究还很不成熟①。从坚持认为佛教的安详和宁静，白璧德还批判了英国学者作家切思特顿（Gilbert Keith Chesterton，1874—1936）对佛教的误解。切思特顿说佛教的圣人总是闭目养神，没有热情，眼睛永远闭着，而基督教却不是如此。白璧德批评他既不能代表佛教也不能代表基督教的立场。白璧德还认为这种安详和宁静超越了善与恶，反映了佛教的宗教伦理。用他的话来说，佛陀是热情的，但不是感性主义者，当达到涅槃时，则进入安详和宁静②。从这种立场出发，白璧德进而讨论了佛教伦理学层面中爱的概念。他认为佛陀将爱与正义和谐地统一在一起，和基督的爱与正义一样，但是后来随着历史的发展，这种和谐被破坏，爱与正义开始分离。而白璧德主张现代已经背弃正义的人道主义应该重新回到佛陀的立场。并且，通过探讨这种佛教中爱的思想，白璧德也试图说明佛教的乐观主义倾向。他特别引用莱斯戴维斯的立场，他说莱斯戴维斯毕生研究早期佛教文，坚持早期佛教徒的"丰富的乐观主义"③。

最后，值得一提的是，白璧德似乎对中国儒、道思想都不是完全陌生，在"佛陀与西方"一文中不但提到孔子，还提到道家的一元论思想。他把道家的一元论和黑格尔、克罗齐的一元论归为一类④。在讨论神秘主义时，白璧德居然说大乘佛教可能受了道家的影响，发展出一套带有泛神论色彩的禅定传统，从而远离了早期佛教的轨道。考虑到当时西方学界对于道家思想的陌生，白璧德产生这样的推测是可以理解的。白璧德的这篇讨论佛陀思想的大作很少引人注目，盖因白璧德的思想在 20 世纪上半叶也算西方思想界的异数。只有在 60 年代，里普（Dale Riepe）在讨论印度哲学对美国 19 世纪末 20 世纪初哲学发展影响时，才提到这篇文章，将白璧德的佛教哲学思想纳入从爱默生到摩尔进行东西方哲学

---

① 对瑜珈的宗教史研究，参见埃利亚德的《瑜珈：不朽与自由》一书，Mircea Eliade，*Yoga：Immortality and Freedom*，Princeton：Princeton University Press，1970.

② Irving Babbitt，*The Dharmmapada*，p. 101.

③ Ibid.，p. 102.

④ Ibid.，p. 107.

讨论的这条线索之中①。

第三节　白璧德对哈佛早期中国留学生的影响

　　白璧德对中国学生在文学和哲学两方面影响甚大。他曾应邀到美东地区中国学生会年会做演讲《中西人文教育谈》（*Humanistic Education in China and the West*），后来由胡先骕译成中文《白璧德中西人文教育谈》，1922 年发表在吴宓主编的《学衡》杂志第 3 期。其中特别提道："孔教虽可敬爱，然究不得谓为宗教。则今中国之新教育中，应否另有如何之宗教分子，亦宜研究。此问题过大，非匆匆所能毕论。故惟吾欲有言者，即吾少时，以欲研究佛教而苦攻巴利文与梵文时，吾每觉本来之佛教，比之中国通行之大乘佛教，实较合于近日精确批评之精神。中国学生亟宜学习巴利文（今留美学生中，习之者已有二三人），以求知中国佛教之往史，且可望发明佛教中尚有何精义可为今日社会之纲维，就其实在影响于人生行事者论之，佛教之正宗与基督教，若合符节焉。"②这段话首先是否定了孔教是宗教，然后主张"本来之佛教"，即早期佛教，比中国的大乘佛教更具批评之精神。他所提到的留美学生中学习巴利文的二三人即陈寅恪、汤用彤、俞大维，他们选修了兰曼的巴利文课程。不过，所谓巴利文佛教乃是"本来之佛教"的看法，明显受到当时欧洲佛教学的影响。

　　20 世纪初在哈佛念书的中国留学生甚多③，其中许多与白璧德有过来往④，可以说日常交往中实际是教学相长，白璧德也在与中国学生的

　　①　Dale Riepe, "The Indian Influence in American Philosophy: Emerson to Moore", *PEW*, 17: 1: 4 (1967), pp. 130-131。

　　②　《胡先骕文存》，上卷，80 页。

　　③　本书第一章对此主题有所涉及。另，有关早期中国人文学者留学哈佛之史事，参见本书附录一。亦参见张凤：《哈佛燕京学社七十五年星霜》，载《汉学研究通讯》22: 4 (2003)，23～34 页，特别是 25～27 页。

　　④　吴宓在日记中有所涉及。有关研究见 Zhu Shoutong, "Chinese Reactions to Babbitt: Admiration, Encumbrance, Vilification," *Humanitas* 17: 1 & 2 (2004), pp. 26-45；他认为当时中国学者对白璧德有三种反应。

交往中了解中国文化的诸多方面，而中国学生亦受白璧德的思想和学术影响。但由于各人的学术背景、研究兴趣、思想状况不同，他们受白璧德的影响并不一样。我认为这些受白璧德教诲和影响的中国学生大体上按照其治学的路数可勉强分成三组①。其中最有名、最容易被人提起的自然是学衡派诸君，以吴宓、梅光迪二人为代表，他们被认为是文化保守主义者，他们基本接受白璧德从哲学思想到文学思想等较为全面的思想主张。换言之，他们接受白璧德对于东西方文化的认识及其价值观的影响。这一派最受学界关注，有关论著十分丰富，所以这里不再作重点讨论。第二组是受白璧德文学思想影响的梁实秋、林语堂等新文学运动的参与者，他们主要受白璧德文学思想影响②。梁实秋对于白璧德的思想和学术非常熟悉，也完全了解白璧德对于梵文和佛教的兴趣。他在《影响我的几本书》一文中提到，"白璧德对东方思想颇有渊源，他通晓梵文经典及儒家与老庄的著作。"③第三组包括一些和前两者都不一样而在印度学佛学方面颇有造诣和成就的学者，即寅恪、汤用彤以及俞大维

---

① 郑师渠：《在欧化与国粹之间——学衡派文化思想研究》，59 页举吴宓 1933 年在《大公报·文学副刊》发表的《悼白璧德先生》为例，指白璧德的中国弟子不过七八个人：梅光迪、吴宓、汤用彤、张歆（鑫）海、楼光来、林语堂、郭斌和、梁实秋。梅光迪从学最早且久，受知亦最深。林则"虽尝受先生课，而极不赞成先生之学说"。梁"曾屡为文称述先生之人文主义"。而要以吴郭二人"为最笃信师说，且致力宣扬者"。吴宓云，"张歆海从白璧德师学，得文学博士学位，论文题为"The Classicism of Matthew Arnold"。见《吴宓自编年谱》，192 页。《吴宓日记》194 页云："中国学生，在美国者二千余，在哈佛者亦五六十人，受学于巴师者，仅四、五人尔，曷胜叹哉。"

② 有关研究参见罗钢：《历史汇流中的抉择——中国现代文艺思想家与西方文学理论》，北京，中国社会科学出版社，1994。

③ 梁实秋：《影响我的几本书》，见陈子善编：《梁实秋文学回忆录》，20～21 页，长沙，岳麓书社，1989。他把白璧德的《卢梭与浪漫主义》列为继《水浒传》、《胡适文存》之后对他影响最大的第三本书。他说他写《文学的纪律》、《文人有行》以及评论辛克莱的《拜金艺术》都受到白璧德影响。白璧德这本《卢梭与浪漫主义》对中国的影响在 20 世纪 20 年代也已经被法国学者认识到了，甚至一篇法文评论也被译成了中文。Louis J. A. Mercier 的回忆文章，见 *Irving Babbitt：Man and Teacher*，p. 194. 法文评论 *Revue Hebdomadaire* 被译成了中文。

等人①。这些人可能主要受白璧德的学术思想影响，值得一说。寅恪在《学衡》上发文极少，只有一篇《与妹书》，重点在谈学术，没有新人文主义思想的反映②。汤用彤则积极为《学衡派》贡献文章，但严格来说，他们似都不算是学衡派核心成员，也不刻意宣扬白璧德思想。因他们主要仍以治哲学、佛教为主，不特意宣扬白璧德新人文主义立场，不以抗衡胡适为代表的新文化运动为目的，尽管寅恪对胡适所谓"以科学方法整理国故"略有批评。俞大维和白璧德似乎没有密切交往，至少《吴宓日记》中没有反映③。但考虑到他和兰曼、寅恪、汤用彤的学术联系，以及和吴宓的交情，附记在此，亦可见当时中国留学生学术网络之一斑。

考虑到第三组学者在这一以白璧德为中心的学术圈中的特殊性和学界较为忽视的因素，这里仅限于重点讨论这一组人物。首先以寅恪先生为例，来说明他们与白璧德的联系。寅恪1919年初入学哈佛，不久便通过早在1918年即到哈佛的表弟俞大维介绍从而认识吴宓。寅恪究竟在多大程度上受白璧德影响，现在能找到的材料并不是很多。但是从前引《吴宓日记》来看，显然他和白璧德交流过佛学。寅恪先生本人早年学术兴趣十分广泛，刚入哈佛，学习重点是世界史，也钻研一点哲学，后来才转向古代诸语言。他对哲学不算太陌生，所以后来曾为清华审查冯友兰的哲学史著作。有鉴于此，除了吴宓提到的寅恪和白璧德见面探讨过佛理，我们或可推断白璧德和寅恪也交流过哲学乃至于印欧古典语言、文字方面的见解。实际上，两人在学术传承上也出自同一人，这人就是哈佛梵文教授兰曼，因为他们先后追随美国早期印度学大师兰曼学习梵文。兰曼1880年开始在哈佛教授梵文，一直到1926年才退休。白璧德

---

① 此三人加上吴宓、张歆海、楼光来、顾泰来当时被吴宓称为七星聚会，见前引《吴宓日记》，179页。

② 刊《学衡》第20期，1923年8月1日。寅恪父亲陈三立和兄长衡恪有一些诗作发表。

③ 如《吴宓日记》213页云白璧德对中国留学生有很高期望，吴宓举了张、汤、楼、陈、宓五人，没有提到俞大维。俞大维在哈佛虽以数理逻辑学研究获得博士学位，又留学柏林，但在德国弃文从武，后来在军界发展。见李元平：《俞大维传》，22～26页，台中，台湾日报社，1992。

是 1893 年跟兰曼学习梵文，而寅恪是 1919 年进入哈佛学习梵文的。从学术传承上说，寅恪虽和白璧德同为兰曼弟子，但学术经历却比白璧德晚了一代。寅恪向白璧德请教问题，应该说是很自然的事情。

寅恪和白璧德显然都关心佛教哲理以及中国文化①。白璧德站在西方文化的立场将佛教和中国文化当作他者来借鉴，而寅恪则站在中国文化的立场上关心二者之间的历史联系，两人的出发点是非常不同的。余英时先生指出，"从一九二三到一九三二这十年之间，陈寅恪的史学重点在于充分利用他所掌握的语文工具进行两方面的考证：第一是佛典译本及其对中国文化的影响；第二是唐以来中亚及西北外族与汉民族之交涉"②。余先生的这个论断主要反映寅恪先生在由哈佛赴柏林之后受德国东方学更深的影响之下采取的治学路数。其实回过头来想，寅恪初在哈佛期间恐怕还是一个学术摸索时期，所以当时在 1919 年 1 月 29 日注册入学时，专业填了历史，主要是学习世界史，选修了两门德国史课程。到后来经过俞大维介绍了解到兰曼的梵文课程，转而改专业为古代语言，这才有去白璧德家讨论佛教义理的事。从哈佛转到德国以后，寅恪受德国东方学的比较历史语言学影响，才更专注于佛典各种语言的译本对勘和中亚古代语言文字，因为当时德国学者正留意整理格伦威德尔（Albert Grünwedel）和勒柯克（Albert von Le Coq）从中亚和中国新疆掠去的古

---

①　《吴宓日记》第二册，90 页云："［1919 年十一月十日］午，陈君寅恪来，谈印度哲理文化，与中土及希腊之关系。"按，吴宓此处以中土指中国，系民国初年学界之习惯。其实中土在中古中国佛教史料中指中印度，而东夏或东土才指中国。吴宓对印度学问之修为多受益于陈寅恪、俞大维和汤用彤，可能不会有很深入全面的了解。同书页 112 有 1919 年十二月二十九日日记提到他在读佛书。同书 180 页记汤用彤授吴宓佛学及印度哲学之大要。181 页记 1920 年"九月中，读书静居，无事可记。所读书均为印度哲学及佛教。俞君讲授哲学史略毕后，即由锡予每晚为宓讲授印度哲学及佛教"。

②　余英时：《陈寅恪晚年诗文释证》，338 页。

代写本和美术品①。

图五十三　格伦威德尔

除了学术兴趣和学术传承之外，寅恪与白璧德的联系可能不止于此，他们在保守"东方"民族文化思想上也有共通之处，虽然两人出发点不同。寅恪虽然不是学衡派成员，但和吴宓一样也是文化保守主义者。有关此一关节，在他给王国维写的挽词中表达得甚为明晰。他说，

> 夫纲纪本理想抽象之物，然不能不有所依托，以为具体表现之用。其所依托以表现者，实为有形之社会制度，而经济制度尤其最

---

① 陈寅恪 1921 年到达柏林前后，德国学者的考察报告陆续出版。仅举数例：Albert Grünwedel, *Altbuddhistische Kultstatten in Chinesisch-Turkistan：Bericht über archäologische Arbeiten von 1906 bis 1907 bei Kucha, Qaraœahr und in der Oase Turfan* (Berlin： Reimer, 1912)； ibid., *Alt-Kutscha： archäologische und religionsgeschichtliche Forschungen an Temperagemälden aus buddhistischen Höhlen der ersten acht Jahrhunderte nach Christi Geburt* (Berlin, 1920), 2 Vols. Albert von Le Coq, *Die Buddhistische Spätantike in Mittelasien* (Berlin, 1922-1933), 7 Vols. 陈寅恪在柏林大学的老师吕德斯当时正在整理中亚梵文写本。关于陈寅恪的佛学受德国东方学影响，见拙撰《文献主义与民族主义：近代佛学视野中的陈寅恪》，载《新哲学》，2007，第 7 辑，216～237 页；收入本书第七章。

图五十四　勒柯克

要者。故所依托者不变易，则依托者亦得因以保存。吾国古来亦尝有悖三纲违六纪、无父无君之说，如释迦外来之教者矣，然佛教流传播衍盛昌于中土，而中土历世遗留纲纪之说，曾不因之以动摇者，其说所依托之社会经济制度未尝根本变迁，故犹能藉之以为寄命之地也。近数十年来，自道光之季，迄乎今日，社会经济之制度，以外族之侵迫，致剧疾之变迁；纲纪之说无所凭依，不待外来学说之撞击，而已销沉沦丧于不知觉之间，虽有人焉，强聒而力持，亦终归于不可救疗之局。①

他还在给冯友兰所作《中国哲学史》审查报告中重加阐发②。寅恪担心的是当时的中国发展成非驴非马之国，举中国文化接受佛教思想为例，

---

①　陈寅恪《王观堂先生挽词》序云："吾中国文化之定义，具于白虎通三纲六纪之说，其意义为抽象理想最高之境，犹希腊柏拉图所谓 Idea 者。若以君臣之纲言之，君为李煜亦期之以刘秀；以朋友之纪言之，友为郦寄亦待之以鲍叔。"参见《陈寅恪集·诗集》，12～13 页，北京，生活·读书·新知三联书店，2001。他在哈佛是上过一些希腊文的课程，如《希腊文 8：柏拉图与亚里士多德》、《希腊文 A：荷马与希罗多德》。

②　陈寅恪：《冯友兰〈中国哲学史〉下册审查报告》，载《金明馆丛稿二编》，252 页，上海，上海古籍出版社，1980。《吴宓日记》100～106 页也有吴宓记述寅恪跟他谈话时探究中国中古思想史上儒佛交涉的一些基本论断，但没有展开。

主张一方面吸收输入外来之学说，一方面不忘本来民族之地位。寅恪深感他所处时代传统民族文化或遭受外来学说之冲击，导致出现所谓"吾徒今日处身于不夷不夏之间，托命于非炉非马之国"的现象①。

白璧德本人对儒学兴趣极大。上课经常援引孔子《论语》，大谈孔子的伦理主张。但他也感到儒家学说作为中国民族固有之传统在衰落。比如，白璧德的学生艾利奥特（G. R. Elliott）特别注意到白璧德对于中国儒学逐渐衰落的悲痛。白璧德主张美国在社会态度上要吸取法国、中国的历史教训，坚持盎格鲁—撒克逊人的道德健康，扬弃海岛式的傲慢。他还把这种看法传达给跟他上课的中国学生。中国问题的解决对他来说是十分重要的任务②。白璧德自己则从东方思想传统特别是儒释两家去寻找思想资源，这其实也是吸收输入外来学说的一种诉求。由上我们可以推断寅恪显然不但和白璧德学术旨趣接近，在对保有本民族文化并吸收外来学说的主张方面，可以说是一致的，尽管二人文化背景和文化关怀对象仍然不同。

寅恪和吴宓相比，更特立独行，在思想主张上更为独立自由，这可能是他有别于《学衡》派主导人物吴宓、梅光迪之处，也正因为此，我不认为将他也列入学衡派是合适的。我们后文第八章将集中讨论寅恪对自由的强调、理解及其时代意义，这里仅略加提示。寅恪对新文化运动中出现的民主主义和科学主义思潮，似持谨慎态度，尤其对激进政治、思想和文化革命不以为然，对白话诗文以及各种流行之主义全无兴趣，此点当与新文化运动主张者相异，而与学衡派诸君相同。如梅光迪在1922年1月发表于《学衡》第1期的文章《评提倡新文化者》中所说，"马克斯之社会主义，久已为经济学家所批驳，而彼等犹尊若圣经。其言政治，则推俄国；言文学，则袭晚近之堕落派。"即以吴宓在日记中所记与寅恪的谈话来看，关于梅光迪提及的这一点看法，寅恪当会赞成。

但对自由的看法，则可能寅恪与学衡派主张不一致。寅恪十分注重

---

① 陈寅恪：《俞曲园先生病中呓语跋》，文中提道："尝与平伯言：吾徒今日处身于不夷不夏之间，托命于非驴非马之国。"载陈寅恪：《寒柳堂集》，146 页，上海，上海古籍出版社，1980。

② G. R. Elliott 的回忆文章，见 *Irving Babbitt：Man and Teacher*，p. 153.

自由的价值。反观当时《学衡》派代表人物梅光迪，在对自由的看法上，却较为保守。他在 1923 年《学衡》第 14 期发表《安诺德之文化论》一文，讨论英国学者安诺德（Matthew Arnold）的思想主张及其意义时，认为英国人过着一种机械生活，即迷信自由，英人喜夸其国为自由之祖国，个人权利思想极盛而有各自为己之说，因此有其弊端，即无统一之制度，而是为自由而自由。我想，这种看法，寅恪先生未必赞同。寅恪是近代文化保守主义学者中极少在笔端常使用自由的人，这一点尤其值得注意。这是他和学衡派诸君的一大不同。

汤用彤虽然也和吴宓、梅光迪等人一样在哈佛学习，后来在东南大学哲学系任教，积极参与《学衡》活动，在《学衡》发表许多文章。但是这里我不主张把他算作是学衡的核心人物①。首先他在哈佛学习期间主要不是跟白璧德学习，他的思想主张和白璧德的新人文主义有相当的差距，他虽然在《学衡》发表介绍亚里士多德的哲学论文，其实基本上只在于他对西方哲学的兴趣和对西方文化的批判态度，而这个兴趣这个态度早在去哈佛之前在清华念书时已经存在。汤用彤自哈佛回国后并没有特别谈论新人文主义②。汤在哈佛主要因为俞大维的介绍跟兰曼学习梵文、巴利文、佛学。对于白璧德，可能主要是通过同室好友吴宓的介绍，如前引《吴宓日记》中所说，和白璧德有些谈话。汤用彤远算不上多么服膺新人文主义。但他和白璧德在对佛学和哲学应该是兴趣一样。其次，他恐怕和胡适冲突不大，至少不像梅光迪、吴宓、胡先骕等人与胡适水火不容③，所以他与《学衡》主旨在于对抗胡适关系似乎不大，

① 一些论著视汤用彤为学衡派代表人物，比如麻天祥：《汤用彤评传》，32～37 页，南昌，百花洲文艺出版社，1993；孙尚扬：《汤用彤》，28～33 页，台北，东大图书公司，1996；29 页引用《吴宓与陈寅恪》一书认为汤用彤在哈佛时十分痛恨胡适的否定中国传统文化。吴宓个人的记录有其个人立场和感情在里面，其实仔细来看，汤用彤尚在哈佛留学时，胡适已经在研究中国传统文化方面崭露头角，有关胡适的文化活动参见《胡适日记全编》，第三册：1919—1922 年。

② 也可参见麻天祥：《汤用彤评传》，并请参见第五章的讨论。

③ 如胡先骕对胡适之倡导白话文深不以为然，见《中国文学改良论》，《胡先骕文存》上卷，1～6 页，南昌，江西高校出版社，1995，原刊于《东方杂志》第 16 卷第 3 期，1919；胡适的学生罗家伦随即在《新潮》第 1 卷第 5 期发文反驳，见《驳胡先骕君的中国文学改良论》。

后来他更加在佛学方面找到与胡适的共同兴趣，来往颇多。

至于俞大维，曾国藩的外曾孙，因出身世家，在进中学以前，已经遍览中国传统古籍。他在1918年到哈佛留学之前，英文、德文都有极好的基础，是以入哈佛之后主修哲学，1921年即获得博士学位。虽然在哈佛与吴宓相识于1918年秋，后来也十分熟络，但毕业后他即去德国游学①，完全没有参与学衡活动。吴宓亦云，俞大维"来美国，为专治哲学。然到哈佛研究院不两月，已尽通当时哲学最新颖而为时趋（fashionable）之部门曰数理逻辑学。Lewis教授极称许之。然于哲学其他部门，亦精熟，考试成绩均优。故不久即得哈佛大学哲学博士学位，并由哈佛大学给予公费送往德国留学，进修。哈佛大学本有梵文、印度哲学及佛学一系，且有卓出之教授Lanman先生等，然众多不知，中国留学生自俞大维君始探索发见，而往受学焉。其后陈寅恪、汤用彤继之"②。俞大维曾教过吴宓哲学，对于佛教，也帮吴宓开阔过视野。比如吴宓曾提到俞大维的来访并谈论佛学，"〔1919年10月26日〕午后，俞君大维来。谈宗教之流派及其精义。谓权衡种种，欲图中国根本至计，则惟当复兴佛教，昌明佛学。其理甚长，不具录。俞君年少而绩学，深可佩也"③。俞大维精于佛教由来已久，对白璧德新人文主义的反应恐怕不如吴宓等人强烈。

关于吴宓与白璧德的关系，其日记中记载颇多，学界讨论也不少，兹不赘言。其与学衡派有关者，兹有二事，不得不论。一是吴宓似乎在哈佛专研西学，对中国学问不算努力。而其回国大谈国故，实受乃师白璧德启发。举一例为证。吴宓在1920年11月30日日记中记曰：

> 夕，谒巴师，谈时许。巴师命宓作文，述中国之文章教育等，以登载美国上好之报章。宓遵允之。巴师谓中国圣贤之哲理，以及文艺、美术等，西人尚未得知涯略；是非中国之人自为研究，而以

---

① 1921年在德国留学期间，跟Dr. Riehl学康德哲学，跟爱因斯坦学相对论。见李元平：《俞大维传》。

② 吴宓：《吴宓自编年谱》，187页。

③ 吴宓：《吴宓日记》第二册，87页。

英文著述之不可。今中国国粹日益沦亡，此后求通中国文章哲理之
人，在中国亦不可得。是非乘时发大愿力，专研究中国之学，俾译
述以行远传后，无他道。此其功，实较之精通西学为尤巨。巴师甚
以此望之宓等焉。宓归国后，无论处何境界，必日以一定之时，研
究国学，以成斯志也。①

虽然吴宓发愿研究国学，但终究基础不如寅恪、俞大维等人牢固，在哈
佛亦注重比较文学，国学尚靠汤用彤、寅恪对其补课，究其一生，成就
相较寅恪、汤用彤乃至于胡适之等实有负白璧德之所望。他回国以后，
1922年曾得吴希真引见得识支那内学院欧阳竟无，请教佛学。吴宓汇报
了"西儒对佛教之研究，及寅恪、锡予诸友习梵文之情形"②。二是吴宓
对于佛学的兴趣似乎也是出自白璧德的教导和启发，他本人的佛学基础
比较弱。寅恪、大维旧学功底极为扎实，寅恪称王国维是"中国文化所
化之人"，实际上也可以用在他和大维身上，这是他们和吴宓非常不同之
处。吴宓旧学修养不如寅恪，又主要学西学，他对国学的兴趣恐怕爱好
有余，了解不足。他日记里留下了不少跟寅恪、汤用彤等人补习旧学的
记录。吴宓是出于民族自尊心、民族感情而提倡保存国故，但却借白璧
德之人文主义来提倡，颇有些书生意气。当今竟有人称其为国学大师，
实在未免有些令人啼笑皆非。

　　值得注意的是，学衡派对白璧德的引入和介绍也吸引了中国其他思
想家和学者对白璧德的学术兴趣和借鉴③。比如白璧德的宗教思想对中国
思想史家朱谦之的学术也有所启发。朱先生在论述佛教、基督教之关系
时，曾引用白璧德《论欧亚两洲文化》中的两段话，来说明佛教思想可
能影响了早期基督教的发展。兹引一段言及基督教和佛教者如下：

　　　　耶稣与其门徒诀别，告知曰：即以我之安赐尔。又曰：凡劳苦
　　负重者就我，我赐尔安。释迦成佛所言宗教虔修，成功之情形与此

①　吴宓：《吴宓日记》，196页。
②　同上书，243页。
③　比如后来负笈哈佛的张其昀先生。张其昀曾担任民国教育部长，后在台创
立私立中国文化学院，即今天台北中国文化大学前身。

正同。(《白璧德与人文主义》，114～115 页)①

而这一现象当时已为白璧德的学生注意到。白璧德的学生麦格说，东方知道白璧德是因为他融合佛教、基督教伦理的研究以及他从巴利文原文译出《法句经》的重要贡献②。但是，从上面的考察来看，虽然中国留学生们熟知白璧德对于梵文、巴利文、佛教典藉很熟，但无人提及他翻译了《法句经》。不过，寅恪在 1922 年 11 月 7 日写给兰曼的信中说自己在柏林大学正在学习觉音的《法句经疏》，但主讲人是个编外讲师，故而请兰曼指教③。《学衡》从 1922 年创刊到 1933 年停刊，这一过程中《法句经》未及出版。白璧德翻译《法句经》在 20 年代后期，当时吴宓早已回国。梅光迪 1924 年倒是去哈佛讲学，或许知道此事，但回忆文章中尚未提到。当时知道白璧德在翻译《法句经》的中国学生应该很少，可能 1923 年留学哈佛的胡先骕也有耳闻。《法句经》的正式出版是在白璧德去世之后的 1936 年，经过哈佛梵文教授克拉克（Walter E. Clark）和白璧德遗孀朵拉的整理，牛津大学出版社纽约分社正式将这一遗作刊出④。

因为在《学衡》杂志出版时，白璧德上述译作和《佛陀与西方》一文尚未出版，在《学衡》杂志登载的佛学文章中看不出有何白璧德的佛学思想影响。这些文章中有少数几篇值得留意，其中最重要的是缪凤林（1898—1959）所撰《中国人之佛教耶教观》，该刊从第 14 期起长期连载。这篇文章主要是从历史角度回顾佛教和耶教在中国发展的历史，很难看到白璧德思想的深刻影响。缪凤林是东南大学学生，师从柳诒徵习中国史。他从未赴美到白璧德门下学习，但他与东西方学者的思想交锋值得深究。另外一位撰写佛学文章值得注意的是王恩洋（1897—1964），欧阳竟无的弟子。他在《学衡》第 17 期撰文"大乘非佛说辩"，批判东

---

① 朱谦之：《印度佛教对于原始基督教之影响》，原刊《珠海学报》第 2 集，1949；重刊于《佛学研究》，第 5 期，1996，54 页。

② William F. Maag 的回忆文章，载 *Irving Babbitt：Man and Teacher*，p. 88.

③ 林伟：《陈寅恪的哈佛经历与研读印度语文学的缘起》，载《世界哲学》，2012，第 1 期，150 页。

④ Dale Riepe，"The Indian Influence in American Philosophy：Emerson to Moore，" *PEW*，17：1 (1967)，p. 131.

西洋学者的大乘非佛说，也未提及白璧德。当时欧美日本学界讨论根本佛教、原始佛教已经相当热烈，王恩洋站在保守的立场批判这些现代学术的新论点。他还特别指出西洋近代科学方法研究佛法的荒谬，他说，

> 使非玄奘法师一部《西域记》者，则释迦牟尼佛之在印度，一入于西洋近日科学之方法历史之研究进化之公例中已成神话上理想人物；而印度千数百年赫奕庄严之文明，且冤葳而不为今人所承认矣。是故吾人研究印度文化研究佛法者，有不可不特别注意者数端。一者，吾人应知印度为非历史的文明，又为无历史的文明。吾人既无信史可征其文明之演进之迹，而欲研求其文化之价值，即不得从历史上观察而当于其所遗之经籍学说单刀直入的以穷其根彻其本而后乃能断定其价值。二者，吾人直接研究佛法时千万勿以研究物质界自然现象之方法，所谓科学方法者而研究之，苟欲利用之，亦但限于某一部分，切不可施逐一切，所以者何？以佛法者唯心的非唯物的，超乎自然的而非以自然界物质之研究为其对象者也。三者，西洋人所谓进化公例不能实用于一切。而以之观察印度文明以之观察佛法则尤为无当。[①]

这一说法，不仅反对西洋的佛教研究方法，更反对西洋的进化思想。显然王恩洋还是主要以其老师欧阳竟无的思想为指针。他早年曾在北京大学旁听过梁漱溟的东西方文化论，后来追随欧阳大师打理支那内学院[②]。

---

①　王恩洋：《大乘非佛说辩》，原载《学衡》，参见《现代佛学大系》51 册《王恩洋选集》，527～529 页，台北，弥勒出版社，1984。

②　本书在第六章将他放在一个更广阔的学术史背景下做了考察。有关王恩洋生平及学术成就，参见黄夏年的系列文章。黄夏年：《王恩洋先生著述小考（1920—1923 年）》，载《佛学研究》，第 7 期，1998；《王恩洋先生早年七篇论文提要》，载《广东佛教》，第 5 期，1998；《王恩洋先生 1924 年著作考述（上、下）》，载《宗教学研究》，1998，第 3～4 期；《王恩洋先生著述目录》，载《世界宗教研究》，第 4 期，1998；《王恩洋先生的唯识学著作》，载《浙江佛教》，第 1 期，2000；以及释惟贤，《深切怀念恩师王恩洋先生》，载《佛学研究》，第 7 期，1998。

欧阳大师主张内学研究必须先内学后研究①，这个思想看来十分忠实地体现在王恩洋的著述中。考虑到我们前面提到的白璧德主张注重《法句经》和小乘学说，王恩洋实际是在批判白璧德的主张，不知这一立场和当时深信白璧德主义的吴宓是否会有冲突。但是考虑到当时白璧德的《佛陀与西方》一文尚未出版，可能吴宓也未系统了解白璧德的佛学立场，所以王恩洋的这一大作能在他主持的《学衡》上发表并不意外。

结　语

通过以上考察，我们可以得出一些结论，聊供读者思考。白璧德在佛教方面留下了一本译注和长篇论文，这反映了他在印度学、佛教学上的一些训练和看法。他与美国早期印度学的关联主要表现在以下这些方面。首先，白璧德一生学术固然以文学批评为主旨，但其与美国早期印度学学术瓜葛甚多，不但先后追随美、欧两位印度学名家兰曼和烈维学习印度学、梵文、巴利文，还介绍一些自己门下弟子认识两位大师，继续印度学研究。在两位印度学大师的学术影响下，白璧德主要还是从哲学思想的角度切入印度学研究。

其次，白璧德的印度学兴趣可以说是经世致用的目的超过学术研究的目的。他对于时弊的关切使得他更多地带着从东方思想中寻找有益因子的动机来研究佛教。他的兴趣更多在于佛教哲学、思想、价值观。他对于人文主义的追求主导了他的印度学学术，使得他虽然精于希腊文、拉丁文、梵文等多种印欧古典语言和现代欧洲语言，却没有专注于当时在印度学界甚为流行的比较语言学，而是关心佛教义理。

最后，白璧德的印度学和佛学兴趣也对一些20世纪在中国近代思想文化学术史上产生重大影响的中国留学生有着不同程度的影响。他和留学哈佛的中国学生中后来成为早期中国现代佛教史先驱者的寅恪、汤用彤讨论过其治学经历和佛教问题，他们看来有着共同的学术兴趣。而吴宓对于佛学的兴趣也是出于白璧德的启发。但白璧德的具体佛教研究对中国留学生的佛教研究影响几乎没有。

---

① 欧阳竟无：《谈内学研究》，原载《内学》第二辑，收入《现代佛学大系》51册《欧阳渐选集》，10～21页，台北，弥勒出版社，1984。

第六章　佛教、佛学、佛法：中国佛教与现代性

导　言

19世纪末20世纪初，中国面临前所未有之巨变。这种巨变除了传统政治秩序中的帝制面临危机之外，传统经济和文化秩序也受到空前的冲击。西方近代政治、社会和宗教思想也不断传入中国，传统士人对于中国文化、中国宗教的认识，不得不面对许多冲击。当代学术界对近代儒家的命运和变化已经做了很多的研究，而对中国佛教所面临佛教教团在清末以来不断衰落以及传统佛教教义存在深刻论述危机的局面则讨论有限。

但是，儒家和佛教在近代中国所面临的挑战和机遇非常不同，这一方面可以说是在朝和在野的分别，另一方面也可以说是士人阶层与僧人教团的不同。僧人教团虽然有太虚等人要求教会改革而发出的"人间佛教"新声①，但以当时全国范围内的思想状况而言，则其影响微乎其微。

---

① 参见 Don A. Pittman，*Toward a Modern Chinese Buddhism*：*Taixu's Reforms*，Honolulu：University of Hawaii Press，2001；李广良：《心识的力量：太虚唯识学思想研究》，上海，华东师范大学出版社，2004；以及周志煌：《近代中国佛教改革思想中"回溯原典"之意涵及其实践进路——以太虚、印顺、欧阳竟无之论点为核心的开展》，载《中华佛学研究》第1卷，1997，157～193页；Long Darui，"An Interfaith Dialogue between the Chinese Buddhist Leader Taixu and Christians." *BCS*，Vol. 20（2000），pp. 167-189；洪金莲：《太虚大师佛教现代化之研究》，台北，法鼓文化事业公司，1999；太虚的人间佛教理念在当代台湾的实践主要体现在佛光山、法鼓山、慈济等组织的发展，有关研究见 Charles Brewer Jones，*Buddhism in Taiwan*，Honolulu：University of Hawaii Press，1999；Stuart Chandler，

在俗信徒因为有著述、出版和与知识界的交往等方面的便利，其影响似还在出家人之上。这种局面和南朝时期约略有些类似，只是南朝时期僧人和士人交往的程度远较 20 世纪初期为深。虽然近现代佛教的研究在近些年已经有了不少成果，但是对于复杂的近现代史而言，仍显得不足，这至少反映在这样两方面：首先是大多数近现代佛教的研究，未将中国佛教置于一个更为广阔的世界近代宗教和宗教研究背景下；其次是对于这种背景下一些关键的现代性问题对于中国佛教的冲击的研究尚不够系统和仔细。

这里将主要以王恩洋的早年论述为中心，来看中国在俗信徒如何面对当时复杂的政治、宗教和社会环境所带来的挑战。这个研究并不以全面探讨王恩洋个人的思想为重点，而仅仅将他个人早年的一些论点置于当时世界宗教与宗教学发展的背景中揭示中国佛教在俗信徒所关注的一些关键问题，这些关键问题包括进化论问题、主体性问题、民族问题、世界宗教问题等，来看中国佛教与现代性的关系。此处关注的基本问题包括这样一些：佛教在西方作为他者被评论，而在中国作为主体如何被中国信徒认识；佛教作为宗教如何被西方评论，而中国信徒如何面对西方对宗教的现代认识；佛教学作为 19 世纪新型学科，如何被中国信徒站在自身立场来评论这一学科的取径。

这里将主要论述以下三个问题。第一部分将追溯近代西方对佛教和中国佛教认识的基本历程。这里关注的问题主要有两点，首先是佛教在西方作为一种世界宗教被认识和接受的历程，其次是佛教学作为一门近代学术门类在西方学术界兴起及其变化。第二部分主要论述日本近代特别是明治、大正时期佛教学术兴起过程中对"原始佛教"、"初期佛教"、"根本佛教"等主要论题的争论及其背后的西方思想史背景。第三部分以王恩洋的一些言论为中心，来探讨他对西方思想和学术史视野中佛教作为宗教、佛教学作为现代学术的认知和评论。

Establishing a Pure Land on Earth：The Foguang Buddhist Perspective on Modernization and Globalization，Honolulu：University of Hawaii Press，2004；Julia C. Huang and Robert P. Weller，"Merit and Mothering：Women and Social Welfare in Taiwanese Buddhism，" *JAS*，Vol. 57，No. 2（1998），pp. 379-396；Julia C. Huang，*Chrisma and Compassion：Cheng Yen and the Buddhist Tzu Chi Movment*，Cambridge：Harvard University Press，2009.

第一节　欧洲对佛教的发现与近代佛教学的兴起

欧洲接触佛教由来已久，至少可追溯到元代。当时天主教会的传教士来蒙古地区觐见大汗，在旅行途中已经见到过不少佛教徒①。但是在欧洲人的概念中佛教相对于基督教而言也是宗教的一种，则主要形成于经过启蒙运动和人文主义洗礼的近代。因为宗教本身作为一种概念，虽然很早即以 religio 的形式出现在拉丁文中②，但其作为人们生活中的一种经验系统，则在近代才被认识到，而宗教的学术研究直至 19 世纪才真正开始③。哈里森（Peter Harrison）认为"宗教"一词在现代意义上指作为一套包括信仰和实践系统这一观念直到 17 世纪才出现在英国。而 16 世纪的宗教改革使人们第一次有多种此类信仰和实践存在，才开始逐渐出现对这一系统的客观认知，从而也出现了"宗教"一词的复数形式④。

在一种全面脱亚入欧的气氛中，日本近代学者也开始了对宗教（shūkyō）的研究⑤。这一近代术语也从日本进入了中国学者的视野。最近二十多年来，西方学者重新开始认识宗教学的出现与近代欧洲思想史与学术史的关系。比如，佛教何时在欧洲人心目中成为多种宗教的一种？启蒙运动让欧洲近代学者从基督教一统天下的观念中走出来，他们对宗教的认识也逐渐从仅认识一种宗教变成认为世界上存在多种宗教（from religion to religions）。而在 19 世纪后半叶更发展出现世界宗教的说法。

---

①　参见伯希和著、冯承钧译：《蒙古与教廷》，北京，中华书局，1994。

②　其基本含义是"将众人结合在一起"，binding people together。

③　Russell T. McCutcheon, *Manufacturing Religion：The Discourse on Sui Generis Religion and the Politics of Nostalgia*，Oxford：Oxford University Press，1997，pp. 27-73。

④　Peter Harrison, *"Religion" and Religions in the English Enlightenment*，Cambridge：Cambridge University Press，1990；Stephen Prickett, *Narrative, Religion and Science：Fundamentalism versus Irony*，*1700-1999*，Cambridge：Cambridge University Press，2002，p. 133。

⑤　有关讨论见 Jason A. Josephson, "When Buddhism Became a 'Religion'：Religion and Superstition in the Writings of Inoue Enryō," *JJRS* Vol. 33，No. 1 (2006)，pp. 143-168。

英文中"佛教"（Buddhism）一词的频繁使用并奠定作为一种宗教的背景则与19世纪很多所谓"主义"（-ism）的出现分不开。我们只有仔细研读19世纪的作品，才能理解为何在欧洲佛教被最终称为"佛陀主义"（Buddhism），而非"佛法主义"（Dharmism）。简单地看这个问题，也许很容易认为"佛陀主义"受欧洲学者所秉持的基督教中心主义影响，他们心中认为既然基督教是Christianity，以"基督"（Christ）为中心的宗教，则佛教作为一种宗教也是以所谓教主"佛陀"为中心的宗教。实际上"耶稣"来自古希伯来语，"基督"来自希腊语。总而言之，19世纪基督教新教传教士学者显然在佛教研究、构建佛教的现代形象中扮演了十分关键的作用①。

近代佛学作为现代学术的分支，指19世纪以来欧洲学者科学地研究佛教的哲学、思想、文献、历史、文本、考古。欧洲佛学的基本传统是从历史语言学传统特别是印欧比较历史语言学入手，从研究吠陀文献和梵文出发转入吠陀宗教研究，再转入研究从中亚、南亚、东南亚找来的佛教写本。这一学术路径当然也影响了北美、日本和中国的近代佛教研究。中国近代佛教学者受这一取径影响的主要是寅恪先生。实际上，在很长时期之内，欧洲的佛教研究，如果仅仅研究早期佛教，往往强调梵文文献以及在欧洲学者看来对梵文文献较为忠实的藏文译本，而忽视了汉文文献的意义②。而在中国佛教研究领域，对佛教研究过分关注而忽视其他中国研究领域的现象仍然十分普遍③。而在佛教哲学研究方面，受影响的中国学者则有汤用彤。他本来即出身哲学，后来在哈佛受到兰曼、白璧德的影响④。其中白璧德是法国学者烈维的学生。烈维本人其

---

① 参见拙撰《近代传教士论中国宗教：以慕维廉〈五教通考〉为中心》，上海，上海人民出版社，2012。

② 这种状况在20世纪90年代才有所缓解，出现了一批以汉文早期译本为材料来研究早期大乘佛教的学者，如 Gregory Schopen, Paul Harrison，那体慧（Jan Nattier），辛岛静志，Daniel Boucher 等人。

③ Robert H. Sharf 特别批评了美国中古中国宗教研究界佛教研究与汉学研究的脱节；见氏著 *Coming to Terms with Chinese Buddhim：A Reading of The Treasure Store Treatise*，Honolulu：University of Hawaii Press，2002，p. 1。

④ 参见拙文《白璧德之佛学及其对中国学者的影响》，载《清华大学学报》（哲学社会科学版），2005，第4期，31~47页；略加修订收入本书，见第五章。

实是人文主义者，非常注重义理研究，重视佛教自身的价值系统，同时也对东亚地区流行的大乘佛教感兴趣。下文我们将略述欧洲对佛教的发现及其近代佛教学术兴起的基本历程。

说到欧洲近代对佛教的所谓大发现，不能不追溯到英国维多利亚时代。菲力浦·阿尔蒙德（Philip C. Almond）的《不列颠对佛教的发现》（*The British Discovery of Buddhism*）是一本开创性的著作，揭示了维多利亚时期英国对佛教认识的复杂性和多样性，同时探讨了维多利亚时代英国学者所塑造的佛教形象背后的逻辑。他认为英国学者从文献角度研究佛教所发现的"佛教"与他们看到的当时南亚地区正在实践中的"佛教"现状相比较，南亚地区的佛教实际上和古代佛教不同，处在衰落和堕落之中。而这种传教士对当时南亚佛教所塑造出来的形象则成为传教士要在南亚宣传基督教的意识形态基础，他们才能光明正大地以"进步"为由进入南亚地区传播福音。这样，维多利亚英国对"文献式佛教"（textual Buddhism）的创造成为佛教在东方必须被排斥的主要因素①。当然，从学术史的角度来说，虽然佛教一直被英国学者文献化，但其重要的产物是逐渐将历史上的佛陀展示在人们的视野中。因而使得从维多利亚中期开始，佛陀开始从神坛上走下来，成为历史人物。

同时，阿尔蒙德也对当时人对佛教的认识重点进行了分析。他注意到在 18 世纪，英国学者对佛教的认识以宇宙论为重点。但到了 19 世纪，随着人们对科学和宗教的进一步认识，在英国学界出现佛教到底是宗教还是哲学的争论。1847 年，丹尼尔·果戈理（Daniel Gogerly）基于他在锡兰所看到的佛教，认为佛教与其说是一种宗教，毋宁说是一种哲学。但是比尔（Samuel Beal）则基于他对中国传统的知识，认为很难说佛教不是一种宗教，而是一种哲学。可是他在当时英国完全处于少数派地位。大多数当时有影响的学者，均认为佛教本质上是一种哲学。持后面这种观点的人，包括缪勒（Max Müller）、莫尼尔-威廉斯（Monier Monier-Williams）、克拉夫顿主教（Bishop Piers Claughton）、艾约瑟（Joseph

---

① Philip C. Almond, *The British Discovery of Buddhism*, Cambridge: Cambridge University Press, 1988, p. 40.

Edkins)、伯利（Thomas Berry）①。这些学者大多数有很强的基督教文化背景，有些学者甚至本身即是新教传教士学者。

很多参与讨论的学者出身基督教背景，他们对亚伯拉罕诸宗教的认识较多，因此他们的论述中较多注意佛教和其他宗教特别是基督教的比较。在早期维多利亚时代，佛教在英国的形象尚属正面，主要以一套伦理系统出现，而在人们心目中，这套伦理在当时除了基督教以外的其他世界诸宗教中差不多可以说是最高的。其实，西方对佛教哲学的重视开始于西方学者在他者中寻找理性的因素②，佛教由此被认为是无神论，是理性的宗教，特别是早期佛教，重视个人对世界的正确认识，不重视对佛陀个人的崇拜。但大乘佛教重视信仰，而英国学者当时对大乘佛教尚未表现出特别的兴趣。

在阿尔蒙德看来，维多利亚其时的英国学者对于佛教理论的主要批评在于，佛教的一套说辞特别是业报和转世轮回对于道德实践相当有害，很多时候甚至是非常矛盾的。同时，所谓佛教社区的道德堕落也给维多利亚人留下了深刻印象。他们对佛教寺院生活的批评是和他们对天主教教会的批评紧密相连的，因为整个以新教信仰为主导的维多利亚社会对天主教有十分深刻的偏见。英国来华新教传教士则对中国的佛教僧侣相当歧视和不满，认为他们的生活方式非常古怪、刻板、荒唐，也并不人道③。

阿尔蒙德指出，英国维多利亚时代的作者们已经注意到天主教和佛教特别是大乘佛教的相似之处，许多人对中原和西藏佛教寺院生活的描述也反映了这种相似之处。这些作者在阅读天主教传教士的作品过程中，特别留意一些关于天主教和中国佛教比较的信息。比如麦都思（Walter Medhurst，1796—1857）在1838年写道，独身、剃发、守贫、孤居，以及身穿教士制服，在礼拜仪式中使用如意、蜡烛、熏香、圣水、钟、图像和舍利，信仰炼狱，祷告灵魂能出离炼狱之火，有许多共通之处④。

---

① Philip C. Almond，*The British Discovery of Buddhism*，pp. 93-94.

② Richard King，*The Orientalism and Religion：Postcolonial Theory，India and "The Mystic East"*，London：Routledge，1999，pp. 35-61.

③ Philip C. Almond，*The British Discovery of Buddhism*，pp. 112-121.

④ Walter Medhurst，*China*，pp. 217-218. see also *The National Cyclopaedia*，1847，III：911-912；1857，III：911-912；Philip C. Almond，*The British Discovery of Buddhism*，Cambridge：Cambridge University Press，1988，pp. 123-124.

阿尔蒙德还引用凯洛格（Samuel Kellogg，1839—1899）的《亚洲之光》（*The Light of Asia*）中关于佛教与景教的比较来说明自 19 世纪 30 年代以来，西方已经有不少学者关注佛教和基督教之间的相似性①。其实，除了他提到的凯洛格之外，英国旅日学者戈尔顿（Elizabeth A. Gordon，1851—1925）女士也撰写了《叙利亚基督教与大乘佛教》一书，特别从历史和神学两方面详细比较了叙利亚基督教和大乘佛教②。

富兰克林（J. Jeffrey Franklin）将 18 至 19 世纪以语文学、文献学为中心的东方学分成三个阶段。第一阶段指 18 世纪 80 年代威廉·琼斯（William Jones，1746—1794）发表演讲至 19 世纪 20 年代，这一阶段东方语文学开始形成。第二阶段指 19 世纪 30 年代至 50 年代，这一阶段主要是欧洲学者寻找和整理、翻译、介绍古代东方写本的阶段，主要人物包括霍奇森（Brian Houghton Hodgson，1800—1894），乔玛（Alexander Csomo de Körös，1784—1842），雷慕沙（Jean-Pierre Abel-Rémusat，1788—1832），普林塞普（James Prinsep，1799—1840），佛库（Philippe Edouard Foucaux，1811—1894）等人。第三阶段则是指 19 世纪 50 年代以后至 19 世纪末，这一时期是佛教学真正兴起的阶段，出现了缪勒、莱斯戴维斯夫妇这样一些学者，佛教学的中心也从法国、德国的一些大学转向伦敦。除了学术发展之外，佛教的思想也在文学界影响很大，在英国文学的各类体裁如小说、诗歌中，均可发现佛教的影响③。

上述列举的人物中最值得注意的当然是霍奇森。他原本是东印度公司的一名职员，在加德满都服务期间偶然发现了一些梵文写本。他当即意识到这是珍贵的文献，需要请专家进行研究，于是将它们寄给他认为能了解这些写本的三个学术单位，即加尔各答的亚洲学会、伦敦皇家亚

---

① Philip C. Almond, *The British Discovery of Buddhism*, p. 126.

② Elizabeth A. Gordon, *Syriac Christianity and the Daijō Bukkyō*, reprinted in *Asian Christology and the Mahāyāna*, Tokyo: Maruzen & Company, Ltd., 1921.

③ J. Jeffrey Franklin, *The Lotus and the Lion: Buddhism and the British Empire*, Ithaca: Cornell University Press, 2008, pp. 11-12. 早期现代很多英国作品中均可发现他们对亚洲的想象，如莎士比亚、培根等人；有关分析亦可参见一本论文集，Debra Johanyak, and Walter S. H. Lim eds. *The English Renaissance*, *Orientalism, and the Ideas of Asia*, New York: Palgrave MacMillan, 2010.

洲学会、巴黎亚洲学会。头两个亚洲学会并没有产生多大的影响。寄到巴黎亚洲学会的写本落入布努夫（Eugène Burnouf，1801—1852）之手。经过七年研究，他在 1844 年出版了《佛教史导论》一书，这是第一本基于出土写本而撰述的佛教学术著作，可以说开启了近代佛教研究的新纪元，作者也被认为是现代佛教研究之父①。这本书的基本特色是使用梵文写本研究早期印度佛教。这种重视早期印度佛教的传统为 19 世纪的很多学者继承。可以说，因为欧洲的殖民扩张导致殖民者和传教士与佛教的两种相遇：与修行者的相遇，与文献的相遇。但一开始以文献的相遇更为重要。这种文献的相遇主要包括梵文、巴利文、藏文、汉文文献的收集和整理②，同时学术的发展也导致学术制度的变化，即梵文和佛教讲座在欧美大学制度中的设立③。

除了对佛教古代写本的广泛收集和整理，历史比较语言学也在欧洲学者寻找欧洲的过去中诞生④。一般认为印欧语言学以 1784 年威廉·琼

① 即 *Introduction à l'Histoire du Buddhisme*，此书的英译本业已出版，见 *Introduction to the History of Indian Buddhism*，translated by Katia Buffetrille and Donald S. Lopez Jr.，Chicago：University of Chicago Press，2010；英译本书评见 Jonathan A. Silk，"A Missed Opportunity," *HR*，Vol. 51，No. 3（Februrary，2012），pp. 262-272，对 Lopez 的导言和翻译进行了批评，认为其导言并未真正指出此书的地位，翻译也没有提供足够的译注以便读者了解此书出版以后的学术进步。有关这一时期佛教史研究的后殖民主义批判亦参见 Richard King，*Orientalism and Religion：Postcolonial Theory，India and the Mystic East*，London：Routledge，1999，pp. 143-160.

② 对东印度公司在梵文研究中所扮演的角色，见 Ludo Rocher and Rosane Rocher，*The Making of Western Indology：Henry Thomas Colebrooke and the East India Company*，London：Routledge，2009，especially chapter six：Paragon of Scholarship（London，1815-1837）.

③ 有关欧美对佛教的早期研究，亦请参见李四龙：《欧美佛教学术史：西方的佛教形象与学术源流》，北京，北京大学出版社，2009。

④ 基彭博格称之为 "欧洲诸宗教的早期历史（The early history of the religions of Europe）"，参见 Hans G. Kippenberg，*Discovering Religious History in the Modern Age*，translated by Barbara Harshav，Princeton：Princeton University Press，2002，pp. 24-50.

图五十五 法国学者布努夫

斯在加尔各答亚洲学会的演讲为其起点①。而早期作出奠基性贡献的学者主要包括德国学者施勒格尔（Friedrich Schlegel，1772—1829）和波普（Franz Bopp，1791—1861），他们对印度古代语言和文学的研究真正掀起了欧洲对"东方古代文艺复兴"的兴趣。施勒格尔以 1808 年在海德堡出版的《论古代印度的语言与智慧》一书让学界开始重视印度学②。而

① 有关琼斯的研究很多，这里仅举出较近的琼斯学术评传，见 Michael J. Franklin, *Orientalist Jones：Sir William Jones，Poet，Lawyer，and Linguist，1746-1794*，Oxford：Oxford University Press，2011.

② 该书最初在 1808 年出版，Friedrich Schlegel, *Über die Sprache und die Weisheit der Indier：Ein Beitrag zur Begründung der Altertumskunde*，Heidelberg：Mohr und Zimmer，1808；在 1849 年出版英文版，Friedrich Schlegel, *On the Language and Wisdom of the Indians. In the Aesthetic and Miscellaneous Works of Friederick von Schlegel*，edited by E. J. Millington，London：Henry G. Bohn，1849. 受他影响的书可能包括 Robert Turnbull, *Christ in History；or the Central Power among Men*. Boston：Philips，Sampson，and Company，1857. 作者在书中称受到近代学者赫尔德、Bossuet、维柯等人研究艺术、科学、语言、文学、宗教在人类历史上的地位的启发，也受到 F. W. Schlegel 对东方国家的研究的启发。这个 Schlegel 应该就是梵文学者 Schlegel。

波普则是比较语法学的奠基者，他在 1816 年出版了《论梵文的构词系统及其与希腊文、拉丁文、波斯文、德文等语言的比较》一书①。

作为波普和布努夫的学生，缪勒（Friedrich Max Müller，1823—1900）实际上从语言（language）、宗教（religion）、文化（culture）、种族（race）等几方面研究了古代雅利安人及其文化②。他早在 1851 年开始即被牛津大学聘为近代欧洲诸语言讲座教授③，讲授近代语言的历史与源流，其实就是比较语文学。在 1861 和 1863 年他在皇家研究所作了系列讲座，后来以《语言科学系列讲座》（Lectures on the Science of Language）一名出版。1870 年他在英国皇家研究所作了四次讲座，在 1873 年结集出版，名为《宗教科学导论》（Introduction to the Science of Religion）④。他认为对宗教语言的研究、对这些语言的科学分类，可以让人更为深入地了解这些宗教的早期历史⑤。在他看来，语言是人类世界和动物世界之间根本性的分别，因为语言承载概念，所以研究古代语言是通往了解人类早期思想和历史的唯一路径，用他的话说，语言是人类思想的自传。他还认为神秘思想存在于语言的出现和王权的形成之间，印欧诸神的名字出现在这一时期，还有来自很多自然现象的符号，如日月星辰等。因此他坚持比较语文学必须服务于宗教哲学。

在 19 世纪下半叶，则出现了将佛教与基督教比较的学术趋势。1889年，牛津的博登梵文讲座教授莫尼尔-威廉姆斯（Monier Monier-

① Franz Bopp, *über das Conjugationsystem der Sanskritsprache in Vergleichung mit jenem der griechischen, lateinischen, persischen und germanischen Sprache*, Frankfurt, 1816.

② Lourens P. van den Bosch, *Friedrich Max Müller: A Life Devoted to the Humanities*, Leiden: E. J. Brill, 2002.

③ Deputy Taylorian Professor of Modern European Languages.

④ Friedrich Max Müller, *A History of Ancient Sanskrit Literature So Far As It Illustrates the Primitive Religion of the Brahmans*. London: Williams and Norgate, 1860; *Lectures on the Science of Language*. London: Longmans, Green, & Co., 1885, new edition; *Introduction to the Science of Religion*. London: Longmans, Green, & Co., 1899. Jon R. Stone ed., *The Essential Max Müller: On Language, Mythology, and Religion*, New York: Palgrave, 2002.

⑤ Peter van der Veer, *Imperial Encounters: Religion and Modernity in India and Britain*, Princeton: Princeton University Press, 2001, pp. 106-133.

Williams）出版《佛教》一书。这本书是他在爱丁堡所作达夫系列讲座（Duff Lectures）的结集，主要包括十八章，其中前六章包括导论、佛陀（Buddha）、佛法（Dharma）、僧团（Sangha）、佛教哲学（Philosophy）、佛教道德（Morality），后面十二章则主要谈佛教的历史，其中第七章谈佛教在印度的消失。第八、九章讲佛教的诸神。第十、十一章讲佛教神秘主义，特别是西藏、蒙古的喇嘛教。第十二、十三章谈佛教的仪式与仪轨。第十四章叙述佛教圣地。第十五章讲佛教的寺院。第十六章讲佛教的图像和偶像。第十七章讲佛教的圣物。第十八章讲佛教和基督教的对比。他说这本书中的六章所谈的是真正的佛教（true Buddhism），也即是巴利文佛教，其文献基础是巴利文圣典学会（Pali Text Society）编辑出版的巴利文佛教藏经。他同时在书中揭示了佛教与婆罗门教、印度教、耆那教的联系，也将佛教和基督教进行了比较。而后面一些章节则显示了"真正的"佛教在历史发展中的衰败和变化。全书最后总结说，基督教才是宗教，佛教最初很纯粹的形式并不是宗教，只是建立在悲观生活理论上的道德和哲学系统①。

　　这种将佛教与基督教进行比较的学术风气，实际上和欧洲近代思想史上对宗教认识的不断改变有关。早期佛教之所以受到欧洲学者重视，也和欧洲当时经过启蒙运动的洗礼有关，对人权和理性的重视，超过以前漫长的世纪。德国梵文学者韦伯（Albrecht Weber，1825—1901）认为早期佛教对于普遍人权（universal rights of man）属于个体的重视，是对当时印度社会以出生和种姓等级等神赋特权来区分人群的最强烈的反应②。这种观念在19世纪欧洲梵文和佛教学界几乎可以说是共识，因为这个原因，佛教很早就被认为是跨越国家和民族界限的世界宗教（Weltreligion）。这也是为何佛教一早就和基督教一起被列入世界宗教

---

　　①　Monier Monier-Williams, *Buddhism：In its Connexion with Brāhmanism and Hindūism*, *and in its Contrast with Christianity*, London：John Murray, 1889, p. 537. 以及 Tomoko Masuzawa, *The Invention of World Religions*, *or How European Universalism was Preserved in the Language of Pluralism*, pp. 128-130.

　　②　Tomoko Masuzawa, *The Invention of World Religions*, *or How European Universalism was Preserved in the Language of Pluralism*, p. 136.

的原因之一。而当时甚至欧洲学者对伊斯兰教能否列入世界宗教尚有很多分歧。

佛教逐渐取得和基督教一样的地位，成为当时学者心目中一种所谓世界宗教（World Religion）或者世界性宗教（Religions of the World）。增泽知子指出，近代欧洲很多世纪以来一直以宗教和信仰为原则将世界上的人分成四类：基督徒、犹太人、穆斯林、其他人。这个其他人包括未开化异教徒、异教徒、拜偶像者、多神教信徒等。这样的著作包括1704 年笛福（Daniel Defoe）的《诸宗教辞典》①，托马斯·布拉夫顿（Thomas Broughton，1704—1774）1737 年发表的《诸圣教历史图书馆》②，汉娜·亚当斯（Hannah Adams）1817 年发表的《诸宗教与宗教派别辞典》③，以及后来罗伯特·亚当斯（Robert Adams）1808 年发表的《世界四大宗教系统》④，大卫·本尼迪克特（David Benedict）1824

---

① *Dictionarium Sacrum Seu Religiosum*，即英文版 *A Dictionary of All Religions，Ancient and Modern，Whether Jewish，Pagan，Christian，or Mahometan.*

② *Bibliotheca Historico-Sacra*，即 *An Historical Library of the Principal Matters Relating to Religion，Ancient and Modern；Pagan，Jewish，Christian，and Mohammedan.*

③ *A Dictionary of All Religions and Religious Denominations，Jewish，Heathen，Mahometan and Christian，Ancient and Modern*，1784 年出第一版，1817 年出第四版。

④ *The Religious World Displayed，or A View of the Four Grand Systems of Religion，Judaism，Paganism，Christianity and Mohammedanism.* Robert Adams 主张："宗教世界可分为以下四大系统：犹太教 Judaism、异教 Paganism、基督教、穆罕默德主义 Mahommedeism。犹太教期待救世主弥赛亚实现其承诺。异教徒指没有认识到神而仍然崇拜偶像者。基督徒指那些相信救世主已经到来，耶稣基督即是救世主弥赛亚的人。而穆罕默德主义者指那些认为穆哈默德是预言家的人。"见 Robert Adam，*The Religious World Displayed，or A View of the Four Grand Systems of Religion，Judaism，Paganism，Christianity and Mohammedanism；And of the Various Existing Denominations，Sects and Parties，in the Christian World；To which is Subjoined，a View of Deism and Atheism*，Edinburgh：Printed by James Ballantyne for Longman，Hurst，Rees，and Orme，1808，Vol. 3；参见 Tomoko Masuzawa，*The Invention of World Religions，or How European Universalism was Preserved in the Language of Pluralism*，Chicago：The University of Chicago Press，2005，p. 49，ft 28.

年发表的《诸宗教全史》①　等。而欧洲学者对宗教的认识也在变化之中，如上述笛福的同时代人加尔美（Augustin Calmet）在其所著《大辞典》（Great Dictionary）中讨论了拉丁文"宗教"一词在圣典中的三种意义，首先是指对犹太教的外在的、仪式的崇拜，其次是指真正的宗教，即服侍和荣耀神的最佳方式（the best manner of serving and honouring God），再次是指迷信（superstition）②。无论如何，19 世纪中期，佛教已经是一种"宗教"，并且成为学者们研究的对象。

但在 19 世纪 20 世纪之交，这个分类系统发生了分化，欧洲人开始讨论世界宗教问题。瓦勒斯坦（Immanuel Wallerstein）总结了 19 世纪社会科学的兴起并将之归结为五门现代学科体系，研究西方现代权力与政权的政治学、研究市场的经济学以及研究市民社会的社会学，加上研究西方以外社会的人类学和东方学。人类学关注小型社会，特别是缺乏书写技术的社会；而东方学关注大规模的、在地方上有很大影响力的王国或者帝国，他们有漫长的书写传统，留下了丰富的文献材料③。这样的王国或者帝国当然主要包括埃及王国、波斯帝国、阿拉伯帝国、印度、

---

①　*A History of All Religions，as Divided into Paganism，Mahometanism，Judaism and Christianity.*

②　参见 Tomoko Masuzawa，*The Invention of World Religions，or How European Universalism was Preserved in the Language of Pluralism*，p. 60. Calmet 的书首先在 1712 年出版，题为 *Dictionnaire historique，critique，chronologique，géographique et littéral de la Bible：Enrichi d'un grand nombre de figures en taille-douce，qui représent les antiquitez judaïques*，Paris：Eméry père Eméry fils，Saugrain aîné，P. Martin，1712；1732 年首次被译成英文，在伦敦出版；1827 年出了第四版英文版，题为 *Grand Dictionary of the Holy Bible：Historical，Critical，Geographical，and Etymological；Wherein Are Explained the Proper Names in the Old and New Testaments；The Natural Productions，Animals，Vegetables，Minerals，Stones，Gems，&.；The Antiquities，Habits，Buildings，and Other Curiosities of the Jews；With a Chronological History of the Bible，the Jewish Calendar，Tables of the Hebrew Coins，Weights，Measures，&.*，London：B. J. Holdsworth，1827.

③　Immanuel Wallerstein et al.，*Open the Social Sciences：Report of the Gulbenkian Commission on the Restructuring of the Social Sciences*，Stanford：Stanford University Press，1996，pp. 9-14.

中国中原王朝以及周边的西藏、突厥、蒙古等区域性帝国，以及日本。所以东方学也主要包括研究这些文明的埃及学、伊朗学、印度学、阿拉伯学、突厥学、汉学、藏学、蒙古学、日本学等分支。增泽知子注意到尽管宗教学在这一体系中没有显著的地位，但人类学和东方学都极为注重宗教的研究，有些宗教在漫长的历史过程中逐渐消失，而有些则一直生存下来，对这些社会仍有广泛影响①。在这两种学科的框架下，这些宗教的文献、理论和实践都得到充分的分析研究。而东方学的本质，可以看成是一方面通过语文学、考古学、历史学、人类学来复原所谓东方古典文明的辉煌过去，另一方面则凸显近代东方文明处于衰落、腐败和消退之中②。

现代宗教学的兴起有着十分复杂的历史背景。斯特劳姆萨（Guy G. Stroumsa）认为可能三大历史事件影响了现代宗教学的出现和发展。首先是欧洲的所谓地理大发现，发现了北美、南亚和东亚，从而促使欧洲人开始了解欧洲以外地区的人民和宗教；其次是文艺复兴本身，文艺复兴运动出现过程中引发了欧洲人对古代文化的兴趣，从而激发了现代语文学的兴起，而对古典语言的探讨又激发了对东方诸语言的研究，并进而研究东方文化的文本；其三是宗教改革运动以来在西欧出现了一系列宗教战争，而这些战争的灾难性后果使得人们开始怀疑基督教的有效性，从而促使他们将目光投向基督教以外的宗教传统③。他也将欧洲的宗教学研究上溯到17世纪。不过，仅以欧洲人对中国宗教的研究来看，虽然17、18世纪耶稣会士也做了不少贡献，但大量著述的出现，还是在19世纪。无论如何，欧洲学者在19世纪逐渐超越只了解亚伯拉罕诸宗教（Abrahamic Religions）的樊篱，开始认识到除了基督教、犹太教、伊斯兰教，还有非常重要的佛教。这表明欧洲宗教学者从启蒙运动以来，

---

① Tomoko Masuzawa, *The Invention of World Religions，or How European Universalism was Preserved in the Language of Pluralism*，pp. 15-18.

② Nicolas B. Dirks，"Colonialism and Culture，" introduction to *Colonialism and Culture*，edited by Nicolas B. Dirks，Ann Arbor：University of Michigan Press，1992，p. 9.

③ Guy G. Stroumsa，*A New Science：The Discovery of Religion in the Age of Reason*，Cambridge，MA：Harvard University Press，2010，pp. 5-6.

对宗教的认识视野不断扩大，经历了从基督教天下到亚伯拉罕诸宗教的天下到世界宗教的天下这样一个心态历程。起初，他们以为天下只有基督教一种宗教，其他都是异教（Paganism）或者偶像崇拜（Idolatry）。后来逐渐认识到犹太教和伊斯兰教。再后来认识到 19 世纪还有其他各种印欧古代宗教，如琐罗亚斯德教、摩尼教、佛教、儒教、道教、神道教等宗教，从而进行诸世界宗教（World Religions）与诸族群宗教（National Religions）的划分①。这种理解和西方学者对世界的政治、经济、文化新秩序的认知是分不开的。18、19 世纪以来开始出现民族国家、族群主义的强烈观念，以族群、语言、宗教、疆域为基础的划分。

除了在欧洲思想和学术内部宗教学逐渐取得其独立地位，学术制度上也逐渐确立了宗教学在近代大学教育制度中的一席之地。18 世纪 70 年代一般被认为是现代宗教学（Religionswissenschaft，或 Science of Religion）的形成时期。从制度上说，一方面是宗教系或有关宗教研究的科系从教会脱离进入大学学科系统的一部分；另一方面，宗教学或者宗

---

① 比如 William Samuel Lilly，*Ancient Religion and Modern Thought*，London：Chapman and Hall，limited，1885，2nd edition. 初版 1884. 全书一共五章。第一章为现代思想，作者首先分析了叔本华哲学中关于表象和意志的理论，再转入考察其悲观主义，最后引申到近代悲观主义在佛教中的对应，讨论了佛教的无明、四谛、业、获救、涅槃等思想，并比较佛教与叔本华主义，无神论唯物主义中的叔本华主义思想，唯物主义中的洛克实验心理学思想，康德的纯粹理性，虚无主义等。第二章讨论英国近代的一些哲学思想家以及他们和天主教神学的联系。第三章题为诸宗教与宗教，其实主要讨论基督教之外的其他古代宗教，作者将《东方圣书》中包括的主要六种宗教区分为国民宗教（national religion，或称部落宗教 tribal religion）和普遍宗教（universal religion），前者有儒教、道教、琐罗亚斯德教、婆罗门教，它们局限在特定人群、部落和人种之中；而佛教与伊斯兰目标在于包容整个人类，可以像基督教一样成为普遍宗教（pp. 108-109）。他接着讨论了中国的宗教、孔子及其著作、老子及其著作、麻葛的宗教、《赞德-阿维斯塔》的翻译、波斯人的圣书、琐罗亚斯德及其教义、印度教、《梨俱吠陀》、《奥义书》、《薄伽梵歌》、Gita与 Vedanta、佛教、巴利文藏经、佛陀教义、伊斯兰教、穆罕默德的个性、穆斯林神祕主义、伊斯兰苦行主义的创立者、早期苏菲派、苏菲主义与非伊斯兰宗教、苏菲主义的泛神论、基督教与非基督教信条、启示作为普遍而非地方之天赐、基督教传教士之教训等主题。第四章题为自然宗教与基督教。第五章题为物质与精神，主要讨论灵魂与永生。

教史正式进入大学课程。在波士顿大学，1873 年首先设立了比较宗教学讲座，由华伦（William Fairfield Warren，1833—1929）担任。随后 1887 年普林斯顿神学院和纽约城市大学①也设立了比较宗教学讲座。但这些讲座在讲授其他宗教同时主要围绕基督教和其他宗教的比较。如普林斯顿神学院教授墨菲特（James C. Moffat，1811—1890）在 1871 年即出版了《比较宗教史》一书，1889 年修订再版。作者在书中指出基督教虽然很早就意识到诸多异教的存在，但这些宗教圣典的大规模发现和研究不过是晚近的事②。真正完全讲基督教传统之外的比较宗教的讲座直至 1891 年才由康纳尔大学设立。随后在 1892 年芝加哥大学也设立了纯粹讲比较宗教的讲座，并设立了比较宗教系。

19 世纪 70 年代以来，荷兰政府也在阿姆斯特丹、格罗尼根、莱顿、乌特勒支大学设立了四个比较宗教学讲座。而法兰西学院也设立了第一

---

① The University of City of New York，后来改称纽约大学 New York University。纽约还有纽约市立大学，City University of New York，和前面的学校不同。

② 见 James C. Moffat，*A Comparative History of Religions*：*Before Christ. Part I*：*Ancient Scriptures*. New edition revised. New York：Dodd，Mead，& Company，1889，pp. 107-108. 该书第 4 章题为最近的学术成果。他特别提到了当时语文学（Philology）和民族学（Ethnology）的发展。在梵文学方面，当时的主要学者包括 Frederick Schlegel、Albrecht Weber、Lassen（波恩大学）、Whitney（耶鲁大学）、缪勒（牛津大学）等人。其中 1820 年代是欧洲比较语文学取得关键进展时期，这包括 1822 年法国学者商博良解读出埃及纸草，1823 年英国学者马礼逊出版中文词典，以及 1826 年 Burnouf 与 Lassen 一起发表研究巴利文的文章等等（该书 p. 132）。此书初版刊于 1871 年，作者称其研究受益于以下学者的成果：Hodgson、Hardy、Burnouf 的佛教研究，Spiegel（巴伐利亚埃尔兰根大学）、Haug 的帕尔西教（Parsism）研究，H. H. Wilson、缪勒的婆罗门教研究，Sir Henry Rawlinson、Layard、Botta 的亚述古文物研究，Wilkinson、Lepsius、Brugsch 的埃及古文物研究，理雅各、湛约翰的中国古代研究。全书一共十二章。第一章包括四节：人作为一种宗教存在、必要性、自由、进步与衰落。第二章为古代世界的区域。第三章一共八节：古代文献的比较概观、印度人的圣书、波斯人的圣书、佛教圣典、埃及文献、亚述的见证、希伯来人的圣书、中国的圣典。第四章为最近的学术成果。第五章为原始有神教。第六章为总结。第七章为神性与 Attributes。第八章为人与神的关系。第九章为崇拜。第十章为宗教的 ministry。第十一章为 recapitulation。第十二章为更古的古代。

个比较宗教学讲座①。1877 年荷兰政府通过了《荷兰大学法案》（*Dutch Universities Act*），将阿姆斯特丹、格罗宁根、莱顿、乌特勒支四所国立大学的神学系正式从荷兰改革教会中分离出来，成为大学内部管理的科系。神学系内部的课程也随之进行了改编，宗教史取代了教义学和实践神学②。而在这之前，提勒（Cornelis Petrus Tiele，1830—1902）已经在莱顿讲授宗教史，他在 1876 年出版了《宗教史与普遍宗教的传播》一书③。在阿姆斯特丹大学任教的宗教史学者则是索瑟耶④。他在 1887—1889 年以德文出版了《宗教史手册》一书，由缪勒的女儿科尔耶-费格森在 1891 年译成英文，题目则变成了《宗教学手册》⑤。同时，在 1880 年法国巴黎出现了《宗教史评论》杂志⑥。这一系列现象均反映欧洲在制度上已经确立了宗教史作为新兴学科的地位。

19 世纪下半叶值得注意的现象是学者们对"世界宗教"、"诸世界宗教"以及"政权宗教"、"族群宗教"的争论。提勒在给 1885 年爱丁堡出版的《大英百科全书》第 9 版撰写"诸宗教"（Religions）词条中实际上将"诸世界宗教"（World Religions）等同于"诸普遍宗教社会"⑦，并对所有宗教进行了系统地分类，这个分类系统首先是将所有宗教分成诸自然宗教（Nature Religions）和诸伦理宗教（Ethical Religions）两类。

---

① Louis Henry Jordan，*Comparative Religion：Its Genesis and Growth*，Edinburgh：T. and T. Clark，1905，pp. 377-385.

② Eric J. Sharpe，*Comparative Religion：A History*，2ⁿᵈ ed.，La Salle：Open Court，1986，p. 121；Jonathan Z. Smith，*Imagining Religion：From Babylon to Jonestown*，Chicago：University of Chicago Press，1982，pp. 102-103.

③ C. P. Tiele，*Geschiedenis den Godsdienst tot Aan de Heerschappij der Wereldgodsdiensten*，Amsterdam，1876；此书随即在 1877 年被译成英文在伦敦出版，*Outlines of the History of Religion to the Spread of the Universal Religions*，translated by J. Estlin Carpenter，London：Kegan Paul，Trench，Trübner，1877.

④ Pierre Daniël Chantepie de la Saussaye，1848—1920.

⑤ P. D. Chantepie de la Saussaye，*Lehrbuch der Religionsgeschichte*；translated by Beatrice S. Colyer-Fergusson，*Manual of the Science of Religion*，London and New York：Longmans，Green，& Co.，1891.

⑥ *Revue de l'histoire des religions*.

⑦ 即 Universalistic religious communities.

诸自然宗教下面则又分成多神崇拜的巫术宗教、有组织的巫术宗教、对超人或者半伦理对象的崇拜。诸伦理宗教下面主要包括族群宗教社会和普遍宗教社会①。前者包括中国的道教和儒教、婆罗门教、耆那教、原始佛教（primitive Buddhism）、马兹达教（查拉图斯特拉教）、马赛克教、犹太教②。后者则只包括佛教、基督教和穆罕默德教。1882 年，库恩出版了根据他的希伯特系列演讲整理而成的《诸族群宗教与普遍宗教》一书③。这种将族群宗教和普遍宗教分列的立场和提勒实际上一致。德国学者德雷是《神学季刊》杂志（1819 年创办于图宾根）的主要创办人之一。1827 年，他在该杂志发表了一篇长达 76 页的长文《论族群宗教与世界宗教》④。主要从神学家的立场阐述了天主教教会和政权的区别。他认为教会关注的是人类的命运，而且这一关注是超越所有界限，适用于所有人的。而政权关注的对象仅限于其管辖下的公民。教会关注的是普遍的人类，而政权关心的是国家。教会关心天国，政权关心地上的国。当然，他这里主要将天主教置于民族和国家之上。后来有关的著作还包括 1911 年华伦出版的《世界诸宗教与世界宗教》⑤。在这之前，虽然在书名中没有使用"世界宗教"，但是所讨论内容也涉及世界宗教和地域宗

---

① 即 National nomistic religious communities 和 Universalistic religious communities.

② 类似的原始宗教说，还见于 G. T. Bettany, *Primitive Religions*, *being an Introduction to the Study of Religions*, *with an account of The Religious Beliefs of Uncivilised Peoples*, *Confucianism*, *Taoism*（*China*）, *and Shintoism*（*Japan*）, London：Ward，Lock，and Bowden，& Co.，1891. 此书包括导论和正文十一章。第一章讲无宗教之种族，第二章讲澳大利亚、波利尼西亚、密罗尼西亚等地的宗教信仰与实践，第三章讲非洲的原始宗教（Aboriginal Religion），第四章讲美洲的原始宗教，第五章讲印度和亚洲其他各地的原始宗教，第六章讲孔子生平，第七章讲中国圣书（The Chinese Sacred Books），第八章讲中国近代政权宗教（State religion）和孔教，第九章讲老子，第十章讲道教之发展及现状，第十一章讲日本神道教。

③ Abraham Kuenen（1828-1891），*National Religions and Universal Religions*，Hibbert Lectures，London：Williams and Norgate，1882.

④ Johann Sebastian von Drey（1777-1853），"Von der Landesreligion und der Weltreligion," *Tübinger Quartalschrift*（1827），pp. 234-274，pp. 391-435.

⑤ William Fairfield Warren，*The Religions of the World and the World-Religion*，New York：Eaton & Mains；Cincinnati：Jennings & Graham，1911.

教的著作则是 1885 年凯洛格出版的《亚洲之光与世界之光》一书①，此书主要比较佛教和基督教，认为基督教是一种世界宗教②。

其实，单数形式的"世界宗教"（World Religion），一开始仅仅指放之四海皆准的基督教，比如芝加哥大学比较宗教学家巴洛斯在 1897 年出版《基督教与世界宗教》一书③，从其书名很容易看出，他使用的"诸世界宗教"概念是和"诸族群宗教"（德语 Landesreligionen，或者英文 national religions）相对立的④。但是单数的"世界宗教（World Religion）"后来变成复数的"诸世界宗教（World Religions）"，则指有世界性影响的大宗教，如佛教、伊斯兰教、摩尼教等。这个从单数到复数的变化，与佛教在 19 世纪末被欧洲发现是一种世界宗教分不开。但当时欧洲学者对伊斯兰教是否是一种世界宗教则争议颇多。他们很早即意识到伊斯兰教的跨地区特点，但并未立即承认其世界宗教的地位。而作为同样起源于雅利安文明的佛教，则是基督教之外为欧洲学者承认的第一种世界宗教⑤。

---

①　Samuel Kellogg，*The Light of Asia and the Light of the World*：A Comparison of the Legend，the Doctrine，& the Ethics of the Buddha with the Story，the Doctrine，& the Ethics of Christ，London：MacMillan，1885.

②　他还著有《比较宗教手册》（*A Handbook of Comparative Religion*. Philadelphia：The Westminster Press，1899）一书，此书一共八章：诸宗教的分类、根本性的共同点、诸世界宗教（world-religions）关于神的教义、关于罪的教义、关于救赎的教义、关于未来的教义、实用道德、诸世界宗教与基督教的关系。

③　John Henry Barrows，*Christianity the World Religion*，Chicago：A. C. McClurg and company，1897.

④　我们应该注意到，在文学史上几乎有类似的现象，即"民族文学"与"世界文学"之分，这在德语文学史上尤其明显。歌德便是世界文学的主要提倡者。

⑤　Tomoko Masuzawa，*The Invention of World Religions*，*or How European Universalism was Preserved in the Language of Pluralism*，p. 24；Richard King，*The Orientalism and Religion*：*Postcolonial Theory*，*India and "The Mystic East"*，London：Routledge，1999，pp. 64-72.

第二节　日本近代佛学的兴起

欧洲近代佛学基于研究早期佛教写本而"发现"的所谓真正的佛教或者纯粹的佛教显然是和当时欧洲殖民者以及传教士观察到的亚洲本地人实践的"地方化佛教（localized Buddhism）"、"族群化佛教（nationalized Buddhism)"、"本土化佛教（indigenized Buddhism）"不同。这种对"真正佛教"、"纯粹佛教"、"早期佛教"的重视引发了研究佛陀个人生涯和弘法传记的热潮，在欧洲出现了多种佛陀的传记。其中最重要的著作包括奥登伯格在 1881 年出版的《佛陀：其生平、教义与僧团》一书①，以及莱斯戴维斯的《佛教：佛陀的生平概况与教导》一书②。利用新出土文献重建佛陀的传记和早期佛教历史是当时的潮流，这一潮流学界称之为佛教研究的文献化（textualization）过程。

当代美国上座部佛教专家哈利斯（Charles Hallisey）指出，莱斯戴维斯的历史主义的学术取径也是上述文献化过程的一部分，所以莱斯戴维斯对佛陀传记的研究给人这样的结论：客观的佛陀传记是当代佛教社区所缺乏的某些东西，也不可能从佛教社区自身还原出来，它的重建仅仅可能来自欧洲先进的文献学研究③。研究传教士的学者提醒我们注意

---

① Hermann Oldenberg (1852-1920), *Buddha*, *sein Leben*, *Seine Lehre*, *seine Gemeinde*, Berlin: W. Hertz, 1881；随即被译成了英文出版，见 *Buddha*: *His Life*, *His Doctrine*, *His Order*, London: William and Norgate, 1882.

② T. W. Rhys Davids (1843-1922), *Buddhism*: *Being a Sketch of the Life and Teachings of Gautama*, *the Buddha*, London: Society for Promoting Christian Knowledge, 1899.

③ Charles Hallisey, "Roads Taken and Not Taken in the Study of Theravada Buddhism," in Donald S. Lopez Jr. ed. *Curators of the Buddha*: *The Study of Buddhism under Colonialism* (Chicago: University of Chicago Press, 1995), p. 37.

到 19 世纪英国的传记文学非常发达①。因此佛陀传记的书写可能和这种文学趋势有所关联。但是，对"文献化佛教"的研究，显然也影响到了世界其他地区的佛教学者。比如在日本近代佛教学术话语中关于两个重要名词的争论，即反映了当时欧洲和日本学者的不同思想取向。在日本近代佛教研究中，长期存在对"根本佛教"、"原始佛教"、"初期佛教"的争论。

日本学者藤田宏达发表的一篇长文对日本学界关于"原始佛教"、"初期佛教"、"根本佛教"的争论过程进行了详细探讨。他指出，日本佛教学界一直以"原始佛教"、"初期佛教"、"根本佛教"称呼以三藏中经藏和律藏材料为主所研究的佛教②。到 19 世纪 80 年代则根本佛教已经基本上退出历史舞台，前两者则继续使用。而日本学界所使用的"原始佛教"、"初期佛教"两词在明治以后才逐渐开始流行。但到 80 年代，学界质疑"原始佛教"一词的人逐渐增多，大有废除之势。他也注意到在西方，学者一般将以经藏材料研究的佛教称为最初的佛教，或者古代佛教，而以《阿含经》为基础研究的佛教称为"阿含佛教"。"原始佛教"指从佛陀成道始至上座部与大众部分裂止这一时期的佛教，这以后开始了部派佛教，也称阿毗达摩佛教。

---

① Thor Strandenaes，"Anonymous Bible Translators：Native Literati and the Translation of the Bible into Chinese，1807-1907，" in Stephen Batalden，Kathleen Cann and John Dean eds. ，*Sowing the Word*：*The Cultural Impact of the British and Foreign Bible Society*，*1804-2004*，Sheffield：Sheffield Phoenix Press，2004，p. 124；J. Jeffrey Franklin 分析了英国维多利亚文学中所出现的佛陀传记，见 *The Lotus and the Lion*：*Buddhism and the British Empire*，Ithaca：Cornell University Press，2008，pp. 25-49.

② 藤田宏达：《原始仏教・初期仏教・根本仏教》，载《印度哲学仏教学》2，1987，20～56 页；以及高橋審也：《原始仏教と初期仏教》，见《木村清孝博士還暦記念論集：東アジア仏教—その成立と展開》，373～388 页，东京，春秋社，2002；前田惠学：《何故"原始仏教"か》，载《印度学仏教学研究》98，東洋大学における第五十一回学術大会紀要（二），2001，259～266 页。

有关根本佛教的文章，还参见田崎正浩：《根本仏教を基盤として根本的に建て直した社会科学の新体系》，载《印度学仏教学研究》9，立正大学における第七回学術大会紀要（一），1957，152～153 页。

藤田还追溯了日本学界使用原始佛教一词的渊源，虽然到底是谁将该词引入学界尚未可知，但他已经注意到曾进行巴利文经典研究的专家姊崎正治（1873—1949）在论著中已经频繁使用这一术语，如他在 1895年 2 月《哲学杂志》发表《我国现时的学术与古典研究》一文，提及释迦在世时的原始佛教等语。后来在 1898 年出版的《印度宗教史考》、1899 年出版的《佛教圣典史论》、1900 年出版的《上世印度宗教史》等著作中均使用原始佛教一语。此后在明治 30 年代井上哲次郎（1855—1944）、荻原云来（1869—1937）、境野黄洋（1871—1933）、小野玄妙（1883—1939）等人均使用此词。1906 年舟桥水哉（1874—1945）则出版了《原始佛教史》一书，这是此词第一次出现在单行本著作名称之中。但在该书内容上而言，则和姊崎正治所说的释迦在世时原始佛教不同，而更多地指"小乘佛教史"。大正时期西文关于日本佛教史的著作也使用"原始佛教（Primitive Buddhism）"一词，与后来发展出来的"大乘佛教"相对①。

大正十一年（1922），木村泰贤（1881—1930）出版《原始佛教思想论》一书，则将其讨论限定于阿含部与律部文献。大正十四年，宇井伯寿在《印度哲学研究》第二上发表《原始佛教资料论》一文，进一步从历史的角度将原始佛教的范围划定在佛陀成道的公元前 431 年至阿育王灌顶即位前的公元前 271 年之间。他还继续对原始佛教进行分期。将佛陀在世和佛陀弟子仍在世时教导的佛教称为根本佛教，因为他推测佛陀弟子约在佛陀灭后三十年左右入寂，故将根本佛教的年代划定为约八十年，即公元前 431 年至公元前 350 年。此后他这种广义上原始佛教的说法一直为学界采用。这些使用这种原始佛教定义的著作包括赤沼智善的《原始佛教之研究》、舟桥一哉的《原始佛教思想之研究》、西义雄的《原始佛教中的般若之研究》、水野弘元的《原始佛教》、佐藤密雄的《原始佛教教团之研究》、前田惠学的《原始佛教圣典之成立史研究》、平川彰的《原始佛教之研究》、中村元的《原始佛教之成立》、《原始佛教之思想》、《原始佛教之生活伦理》等。

---

① 如 August Karl Reischauer，*Studies in Japanese Buddhism*，New York：The Macmillan Company，1917，pp. 51-70.

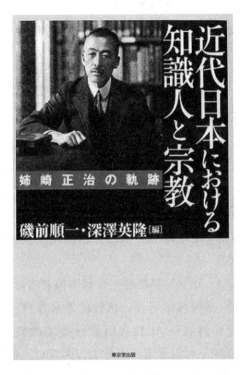

图五十六　**2002** 年出版的研究姉崎正治的论文集书影

　　藤田还推测 1900—1903 年间曾在欧洲留学的姉崎正治使用原始佛教的说法应来自欧洲印度学英、法、德等语言中名词的翻译。但检布努夫、缪勒等人著作中并无相关记载。他仅仅发现在奥登伯格的《佛陀：其生平、教导与著述》一书中使用了"原始佛教"（der ursprüngliche Buddhismus）这样的说法，在英文译本中则出现了早期佛教（Early Buddhism）。故而尚难确定是否姉崎正治是直接翻译自英语或德语还是另有其因。因日本学界有学者如三枝充悳认为原始佛教中的原始（primitive）一词有"素朴、未开化"之意味，所以主张用"初期佛教"。其实"初期佛教"在明治时期已经出现在一些论著之中。如 1902 年高楠顺次郎在论文中已经使用这一名词。后来和辻哲郎在大正十五年发表过《初期佛教资料的获取方法》一文，也使用初期佛教，并且在《原始佛教之实践哲学》一书中将"初期佛教"和"原始佛教"并用①。

根本佛教则是另一十分重要的术语。该词最早在明治三十九年（1906）已经出现在荻原云来的论文《根本佛教之分派》之中。而最初作为单行本书名出现则是姉崎正治在明治四十三年（1910）出版的《根本佛教》一书。他在序言中将东方的佛教比喻成花蕊，南方的佛教比喻为枝叶，但不是根底和杆茎。他著述的目的是以巴利文佛典和汉译三藏比较为基础来找出佛陀弘化的真面目。而宇井伯寿主张佛陀和其弟子在世时弘扬的佛教是根本佛教。继承宇井说的学者包括增永灵凤，他在昭和二十三年（1948）出版了《根本佛教之研究》一书。而接受姉崎说法的则有增谷文雄，他在昭和四十六年（1971）出版《根本佛教与大乘佛教》一书。赤沼智善和西义雄均认为根本佛教指佛陀在世时的佛教，较宇井说范围又略为缩小。

宫本正尊（1893—1984）早年也主张根本佛教实际上是佛陀的中道，也即是佛教最本质、最纯粹的精神，佛教的本来面目，也可以称为"真实佛教"或者"纯粹佛教"。比较我们前面阐述的莫尼尔-威廉姆斯在《佛教》一书中的立场，可以看出两人看法极为接近。但藤田宏达注意到宫本晚年不再使用根本佛教一说。他还指出根本佛教虽然是日本学术界的创造，但实际上在英文学界也有对应词，即英国佛教学者戴维斯夫妇常使用的"本源佛教（original Buddhism）"一词。

中村元则致力于所谓"最初期佛教"的研究，他专注于语言、文献研究，并考察当时印度古代社会历史背景，认为相应部（Sagāthavagga）文献可能出自阿育王以前的时代，其中有两个篇章则较为接近佛陀时代的思想传统。他还认为原始佛教圣典中的诗句似乎大部分出自阿育王以前的时代，这主要包括巴利文佛典中的五部 Nikaya 以及汉译四阿含中保存的一些文献，而其中散文部分则出自阿育王以后的编纂。基本上佛陀时代的思想，不出缘起、无我、四谛、八正道的范围。这其实也是当代佛教学者罗睺罗（W. Rahula）所著《佛陀所教导》（*What the Buddha*

---

① 末木文美士：《和辻哲郎の原始仏教論》，见《北畠典生博士古稀记念论文集：日本仏教文化论丛》上卷，327~346 页，京都，永田文昌堂，1998。

Taught）一书的主要内容①。

以上我们主要讨论了日本近代佛教的一些学术发展。当时日本佛教教团的政治经济史背景也值得交代一下，以便更为明了日本佛学如何受到欧洲的影响。日本明治初期，佛教遭到极大的打击。明治元年（1868）政府发布神佛分离令，开始了废佛毁释运动，其破坏的主要对象是真言宗、天台宗的山岳寺院和灵修道场。明治四年（1871）政府又发布上知令，朱印地、黑印地被政府没收，依赖这些财产的奈良大寺院、天台宗、真言宗、净土宗、临济宗、曹洞宗遭到沉重打击。对朱印地依赖较小的真宗、日莲宗则受打击较小。真宗西本愿寺派、东本愿寺派因与政府关系密切，反而因此崛起。西本愿寺派实际上得到长州出身的政治家木户孝允、伊藤博文等人支持。明治五年（1872）政府进行壬申户籍改革，德川幕府时期承认的僧侣户籍被否定，特权被剥夺②。同年政府发布命令让僧侣蓄发、肉食、带妻，从而使僧侣的日常生活方式和平民一样③。但是在僧团内部组织体制上有一些新的变化。原本在明治五年政府设立教导职，让僧侣参加大教院，参与国民教化。

此后真宗在明治八年（1875）宣布退出大教院，政府对教团的管理出现松动，各教派自行发展自己的教团，并开始从以本山为中心的管理体制向以管长为中心的管理体制改变。在制定寺法、住持任免和寺职进退方面，管长和本山存在矛盾从而不断争取自治自主权。内务省介入之后，废除大教院，允许各地寺院自行决定寺务。这也导致各个寺院可以自行培训僧侣和教育僧侣。各个教派开始设立自己的教育机构，并引入西洋教育制度，引发了保守派和西洋派的对立。其中真宗较重视让新进子弟学习西洋的学问和思想。故而在明治九年，东本愿寺派将南条文雄

---

①　Richard Gombrich 则出版了 *What the Buddha Thought*（London：Equinox Publishing，2009）一书，特别用巴利文文献探讨了佛陀思想中业的理论。

②　关于明治政府打击佛教的研究，见 James Edward Ketelaar，*Of Heretics and Martyrs in Meiji Japan：Buddhism and Its Persecution*，Princeton：Princeton University Press，1990.

③　近代日本僧人娶妻以及登记的研究，可参见 Richard M. Jaffe，*Neither Monk Nor Layman：Clerical Marriage in Modern Japanese Buddhism*，Princeton：Princeton University Press，2001，第四、五章。

和笠原研寿送往英国留学，他们学习和归国后在日本开创了近代佛教学①。

明治十二年（1879）原坦山即在东京大学文学部的和汉文学科开始讲授佛教典籍，主要是汉文大乘典籍。明治十四年（1881）东京大学进行教育组织改革，设立哲学科，新开设印度和支那哲学。1882年哲学科再次改革，分设西洋哲学和东洋哲学两科，并委任井上哲次郎为助教授，负责东洋哲学，其教授的科目也包括印度哲学。1885年南条文雄自英国回国，到东京大学担任梵文讲师。1884年井上赴德国留学，1889年回国被聘为比较宗教学与东洋哲学教授②。后来这个位置由姉崎正治在明治三十一年（1898）接任。明治二十三年（1890），东大校长加藤弘在文部省申请设立印度哲学和梵语学讲座③。同年，村上专精担任佛教研究讲师。明治三十二年（1899）高楠顺次郎（1866—1945）担任博言学科（比较语言学）教授，三十四年（1901）担任梵语学教授。明治三十八年（1905）年设立宗教学讲座，由姉崎正治担任。从此在制度上奠定了日本近代宗教研究特别是佛教研究的基础④。

上文已经提到，欧洲自宗教改革和启蒙运动以来，对语言的认识有一个从一元走向多元的过程，欧洲学者逐渐走出拉丁文世界，走向欧洲

---

① 林寺正俊：《南条文雄・笠原研寿の留学目的とF・マックス・ミュラーの期待》，载《印度哲学仏教学》18，2003，273～290页。

② 对井上和南条贡献的讨论，参见大西薫：《日本近代仏教学の起源》，载《日本仏教学会年報》66，2001，161～180页；桜部建：《近代仏教学の步みとわれらの先学》，载《真宗教学研究》2，1978，14～19页；雲井昭善：《南条文雄先生：近代仏教学研究の先駆者》，载《仏教学セミナー》7，1968，60～70页。

③ 明治十九年，政府下帝国大学令，东大改称帝国大学；三十年，政府再设立京都帝国大学，东京的帝国大学改称东京帝国大学。

④ 有关这一制度化过程的介绍，参见林淳：《近代日本における仏教学と宗教学：大学制度の問題として》，载《宗教研究》333，2003，29～33页。有关日本近代佛学的欧洲背景，还参见高崎直道：《インド仏教学の现状》，载《駒沢大学大学院仏教学研究会年报》3，1969，2～16页；下田正弘：《"近代仏教学"と"仏教"》，载大谷大学仏教学会编《仏教学セミナー》73，2001，97～118页；前田惠学：《日本における近代仏教学》，载爱知学院大学禅研究所编《禅研究所纪要》4-5，1975，349～353页；清田实：《近代仏教学の动向：日本と西洋の比較》，载《真宗総合研究所研究所纪要》1，1983，85～102页。

图五十七　高楠顺次郎

诸民族语言的世界，并从欧洲诸民族语言出发去寻找印欧语言的起点，再从研究梵文、巴利文写本语言走向世界其他语言，逐渐将闪米特诸语言、汉藏诸语言均纳入考察的视界。同时，他们对宗教的认识也同样有类似的路径，从基督教天下独尊的宗教观，扩展到亚伯拉罕诸宗教，再扩展到东方诸宗教，再到世界诸宗教。受进化论影响，欧洲学者关注语言的进化；同时，基督教圣典的翻译和民族语言的地方性注释对民族语言的形成有极大而深刻的影响。欧洲地区语言的进化、民族的分化，《圣经》被翻译成多种语言，造就了欧洲地区众多民族国家的分立①。如何实现国家认同与宗教宽容，是中国面临的问题。但一般人认为政权对宗教的宽容比一种宗教对其他宗教的宽容，在中国更为重要。因为中国宗教的影响没有欧洲那么大。但是中国在帝制时期一直是政教合一的国家。日本因为在近代尽力脱亚入欧，在学术上几乎经历了与欧洲非常类似的发展历程，其近代佛教研究在方法和制度实践上的转型，也是脱亚入欧

① 参见 Benjamin J. Kaplan, *Divided by Faith：Religious Conflict and the Practice of Toleration in Early Modern Europe*, Cambridge：Belknap Press, 2007.

重新建立国家认同的一部分①。但近代中国从没有像欧美学术界那样发展出世界宗教的课程，作为通识教育的一部分，成为大学生学习的主要科目。中国佛教在学术制度上的地位从来没有在日本那样获得合法性。日本在国立大学设立梵文学、印度学和佛教讲座，实际上给予了普通大学生以及研究生从"现代学术"角度了解佛教的机会和条件。而中国佛教信徒在面对冲击时，并没有意识到制度建设的重要性。佛教社区以外，对佛教研究的制度上的保证，超越佛教社区自身设立的学术机构之外的对佛教的理解、解释、批判，其实对佛教社区本身发展也非常重要。

而近代中国佛教学者对进化论持怀疑甚至否定态度，更关心佛教文献本身所蕴含的跨越历史的精义，因而未能关注比较语言学。而且中国佛教学者一直以来仅注重汉文，并且将其视为单一民族语言。甚至中国近代学者在处理其他语文材料时，也以汉文为主导。比如寅恪先生的研究即是如此，他虽然精通其他佛教古典语言以及各族群语言，包括梵文、巴利文、藏文、蒙古文、突厥文等，但他关注的中心问题仍是中国佛教文献。这样看来，似乎可以说是佛教语文学上的中华中心主义（Sino-centrism）②。

追求普遍性是现代性的基本特点之一，一只鞋子适合所有的脚是现代科学追求所谓科学规律的目标。然而文化和宗教的阐释是否可以用这样的目标来衡量，每个人的答案可能非常不同。因为人文学本质上是解释人的生存状况，也同时揭示人的生存状况，而非追求超越生存状况本身的普遍规律。现代科学是非历史的，人文学本质上是历史学，历史，也即是故事，有它自身的情节发展和最终结局。

在世界近代学术上，不仅有"世界宗教"（World Religions）和"比较宗教"（Comparative Religions）的学术话语，而且在制度上也有其反

①　Jacqueline I. Stone, "A Vast and Grave Task: Interwar Buddhist Studies as an Expression of Japan's Envisioned Global Role," in J. Thomas Rimer ed., *Culture and Identity: Japanese Intellectuals during the Interwar Years*, Princeton: Princeton University Press, 1990, pp. 217-233.

②　实际上胡适还是很注意从更广阔的视野来看佛教，他主持北大文科时，即亲自为钢和泰授课做翻译。当然，这些印度学、佛学的课程设置并未在中国近代国立大学中形成长期实行的制度。

映。在大学中这些名词不是作为话语存在，而且也作为科系存在。比如在波恩大学、西密歇根大学均设有比较宗教系。和其相关的是语言学、人种学。宗教、语言、人种的研究在 19 世纪学术话语中密切联系在一起①。比较宗教学之外，还有比较语文学（comparative philology）；而在宗教史之外，还有历史语文学（historical philology）。欧洲和日本近代学术界对上列各个学科发展的探讨均有较长历史。日本学者除了在比较语文学、历史语文学、宗教史方面很早就奠定制度基础，对人种的研究也有很长的历史，如鸟居龙藏（1870—1953）、江上波夫（1906—2002）等人分别对南岛民族和北方游牧民族的研究。当然，应该注意到，近代时期欧洲和日本的东方学与东洋学研究常常带有很强的殖民主义以及帝国主义色彩，其论述的出发点和目的常常带有将其他民族视为"落后"、"愚昧"文明的偏见②。

　　日本近代佛教研究当然也有和欧洲近代佛教研究非常不同的一面，实际上这种不同乃是对欧洲存在学术研究上的反影响。这主要表现在日本是大乘佛教国家，佛教不仅仅是研究的对象，更是日本社会重要的思想资源。大乘佛教不是他者，而根本就是自己的文化遗产和文化现实。所以日本学者显然不会局限在将佛教视为一种客体对象。他们对大乘佛教的精义非常重视，而派往欧洲的留学生南条文雄等人也帮助欧洲学者缪勒等人整理了梵文的大乘经典，渡边海旭则帮助英国学者比定了一些中亚出土的梵文残片。以至于当代西方研究早期大乘佛教的学者突然意识到，他们对于大乘佛教的关注实际上仍然打上了日本佛教的烙印。那体慧（Jan Nattier）在她出版的《诸善男子》一书中反省了西方学界对于大乘佛教的研究仅重视大乘佛教里面的个别经典，如被称为"半个亚

---

① Maurice Olender, *The Language of Paradise：Race，Religion，and Philology in the Nineteenth Century*. Cambridge：Harvard University Press，2008.

② 日本的东洋学与欧洲的东方学，几乎性质上是一样的；参见 Stefan Tanaka, *Japan's Orient：Rendering Past into History*，Berkeley：University of California，1993；拙撰书评《没有过去的历史：学术史上的日本东洋学》，载《国际汉学》，第17 辑，2009；见本书附录二。

洲的圣经"的《法华经》①。她认为一开始西方学者研究的大乘经典都是在日本佛教中十分流行的经典，而对早期大乘佛教的一些经典重视不够。

第三节　中国佛教与现代性：以王恩洋为中心

我们考察中国近代佛教徒的言论是想了解他们如何面对西方学术和思想的挑战。是否中国的佛教徒有更强的中国中心主义观念？是否他们也开始意识到世界宗教的问题？普遍主义是否曾在中国被广泛讨论？中国的启蒙是否是救亡的启蒙，不是对宗教世界的重新认识和祛魅？这些问题不可能在这里全部得到解答②。仅从这里重点讨论的材料即王恩洋的论说来看，其言说中甚少有世界的眼光，更多是谈论中国和西方的对立局面，这反映了很强的中西分化观念。在他的论说中，显然天下、华洋、中西的观念仍然是主导，而甚少从世界的视野去思考问题。这大概是因为在他的观念中中国自 19 世纪 40 年代被列强打开大门以来在政治、经济和文化上均处于劣势。

当时面临国际上各种危机的中国，尚难让学者们平静下来思考更为广阔的世界性问题。中国虽然有去除儒家权威的运动，有非基督教运动，但都有非常强的救亡图存色彩，作为一个主权上仍然独立的大国，突显个体民族的色彩不如欧洲诸国那么强。近代一些中国学者在对第一次世界大战的称呼上即可以反映他们的世界观。因为称之为欧战还是世界大战，以中国学者看重的名分而言，存在对整个战争格局的基本认识。如果称 1914—1918 年发生的第一次世界大战为欧战，显示中国学者认为它和中国无关，是仅限于欧洲地区的大战。如果称之为世界大战，则反映了更为敏感的对这一战争所造成的世界影响，认为这是一场超越欧洲范

---

① Jan Nattier, *A Few Good Men: The Bodhisattva Path according to The Inquiry of Ugra* (*Ugraparipṛcchā*), Honolulu: University of Hawaii Press, 2003, pp. 6-7.

② 部分研究参见拙撰《文献主义与民族主义：近代佛学视野中的陈寅恪》，载《新哲学》，第 7 辑，2007，216～237 页，其中注 11 有相关近代佛学研究的书目；收入本书第七章。

围的世界大战。

佛教在近代中国社会如何被理解、制度上被大众至少是学者们接受，并未引起中国佛教学者的深刻反省和注意，并没有引起中国佛教学者对这样一种传统进行一种成功的现代转化。比如我们这里分析的主要对象近代佛教徒王恩洋，他对现代性冲击的反映，可以从其写作中看出来。其写作方式，非常明显地是一种充满强烈的意识形态式的对抗性、护教性、防卫性书写。这种书写传统从感情和方式也见于《弘明集》、《广弘明集》、《集古今佛道论衡》中佛教徒的护教作品，但其内容意境完全近代化了，涉及的主题均和近代哲学、宗教、科学所关心的主题有关。他肯定是反对胡适等人主张的以科学态度整理国故。他认为佛法不是佛学，不能以科学的方法整理。胡适说反对他的人在北京都是旧学者和古文家，而在南京都是留学生①。他所说的留学生当然主要指以主持《学衡》杂志的胡先骕、吴宓等人。但其实也包括与这些留学生们交往密切的王恩洋，吴宓日记中记载他在东南大学时期和欧阳竟无（1871—1943）与王恩洋也有交往。

科学地研究中国的传统、中国的文化，整理中国的过去，已经由一些学者开始推动，这甚至在新文化运动开始时即已经出现②。对比我们下文将要提示的欧洲学者在启蒙运动以来对《圣经》的态度，可以说在启蒙的意义上，所谓整理国故运动，以科学的方法整理国故，其中当然包括以科学的方法整理儒学，将儒学从神学的祭坛拉下来，当成是中国文化的一部分来研究。这就是胡适在日记里面记载的他对儒学的态度。1921 年 7 月 9 日周六这天，他到一声馆访日本学者小柳司气太。小柳明治 27 年从东京大学毕业时著有《宋学概论》一书，凡十九章，其中讨论朱子即占一半篇幅。胡适认为此书在当时尚算一部好书。两人见面笔谈

① 曹伯言编：《胡适日记全编》，第三册，386 页，1921 年 7 月 21 日日记："寅初邀在都益处吃饭，见郭秉文、张子嵩、朱进、王毓祥等。郭君要我留在商务，而兼任东南大学事。我说，东南大学是不能容我的。我在北京，反对我的人是旧学者与古文家，这是很在意中的事；但在南京反对我的人都是留学生，未免使人失望。"

② 民初新旧学人对国故学的态度的研究，参见罗志田：《国家与学术：清季民初关于"国学"的思想论争》，北京，生活·读书·新知三联书店，2003，特别是第五、七章。

了一个多小时。小柳尚崇信儒教，认为"儒教为中国文化一大宗，其中有几多真理，一旦弃去，甚可痛惜。"但胡适主张"我们只认儒教为一大宗，但不认他为唯一大宗。儒家固有真理，老、庄、墨翟也有真理。"小柳送胡适一册东京斯文会之杂志《斯文》。

斯文会是在东京设立的一个有基金的财团法人。设立目的是主张儒道，阐明东亚学术，以翼赞明治天皇教育救语的旨趣，而发挥所谓日本国体之精华。其成员包括一些重要的汉学家和思想家，如服部宇之吉、宇野哲人、狩野直喜、井上哲次郎等，这些人都自认博览东西方文化，而儒教已在中国衰落，日本则保存更完整，鼓吹天皇制度下的所谓王道政治①。当时小柳要拉胡适入会，但胡告诉他自己是一个不赞成儒教的人②。虽然科学地研究儒家似乎已经出现，但佛教的现代研究在20世纪20年代并没有完全登上历史舞台。对儒家经典、佛教经典的科学整理和研究，在当时只是刚刚开始。

欧洲近代学者如何看待从神圣宗教中走下来的圣典？希翰（Jonathan Sheehan）在给《启蒙圣经》一书的前言中写道："现代性的预言家们在计算宗教死亡的钟点。他们不该屏住呼吸。现代社会从来不缺宗教，并非因为人类本质上很迷信或者他们的脆弱所创造出超自然的安慰，而是因为宗教消失的过程本身是现代性自我定义不可或缺的一部分。对于现代社会而言，世俗化总是存在且一定是未完成状态。即便宗教看上去从政治和公共文化中淡出，它从未停止对现代性进行定义的计划，这样的计划或者是以负面的不宽容和仇恨出现，或者以正面的社会正义和平等的伦理出现"③。他认为16世纪时的《圣经》逐渐脱离作为上帝之言而具有的权威性，转向以其学术上和对人的思想的启发上具有权威性的内在合法性加上政治权威国王所赋予的外在合法性④。

---

① 参见陈玮芬的研究，《近代日本汉学的关键词研究：儒学及相关概念的嬗变》，上海，华东师范大学出版社，2008，特别是第五、六章对井上哲次郎、服部宇之吉思想的分析，以及附录对斯文会的讨论。

② 曹伯言编：《胡适日记全编》，第三册，365～366页。

③ Jonathan Sheehan, *The Enlightenment Bible*：*Translation*，*Scholarship*，*Culture*，Princeton：Princeton University Press，2005，p. ix.

④ Ibid. , pp. 14-15.

　　根据希翰的研究，德国近代思想家对《圣经》的重新翻译和注释让《圣经》成为古代文化留下的思想遗产，这种重新翻译和注释使《圣经》实际上脱离了原有的作为基督教圣典的传统，而创造出新的作为西欧文化和思想遗产的新传统。比如德国近代思想家赫尔德（J. G. Herder）即计划做一个新的《圣经》译本，这个译本将是古代作品的汇集，而非宗教上的圣典。他甚至在1778年出版了《雅歌》的译本，以保留古代希伯来的简洁性。赫尔德对《圣经》所做的一系列研究和译注实际上是为了寻找德国民族思想的源泉①。这种将传统基督教圣典的《圣经》转化为文化遗产的现代性主张其实在中国也可以找到类似的例子，这即是和赫尔德几乎同时代的章学诚。章学诚的"六经皆史"可以说约略也有类似的意思。章学诚实际上将儒家传统上主张的"经典"看成了保存中国古代文化与思想的历史遗存，而非仅仅是作为儒家的"圣典"。实际上六经本身已经包括了相当复杂的题材和内容，不仅有《春秋》这样的史书，也有收集了诸多中国古代民间诗歌的《诗经》②。

　　相比之下，中国佛教学者在对待佛教经典的态度和做法上似乎没有像欧洲启蒙时期的学者对待《圣经》那样将圣典转化为文化遗产，让其焕发出新的生命力。时代在变，只有将传统进行创造性转化才可能让其继续保留对广大民众的吸引力。特别注意的是，传统上的儒家经典，完全为士人阶级垄断，成为他们升官晋爵的敲门砖。这些经典的权威性很大程度上借助于科举制度而获得正当性和必要性，但其实自身内容并没

---

① Jonathan Sheehan, *The Enlightenment Bible*: *Translation*, *Scholarship*, *Culture*, pp. 169-175.

② 赫尔德（1744—1803）与章学诚（1738—1801）属于同时代人，在史学思想上有些相似之处，我曾在《陈寅恪与赫尔德——以了解之同情为中心》（《清华大学学报》，2006，第4期，20~32页）一文中略加揭示，见本书第八章。但赫尔德和章学诚两人思想与学术之详细比较将另文探讨。有学者指出，章学诚较早提出史家应写一部真正的通史，对前代历史进行批判，史家应有相当的分析和批判，而非仅仅是编年；见 Mary G. Mazur, "Discontinuous Continuity: The Beginnings of a New Synthesis of 'General History' in 20th Century China," in: Tze-ki Hon and Robert J. Culp eds., *The Politics of Historical Production in Late Qing and Republican China*, Leiden: Brill, 2007, p. 112.

有被充分开发出来，成为内在的合法性因素。

为什么以王恩洋为例为看近代中国佛教徒的主张呢？首先王恩洋并非出家人，而是一介在俗信徒，也因此和当时东南地区的知识界重要人士来往密切，并对当事学术界的争论非常敏感。其次，王恩洋在 20 世纪 20 年代尚属于年青一代，和他的老师欧阳竟无相比，年龄上晚了一代。凭借这一年龄优势，显然他对当时陆续传入中国学界的西方哲学、宗教、科学等主要流派都有接触，并且从其著作中看得出他对这些主张反映十分敏感。当时挣扎在宗教和哲学之间的年轻人很多，比如朱谦之就是一个代表，他曾出家，后来又还俗。胡适在 1921 年 7 月 26 日日记中记载朱谦之来信中说他"对于佛法已由极相信一边，到不相信一边去了。此后当永抱哲学者的态度，决不会再走宗教的路"。①所以王恩洋也算一个代表。他早年曾在北大哲学系旁听一些课，这其中包括梁漱溟的印度哲学课。王恩洋也积极参与社会运动，甚至 1919 年因参加学生运动被捕入狱，出狱后仍回北大上课，但钻研重点转向佛学。后来经梁漱溟介绍到支那内学院追随欧阳竟无学习。

再次，王恩洋著作中对当时哲学、宗教、科学等各个近代学术门类均有回应，其论说的范围牵涉面很广。比如哲学，他的著作中提到伯格森、罗素等人；比如科学，他也提到爱因斯坦等人。在宗教方面，特别是佛教问题，他讨论了原始佛教和大乘佛教。在社会思潮上，他特别讨论了进化论。作为在家佛教信徒和青年学者，王恩洋实际上在学术和宗教上和当时欧洲很多基督教学者背景在某些方面较为相似，这主要体现在信仰和理性纠结在一起，同时对于近代宗教的哲学研究、历史研究、文献研究均十分关注，并提出自己的主张。同时，因为王恩洋不是出家人，所以他对教团制度不是特别注意，他没有特别讨论教团制度问题和佛教与社区建设问题。他在早期特别是在支那内学院时期所写很多文章

---

① 曹伯言编：《胡适日记全编》，第三册，400 页。真正从接触西洋学术和文艺最后走向宗教并坚持走完的人不是没有，比如李叔同；参见 Raoul Birnbaum, "Master Hongyi Looks Back: A Modern Man Becomes a Monk in Twentieth-Century China," in Steven Heine and Charles S. Prebish, eds., *Buddhism in the Modern World*, Oxford: Oxford University Press, 2003, pp. 75-124.

基本上甚少涉及社会外沿因素，而主要从内在学理角度来回应当时现代性的挑战。

图五十八　**1936** 年王恩洋在私立龟山书房与众弟子合影

最后，应该说明的是，有关他老师欧阳竟无及其同一世代的佛教教内和教外的资深学者如杨文会、太虚、印顺等人的研究已经很多，这里不再赘述①，而主要关注王恩洋这一代在俗信徒。考虑到欧洲论述佛教的学者很多也有基督教背景，甚至本身是基督徒，选择作为佛教徒的王

---

①　对印顺的研究，如 William Yau-nang Ng，"Yinshun's Interpretations of the Pure Land，" *JCP*，Vol. 34，No. 1（Mar.，2007），pp. 25-47；William P. Chu，"A Buddha-Shaped Hole：Yinshun's 印顺（1906-2005）Critical Buddhology and the Theological Crisis in Modern Chinese Buddhism，" University of California at Los Angeles，Ph. D. Dissertation，2006；Tien Po-yao，"A Modern Buddhist Monk-reformer in China：The Life and Thought of Yin-shun，" California Institute of Integral Studies：Ph. D. Dissertation，1995；蓝吉富：《印顺的思想与学问》，台北，正闻出版社，1985；对杨文会的研究，如 Gabriele Goldfuss，"Binding Sutras and Modernity：The Life and Times of the Chinese Layman Yang Wenhui（1837-1911），" *Studies in Central and East Asian Religions* 9（1996），pp. 54-74；张华：《杨文会与中国近代佛教思想转型》，北京，宗教文化出版社，2004；陈继东：《清末仏教の研究：杨文会を中心として》，东京，山喜房佛书林，2003。

恩洋作为研究对象，也可以比较中国和欧洲两种教徒对于佛教的不同立场和看法。

图五十九　王恩洋

王恩洋在 20 世纪 20 年代的主张，可以基本上归纳为以下这样一些内容。其基本出发点是佛教是佛法，佛教并非宗教或哲学；真理即是佛法中的唯识学。佛教应该以科学精神来研究。但他对科学和佛教的对比之中，却得出排斥科学的结论①。他总归是要强调佛法的普遍性、非历史性。他对佛教实践和体验的强调要超过他对科学研究佛教的态度，而对于科学研究，特别是从进化的角度研究佛教历史存在较为排斥的心理。一方面，他对当时佛教研究的进展十分关注，另一方面，他对这种进展基本上以排斥眼光看待。这种态度主要是为了护教，特别是为放之四海而皆准的唯识学辩护。他还主要批判了基督教的一神论、创世论，并将

① 有关佛教对科学主义思潮回应的研究，参见 Holmes Welch，*The Practice of Chinese Buddhism*，1900-1950，Cambridge，MA：Harvard University Press，1967；麻天祥：《晚清佛学与近代社会思潮》，台北，文津出版社，1992；麻天祥：《20 世纪中国佛学问题》，武汉，武汉大学出版社，2007；刘成有：《论 20 世纪中国佛学对科学主义思潮的回应》，载《首都师范大学学报》（社会科学版），2000，第 4 期；刘成有：《近现代居士佛学研究》，成都，巴蜀书社，2002；何善川：《中国佛教对近代科学主义的回应》，载《河南师范大学学报》（哲学社会科学版），2003，第 3 期；Francesca Tarocco，*The Cultural Practices of Modern Chinese Buddhism：Attuning the Dharma*，London：Routledge，2007. 但一般很少提到王恩洋。

宗教和基督教等同起来，认为佛法非宗教。这一将宗教和基督教等同的看法显然受到基督教传教士一贯主张的影响，认为宗教为基督教特色，东方宗教为哲学、伦理系统，基督教才是宗教，最高真理。王恩洋也批判了进化论，认为进化论对佛教影响导致学者认为大乘非佛说，否定佛法的普遍性。他本人对早期佛教并无研究，但显然关注当时学界对印度佛教以及在印度佛教研究基础之上对印度历史地理研究取得的进展。以下各个段落将一一说明王恩洋的立场，并结合当时的思想史背景加以评说。

王恩洋在《研究佛法者应当注意的三个问题》中说："我于佛法本是初学，不配说什么话。但觉得真要研究佛法，应当特别的或绝对的取客观的态度——即科学精神——此种态度原是研究一切事物的普遍态度。特佛法这个东西，他所说明的既特别与世间一切知解不同，所以尤宜注意。"①显然，在以科学研究佛法的问题上，他认为科学精神和佛法在普遍性上是有共同点的，所以才主张如果要研究佛法，一定要以科学精神、客观态度来研究。因为科学精神是一种研究的普遍态度。在《佛法真义》一文中，他又指出了研究佛法的科学途径乃是一步一步循序渐进才能克竟其功。他说："今人多以佛法不合科学为疑，吾谓人果能以研究科学的法子对付佛法，如像未懂得加减乘除时便莫要乱去疑心微分、积分的不对，真想要懂微分积分便一步一步的将算学、几何、三角、代数等等学了再说，莫要瞎猜；那么，佛法也便少受许多冤枉幸运道谢的多了——然后比量可施；实测者当先修行，而后现量可证。"②显然他这样说是受到当时学界对科学极为重视的风气影响，一定要找到佛教和科学相合之处。

但是王恩洋也指出科学仅研究静态的无知觉的物质界，而且科学的主张常常前后矛盾，以今日之我非昨日之我。他认为佛法则能克服这些问题。他在《佛法真义》中主张：

> 然自然科学之进步，科学自身亦自节节斩伐，自成矛盾矣；则伯格森之由科学出而排斥科学也，罗素之分析而归之现相是也，安

---

① 王恩洋：《中国佛教与唯识学》，41页，北京，宗教文化出版社，2003。本章所引用该书所收王恩洋文字皆对其标点有所修订。

② 同上书，36页。

斯坦之别有发明而大反数百年来之定律公理是也。此后之科学为全
体推翻乎，为根本改造乎，虽尚未定；然其自身之不足解释支配一
切物理而必多改革，则断断然矣。夫科学之能事，在静的、笨的、
无知觉的物质界而已多不足恃，则于变动不居周流六虚不可为典要
之心识，更何力何能足以问津耶，盖自遍计言，则既一切而空矣，
然就依他言，则亦既如幻而现矣，此之如幻变现，要皆不离吾识，
因缘生灭，无一息停，宇宙非外物也，根身费时体也，唯识无境，
前既详言之矣。①

在《大乘起信论料简》一文中②，他特别批判了伯格森的学说。他说：

> 西方生理心理学家，乃谓心之神用，亦由神经细胞脑膜灰质运
> 动变化之所生起，更谓人类之生亦由单细胞动物进化而成。而法哲
> 伯格森则谓动物植物同由一生原动力之所创造进化，愚痴执着，虚
> 妄颠倒。若以佛理观之，心王心所且不同种子，大种造色尚不共功
> 能，各有亲因，不相杂易。恶有不觉之色，能生灵觉之心。③

以生理、心理学角度来研究佛教的主张，出现在梁启超的《佛学十八
篇》里面。梁启超 1919 年曾赴法国参加巴黎和会期间曾与伯格森见面。梁
氏曾于 1920 年在南京高等师范学校演讲国学，也涉及佛学的研究方法④。
作为学术界的名人，可能他在南京的演讲对后来支那内学院诸君均有触

---

① 王恩洋：《中国佛教与唯识学》，35 页。

② 此文写于 1923 年。用王恩洋自己的话说，此文"释迦如来纪元后二千四百
八十八年，即民国十二年二月五日于支那内学院作"。

③ 王恩洋：《中国佛教与唯识学》，76 页。

④ 有关梁启超的佛学研究，参见王俊中：《救国、宗教抑哲学？——梁启超早
年的佛学观及其转折（1891—1912）》，载《史学集刊》，1999，第 6 期，93～116 页；
巴斯蒂（Marianne Bastid-Bergère）：《梁启超与宗教问题》，张广达译，《东方学报》，
卷 70，1998，329～373 页；Mori Noriko, "Liang Qichao and Buddhism," in Joshua
Fogel ed., *The Role of Japan in Liang Qichao's Introduction of Modern Western
Civilization to China* (China Research Monograph, No. 57. Berkeley: Institute of East
Asian Studies, University of California, Berkeley, 2004); Axel Schneider, "Liang
Qichao's changing views of history — evidence for Buddhist influence," a paper presented

动。所以才会出现王恩洋特别提到佛教角度对生理、心理学的回应。而且，支那内学院诸生对西洋哲学并不陌生。从上也可看出王恩洋的态度与熊十力以伯格森创化论解释佛学的做法不同。其实，吴宓1937年6月22日所记日记说到寅恪先生也指出熊十力之新唯识派乃是以法国哲学家伯格森（Henri Bergson）的创化论解释佛学，而欧阳竟无的唯识学则是用印度烦琐哲学解释佛学，相当于欧洲中世纪耶教的经院哲学（scholasticism），劳而无功，但与熊十力相比还算正途。这里涉及三个大传统，印度、中国和西欧，寅恪先生虽然对这些传统均有了解，但治学路数毕竟和熊十力、欧阳非常不同。

同时，伯格森、罗素、爱因斯坦在王恩洋的论述中不止出现这一次①。他在驳斥佛教作为哲学之一种时再次提到伯格森和罗素等哲学家：

> 如何说佛法非哲学？按，所谓哲学者，都是用名言、论理、概念、观念及演绎、归纳种种方法推论出来的；或是胡思乱想、盲参瞎证出来的。前者理智的气味居多，后者直觉的气味居多。这种方法，佛家总称为"分别戏论"。这种的结论，佛家总称为"遍计所执"。以是之故，我猜过去，你猜过来，百人百说，千人千说，持之有故，言之成理。然止待十年百年过后，便如隔日黄花，曾无一顾之价值。昔之哲学家如是，后之哲学家亦然。今之罗素、伯格森亦无不其然。何以故？彼此都是用聪明猜想的，当然后来的取精多用物宏，而立说新鲜动人听闻了。其在佛法则大不如此。凡是看过佛书的人，都已承认佛法有证会真如的功夫。所以佛法全是由修持得来的，实证得来的。而其修持的功夫，便是空观。所谓空观，便是遣相。所谓遣相，便是扫荡一切"分别戏论"；便是驱除一切"遍计所执"。②

---

to the Workshop "Is there a "Dharma of History?" organized by Alexander Mayer and Axel Schneider，Leiden，May 29-31，2006. 将佛学放在晚清政治史中的研究见 Chin Sin-wai，*Buddhism in Late Ch'ing Political Thought*，Hong Kong：The Chinese University Press，1985.

①　陈荣捷指出太虚不太了解爱因斯坦的相对论，见 Wing-tsit Chan，*Religious Trends in Modern China*，（New York：Columbia University Press，1953），p. 89.

②　王恩洋：《中国佛教与唯识学》，43 页。

很显然他认为哲学和科学一样，实际上随着其内部发展，后来的主张则
与前人的主张相左，形成百人百说、千人千说的局面。在他看来，这是
佛教所谓"分别戏论"和"便计所执"。他强调佛法的修持和实证，实际
上即是宗教体验、宗教实践。而近代唯识学的根本主张是万法唯心、万
法唯识，这个心识完全来自个人体验。在日本近代佛教学界同样面临这
样的争论，因为明治时期西方哲学不断被介绍进来，日本学术界发生很
大变化，佛教界也不得不面对这一冲击①。在这一大环境下，佛教如何
与哲学、宗教发生关联？日本学者池田英俊探讨了这一问题。他主要讨
论了井上圆了、清泽满之等人的比较哲学主张，并追溯了日本近代佛教
学界对现象实在论的反应②。实际上，明治时期的日本佛教学者也以基
督教与科学和理性不合来对基督教的威胁进行反驳③。

　　当然，王恩洋这一佛法非哲学的主张并非他的发明，他仅仅是追随
其老师欧阳④。除了佛法不是哲学之外，佛法也不是宗教。王恩洋说：

---

　　①　明治时期西方哲学传入与日本佛教的反应见 Judith Snodgrass，"The Deploy-
ment of Western Philosophy in Meiji Buddhist Revival，"*EB*，Vol. 30，No. 2 (1997)，
pp. 173-198；有关日本近代哲学、宗教的讨论还见于 Taitetsu Unno，"Religious-
Philosophical Existence in Buddhism，"*EB*，Vol. 23，No. 2（1990），pp. 1-17；
Taitetsu Unno，"The Past as a Problem of the Present：Zen，the Kyoto School，and
Nationalism，"*EB*，Vol. 30，No. 2 (1997)，pp. 245-266.

　　②　池田英俊：《近代仏教における哲学・宗教問題》，载《印度哲学仏教学》
16，2001，224～243 页；Elise K. Tipton and John Clark eds.，*Being Modern in
Japan：Culture and Society from the 1910s to the 1930s*，Honolulu：University of
Hawaii Press，2000.

　　③　Notto R. Thelle，*Buddhism and Christianity in Japan：From Conflict to
Dialogue*，*1854-1899*，Honolulu：University of Hawaii Press，1987，p. 90.

　　④　欧阳渐：《欧阳竟无集》，2 页，北京，中国社会科学出版社，1995。研究参
见谢金良：《欧阳渐非宗教非哲学思想衍论》，载《现代哲学》，2005，第 3 期，83～
89 页；程恭让：《欧阳竟无先生的生平、事业及其佛教思想的特质》，载《圆光佛学
学报》第 4 卷，1999，141～191 页；程恭让：《欧阳竟无佛学思想研究》，台北，新
文丰出版公司，2000；Gotelind Müller，"Buddhismus und Moderne：Ouyang Jingwu，
Taixu und das Ringen um ein Zeitgemäßes Selbstverständnis im chinesichen Buddhismus
des frühen 20. Jahrhunderts"，Dissert. München：Ludwig-Maximilians-Universität
München，1992；以及 Eyal Aviv，"Ouyang Jingwu and the Revival of Scholastic
Buddhism"，PhD thesis，Harvard University，2008.

"佛法就是佛法。佛法非宗教。佛法非哲学。因为现今的人，多有用宗教的眼光、哲学的眼光去研究佛法者。以故许多不相干的问题都加上了佛法。"①他对哲学最大的不满在于学问所得出的结论实际上是相对的，从来没有绝对的真假。所以他认为：

> 所以哲学上一家一家的纷纭争论，在佛法上通同没有。何以故？因真如不容有异相故。虽然，空宗有大乘小乘，亦有种种的争执。但所争的都不过是方便善巧的法门不同，绝非谓实相有异。如果于实相上另起异执，则我们可以直说他是内洁外道，非真佛法可也。既然如是，那么，就佛法言佛法，什么进化、革命、印度的、中国的种种名次都加不上来。何以故？因为只有一个真假。真的便是真的，永是真的。假的便是假的，永是假的。不容于一实相中有相反二说。——此就体性言。若就方便善巧言，也不妨说有进化、有革命、有印度的、中国的之差别。②

这是论述佛教的唯一真伪观，即佛教真理的绝对性。他还指出佛法不但于方法上、结果上与哲学不同，而且在宗旨上说来也和哲学不同。他认为研究哲学的人大都是出自一种追求知识的动机，这是所谓为学问而求学问。因此哲学家的成就，仅仅成就在他的哲学上。而佛法则不然，佛法的宗旨在于最后臻于菩提涅槃，获得终极解脱。这种宗旨也是他对基督教不满的主要来源。他不同意基督教的上帝归宿说和天国说。

他对宗教的认识，完全是设定基督教才是宗教，所以他对宗教的批判主要是对基督教的批判，他批判的论题，主要是基督教的一神论、创世论。他对基督教的批判主要见于《研究佛法者应当注意的三个问题》中的一节：

> 如何说佛法非宗教？按，宗教家唯一的理想，即在说明吾人有所从来；其唯一的宗旨，便在使吾人有所归宿。因此遂客观承认有超越绝对至高无上的神或上帝以为吾人之所从来、所归宿，而同时

---

① 王恩洋：《中国佛教与唯识学》，42 页。
② 同上书，44 页。

对于吾人有赏善罚恶的威权。宗教的派别虽多，然真正的宗教必须具备此种必不可少的条件。否则与宗教的意义全不相符。我们正名定词也就当以别种名词呼之，可无容附会了。①

这里他首先批判的是一神论，或者上帝论。基督教主张人都要归往上帝那里去，而且上帝对人有赏善罚恶的威权，最终整个世界的命运由末日审判来决定归宿。虽然王没有直接提到末日审判，但其所论上帝赏善罚恶的意思已经表达清楚了。他也注意到宗教的派别很多，但宗教一定要有上述的内容。结合我们在本章第一部分的论述，基本上王恩洋在论述基督教的主张，尽管这一主张也见于其他亚伯拉罕宗教。但王恩洋没有提到其他宗教，也没有提及世界宗教。他接着以唯识论批判了上帝创造说。他说：

> 今天反过身来看佛法有此种必不可少的条件吗？我们稍稍读过佛家经论的人，总可想见佛家破除十六种外道的利害了。所谓神、我、大自在天等，真乃扫荡廓清不遗余力；而三界唯心、万法唯识的话，更是不容认有什么上帝的创造。如果说到宇宙的来源，也便可说，各个众生便是一个创造者，便各各是一个上帝了。但所谓心识，名依他起，待因及缘，而后得生，如幻如化，只有功能，都无主宰。这样又与上帝、神、我之说绝对不同的。所以说诸行无常、诸法无我。如是，佛法上便不承认吾人有所从来了。再讲到佛法的宗旨，他并不主张吾人有什么归宿。所以说，应无所住而生其心，又说以无所得而为究竟。此种无住无得境界，便称为涅槃。这样岂不又与上帝天国说绝相反对吗？虽然，佛法也要归依三宝，往生净土。但此之归依，但如师友之敬仰，绝非神人之和合。而所谓净土者，实由心造，故曰唯心净土，非离心有土。离心有境，此外道也，非佛法也。如是，从佛法上看来，他说一切众生是无所从来的；一切修行者是以无住无得为究竟的；心外是无境的；上帝神我无有的；诸佛众生平等的。我们如何还可以拿宗教来研究佛法？②

---

① 王恩洋：《中国佛教与唯识学》，42 页。
② 同上书，44 页。

他在这一段文字中不但批判了上帝之创造，主张万物之由来皆出自心识，而且以涅槃说对上帝天国说也进行了批判。站在佛法的立场上，他认为众生无所从来，也无所归去。他还反对神人分别，认为在唯识学上看来，诸佛和众生是平等的。

总而言之，20 世纪 20 年代，宗教、哲学、科学思潮的传入，让中国佛教徒面临非常复杂的思想和学术挑战。在王恩洋看来，佛法非宗教非哲学非科学，因为宗教有历史性，科学和理性视野中的宗教也有历史性。科学的宗教研究会赞同进化论，认为佛教存在早期佛教到大乘佛教再到中国宗派佛教的进化，从而出现所谓中国大乘非佛陀所说的看法。王恩洋也不得不应对这一问题。他首先在《大乘起信论料简》中批判了进化论和物质不灭说，并对科学思潮的勃兴与佛法的衰落表示不满：

> 且当今之人，所以不能于佛法中起真信者，虽曰彼生种姓根器钝劣，要亦我佛正理暗而未明，以笼统之谈，诠似是之说，自本不立，无以破人，以是世人于轮回则视为迷信，于还灭则字曰妄想，乃一闻天演进化之论，而叹为真实究竟之理，乍听物质不灭之说，则称为至高无上之学。嗟乎！长此以往，科学日兴，佛法将坠，人且谓为野蛮神话之说，奚足起其信心也。①

当时天演论、进化学说影响很大，被很多学者视为真实究竟之理，物质不灭论应该主要指新文化运动以来开始扩大影响的唯物论。这里王恩洋

---

① 王恩洋：《中国佛教与唯识学》，95 页。有关当时学界对《大乘起信论》的争论，参见张曼涛编：《〈大乘起信论〉与〈楞严经〉考辨》，台北，大乘文化出版社，1978。寅恪先生没有直接参与这场讨论，但也撰写了《梁译大乘起信论伪智顗序中之真史料》一文。甚至 1920 年，基督教背景的学者如韦卓民也学习了《大乘起信论》，并撰写了佛教和基督教比较的文章《佛教净土宗以信得救的教义及其与基督教的关系》，见 Francis C. M. Wei, "The Doctrine of Salvation by Faith as Taught by the Buddhist Pure Land Sect and its Alleged Relation to Christianity," *The Chinese Recorder and Missionionary Journal*, Vol. 20 (1920), pp. 395-489；韦卓民纪念馆中译本见《韦卓民博士教育文化宗教论文集》，台北，华中大学韦卓民纪念馆，1980，27～44 页。

还只是相对大方向上表示对进化论的不满，但他已经开始感到在进化论的学说中，现代性的立场已经将佛教视为野蛮神话之说，将佛教视为野蛮落后的态度非常清楚。他接着又在《大乘非佛说辨》中具体反驳了东西洋学界因受进化论影响而提出的大乘非佛说：

> 大乘非佛说之已破义，又复其嚣于今时。盖始自西洋人倡之，继有东洋人应之，今则中土人士亦多附和之，咸谓大乘契经皆后世伪作，佛法教理实由思想进化次第发展，非佛一人所创立也。蔽抑人心，将下侪世尊于耶稣之徒，齐等佛法于科哲诸学。①

他又说：

> 又今东西洋学者于印度所发现之佛经中，每见大乘经出世年代，类后于小乘经。因断后出者非佛说，而不知佛经之存于印度者，本灰烬之余，而小乘之发展，也本先于大乘，则经之遗存者，自宜小乘之先出者多，而大乘之后出者少，以彼发展之时代既殊，则其流行之广狭自异，而灰烬之余，自宜其最流行最广遍的存也，岂遂可断定大乘契经先非有也。然在《庄严》、《显扬》、《唯识》等论，立大乘契经为佛说，比量中第二因云本俱行故，所云本俱行者，与小乘契经同时俱行也，既同时俱行，自当俱为佛说。②

以上内容表明，他仅仅认为大乘一些论典亦为佛说，来作为进化论对佛教文献学冲击的回应，但并无语文学的证据。而正如前文所论，当时欧洲学者已经开始利用梵文写本重新建立佛教文献的系谱，从而分辨早期佛教发展的轨迹。由此产生大乘佛教文献何时成立并如何与早期佛教特别是佛陀本人时期弘扬的佛教发生关联的问题。因为以历史发展来看，大乘文献的权威是否可从文献来源上追溯到佛陀本人成为一个重要的历史课题。王恩洋已经面临东洋学者即日本学者研究初期佛教所提出的文献史发展问题。但他对当时欧美和日本学界如火如荼的比较语文学、梵

---

① 王恩洋：《中国佛教与唯识学》，115 页。
② 同上书，128～129 页。

文学显然尚无太多概念，他仅能举出章太炎的研究为例，认为"巴利文、梵文文字不同之问题，章太炎先生所著《大乘佛教缘起考》辨之甚明，见《太炎文录》"①。单举章太炎对梵文的认识显然是没有说服力的。既然利用梵文文献文献非他所长，他只能谈思想，在传统唯识学中，思想的进化不必以语言为基础。他说：

> 佛法与诸余外道等及科学、哲学等，根本不同，谓彼辈学问纯出于思想理智，世间此量遍计非量之所成立。本不见法性真如，是故，言人人殊，以思想进化而前后学说有其变化。我佛法理即诸法真如，性非所做。佛不作彼，但以究竟现观、实证所得，复以诸善巧方便、言说开示，令余亦了法性既非所作。佛尚不能作，故亦非菩萨所能作。法性既无变转，故亦不因思想进化而有进化。②

这和当时欧美、日本以语言的变化看思想的变化和宗教的变化这样的取向是完全不同的。同时，当时学术界也从佛教思想和语言的进化，进而开始重新看待佛教历史的发展，并将佛教从神话传说之背景中拿出来放在历史背景中重新审视，在历史进化的框架内来认识印度的历史和佛教的历史。这其中最重要的进展之一便是西方佛教考古和历史学界日益重视玄奘所著《大唐西域记》的研究。其中 19 世纪印度考古学的奠基者之一是英国学者坎宁汉（Alexander Cunningham，1814—1893），他利用《大唐西域记》作为他考察中亚历史地理考古的指南③，而他的工作实际上也印证了《大唐西域记》记载的准确性和重要性。而 20 世纪初期梁启超也对这一学术新动向有颇多介绍，见其《佛学十八篇》。正如前文提到的，王恩洋对梁启超的著作并不陌生。所以他也对这一进展提出了自己的评论：

> 嗟夫！使非玄奘法师一部《西域记》者，则释迦牟尼佛之在印

---

①　王恩洋：《中国佛教与唯识学》，129 页。

②　同上书，116 页。

③　Sally Hover Wriggins, *The Silk Road Journey with Xuanzang*, Boulder: Westview Press, 2004, p. 212.

度，一入于西洋近日科学之方法、历时之研究、进化之公例中，已成神话上理想之人物，而印度千数百年赫奕庄严之文明，且冤蔑而不为今人所承认矣！是故吾人研究印度文化、研究佛法者，有不可不特别注意者数端：一者、吾人应知印度为非历史的文明，又为无历史的文明。吾人既无信史可片其文明演进之迹。而欲研求其文化之价值，即不得从历史上观察，而当于其所遗之经籍学说单刀直入的以穷其根，而彻其本，而后乃能断定其价值。二者、吾人直接研究佛法时，千万勿以研究物质界自然现象之方法，所谓科学方法者而研究之，苟欲利用之，亦但限某一部分，切不可施诸一切。所以者何？以佛法者唯心的，非唯物的，超乎自然的，而非以自然界物质之研究为其对象者也。三者、西洋人所谓进化公例，不能实用于一切，而以之观察印度文明，以之观察佛法则尤为无当。所以者何？以进化公例约有数端：一者、天演之进化也，必由简而繁，由单而复，由野而文，由蠢而灵；二者、此种进行，前者必为后因，后者必为前果，辗转蜕蝉，要有其必然之关系与影响，是故无端而生起者，亦无端而消灭者也。三者、凡两种势力之冲突或调和，必生第三之新势力。然若以此观察印度文明，则佛未出世以前，盈印度皆外道也。佛之起也，盖破斥反对一切之外道，毫无相因之理由，以其主张全然异也。此所谓无端而生，不受丝毫之影响者也。及唯识法相发达至极之后，印度佛法乃倏然扫地以尽，至于今印度人几不知有佛。此所谓无端消灭，不生丝毫之影响者也。然则前后有何因果之关系，又有何蜕蝉之关系，是故进化公例之第二条全不适用。至印度人在佛出世以后，至于戒日王驭宇之时，文明学说光长万丈，以其经论观之，则岂今世号称文明发达之西洋人中最高明之哲学家所能梦见。然至于今之印度人则又何如，直下等于半开化之野蛮民族矣。则所谓第一条之进化公例由简而繁，由单而服，由野而文，由蠢而灵者又不适用。至于两种势力或冲突或调和，必有第三之新势力生者，又不见然。佛法外道之冲突甚矣，第三势力乌乎存。今之回教势力，固曾代印度之佛法外道而兴也，然回教者，他方固有之势力，非调和佛法外道之势力而生者也。是第三公例又不适用矣。

问者曰：然则佛法不信因果律耶？曰：是乌乎然。佛法固全讲因果者也，特所明与西洋人异。①

这段文字一开始便主张不能以科学方法研究佛教，因为科学的方法将对研究对象进行历时性分析，从而找出其进化轨迹。这样就揭开了笼罩在佛教早期历史上的神秘面纱。这样可能造成佛教徒的困扰，因为这损害了佛教徒将印度文明视为佛教渊源地的美好想象和描绘。王恩洋还认为印度文明是非历史的，所以也不主张从历史上去研究印度文化的价值，而仅研究"经籍学说"就可以了解这些价值。实际上他在这里完全转移了论题的中心。对于印度历史的探求和了解印度文化的价值当然不是一回事。况且，印度文化的价值，在王恩洋看来基本上可以等同于佛教的文化价值。有意思的是，欧洲学者研究古代印度的语言、宗教、文化和人种也的确有追寻"欧洲的过去"的取向，但他们对欧洲近代文明的成就却更为看重。王恩洋对戒日王时期的文明充满想象和憧憬，这差不多可算典型的信徒视野。因为一般而言，信徒对于扶持佛教的统治者颇有好感，也会极力描绘这类法王统治下佛法广布的图景，从而理想化其统治下的王国。总之，他对于印度民族文化历史的认识是比较肤浅的。

这里也有一个很有趣的问题，即王恩洋对待近代科学研究佛教的矛盾心态。一方面，王恩洋反对以科学方法研究印度古代历史和佛法，另一方面，他却主张如果真正要研究佛法则应该以科学精神来研究佛法。这样将"科学方法"和"科学精神"分开的说法似乎存在矛盾。其实，他所主张的无非是佛法的普遍主义。这种普遍主义可以从两方面来理解，佛法是普遍的，也是非历史的，所以不能以人文社会科学方法研究其文献、历史和文化②；同时佛法的普遍主义可以从自然科学的普遍公理来理解。

---

① 王恩洋：《中国佛教与唯识学》，127～128 页。

② 有关 20 世纪社会科学与中国佛教研究，参见 Vincent Goossaert, "Les Sciences Sociales Découvrent le Boudhisme Chinois du XXᵉ Siècle," *ASSR*, No. 120 (2002), 33-45.

结　语

　　近代思想和学术的变化当然受到现代性的影响，和佛教直接相关的问题主要表现在以下一些方面。首先，官方神学逐渐走向衰落，这主要表现在儒家权威的丧失。这种丧失除了受到西方政治与社会思想的冲击之外，也表现在这种权威赖以生存的政治制度的解体，即科举制度的解体①。因为西方政治和社会思想的冲击导致晚清出现托古改制和维新变法的新思潮②。科举制度的解体使传统士人学习儒家《四书》、《五经》进入官府的路途出现中断。这可以看作是世俗化的一种表现。

　　其次，中国逐渐走出帝制时代，转向民族国家的建构，对于民族和国家政权的认识也转向在现代政治论述和制度下对其重新定义。中国知识阶层开始重新认识中国的民族问题、政权问题。至少在民族问题上，民国初期基本上已经很少有人还钟情于排满，五族共和的观念较为深入人心。中国的知识阶层也开始重新认识自身民族与其他民族的关系。至少从寅恪的著作来看，他不是很强调汉族的主体性，但也并未明显地偏向使用民国以来逐渐构建的中华民族主体性，他更多是提及作为国族的中国民族。

　　最后，进化论的历史观念在四方社会思想的传入下影响了许多人重新思考中国历史的发展，也包括中国宗教、中国佛教的发展，还包括重新思考中国的宗教与其他宗教、哲学思想的比较问题，以及在这一比较

---

　　①　Wolfgang Franke，*The Reform and Abolition of the Traditional Chinese Examination System*，Cambridge：Center for East Asian Studies，Harvard University，1960.

　　②　Rebecca E. Karl and Peter Zarrow eds.，*Rethinking the 1898 Reform Period：Political and Cultural Change in Late Qing China*，Cambridge：Harvard University Asia Center，2002.

背景下对中国宗教和佛教进行重新定义的问题①。在这一背景下，我们可以更为清楚地看到当时中国佛教学界所面临的困境和挑战。中国佛教界不得不对近代宗教特别是基督教、哲学、科学都作出其应对。其中科学即包括自然科学，也包括西方传来的"科学的佛教研究"或者"近代佛教学"。因为这种学问全面改变了人们对印度古代宗教、语言和文化的认识。

我们可以看到 19 世纪末 20 世纪初，欧洲、日本和中国的学术发展经历了非常不同的转变。19 世纪末 20 世纪初，对于佛教在整个世界的发展都非常重要。这首先反映在欧洲对于佛教的现代研究主要兴起于 19 世纪末 20 世纪初，这种研究从新出土古代语言写本文献看宗教的历史，通过研究这些写本来重建佛教的早期历史，并与殖民者在南亚目击的佛教现状对比，从而认为东方当时的佛教已经堕落，失去了早期佛教特别是佛陀住世时期的理性，而堕落的佛教充满偶像崇拜。这种研究集中讨论所谓原始佛教或早期佛教。这种现代研究在这一时期发生了一系列转变，主要反映在其经历了早期比较历史语言学、文献学研究到宗教史、宗教哲学研究的转型。

不过，如果稍微留意一下 20 世纪中国佛教史，也的确可以看出僧团内部的一些问题影响了中国佛学研究的发展。其中一个关键问题是僧人在佛学造诣上并未能发展出可以和学术界并驾齐驱的学术传统。中国佛学发展不仅需要教外学者的努力，也需要僧团内部的僧人努力，两种学术传统可以相互平衡和竞争。南北朝时期佛学之发达，与高僧和士人在佛学方面相互砥砺不无关系。以今日欧美、日本、台湾等地的佛学研究而言，也可以看出教内外学者的相互促进。一些有成就的欧美学者，或

---

① Prasenjit Duara, "Knowledge and Power in the Discourse of Modernity: The Campaigns against Popular Religion in Early Twentieth-Century China," *JAS*, Vol. 50 (1991), pp. 67-83; Chen Hsi-yuan, "Confucianism Encounters Religion: The Formation of Religious Discourse and the Confucian Movement in Modern China," Ph. D. Dissertation, Harvard University, 1999; Donald S. Sutton, "From Credulity to Scorn: Confucians Confront the Spirit Mediums in Late Imperial China," *Late Imperial China* 21: 2 (2000), pp. 1-39; Vincent Goossaert, "1898: The Beginning of the End for Chinese Religion?" *JAS*, Vol. 65, No. 2 (May 2006), pp. 307-336.

得到僧侣相助，或本身曾出家为僧后还俗从学，如巴斯维尔（Robert Buswell）、瑟曼（Robert Thurman）、德雷福斯（George Dreyfus）等人。日本则很多知名学者本身或出身佛教家庭或带僧人身份，如塚本善隆、上山大俊、竺沙雅章等人。台湾教内外学者之间也有着密切而广泛的合作。

其次，日本佛教界的现代佛教和现代佛教研究也经历了一系列的转型，其现代性的表现在许多方面事实上也决定了日本佛教和中国佛教在20世纪初以来走向了完全不同的路径。当然，20世纪下半叶的欧美佛学有很大不同。和今天美国佛教学者对佛教的兴趣主要集中在大乘佛教的禅修不一样，19世纪欧洲学者对佛教的兴趣主要在于早期佛教的哲学、道德、历史，特别是佛陀个人的传记，也即是学理方面。这主要反映在当时的欧洲学者很多都有基督教的背景，他们思考佛教问题多从基督教背景出发。

同时，欧洲殖民主义者和传教士在南亚、东南亚、中亚地区发现很多早期佛教的写本，这提供了他们很多重新认识佛教早期形态的生动标本。而且19世纪的近代自然科学和社会科学也在迅速发展，科学思潮给佛教研究提供了新的思考角度。最后，美国佛教学术因与日本禅宗和西藏佛教传入的历史密切相关，其研究重点仍然在禅宗和西藏佛教，而两种传统均重视禅修。

第七章　文献主义与民族主义：
近代佛学视野中的陈寅恪

导　言

近代佛学的学术史研究最近二十年随着文化研究（Cultural Studies）的兴起逐渐开始被重视，学术史和思想史结合在一起，对学术的反思和对殖民主义、帝国主义、民族主义的反思结合在一起。以下举出若干代表著作可以看出当代学术的一些走向。较早引起重视的一本书是1988年任教于昆斯兰大学的学者阿尔蒙德出版的《不列颠对佛教的发现》一书①，探讨了英国维多利亚时代对佛教的好奇和各种充满异国情调的想象和推测，以及英国传教士站在基督教立场对东方地区佛教的片面描述，批判了英国学术的殖民主义色彩。德国学者基彭贝格（Hans G. Kippenberg）1997年出版《宗教史的发现：宗教学与现代》一书②，引起较大反响，这本书很快出现了法语、英语、意大利语和日语译本。这本书回顾了宗教学在过去一个多世纪的发展，特别研究了宗教学如何从宗教哲学到宗教史的转变，历史比较语言学如何造成印欧古代宗教研究的出现，以及宗教史的社会学和人类学研究与近代世界史的关联。

---

① Philip Almond, *The British Discovery of Buddhism*, Cambridge: Cambridge University Press, 1988. 受这本书影响而出版的新书还有 J. Jeffrey Franklin, *The Lotus and The Lion: Buddhism and the British Empire*, Ithaca: Cornell University Press, 2008. 我们前文已经有所提示，见本书第六章。

② Hans G. Kippenberg, *Die Entdeckung der Religionsgeschichte. Religionswissenschaft und Moderne*, München: Beck, 1997.

1999 年英国学者理查德·金（Richard King）① 出版《东方主义与宗教：后殖民主义理论、印度与"神秘的东方"》再次检讨了殖民主义与宗教学的关系，讨论了宗教学的出现、东方圣典和世界宗教概念的兴起，"神秘的印度教"话语以及英国"对佛教的发现"，宗教学术与殖民主义政治的关联等主题②。2005 年芝加哥大学专攻欧洲近代思想史学者增泽知子出版《世界宗教的发明：或欧洲普遍主义如何被保存于多元主义语言之中》检讨了欧洲中心主义、殖民主义和普遍主义话语强势影响下的宗教研究中"世界宗教"研究的出现和兴起③。

在西方学术界，因为欧洲在政治经济和文化上的强势地位，近现代学术特别是宗教学、社会学、人类学等学科的出现和兴起和殖民主义联系在一起。也因此影响了西方近现代学者的许多认知和概念带有浓厚的殖民主义或东方主义色彩，如"东方"、"远东"等④。在中国学术界，所谓"东方"，无论是中原或蒙藏地区，都不是他者，几乎不可能单独发展出"世界宗教"的话语，中国学者的关注点受近代中国的国际处境影响，传统士大夫与留学欧美的学者在学术问题意识上存在千差万别，寅恪先生、胡适、汤用彤等人对宗教的兴起、对佛学的兴趣、对研究题目的选择和传统的士大夫学者如沈曾植等即存在很大差别。本章的重点是

① 原任教苏格兰思德邻大学（Stirling University），2005 年离开苏格兰到美国王德比尔德大学（Vanderbilt University）宗教系任教。

② Richard King, *Orientalism and Religion：Postcolonial Theory，India，and the Mystic East*, London：Routledge，1999. 和这本书一样探讨殖民主义与印度诸宗教相遇的书还包括 Peter van der Veer, *Imperial Encounters：Religion and Modernity in India and Britain*, Princeton：Princeton University Press，2001.

③ Tomoko Masuzawa, *The Invention of World Religions：Or How European Universalism was preserved in Language of Pluralism*, Chicago：University of Chicago Press，2005. 我也在第六章《佛教、佛学、佛法：中国佛教与现代性》中梳理了近代欧洲和日本佛教学的兴起，并与之和中国佛教在俗学者的立场进行了比较。

④ 这个问题的讨论见 Ho-Fung Hung, "Orientalist Knowledge and Social Theories：China and the European Conceptions of East-West Differences from 1600-1900," *Sociological Theory* 21：3（2003），pp. 254-280.

研究寅恪先生佛学的世界学术史背景及其与近代思想潮流的关联①。寅恪先生的主要佛学论文大多完成于清华国学研究院任教时期，这表明了寅恪早年的治学重心即是深受德国东方学影响的佛学。

中国近代佛学的兴起是一个热门话题，最近十多年来发表的论著相当多，这些论著谈近代学者的佛学成果与成就的多，谈问题的少；更值得注意的是大多数文章没有把中国近代佛学放在世界近代佛学的学术谱系中来考察。如陈兵、邓子美在《二十世纪中国佛教》第十二章《佛学研究的成果与方法》中所说，

> 二十世纪初以来，随整个思想界、知识界学术研究风气之大开，及佛教复兴运动的掀起，佛教学术研究也再度勃兴，在相当长的时间里曾成为文史哲研究的热门课题之一。近现代文史方面的学术研究，上承清代朴学传统，而主要是被西方、东洋所舶来的学术研究所推动。西方、日本所谓的学术研究，是将自然科学研究物质现象的部分方法运用于研究社会现象，形成多门人文社会科学，其方法与清代朴学和中国传统的佛学研究有所不同。运用近现代人文社会科学的方法研究佛教，使佛学突破了寺庙僧尼的圈子，进入社会文化市场，有助于扩大佛教在知识界的影响，提高佛教的文化品位，深化人们对佛教的理性认识，启发和促进佛教的改革转型。②

接着作者们回顾了近代佛学研究的历程、阵容、机构，然后按照佛教史、佛教思想、佛教文献、制度、文化等专题列出了很多成果，最后讨论了佛学方法论问题，把学者们分为教界、学界两个主要阵营，加上居士界的代表人物包括欧阳渐、吕澂，教界主要以太虚和印顺为例，学界以胡

---

① 汪荣祖：《陈寅恪评传》，81～98页，南昌，百花洲文艺出版社，2010，第六章，题为"为不古不今之学：佛教史考证"，将寅恪的佛教研究分为这样几个方面：佛教所代表的外来文化与本土文化接触之问题、佛经流布与小说文学之关系、佛声与四声之关系、佛教流传对中国史学的影响、佛教与政治史、佛教与中亚史地之关系。汪先生此书是最为全面讨论寅恪学术之评传，但因出版较早，仍有一些可以补充和修正之处，特别是寅恪学术所受域外之学的影响方面。

② 陈兵、邓子美：《二十世纪中国佛教》，434～435页，北京，民族出版社，2000。

适、汤用彤、陈垣为代表。作者接受吴汝钧在《佛学研究方法论》中的说法，认为欧美、日本通行的佛学研究方法有佛教文献学方法、考据学方法、思想史方法、哲学方法等。而胡、汤、陈三位正是思想史、史学、文献学与中国考据学结合的典范。

然而，总体而言，当代一些研究近代佛学的著作描述性强，学理性分析较少。要之，仅注意近代佛学集中在近代佛学在中国内部的变化，没有特别关注中国近代佛学的近代世界学术史语境，没有特别留意中国近代佛学的西学和东学渊源，并分析其得失①。比如陈兵《中国 20 世纪佛学研究的成果》，正如篇名显示的，该文强调的是成果，对于近代中国佛学的缺失和遗憾没有太多留意，该文内容丰富，将 20 世纪的佛学研究的主要研究者和主要著作分门别类，一一列出，也许限于体例和关注的主题，惜未进行学理梳理和学术渊源的深入探讨②。但也有不少著作从各个角度展示了近代佛学研究的丰富内容③。质言之，我们应该更多地

---

① 何建明：《佛法观念的近代调适》，广州，广东人民出版社，1998；苏渊雷：《略论我国近代学者对于佛学研究的主要倾向及其成就》，载《法音》，1982，第 5 期，5～10 页。

② 陈兵：《中国二十世纪佛学研究的成果》，载《宗教学研究》，1999，第 4 期。

③ 有关近代佛教和佛学的研究著作很多，捡其要者列举若干种如下：Wing-tsit Chan, *Religious Trends in Modern China*, (New York：Columbia University Press, 1953)；Holmes H. Welch, *The Practice of Chinese Buddhism*, 1900-1950, (Cambridge：Harvard University Press, 1967)；麻天祥：《晚清佛学与近代社会》，台北，文津出版社，1992；李向平：《救世与救心：中国近代佛教复兴思潮研究》，上海，上海人民出版社，1993；邓子美：《传统佛教与中国近代化》，上海，华东师范大学出版社，1996；江灿腾：《明清民国佛教思想史论》，北京，中国社会科学出版社，1996；江灿腾：《中国近代佛教思想的诤辩与发展》，台北，南天书局，1998。葛兆光先生贡献较大，亦较多注意近代佛学的域内外学术背景；见葛兆光：《论晚清佛学复兴》，载《学人》第十辑，南京，江苏文艺出版社，1996，指出马克斯缪勒的比较宗教学在杨文会时代通过日本的南条文雄传入中国；葛兆光：《东本愿寺与中国近代佛学的因缘》，载《二十一世纪》，1996，第 2 期，29～41 页，指出德国的文献学语言学方法则通过日本的佛教史研究者以及陈寅恪、傅斯年等传入中国；葛兆光：《中国（大陆）宗教史研究的百年回顾》，载《二十一世纪》，1999，第 1 期，41～49 页；葛兆光：《关于近十年中国近代佛教研究著作的一个评论》，载《思与言》37 卷第 2 期，1999，259～278 页。

避免就中国谈中国、就中国佛教研究谈中国佛教研究的局限，更多地注意在近代世界的广阔视野中讨论中国学术的发展。

前些年德国学者把近代宗教学的兴起，看成是宗教史研究发端，从宗教进化主义转向功能主义，再激发宗教历史、社会学和心理学研究的历程①。而首先我们需要注意的是，以近现代人文社会科学来研究佛教即近代佛教研究与中国传统的佛学研究十分不同②。具体而言，近代佛学的兴起反映为这样一些特点。首先，中国佛学不再是传统内学，内学的代表人物如魏源、沈曾植，他们的特点是在传统藏经中打转，对传统文献进行札记式研究，研究的问题较多注重文献校订，且局限在汉文材料。而近代佛学重视历史比较语言学、哲学、心理学等研究，既有哲学研究，也有宗教史研究③。

以历史比较语言学而言，寅恪认为："如以西洋语言科学之法，为中

①　见 Volkhard Krech，"From Historicism to Functionalism：The Rise of Scientific Approaches to Religions around 1900 and Their Socio-Cultural Context," *Numen* 47：3 (2000)，pp. 244-265.

②　佛学研究在过去一个世纪以来经历了重大变化，1995 年《国际佛教学会会刊》（*JIABS*）曾发表一系列讨论文章，回顾和评介佛学研究；参见 D. Seyfort Ruegg，"Some Reflections on the Place of Philosophy in the Study of Buddhism," *JIABS*，Vol. 18，No. 2 (1995)，pp. 145-181；关于佛教思想研究见 Luis O. Gomez，"Unspoken Paradigms：Meanderings through the Metaphors of a Field," *JIABS*，Vol. 18，No. 2，pp. 183-230；关于理论在佛教研究中的角色见 José Ignacio Cabezón，"Buddhist Studies as a Discipline and the Role of Theory," *JIABS*，Vol. 18，No. 2，pp. 231-268；关于佛教语文学研究见 Tom Tillemans，"Remarks on Philology," *JIABS*，Vol. 18，No. 2，pp. 269-277；关于佛教艺术研究见 C. W. Huntington，"A Way of Reading," *JIABS*，Vol. 18，No. 2，pp. 279-308.

③　相比之下，日本佛学研究很早就有宗教学研究取向，如卫藤即应：《仏教の宗教的研究に就て》，载《日本仏教协会年报》2，1930，29～42 页。有关研究见前田惠学：《日本における近代仏教学》，载《禅研究所纪要》4/5，1975，249～353 页；清田实：《近代仏教学の动向：日本と西洋の比较》，载《真宗综合研究所研究所纪要》1，1983，85～102 页；大西薰：《日本近代仏教学の起源》，载《日本仏教学会年报》66，2001，161～180 页；林淳：《近代日本における仏教学と宗教学：大学制度の问题として》，载《宗教研究》333，2002，29～53 页；末木文美士：《近代日本と仏教—近代日本の思想・再考》，东京：トランスビュー（Transview 出版社），2004。

藏文比较之学，则成效当较乾嘉诸老，更上一层"①。对佛理的研究为佛教类似的著作包括哲学取代，代表人物是汤用彤。汤用彤早年就对哲学感兴趣，留学美国哈佛大学，专攻哲学。他对佛教的研究也注重哲学分析，所著《汉魏两晋南北朝佛教史》以佛教哲学阐释最为精彩，忽视戒律和仪式研究，对佛教与社会的互动分析不够；如 1916 年谢无量出版《佛学大纲》一书，把佛法分为论理学、心理学、伦理学。可为近代整理佛教的方法应用。梁启超已经注意到宗教和哲学的分别，以哲学重视理性，而宗教重视灵魂②。

中国学者自近代开始接受宗教作为一种研究对象，而梁启超可谓早期开创者。梁启超特别注意以近代学科来处理佛教资料，如哲学、心理学以及近代图书馆学。梁氏已经有对现代宗教学的基本理解，认为佛教是宗教，而非哲学。他说："佛教之信仰乃智信而非迷信。佛教之言信仰也，必以为教徒之智慧，必可以与教主相平等。故以起信为法门，佛教之所以信而不迷，正坐是也。近儒斯宾塞之言哲学也，区为可知与不可知二大部。盖从孔子阙疑之训，救景教徇物之弊，而谋宗教哲学调和也。若佛教则于不可知之中，而终求其可知也。"③梁启超又说："佛教之信仰乃无量而非有限。宗教之所以异于哲学者，以其言灵魂也。"梁启超这个认知超越了传统的内学，超越了清代钱谦益到沈曾植等人对于内学的传

---

① 陈寅恪：《与妹书》，见《陈寅恪集·书信集》，1 页。

② 巴斯蒂 (Marianne Bastid-Bruguiere)，《梁启超与宗教问题》，张广达译，《东方学报》70 卷，1998，323～379 页；收入狭间直树：《梁启超：明治日本与西方》，北京：社会科学文献出版社，2001；森纪子：《梁启超的佛学与日本》，收入同书。有关研究还可参见王俊中：《救国、宗教抑哲学？——梁启超早年的佛学观及其转折 (1891—1912)》，载《史学集刊》第 31 期，1999，93～116 页；他特别指出梁启超受日本新派佛教的影响："梁氏在自一九零二年以来的文章中称颂佛教为智信主义和科学主义，皆是当时日本佛教界新派杂志《新佛教》、《精神界》所宣扬的学说。当时日本传统寺院和年轻的教界改革派的关系相当紧张，当时力主政教分离，倡'精神主义'，改革教义和教制，作风激烈的村上专精、清泽满之等人都曾被净土真宗除去教籍，清泽满之在被除名之后，到东京，却出任真宗大学校长，显见当时新派学界和旧派教界之间的意见相当分歧。梁启超在文中以基督教的灵魂不灭、三位一体等观念与佛作比较，其实都只是当年日本新派杂志中甚为流行的说法而已。"

③ 梁启超：《论佛教与群治之关系》，台北，中华书局，1978。

统认知①。

其次，中国佛学不再局限于汉文大藏经为主的佛学，代表人物如寅恪、汤用彤等开始注意梵文、巴利文、藏文、蒙文材料；梁启超开始注意印度阿育王铭文。近代佛学开始重视佛教石刻铭文、艺术等文献以外的材料，受日本影响，开始注意调查云冈、龙门石窟，敦煌艺术研究为代表。在佛学材料使用方面，梁启超注意到西方学者十分重视的阿育王石刻以及巴利文佛藏②。他特别提示了阿育王石刻铭文对于研究印度佛教的重要性，这使他关注的领域甚至超过了留学欧洲的寅恪。寅恪也注意到阿育王石刻铭文，比如在其一本笔记本中出现了 Maski 阿育王石刻的记录③，但他对印度本土佛教没有太大兴趣，因而没有在其学术论文中特别讨论阿育王石刻铭文。

最后，中国佛学研究开始成为世界佛教学术的一部分，深受欧美日本的近代学术或者佛学影响。寅恪受德国历史比较语言学派影响，汤用彤受美国影响，其他学者如蒋维乔、杨仁山、欧阳竟无、王恩洋等人受日本影响。境野黄洋、矢吹庆辉等人著作对中国学者有十分直接的影响。中国学者开始讨论佛学是否是哲学、科学、宗教。如梁漱溟 1919 年出版《印度哲学概论》、1922 年出版《东亚文化及其概论》认为佛法非哲学、佛学是无神论。而汤用彤认为佛法既是宗教又是哲学。其美国佛学与哲

---

① 梁启超注重以近代学术研究佛教，还体现在比如用近代图书馆学研究佛教经录。见他所著《佛家经录在中国目录学之位置》略云："图书馆学季刊经始，同人责启超属文，启超于近代图书馆学既无所知，于中国旧目录学所涉亦至浅，不敢轻易有言也。"（载《佛学研究十八篇》，1 页，台北，中华书局，1978）此处可见梁氏已认识到中国目录学为旧学，近代图书馆学为新学。

② 虽然欧洲的佛学研究始于 19 世纪中叶，但比较重要的事件是 1881 年巴利圣典协会（Pali Text Society）在伦敦的成立以及《巴利圣典协会学报》（*JPTS*）的创刊，以及随后缪勒主编的五十卷《东方圣书》（*Sacred Books of the East*）丛书的问世。有关欧美研究佛学的历史，参见 J. W. de Jong, *A Brief History of Buddhist Studies in Europe and America*（Tokyo：Kosei Publishing Co.，1997）．

③ Maski 乃是印度一考古地点，因 C. Beadon 在此地发现阿育王铭文而广为人知。季羡林先生在整理寅恪早年读书笔记时提到有关梵文、巴利文、耆那教的笔记本一共十本，其中第七本上出现了 Maski 阿育王刻石；见季羡林：《从学习笔记本看陈寅恪先生的治学范围和途径》，纪念陈寅恪教授国际学术讨论会秘书组编：《纪念陈寅恪教授国际学术讨论会文集》，81 页，广州，中山大学出版社，1989。

学背景值得注意。

学界通常会提到寅恪受到兰曼（Charles Lanman）的影响，乃是因为寅恪和兰曼一样均注重历史语言学。但寅恪更偏重以历史语言学研究历史。而人们很少提到兰曼对汤用彤的影响，换言之，汤用彤似乎没有走兰曼的历史语言学取径，而更注意哲学与思想①。他在哈佛可能受到白璧德的学术影响。而白璧德则是法国印度学大师烈维的学生，师徒俩人都曾校订翻译《法句经》出版。尽管曾经问学于兰曼，通晓梵文和巴利文的寅恪和汤用彤都没有关注南亚佛教。

虽然中国佛教学术已经逐渐追上世界学术潮流，但在体制上没有大的变化，中国近代大学没有特别为梵文或印度哲学设立的永久性教职或讲座，反观欧洲和日本则不同。欧洲出现第一个梵文讲座可追溯到 1814年法兰西学院②，而在日本东京帝国大学也在 20 世纪初设立了梵文、印度哲学讲座，并迅速在国内以制度的形式确立了佛学在大学中的地位③。

第一节　陈寅恪之佛学与文献主义

本节首先要考察的是寅恪佛学研究中为人忽视的文献主义（textualism）倾向。如果我们回顾世界学术史，可以看到 19 世纪以来以莱斯戴维斯为代表的欧洲佛教学家非常重视以历史主义的取径来研究佛教文献。当代文化批判学者萨义德认为这是欧洲东方学家的学术特色，他称之为"文献式态度"。而阿尔蒙德则称之为文献化（Textualization）过程，他说，"至 19 世纪 50 年代，佛教的文献学分析被认为是主要的学术任务。通过西方不断进步的对佛教文献的占有，佛教成为西方的物质

---

① 拙撰《白璧德之佛学及其对中国学者的影响》，载《清华大学学报》，2005，第 5 期，35～51 页。收入本书第五章。

② J. W. de Jong, "The Study of Buddhism: Problems and Perspectives," *Buddhist Studies* (Berkeley: Asian Humanities Press, 1979), pp. 15-28, 特别是p. 15。

③ Jacqueline I. Stone, "A Vast and Grave Task: Interwar Buddhist Studies as an Expression of Japan's Envisioned Global Role," in J. Thomas Rimer ed., *Culture and Identity: Japanese Intellectuals during the Interwar Years* (Princeton: Princeton University Press, 1990), pp. 217-233.

上的占有物。通过这种占有权的价值使得西方在意识形态意义上控制着佛教。所以，西方在 19 世纪整个来说存在着佛教的文献化过程。佛教的古代文献被编辑、翻译和研究，被用来和东方的当代佛教表现进行比较。这种西方学者通过对文献进行研究得出的佛教形象和当代东方的佛教形象有着相当大的差距。"①

对南亚殖民地的佛教传统进行文献化一方面反映了欧洲印度学家、佛教学家对文献的重视，对文献文本分析和解读的重视，对文献所反映真实历史的追求，但另一方面也反映出他们对获得文献知识而取得重建佛教文明的权力。他们沉迷于通过阅读、解析出土文献重建"历史事实"，而这里所谓真实的历史实际上还是学者构建出来的历史，这些学者也常常忽视当地人民对历史的认识和反映，因为在他们看来，这些当地人对历史的认识和反映也许是不够科学的、严谨的，不是严格学术训练的产物。如果他们认为只有自己通过文献发掘的历史才是真实的历史，这实际上是通过学术活动获取一种话语权力，来实现对当地文化、文明的构建性阐释，而这些阐释，实际上不过是东方学家根据其所掌握的材料进行的主观"再现"（representation）。而这正是被后殖民主义学者批判的东方主义的弱点。

按照当代学者的梳理，东方主义主要表现在三方面，一是 18、19 世纪欧洲东方学者对亚洲古代语言和文献的研究；二是 18、19 世纪欧洲艺术家如莫扎特、福楼拜、德拉克洛瓦等人对东方场景、主题的借用；三是东方学知识和艺术生产背后的西方帝国主义意识形态②。东方学视野中的佛学研究，最主要是这里梳理出来的第一层意思，即欧洲印度学家、

———————

①　Philip Almond，*The British Discovery of Buddhism* (Cambridge：Cambridge University Press，1988)，p. 3，24，37.

②　Edmund Burke III and David Prochaska，"Introduction：Orientalism from Postcolonial Theory to World Theory，" in Edmund Burke III and David Prochaska eds.，*Geneologies of Orientalism：History，Theory，and Politics*，Lincoln and London：University of Nebraska Press，2008，pp. 9-10；对东方学文献主义取向的反思，见 David Ludden，"Orientalist Empiricism：Transformations of Colonial Knowledge，" in：Carol A. Breckenridge and Peter van der Veer eds.，*Orientalism and the Postcolonial Predicament：Perspectives on South Asia*，Philadelphia：University of Pennsylvania Press，1993，pp. 250-278.

佛教学家对古代佛教语言和文献的语文学研究。

美国学者哈利斯（Charles Hallisey）指出，莱斯戴维斯的历史主义的学术取径也是上述文献化过程的一部分，所以莱斯戴维斯对佛陀传记的研究给人这样的结论：客观的佛陀传记是当代佛教社区所缺乏的某些东西，也不可能从佛教社区自身还原出来，它的重建仅仅可能来自欧洲先进的文献学研究①。莱斯戴维斯把佛教文献语言分为古典和白话两种，这可能受到当时 19 世纪大学课程设置中把语言分成古典和现代两种的影响。在体制上，莱斯戴维斯的努力导致了巴利文献学会和伦敦东方与非洲学院的建立。很显然，19 世纪的佛学研究和历史语言学的发展是分不开的，对印欧古典语言的研究构成了所谓佛教文献学的基础。

而在 20 世纪初的中国，大学学科以及课程的规划尚且远未达到当时欧美现代大学内部学科划分的规模，在中国大学内部当然尚未出现古典现代语言的划分②。清华国学研究院虽然有引入现代语言学，但是似乎没有专门的历史比较语言学课程，特别是印欧比较语言学，如梵文、希腊文、拉丁文与欧洲现代语言的比较研究。早期欧洲佛教学者运用了传统上佛教的白话注释来研究更具权威性的经典文本。比如布努夫就在死后留下大量缅甸语注释文本的研究。而莱斯戴维斯则运用现代僧伽罗语注释文本来研究巴利文本佛经③。早期佛教研究太注重文献，比较排斥佛教仪式的研究。太注重文献本身的整理，而把它们从印度古代的思想和文化语境中剥离出来看它们自身的意义，这使得早期的佛学研究带有很大的局限性。

因此，所谓文献主义主要是指学者基本上利用文献去构建已经成为过去的历史，关心文献和文献之间的联系，但不注重实地考察和将研究对象视为仍然存活的传统，实际上是把研究对象他者化。这种文献主义

---

① Charles Hallisey, "Roads Taken and Not Taken in the Study of Theravada Buddhism," in Donald S. Lopez Jr. ed. *Curators of the Buddha*：*The Study of Buddhism under Colonialism*（Chicago：University of Chicago Press，1995），p. 37.

② 王丁提示了近代德国的语言学训练，见《陈寅恪的"语藏"：跋〈陈寅恪致傅斯年论国文试题书〉》，载《科学文化评论》，第二卷第 1 期，2005，60～77 页。

③ Charles Hallisey, "Roads Taken and Not Taken in the Study of Theravada Buddhism," in Donald S. Lopez Jr. ed. *Curators of the Buddha*：*The Study of Buddhism under Colonialism*，Chicago：University of Chicago Press，1995，pp. 43-44.

是随着所谓东方学的发展而出现的，也是比较历史语言学在整理宗教文献研究中的体现。当代一些学者似倾向于将寅恪注重文献的学术称作史料学派，可能未必准确。史料学派自有其传人，比如傅斯年①。如果把寅恪学术放到世界近代学术史中考察，可能更应该归结为欧洲东方学传统上的文献主义。虽然对于欧洲东方学家们而言，佛教是他者（the other）。对于来自东方的寅恪而言，他研究的佛教也是他者。他本人并非"活在佛教传统"（living in Buddhist tradition）之中，且其"科学的东方学"学术研究完全不受这种活的传统（living tradition）影响。这和寅恪研究中国史非常不同，寅恪研究国史更注重把自己的研究看作中国历史传统的一部分而融入其中。寅恪这种对于佛教的梳理很大程度上受欧洲东方学家影响，这一点和他后来研究中国史注入个人价值关怀较为不同。

寅恪的佛学研究有典型的德国东方学背景，但是他的研究不是传统德国印度学的主流做法②，就研究主题而言，他对德国印度学主流重视的《吠陀》研究没有兴趣，他也在梵文语言研究特别是语法、词汇等方面没有太多建树。寅恪感兴趣的是佛教文献的梵文原本和汉文译本之间的对勘问题，当然他关心的是利用梵汉文本的不同来看印度佛教思想怎样在传入中国过程中发生一些变化③，在他的论述中，思想清理和文献

①　Wang Fan-sen, *Fu Ssu-nien*：*A Life in Chinese History and Politics*，Cambridge：Cambridge University Press，2000；王晴佳指出寅恪和傅氏之间也曾有过一些误解和不快，见《陈寅恪、傅斯年之关系及其他——以台湾"中研院"所见档案为中心》，载《学术研究》，2005，第11期，91～148页。

②　德国印度学的历史可参考 Velentina Stache-Rosen, *German Indologists*：*Biographies of Scholars in Indian Studies Writing in German*：*With a Summary on Indology in German Speaking Countries*（New Delhi：Max Mueller Bhavan，1990）. William Peiris, *The Western Contribution to Buddhism*（Delhi：Motilal Banarsidass，1973），pp. 81-161，中译本梅迺文译：《西洋佛教学者传》，113～202页，台北，华宇出版社，1986，则仅列出佛教学家，一些著名的印度学家如 Henirch Lüders，Franz Bopp, Richard Pischel 等均未列出。

③　有关陈寅恪佛学的学术背景有一些研究，如张国刚：《陈寅恪留德时期柏林的汉学与印度学——关于陈寅恪先生治学道路的若干背景知识》，见胡守为主编：《陈寅恪与二十世纪中国学术》，210～220页。王邦维：《论陈寅恪在佛教研究方面的成就及其在学术史上的意义》，见同上书，365～377页。李庆新：《陈寅恪先生与佛学》，见同上书，378～406页。

辨析是合在一起的。具体而言，寅恪注意使用内外典参证，梵文、藏文、汉文、西夏文、突厥文本参证，域外之文与中土之文相互参证，注重研究印度佛教文化如何影响中华文化。

当然，寅恪先生很重视语言文字，但这一点有其中国传统学术渊源和背景，因为他自小念经学就注意认字，从小学入经学，乃是中国传统学问的门径，与德国东方学实无交涉，只是方法论上近似而已。俞大维在《怀念陈寅恪先生》中已经提到，

> 寅恪先生由他念书起，到他第一次由德、法回国止；在这段时间内，他除研究一般欧洲文字外，关于国学方面，他常说："读书须先认字"。因是他幼年对于说文与高邮王氏父子训诂之学，曾用过一番苦工。到了中晚年，对他早年的观念，稍有修正。主要原因，是受了两位大学者的影响（1）瑞典汉学大家高本汉先生。高氏对古人入声字的说法，与假借字的用法，给他极大的影响。（2）海宁王国维先生。王氏对寅恪先生的影响，是相得益彰的；对于殷墟文字，他受王氏的影响；对于梵文及西域文字，则王氏也受他的影响。①

所以这种从小打下的对于小学的兴趣，使得他在德国转向历史比较语言学。寅恪的佛学研究的确带有十分浓厚的语言学特点。如《支愍度学说考》即提供了一个观察他治学方法的绝佳例证：

> 心无二字正确之解释果如何乎？请以比较方法定之。与上引《道行般若波罗蜜经》《道行品》中"有心无心"之文同本而异译者，中文则有：
>
> （五）宋施护译《佛母出生三法藏般若波罗蜜多经》《了知诸行相品》第一之一之：
>
> 彼心非心，心性净故。等。藏文则有《八千颂般若波罗蜜经》（天清番经局本第三页下第一行）之 hbi ltar sems de ni sems ma mchis pa ste sems kyi ran bshin ni hod gsal ba lags so 即梵文本八千《颂波罗蜜经》（*Astasāhasrikā Prajñāpāramita*, ed. Raj Mitra,

---

① 俞大维：《怀念陈寅恪先生》，载《历史语言研究所集刊》第 41 本第 1 分，1969。

Bibliotheca Indica）之 cittamacittam prakrtic cittasya prabhāsvarā 据梵文本及中、藏诸译本，知《道行般若波罗蜜经》《道行品》之"有心无心"之句，即梵文本之 cittam acittam。"心"即 cittam。"无心"即 acittam。

丙、心无义与"格义"之关系

然则"格义"之为物，其名虽罕见于旧籍，其实则盛行于后世，独关于其原起及流别，就予所知，尚未有确切言之者。以其为我民族与他民族二种不同思想初次之混合品，在吾国哲学史上犹不可不记。故为考其大略，以求教于通识君子焉。

丁、心无义之传授

据敏度所言，即今日历史语言学者之佛典比较研究方法，亦何以远过。故不避引用旧闻过多之嫌，特录其序记较详。以见吾国晋代僧徒当时研究佛典，已能精审若是，为不可及也。①

此为通过比较梵藏汉不同译本来看词语使用的变化从而看出思想史的变迁。从以上引文可知，他的方法是先比较汉、藏、梵文诸个版本，然后看"我民族与他民族二种不同思想"的混合。很显然，他只是以历史比较语言学来看思想史、文化史②，看佛教思想对中华文化之影响。

寅恪先生也重视写本文献，但不太重视阿育王石刻铭文，主要也是因为他不关心印度佛教，仅关心与中国佛教有关的问题。他有时提到西洋的历史比较语言学，有时则使用比较校勘学一词。后者更凸显了他重视写本文献而不重视印度石刻铭文文献的学术风格。如他在 1929 年致傅斯年的信中谈道："盖现在佛经之研究为比较校刊学，以藏文校梵文，而藏文有误，更进一步以蒙文校之，又核以中文或稍参以中央亚细亚出土之零篇断简，始成为完全方法。弟前拟以蒙文佛所行赞校藏文本（今梵文本真伪杂糅，非以藏文校读不可）而久不能得，虽托俄人往蒙古库伦

---

① 原刊 1933 年中央研究院史语所集刊外编第一种《庆祝蔡元培先生六十五岁文集》，收入《金明馆丛稿初编》，159～187 页。我给引文中的著作加上了书名号。蔡鸿生先生对此文作了申说，见《仰望陈寅恪》，59～65 页，北京，中华书局，2004。

② 他其实是历史和语言交互为用，比如他所撰述的《从史实论切韵》则以历史方法来讨论语言史，从考察参与《切韵》讨论者出身的地域来看语言之变化。

代钞，迄不能致"、"弟接到哈佛聘书，嘱授华梵比较之学，弟以中央研究院有著书之约辞之矣①。1932 年 9 月 5 日致刘文典论国文试题书也有论及印欧语言问题②。另外 1934 年 3 月 6 日致沈兼士的信也论及印欧比较语言学③。

　　相比于寅恪，梁启超则注意到西方印度学的新成果，特别是阿育王石刻与印度佛教的关系，即他所说的印度史迹与佛教之关系。他说：近人治梵学者，发见阿育王石刻二十余种（原文有注六），内中一小摩崖有"派宣教师二百五十六人"一语，据此可知《善见律》所纪，盖为未尽。"④该文注六云：　"阿育王石刻之研究，创自英人勃雷涉 James Priusep⑤。因印度古钱有希腊印度二体书，以希读梵，始能了解，始知所铭刻者，皆阿育振兴佛教之成绩，于一八三七年公布其研究之结果。尔来陆续发掘，所得不刻文凡七种，其树立地散在二十余处，至今治印度史者以为环宝焉。"该文注八又云："《那先比丘经》，今锡兰之巴利藏亦有之，名为 *Milinda-panpa*，近有英译本名为《弥兰王问经》（*The Evestion of King Milind*）。欧人研究印度古钱，得此王钱多枚，皆印希文并用，刻有'护法王'字样，因其钱知为西纪前约百五十年人，又知其曾占领五河地方。"此处的阿育王石刻一般按照其刻写的材料和地点分为三类：岩刻、柱刻、洞刻，即刻在岩石、石柱和洞窟中的铭文⑥。所

---

　　①　《陈寅恪集·书信集》，23～24 页（1929 年某月 24 日）。书信集编者把原文校刊学改为校勘学。

　　②　同上书，158～166 页。

　　③　同上书，171～172 页。

　　④　梁启超：《印度佛教概论》，见《佛学研究十八篇》，《饮冰室专集》（七），4～5 页，台北，台湾中华书局，1978。

　　⑤　这里 Priusep 是笔误，应为 James Prinsep。

　　⑥　20 世纪早期有关阿育王铭文的译注包括：Vincent A. Smith, *Aśoka：The Buddhist Emperor of India*（Oxford：Clarendon Press, 1920, 3ʳᵈ ed. ）；A. C. Woolner, *Aśoka Text and Glossary*, Vols. I-II（Oxford：Oxford University Press, 1924）；E. Hultzsch, *Inscriptions of Aśoka*, *Corpus Inscriptionum Indicarum*, Vol. 1（Oxford：Clarendon Press, 1925）；Radhakumud Mookerji, *Aśoka*（London：Macmillan & Co. , 1928）.

谓"小摩崖有'派宣教师二百五十六人'一语"其实在西方争议颇多。这大概是法国学者塞纳（Emile M. Senart）赞成的观点。

后来，很多学者都反驳了塞纳的观点，比如麦克尔森（Truman Michelson）在 1909 年的《美国东方学会会刊》上就刊文批驳塞纳①。有关阿育王铭文中二百五十六这一数字的争论很多。最早是英国学者坎宁汉（Alexander Cunningham，1814—1893）1876 年宣布在 Rūpnāth，Sahasrām，Bairāt 等地发现阿育王铭文，并把其中一个词读成 256，认为这是佛陀涅槃开始往后的时间；接着毕勒（Johann Georg Bühler，1837—1898）采纳了这一观点，认为是从佛陀涅槃到阿育王登基的年代。这和南传佛教巴利文材料中所说的佛陀涅槃之后 218 年阿育王登基相矛盾。这个数字一般学者都没有意义，但铭文中有些相关内容不甚清楚，坎宁汉和毕勒均读作"离开"，认为是讲佛陀涅槃。而英国学者莱斯戴维斯以及博义耳（A. M. Boyer）认为讲佛陀出家修行，即所谓骑象出城入道。塞纳接受了离开的说法，但提出铭文是讲阿育王派出的佛教传教僧离开。但托马斯和烈维提出一种新的读法，认为是指阿育王参加佛教僧团夏安居 256 夜之后离开②。法国学者菲利奥扎（Jean Filliozat，1906—1982）在考察了这一问题的争论史之后，结合佛教戒律的规定和古代印度的习俗，认为这个数字是阿育王下令一年中佛教徒进行夏安居和朝圣的时间③。20 世纪初叶有关阿育王铭文中二百五十六这一数字的讨论如此之多，为何梁启超单单使用了塞纳的观点，这是值得思考和研究的问

---

① Truman Michelson，"The Interrelation of the Dialects of the Fourteen-Edicts of Aśoka. 1：General Introduction and the Dialect of the Shuhbazgarhi and Mansehra Redactions，" *JAOS*，Vol. 30，No. 1 (Dec.，1909)，pp. 77-93.

② F. W. Thomas，"Les vivāsā ḥ d'Aśoka，" *JA* (May-June，1910)，pp. 507-522；Sylvain Lévi，"Vyuthena 256，" *JA* (January-February，1911)，pp. 119-126. 后来烈维再次撰文研究这一问题：Sylvain Lévi，"L'énigme des 256 nuits d'Aśoka，" *Journal Asiatique* (1948)，pp. 143-153.

③ Jean Filliozat，"The Enigma of the 256 Nights of Aśoka，" in Jean Filliozat，translated by Mrs. R. K. Menon，*Studies in Asokan Inscriptions* (Calcutta：Indian Studies，past and Present，1967)，pp. 11-19.

题。可能因为塞纳是法国"中亚与远东历史、考古、语言、人种学考察国际协会"法国分会会长的缘故。伯希和被他委任为法国中亚探险队队长，来中国探险之后和塞纳一直有联系。1919 年梁启超曾赴法国参加巴黎和会，其间广泛会见法国知识分子，包括著名哲学家伯格森。寅恪虽然看过一些铭文，但似乎没有太大兴趣，甚至也从未从方法论意义上提及这些铭文对于研究印度佛教的影响。

寅恪先生和很多德国印度学家如缪勒（F. M. Müller, 1823—1900）、吕德斯等人一样①，研究佛学基本是文献中心主义者，当时对田野工作和宗教实践没有太大兴趣，从未亲身游历印度中亚佛教遗迹，也未曾有这样的计划。而其中吕德斯正是寅恪在柏林大学留学时的老师。寅恪虽然对中国佛教情有独钟，但也没有特别走访任何佛教遗迹，也和佛教团体以及僧侣没有太多来往和密切交流。换言之，寅恪先生对于佛教的宗教生活没有体验的动力和愿望。下文我们要提到寅恪佛教学术在注重梵、藏、汉文材料方面也受到沙俄旅华学者钢和泰的影响，但他和钢和泰毕竟不同，钢和泰十分注重宗教体验，不仅亲自去过印度，流连于佛教圣地鹿野苑，还接触印度吠陀学者，在北京也常常和喇嘛们交往②；而寅恪对这些都不在意。

就清华研究院国学门的四大导师而言，寅恪先生在这一点上和王国维很相似，两人都是书斋中的纯粹学者，而和经常下乡调查方言的赵元任迥异。因为没有抓住机会考察西域地区，寅恪先生的佛学多半停留在

---

① 旅居英国的德国印度学学者缪勒，梵文学者 Franz Bopp 的学生，专长在于吠陀研究和比较宗教学，但他一生即从未去过印度。他的传记见 Lourens P. van den Bosch, *Friedrich Max Müller: A Life Devoted to the Humanities* (Leiden: E. J. Brill, 2002). 吕德斯，早年专注于吠陀和《摩诃婆罗多》研究，后来转向整理中亚出土梵文文书。他先后在慕尼黑、哥廷根、基尔等大学受古典学和印度学教育，曾任牛津大学印度学研究所图书馆员，后任教德国罗斯托克、基尔、柏林等大学，并担任柏林科学院院长；其传记见 Valentina Stache-Rosen, *German Indologists*, New Delhi: Max Müller Bhavan, 1981.

② Serge Elisséeff, "To the Memory of Baron Alexander von Staël-Holstein," *HJAS*, Vol. 3, No, 1-2 (1938), pp. 2-6. 以及: E. Schierlitz, "In Memory of Alexander Wilhelm Baron von Staël-Holstein," *MS*, Vol. 3 (1938), pp. 286-291.

图六十　盛年吕德斯

就文献说文献的层面，更未能有机会去西北走访而发现更多新文献。在敦煌藏经洞被发现之后，大量文书流散，很多在京士大夫学者如罗振玉等感叹不已，或有如李盛铎等甚至从中上下其手，中饱私囊，却没有一人远走河西，亲自考察一番，收集劫余，不能不说这些人不过是一些腐儒和陋儒。而寅恪虽然受到西方学术训练，但囿于德国古典印度学的传统，只关心文献，认为从文献研究即可获得学术研究求真之目的，没有亲自去原地勘察，令人为之遗憾。否则当可以在学术上更进一层，超越西洋和日本西域研究学者。

正因为寅恪先生未将他所研究的佛教看作是活的传统，他也不关心西方和日本学者热衷讨论的所谓"原始佛教"（original Buddhism）和"根本佛教"（fundamental Buddhism）问题①。原始佛教说来源于欧洲学者把他们基于整理梵文、巴利文写本文献所"发现"的早期佛教的"真实"状况，因为他们认为这种根据早期写本所"重建"起来的佛教更

①　见本书第六章第二节。

加接近当时佛陀所教导的佛教①，而大乘佛教被看作是改革和变革的佛教形式，亚洲国家中的近代佛教则被认为已经堕落（degeneration）。欧洲学者有关原始佛教的观点在日本引起反响②，如比寅恪早出生一年的学者和辻哲郎（1889—1960）即在1926年《思想》杂志连续发表文章讨论原始佛教③。但是近代日本一些佛教学者出于民族主义考虑，认为佛教的精义仍保存在日本佛教之中，因为日本佛教保存了佛陀的根本教义，

---

① 莱斯戴维斯的演讲：*Buddhism：Its History and Literature*，New York and London：The Knicherbocker Press，1896，pp. 203，210，214. Edward Conze 表示反对这种看法，认为佛教也在随着历史的发展变化而发展变化；见 Edward Conze，*Buddhism：Its Essence and Development*，New York：Happer & Raw Publishers，1959，p. 27. 太史文也主张避免使用 original Buddhism 这样的说法，见 Stephen F. Teiser，*The Scripture on the Ten Kings and the Making of Purgatory in Chinese Buddhism*，Honolulu：University of Hawaii Press，1994，p. 11. 其他批判还包括 Donald Lopez Jr.，*Elaborations on Emptiness：Uses of the Heart Sūtra*，Princeton：Princeton University Press，1996，pp. 99. Anthony Tribe & Paul Williams，*Buddhist Thought：A Complete Introduction to the Indian Tradition*，London：Routledge，2000，p. 193 再次指出欧洲东方学对所谓原始佛教的重建完全是误入歧途。

② 日本学者20世纪初叶有关根本佛教的讨论：从1910年姊崎正治出版《根本佛教》开始许多论文都讨论了所谓根本佛教；譬如木村竜寛：《根本仏教より法華経まで》，载《大崎学报》79，1927，225～302页；宇井伯寿：《印度仏教史研究所感》，载《驹沢大学仏教学会年报》1，1931，27～41页；寺本婉雅：《根本仏教に於ける浄土教の起源》，载《日本仏教学协会年报》4，1933，1～94页。

③ 参见他一系列研究佛教思想史的论文，井上圆了：《原始仏教の根本的立場》上，载《思想》54，1926，46～75页；《原始仏教の根本的立場》中，载《思想》55，1926，24～51页；《原始仏教の根本的立場》下，载《思想》56，1926，1～35页；接着他又在同一年的《思想》杂志57（1～27页）、58（33～67页）、59（1～29页）期连续发表《原始仏教の縁起説》；在同杂志第60期发表《原始仏教に於ける"道"》一文（193～218页）；在《思想》第62期发表《原始仏教に於ける業と輪廻》（29～50页）；他在1932年出版《原始仏教の実践哲学》取得文学博士，该书1962年收入岩波书店出版的《和辻哲郎全集》第五卷。对和辻的评论见中村元：《和辻学の未来的意義》，载《思想》444，1961，141～145页；末木文美士：《和辻哲郎の原始仏教論》，见《北畠典生博士古稀记念论文集：日本仏教文化论丛》上卷，327～346页，京都，永田文昌堂，1998。而实际上日本学者早已开始讨论原始佛教，如鈴木宗忠：《原始仏教の研究に就いて》，载《大崎学报》6，1921，19～28页；1922年木村泰贤著有《原始佛教思想论》。

佛教在日本被发扬光大，不存在蜕变问题，所以应该讨论根本佛教。这是非常典型的文化民族主义佛教观，代表人物如井上圆了①。尽管在一些日本和西文以及受其影响的中文著作中，仍有不少场合使用原始佛教，但一般而言，欧美学者均使用早期佛教（early Buddhism），日本学者则使用初期佛教，以避免误解②。

相比于寅恪先生在这一问题上的失语，梁启超可能是少数注意到欧洲近代佛学话语中有关原始佛教思想的中国近代学者，不过他仅使用大乘非佛说论的说法，这一说法凸显了大乘佛教影响地区的主体性，即讨论问题仍然以大乘概念出发点，而不把原始佛教作为一个独立概念。寅恪没有谈及原始佛教问题，他注意佛教从印度到中国的变化，但没有特别留意西方学者的原始佛教和日本学者争论的根本佛教。而同时代的梁启超还注意到欧洲学者注意所谓大乘非佛说论。这其实是欧洲现代佛教学家所谓原始佛教的另一种说法。如他所著《读异部宗轮论述记》略云：

> 佛教二千年来，循进化之公例，常为不断的发展，其最显著之迹，则由小乘而进为大乘也。大乘派别，虽肇兴于印度，而实光大于中国。故治佛教史者多能言之。小乘派别，则虽在印度，所谓两部、四部、五部、十八部、二十部等名称，虽散见群籍，然语焉不详，学者憾焉。既不审小乘蜕变之迹，则大乘发展之途径，绝无由说明。于是生出两种偏至之论，其一则如中国相传旧说，谓佛在世时大乘教已圆满成立；其二则如欧洲多数学者所倡大乘非佛论。两

---

① 有关日本佛教学界争论的讨论，见平川彰：《原始仏教の定义の問題》，载《仏教研究》1，1970，1～18页；藤田宏达：《原始仏教・初期仏教・根本仏教》，载北海道印度哲学仏教学会编《印度哲学仏教学》2，1987，20～56页；前田惠学：《何故“原始仏教”か》，载《印度学仏教学研究》98，2001，259～266页；高橋審也：《原始仏教と初期仏教》，载《木村清孝博士還暦記念論集：東アジア仏教—その成立と展開》，373～388页，东京，春秋社，2002。

② 如世界知名的佛教学者、牛津退休教授 Richard F. Gombrich 就特别强调使用 early Buddhism 来指代佛陀时代的佛教。参见 Gombrich, *How Buddhism Began：The Conditioned Genesis of the Early Teachings*，London and Atlantic Highlands：Athlone Press, 1996.

说各驰其端，而皆非其实也。①

仅这一点而言，梁启超是十分敏锐的。欧洲东方学界对原始佛教话语的讨论特别是莱斯戴维斯的主张深受文献主义之影响，他们认为按照写本重建的佛教是原始的佛教，但同样受文献主义影响的寅恪却从未关注这一倾向，令人惊讶，我们下文可以看到一些缘由。

第二节　陈寅恪之佛学与文化民族主义

寅恪先生的佛学研究也带有很强的民族主义（nationalism）倾向，或者更准确而言带有文化民族主义倾向。这里所说的文化民族主义，乃是以文化作为本民族身份认同的中心要素，而其具体表现在民族学术、文学艺术的发展和弘扬。在研究寅恪学术的个案中，即主要指其学术研究中完全以本民族、本国地区为中心。寅恪的文化民族主义可能受到德国近代思想家赫尔德影响②，和文献主义一样，这与他在德国的学术训练紧密联系。

这种文化民族主义受寅恪本人对近代社会的感同身受影响。当时中国处于政治经济和文化上相对于欧美日本的落后状态，寅恪痛惜国人不得不去日本学习"国史"，而他对于百日维新的失败、清军在甲午战争的战败、巴黎和会中国外交的失败等均有深刻体验。作为一名学者，他企盼在学术研究中能扮演保存国史的角色，使中华的民族文化能在民族面临深重危机的近代能够有所保存和彰显③。

---

① 梁启超：《佛学研究十八篇》，台北，中华书局影印本，第十一篇。

② 陈怀宇：《陈寅恪与赫尔德：以了解之同情为中心》，载《清华大学学报》（哲学社会科学版），2006，第4期，20～32页。收入本书第八章。

③ 盛邦和已经指出寅恪学术中的民族主义情绪，见《陈寅恪：走出史料学派》，载《江苏社会科学》，2002，第3期，98～103页；但他没有具体解释和论证。

以语言和文献而论，寅恪先生虽然熟悉梵文、巴利文，藏文①，但他治学的重点仍然是汉地的汉文文献、汉传佛教。从治学所关注的地域而言，寅恪不重视南亚特别是印度、斯里兰卡，其他东亚佛教传统如韩国佛教、日本佛教则更不在他兴趣之内。虽使用巴利文材料但不注重印度及南亚佛教历史。即使是研究西域佛教的西方学者，也对陈十分不熟悉。如王邦维先生说，"因为专业的关系，我读过一些欧洲学者研究西域佛教的著作或文章，其中一些研究作得非常好。但我有一个印象，或者说遗憾，这些学者几乎不知道陈先生，当然也就很少能把与他们的研究有关的陈先生的成果吸收到他们的著作中去。"② 关键在于寅恪的关注点其实并不在西域地区，而在汉地，在中原。他用功的重点是佛教汉文文献，使用梵文和藏文、蒙文文献不过是为阅读汉文文献作参证。

寅恪这样做可能有和日本学者一较高低的动机，因为他认为日本学者的西域语言研究也不过是追随西洋学问，但却比西洋学者多留意汉文材料。他在 1937 年 1 月 31 日致陈述的信中对日本学术这样评价："白鸟之著作，盖日人当时受西洋东方学影响之必然结果，其所依据之原料、解释，已依时代学术进步发生问题，且日人于此数种语言尚无专门权威者，不过随西人之后，稍采中国材料以补之而已。"③他在 1934 年 4 月 6 日致陈援庵的信中也说："近来日本人佛教史有极佳之著述，然多不能取材于教外之典籍，故有时尚可供吾国人之补正余地（然亦甚少）。"④

寅恪认为日本的西域语言尚无专门权威或许没有太大问题，但其实当时日本已经有较佳梵文语言学者。而日本的西域语言的确在第二次世

---

① 寅恪在德国学习用功重点是藏文、梵文、巴利文，季羡林先生说寅恪留下六十四本笔记本，其中藏文、梵文、巴利文笔记本为二十三本，加上突厥回鹘文笔记本则一共二十七本，将近一半。见季羡林：《从学习笔记本看陈寅恪先生的治学范围和途径》，见《纪念陈寅恪教授国际学术讨论会文集》，74～87 页，广州，中山大学出版社，1989。

② 见王邦维：《论陈寅恪在佛教研究方面的成就及其在学术史上的意义》，见胡守为主编：《陈寅恪与二十世纪中国学术》，373～374 页。

③ 陈寅恪：《陈寅恪集·书信集》，183 页。

④ 同上书，130 页。

界大战后才慢慢发展出自己的特色，如巴利文、藏文、粟特文、于阗文、突厥文、回鹘文学者。寅恪写这封信时中日关系日益紧张，他对于日本学术有相当的抵制情绪，不可能对日本学术过多称许。他所做的是改变"群趋东邻受国史"的危机，所以他的重点在中原、在汉地、在国史，而不在西域，也就不令人惊讶了。

寅恪对于佛学的关注仅限于中国（即他所谓禹域以内）的佛学，包括中原地区以及蒙藏地区等周边地区，这乃是由于寅恪作为中华文化本位主义者，其考虑问题事事以中华为本位，以中华文化为本位，或者用他自己的话说"不忘本民族之地位"、"思想囿于咸丰同治之世，议论近乎湘乡南皮之间"①。俞大维在《怀念陈寅恪先生》中指出，寅恪先生的兴趣是研究佛教对中国一般社会和思想的一般影响，对印度的因明学及辩证学兴趣比较淡薄。俞先生说他在抗战胜利后回清华路过南京在俞家小住，俞氏曾将俄国学者舍切尔巴斯基（Stcherbatsky）书中论法称的因明学以及意大利学者图齐（Tucci）书中藏译龙树回诤论念给寅恪听，寅恪先生并不特别感兴趣。其实，何止因明学和辩证学，印度佛学的其他方面，如佛教与社会、印度人心理等主题，寅恪全不关心，他只注重中华地区，而在中国佛学之主题方面，他又特别不关心义理。

更为精确地说，寅恪先生最多注重一些中外关系，即如俞大维所说寅恪先生研究中西一般的关系特别是在文化交流、佛学传播以及中亚史地方面深受西洋学者如法国伯希和、德国缪勒、俄国巴托尔德（W. Barthold）及其他学者影响②。而对于寅恪而言，要说纯粹印度佛学，则毫无兴趣。这跟他的德国老师吕德斯是非常不同的。吕德斯原本治古典印度学（classical Indology），特别是吠陀文献（Vedic literature），后来整理

---

① 陈寅恪：《冯友兰〈中国哲学史〉下册审查报告》，见《金明馆丛稿二编》，285 页。

② 俞大维：《怀念陈寅恪先生》，载《历史语言研究所集刊》第 41 本第 1 分，1969；寅恪曾向陈垣推荐巴托尔德的《蒙古入侵时期的突厥斯坦》一书，想必他在德国时即早已留意这位学者，巴托尔德曾长期担任德国《东方学之目录学》（*Orientalische Bibliographie*）杂志编委。寅恪之结识伯希和系由王国维介绍。

中亚出土梵文文献，对中国佛教没有兴趣。寅恪在柏林大学的同学诺贝尔（Johannes Nobel）则治印度、中国佛教，出版了多卷本多语文本对勘的《金光明经》①。

　　和寅恪兴趣最接近的近代学者是钢和泰，他们两人都没有在梵文语言和古典印度学方面下过极大的功夫②，难以和德国学者比肩，但在藏文和汉文与梵文的互相发明方面约略相似，也是可以超越德国古典印度学者之处。钢和泰是对中亚感兴趣，而寅恪则因民族主义情感，影响了他的学术领域选择。以寅恪的兴趣和学术训练，他回国之后在学术上是十分孤独的，所以钢和泰实际上成为寅恪在清华国学院任教时学术上的密友，也对寅恪的佛学"教益"良多。

　　钢和泰出生于19世纪帝俄属地爱沙尼亚省的贵族家庭，在爱沙尼亚和德国受教育。从小学习古典学和欧洲历史文化，讲法语、德语和俄语。后来入柏林大学学习梵文，1900年在哈勒大学教授皮舍尔指导下以研究吠陀文献获得博士学位，从其学术出身来看完全是古典印度学的传统。但他毕业后曾因服务于沙俄亚洲外交事务局而有机会游学印度。在这个过程中发现中文文献特别是玄奘的《大唐西域记》对了解印度历史和地理贡献极大，从而转向印度和中国以及中亚主要是西藏和蒙古的联系。后来更在1916年5月离开彼得堡经西伯利亚来到北京研究藏文和蒙文文献③。胡适到北京大学之后，邀请他为北大学生讲授梵文和佛教史课程，并亲自担任翻译工作。胡适1922年5月9日的日记记载了他为钢和泰买了不少有关印度佛教和中亚的书，包括《东方圣书》（*The Sacred Books*

---

①　陆扬注意到 Nobel 曾感谢寅恪，见 "Narrative, Spirituality and Historical Interpretations in Buddhist Biography: A Close Reading of Huijiao's Biography of Kumārajīva," *AM*, third series, 17: 2 (2004), pp. 1-43, 注 10.

②　钢和泰在哈勒大学的博士论文也是写吠陀，乃是古典印度学的题目。但他后来主要做佛教研究。他的梵文水平在寅恪之上，见第三章第一节。

③　Serge Elisséeff, "To the Memory of Baron Alexander von Staël-Holstein," *HJAS*, Vol. 3, No. 1-2 (1938), pp. 1-3. 一说钢和泰生于 1876 年 12 月 20 日，原名 Alexander Wilhelm Baron Staël von Holstein, 1929 年 6 月 17 日与 Olga Wladimirowna de Grave 结婚。

of the East）和伯希和的敦煌石窟①。

　　钢和泰对当时中国学界颇有影响。1923 年胡适翻译钢和泰著《音译梵书与中国古音》一文，发表在《国学季刊》，引起旧学家的群起而攻之。但钢氏以梵文和藏文佛教文献译本来研究中国古音的方法在中国音韵学者中影响甚大，罗常培特意提到了他自己就受了钢和泰影响②。1926 年钢和泰还在上海出版了《大宝积经大迦叶品梵藏汉六种合刊》③。钢和泰超出很多德国传统印度学家之处在于他能处理汉文材料，而且对中国古音很有兴趣。这很对寅恪的胃口，寅恪后来发表过研究中国古音的名作《四声三问》，引发通晓梵藏汉语的语言学家俞敏的反驳④。

　　寅恪虽然精研梵巴文字，但主要兴趣在佛教文化史，对语言本身的兴趣并不大，见识也有限。王震邦先生对寅恪以对对子为题考察学生引发的语言学争论，有较为详细的梳理。他指出以王力、赵元任等为代表的汉语语言学界并未实践寅恪提出的所谓进行中国语言学研究之前先了解藏缅语系之方向，而以通晓藏文著称的语言学家李方桂等人亦未以寅恪意见为旨归⑤。

　　实际上，寅恪对于欧美语言学本身的发展还是有点隔膜，因为他本人兴趣并不在此。他只是拿历史比较语言学作为工具来讨论历史。寅恪

　　①　曹伯言编：《胡适日记全编》，第三册，662～663 页。

　　②　罗常培：《唐五代西北方音》，上海，中研院史语所专刊，1933，vi 页；参见 Serge Elisséeff，"To the Memory of Baron Alexander von Staël-Holstein," *HJAS*，Vol. 3，No. 1-2（1938），p. 4.

　　③　Serge Elisséeff，"To the Memory of Baron Alexander von Staël-Holstein," *HJAS*，Vol. 3，No. 1-2（1938），p. 7，列入钢和泰论著目录；参见王启龙、邓小咏：《1949 年以前藏传佛教研究的回顾》，载《法音》，2001，第 8 期。

　　④　利用梵藏文资料研究中国古音的学者后来不断增多，早期有罗常培、俞敏，现在活跃的知名学者有柯蔚南（W. South Coblin）、高田时雄、辛岛静志、朱庆之、刘广和、万金川等。有关研究史可参见朱庆之：《佛典与汉语音韵研究——20 世纪国内佛教汉语研究回顾之一》，载《汉语史研究集刊》第二辑，302～320 页，成都，巴蜀书社，2000。

　　⑤　寅恪甚至认为要研究中国语言之文法，亦需要先了解藏缅语，这完全是受印欧比较语言学的影响。而他的主张并未得到语言学界的响应。相关讨论见王震邦：《独立与自由：陈寅恪论学》，170～183 页，台北，联经出版公司，2011。后文我在讨论寅恪对佛教文化史的研究时将再次谈及这一论题。

1926 年到北京时钢和泰已经在北京学术界声名显赫，故寅恪回国之后常从钢和泰而问学。寅恪对钢和泰的评价是学问不博，然而甚精①。他们两人均关注中印佛教之间的联系，但钢和泰更侧重从印度佛教看中国佛教，而寅恪侧重中国文化如何被印度佛教文化影响。

　　余英时先生指出，寅恪先生一生的史学研究有三变。第一变即是 1923 年至 1932 年之间研究"殊族之文、塞外之史"，重点在于佛典译本及其对中国文化的影响②。寅恪虽然精通梵文、巴利文，但他的著述多以中国佛学问题为主，即使涉及印度佛教，也仅仅涉及和中国佛教有关者。他使用的语言文献材料和钢和泰同出一辙，如梵文、藏文、汉文、蒙文。他还提到了同样能使用汉文材料的法国印度学家烈维的著作。

　　下面以他的一系列佛学论文为例来看寅恪先生对当时国际佛学界的了解③。寅恪的《有相夫人生天因缘曲跋》引用了 1907 年烈维发表在《通报》上论 *Divyāvadāna* 第三七 *Rudrāyana* 品的文章，还提到藏文《甘珠尔》的《律部》卷九。他的《须达起精舍因缘曲跋》引用了英国巴利学会刊出的巴利文《增一阿含经》（*Aṅguttara-Nikāya*）。他的《敦煌本唐梵对字音般若波罗蜜多心经跋》，引用多种文本，如敦煌本汉文《金光明经冥报传》（合肥张氏所藏），北平图书馆藏西夏文本，以及畏兀吾文本（俄国科学院佛教丛书第十七种），并参照了吐蕃文《金刚经冥报传》（1924 年《普鲁士科学院哲学历史组报告》17。他的《敦煌本维摩诘经文殊师利问疾品演义跋》引用非文字图像史料，指出"美术品者，若杨惠之所塑（凤翔天柱寺），即苏子瞻之所咏，今已不可得见。然敦煌画本，尚在人间（伯希和《敦煌摄影集》第一册第十一片），云岗石刻，犹存代北（云岗石刻有维摩诘示疾像），当时文化艺术借以想象推知，故应祝为非文字之史料，而与此演义残卷，可以互相印证发明者也"。

――――――――

　　①　致傅斯年的信，见陈寅恪：《陈寅恪集·书信集》，48 页。这封信落款只有月日，即五月四日，但编者推测这封信写于 1935 年前后。实际上这封信应完成于 1928 年 5 月 4 日。见本书第二章第一节《从陈寅恪论钢和泰的一封信说起》。

　　②　余英时：《试述陈寅恪的史学三变》，见《陈寅恪晚年诗文释证》，台北，东大图书出版公司，1998 年增订新版，331～377 页；刘后滨、张耐冬：《陈寅恪的士大夫情结与学术取向》，载《中国文哲研究集刊》，第 23 期，2003，351～369 页。

　　③　这些论文均收入《金明馆丛稿初编》和《金明馆丛稿二编》，不一一注明。

他的《西游记玄奘弟子故事之演变》引用梵文 *Divyāvadāna* 第十七篇。他的《童受喻鬘论梵文残本跋》引用梵文，提到他以前曾经从吕德斯研究东方古文字学，而当时吕德斯正在研究德意志探险队在龟兹之西获得的贝叶梵文佛教经典，其中包括《大庄严论》残本，后来尽读吕德斯辑校的著作①，他说吕德斯学术"有盛名于世，而此校本尤其最精之作，凡能读其书者皆自知之，不待为之赞扬"。寅恪的《大乘稻芉经随听疏跋》则引法文《亚洲学报》，日文《史林》、《支那学》上伯希和、羽田亨、石滨纯太郎诸君考证文章。《忏悔灭罪金光明经冥报传跋》引1911 年河内出版的《远东法兰西学校报告》（今通译作《法国远东学院院刊》）第十一卷，又引俄国人马洛夫（C. E. Malov）在酒泉得到的一件《金光明经》突厥系文本（俄国科学院佛教丛书第十七种，1913 年），并引用了德国藏学家弗兰克（A. H. Francke）在《普鲁士科学院院刊》上的著作②，寅恪还指出《金光明经》的梵文本有钱德拉（Sarat Chandra）整理本及霍恩雷本③，他的信息来自日本《宗教研究》第五卷第三号泉芳璟读梵文《金光明经》论文；有关《金光明经》藏文本则有三种，而蒙文本研究见《支那学》第四卷第四号樱部文镜《蒙文金光明经断篇考补笺》；突厥文本则有德国吐鲁番考察团所获之残本④及俄国科学院佛教丛书本。东伊朗文本亦有残本⑤。

他的《敦煌本十诵比丘尼波罗提木叉跋》引日本西本龙山影印敦煌本《十诵比丘尼波罗提木叉》的研究，以及德国林治（Ernst Waldschmidt）

---

① 寅恪注为即 *Bruckstücke der Kalpanāmanditikaa*，Leipzig，1926.

② 寅恪注为 *Stizungsberichte der Preussichen Akademie der Wissenschaften*，Mai，1924；这位学者是他在柏林的藏学老师。

③ 寅恪注为 A .F. Rudolf Hoenle，*Manuscripts Remains of Buddhist Literature found in Eastern Turkestan*，Oxford：Clarendon Press，1916. 我补上了出版社信息。

④ 寅恪注为 F. W. K. Müller，*Uigurica*，1908. 该文刊普鲁士科学院院刊，后来集结成论文集出版。

⑤ 寅恪注为见 P. Pelliot，*Études Linguistiques sur les Documents de la Mission Pelliot*，1913，及 E. Leumann，*Abhandlungen für die Kunde des Morgenlandes* XV，2，1920.

校译《说一切有部梵文比丘尼波罗提木叉》残本①，他们在柏林有所讨论。寅恪的《武曌与佛教》引突厥文（原文寅恪作"土耳其语"）资料，指出达利河即突厥语之 Kara、Kachi，Kara 为黑暗之意。所有这些文章很多都引用了梵文本，但没有一篇涉及印度或早期佛教。其他一些佛学文章也均和中国有关，如《梁译〈大乘起信论〉伪智顗序中之真史料》②、《〈大乘义章〉书后》。寅恪为撰写此文，搜集了相当多当时有关《大乘起信论》的日本学者论文，这些论文的目录如今可在其遗墨中看到，包括松本文三郎、常盘大定、村上专精、望月信亨、林屋友次郎、铃木宗忠、日暮京雄、伊藤义贤、宇井伯寿、境野哲（黄洋）等人的著作。

之所以不厌其烦举出寅恪所有有关佛学的文章，并一一加以提示，乃是可以证明他的文章无一例外均集中在中国佛学，此处非穷尽其所有相关文章不足以言无例外。甚至当他谈到西藏和蒙古佛教时，他的态度也反映了典型的德国东方学式态度，即对研究对象有一种心理疏离，仅仅从文献本身出发来发现问题、解决问题，与当地人并无实际接触。换言之，他没有对这些地方的佛教寄予一种心理情感，而对中国佛教或更精确说汉地佛教则有些微妙的不同，如对支愍度学说的研究，多少多了一点了解之同情。他关注的是印度思想对中国民族性之影响。例如他在说到三论宗与禅宗之关系时指出道生所发明的"顿悟"说"皆印度思想上之根本问题，而与中国民族性有重要之关系者也。"他特意举出道生所谓一阐提人皆得成佛及顿悟成佛两种论说为例，认为"印度社会阶级之观念至深，佛教对于社会阶级之观念虽平等，而其修行证道上阶级之观犹存，故佛教教义有种姓之问，即辟支乘、声闻乘、如来乘、不定乘及无种姓等五种分别。此种观念盖从社会阶级之观念移植于修行证道之区域，亦可谓印度民族之根本观念所在也。"后来"非生公之誓以死生力主新义而破除种姓阶级之旧论，则后来中国之众生皆有佛性之说，除少数

---

① 林冶可能是寅恪称呼他的汉文名字。他在吕德斯指导下完成的博士论文即是处理中亚出土比丘尼戒，便是寅恪提及的论文。

② 见陈美延编：《陈寅恪先生遗墨》，135～136 页。

宗派外，几于全体公认，倘非生公之力必不能致是。"①寅恪在这里的讨论关注于印度之社会阶级观念到中国之后发生的变化。

因此，事实上，即使是从佛教研究的角度来看，他所寄予了解之同情的中华文化在他心目中显然仍然以汉文化为主导②。不过，他显然已受到国际东方学特别是德国东方学影响，也注意中原与蒙、藏、回、维等周边地区的相互关系，总体而言，他的视野可视为世界体系下关注中华文化的命运③。

寅恪并非不了解西方哲学与宗教，他在哈佛留学时与印度哲学教授伍兹有所过从，但他的研究兴趣并无意对哲学和宗教义理进行深入的讨论。如《大乘义章书后》略云：

> 大藏中此土撰述总诠通论之书，其最著者有三，《大乘法苑义林章》，《宗镜录》及远法师此书是已。《宗镜录》最晚出，亦最繁博。然永明之世，支那佛教已渐衰落，故其书虽平正笃实，罕有伦比，而精采微逊，雄盛之气，更远不逮远基之作，亦犹耶教圣奥古斯丁（St. Augustin）与巴士卡儿（Pascal），其钦圣之情，固无差异，而欣戚之感，则迥不相侔也。④

显然寅恪的兴趣并不在哲学和宗教方面。他在 1939 年 6 月 1 日致梅贻琦的信中说，"牛津近日注意中国之宗教及哲学，而弟近年兴趣却移向历史与文学方面，离家万里而作不甚感兴趣之工作，其思归之切，不言可知。"⑤该信作于 1939 年，其实他早年也没在意哲学和宗教，最多留意思

---

① 陈寅恪：《陈寅恪集·讲义及杂稿》，436～438 页。

② 应该指出的是，我推测的寅恪心中的这种主导应该被看作是历史的主要面貌，并不反映任何自大的文化沙文主义。寅恪心中当时面临的最大问题亦是汉文化受到的挑战。

③ 有关寅恪之国学取向，见 Wen-hsin Yeh, "National Learning and International Study: Travel and Translation in the Writing of Chinese History," in: *Gloabel Conjectures: China in Translational Perspective*, eds. By William C. Kirby, Mechthild Lectner, Klaus Mühlhahn, Berlin: LIT Verlag, 2006, pp. 8-21.

④ 陈寅恪：《金明馆丛稿二编》，181 页。

⑤ 陈寅恪：《陈寅恪集·书信集》，152 页。

想史和文化史①。

　　寅恪在佛学上所反映出来的民族主义可能也深受欧美的人文主义影响。他的好友吴宓在其日记中记录了寅恪和他一起拜访白璧德的情况。白璧德的人文主义也受到法国梵学大师烈维的影响。烈维的梵文、巴利文语言功力很深，对于大乘佛教的研究贡献很大，尤其以发现和校订出版《大乘庄严论》、《唯识二十颂》、《唯识三十颂》等唯识学梵文文本知名。他其实更是一位注重人文主义的学者。他曾多次访问亚洲，走访过印度、尼泊尔一些地区，还到过中国、日本、俄国，和日本学者高楠顺次郎、山口益等曾合作出版书籍。

SYLVAIN LÉVI
(1863-1935)
Professeur au Collège de France
(1894-1935)
Président de l'Alliance Israélite Universelle
(1920-1935)

图六十一　法兰西学院教授烈维

　　1922 年烈维在达卡大学发表题为《东方人文主义》的演讲。1928 年

---

　　①　周一良先生学寅恪，通梵文、巴利文、藏文，但治学地域范围也局限在中国境内，但因哈佛学习制度，副修日本学。季羡林先生出身外文系，在德国学印度学，早年则专治古典印度学特别是梵文语言学，后来才转向佛教史、中印文化交流史。他们两人虽然是寅恪门人，部分地继承了寅恪的学术传统，但他们关注的主要问题又和寅恪有些不同。

山田龙城就翻译出版了烈维的《佛教人文主义》一书①。在这一著作中，烈维说佛教文明在与西方文明会合时，能保持自己的独特性。他回顾了佛教与希腊文明在中亚的交融以及佛教在亚洲各民族中的流传，深信佛教虽然流传于不同的人种、语言和国民之中，仍能保持独创性。他还指出佛教对于幸福有很特殊的看法，显然他指的是和西方近代文明不同的看法。他也不认为佛教可以被看作是厌世的宗教，因为佛教说人生是无限长的生命连续中之虚幻一期。他热烈地赞扬了佛教的深奥，认为要了解佛教文明的精神，必须靠心怀和教养。作为一个人文主义者，尽管身为欧洲人，烈维强调天主教主义的普遍性，强调西方文化的理想乃是塑造公民，但他也极力从梵文中找出类似的思想，因为他相信人类精神的普遍价值可以从对古老的宗教文献的解读中发掘出来②。

烈维的人文主义思想被白璧德继承了，并发展成为所谓新人文主义。烈维是位十分关注东方的学者，他不仅精于梵文、巴利文，还十分重视汉文和藏文。有学者认为他的汉文水平相当精深，所以能成为欧洲学者中研究大乘佛教的先驱。他于 1892 年出版了《佛所行赞》第一卷的研究，而寅恪在致傅斯年的一封信中特意提到了他对《佛所行赞》的兴趣。他说"弟前拟以蒙文《佛所行赞》校藏文本（今梵文本真伪糅杂，非以藏文校读不可），而就不能得，虽托俄人往蒙古库伦代钞，迄不能致。"③据那格（Kalidas Nag）回忆，1920 年泰戈尔在访问巴黎期间，会见了烈

---

① シルワ゛ンレヴィ著，山田龙城訳：《仏教人文主义》，东京，大雄阁，1928；其中 28～50 页有汉文译本，见《西洋汉学家佛学论集》，13～33 页，台北，华宇出版社，1985。这之前，他还有篇很简短的演讲稿发表，Sylvain Lévi, *Eastern Humanism: An Address Delivered in the University of Dacca on* 4 *February* 1922, University of Dacca Bulletin, No. 4, London: Oxford University Press, 1925), pp. 1-9; 收入烈维著 *L'Inde et le monde* (Paris: H. Champion, 1928)。此文先是讲了一大通天主教的人文主义在于其普遍性，即将整个世界视为一个整体，然后试图找出梵文中找出对应词，从而看出其所蕴涵的印度文化理想。

② 相关评说见 Clarence H. Hamilton, "The Idea of Compassion in Mahayana Buddhism," *JAOS*, Vol. 70, No. 3 (1950), pp. 145-151.

③ 见陈寅恪：《陈寅恪集·书信集》，23 页。编者定年为 1929 年，恐不确。烈维后来成为西方近代研究唯识学的先驱者，见 William Peiris, *The Western Contribution to Buddhism* (Delhi: Motilal Banarsidass, 1973), p. 171.

维，后者告诉他印度学者应该学习中文。第二年烈维应邀到印度参加了中印文化研究所的开幕式①。随后他转道中国、日本、俄国等国回到巴黎，曾于 1922 年 4 月在北京大学演讲②。烈维的人文主义思想近年再次被学者注意③。

尽管烈维直接和中国学者打交道并不多，但可以说他的人文主义思想可能间接通过美国学生白璧德转而影响到中国学生吴宓、寅恪和汤用彤等人。吴宓在日记中还记载了白璧德对他的嘱托④。所以寅恪注重中国文化的价值，而没有投身研究印度学，可能也受这种人文主义的感染。

实际上，寅恪和烈维似有一面之缘，据 1925 年 2 月 27 日《清华周刊》上登载的《清华研究院筹备处消息》："陈寅恪先生，乃诗人陈伯严先生（三立）之公子，幼承家学，故中国学问甚为渊博。自前清宣统元年迄今，留学欧美，共已十余年。陈先生初治史学，继研究古今语言，如希腊文、拉丁文、及英、德、法文等。近七八年来，则攻读梵文、巴利文以及蒙文、藏文之类。其所用力者，为古代东方各国语言及历史，佛教发达传播之历史，中西交通史等。陈先生留学德、法两国最久，在巴黎与伯希和、莱维诸大学者相从问学，极为熟稔。"这段话中的"极为熟稔"一句可能有些夸张，但寅恪在巴黎见过烈维一面似无问题。

结　语

总而言之，寅恪的佛学反映了欧洲东方学的文献主义和中国文人的文化民族主义。近代中国并不缺寅恪、汤用彤等深谙梵文、巴利文的学者，但中国没有建立印度学学术传统，中国也没有在寅恪和汤用彤时代建立梵文、巴利文学术传统。以寅恪先生而论，他是一位书斋中的学者，

① Kalidas Nag, *Discovery of Asia*, Calcutta: The Institute of Asian African Relations, 1957, pp. 9-13.

② 吴学昭整理：《吴宓书信集》，17 页。

③ Anne Vergati, "Histoire des etudes indiennes: Sylvan Lévi et l'idée de l'humanisme," *Studia Asiatica* 1（2000），pp. 25-35.

④ 吴宓：《吴宓日记》，第二册，196 页。

一生以文献研究为本，没有兴趣进行实地考察和对佛教的现实体验。作为曾留学德国学习过印度学的少数中国学者，他没有涉及当时欧洲和日本学者热衷的原始佛教和根本佛教的讨论。

寅恪的学术虽代表极强的德国东方学传统，确实有很强的文献主义色彩，但不可简单视之为欧洲东方主义的产物，更与欧洲帝国主义、殖民主义不相干。近代中国从未成为殖民地，中国学者在生产有关自己民族、国家、文化的活动中始终占据非常重要的地位，因而寅恪的东方学实践虽带有文献主义色彩，他并非视中国、中国佛教为他者，相反他认为西域、蒙藏仍是中国之一部分，而中国佛教正是中国文化之重要因子。换言之，民族主义、中华文化本位主义情绪深刻影响了寅恪的学术问题意识。其实，中国学者没有特别注意原始佛教，盖因不太接受西方学者的佛教进化观点；另一方面又没有日本佛教学者对于佛教的热忱，故而也不关心所谓根本佛教。不过，如果按照波洛克（Sheldon Pollock）的看法，德国的东方学实际上也是德国学者构建德国文化身份认同的一种方式①，以建立德国和印度的历史、语言、文化联系而将德国与其他国家区别开来，同时也通过追溯印度宗教、文化、语言的起源，将德国宗教、文化、语言与印度的区别开来，而展现德国的新发展。换言之，德国的印度学、东方学实有德国文化民族主义的色彩。如果从这个观点出发，看待寅恪先生的东方学研究，实际也带有很强的文化民族主义倾向。这与德国东方学在思想上则有相通之处。

中国社会当时面临的深刻危机也没有给中国学者创造适当的学术和

---

① Sheldon Pollock, "Deep Orientalism? Notes on Sanskrit and Power Beyond the Raj," in *Orientalism and the Postcolonial Predicament：Perspectives on South Asia*, ed. Carol A. Breckenridge and Peter van der Veer, Philadelphia：University of Pennsylvania Press, 1993, pp. 76-133; Vishwa P. Adluri, "Pride and Prejudice：Orientalism and Germany Indology," *International Journal of Hindu Studies* Vol. 15, No. 3 (2011), pp. 253-292.

思想条件①。首先，中国学者面临中国学生不得不群趋东邻日本学习和借鉴日本学术所谓支那学、支那佛教的危险，所以只能聚精会神集中研究中国本土佛学以接续中国佛学研究的新生命；其次，中国当时的研究机构基础十分脆弱，没有很好的印欧古典和现代语言训练项目，学生基本不可能有希腊和拉丁语等古典印欧语文基础，更难以在梵文、巴利文资料缺乏的情况下学习梵文和巴利文，所以不可能发展印度学与梵文研究。中国当时连固有的敦煌文书尚遭外人掠夺，其他中亚语言文字资料的获得和整理条件尚不具备，西文研究性论著资料亦难获得，寅恪回国后如果不集中在汉文资料恐怕更加难以在学术上跟上当时世界学术的步伐。这是时代留给我们的遗憾。

①　中国学术思想史特别是近代史学的思想史需要更多研究。最近的新书也有文章开始关注这一主题，见 *Historical Truth*，*Historical Criticism*，*and Ideology*：*Chinese Historiography and Historical Culture from a New Comparative Perspective*，eds. by Helwig Schmidt-Glintzer，Achim Mittag，and Jörn Rüsen，Leiden：E. J. Brill，2005.

第八章 陈寅恪与赫尔德
——以了解之同情为中心

导 言

寅恪先生是 20 世纪中国最伟大的人文学者之一，他一生游学日本欧美，以学术渊源而言，既继承了中国传统的四部之学，又深受欧美近代学术的影响。他于经史子集无所不通，而成就集中在史学，其史学中掺和了西方近代学术的许多因素。寅恪虽然极少在他的学术文章中提及一些西方近现代学术名家和名作，但在其著述中西方学术的因素往往通过一些专门词汇有所彰显，正是这些因素使寅恪史学远远超越了中国旧史学的樊篱，别创一新局面。寅恪所使用的许多近代西方学术词汇或用语常常不点明出处①，但颇为当代治史者采用，其中之一便是"了解之同

---

① 比如寅恪在《冯友兰〈中国哲学史〉下册审查报告》（原刊 1934 年 8 月商务印书馆冯友兰著《中国哲学史》，收入《金明馆丛稿二编》，285 页）中提到"以新瓶而装旧酒"一语，指用新的形式来讨论旧的内容。其实这句短语出自在西方人尽皆知的《圣经》中所谓"旧瓶装新酒"一语，见《马太福音》9 章 17 节、《马可福音》2 章 22 节。另一个例子是傅斯年的"上穷碧落下黄泉，动手动脚找东西"之说，根据许冠三先生考证，可能来自英国史学家 G. M. Trevelyn 的话"要研究法国大革命，人们必须上天或下地去寻找史料"；黄进兴先生亦持此说，见黄进兴：《"文本"与"真实"的概念——试论德希达对传统史学的冲击》，载《开放时代》，2003，第 2 期，96 页，注 7。寅恪在《元白诗笺证稿》论《长恨歌》时引了《太平广记》卷 251 诙谐类"张祜条"中的"上穷碧落下黄泉，两处茫茫皆不见"。当然，寅恪对于西学概念并不是从来不加以提示，在讨论中国语文学上对对子的问题时，提到正反合三阶段学说，他就提示是黑格尔的哲学；见陈寅恪：《与刘叔雅论国文试题书》，见《金明馆丛稿二编》，255 页。

情"，有时亦被其他学者引作"同情之了解"，其实不确。当世学者使用这一用语时，多径指此为寅恪语，遂致中西近代学术关系史上一桩大事湮没无闻。其实此语于史学上的使用和发挥来自德国近代学者赫尔德（Johann Gottfried von Herder），在中文学术界，有时亦译作赫德或赫德尔，这里采用赫尔德一名。余英时先生已对寅恪晚年诗文中所用古典与今典进行了深入探讨①，实际上寅恪所用西典亦堪注意②。本章可作为研究寅恪所用西典之一例。

图六十二　**1800 年 Gerhard Kügelgen 所作赫尔德画像**

赫尔德 1744 年 8 月 25 日生于东普鲁士莫浓恩（Mohrungen），即现在波兰的莫拉格（Morag），是家里的第三个孩子。赫尔德于 1762 年进入柯尼斯堡大学学习医学，后来在同学影响下转向神学，并学习了哲学和文学。在柯大，他特别受益于哲学家康德（1724—1804）。之后，他与哈曼（Johann Georg Hamann，1730—1788）结为好友，赫尔德不仅得益于哈曼父亲的高超医术得以医好病目，也得益于哈曼而丰富了自己在

---

①　余英时：《陈寅恪晚年诗文释证》。余公最先揭示解读寅恪写诗所用古典和今典的方法，后来这一方法为大多数学者采纳。

②　关于寅恪著述中的西典，详细评说参见本书第三章第二节《陈寅恪著述中的西典》一文。

英国哲学方面的许多知识。1764—1769 年，赫尔德在里加（Riga）一家学校教书。1769 年 5 月开始游历法国，先在南特待了四个月，学习法语。后来到巴黎，主要收获是浏览了大量艺术品。他的《1769 年游记》（*Journal meiner Reise im Jahr* 1769）在他死后的 1846 年才由其子整理出一部分出版，而全本直到 1878 年才出版。从此书内容可知，赫尔德当时对自己的未来发展早有计划，雄心勃勃，将自己视为宗教改革家马丁·路德。

他后来到达游历法国的终点斯特拉斯堡，找到著名的眼科专家罗布斯坦治疗眼疾，手术持续了数月之久，这期间他遇到歌德（1749—1832），两人很快订交；同时他也完成了《论语言的起源》一文。1771 年他以《论语言的起源》（*Abhandlung Über den Ursprung der Sprache*）一文获得普鲁士科学院的奖励，这篇文章取材广泛，甚至使用了法国学者在 1691 年出版的研究暹罗的材料（*Du Royaume de Siam*）以及 1726 年出版的耶稣会士的材料，可见赫尔德涉猎之广。同一年起赫尔德在贝克堡（Bückeburg）担任邵堡姆-利铂选侯（Graf Wilhelm von Schaumburg-Lippe，1724—1777）的监察。不过前两年他非常丧气和郁闷，直到 1773 年与卡洛琳（Caroline Flachsland，1750—1809）结婚才心情大好。

1776 年以后歌德把他引入魏玛宫廷，使他有机会担任魏玛宫廷牧师和掌管教育和宗教事务的总监察①。但实际上赫尔德很少真正参与宫廷宗教事务，而且他的实际收入与宫廷的聘任承诺亦有差距，直到 1788 年才开始拿正常薪水。赫尔德一家在魏玛的生活相当艰难，宫廷的薪水根本不够全家开支，这使得赫尔德不断找他以前在里加的出版商哈特诺赫（Johann Friedrich Hartknoch）借钱。不过，1788 年他收到一些捐赠，可暂时支付一些债务。1789 年 3 月他曾接到一封信（来自 Christian Gottlob Heyne，1729—1812），请他去哥廷根任神学教授，但他考虑再

---

① 有关当时魏玛的历史文化，参见 Walter H. Bruford, *Culture and Society in Classical Weimar*, *1775-1806*, Cambridge: Cambridge University Press, 1962.

三，还是决定留在魏玛。这之后他的生活一直很不愉快①。而自 1783 年起在长达十年的时间里，赫尔德和歌德两人成为至交。不过法国大革命开始之后，特别从 1794 年起，两人由于在政见上的歧异而最终分道扬镳。赫尔德于 1803 年 12 月 18 日逝世于柏林附近的名城魏玛②。赫尔德被认为是德国近代狂飙突进（Sturm und Drang）文学运动以及历史哲学的先驱③，他对《荷马史诗》、莎士比亚④、古代民歌等均有很深的研究，对历史哲学的研究更是影响深远。他在里加时期便对东方学感兴趣，甚至阅读过不少关于埃及纸草学的论著，这主要是他对人类的种族、语言、知识的发展特别感兴趣。但他的东方学知识有限，比如对中国的了解，仍停留在接受当时欧洲人普遍认为中国文化停滞这一偏见的阶段。但无论如何，他在近代德国神学、历史、哲学、心理学、文学、人类学、

①　Thomas P. Saine，"J. G. Herder: The Weimar Classic Back of the（City）Church," in: Simon Richter ed.，*The Literature of Weimar Classicism*，Rochester，NY: Camden House，2005，pp. 113-115.

②　赫尔德的传记较多，但最重要的著作是 Rudolf Haym，*Herder nach seinem Leben und seinen Werken dargestellt* 2 Vols.（Berlin: R. Gaertner，1880-1885）；最重要的英文著作是 Robert T. Clark Jr.，*Herder: His Life and Thought*，Berkeley: University of California Press，1955；我这里提供的赫尔德简短生平介绍主要参考了克拉克的这本著作，特别是 39～250 页。赫尔德的主要著述包括: *Fragmente über die neuere deutsche Literatur*，1767；*Kritische Wälder*，1769；*Journal meiner Reise im Jahr 1769*，1769；*Abhandlung über den Ursprung der Sprache*，1772；*Auch eine Philosophie der Geschichte zur Bildung der Menschheit，ein Beytrag zu vielen Beyträgen des Jahrhunderts*，1774；*Ideen zur Philosophie der Geschichte der Menschheit*，1784-1991；这些著作都收入 Bernhard Suphan，Carl Redlich，Reinhold Steig 等人编辑的 *Sämtliche Werke*，Berlin: Weidmannsche Buchhandlung，1877-1913，这部 33 卷的集子曾一度成为最标准最被广为引用的赫尔德文集。不过，1985—2000 年德国古典出版社出版了 Günter Arnold 等人编辑的十卷本，更正了很多错误，并作了很多校注，见 Herder，*Werke*，10 vols.，eds. Günter Arnold et al.，Frankfurt am Main: Deutscher Klassiker Verlag，1985-2000.

③　这一点上与哈曼齐名，见 Wulf Koepke，"Herder and the Sturm und Drang," in David Hill ed.，*Literature of the Sturm und Drang*，Rochester，NY: Camden House，2003，pp. 69-93.

④　Herder，"Shakespeare," in: *Selected Writings on Aesthetics*，translated and edited by Gregory Moore，Princeton: Princeton University Press，2006，pp. 291-307.

艺术史、美学等领域都对后世有着十分深远的影响①。

在德国以外的地区，无论在西方学界还是在中国学界，赫尔德的研究都不过是最近二十年才有较大的发展，这可能是因为当代学术界太过于重视与赫尔德同时代的更有影响的巨人歌德与康德，从而忽视了赫尔德。在美国学界，直到 1985 年才成立国际赫尔德学会（International Herder Society），该会除了出版年报（Yearbook）之外，还举办两年一届的学术讨论会，出版会议集刊。但是，在英文学界，让赫尔德最广为人知的研究应该是旅居英国的犹太思想史家柏林的贡献②，柏林在一系列研究欧洲启蒙运动和反启蒙思潮的著作中深入挖掘并重新揭示了赫尔德的文化多元主义思想，他主张以了解之同情来理解赫尔德，在发掘赫尔德思想的闪光点的同时，亦不讳言赫尔德的著作在有些思想的表述上比较含混、前后不一、不够清晰③。

在台湾，虽然研究赫尔德有一些散篇论文，但成规模的研究始自近年。哲学学会与台北医科大学医学人文研究所在 2003 年 12 月举办了赫尔德逝世二百周年纪念研讨会，共发表十八篇论文，但大多数与会学者来自德文系。台湾《当代》杂志在 2004 年 3 月刊出了"德国狂飙文学的点火者赫德专辑"（199 期 3 月号）。

在大陆，有关赫尔德的研究极少，除开 1985 年上海人民出版社刊出

---

① Wulf Koepke ed. , *Johann Gottfried Herder：Academic Disciplines and the Pursuit of Knowledge*，Columbia，SC：Camden House，1996；而其中有关赫尔德与现代人类学的关系，亦参见 Murray J. Leaf，*Man，Mind，and Science：A History of Anthropology*，New York：Columbia University Press，1967，pp. 80-82；Alan Barnard，*History and Theory in Anthropology*，Cambridge：Cambridge University Press，2000，p. 48；Benjamin W. Redekop，*Enlightenment and Community：Lessing，Abbt，Herder and the Quest for a German Public*，Montreal：McGill-Queens University Press，2000，pp. 46-64，171-230；John H. Zammito，*Kant，Herder，and the Birth of Anthropology*，Chicago：University of Chicago Press，2002，pp. 137-177，309-345.

② 此处 Isaiah Berlin，中文学界有时译作伯林，本书一律写作柏林。

③ 见 Isaiah Berlin，"Herder and the Enlightenment，" in *Three Critics of the Enlightenment*，ed. Henry Hardy，Princeton：Princeton University Press，2000，p. 236.

了苏联学者古留加的《赫尔德传》，1993 年商务印书馆出版了德国学者卡岑巴赫的《赫尔德传》之外，直到 1999 年商务印书馆才出版赫尔德的名著《论语言的起源》汉译本。因此可以说赫尔德的研究方兴未艾，本章也算是研究赫尔德的一个侧面，即赫尔德的历史、社会哲学思想在中国的影响。

　　本章即以发掘了解之同情一语的德国学术来源为例来看近代西方学术与思想传统的东渐。对专门术语的来源研究在德文中被称作是 Quellenforschung，也是近代学术一种重要方法。本章将主要利用寅恪著作和他的师友白璧德、吴宓等人的学术著作或日记作为背景资料，来挖掘寅恪和赫尔德之间对于历史文化认识与了解的联系，并将寅恪的种族文化观和赫尔德的文化民族主义思想进行比较，结合现代西方学者特别是当代重要的思想史家柏林对于赫尔德思想的阐发，试图发现二者之间的联系，而这种联系反映了寅恪的史学思想部分地继承自德国思想家赫尔德。

第一节　了解之同情

　　本章将首先检出寅恪先生在著述中提到了解之同情一语，探讨其意义及其反映的寅恪史学思想，然后将寅恪史学思想与赫尔德之思想进行比较，揭示其类似之用语与说法，最后来挖掘寅恪传承此种思想的时间、路径与学术史背景。首先必须指出的是，寅恪使用的"了解之同情"一语，实来自德文 Einfühlung，即是英文 feeling into 或者 feeling one's way in。这一德文术语在中文学界常常以"移情"或"神入"的翻译形式出现在心理学和艺术批评理论作品中，有时有关历史主义的论著也会使用"移情"这一翻译。事实上，刘志伟、陈春声两位先生在 1995 年即发表文章提示了寅恪先生的移情史学思想，他们在文中说，"史学研究中的移情，不是一二文人遣情寄怀的游戏，也不是史家偶尔借用的工具，而是一种在强烈而伟大的历史感之下，对古人及其时代的洞察力和同情心，这是一种只可意会不可言传的体验。移情所达致之境界，固然与史家之学养及所下的功夫有关，但可能更得益于某种天赋。史学研究中的移情理解，在东西方学术传统中均有深厚的渊源，植根于古今史家广博而深刻的人文关怀，这种关怀在 20 世纪所谓的科学时代更显示出其价值和魅力。"①但他们没有点出这是源自赫尔德的思想；本章的目的之一即是在刘志伟和陈春生两位先生在其文章中略为提示的这种移情史学基础之上进一步探讨寅恪史学的西学渊源。

学界常常亦有人将所谓出自寅恪先生的这一用语写成"同情之了解"，其实不是寅恪使用的短语"了解之同情"。寅恪并未使用"同情之了解"，在此有必要把"同情之了解"加以阐发，以证明其并非德国历史主义者使用的"了解之同情"，"了解之同情"强调感性的"情"，"同情之了解"强调理性的"解"，故而一些西方学者把德文原文 Einfühlung 用英文译成 empathy 很有道理。"同情之了解"强调了"解"的一面，用英文 empathic understanding 译更合理，译自德文 nacherleben 一词，原意其实是 relive，是社会科学术语，指研究者"重新生活"于当时的情境之中。其使用来自社会科学的奠基人韦伯（Max Weber）和狄尔泰（Wilhelm Dilthey）②。狄尔泰已经提到赫尔德在提出"了解之同情"这

---

① 刘志伟、陈春声：《移情与史学研究——读〈柳如是别传〉》，见《〈柳如是别传〉与国学研究——纪念陈寅恪教授学术讨论会论文集》，122 页，杭州，浙江人民出版社，1995。

② Max Weber, *Methodology of Social Sciences*, trans. Edward A. Shils and Henry A. Finch, Glencoe, IL.：Free Press，1949，p. 54；Maurice Natanson, *Literature, Philosophy, and the Social Sciences：Essays in Existentialism and Phenomenology*，The Hague：Martinus Nijhoff，1962，pp. 162-163；Fritz Ringer, *Methodology：The Unification of the Cultural and Social Sciences*，Cambridge，MA：Harvard University Press，1997，pp. 27（the empathetic reproduction of an immediate experience 即刻经验的同情式再现），43（understanding as a reexperiencing 作为一种再经验的理解）；Karsten R. Stueber，"Understanding Other Minds and the Problem of Rationality，" in Hans Herbert Kögler and Karsten R. Stueber edit，Boulder，CO：Westview Press，2000，pp. 144-162，esp. 183. 有关狄尔泰的 nacherleben 思想研究，见 H. A. Hodges, *Philosophy of Wilhelm Dilthey*，London：Routledge and Paul，1952，pp. 116-159，chapter five；Charles R. Bambach，*Heidegger，Dilthey and the Crisis of Historicism*，Ithaca：Cornell University Press，1997，pp. 127-185，chapter five：Wilhelm Dilthey's Critique of Historical Reason（狄尔泰的历史理性批判）.

一历史模式的贡献①。这一理论常常出现在伦理学、个性理论以及历史学和社会学研究之中。西方学者把"同情之了解"和"了解之同情"加以区别，"了解之同情"（Einfühlung）理论被认为是植根于康德哲学。20 世纪初心理学家李普斯（Theodor Lipps）发展出心理学上的移情理论，把 Einfühlung 在心理学上的意义加以阐释②。有学者认为韦伯、狄尔泰以及李普斯的理论均受到 18 世纪初维柯（Giambattista Vico）有关重建过去的思想启发③。

德国现代历史学家迈涅克（Friedrich Meinecke）即在《历史主义的兴起》一书中把历史理解中了解之同情（Einfühlung）模式的创造者头衔归于赫尔德，他说这个词是赫尔德发明的，即英译本所谓"sympathetic identification"④，从而把这一术语和历史主义联系起来。迈涅克同时亦特别指出，赫尔德最爱美学，但他进入历史心理现象的能力来自美学的感受力而非艺术创造。他将赫尔德一生历史思想的发展分成三个阶段，即 1764—1776 年为第一阶段，1776—1791 年为第二阶段，1793 以后为第三阶段。赫尔德所谓"了解之同情"的历史主义思想主要在第二阶段后期发展起来，特别是 1784—1791 年间完成的《人类历史哲学之理念》一书对此思想有较为成熟的阐述。

寅恪对所谓"了解之同情"最为透彻的解释似乎见于他的《冯友兰

①　Wilhelm Dilthey, *Die Geistige Welt*：*Einleitung in die Philosophie des Lebens* (Stuttgart：B. G. Teubner，1957)，pp. 326-327. 李玉梅云"盖寅恪治史诸法中，有不少可追溯与'诠释学'有暗合者，其中尤以狄尔泰思想最为明显。"见《陈寅恪之史学》，163 页，香港，三联书店香港有限公司，1997。

②　S. L. Frank, *Man's Soul*：*An Introductory Essay in Philosophical Psychology*, translated by Boris Jakim, Athens，OH：Ohio University Press，1993, pp. 206-236，chapter seven. 但该书未提到赫尔德的贡献。

③　Charles Edward Gauss, "Empathy," in Philip P. Wiener ed.，*The Dictionary of the History of Ideas*，Vol. 2 (1973-1974)，p. 87.

④　Friedrich Meinecke, *Die Entstehung des Historismus*，Munich：R. Oldenbourg，1965，2d ed.，p. 357；英译本 *Historism*：*The Rise of a New Historical Outlook*，translated by J. E. Anderson，revised by H. D. Schmidt，with a foreword by Sir Isaiah Berlin，London，Routledge and K. Paul，1972，p. 297，298 页更提道赫尔德能够了解之同情地感受历史生活 (feeling himself into historical life)。

〈中国哲学史〉上册审查报告》一文，在此文中寅恪两次提到此语。寅恪说：

> 窃查此书，取材谨严，持论精确，允宜列入清华丛书，以贡献于学界。兹将其优点概括言之，凡著中国古代哲学史者，其对于古人之学说，应具了解之同情，方可下笔。盖古人著书立说，皆有所为而发。故其所处之环境，所受之背景，非完全明了，则其学说不易评论，而古代哲学家去今数千年，其时代之真相，极难推知。吾人今日可依据之材料，仅为当时所遗存最小之一部，欲借此残余断片，以窥测其全部结构，必须备艺术家欣赏古代绘画雕刻之眼光及精神，然后古人立说之用意与对象，始可以真了解。所谓真了解者，必神游冥想，与立说之古人，处于同一境界，而对于其持论所以不得不如是之苦心孤诣，表一种之同情，始能批评其学说之是非得失，而无隔阂肤廓之论①。

此段中有两点值得我们特别关注，首先，寅恪认为研究历史要如同艺术家欣赏古代绘画和雕刻一样，去理解对象；其次，寅恪强调和古人处于同一境界去神游冥想，以期达到真了解。这两点和赫尔德的思想关联紧密，赫尔德也十分重视发源于希腊罗马的古典艺术。因为寅恪所谓"了解之同情"，指史学研究包括哲学史研究中必须在材料不足的情况下，能以想象和内心的深刻体会，与古人站在同一立场和情境中，与古人同呼

---

① 陈寅恪：《冯友兰〈中国哲学史〉上册审查报告》，原刊于 1931 年 3 月发表在《学衡》，第 74 期，收入《金明馆丛稿二编》，此节见第 279 页；第 280 页又提道"今欲求一中国古代哲学史，能矫傅会之恶习，而具了解之同情者，则冯君此作庶几近之"。此文后再次发表在 1934 年 8 月商务印书馆出版的冯友兰著《中国哲学史》。寅恪还说"但此种同情之态度，最易流于穿凿附会之恶习。因今日所得见之古代材料，或散佚而仅存，或晦涩而难解，非经过解释及排比之程序，绝无哲学史之可言。然若加以连贯综合之搜集及统系条理之整理，则著者有意无意之间，往往依其自身所遭际之时代，所居住之环境，所熏染之学说，以推测古人之意志。由此之故，今日之谈中国古代哲学者，大抵即谈其自身之哲学者也。所著之中国哲学史者，即其今日自身之哲学史者也。其言论愈有条理统系，则去古人学说之真相愈远。"这大概是批评胡适的《中国哲学史》上册。

吸、共命运，才能感同身受，深刻地理解古代的历史，与历史上的人物有着同样的情感和思想，才能更真实地接近历史的真实。这和赫尔德的Einfühlung思想真是极为接近，乃至在很大程度上可以吻合。赫尔德对其"感同身受"思想的详尽阐释见于他所著的《关于人类塑造的另一种历史哲学》（*Auch eine Philosophie der Geschichte zur Bildung der Menschheit*，1774）一书，赫尔德说要理解一个民族的历史，必须进入那个时代、那个地点，那个人民的整个历史，应该感觉自己完全进入了那个民族的生活之中。他说："要同情一个灵魂的整个性质，它实际通过每件事来宰制，按照它自己的模式塑造其所有的倾向和力量，甚至最漠然的行动也带有其色彩，切莫以言语回答，而是要进入那个时代本身，按照罗盘走，进入全部历史，进行了解之同情，唯其如此你才能理解那个词，唯其如此思想才会消退，无论是否这些将分离还是合在一起，那才真是你。"①根据上下文，可知赫尔德认为光读懂一些词是不够的，要用感觉和灵魂去体会一个时代、一个民族，带着了解和同情，因为每个民族有其独特的性质，生活方式和习惯。

赫尔德还说，仅仅理解希伯来语经典非常不够，我们还需要把自己送到那个遥远的地点和时代，把这些经典当作犹太人的民族诗歌来阅读②。这种阐释历史的思想主张不仅要研究一件文本本身使用的语言，还需要研究它的历史、地理和社会背景；同时，阐释者还需要到达一种境界，能够想象地重建作者当时写作文本的有知觉的和有感情的感觉③。

---

① Herder, *Another Philosophy of History and Selected Political Writings*. Translated with Introduction and Notes by Ioannis D. Everigenis and Daniel Pellerin, Indianapolis and Cambridge: Hackett Publishing Company, 2004, pp. 23-24.

② Herder, *Auch eine Philosophie der Geschichte zur Bildung der Menschheit*: *Beitrag zu vielen Beiträgen des Jahrhunderts*, in *Sämtliche Werke*, vols. 1-2, Karlsruhe: Im Büreau der Deutschen Klassiker, 1820-1829, pp. 307-312, 502-503. 柏林的解读参见 Isaiah Berlin, "Herder and the Enlightenment," in *Three Critics of the Enlightenment*, ed. Henry Hardy, Princeton: Princeton University Press, 2000, pp. 196-197, 211.

③ 原文为 perceptual and affective sensation；见 Michael N. Forster, "Introduction," in: J. Herder, *Philosophical Writings*, translated and edited by Michael N. Forster, Cambridge: Cambridge University Press, 2002, p. xvii.

这个"有知觉和有感情的感觉"正是了解之同情的最好表达，因为此处了解就是知觉，同情就是有感情的感觉。因此，研究历史和阐释历史必须以了解之同情（Einfühlung）去理解政权、宗教、社会以及个人中所发现的历史现象①。

我们应该注意到，赫尔德的"了解之同情"思想最初是指用来认识和理解希腊罗马古典文化以及《圣经》的方法，后来推广到其他历史阶段其他地区的文化，更从历史推广到社会、艺术、民族等对象，而其目的是要抓住认识对象的核心精神，对于民族精神，用赫尔德的术语，即Volksgeist。现代西方学者对于赫尔德的理解也相当真切地表达了赫尔德的这种对历史采取的"了解之同情"的态度。但是，赫尔德这种对历史采取"了解之同情"的思想在西方学术界之被重视和思想史家柏林分不开。

柏林在《赫尔德与启蒙》一文中对赫尔德的这一思想有所阐发，他指出，赫尔德提倡对希腊罗马等古典文化应该有"了解之同情"或感同身受才能抓住其精义。柏林并认为虽然后来李普斯、狄尔泰、克罗齐等皆使用 Einfühlung 一词，但其发明者应是赫尔德②。在为《观念史辞典》撰写的"反启蒙"词条中提示了赫尔德的历史思想，柏林更强调说：

> 赫尔德相信理解任何事情都应在其个体性和发展中去理解，这要求一种赫尔德所谓对外在以感同身受（Einfühlung，英文 feeling into）的能力，进入一种艺术传统、一种文学、一个社会组织、一

---

① K. Michael Seibt, "Einfühlung, Language, and Herder's Philosophy of History," in Karl J. Fink and James W. Marchand ed. *The Quest for the New Science*: *Language and Thought in Eighteenth-Century Science*, Carbondale, IL: Southern Illinois University Press, 1979, p. 22; Sonia Sikka 则强调赫尔德的这个词表明其看重文化之特殊性，见 Sonia Sikka, *Herder on Humanity and Cultural Difference*: *Enlightened Relativism*, Cambridge: Cambridge University Press, 2011, p. 249.

② Isaiah Berlin, "Herder and the Enlightenment," in *Three Critics of the Enlightenment*: *Vico*, *Hamann*, *Herder*, ed. Henry Hardy (Princeton: Princeton University Press, 2000), p. 197. 该文曾在 1976 年发表在柏林的文集 *Vico and Herder*: *Two Studies in the History of Ideas* (London: Chatto and Windus Ltd., 1976) 一书之中。

群人、一种文化、一段历史的个体特征。为理解一些个人的行动，我们必须理解一个社会的组织结构，只有这样其成员的精神、活动和习惯才可能被理解。像维柯一样，他相信理解一种宗教、一件艺术品、一种国民性（national character），一个人必须进入到它的生命的诸独特条件（unique conditions）中去。①

显然，这一西方现代学者对赫尔德思想的阐述中，所谓"感同身受"就是寅恪话语中的"了解之同情"。可见二人在史学精神上完全是相通的。在《柏林谈话录》中，柏林也有相同的表达，他说"当我们认为理解了那些与我们在文化上有很大差异的群体的时候，即意味着某种强大的富于同情心的理解、洞察和 einfülen（共感，赫尔德发明的一个词）的存在。即便其他文化排斥我们，依靠移情的想象力，我们也可以设想，为什么他们会产生这样的思想和感情，并采取相应的行动达到预定的目标。"柏林接着在讨论文化相对主义和人权时又说，

> 如果你确实了解了个人之间、团体之间、民族之间、各个完整的文明之间所存在的差异，运用想象进入他们的思想、情感世界，设想你自己置身于他们的生存环境会怎样认知世界并审视自己和他人的关系，那么，即使你对所观察到的东西很反感（全部了解当然并不等于全部谅解），也肯定会减少盲目的偏执和狂热。②

---

① Isaiah Berlin, "The Counter Enlightenment," in *The Dictionary of the History of Ideas: Studies of Selected Pivotal Ideas*, edited by Philip P. Wiener, New York: Charles Scribner's Sons, 1973-1974, Vol. 2, p. 105. 我给一些重要的术语加上了英文原文。接着柏林还指出赫尔德主张"每种文化都有它自己的重心（Schwerpunkt，英文 center of gravity），除非我们抓住这个重心，否则无法理解其特性和价值。"其实这个所谓文化的重心，胡适和陈寅恪都在著作中使用过。Friedrich Meinecke, *Historism: The Rise of a New Historical Outlook*, translated by J. E. Anderson, revised by H. D. Schmidt, with a foreword by Sir Isaiah Berlin, London, Routledge and K. Paul, 1972, p. 339, 提示赫尔德也认为"每个民族均有其快乐的中心，正如每个球体有其重心。"

② 以上两段均见拉明·贾汉贝格鲁（Ramin Jahanbegloo）著，杨祯钦译：《伯林谈话录》（*Conversations with Isaiah Berlin*），34 页，南京，译林出版社，2002。

这里所谓运用想象进入他者的思想和情感世界，设身处地去认知自己和他者的关系，即是赫尔德的"了解之同情"思想。柏林还这样评论了赫尔德的历史观："可就他的历史观而言，他只相信经仔细观察过的东西。他全心想弄清楚人们究竟是什么样的，因此他主张必须学会他们的语言，阅读他们的书籍，体察他们的忧虑、希望、想象和集体的观念。"[①]这其实也反映了赫尔德了解之同情的思想。

柏林十分强调赫尔德思想中的反启蒙倾向，这大概也因为赫尔德的历史观颇与当时启蒙思想认为历史不断进步的看法相违，赫尔德认为历史的每个阶段应该从其自身独立的价值去理解和看待，而非以未来发生的事件去倒推出所谓从过去到现在的进化发展[②]。赫尔德意识到理性认识历史的局限性，故而用这个了解之同情来体会古人之环境，以感同身受来进入其生活世界[③]。其实寅恪对历史也有类似的看法，他用退化论来说这种历史发展。换言之，历史的发展并非由单一理性之推动，总是朝着向上的进化方向发展，而相当可能从一个阶段走向另一个阶段，彼此之间并非是由理性造成的进化关系。尊重历史各个阶段本身的价值，也体现了历史主义思想。这样说来，赫尔德和寅恪的历史思想颇有相通之处。

研究德国史学思想史的学者伊格尔斯（Georg G. Iggers）指出，"赫尔德坚持欧洲的与非欧洲的、原始的和文明的文化都同样值得研究，原始文化可能更接近于特定人民的原创天才。任何使用抽象工具来理解民族文化的企图都是机械的和非历史的。作为生命的历史只能通过了解之

① 拉明·贾汉贝格鲁：《伯林谈话录》，98 页。

② 有关这一点，亦可参见今人之提示，如 Carl Henrik Koch, "Schools and Movements," in: Knud Haakonssen ed., *The Cambridge History of Eighteenth-century Philosophy*, Cambridge: Cambridge University Press, 2006, pp. 63-64.

③ Ioannis D. Everigenis and Daniel Pellerin, "Introduction," in: *Another Philosophy of History and Selected Political Writings*. Translated with Introduction and Notes by Ioannis D. Everigenis and Daniel Pellerin, Indianapolis and Cambridge: Hackett Publishing Company, 2004, p. xxvii；赫尔德说的对一个民族的同情式感觉见该书 24 页。

同情（mitfühlen）被抓住"①。这里伊格尔斯使用英文 empathy 来翻译德文的 mitfühlen，其和柏林使用的英文词一致。不管是 mitfühlen 还是 einfühlen，在赫尔德的文本里都是指了解之同情。

赫尔德的这种对历史的了解之同情的思想为许多西方历史哲学学者所继承，特别是欧洲学者，包括兰克（Leopold von Ranke，1795—1886）、德罗伊森（Johann Gustav Droysen，1808—1884）②、克罗齐（Benedetto Croce，1866—1952）及柯林武德（Robin G. Collingwood）等人③。这里仅举柯林武德为例，他在其史学著作《历史的观念》指出，

> 在历史学思想能作出更进一步的任何进展之前，有两件事是必要的：第一，历史学的视野必须放得开阔，以一种更同情的态度去研究被启蒙运动看作是未启蒙的或野蛮的并听任它默默无闻的那些过去的时代；第二，人性作为某种一致的和不变的东西这一概念，必须加以抨击。正式赫德尔首先在这两个方面做出了实质性的进步，但是就前一方面而言，他得力于卢梭的著作。④

这里所谓以一种更同情的态度去研究那些过去的时代，其实不过是赫尔德所谓了解之同情的另外一种表达。

---

① Georg G. Iggers, "Historicism," *The Dictionary of the History of Ideas*: *Studies of Selected Pivotal Ideas*, edited by Philip P. Wiener (New York: Charles Scribner's Sons, 1973-1974), Vol. 2, p. 459.

② Georg G. Iggers, *German Conception of History*: *The National Tradition of Historical Thoughts from Herder to the Present*, Middletown, CT: Wesleyan University Press, 1968, pp. 104-115.

③ 对德国浪漫主义史学与历史主义思想的关系，当代学者有一些讨论，见 Frank R. Ankersmit, "Historicism, An Attempt at Synthesis," *HT*, Vol. 34 (1995), pp. 143-161; Georg G. Iggers, "Comments on F. R. Ankersmit's paper, 'Historicism: An Attempt at Synthesis'," *HT*, Vol. 34 (1995), pp. 162-167; Frank R. Ankersmit, "Reply to Professor Iggers," *HT*, Vol. 34 (1995), pp. 168-173.

④ 柯林武德著，何兆武、张文杰译：《历史的观念》（*The Idea of History*），北京，中国社会科学出版社，1987，第三编"科学历史学的滥觞"，第一节，浪漫主义，98 页；第二节柯林武德以赫德尔的《人类历史哲学的观念》（*Ideen zur Philosophie der Menschengeschichte*）一书为基础讨论了赫德尔的历史观，但并没有着重了解之同情思想。

寅恪关于对历史应举了解之同情的思想虽然可以溯源至赫尔德，但其直接来源或许是白璧德。寅恪 1919—1921 年留学哈佛大学①，结识吴宓，很快成为至交。寅恪亦在吴宓介绍下结识白璧德。寅恪提及了解之同情思想的审查报告最先发表在 1931 年 3 月出版的吴宓主编的《学衡》杂志第 74 期，后来在 1934 年 8 月商务印书馆出版冯友兰《中国哲学史》时再次刊行。白璧德在其 1908 年刊行的大著《文学与美国的大学》（*Literature and the American College*）一书中指出：

> 赫尔德与卢梭的相似之处在于，他的作品的外在意义经常大于其内在的价值，他作为开风气之先者具有极其重大的影响。他可能也比同时代的任何人都提倡以同情和想象的方式来阐释过去的历史，并为历史方法的胜利铺好了道路——现在业已证明，这种方法强有力地消解了基督教和古典主义的教条思想。②

此处值得注意的是，白璧德所谓"以同情和想象的方式来阐释过去的历史"其实就是柏林后来发挥的赫尔德的"了解之同情"思想。这一思想及其实践在赫尔德的著述中有着极为重要的体现，以至于赫尔德被看成是西方思想史上的历史主义之父③。

---

① 事见蒋天枢：《陈寅恪先生编年事辑》，41～44 页，上海，上海古籍出版社，1997。

② Irving Babbitt，*Literature and the American College*：*Essays in Defense of the Humanities*，New York and Boston：Houghton Mifflin Company，The Riverside Press，1908，p. 185；白璧德又说赫尔德的民族主义为国际主义所调和，他认为在人文主义方面，赫尔德是卢梭的弟子；中译本见白璧德：《文学与美国的大学》，121 页，北京，北京大学出版社，2004。有趣的是，1923 年出版的《学衡》第 19 期有吴宓翻译的法国学者马西尔所写的《白璧德之人文主义》一文，里面这本书被译成了《文学与美国文学教育》，见 13 页；未知是原作者笔误还是吴宓笔误。

③ Friedrich Meinecke，*Die Entstehung des Historismus*，II，München und Berlin：R. Oldenbourg，1936，pp. 383-479；英译 *Historism*：*The Rise of a New Historical Outlook*，translated by J. E. Anderson，revised by H. D. Schmidt，with a foreword by Sir Isaiah Berlin，（London，Routledge and K. Paul，1972），pp. 295-372. 作者认为 18 世纪出现了对历史的新认识，而以 Justus Möser、赫尔德、歌德三人的思想最为重要，所以他第八章写 Möser，第九章写赫尔德，第十章写歌德。

以对《圣经》研究的态度为例，赫尔德主张《圣经》应该像其他人类文献一样根据其产生的自然条件被研究。通过对其历史背景的研究，将能证明《圣经》是古代犹太人语言、传统和信仰的产物。他还认为《圣经》是古代民歌，是古代犹太人用一种文学形式来表达他们对于生命和自然的感情。赫尔德认为民歌是极富价值的，因为它们是一个民族意识的真切表达①。

赫尔德的这种历史主义思想影响到了德国史料学派的大师兰克②。兰克的传人里斯（Ludwig Riess，1861—1928）在日本的弟子白鸟库吉（1865—1942）即接受了兰克的思想，主张以历史主义的态度对待中国的传统儒家经典，将其从传统的意识形态中剥离出来，在历史文化背景中恢复其真实性③。而现代有不少学者特别谈到兰克的史料学派对寅恪的影响。其实寅恪接受的更可能是赫尔德的历史主义思想，即对历史的对象采取一种历史主义的态度，重视历史表象之后的历史文化背景。

以对待古代典籍的研究态度为例，寅恪强调历史的眼光，他说："中国古代史之材料，如儒家及诸子等经典，皆非一时代一作者之产物。"④和冯友兰不同，寅恪对中国古代经典的看法更强调这些经典作为古代思想史材料的意义，这更接近于章学诚（1738—1801）所论六经皆史的立场。寅恪的立场也接近于赫尔德，后者将《圣经》当作理解古代犹太人

---

① Frederick C. Beiser, "The Political Theory of Herder," in: *Enlightenment, Revolution, and Romanticism: The Genesis of Modern German Political Thought, 1790-1800* (Cambridge: Harvard University Press, 1992), p. 207.

② Gerog G. Iggers, *The German Conception of History: The National Tradition of Historical Thought from Herder to the Present*, Middletown, CT: Wesleyan University Press, 1968, pp. 63-89. 不过，伊格尔斯在这一章讨论兰克的历史概念中没有特别提示兰克和赫尔学术传统之间的联系。

③ Stephen Tanaka, *Japan's Orient: Rendering Pasts into History*, Berkeley: University of California Press, 1993, pp. 115-152. 白鸟是天皇主义者，他的所谓东洋的构想实际上带有东方主义特色，将东洋视为比日本落后，需要由日本进行启蒙的地区。虽然他的东洋和西域研究取得很大成绩，其背后的殖民主义动机和目标亦值得注意。对此书的评论，参见本书附录二书评。

④ 陈寅恪：《冯友兰〈中国哲学史〉上册审查报告》，见《金明馆丛稿二编》，280 页。

思想感情的重要史料。而章学诚也强调能为古人设身处地着想，他先说"凡为古文辞者，必敬以恕。临文必敬，非修德之谓也；论古必恕，非宽容之谓也。敬非修德之谓者，气摄而不纵，纵必不能中节也；恕非宽容之谓者，能为古人设身而处地也。"他又指出"不知古人之世，不可妄论古人文辞也；知其世矣，不知古人之身处，亦不可以遽论其文也"①。可见章学诚在主张认识历史方面也有和赫尔德所谓了解之同情类似的思想。傅斯年似乎也有类似的想法，即从神话故事中可看出早年民族之世界观、历史观，傅氏早年未刊稿《天问》讨论神话的史料性质时云，"所谓神话故事之有史料价值者，不是说神话故事是信史，乃是说神话故事是若干早年民族之世界观、历史观，可由其中找出社会的背景，宗教的分素，文化的接触，初民的思想等。"②

从前面征引的白璧德之语来看，结合寅恪在哈佛的学术经历，寅恪对赫尔德的了解，至少有两方面的来源，即怀特（Horatio Stevens White，1852—1934）和白璧德。其一，他 1919 年上半年选修了两门课，即《德国近代史》（History 28b：History of Modern Germany）③ 和《歌德之〈意大利之旅〉》（German 28：Goethe's Italienische Reise）④，其中第二门的授课老师德文教授怀特曾于 1892 年出版过《德国民歌选》，引

①　章学诚著、仓修良编：《文史通义新编》，《文德》篇，79～80 页，上海，上海古籍出版社，1993。余英时先生论述了章学诚的史学思想，并将其与柯林武德进行比较；见余英时：《戴震与章学诚》，台北，东大图书公司，1996。结合我们前面提到了柯林武德对赫尔德的论述，考虑到赫尔德（1744—1803）与章学诚（1738—1801）其实是同时代人，他们二者的史学思想比较也当有学术旨趣，将另撰文详论。

②　此据杜正胜所引《傅斯年档案》II：630；见杜正胜：《史语所的过去、现在与未来》，载《学术史与方法学的省思："中央研究院"历史语言研究所七十周年研讨会论文集》，13～14 页，"中研院"史语所会议论文集之六，台北，"中研院"史语所，2000。

③　*Harvard University Catalogue*，*1918-1919*，1919，p. 469. 这门课由史密斯学院的费伊（Sidney Bradshaw Fay，1876—1967）主讲，当时费伊是哈佛历史系兼职讲师。此人后来以出版《世界大战的诸起源》（*The Origins of the World War*，1928，1930，revised edition）重新考察第一次世界大战的起因而知名。

④　*Harvard University Catalogue*，*1918-1919*，1919，p. 418；授课老师为德文教授 Horatio Stevens White（1852—1934）。

用了很多赫尔德搜集的民歌材料①。怀特给寅恪上课时很可能提到了赫尔德。其二，白璧德1908年出版的《文学与美国的大学》一书中了解到赫尔德的思想。这本书是白璧德出版的第一本著作，寅恪大概在哈佛读书时便已翻阅一过，又或许在清华任教时从吴宓处了解此书。吴宓1925年12月2日在清华国学院任教时给白璧德的一封信中提及书商告知此书已售罄②。寅恪曾提及卢梭，他在《元白诗笺证稿》中讨论"艳诗及悼亡诗"一节时，指出王国维论《红楼梦》，"其旨与西土亚历斯多德之论悲剧，及卢梭之第雄论文暗合。"③而寅恪之认识白璧德，又是吴宓的介绍。吴宓在哈佛学习期间，往来最为密切的老师是白璧德，而同学则是寅恪。据吴宓保存的留学日记，两人之间的学术切磋十分频繁。下面我们可以举一个例子证明两人对赫尔德的友人歌德都十分熟悉。

寅恪对于赫尔德在魏玛宫廷的朋友歌德是非常熟悉的，他在谈论比较方法时也明确提到歌德。寅恪说："盖此种比较方法，必须具有历史演变及系统异同之观念。否则古今中外，人天龙鬼，无一不可取以相与比较。荷马可比屈原，孔子可比歌德，穿凿附会，怪诞百出，莫可追诘，更无所谓研究之可言矣。"④此处出现了中西文化史上的数位名人，西方一侧上至希腊诗人荷马，下至德国近代文学大师歌德，显然寅恪对他们的作品不会太陌生。如果寅恪对歌德不算陌生，那他在游学德国或美国时对歌德的朋友赫尔德也应该有所耳闻。

吴宓在哈佛大学的主修是比较文学，对歌德十分熟悉，这反映在他自己留下的日记中。1919年在哈佛大学读书时，吴宓已经熟知歌德的名

①　Horatio Stevens White, *Deutsche Volkslieder*: *A Selection from German Folk-songs*, G. New York and London: P. Putnam's Sons, 1892, pp. 293-308.

②　见吴学昭整理：《吴宓书信集》，39页。

③　陈寅恪：《元白诗笺证稿》，100页。何兆武、李海帆认为这里所谓卢梭的第雄论文即卢梭在第戎学院征文比赛中的得奖论文《论科学与艺术的复兴是否有助于敦风化俗?》；见《何谓第雄论文》，载《读书》，2002，第9期，31页；李海帆，《为何称第雄论文》，载《读书》，2003，第1期，47页。

④　陈寅恪：《与刘叔雅论国文试题书》，见《金明馆丛稿二编》，252页。

作浮士德（Faust）①。吴宓在 1926 年 11 月 28 日的日记中又说："宓现决仿 Goethe 之 *Wilhelm Meister's Lehrjahre* 及 *Wilhelm Meister's Wanderjahre* 两书大意，撰大小说一部，而分为前后二编，各一百回。"② 1927 年 6 月 13 日，吴宓再次在日记中谈到了歌德，并引述了歌德的名言："Goethe 曰：人欲求安心而有所成就，必须一定之范围内，切实用功。""Goethe 又谓人苟能秉持以下之三事，而常保勿失，则随处皆可行，而生涯不致虚耗。三事者，（一）决断（Decision）。（二）公平（Justice）。（三）宽恕（Tolerance）。"③加上日记中频频记载吴宓与寅恪常相过从，他们之间关于歌德的讨论一定也有不少，遍检吴宓日记，未能发现二人对话中是否谈到歌德或赫尔德。

吴宓在日记中提到寅恪来他住处谈或他往访寅恪，常常只有一句提示，没有谈话内容。从一个更大的背景而言，吴宓对德国的文学批评与文学史应相当熟悉。留学哈佛大学期间，吴宓曾选修白璧德的《近世文学批评》（*Literary Criticism since the 16ᵗʰ Century*）一课④。在 1919 年秋季学期他又选修霍华德（William Guild Howard）教授的《德国文学史纲》（History of German Lierature in Outline）一课⑤。无论如何，无论是寅恪和吴宓虽然都熟悉德国启蒙运动，但均未在著述中提及德国的历史主义思潮⑥。

寅恪的另外一位清华学校研究院国学门的同事王国维很早就注意到赫尔德的哲学。他在《叔本华与尼采》一文中引述叔本华的《天才论》

① 吴宓：《吴宓日记》，第二册，44 页。根据 1919 年出版的《哈佛大学目录，1918—1919 学年》，当时德文专业课有《十八、十九世纪德国文学》，主要讲列辛、歌德、席勒，授课者为代理系主任怀特（Horatio Stevens White），见 *Harvard University Catalogue*，*1918-1919*，1919，p. 417. 他也在哈佛教《浮士德》。

② 吴宓：《吴宓日记》，第三册，257～258 页。

③ 同上书，第三册，354 页。

④ 同上书，第二册，15 页，1918 年 9 月 26 日日记。这门课吴宓的成绩是 B，见 1919 年 9 月 11 日日记，同上书，第二册，71 页。

⑤ 同上书，第二册，76 页，1919 年 9 月 23 日日记。

⑥ 有关德国启蒙运动和历史主义的联系，除前引迈纳克的论述之外，还可参见 Peter Hans Reill，*The German Enlightenment and the Rise of Historicism*，Berkeley：University of California Press，1975.

时提到了赫尔德，他引用说："昔海尔台尔（Herder）谓格代（Goethe）曰'巨孩'，音乐大家穆差德（Mozart）亦终生不脱孩气。"①此处海尔台尔即是赫尔德。王国维对于德国哲学钻研颇深，熟悉德国近代思想，并撰有《论新学语之输入》一文，和《叔本华与尼采》一文一起收入光绪三十一年刊行的《静庵文集》。在《论新学语之输入》一文中，王国维认为新学问的兴起离不开新学语的输入，并指出国人有时在翻译西方学术著作时输入日本人翻译西文书时使用的已经比较成熟的术语要好于自己创造新学语。他说"至于讲一学治一艺则非增新语不可。而日本之学者既先我而定之矣，则沿用之何不可之有？故非不甚妥者，吾人固无以创造为也。"②他举了几个例子，其中之一是 sympathy，严复翻译为"善相感"，而日本学者译为"同情"。

图六十三　王国维

①　王国维：《叔本华与尼采》，《静庵文集》，见《王国维遗书》，第三册，464页，上海，上海古籍书店，1983 年影印本；王国维并注明引文出自英译《意志及观念之世界》第三册六十一页至六十三页。

②　王国维：《论新学语之输入》，见《王国维遗书》，第三册，530 页。

后来王国维在《静庵文集续编》的自序中回忆了他学习西方哲学的经历，他早年在东文学社从日本学者藤田丰八、田冈佐代治学习，曾在田冈文集中见到引用康德（王译作汗德）、叔本华的哲学思想。他在藤田的指导下读过巴尔善的《哲学概论》、文德尔班（王译作文特尔彭）的《哲学史》①。文德尔班的《哲学史》提到了卢梭受到的赫尔德的影响以及赫尔德的历史哲学。他在讨论赫尔德的历史哲学时说，"在他的历史哲学中，从人在自然中的地位出发，从地球提供给人的生活条件出发，从人的独特素质出发，他进而理解历史发展的起源和方向。在他阐释世界史的进程中他同样认为每一民族的特性及其历史意义的特性来源于它的自然素质和自然关系。但是与此同时在他的阐述中各民族的发展并不像维柯说的那样彼此孤立分离。恰恰相反，所有不同民族的发展有机地组织在一起，像一条升向完善的巨大锁链，并在整体的关联中越来越成熟地实现人性的一般素质。"②如果王国维看过这本书，大概也会知道赫尔德的名字吧。不过，他看到的只是1900—1901年由桑木严翼节译的日文本《哲学史要》③，很难说他是否注意到赫尔德。

王国维在光绪二十六年（1900）为徐有成等翻译的《欧罗巴通史》序中提到德国人兰克（Ranke），他指出这本书原名《西洋史纲》，系日本学者箕作元八、峰岸米造仿兰克著作的作品④。其实此书可能是日本六盟馆明治四十年（1907）出版的《新编西洋史纲》，此前两人合作在明治三十七年由六盟馆出版了作为中学校教科书的《西洋略史》。作者之一箕作原来在东京外国语学校学习英语，毕业后入东京帝大学习动物学，

---

① 王国维：《静庵文集续编》自序，见《王国维遗书》，第三册，608～609页。

② Wilhelm Windelband, *Lehrbuch der Geschichte der Philosophie*, Tübingen und Leipzig：Verlag von J. C. B. Mohr, 1908, p. 433；原刊于 1889 年；英译本 *A History of Philosophy：With Special Reference to the Formation and Development of its Problems and Conceptions*, translated by James H. Tufts, New York：The MacMillan Company, 1901, p. 528；文德尔班：《哲学史教程》，723 页，罗达仁译，北京，商务印书馆，1997。

③ 张广达：《王国维的西学和国学》，载《中国学术》，2003，第 4 期，110～111 页。

④ 王国维：《欧罗巴通史序》，见《王国维遗书》，第三册，699 页。

后留学德国弗莱堡大学，因严重近视转向史学，并留学法国，精通法国大革命史、拿破仑时代的历史；峰岸是东洋史专家，翻译过许多汉文作品。从 1926 年 7 月到 1927 年 5 月王国维在清华学校研究院国学门任教，期间和寅恪过从甚密。两人在学术上交往很多，寅恪在治学的一些方面比如二重证据法等也和王有所切磋，但目前的材料无法反映他们二人曾经讨论过德国哲学特别是赫尔德的思想，似乎王更关心赫尔德的哲学，而寅恪专注于历史阐释。

其实，早在 1989 年，刘健明先生已经在他的《论陈寅恪先生的比较方法》一文中十分敏锐地注意到寅恪先生史学思想受到德国浪漫派思想家特别是赫尔德的影响，但他没有深入追踪寅恪了解之同情一说的渊源，甚为可惜。刘健明先生指出，

> 民族精神之论调，以及坚信本国文化有其独特的个性，不能完全为外国思想取代的说法，也和赫德强调民族文化是土生土长的，有民族文化的独特性，及强调每个民族都有其国民性格（Volksgeist）的说法相近。寅恪先生虽受到浪漫时期德国史家的影响，但浪漫时期史家强调洞识力，探求内心的问题，重视史家如何凭直觉去了解历史，寅恪先生对这种了解历史的方法，却不太同意，他曾指出要了解古人的学说，应对其所处之环境及其所受之背景，有一同情的了解，最好能设身处地、站于古人的同一境界去考虑，才不致产生隔阂肤廓之论。但此种同情的态度，最易流于穿凿附会之恶习（《冯友兰〈中国哲学史〉上册审查报告》，丛稿二编，247页）。①

刘先生注意到寅恪先生的史学受到德国浪漫派史家思想影响，可谓十分敏锐，但他此处使用了"同情之了解"，而不是"了解之同情"，可能因

---

① 刘健明：《论陈寅恪先生的比较方法》，见纪念陈寅恪教授国际学术研讨会秘书组编：《纪念陈寅恪教授国际学术讨论会文集》，225～244 页，广州，中山大学出版社，1989。有关赫德的讨论在 234～235 页。作者引用了 Isaiah Berlin 的 *Vico and Herder*：*Two Studies in the History of Ideas* (London：Chatto and Windus Ltd.，1976)；以及蔡石山：《西洋史学史》，156～158 页，台北，环球书社，1982。

为尚未意识到寅恪的"了解之同情"一说正是来自赫尔德。而刘先生注意到寅恪的中古种族文化史研究受到赫尔德的影响，其洞见则十分难能可贵，下文我们将要讨论这一问题。刘先生所说寅恪强调中国文化之特殊性与民族精神，海外近代思想、学术史学者亦表赞同①。

第二节　种族文化观

寅恪先生的中古中国研究成绩斐然，他的种族文化观对当代中国中古史学研究影响甚大。他对于种族文化有一个基本立场，即是种族不以血缘论，而以文化论，胡化之汉人如北齐高氏即是胡人，汉化之胡人即是汉人，如北周之宇文氏。在 1941 年刊行的《唐代政治史述论稿》一书中，寅恪阐述了种族与文化之关系。他说，"夫源师乃鲜卑秃发氏之后裔，即是胡人无疑，而高阿那肱竟目之为汉儿，此为北朝汉人胡人之分别，不论其血统，只视其所受之教化为汉抑为胡而定之确证，诚可谓有教无类矣。"②实际上寅恪早年在清华开的"晋南北朝隋唐史研究"课即主要讲民族和文化，不过他所谓民族史实际主要讲边疆民族发展对中原的影响，如其所谓民族研究主要集中在"五胡之乱"、"六镇之乱"、"安史之乱"，而文化研究则主要集中在"道教"和"佛教"，而道教部分又

---

① 如施奈德、冯兆基等人，参见 Axel Schneider, *Wahrheit und Geschichte：Zwei chinesische Historiker auf der Suche nach einer modernen Identität für China*, Wiesbaden：Otto Harrassowitz, 1997；中译本，关山、李貌华译：《真理与历史：傅斯年、陈寅恪的史学思想与民族认同》，北京，社会科学文献出版社，2008；Axel Schneider，"The One and the Many：A Classicist Reading of China's Tradition and Its Role in the Modern World,"《中国文学历史与思想中的观念变迁国际学术研讨会论文集》，台北，台湾大学文学院 编，2005，pp. 326-327；Edmunds S. K. Fung, *The Intellectual Foundations of Chinese Modernity：Cultural and Political Thought in the Republican Era*, Cambridge：Cambridge University Press, 2010, pp. 87-88.
② 陈寅恪：《唐代政治史述论稿》，中央研究院历史语言研究所专刊，中央研究院历史语言研究所，1941，13 页。

特别注重所谓夷夏之争论以及道教与佛教之关系①。这些主题的选择似乎仍然反映寅恪之中华文化本位立场。

寅恪对种族和文化关系的论断和肇源于赫尔德的近代民族主义思想有所关联。首先，从较为宽广的理论视野来看，寅恪的一些论断不能不让人提到安德森（Benedict Anderson）对近代民族主义思潮起源的研究，安德森认为近代民族国家是想象的共同体（imagined communities），相同的语言和文化使得生活在一块地域上的民众有着共同的心理文化特征，从而形成民族国家②。

近来更有学者指出，赫尔德的国家（Volk）概念可能非常近似于安德森所论的想象的共同体，但是更强调其文化特性。因为 Volk 和强调政治特性的 Nation 比起来，在赫尔德的论述中更特别指一个文化共同体（cultural community）。在赫尔德看来，这个文化共同体的主要特征是生活在共同体中的人民使用一种共同的语言③。这似乎也较为接近我们读到的寅恪对中古种族文化的相关论述，寅恪虽然治政治史成绩斐然，极具卓识，但他在谈论中国历史上的种族问题时更多是从文化入手，表现在讨论政权较少，讨论胡化汉化较多。

其次，寅恪的种族文化观和赫尔德的种族文化论有相通之处还在于二人在讨论民族和种族时都轻血缘重文化。柏林在谈论赫尔德的思想时也特别强调赫尔德反对以血缘论种族的思想，他说，"在赫尔德看来，一个民族不是一个国家，而是一个文化实体，同一民族的人说共同的语言，生活在共同的地域，有着共同的习惯、共同的历史和共同的传统。赫尔德没提血缘或生物性的传承及其他任何遗传因素，他从根本上反对一切种族主义思想。"④赫尔德对于民族发展中文化和传统因素的重视要远远

---

① 陈寅恪：《陈寅恪集·讲义及杂稿》所收"晋南北朝隋唐史研究备课笔记"，34 页。整理者陈流求、陈美延说发表这些笔记"由此可窥见其早年备课过程及授课所涉内容之一斑"。的确如此，这些笔记对研究寅恪早年学术实在太重要了。

② 参见 Benedict Anderson，*Imagined Communities：Reflections on the Origin and Spread of Nationalism*，London and New York：Verso，1991，revised edition.

③ Vicki Spencer，"Herder and Nationalism：Reclaiming the Principle of Cultural Respect,"*AJPH*，Vol. 43，No. 1 (1997)，pp. 1-13.

④ 拉明·贾汉贝格鲁：《伯林谈话录》，95 页。

超越对于血缘和种族因素的重视。其中一个重要的文化因素是语言，赫尔德认为一个民族的独特语言和这一民族的独特文化和历史发展分不开①。

他并强调民族语言和文化的多样性与民族特定传统和价值的多元，在赫尔德看来，"每个民族，和生命的每个时代一样，有其内在的幸福的中点（Glückseligkeit）；年轻人不比天真自在的孩童更幸福，灰须长者也不比生气勃勃的壮汉更不幸福。"②虽然这种价值多元的看法常常被后来的学者认为是赫尔德对18世纪法国民族在欧洲占据主导的挑战，但赫尔德的看法显然有自己的一套哲学基础，这个基础集中体现在他的历史哲学和语言学著作中③，其中对历史、社会、民族采取了解之同情的态度去体会当时当地人民的思想感情便是最为重要的一个要素，而这个要素也证明赫尔德的种族民族文化观与他的历史哲学分不开。

其实刘健明先生早就注意到寅恪史学和赫尔德思想的联系，特别是寅恪的隋唐氏族研究颇与德国浪漫时期史家论中古史相近。他指出，

> 寅恪先生考订李唐的氏族，认为其男系为一纯粹之汉人，但因北朝一来胡汉长期杂处、西魏北周的改姓及胡汉的通婚等因素，沾染了不少胡族的血液，《李唐氏族之推测》后记云：李唐一族之所以崛兴，盖取塞外野蛮精悍之血，注入中原文化颓废之躯，旧染既除，新机重启，扩大恢张，遂能别创空前之世局。西方中古史，始于由日耳曼蛮族之迁徙所导致的西罗马帝国的灭亡。文艺复兴时期的意

---

① 有关研究见 Brian J. Whitton, "Herder's Critique of the Enlightenment: Cultural Community versus Cosmopolitan Rationalism," *HT*, Vol. 27, No. 2 (1988), pp. 146-168, esp. 153-156.

② Herder, *Sämtliche Werke*, Vol. 5, p. 512. 英译参看 Robert T. Clark, *Herder: His Life and Thought*, 1955, p. 191.

③ Johann Gottfried Herder, "Essay on the Origin of Language," in *On the Origin of Language Two essays. Jean-Jacques Rousseau Johann Gottfried Herder*, trans. with Afterwards by John H. Moran and Alexander Gode, Chicago: University of Chicago Press, 1986, pp. 87-166, 此文写于 1772 年；还可参见 Johann Gottfried Herder, *Reflections on the Philosophy of the History of Mankind*, abridged and with an introduction by F. E. Manuel, Chicago: University of Chicago Press, 1968.

大利人文学者，推崇希腊等古典文化，讥讽蛮族不重古典文化，遂视中古为黑暗时代。及至 19 世纪初年，日耳曼学者不同意上述的说法，以赫德（J. Herder）为首的日耳曼学者认为蛮族之入侵罗马帝国，其实是为这个早已衰老的国家输入了一批精力充沛、性格豪迈的民族。中西方在中古时代，都有低文化的民族迁徙到高文化的地区；外来的文化，对本土已衰落的高文化，带来重大的冲击。寅恪先生论胡族的活力注入中国，令唐朝文化灿烂辉煌，这对我们理解唐史，提供了重要的线索。寅恪先生的看法极可能受到这辈德国浪漫时期史家之影响。①

刘先生关于寅恪先生论中古民族与文化受益于赫尔德的说法十分有见地。刘先生指出寅恪认为胡族的南下征服有助于汉文化的更新，实际上和赫尔德等德国浪漫史家认为中古不是黑暗时代的说法类似，进而推断寅恪的思想受到德国浪漫派的影响。

　　我们读赫尔德的著作，会有一种感觉，他特别重视一个民族和时代的内在精神要素，也正因为此，他在《关于人类塑造的另一种历史哲学》中对欧洲中世纪的精神要素有所总结，从这个总结可以看出他不认为中世纪是黑暗时代。他说，中世纪可能是充满仇恨、错误和荒谬，但是也不乏坚实、凝聚力、高贵和庄严，而他所处的时代即 18 世纪则是衰弱的、冷酷的、悲惨的②。赫尔德与很多他同时代的人不同，他并不乐观地认为启蒙时代是最好的时代，甚至在他看来当时可以说是不好的时代。赫尔德认为中世纪教会及教徒为被赎买的奴隶、被解救的罪犯，以及被走私的人口提供了避难所，也在一定程度上保护了贸易、艺术创造，以

---

　　①　刘健明：《论陈寅恪先生的比较方法》，见纪念陈寅恪教授国际学术研讨会秘书组编：《纪念陈寅恪教授国际学术讨论会文集》，225～244 页，广州，中山大学出版社，1989。寅恪所论唐代之崛兴亦见于吴宓《空轩诗话》，只是吴宓特别提到唐代文化灿烂辉煌，有欧洲骑士文学之盛况；见吕效祖主编：《吴宓诗及其诗话》，204 页，西安，陕西人民出版社，1992。

　　②　Herder，*Auch eine philosophie der Geschichte zur Bildung der Menschheit*，in *Sämtliche Werke*，Vol. v，pp. 524-527.

及制造业①。赫尔德早年的著述中还提道，"数世纪以来拉丁文一直作为从亚里士多德到经院哲学的唯一载体，拉丁文被认为是维系欧洲各国家学者的普遍纽带，在我所知的诸多语言中，拉丁文以其简明和哲学术语的活力可称得上是哲学的教学语言。"②他并且主张拉丁文比法文更值得用来写哲学论著，尽管开始受到法文的挑战。这当然是针对启蒙时期法国学者在欧洲的广泛影响而提出的看法。后来近代学者迈涅克也指出，赫尔德对一个时代个人精神以"了解之同情"进行评估的最大贡献在于挑战了人们关于中世纪的很多固有观念，认为哥特精神虽然有人们常说的黑暗和压抑感，却也极为丰富和伟大，能引起人沉思，乃是人类精神之奇迹所在③。

赫尔德对欧洲中世纪的正面看法在寅恪那里得到共鸣。在近代中国历史学界也曾把宋元看作是黑暗时代，认为当时中原王朝政治经济等各方面都已经失去唐时的繁荣，胡人如契丹、蒙古的势力大涨，宋元时期是为中国文化之衰世，而寅恪先生则对此看法不以为然。这种看法其实还可以从吴宓先生的日记中找到旁证。1919 年吴宓在日记中记载了寅恪和他的谈话内容大概：

> 十二月十四日，午，陈君寅恪来。所谈甚多，不能悉记。惟拉杂撮记精要之数条如下：自得佛教之裨助，而中国之学问，立时增长元气，别开生面。故宋元之学问、文艺均大盛，而以朱子集其大

① Herder, *Reflections on the Philosophy of the History of Mankind*, abridged and with an introduction by Frank E. Manuel, Chicago: University of Chicago Press, 1968, pp. 322-323.

② Herder, "On Recent Latin Literature," in: Herder, *Selected Early Works*, *1764-1767*, *Addresses*, *Essays*, *and Drafts*; *Fragments on Recent German Literature*, edited by Ernest A. Menze and Karl Menges, translated by Ernest A. Menze with Michael Palma, University Park, PA: Pennsylvania State University Press, 1992, p. 195.

③ Friedrich Meinecke, *Historism: The Rise of a New Historical Outlook*, translated by J. E. Anderson, revised by H. D. Schmidt, with a foreword by Sir Isaiah Berlin, London, Routledge and K. Paul, 1972, p. 337；而当时伏尔泰、休谟等人均认为中世纪乃是各类不理性之结合体。

成。朱子之在中国，犹西洋中世之 Thomas Aquinas，其功至不可没。而今人以宋元为衰世，学术文章，卑劣不足道者，则实大误也。欧洲之中世，名为黑暗时代 Dark Ages，实未尽然。吾国之中世，亦不同。甚可研究而发明之也。①

该条所记寅恪先生所论虽然简洁，但主旨十分明确，即寅恪不以宋元为衰世。寅恪先生特别主张发扬宋学，他认为宋代的学术文化特别是思想和史学超越前代许多，所谓"华夏民族之文化，历数千载之演进，造极于赵宋之世"②。他虽然不研究宋代的理学，但显然非常重视朱熹的思想，把朱熹比作西哲阿奎那。他认为宋代思想最为自由，文章亦臻于上乘。寅恪先生对宋代史学的推崇更不需赘言，业已经许多学者指出。在众多学者之中，尤以陈弱水先生的议论更为精准，他认为寅恪先生重视宋代史学乃因为其所主张的完整历史研究既重视条理统系，又重视解释疑问，而对历史研究的解释层面之高度自觉与重视乃是寅恪先生对现代史学之最重要贡献③。不过，这里要特别指出的是，赫尔德出身神学教育，思想深受基督教熏陶，其思考问题的出发点仍以基督教为本位，而寅恪则是深受儒学经典教育，尽管不是典型的儒生，但却以中华本位主义为思考问题的出发点，对基督教在华扩大影响颇有微词，故在史学层面两人虽然对中世纪有不同流俗的评价，但着眼点和落脚点显然存在明

---

①　吴宓：《吴宓日记》，第二册，103 页，1919 年 10 月 14 日。

②　陈寅恪：《邓广铭宋史职官志考证序》，见《金明馆丛稿二编》，277 页。王水照先生对寅恪的宋代观进行了详细阐释，见《陈寅恪先生的宋代观》，载《中国文化》，第 17、18 期，2001，284～292 页。王永兴先生认为寅恪的史学主要以宋代史学为主要渊源，特别是司马光和欧阳修，所以一生意愿是写一部《中国通史》和《中国历史的教训》；见王永兴：《陈寅恪先生史学述略稿》，4 页，北京，北京大学出版社，1998。这恐怕是成问题的，虽然寅恪极推崇宋代史学，但将寅恪史学仅归纳为宋代史学之渊源肯定不够，当注意其域外背景。侯宏堂梳理了寅恪、钱穆、余英时等人对宋学的看法，见《"新宋学"之建构——从陈寅恪、钱穆到余英时》，合肥，安徽教育出版社，2009。

③　见《现代中国史学史上的陈寅恪——历史解释及相关问题》，载"中央研究院"历史语言研究所七十周年研讨会论文集编辑委员会编：《学术史与方法学的省思："中央研究院"历史语言研究所七十周年研讨会论文集》，38～39 页，台北，"中央研究院"历史语言研究所，2000。

显的分歧。

事实上，吴宓也对欧洲中世纪持较为正面的看法，他在《学衡》第 14 期发表《英诗浅释》，主要是翻译介绍阿诺德（Matthew Arnold）的诗，同时也有一些议论，他说："［欧洲］中世乃极端统一之时代，虽近人讥其摧残个性，阻碍思潮，并时有争战、疫疠、荒歉之事，然处此统一世局之下，以有共同之信仰，人心得所依附，故有安闲稳固之态，少忧愁怨乱之思，无惑无惧，似非后世所可及也。"这当然是针对当时身处乱世所做的评论，这之前，吴宓说："中国近三十年来政治、社会、学术、思想各方变迁之巨，实为史乘所罕见，故生于今日之中国，其危疑、震骇、迷离、旁皇之情，尤当十倍于欧西之人。则吾侪诚将何以自慰、何以自脱、何以自救也？呜呼！此吾之所以读安诺德之诗而感慨低徊不忍释卷也。"①吴宓这样的议论寅恪未必同意，比如思想、信仰定于一尊的看法。不过，吴宓的心态倒是颇与孔子所谓危邦不入、乱邦不居之说相通。

按，胡适也有宋代学术思想文化超过唐代的看法。胡适在 1921 年就提到他和丁文江都认为宋代文化胜过唐代。当时英使馆参赞哈丁先生（Harold Ivan Harding，1883—1943）请胡适、蒋梦麟、陶孟和、丁文江、毕善功吃饭，当中谈到中国的历史进步与退步问题。胡适日记中写道，"我与在君都主张，这两千年来，中国的进步实在很多，退步很少。这句话自然骇坏了哈丁，毕善功一班人。哈丁说，难道唐朝的文化比不过后来吗？我说，自然。唐朝的诗一变而为宋词，再变而为元明的曲，是进步。即以诗论，宋朝的大家实在不让唐朝的大家。南宋的陆、杨、范一派的自然诗，唐朝确没有。文更不消说了，唐人做文章，只有韩柳可算是通的。余人如皇甫湜、孙樵等还够不上一个通字！至于思想，唐代除了一两个出色的和尚之外，竟寻不出几个第一流思想家。至于学问，唐人的经学远不如宋，更不用比清朝了。在君说，别的且不说，只看印

---

① 吴宓：《英诗浅释》，载《学衡》，第 14 期，1923，述学部分，3～4 页。Arnold，今通译为阿诺德，吴宓此处用安诺德。

刷术一事，便可见唐远不如宋。此话极是。"①可见，至少在这一点上，胡适与寅恪看法一致。也正如王水照先生指出的，王国维也认为宋代文化超过汉唐和元明，王国维在《宋代之金石学》中说宋代之人智活动与文化诸多方面，前后的汉、唐、元、明各朝均有不逮②。

这里需要指出的是，20 世纪初期中国许多学者的历史观或许受时代变迁的影响，所认为的宋元为衰世可能是汉族中原王朝中心观的一种反映，因为宋元时代汉人政治经济文化皆受北方民族较大冲击。寅恪似乎接受这一汉族王朝为中心的历史观，可能跟他目睹清末以来民族革命等时代变化有关。但他精研南北朝历史，对于北方胡族南下对唐代发展的贡献并不讳言。

需要进一步说明的是，寅恪的文明价值观与其种族文化论和赫尔德的民族主义价值多元主义存在着联系。在西方学术界，赫尔德被看作是现代政治思想中民族主义（nationalism，有时或称族群主义）思想之父，他的民族主义思想影响了许多后代的学者③。现代学者柏林认为赫尔德的思想激发了那些被奥匈帝国、奥斯曼土耳其帝国和沙皇俄国压迫的人民的文化民族主义。不仅如此，在奥地利和德国，他的思想也被政治民族主义所利用。赫尔德拒绝流行于法国启蒙思想家中间的进步有绝对标杆的说法，他认为每种文化、每个人类的成就和每种人类社会都只能从其内部标准判断。柏林认为赫尔德是在倡导文化多元主义，而这种多元主义植根于 18 世纪德意志民族意识在法兰西文化冲击下的觉醒以及对自

---

① 见曹伯言编：《胡适日记全编》，第三册，354 页。这个本子记为 H. M. Harding，似有误，未知原文有误还是整理本有误，M. 当作 I.，即 Ivan 缩写。此人后来于 1922—1923 年担任驻喀什副领事，上任时经过吉尔吉特，将其旅程写成一本旅行日记（*Dairy of a Journey from Srinagar to Kashgar via Gilgit*，Kashgar：Swedish Mission Press，1922），不过，此书文胜于质，并充满殖民主义论调。

② 王水照：《陈寅恪先生的宋代观》，载《中国文化》，第 17、18 期，2001，289 页；他推测寅恪可能受到内藤湖南的宋代近世说之影响。

③ Frederick C. Beiser，"The Political Theory of J. G. Herder," *Enlightenment*, *Revolution*, *and Romanticism*：*The Genesis of Modern German Political Thought*, *1790-1800*，Cambridge：Harvard University Press，1992，p. 189. 有关赫尔德和德国民族主义思想的渊源，可参见 Robert R. Ergang, *Herder and the Foundations of German Nationalism*，New York：Octagon Books，1931.

身民族的固有价值的肯定①。

寅恪先生其实也在西方强势文化冲击中国的处境中有类似于赫尔德的思想，他说自己"平生为不古不今之学，思想囿于咸丰同治之世，议论近乎湘乡南皮之间"②，这些话可能不完全是自谦，表明他对当时社会上以及知识分子之间流行的各种西方新潮学说和激进主义抱有一种警惕③。他宁愿抱残守缺，保持一种对旧文化的怀念，可能他认为这种旧文化仍有其内在的价值。可能正是这种想法，使得他比20世纪20年代的许多学者更能理解王国维的自沉④。他早年对佛教的研究，虽然秉承德国东方学的文献主义传统，但实际上也带有极强的文化民族主义或者中华文化本位主义色彩⑤。

寅恪在欧美留学多年，对欧美流行的思想有一定程度的了解和涉猎。他早年在哈佛大学，曾购置《剑桥史》，在哈佛正式选修了德国近代史和希腊研究等相关课程，可以想见他对西方的政治社会伦理思想源流包括赫尔德的政治社会思想可能并不陌生。寅恪的哈佛密友吴宓记录了寅恪对欧美各国的评述：

> 陈君谓西洋各国中，以法人与吾国人，性习为最相近。其政治风俗之陈迹，亦多与我同者。美人则与吾国人，相去最远，境势历史使然也。然西洋最与吾国相类似者，当首推罗马，其家族之制度

①　Isaiah Berlin，"The Counter Enlightenment，" *The Dictionary of the History of Ideas*：*Studies of Selected Pivotal Ideas*，edited by Philip P. Wiener，New York：Charles Scribner's Sons，1973-1974，Vol. 2，p. 106. 还有论者注意到赫尔德其实承认现代法语和奥古斯丁时代拉丁文在完整和精致方面的优越性，但宣称德语更利于思想的交流；见 Emery Neff，*The Poetry of History*：*The Contribution of Literature and Literary Scholarship to the Writing of History since Voltaire*，New York：Columbia University Press，1947，p. 43.

②　陈寅恪：《冯友兰〈中国哲学史〉下册考察报告》，见《金明馆丛稿二编》，285 页。

③　更详细的阐说，参见本书第十一章。

④　有关他对王国维评论的讨论，以及近代个人主张与时代思想的关系，参见本书第十一章。

⑤　拙撰《文献主义与民族主义：近代佛学视野中的陈寅恪》，载《新哲学》第7辑，2007，216～237 页。参见本书第七章。

尤同。稍读历史，则知古今东西，所有盛衰兴亡之故，成败利钝之
数，皆处处符合；同一因果、同一迹象，惟枝节琐屑，有殊异耳。①

寅恪在 1919 年 12 月 14 日又到吴宓处详谈，亦论及中西比较，"中国之
哲学、美术，远不如希腊，不特科学为逊泰西也。但中国古人，素擅长
政治及实践伦理学，与罗马人最相似。其言道德，惟重实用，不究虚理，
其长处短处均在此。"②通过吴宓的记录，我们知道寅恪在这次谈话中还
提到了伯克莱（George Berkeley，1685—1753）和伯格森（Henri
Bergson，1859—1941），并认为他们的思想和中国宋元理学中的陆九渊
和王阳明心性一派类似③。

《吴宓日记》还提到寅恪也指出熊十力之新唯识派乃是以法国哲学家
伯格森的创化论解释佛学，而欧阳竟无的唯识学则是用印度烦琐哲学解
释佛学，相当于欧洲中世纪耶教的经院哲学（scholasticism）。寅恪一定
还提到其他西方思想家，可惜吴宓的日记只是"拉杂撮记精要之数条"
而已。由上可见，寅恪对欧美古代史、近代史没有相当的了解，没有深
入的思考，决不会随意比较、论断。

因为在柏林大学求学多年，在哈佛也选过德国近代史和希腊研究课
程，寅恪对于德国近代学术也十分了解。可举一例为证，他在 20 世纪 30
年代初就注意到德国近代学者最新发现西塞罗的拉丁文作品中有对偶，
他说："昔罗马西塞罗 Cicero 辩论之文，为拉丁文中之冠。西土文士自古

---

① 吴宓：《吴宓日记》，第二册，58～59 页。
② 同上书，第二册，100～101 页。
③ 同上书，第二册，104 页。按白璧德对伯格森的思想有所批判，参见本书第
四章。伯格森的思想在五四前后已经由一些中国学者翻译介绍给国内读者，如张东
荪译有《创化论》、《物质与记忆》，杨正宇译有《形而上学序论》，胡国钰译有《心
力》，潘梓年译有《时间与意志自由》等；《民铎》杂志在 1922 年刊出"伯格森专
号"，有李石岑、张东荪、蔡元培等名流的文章多篇；参见陈应年：《20 世纪西方哲
学理论东渐述要》（上），载《哲学译丛》，2001，第 1 期，64～74 页。伯格森的思想
在民国初期曾经风行一时，甚至影响到一些佛教学者如熊十力用之来解说佛教思想，
当然也遭到寅恪的批评。参见本书第六章。

迄今，读之者何限，最近时德人始发见其文含有对偶"①。十分遗憾的是，寅恪没有解释谁是这位甚有学术洞见的德国学者以及他的西塞罗研究，乃至于今日已经很难考证谁是这位发覆之人。然而，从此段议论可以看出寅恪注意的学术范围十分广阔，所以目光犀利，对西方学术的借鉴和对中国学术的议论也反映出多方面、多角度的视野。

结　语

综上所述，我们可以看到，寅恪先生所谓"了解之同情"一语应出自德国近代思想家赫尔德所用之 Einfühlung 一词。寅恪使用此词可能来自他自己游学欧美的学术阅历，或者是自己翻看西洋哲学书籍、史籍，或是借助密友吴宓的帮助，或是来自其在哈佛的师友白璧德。从目前的材料来看，寅恪显然对赫尔德的密友歌德十分熟悉，对欧洲古代史、近代史也不算陌生。我们目前虽然不能找到寅恪提到赫尔德的直接证据，但这种历史的内在联系正是研究历史的有趣之处。正如胡适先生所指出的，"做历史有两方面，一方面是科学——严格的评判史料，一方面是艺术——大胆的想象力。史料总不会齐全的，往往有一段，无一段，又有一段。那没有史料的一段空缺，就不得不靠史家的想象力来填补了。有时史料虽可靠，而史料所含的意义往往不显露，这时候也须靠史家的想象力来解释"②。因而寅恪与赫尔德之间的这种联系应该以合理的想象来建立。陈弱水先生在讨论寅恪之史学时特别提示其史学思想的一个重要方面，在于认为研究者的想象力与感受力是求得真知识的关键因素③。

其次，寅恪的种族文化论可能也受到赫尔德的文化民族主义思想启发，寅恪认为中古时代胡人南下给中华文化注入新鲜活力的思想和赫尔

---

① 陈寅恪：《与刘叔雅论国文试题书》，见《金明馆丛稿二编》，256 页。按：此文最早发表在 1932 年 9 月 5 日出版的天津《大公报》文学副刊。

② 曹伯言编：《胡适日记全编》，第三册，431 页。

③ 陈弱水，《现代中国史学史上的陈寅恪——历史解释及相关问题》，"中研院"史语所七十周年研讨会论文集编辑委员会编：《学术史与方法学的省思："中央研究院"历史语言研究所七十周年研讨会论文集》，36～37 页，台北，"中研院"史语所，2000。

德的民族文化价值多元与日耳曼蛮族南下为罗马帝国注入新鲜血液有异曲同工之妙，寅恪的思想在中国近现代学术界算是一个异数，相当可能也受到赫尔德的启发。

其实，寅恪论自由之思想亦和赫尔德有相通之处。赫尔德继承了德国思想传统中的自由主义传统，主张思想之自由。正如拜瑟尔所说，"如康德、费希特、佛斯特以及其他自由主义思想家一样，赫尔德倡导从精神上保卫思想之自由，坚持没有政府能宣称对真理的垄断。"①我们或许可以说赫尔德这种主张思想自由的态度也是他得到柏林激赏的原因。而寅恪在《清华大学王观堂先生纪念碑铭》中说：

> 士之读书治学，盖将以脱心志于俗谛之桎梏，真理因得以发扬。思想而不自由，毋宁死耳。斯古今仁圣所同殉之精义，夫岂庸鄙之敢望。先生以一死见其独立自由之意志，非所论于一人之恩怨，一姓之兴亡。呜呼！树兹石于讲舍，系哀思而不忘。表哲人之奇节，诉真宰之茫茫。来世不可知者也。先生之著述，或有时而不章。先生之学说，或有时而可商。惟此独立之精神，自由之思想，历千万祀，与天壤而同久，共三光而永光。②

以后寅恪又在不同的场合对这一立场作了阐发③。所谓千百年后，心灵相通，从这个例子来看，莫过于寅恪与赫尔德。

寅恪曾指出，"自昔大师巨子，其关系于民族盛衰学术兴废者，不仅在能承续先哲将坠之业，为其托命之人，而尤能开拓学术之区宇，补前修所未逮。故其著作可以转移一时之风气，而示来者以轨则也"④。寅恪

---

① Frederick C. Beiser, "The Political Theory of J. G. Herder," *Enlightenment, Revolution, and Romanticism*: *The Genesis of Modern German Political Thought, 1790-1800*, Cambridge: Harvard University Press, 1992, p. 210. 原文为："Like Kant, Fischte, Forster, and other liberals, Herder put forward a spirited defense of freedom of thought, insisting that no government can ever claim a monopoly on the truth."

② 陈寅恪：《清华大学王观堂先生纪念碑铭》，见《金明馆丛稿二编》，246 页。

③ 参见本书第十一章的讨论。

④ 陈寅恪：《王静安先生遗书序》，见《金明馆丛稿二编》，247 页。

此语极妙，不仅可以为赫尔德的学术做注脚，也可以为柏林的思想史学术做注脚，更可以为他自己的学术做注脚。赫尔德的学术关系到德意志民族的兴起，也开一代之风气，影响到兰克、柯林武德等人；而柏林对赫尔德思想的发掘不仅别开思想史研究的新局面，更反映了柏林作为一位犹太知识分子对于犹太民族命运的关注；寅恪的学术当然可以看作是中国近代学人在民族危难之际以中华文化托命之人自任的历史产物，也在历史学、文学批评、语言学等领域转移风气，创建轨则。寅恪此语撰于"吾国三十年来，人世剧变至异"的1934年，今天我们重读此语，取"了解之同情"态度来理解这些话，犹能感受到寅恪先生在乱世时期对于民族和文化处于深重危机之下的深刻关怀。

总而言之，尽管寅恪先生甚少谈及自己思想和学术的欧洲渊源，但我们通过细读寅恪著述，将其精妙之处析出，放在世界近代学术史的背景下考察，将会发现许多值得重视的线索。寅恪倡导"盖今世治学以世界为范围，重在知彼，绝非闭户造车之比"①，实在是金玉良言，也适合我们今天来探讨寅恪的思想和学问。

---

① 陈寅恪：《吾国学术之现状及清华之职责》，见《金明馆丛稿二编》，362页。

第九章　美学与启蒙：赫尔德在近代中国

导　言

作为德国近代思想史上的巨人之一，赫尔德无论在欧美还是在亚洲地区长期都是一个不太为人熟知的名字①。可能主要原因在于他不幸生活在一个群星璀璨的年代，他的老师哲学家康德与同学诗人歌德乃是两个令德国文化特别是哲学和文学享誉世界的名字；而在许多学者眼中赫尔德首先是诗人，其次是哲学家，但哲学上的成就远不如康德，在诗歌创作上则不如歌德。康德很早就被介绍到中国，被翻译成汉语的作品也不少，甚至中文版《康德著作全集》也正在陆续出版。而歌德与中国、

---

① 第一本赫尔德论著目录出版于 1978 年，Gottfried Günther，Albina A. Volgina，Siegfried Seifert eds.，*Herder-Bibliographie*，Berlin：Aufbau-Verlag，1978；国际学界在 1977—1987 年始表现出对赫尔德的特殊兴趣，见 Tino Markworth，*Johann Gottfried Herder：A Bibliographical Survey，1977-1987*，Hürth-Efferen：Gabel，1990，introduction，p. 5，作者还回顾了 70 年代末开始在德国和美国等地学界出现的赫尔德热，比如收藏在柏林国家图书馆（Staatsbibliothek zu Berlin—Preussischer Kulturbesitz）大约三千二百多件赫尔德的手稿由 Hans D. Irmscher 整理出一份详细目录，即 Hans Dietrich Irmscher and Emil Adler eds.，*Der handschriftliche Nachlaß Johann Gottfried Herders：Katalog*，Wiesbaden：Otto Harrassowitz，1979；Irmscher 整理出版的赫尔的著作包括 *Abhandlung über den Ursprung der Sprache*（1979）；*Von deutscher Art und Kunst*（1981）；*Auch eine Philosophie der Geschichte zur Bildung der Menschheit*（1990）；以上均由 Stuttgart：Reclam 出版；以后的论著目录还包括 Doris Kuhles，*Herder-Bibliographie 1977-1992*，Stuttgart：Metzler，1994；随着 1985 年国际赫尔德学会的成立，学会年报常常出版赫尔德研究论著目录。

被中国接受的历史已经有学者专门以专书形式有所探讨①，被翻译成中文的著作比比皆是，且同一本著作的译本有时甚至有若干种。反观赫尔德，他逝世之后由德国学者编辑出版的长达三十三卷的作品中直到 20 世纪末期才有第一篇完整的作品被译成汉语出版，即《论语言的起源》②。赫尔德真正为中国学界广泛了解始自 20 世纪 80 年代开放国门之后，而涉及赫尔德的中文著作大量出现是在 90 年代③。其实，赫尔德与中国的

---

① 比如代表性的作品有 Günther Debon und Adrian Hsia Hrsg., *Goethe und China-China und Goethe. Bericht des Heidelberger Symposions*, Frankfurt：Verlag Peter Lang，1985；杨武能：《歌德与中国》，北京，生活·读书·新知三联书店，1991；Yang Wuneng, *Goethe in China*，1889-1999，Frankfurt：Verlag Peter Lang，2000.

② 赫尔德著、姚小平译：《论语言的起源》，北京，商务印书馆，1998。

③ 90 年代以来，赫尔德的思想则主要通过其他各种翻译作品为中国学者所知，如通过康德的研究，见何兆武《历史理性批判散论》，长沙，湖南教育出版社，1994；何兆武：《历史理性批判论集》，北京，清华大学出版社，2001；或通过历史哲学的了解，如沃尔什著，何兆武、张文杰译：《历史哲学——导论》，桂林，广西师范大学出版社，2001；柯林武德著、何兆武等译：《历史的观念》，北京，商务印书馆，1997；或通过史学思想史译著，如何兆武编：《历史理论与史学理论：近现代西方史学著作选》，北京，商务印书馆，1999；唐纳德·R·凯利著，陈恒、宋立宏译：《多面的历史——从希罗多德到赫尔德的历史探询》，北京，生活·读书·新知三联书店，2003；主要有关赫尔德的翻译文章有格奥尔格·伊格尔斯著，王晴佳译：《历史主义的由来及其含义》，载《史学理论研究》，1998，第 1 期。其他还有，李秋零：《德国哲人视野中的历史》，北京，中国人民大学出版社，1994；李秋零：《论赫尔德的历史主义进步观》，见《德国哲学论文集》14 辑，北京，北京大学出版社，1995；王晴佳：《西方的历史观念——从古希腊到现代》，北京，北京师范大学出版社，2013；曹卫东：《赫尔德的 1789 之旅》，载《读书》2002，第 6 期；陈建洪：《思绪现代——文本阅读与问题理解》，上海，三联书店，2004，第三章《赫尔德：多元的和一元的》；张玉能：《赫尔德与狂飙突进的浪漫主义美学思潮》，载《青岛科技大学学报》，2004 第 2 期；收入《西方美学思潮》，太原，山西教育出版社，2005；这些作品都或多或少涉及赫尔德。有关赫尔德作品的汉译，除了上述姚小平所译《论语言的起源》之外，主要有张晓梅译：《反纯粹理性：论宗教、语言和历史文选的新描述》，北京，商务印书馆，2010；张玉能译：《赫尔德美学文选》，上海，同济大学出版社，2007。但总的来说，中文学界对赫尔德的介绍还是太少，太不系统。近年学界因为对柏林的兴趣增加以及对价值多元主义、民族主义话语的重视，也开始注意赫尔德。

关系源远流长，早在距今一百多年前，先知先觉的中国学者已经注意到
这位德国思想家，其后周作人对他的文学思想有十分准确而精彩的介绍
和评论。后来赫尔德的文学、美学、哲学以及史学思想亦在不同的场合
被介绍到中国①。

　　本章将挖掘 20 世纪 30 年代以前中国学者对赫尔德的介绍和评价，
并分析其语境，以探求赫尔德进入中国学术思想史的途径和意义。本章
试图提供一个例子来说明赫尔德虽然远没有康德和歌德那样知名，但他
对中国学术影响之广阔和深远，则是前两者所不及。康德对于中国学术
的影响多半还是在哲学领域，而歌德的影响则主要在文学方面。赫尔德
不同，他在中国民俗学、人类学、美学、哲学、历史学等诸多方面都留
下印记。所以从这个意义上而言，研究赫尔德与近代中国可以更深刻地
理解中国近代学术的西学背景及其与世界学术之关系。

　　本章的重点则是赫尔德对中国近代美学的影响。本章将首先叙述赫
尔德之名初次为中国学者所知的历史背景；其次将考察中国近代美学学
者对赫尔德美学的介绍和理解，并分析他们对赫尔德美学思想理解的不
同以及造成这种不同的原因；最后考察李长之对赫尔德艺术史和美学思
想的理解。赫尔德的美学思想是德国近代美学的重要组成部分，而德国
的美学对于中国现代美学的建立贡献极大②。张辉先生的《德国美学的
东渐及其媒介研究》对德国美学的入华问题介绍最为详尽，他回顾了中
德美学关系研究的成绩和现状以及存在的问题，这包括对康德③、歌德、
黑格尔、尼采、叔本华、席勒等人美学思想的入华；他还分析了德国美
学入华的历史背景和分期，指出德国文化与思想在 20 世纪初才开始大量
被介绍入华，尤其以 20 世纪 20 年代至 40 年代是高峰；接着他回顾了德
国美学入华的主要媒介即报纸杂志的作用，探讨了主要出版社和出版物
特别如《教育世界》、《民铎》、《战国策》在德国美学入华过程中的贡献；
最后他集中讨论了王国维、蔡元培等人对德国美学的介绍与理解。但是

---

　　①　有关德国哲学在 20 世纪早期入华的情况，参见陈应年：《20 世纪西方哲学
理论东渐述要》（上），载《哲学译丛》，2001，第 1 期，64～74 页。

　　②　张辉：《德国美学的东渐及其媒介研究》，载《北大中文研究》，创刊号，
354～381 页，北京，北京大学出版社，1998。

　　③　较近的研究如杨平：《康德与中国现代美学思想》，北京，东方出版社，2002。

他的文章中没有提到赫尔德。

在正文开始之前，有必要简单说明本章的取径与方法。西学之进入近代中国，无外乎人物（figure）、术语（technical term）、观念（idea）和文本（text）等关键词，这些关键词则通过种种故事连接在一起。所以本章的重点是近代中国学者怎样讲述赫尔德的故事，怎样理解、翻译、解释赫尔德思想中的术语和观念，怎样认识赫尔德的文本，并怎样通过自己的文本来传达自己的理解、翻译和解释。本章也将讲述一些这些中国学者认识和了解赫尔德的不完整的故事，通过这些故事来反映近代世界各地区知识人的相互关联，并将这些或隐或显的网状关联放在近代世界思想学术史的背景下加以考察。

第一节　王国维与赫尔德

最早提到赫尔德的中国学者可能是王国维。王国维在他 1904 年发表的《叔本华与尼采》一文中引述叔本华的《天才论》时提到了赫尔德，他说："昔海尔台尔 Herder 谓格代 Goethe 曰'巨孩'，音乐大家穆差德 Mozart 亦终生不脱孩气。"[1]此处海尔台尔即是赫尔德；而此处格代现在通译作歌德，穆差德现在通译作莫扎特。王国维于 1898 年进入东文学社，1899 年开始追随日本学者藤田丰八、田冈佐代治学习西学。藤田曾教王国维《哲学概论》以及《哲学史》；而田冈是东洋学者，翻译过《维摩经》、《般若心经》以及《春秋左氏传》等作品，还出版过《苏东坡》一书；但他同时也是哲学学者，也是较早在中国教授哲学的学者，他的教学引发王国维去学习康德和叔本华的哲学思想。

据王国维撰写的《三十自序》，1902 年他在留学东京物理学校期间，阅读巴尔善之《哲学概论》以及特尔彭（今通译作文德尔班，Wilhelm Windelband，1848—1915）之《哲学史》。这部书可能是指 *Geschichte der Philosophie* 一书[2]，我们只知道桑木严翼对这本书进行了节译，1901 年出版。王国维还翻译了桑木严翼（1874—1946）的《哲学概论》，

---

① 王国维：《叔本华与尼采》，《静庵文集》，见《王国维遗书》，第三册，464 页；王国维并注明引文出自英译《意志及观念之世界》第三册六十一页至六十三页。

② 1900 年由 Tübingen；Leipzig：J. C. B. Mohr 出版。

列入哲学丛书初集，由教育世界出版社于 1902 年出版；其中使用了"社会精神"（social mind）一语，也使用了"美学"、"美感"等词①。桑木曾与天野贞祐一同翻译康德的《纯粹理性批判》，并著有《康德与现代哲学》（《カントと现代の哲学》、《哲学と文艺》（实业之日本社，1922年）、《西洋哲学史概说》第三部近世后期（岩波书店，1931）。1924 年日本《思想》杂志第 30 期出版康德纪念号（カント记念号），内中就有桑木的文章。他对汉学也不陌生，他还著有《孔子の事迹》、《孔子の学说》等书，明治三十七年（1904）出版。

　　为深入理解王国维通过日本学术接触德国哲学的历史背景②，我们有必要在此提供一点有关日本接受德国哲学特别有关文德尔班以及西洋哲学通史的语境，以及王国维在其中的地位。日本文部省从派遣留学生于 1884—1890 年在德国留学。其中包括井上哲次郎（1855—1944）到柏林留学，后来担任东京帝大哲学教授，在介绍德国哲学入日本的事业中起了重要作用，他本人发展了所谓现象即实在论哲学③。他可能也是较早把德文 Geist 以及 Seele 译成汉字"精神"的日本学者之一，见其 1884年和有贺长雄一起编辑由东京东洋馆出版的《哲学字汇》④。

----

①　此书多次重印，1940 年早稻田大学出版部重印。南庶熙 1926 年还翻译出版了桑木所著《现代思潮》。有关王国维通过日本学术著作学习西方哲学的经历，参见张广达：《王国维的西学与国学》，收入《张广达文集》之《史家、史学与现代学术》，1～41 页，桂林：广西师范大学出版社，2008。

②　日语中的哲学词汇 1913 年就通过一部词典被介绍到中国，见 Timothy Richard and Donald MacGillivray eds., *A Dictionary of Philosophical Terms：Chiefly from the Japanese*, Shanghai：Christian Literature Society for China，1913.

③　岩崎允胤：《日本近代思想史序说》下《明治期后篇》，东京，新日本出版社，2004，第八章第三节：井上哲次郎的现象即实在论。

④　此信息得自德国埃尔兰根（Erlangen）大学的《近现代汉语学术用语语料库》（WSC databases，见 http：//www. wsc. uni-erlangen. de）。根据这个数据库，1886 年出版的《荷华文语类参》也把荷兰语 geest（拉丁文 spiritus animi）译成汉语"精神"；见 Gustave Schlegel, *Nederlandsch-Chineesch Woordenboek met de Transcriptie der Chineesche Karakters in het Tsiang-Tsiu Dialekt*，13 Vols.，Leiden：Brill 1886. Geist 在汉语中译成"精神"，见黄摩西：《普通百科新大词典》，上海，中国辞典公司，1911；以及在青岛出版的卫礼贤编：《德英华文科学字典》，见 Richard Wilhelm, *Deutsch-englisch-chinesisches Fachwöterbuch*，Tsingtau：Deutsch-chinesische Hochschule 1911.

其他介绍德国学术入日本的留洋学者还包括元良勇次郎（1858—1912）、中岛力造（1858—1918）。元良 1883 年始先后留学波士顿大学、约翰·霍普金斯大学，获得博士学位，1888 年回国教授精神物理学、心理学和哲学，此人未曾留学德国。王国维将他的《心理学》和《伦理学》两书译成汉语，1902 年列入哲学丛书初集由当时位于上海的教育世界出版社出版，二书分别使用了精神（英文 mind）、精神现象（英文 mental phenomena）、社会精神（social mind）等语①。中岛 1880 年开始留学美国，后在耶鲁获得哲学博士学位，毕业后游学英国、德国，1890 年回到日本负责帝大伦理学讲座。

日本京都学派的哲学家西田几多郎（1870—1945）在明治年间特别是 1899—1905 年期间也广泛阅读了许多德国近代名家的著作，如尼采、歌德、康德、费希特、谢林等人，也包括文德尔班②。他本人发展了德国的观念论哲学。另一位日本学者、著名法学家、前东京帝大校长南原繁（1889—1974），20 年代曾在德国游学，从文德尔班的弟子斯坦姆勒

---

① 王国维还把 spirit 翻译成精神，见随文（William Stanley Jevons）著《辨学》，北京，京师五道庙售书处，1908。德语 Geisteswissenschaft 精神科学、geistige Phänomene 精神现象、Geistige Funktion 精神作用等汉语翻译则见于汪荣宝和叶澜著《新尔雅》（上海，明权社，1903），这两位作者曾留学日本，此书深受日本明治学术影响。以上条目均见《近现代汉语学术用语语料库》。有关日文词汇对中国近代学术的影响，可参见沈国威：《近代日中语汇交流史——新汉语 の生成と受容》，东京，笠间书院，1994；沈国威：《〈新尔雅〉とその语汇研究·索引·影印本付》，东京，白帝社，1995。张升余课题组：《现代中日語汇の交涉と异同研究》，见《日本学研究论文集》，2001。有关地理类术语，参见荒川清秀：《近代日中学术用语の形成と伝播——地理学用语を中心に》，东京，白帝社，1997。有关中国留学生学习日本近代学术的历史，参见实藤惠秀著，谭汝谦、林启彦译：《中国人留学日本史》，香港，香港中文大学出版社，1982；谭汝谦编：《中日文化交流》，香港，香港中文大学，1985。王汎森：《戊戌前后思想资源的变化：以日本因素为例》，载《二十一世纪》45（1998），47～54 页。日本近代词汇，参见桦岛忠夫、飞田良文、米川明彦编：《明治大正新語俗語辞》，东京，东京堂，1996。

② John C. Maraldo, "Translating Nishida," PEW, Vol. 39, No. 4（1989），pp. 465-496，p. 479 提到西田对文德尔班思想的运用。有关西田对现代日本思想的影响，参见藤田正胜著：《现代思想としての西田几多郎》，东京，讲谈社，1998；有关京都学派见藤田正胜编：《京都学派の哲学》京都，昭和堂，2001。

(Rudolf Stammler，1856—1938）问学，接触文德尔班以及康德哲学和新康德主义①。

日本在早期明治时期曾有一段时间一些学者鼓吹学德国，德国学术在日本学界有不少介绍，甚至两位德国学者布瑟（Ludwig Busse，1862—1907）和科贝尔（Raphael von Koeber，1845—1923）也被延聘到日本教授哲学。前者1887—1892年担任东京帝大哲学讲座，后者接替前者于1893—1923年担任东京帝大哲学讲座，他们介绍了费希特、康德、黑格尔的哲学②。当时德国的哲学教科书《哲学概论》、《哲学史概说》等都进入日本大学哲学系教程，存在论、认识论均为日本学者熟知③。

德国史家兰克的学生里斯（Ludwig Riess）被聘为东京帝大历史讲座，他把兰克史学介绍到日本，促进了日本史学向西方现代学术发展④。而王国维也是较早或者最早提到兰克的中国学者，他1900年为徐有成等翻译日本学者著《欧罗巴通史》所作的序中提到德国人兰克（Ranke），指出这本书原名《西洋史纲》，系日本学者箕作元八、峰岸米造仿兰克著作的作品⑤。同时代日本学者的德国史研究作品也被翻译成了汉语。和王国维、叶宜春、陈守谦等被称为海宁四才子的褚嘉猷（1873—1919）在清末翻译了日本河上清著《德意志史》四卷，由上海通雅书局出版洋装本一册⑥。

---

①　见 Andrew E. Barshay，*State and Intellectual in Imperial Japan：The Public Man in Crisis*，Berkeley：University of California Press，1988，pp. 70-71，77，87.

②　Bernd Martin，*Japan and Germany in the Modern World*，Oxford：Berghahn Books，1995，pp. 17-76；该部分专门探讨早期明治时期（1868—1895）日本政府学习德国普鲁士模式；47页特别介绍了德国哲学对明治日本的影响。

③　近代西洋思想在日本学者中的影响，见藤田正胜编：《日本近代思想を学ぶ人のために》，京都，世界思想社，1997。

④　Kentaro Hayashi，"Ludwig Riess, einer der Väter der Geschichtswissenschaft in Japan," in *BZJ*，Vol. 3（1981），pp. 31-45.

⑤　拙撰《陈寅恪与赫尔德——以了解之同情为中心》，载《清华大学学报》，2006，第4期；参见本书第八章。

⑥　见顾燮光：《译书经眼录》，见《近代译书目》，429页，北京，北京图书馆出版社，2003年影印本；顾书出版于1935年，而《经眼录》收入1906—1908年间出版的书籍。

1904 年王国维正是在学习叔本华哲学的过程中撰文提到了赫尔德的大名，但当时可能并未注意到这位德国近代思想家其实在美学上也极有贡献，否则以王国维对于美学的兴趣①，一定也会对赫尔德首发其端的移情理论有所评论。王国维在他的《论近世教育思想与哲学之关系》一文中介绍了培根的感觉主义、笛卡儿的合理主义、卢梭的自然主义、康德的浪漫主义，并区分了西方哲学传统中的启蒙主义和浪漫主义两个路数。他在介绍德国近代哲学时说："然新思想则异是，彼以事物自身之有价值者，为最同者，而不置利益于目中。因以为吾人之价值，非以其知其能故，亦非以其为人类之行为，而实际有所作为故，惟以其存在故耳，申言之，即以人之自身，本有目的，故贵重之也。而使人于其自身，所以得有价值者，一以为在于道德，一以为在于人类的天性的发展。"②显然第二个有价值者有自然主义的倾向。

第二节　赫尔德美学思想入华

20 世纪 20、30 年代，中国学者不少人留学日本、欧洲。其中不少留欧学生归国之后成为中国德国研究的奠基者和先驱。他们介绍德国思想文化和学术，极大地丰富了中国学者对于欧洲思想和学术的理解③，并在很大程度上给当时正在向现代学术转变的中国学术注入了一股新鲜血液。其中特别值得注意的介绍赫尔德的学者包括蔡元培（1868—

---

① 刘悦迪：《美学的传入与本土创建的历史》，载《文艺研究》，2006，第 2 期，13～19 页；将王国维看作中国第一位引入美学或审美学术语的学者；韩书堂，《中日近代美学学科生成源流考——兼论王国维美学新学语的来源》，载《理论学刊》，2011，第 3 期，114～118 页，也认为王国维乃是介绍美学一词之主要推手。黄兴涛则追溯了王国维之前"美学"一词在中国的出现，指出最早见于德国传教士花之安 1873 年的《大德国学校论略》，见《"美学"一词及西方美学在中国的最早传播：近代中国新名词源流漫考之三》，载《文史知识》，2000，第 1 期，75～84 页。

② 王国维：《论近世教育思想与哲学之关系》，收入《静庵文集》，见《王国维遗书》，第三册。

③ 关于 20 世纪早期留德学人的研究，参见叶隽：《近代学术视野中的留德学人》，上海，同济大学出版社，2004；叶隽：《另一种西学——中国现代留德学人及其对德国文化的接受》，北京，北京大学出版社，2005。

1940)、吕澂 (1896—1989)、朱光潜 (1897—1986)、宗白华 (1897—1986)、陈铨 (1905—1969)、贺麟 (1902—1991)①，他们与赫尔德思想的接触是多方面的，而其中以美学最为引人注目。他们有欧洲甚至德国经验，他们对于德国思想文化的了解或者通过间接的欧洲经验，或通过直接的德国游学经验。间接的经验常常会产生一些不确切之感，比如没有留学德国的朱光潜先生对赫尔德的移情论 (Einfühlung) 的介绍就不如宗白华先生准确。

中国学者对于赫尔德美学思想的认识也是一个渐进过程，如在上列学者之中蔡元培先生虽然最早提及赫尔德之美学理论，但对赫尔德与美学上移情理论介绍最全面的却是后来的宗白华先生。吕澂先生从未留学欧洲，但他 1915 年留学日本学习美学，已经着了了解赫尔德美学思想的先鞭。

蔡元培先生是中国现代教育史上的重要人物，他的教育理念特别是美育理念深受德国影响。他一生两次游学德国，1908—1911 年在莱比锡大学学习，1925—1926 年再到汉堡大学做研究。游学德国期间他深受德国近代学术影响，其中特别是哲学中的美学，他对哲学最感兴趣，但为缩小范围，专注于美学。他对美学思想史非常熟悉，如撰于 1920 年的《美学的进化》一文以及 1921 年完成的《美学通论》中均追溯了美学特别是德国美学史，但他的美学思想似乎主要受康德影响，提到康德美学的有关论著例如完成于 1915 年 1 月的《哲学大纲》一书中第四编第四节《美学观念》、完成于 1916 年的《康德美学述》、撰于 1920 年 10 月的《美学的进化》等文章。而对于德国美学的起源，他常常追溯到鲍格登，如撰于 1920 年 10 月 30 日发表于 1921 年 2 月 19 日出版的《北京大学日刊》第 811 号的《美学的进化》一文即说到直至 1750 年才有鲍格登 (Alexander Baumgarten, 1717—1762) 著《爱斯推替克》(Aesthetica) 一书专论美感；后来在 1924 年 3 月 15 日撰写的《简易哲学纲要》第四编第三节《美感》再次提到鲍格登，但使用了另一译名邦介登，但在追溯历史时也立刻从邦介登转到康德。

蔡元培在著作中仅偶尔提到赫尔德，并没有特别注意到赫尔德的移

---

① 贺麟：《哲学与中国哲学史》，北京，商务印书馆，1990。

情思想。他提到赫尔德的文章发表于 1920 年 5 月出版的《新潮》第二卷第四号，题为《美术的起源》。文中说："Herder 与 Taine 二氏，断定文明人的美术，与气候很有关系。"[1] 此处的 Herder 应该即是 Johann Gottfried Herder。因为赫尔德在讨论民族特性的时候的确对于文明演进与气候的关系有所说明，而这一思想特别体现在他于 1784—1791 年间完成的著作《关于人类历史哲学的思考》(*Ideen zur Philosophie der Geschichte der Menschheit*) 之中。该书有一部分专门探讨民族天才与环境问题，其中有一章讲气候对人类身体与思想的塑造[2]。Taine 即丹纳 (Hippolyte Taine，1828—1893)，法国哲学家、历史学家和艺术批评家，曾任教巴黎艺术学院。他于 1865 年刊出的《艺术哲学》(*Philosophie de l'art*) 一书影响深远，后来由傅雷译成中文，在中文学界流传甚广。丹纳不太强调艺术家个人天分在产生艺术杰作中的作用，而强调环境、社会与经济因素。稍后，宗白华在 1925—1928 年间所编的《美学》讲稿中指出丹纳主张艺术的变迁受种族、气候与风格的影响[3]。我们并不了解蔡元培从何处获知有关赫尔德在《关于人类历史哲学的思考》中的思想。

　　蔡元培在其他文章中则讨论了美学上的感情移入理论，但他并未将其与赫尔德联系起来。蔡元培论感情移入说首见撰于 1920 年 10 月 30 日，发表于 1921 年 2 月 19 日出版的《北京大学日刊》第 811 号的《美学的进化》一文，他提到注重感情移入主义的栗丕斯 (Th. Lipps)，同时还提到所谓黑格尔派的维绥 (Vischer)，这即是下文他要谈到的费肖尔。其次见于他 1921 年秋为在北京大学讲授"美学"课程而撰写的《美

---

[1]　高平叔编：《蔡元培美育论集》，80 页，长沙，湖南教育出版社，1987。

[2]　Johann Gottfried Herder，*Reflections on the Philosophy of the History of Mankind*，abridged and with introduction by Frank E. Manuel，Chicago：University of Chicago Press，1968，pp. 13-33. 有不少学者均提示了赫尔德对气候塑造民族性的强调，如 Carlton J. H. Hayes，"Contributions of Herder to the Doctrine of Nationalism," *AHR*，Vol. 32，No. 4 (Jul.，1927)，pp. 719-736；Jonathan M. Hess，"Johann David Michaelis and the Colonial Imaginary：Orientalism and the Emergence of Racial Antisemitism in Eighteenth-Century Germany," *Jewish Social Studies* 6：2 (Winter，2000，New Series)，pp. 56-101.

[3]　宗白华：《宗白华全集》卷一，482～483 页，合肥，安徽教育出版社，1994。

学通论》中。该书有美学的趋向一节，讨论了"感情移入"理论的主要观点和流变。他将感情移入说看作是一种融主观、客观为一体的感情美学，这种美学与德国费希特理想派哲学见解相同。他说："我们回溯到根本上的我，就是万物皆我一体。无论何种对象，我都可以游神其中，而重见我本来的面目，就可以引起一种美的感情，这是美学上感情移入的理论。这种理论，与古代拟人论（Anthropomorphismus）的世界观，也是相通的。因为我们要了解全世界，只要从我们自身上去体会就足够了。"①他还指出感情移入的美学随着记述心理学的发展而更加发展。

他也回顾了感情移入说的一些论者的主要观点，如费肖尔（R. Vischer）之于视觉艺术、迪普雷尔（Karl du Prel）之于抒情诗、洛采（H. Lotze）之于音乐。蔡元培接着指出立普斯（Theodor Lipps）在感情移入理论各家中最为著名，并叙述了立普斯对于感情移入理论在欣赏音乐上的运用，所谓感情移入，"是把每种存在的都变为生活，就是不绝的变动"。他还指出立普斯将感情移入分为积极的和消极的两种。积极的属于自由状况的快感，也即是交感的移入；消极的移入则用于不同情的对象②。蔡元培的理解应该说比较准确。但他始终未提到赫尔德在感情移入说上的创始业绩。而他简单提示的费肖尔、洛采、立普斯等人，在以后朱光潜和宗白华的著述中均有较为详细的讨论。

吕澂在介绍现代美学时也提到了赫尔德。他 1915 年留学日本，曾在日本美术学校学习③，以美学为主要学习对象。回国后担任上海美术专科学校教务长。他在 1921 年 8 月完成的《美学概论》第三章中也介绍了美的感情移入（Einfühlung）④。在第三章第二节，他介绍了四种感情移入：一般统觉的感情移入、情调移入、自然之感情移入、人体官能的现

---

① 高平叔编：《蔡元培美育论集》，139 页。

② 同上书，139～141 页。

③ 坊间多称吕澂求学于日本美术学院，实误。应该是日本美术学校，1949 年改称东京艺术大学。1888—1898 年间冈仓天心担任该校校长。

④ 吕澂：《美学概论》，商务印书馆，1924；上海，上海书店，影印《民国丛书》第一编 66 辑，10 页，1992。

象之感情移入①。但是他在此书中并没有提到赫尔德的名字。但很快他就提到赫尔德首倡移感说。吕澂在 1923 年 7 月完成的《现代美学思潮》中指出 18 世纪德国学者邦格阿腾（A. G. Baumgarten，1714—1762）将美学建立为哲学的一个分科，并特别讨论了康德的美学。

在讨论康德的美学时，吕澂指出海豆尔（Herder，1744—1803）对康德所说美感关系事物的形式一层不满意，认为形式不足以言美，形式的表出才有美，而且他还分析了美感鉴赏中的心理状态，开启了移感说（Einfühlungstheorie）的先声②。此处所说的海豆尔即是赫尔德。从他使用海豆尔一名翻译赫尔德来看，可见他并没有注意到王国维、周作人、蔡元培等人提到的赫尔德，所以自己创造了一个新译名。吕澂也概略式地介绍了移感说在近代美学中的发展，提到费肖尔（写作裴谢尔）和洛采（写作洛周）的贡献③，并将移感分成四类。书后附录了很多德文书目，然而并没有赫尔德的著作，可见吕氏对于赫尔德美学思想的理解均来自一些美学通论性著作④。

黄忏华 1923 年 11 月完成的《美学略史》则提到了赫尔德的名字。他将美学的研究取径分为心理学、社会学和哲学的三类。而在讨论 17、18 世纪的美学时提到杜播（Dubos）、温克尔曼、赫尔德（Herder）等人注目艺术同美意识的历史发展，艺术的动机和方式。黄氏使用的"赫尔德"成为后世的标准译名。黄氏还指出赫尔德比较重视感情和表出，以及内容美学。黄氏介绍了美的态度的性质有三类：错感的概念、静观的概念、感情移入的概念。他指出感情移入的概念源自赫尔德，并由费诗

---

① 即 Allgemeine apperzeptive Einfühlung，Stimmungseinfühlung，Nature-einfühlung，Einfühlung in die Sinnliche Erscheinung der Menschen.

② 吕澂：《现代美学思潮》，商务印书馆原版，上海，上海书店，影印《民国丛书》第一编 66 辑，12 页，1992。吕澄认为美学的概念来自中江介民翻译的法国学者维隆的《维氏美学》，见前引韩书堂文章。

③ 同上书，33～34 页。

④ 高山杉：《支那内学院与西洋哲学研究》，载《外国哲学》，2006，第 3 期，51～67 页，一文指出吕澂的《美学概论》实际上编译自日本学者阿部次郎（1883—1959）的《美学》一书。

和罗采（Lotze）发展，栗泊士等集大成①。

1927 年商务印书馆还出版了范寿康于 1926 年 8 月编成的《美学概论》一书，回顾了德国近代美学史，并在第四章讨论了美的感情移入，其中将感情移入分成四类，完全和吕澂的分法一样，只是其论述更为详细一些②。这本书侧重在介绍一些美学思想，对于美学史人物的介绍不重视，在介绍感情移入说时并未提到赫尔德。

陈望道 1926 年 12 月也编成一部《美学概论》，第五章第八节讲感情移入，也只提到立普斯的贡献，没有提到赫尔德。以上这些著作因为作者均只是喜欢美学而不是专门的美学家，所以虽然也介绍了移情说，但多比较简略，基本上其内容均出自西文美学通论性作品。后来的朱光潜和宗白华两位美学家则比较全面地介绍了移情说及其思想发展史。

朱光潜先生从未留学德国。他 1925 年取道苏联去英国爱丁堡大学留学，学习文学、哲学、心理学、欧洲古代史和艺术史。1929 年进入伦敦大学学院，同时在巴黎大学听课，其间开始学习文艺心理学。之后转往法国的斯特拉斯堡大学③。曾到德国游历。而斯特拉斯堡大学是歌德曾经求学之地，斯特拉斯堡是赫尔德曾经驻足之地。他 30 年代发表了一系列作品，主要集中在讨论文艺学、美学和心理学，如《给青年的十二封信》、《谈美》、《文艺心理学》、《变态心理学》、《悲剧心理学》、《孟实文钞》。

移情思想是朱先生早年美学思想中的重要一章。虽然在 1932 年开明书店出版的《谈美》一书中的《子非鱼、安知鱼之乐》一文，1933 年的《悲剧心理学》中都已经提及移情作用④，但直到 1936 年他才在题为

---

① 黄忏华：《美学略史》，商务印书馆，1924；上海，上海书店，影印《民国丛书》第一编 66 辑，20、27、39～40 页，1992。该书讨论心理学的美学时将费肖尔（Friedrich Theodor Vischer，他写作费诗）立普斯（他写作栗泊士 Lepps，应作Lipps）列为一例。

② 范寿康编：《美学概论》，商务印书馆，1927；上海，上海书店，影印《民国丛书》第一编 66 辑，42～100 页，1992。

③ 朱光潜：《朱光潜全集》，第一卷，合肥，安徽教育出版社，1987，《作者自传》，3～4 页。

④ 分别见《朱光潜全集》，第二卷，24 页、228 页。收入《孟实文钞》中的《近代美学与文学批评》则没有提到移情作用，见《朱光潜全集》，第三卷，401～424 页，《孟实文钞》1936 年由良友图书公司出版，其增订本 1943 年由开明书店以《我与文学及其它》为名出版。

《文艺心理学》的著作中系统地介绍了德国美学家的移情思想。然而他此时并没有把移情思想和赫尔德联系起来①。他在这部著作中指出移情作用说的倡导者是立普斯（Theodor Lipps，1851—1914）。朱光潜先生在《文艺心理学》第三章"美感经验的分析"第三节"物我同一"篇中介绍了移情作用。他说移情作用在德文中原为 Einfühlung，而最初采用它的是德国美学家费肖尔（R. Vischer）②。而美国心理学家蒂庆纳（Titchener）开始把它用英文译为 empathy。从德文的字面意义看，它是指感受到里面去，也就是"把我的情感移注到物里去分享物的生命"。他并引用了黑格尔的话，"艺术对于人的目的在让他在外物界寻回自我"。认为这话已经暗含移情理论。接着他还引述了一段洛慈（Lotze）在他的《缩形宇宙论》里的话来解释：

> 凡是眼睛所见到的形体，无论它是如何微琐，都可以让想象把我们移到它里面去分享它的生命。这种设身处地地分享情感，不仅限于和我们人类相类似的生物，我们不仅能和鸟鹊一齐飞舞，和羚羊一齐跳跃，或是钻进蚌壳里面，去分享它在一张一翕时那种单调生活的况味，不仅能想象自己是一棵树，享受幼芽发青或是柔条临风的那种快乐；就是和我们决不相干的事物，我们也可以外射情感给它们，使它们别具一种生趣。比如建筑原是一堆死物，我们把情感假借给它，它就变成一种有机物，楹柱墙壁就俨然成为活泼泼的

---

① 许多有关蔡元培先生美学思想的著作，均未提及蔡元培与赫尔德的联系；如较早出版的研究性著作，聂振斌：《蔡元培及其美学思想》，天津，天津人民出版社，1984；以及中国蔡元培研究会编：《蔡元培研究集：纪念蔡元培先生诞辰130周年国际学术讨论会文集》，北京，北京大学出版社，1999，其中有孙常炜、林小青、崔文冰、修海林等学者关于蔡元培美学或美育思想论文，均未提及蔡元培与赫尔德的联系。

② 他的理论文选见 Harry Francis Mallgrave and Eleftherios Ikonomou eds.，*Empathy，Form，and Space：Problems in German Aesthetics，1873-1893*，Los Angeles：The Getty Center for the History of Art，1993，pp. 89-123，该文译自他的 *Über das optische Formgefühl：Ein Beitrag zur Aesthetik*，Leipzig：Hermann Credner，1873；92 页上有他对 Einfühlung 的具体解释，这一文章的前言原本于 1872 年 4 月 22 日发表于斯图加特。在该书 17～18 页，编者 Mallgrave 和 Ikonomou 合写的导言中已提及 Einfühlung（empathy）理论来自赫尔德的表达理论（见于 1800 年的 Kalligone 一文）；20 页两位作者又指出洛采（Lotze）几乎在同时也在《德国美学史》一书中独立地发展出类似的理论，也基于对赫尔德理论的理解。

肢体，现出一种气魄来，我们并且把这种气魄移回到自己的心中。①

朱光潜先生最后说，"这是移情说的雏形，到了立普斯的手里就变成美学上一条最基本的原理"。后来朱光潜先生又在《从生理学观点谈美与美感》一文中强调 19 世纪以来以费肖尔父子为首的新黑格尔派对移情作用的讨论，所谓移情作用是指"人在聚精会神中观照一个对象时，由物我两忘达到物我同一，把人的生命和情趣投射或移注到对象里去，使本无生命和情趣的外物仿佛具有人的生命活动，使本来只有物理的东西也显得有人情"②。他在《西方美学史》中再次介绍了审美的移情说，他在十八章介绍审美移情说时给出了一个名单，包括费肖尔、立普斯、谷鲁斯、浮龙李和巴希等人，没有特别解释是否赫尔德也有奠基性贡献，只是偶尔也在其他场合提到了赫尔德③。

在《文艺心理学》中，朱光潜先生进一步提到了有人把移情作用称为"拟人作用"（anthropomorphism）。他认为拟人作用造就了艺术和宗教。他说"从理智观点看，移情作用是一种错觉，是一种迷信。但是如果没有它，世界便如一块顽石，人也只是一套死板的机器，人生便无所谓情趣，不但艺术难产生，即宗教亦无由出现了。诗人、艺术家和狂热的宗教信徒大半都凭移情作用替宇宙造出一个灵魂，把人和自然的隔阂打破，把人和神的距离缩小。"他又说，"各民族的神话和宗教大半都起于拟人作用，这就是推己及物，自己觉得一切举动有灵魂意志或心做主宰，便以为外物也是如此，于是风有风神，水有水神，桥有桥神，谷有谷神了。"④这个说法未免夸大了移情作用。但他提到以拟人作用来理解各民族的神话和宗教，则和赫尔德主张的以了解之同情理解古代文化有约略近似之处。

我们在上一章中已经看到，"赫尔德说要理解一个民族的历史，必须进入那个时代、那个地点，那个人民的整个历史，应该感觉自己完全进入了那个民族的生活之中。他还说，仅仅理解希伯来语经典非常不够，

---

① 朱光潜：《文艺心理学》，1936 年定稿，开明书店出版。收入《朱光潜全集》，第一卷，236 页；并参见《西方美学史》第 18 章，见《朱光潜全集》，第七卷，268 页。

② 朱光潜：《朱光潜全集》，第五卷，283 页。

③ 朱光潜：《西方美学史》下，见《朱光潜全集》，第七卷，265 页提到赫尔德。

④ 朱光潜：《朱光潜全集》，第一卷，237~238 页。

我们还需要把自己送到那个遥远的地点和时代，把这些经典当作犹太人的民族诗歌来阅读。这种阐释历史的思想主张不仅要研究一件文本本身使用的语言，还需要研究它的历史、地理和社会背景；同时，阐释者还需要到达一种境界，能够想象地重建作者当时写作文本的有知觉的和有感情的感觉。"朱光潜虽然没有注意到赫尔德的了解之同情思想即是移情说的先驱，但注意到法国学者巴什（Victor Basch）把移情作用叫做"象征的同情"（sympathie symbolique）①。这已经和了解之同情的意思相当接近了。巴希出版有《康德美学论》，朱先生曾经参考过②。一般而言，朱先生对康德、克罗齐、黑格尔的美学思想较为关注。朱先生在讨论西方美学中的移情理论时，18 世纪的学者仅在讨论移情作用说在戏剧中的应用时提到狄德罗。

朱先生在 20 世纪 30 年代刊出的早期著作中没有提及赫尔德的思想，只是在 40 年代以后才在一些著作如《西方美学史》中提到赫尔德。这表明他的学术思想有一个不断深入的变化。他早年把移情说的发明权交给了立普斯。这其实也代表了相当一部分西方现代学者的看法③。只有到了德国现代历史学家迈涅克才在《历史主义的兴起》一书中把移情看作是赫尔德历史主义的贡献④。柏林在研究赫尔德的反启蒙思想时进一步发挥迈涅克对赫尔德移情思想在历史、文学、艺术上的运用，并从中发掘了文化多元主义的因素。应该注意的是，这里朱光潜提到的洛慈即是 Herrmann Lotze（1817—1881），今通译作洛采，目的论唯心主义哲学家。宗白华在讲述审美方法之静观论时介绍他是经验论派之健者："经验论——谓凡从前所见闻过的，再接触时，即可联想到从前之事实，故同感系后天的。德人 Herrmann Lotze 即此派之健者，且谓同感作用，系普通的，不过仅限于审美之一端。审美之功，实基于此耳。"⑤我们前文提

---

① 朱光潜：《朱光潜全集》，第一卷，245 页。

② 同上书，第一卷，428 页。

③ 如吕澂：《美学浅说》（1923）、范寿康《美学概论》（1927）、陈望道《美学概论》（1927）等均提到移情说来自立普斯；见刘悦迪：《中国二三十年代审美主义思潮论》，载《思想战线》，2001，第 6 期，55～58 页。

④ Friedrich Meinecke, *Die Entstehung des Historismus*, München：R. Oldenbourg, 1965, 2d ed., p. 357.

⑤ 宗白华：《宗白华别集》之《宗白华讲稿》，见《静观论》，南京，江苏教育出版社，2005。

及的曾在明治时期任教东京帝大的布瑟即受这位洛采的哲学影响。

另一位留学欧洲的学者宗白华则非常准确地介绍了赫尔德的移情学说（Einfühlung），宗白华称之为同感论。宗白华在 1920 年开始留学德国，先后在法兰克福大学、柏林大学学习哲学和美学，在柏林大学，他的老师是著名美学家德苏瓦尔（Max Dessoir，1867—1947）教授①。和他来往密切的中国留学生包括俞大维和寅恪等人，他还介绍徐悲鸿结识这些留学生，寅恪和登恪常与徐悲鸿等人讨论诗画②。前文已讨论过寅恪受赫尔德的影响，但他是否在柏林留学时便和宗白华讨论过赫尔德。今已不得而知。宗白华在介绍美感分析方法的派别时介绍德苏瓦尔主张美感有五阶级：感觉的、内容的、个人的联想、内容的表现、感入作用。这一感入作用或许和感情移入说有关联，但宗白华没有特别注明。他还是较早注意洛采的中国学者。早在 1919 年宗白华即在发表于 11 月 12 日《时事新报·学灯》的《读伯格森"创化论"杂感》一文中提到洛采的《小宇宙》，指出这是有美术兴味的哲学书。他在这篇文章中使用的译名是罗怡。

作为在德国学习美学的中国留德学者，宗白华首先注意到赫尔德是移情说的首倡者，他把移情说称作是同感论。早在 20 世纪 20 年代，他就在讲稿《审美方法：同感论》中专门讨论了同感，他说：

> Einfühlung＝Empathy 同感或感入。如看失火，感自身内部生命之情绪，亦如火，然将火视为同情之物，视为生命之象征，生命之表现（凡将个人内部之情绪感入此物，而视此物为生命之表现，即为同感）；
>
> 同感论发源甚久，德人 Johann Gottfried von Herder 常倡之，此时，外表形式美说颇盛，彼故倡此说以辟之。彼谓美非仅由外间形式，实表现内部之精神，如建筑物，非仅代表堆积之石物，实为一时代精神之表现，由无机合成为有机。艺术既为有机，吾人身体乃亦凑合若干有机而达为一贯者，与艺术品无大异，故对艺术品常赋与一种同感也。西洋各时代之建筑，俱足以表现各时代之思想、宗教、政治科学等等，人生态度之变迁，其建筑物必大不同，有平正者，有矗立者，有缥缈欲离世者，皆可代表时代之精神也。后

---

① 研究宗白华美学的较近著作参见张渭涛：《宗白华意境理论的继承和贡献》，载《共爱学园前桥国际大学论集》5，2005，51～71 页。

② 徐伯阳、金山著：《徐悲鸿年谱》，26～27 页，台北，艺术家出版社，1991。

Lipps 即本此说而加以发挥。①

这个论述揭示了同感论（移情说）的实质是内部审美说，并且美是时代精神的体现。同时注意提供这一学说的历史渊源。即宗白华一方面追溯了同感论（移情说）的本源来自赫尔德，一方面也指出立普斯不过是发展了赫尔德的思想而已②。接着宗白华还指出赫尔德之后，黑格尔亦可以称作大家，而黑格尔的著作又引出了费肖尔（Friedrich Theodor Vischer，1807—1887）所著六大本《美学》③。

宗白华还介绍了当时学术界对于同感能力由来的一些解释，比如所谓先天论，即人先天即有同感能力；其次是经验论，这一理论出自洛采，指审美时对审美对象设身处地表示同感；而伏尔盖特（T. Volkelt）主张同感乃是精神上的普遍作用，包含三种形式，如生理式、联想式以及直接式。而立普斯则是同感论中最重要的论者，他认为只有美术可以让人有客观的、静观的同感。

在《美学》讲稿最后，宗白华列出了关于艺术论的一些参考书，在这一书目的西文部分，最后一本是立普斯的《美学》（Aesthetics）。西方学界普遍认为 Einfühlung 一词的同感意义来自心理学家费肖尔在 1872 年 Das optische Formgefühl 一书中的阐释，而首次在立普斯的著作中进入美学④。从宗白华的引用书目来看，他的主要信息显然来源于立普斯。但是这本书的原文书名是 1903—1906 年完成的两卷本德文《美学：美与艺术之心理学》（Aesthetik：Psychologie des Schönen und der Kunst），

① 据 1925—1928 年间讲稿整理《美学》，见宗白华：《宗白华全集》，卷一，454 页。

② 最近对于赫尔德美学的介绍文章见张玉能：《赫尔德与狂飙突进的浪漫主义美学思潮》，载《青岛科技大学学报》，2004，第 2 期；英文学界对赫尔德美学思想的研究见 Robert Edward Norton, *Herder's Aesthetics and the European Enlightenment*（Ithaca：Cornell University Press，1991）。宗白华的弟子刘小枫著《诗化哲学：德国浪漫美学传统》（济南，山东文艺出版社，1986）一书研究了德国从古典时代到现代马克思主义的浪漫主义美学传统，但完全没有提赫尔德。

③ 宗白华：《宗白华全集》，卷一，454～455 页。该书原文费肖尔名字作 Rriedrich 显然有误，应作 Friedrich。

④ 如 Charles Edward Gauss 为《观念史辞典》所写的词条 Empathy，见 *Dictionary of the History of Ideas*（New York：Charles Scribner's Sons，1973-1974），pp. 85-89；以及 G. W. Pigman, "Freud and the History of Empathy," *IJPA*, Vol. 76，No. 2（April，1995），pp. 237-256.

这部书并未完全译成英文①。不知宗白华所列书目出自何处，或许只是一般性列举。他列出的书目除了英文之外，还包括三本商务印书馆出版中文书：《艺术学纲要》、《文学批评之原理》以及《诗之研究》②。

---

① Theodore Lipps, *Aesthetik*：*Psychologie des Schönen und der Kunst*, Hamburg und Leipzig：Leopold Voss, 1906.1914—1920 年出第二版。

② 他列举的其他英文参考书包括 Apllo 的艺术史（伊文思），Griggs, *Phil of Arts*, B. Croce, *Arts as Expression*, Cotlehiel Faure, *History of Arts*, Parker, *Aesthetics*, Walter Pater, *Renaisoanel*, John Ruskin, *Stone in Venia*, Pall Gsell, *A Rodin*（罗丹之谈话）。这个书目颇让人疑惑，不知是否出自宗白华，错讹较多。第一本书可能是阿波罗（Apollo）的艺术史之误，而伊文思可能是作者。*Apollo* 的艺术史并非是书名，而 *Apollo* 是指当时艺术运动社创办的 *Apollo* 半月刊，即国立艺术院半月刊。而此处的伊文思可能是英国考古学家 Arthur John Evans 爵士（1851—1941），他从 1900 年开始在希腊克里特岛发掘古代克里特文明遗址。第二本书应该是格里各斯（Edward Howard Griggs, 1868—1951）的 *The Philosophy of Art*：*The Meaning and Relations of Sculpture*, *Painting*, *Poetry and Music*（Croton-on-Hudson, N. Y.：Orchard Hill Press, 1913 初版, 1918 重印）。第三位作者是意大利学者克罗齐（Benedetto Croce, 1866—1952），但他的书应该是 1902 年出版的《美学》（*Estetica come scienza dell'espressione e linguistica generale*：I. Teoria. II. Storia, Milano：R. Sandron, 1902），1909 年由伦敦麦克米兰公司出版了恩斯里（Douglas Ainslie）翻译的英译本（*Aesthetics as Science of Expression and General Linguistic*）。第四位作者也有误，应该是法国学者爱里霍（Jacques élie Faure, 1873—1937，现在常译成福尔或富尔）。爱里霍的书原文名为 *Histoire de l'Art*，1909—1921 年间共出版五卷，1937 年才由 Walter Pach 译成英文。1918 年林文铮在国立艺术院半月刊 *Apollo* 第 5 期发表《读了爱里霍 élie Faure 之后》一文，介绍该法国学者。爱里霍 1931 年曾来中国，见过徐志摩、梁思成等人，见徐志摩《爱眉小札·书信》记 1931 年 10 月 10 日徐志摩至陆小曼的书信，由此信可知 10 月 8 日袁同礼、温源宁、徐志摩、梁思成等人在北平图书馆宴请爱里霍。次日爱里霍在北平中法大学演讲《世界艺术的演进》，翻译者曾觉之，见《中法大学月刊》，第一卷第 1 期。第五位作者 Pater 在宗白华 1938 年 7 月 24 日发表于《时事新报·学灯》的文章《技术与艺术——在复旦大学文史地学会上的演讲》中被称作派脱，即 Walter H. Pater（1839—1894）。而 Pater 是牛津学者，并没有出版任何名为 *Renaisoanel* 的书。他固然以研究文艺复兴为主业，他的著作名为《文艺复兴史研究》（*Studies in the History of the Renaissance*），刊于 1873 年。此书中有一部分研究温克尔曼。1877 年此书在去掉备受争议的结尾部分，以《文艺复兴：艺术与诗歌研究》（*The Renaissance*：*Studies in Art and Poetry*）为题重印。1888 年又加上结论部分，重新出版。《宗白华全集》中提到的书可能指这部。罗斯金（John Ruskin, 1819—1900）是出身牛津的英国学者，《宗白华全集》中所印他的书名也有误，应作 *The Stones of Venice*，是一部 1851—1853 年完成的三卷本大著。最后一部应该是 Paul Gsell 的《罗丹论艺术》（*Rodin on Art*），原文为 Gsell 编辑的法文作品：*L'art*（Paris, B. Grasset, 1911）。宗白华约完成于 1946—1948 年但未发表的手稿《张彦远及其〈历代名画记〉》中起始部分即将 Pater、Ruskin、Winckelmann 等人并提，并将张彦远视为他们一类的作者；见《宗白华全集》卷二，445 页。

第三节　李长之论赫尔德与艺术史

美学上的移情思想之外，赫尔德还有一些对当时德国学者的评论，则由李长之（1910—1978）加以介绍。李长之早年在北大读预科，1931年入清华大学生物系，1933年转入哲学系。在学生时代他受贺麟和杨丙辰两位老师影响，培养了对德国文化的浓厚兴趣，尤其对康德情有独钟。当时他在清华交往的同学中有不少也对德国文化很有兴趣，比如季羡林，后来留学哥廷根大学。李长之曾计划1937年留学德国，未果①。

后来在1943年东方书社出版了李长之编译的《德国的古典精神》一书，收入1933—1942年他编译的六篇作品，介绍一系列德国古典学者，包括温克尔曼（Johann Joachim Winckelmann）②、席勒、歌德、洪堡、薛德林（即荷尔德林）等学者，但没有专门文章介绍赫尔德。李长之在1941年9月9日写的《迎中国的文艺复兴》自序中说他藏有狄尔泰的《生活体验与文艺创作》（*Das Erlebnis und die Dichtung*）一书③。其实该书的题目是 *Das Erlebnis und die Dichtung*：*Lessing，Goethe，Novalis，Hölderlin*，最早于1906年在莱比锡出版。他的《德国的古典精神》一书借鉴了这本书，同时掺杂一些其他的德文著作，比如汉斯吕耳的《德国文艺中之启蒙精神》、《德国文学词典》等书。

据他自己解释："也许有人说为什么没写海尔德？我的答复是：也算写了，这就是散见在温克尔曼的一文里，和席勒的一文里的。再说他们的精神是一个，所以也不必沾沾于某甲某乙了。"④这篇所谓关于温克尔

① 李长之研究见张蕴艳：《李长之学术——心路历程》，北京，北京大学出版社，2005。其他还可参考于天池、李书：《李长之的书评及其理论和风格》，载《北京师范大学学报》，2001，第3期，137～143页。

② 温克尔曼的最新传记见 Wolfgang von Wangenheim, *Der verworfene Stein*：*Winckelmanns Leben*（Matthes & Seitz Berlin，2005）.

③ 李长之：《迎中国的文艺复兴》，1944年重庆初版；上海，商务印书馆，1946年再版，1992年上海书店影印版。

④ 李长之：《德国的古典精神》，东方书社，1943年初版，1992年上海书店影印（民国丛书，第四编，56），5页。

曼的文章题为《温克尔曼——德国古典思想的先驱》，原名为《德意志艺术科学建立者温克尔曼之生平及其著作》，完成于民国二十五年（1936）一月十三日，刊载在《中山文化教育馆季刊》三卷 4 期。

而关于席勒一文题为《席勒精神之崇高性与超越性》，原名《论席勒及其精神进展之过程》，完成于民国二十五年（1936）八月二十八日。作者注云改译于北平，原载《文哲月刊》一卷 9 期、10 期；由此看来可能是翻译编辑的作品①。在参考书目里面，李长之仅仅列了一种赫尔德的文章：Herder, *Denkmal Johann Winckelmann*，正如李长之自己提示的，这实际上是海尔德在一七七七年完成而在一七八一年发表于德国《水星》杂志的《温克尔曼纪念》②。这样一篇文章用于介绍赫尔德对温克尔曼的评价显然太过于简陋。因此，根据上文的提示，李长之《德国的古典精神》一书的主要资料来自狄尔泰和吕耳的著作，因为后两人均没有专门讨论赫尔德，李长之没有现成的材料进行编译，所以才没有写赫尔德。

李长之对赫尔德的介绍以介绍温克尔曼时引用赫尔德的评论为主③。比如他在《温克尔曼（1717—1768）——德国古典理想的先驱》一文中就大段引述了赫尔德的美学观点。温克尔曼在 1763 年到罗马之后年印行了《论艺术中之审美能力及其教育性》（*Abhandlung von der Fähigkeit der Empfindung des Schönen in der Kunst und Unterricht in derselben*）一书，引发了赫尔德的兴趣。李长之这样写道：

---

①　作者还撰有《介绍"五十年来的德国学术"》，完成于民国二十六年，刊载《中央日报》三零二期，又载同年《国闻周报》，及商务印书馆出版《周刊》新二四一号。

②　1805 年歌德在图宾根发表了《温克尔曼及其世纪》（*Winckelmann und sein Jahrhundert：in Briefen und Aufsätzen*，Tübingen，1805）一文纪念温克尔曼；有关同时代德国学者对温克尔曼的评介，见 Henry C. Harfield, *Winckelmann and His German Critics，1755-1781. A Prelude to the Classical Age*，New York：King's Crown Press，1943. 此书出版在李长之《德国的古典精神》刊出之后，李当时没法看到。

③　中文学界对温克尔曼的详细介绍见周博 2005 年在中央美术学院完成的硕士论文《温克尔曼的艺术史学思想研究》。另外还有邵大箴译：《论古代艺术》，北京，中国人民大学出版社，1989。

图六十四　魏玛的赫尔德像

在海尔德认为，《论艺术中之审美能力及其教育性》是仅次于《关于希腊绘画雕刻艺术之模仿的思考》的重要著作。许多人骂温克尔曼，因为温克尔曼自己认为是柏拉图以后第一个美学教育家。但是海尔德却为温克尔曼辩护，他说，'从柏拉图以后，确乎没有人知道什么是美，或者感到美的，所以即便说柏拉图以后，没有一个正常味觉的人，也不为过，就不说感到美吧，即说温克尔曼说过以后，也学着说说，或者模仿以下的，也找不出什么人。十五世纪、十六世纪的大师，一部分还为温克尔曼所崇拜着的，有谁知道什么是美的呢？他们知道需要一个新伯拉图来教导他们关于美的知识吗？就是伯拉图，他能够指导授古代的艺人以美的认识吗？伯拉图能够从艺人的所得之外，更抽绎些别的东西吗？所以温克尔曼说他是惟一传伯拉图之学的，换言之，就是他乃是研究美之本质及其普遍性的，难道不对吗？……艺术家是不能教化的，或者能教化，但也还是艺术家的教化的，各人有各人活动的领域，各人有各人的观点，各人的论点是出自各人的作坊，只有到了温克尔曼和他的朋友孟格斯，才有了希腊艺术之审美性的导师如伯拉图者！

关于论喻意之研究，海尔德也有批评，即以为它不如《古代艺术史》、《论审美能力》、《关于模仿》等。他以为缺点有三：一是原书的计划太大，喻意（Allegorie）一词指的也太泛；二是该书的见地不能为一种艺术所限，因为各种艺术实在各有一种不同的喻意；三是把绘画之各种自然的成分，作家的意欲，理解上的精微的传统，以及流行的思潮除去，就不免陷入一种狭窄的束缚。①

在上述所引一段评论中，我们可以看到赫尔德十分欣赏温克尔曼，把他视作当时德国的柏拉图，赞同温克尔曼是希腊哲人柏拉图以来第一位美学教育家，甚至在研究美之本质及其普遍性方面可能超越了柏拉图。但是在接下来的一节中，赫尔德对温克尔曼的喻意之研究也有所批评。赫尔德说"把绘画之各种自然的成分，作家的意欲，理解上的精微的传统，以及流行的思潮除去，就不免陷入一种狭窄的束缚"，这反映了赫尔德强调绘画之自然成分，可以看作是他的历史主义思想在艺术批评中的延伸。温克尔曼被后世视作是现代考古学与艺术史学科的开创者②，他的艺术美学思想也影响了赫尔德，所以赫尔德对他极为推崇。李长之写道：

---

① 李长之：《德国的古典精神》，11～12 页，上海，上海书店影印版，1992。

② 有关研究见 Élisabeth Décultot, *Johann Joachim Winckelmann. Enquête sur la genèse de l'histoire de l'art*, Paris：Presses Universitaires de France，2000，以及德文版 Wolfgang von Wangenheim und Mathias René Hofter 译，*Untersuchungen zu Winkelmanns Exzerptheften：Ein Beitrag zur Genealogie der Kunstgeschichte im 18. Jahrhundert*，Ruhpolding：Verlag Franz Philipp Rutzen，2004；Alex Potts，*Flesh and the Ideal：Winkelmann and the Origins of Art History*，New Haven and London：Yale University Press，2000；Esther Sophia Sünderhauf，*Griechensehnsucht und Kulturkritik. Die deutsche Rezeption von Winckelmanns Antikenideal 1840-1945*，Berlin：Akademie-Verlag，2004. 对温克尔曼罗马通信的研究见 Martin Disselkamp，*Die Stadt der Gelehrten. Studien zu Johann Joachim Winckelmanns Briefen aus Rom* (M. Niemeyer，Tbg.，1993). 关于温克尔曼对希腊文学的研究见 Susanne Kochs，*Untersuchungen zu Winckelmanns Studien der antiken griechischen Literatur*，Ruhpolding：Verlag Franz Philipp Rutzen，2005.

海尔德说，温克尔曼一生最看重的就是友谊和名誉，但是偏死在友谊和名誉上！温克尔曼的死，海尔德说不复能诗人意味地来致其哀悼了，哭他，乃是人类地为他哭泣的！一种青年的热泪，充满了感激和恋情，为那美丽的时光，甜蜜的梦境和画图而洒！这些美好的东西都是他赠予的，一种像痴了的青年的火焰要抓住逝者而俱去；要追随着他呵，好到那比希腊更年轻，更多热情，更美丽的幽逸之谷！①

李长之指出赫尔德对温克尔曼的《关于希腊绘画雕刻艺术之模仿的思考》一书大为推崇。赫尔德认为，一个人的最初著作往往是一人的最好著作。因为温克尔曼所有后来的思想，都可以在这本书里找出其萌芽。赫尔德认为"以希腊为唯一艺术之美的典范，而希腊之长是因其完美的自然环境，故作品皆有优美的形式，淳朴的思想，以及温柔或庄严的单纯性的一点，是本书的出发点，也是此后温克尔曼一生所服膺的一点。"所以温克尔曼"以后更成熟了，更有魄力了，更有学识了"。第一本书则体现了温克尔曼的青年锐气。赫尔德还指出"温克尔曼虽然没到过罗马和希腊，可是那精神与理想，都早在他心目中活活泼泼地浮现着了，他之到罗马去，不过在细微处——证实了而已"。因此，一个人之少年作品的价值，同时可以想到一个人最不应该的事，就是在少年时代而受到自动的或外力的遏制了，不过就学术的立场看，当然温克尔曼的《古代艺术史》是更成就些。②

值得注意的是，李长之在介绍温克尔曼时未提到任何以前曾提到过温克尔曼的中国学者。实际上早在 1924 年 3 月 15 日蔡元培撰写《简易哲学纲要》第四编第三节《美感》时即已提到学者的美的思想因为艺术种类的不同而非常不同，比如古典的美学家文克曼等以造型艺术为主，理想主义哲学如色林、黑格尔等，以文学为主③。显然此处的文克曼即

---

① 李长之：《德国的古典精神》，14 页。

② 同上书，20～21 页。

③ 高平叔编：《蔡元培美育论集》，168 页。

是温克尔曼①，色林则是德国哲学家谢林的异译。李长之的书出版之后，宗白华在1946—1948年之间完成的《张彦远及其〈历代名画记〉》比较了《历代名画记》与温克尔曼《古代艺术史》一书中的艺术史思想。他认为温克尔曼的"最高的美在上帝那里"一说和张彦远所谓画中有天地圣人之意相符②。

李长之在介绍《古代艺术史》时提到了狄尔泰开美学上的历史的方法一派，把历史派的源头追溯到温克尔曼。他说《古代艺术史》的影响在思想上绘就了古典主义思想的轮廓，以调和为依归，以希腊为向往。同时这本书在艺术科学上，据狄尔泰的意见，开创了美学上历史方法一派；因为狄尔泰认为艺术科学有所谓三派包括理性派、分析派、历史派。更确切说，历史派注意四大问题：艺术的主观方面，即创作力之研究；艺术之客观方面，即艺术所取材的对象之研究；空间上注意艺术之天然选择的探求；时间上注意风格之分期；这些都是温克尔曼所启发的③。在这里李长之没有提到赫尔德的历史主义，这是很让人惊讶的。其实狄尔泰非常熟悉赫尔德的移情思想④。

在介绍席勒和洪堡时，偶尔李长之也提到赫尔德。他编译的洪堡关于席勒（1759—1805）的文章《宏保尔特：论席勒及其精神进展之过程》，改名为《席勒精神之崇高性与超越性》，指出赫尔德说话十分漂亮，辞令漂亮的人可以在说话的时候，加倍表现他们的能力："他（席勒）的谈话，是异于海尔德（Herder）的。再没有比海尔德话说得更漂亮的了，只要一个人在交际上是不太窘的，总可以听到那好好的辞令，被称赞的

---

① 宗白华也在1933年1月发表于《新中华》创刊号的《哲学与艺术——希腊大哲学家的艺术理论》一文中再次提到温克尔曼，则使用了温克尔曼的写法，并给出了原文；见《宗白华全集》，卷二，62页。

② 宗白华：《宗白华全集》，卷二，456～457页。463～464页则有关于两书对艺术史进行分期的比较。

③ 李长之：《德国的古典精神》，45页。

④ Wilhelm Dilthey, *Die Geistige Welt*：*Einleitung in die Philosophie des Lebens*，Stuttgart：B. G. Teubner，1957，pp. 326-27.

人往往是有这种长处的，很利于在说话的时候，加倍表现他们的能
力。"①李长之还在 1935 年写于清华园的《宏保尔特（1767—1835）之人
本主义》一文中还提到了赫尔德主张译书要保留原书真意。这篇文章还
特意讲到 17、18 世纪德国的情况是"有四种东西在作用着：一是国外的
文学翻译，二是古代的希腊艺术，三是民间文学之被重视，四是一般的
德意志语言之改良。抽象地说，就是因而形成的三种精神，这是：人的
地位的提高，个性的被尊重，和情感的发展。"② 1941 年 11 月 1 日他还
在《精神建设：论国家民族意识之再强化及其方案》一文中提到洪堡所
谓一种语言代表一种世界观③。但没有提及赫尔德论语言，其实洪堡的
语言学观点受赫尔德影响。

李长之虽然没有留学德国，但对介绍德国文化贡献很大。他对于赫
尔德没有特别留意，而在无意中介绍了赫尔德对于温克尔曼的评介。李
长之对德国文化的兴趣也和他的文化观有关。他在 1942 年 8 月 3 日在重
庆写的《论如何谈中国文化》一文中表达了他对于谈中国文化必须具有
的知识的立场。首先，他认为谈中国文化，必须先懂得西洋文化，因为
这样才可以知道何种文化现象是一般的，和重视特殊的。

其次，他也认为谈文化不能忽略民族性。他引述了德国近代学者纳
德勒在《德国种族的和地域的文学史》的观点，认为种族在生理、精神、
心灵都是不可再加分析的，种族具有原始天性，此原始天性被地域所影
响。他还指出国风即是文化传统，即民族性的表现④。这里他显然把民
族性和种族联系在一起，这个看法其实也是赫尔德的思想遗产。此处李
长之提到的纳德勒（Joseph Nadler，1884—1963）著作之原书名为
Literaturgeschichte der deutschen Stämme und Landschaften，全书一共
三卷，1912—1918 年间出版。此处 Stämm 可做种族或部族解，即英文
tribe，此英文词及其汉译种族的对应见于 1903 年初版的雷士特（Franz

①　李长之：《德国的古典精神》，134 页。据他自己注明，该文于一九三六年八
月二十八日改译。
②　李长之：《德国的古典精神》，185 页。
③　见李长之：《迎中国的文艺复兴》，112 页，1946。
④　同上书，6 页。

von Liszt，1851—1919）著、商务印书馆译《国际公法大纲》，载《政学丛书》①。雷士特是维也纳出生的德国法学家，国际犯罪学会的创始人。所以这个《国际公法大纲》的翻译中的种族应该来自德文 Stämm。这个词似乎更强调地域，而德文 Rasse（即英文 Race）则似乎更强调血缘。

从地域上说，赫尔德被近代德国传记作家路德维希（Emil Ludwig）看作是普鲁士作家的两个代表之一②。路德维希注意到德国文化的地域性，他认为第一流的德国人大多来自南德，而非普鲁士地区。他认为虽然一般认为康德是普鲁士哲学家，但他母系来自南德的纽伦堡，而父系出身苏格兰③。他还指出普鲁士民族主义和德国浪漫主义均渊源于东普鲁士地区，因为德国古典作家赫尔德即出身东普鲁士，后来移居魏玛；德国启蒙作家们发现了德国光荣的历史以及中世纪文化遗产，强调德国民族的特殊性和独特性以及文化成就④。李长之讲民族性，却引入纳德勒的种族与地域观点，把民族和种族等同视之，实在有些不太妥当。由此我们可以联想起寅恪先生所谓种族、地域与文化观念中所谓种族其实也指民族，如他所谓胡族其实指北方游牧民族。他们对种族、地域、血缘的讨论很多思想资源可能均有德国学术背景。总而言之，李长之、寅恪两人的种族与民族论不能不说都受到德国学术的影响。

---

① 上海，商务印书馆，1903。见埃尔兰根大学《近现代汉语学术用语语库》。公法，仅通译做国际法；公法一词的翻译最早来自丁韪良（W. A. P. Martin，1827—1916）1864 年对惠顿（Henry Wheaton，1785—1848）《万国公法》（Elements of International Law）的翻译。

② 另一个是席勒之后伟大的剧作家克莱斯特（Bernd Heinrich Wilhelm von Kleist，1777—1811），出身旧式普鲁士家庭，十五岁即因家族的传统而加入波茨坦军团。后来回到柏林以写作知名。曾游历法国、瑞士、奥地利等地，一生生活动荡不安。有关研究见 Anett Lütteken, *Heinrich von Kleist: eine Dichterrenaissance*, Tübingen: Niemeyer, 2004.

③ Samuel D. Stirk, *The Prussian Spirit: A Survey of German Literature and Politics, 1914-1940*, London: Faber and Faber Limited, 1941, p. 25.

④ Ibid., 222 页。

结　语

通过以上考察，我们可以看到赫尔德在中文文献中的译语虽然有海尔台尔、海勒兑尔、海豆尔、海尔德、海尔得尔、黑尔德、赫尔德等多种①，但赫尔德最后成为通用译语。而 20 世纪早期提到赫尔德的一些中国学者从王国维到何炳松等人都没有互相提及对方对赫尔德的介绍②，换言之，每个学者都是独立介绍引述赫尔德的思想和主张。确切说，第一，他们都很少把赫尔德和他的老师康德联系在一起，偶尔会有学者如周作人、陈铨注意到赫尔德和歌德的关系，但是没有人提供一个具体的赫尔德生平和交游介绍。直到在 20 世纪 80、90 年代，当中国再次开放国门介绍西方学术思想时，却翻译了两本德国和苏俄学者写的赫尔德传记③，而没有翻译赫尔德本人的著述。第二，在王国维、蔡元培、朱光

---

①　有些译名参见本书第八章。

②　偶尔也有例外，如李长之曾 1929 年 1 月 19 日所写《思想建设上：论思想上的错误》一文引用了王国维的《静庵文集》，见《迎中国的文艺复兴》，125 页；并在 1929 年 4 月 1 日所写《伯拉图对话集的汉译》中提到王国维的《静庵文集》，见《迎中国的文艺复兴》，92 页；后者写于民国 18 年，却在篇首引用了民国 22 及 23 两部伯拉图著作的汉译，可能是收入《迎中国的文艺复兴》时加入。

③　古留加著、侯鸿勋译：《赫尔德》，上海，上海人民出版社，1985；卡岑巴赫著、任力译：《赫尔德传》，北京，商务印书馆，1993，此书即 *Johann Gottfried Herder in Selbstzeugnissen und Bilddokumenten*，1999 年由 Reinbeck：Rowohlt 出了第七版。最好的赫尔德传记是 Rudolf Haym，*Herder：nach seinem Leben und seinen Werken*，Berlin：Gärtner，1880-1885. Berlin：Aufbau-Verlag，1958 重印本；其次是 Robert Thomas Clark，*Herder：his life and thought*，Berkeley：University of California Press，1955；其他传记还有 Wulf Koepke，*Johann Gottfried Herder*，Boston：Twayne，1987；Michael Zaremba，*Johann Gottfried Herder：Prediger der Humanität*，Köln：Böhlau，2002；关于赫尔德人生片断的论著包括：Wilhelm Dobbek，*Johann Gottfried Herders Jugendzeit in Mohrungen und Königsberg*，*1744-1764*，Würzburg：Holzner-Verlag，1961；Margot Westlinning，"Der junge Herder in Königsberg," in *Königsberg und Riga*，ed. Heinz Ischreyt，Tübingen 1995，pp. 69-85；Wilhelm Dobbek，"Johann Gottfried Herder in Bückeburg 1771 bis 1776," *SLM*，Vol. 20（1969），pp. 37-56；Cordula Haux，*'Eine empfindsame Liebe'：Der*

潜、李长之等人的著作中，赫尔德从来没有被当作主题介绍过，常常是当作配角被提及而已。第三，赫尔德的文化遗产在中国影响较大并产生成绩的领域可能集中在民俗学、文学、美学和历史哲学①。赫尔德的移情说则已经被宗白华认识到并准确介绍到中国学界。第四，值得注意的是，20 世纪早期介绍赫尔德的中国学者分别留学日本、欧洲和美国，比如王国维、周作人、吕澂等人曾留学日本，朱光潜留学英国法国，蔡元培、宗白华留学德国，何炳松留学美国，他们均曾在当时世界现代学术列强日本、美国、英国、法国和德国留学，才能了解到西方现代学术的进展。

　　就本章引言中提示的人物、观念、文本而言，本章提供一些一般性的结论可供参考。在西学入华过程中，有些人物是以主角的面目出现在人们的视野中，如康德、歌德，以及正文第三部分中李长之笔下的温克尔曼、席勒、洪堡等人；也有些人物是以配角的面貌出现，如赫尔德。有些名词和观念在民国初年曾风行一时，为学者著作和大众媒介常用，如维新、国民性、国粹、民主、科学、民族主义、无政府主义、共产主义，以及赫尔德所谓民族精神（Volkgeist）②；也有些名词和观念是潜移默化或者仅仅存在于学者的学术史中，如赫尔德所谓"了解之同情"或曰"同感"、"移情"，以及"民声"。以文本而言，传递观念的文本可以是原文文本，也可能是译文文本，如王国维、周作人等在日本读到的日文文本，也可能是改编文本，如李长之留下的文本。不同文本对特定人物的观念的表述可能非常不同，所以，我们得到的有关赫尔德的信息不过是十分零碎的片断。

Brautbriefwechsel zwischen Caroline Flachsland und Johann Gottfried Herder, Unpublished M. A. thesis. Bielefeld 1988；Tino Markworth，"Zur Selbstdarstellung Herders in den ersten Bückeburger Jahren," in *Bückeburger Gespräche über Johann Gottfried Herder* 1988，ed. Brigitte Poschmann, Rinteln：Bösendahl，1989，pp. 81-97；Christoph Fasel，"Der späte Herder im klassischen Weimar," in *Herbergen der Christenheit. Jahrbuch für deutsche Kirchengeschichte* 19（1995），pp. 145-163.

　　①　周作人对于民俗学的兴趣引发了他对赫尔德的重视，他也因此十分重视民歌并发起了中国民歌的收集，以期保存中国国民的心声。参见本书第十章。

　　②　英文译作 national spirit，如迈涅克对赫尔德有关民族精神的解释见 Friedrich Meinecke，*Historism：The Rise of a New Historical Outlook*，p. 336，pp. 356-357.

第十章　民俗学与国民性：周作人与赫尔德

导　言

近年中外学者开始关注周作人在中国现代民俗学和民间文学史上的独特地位，注意到他对民间文学如民歌以及儿歌的保存、搜集整理所作出的贡献①。大多数学者注意到周作人所受到的西洋和日本民俗学的影响，即西洋以泰勒（Edward B. Tylor）、弗莱则（James G. Frazer）、安特路郎（Andrew Lang）等为代表的民俗学，以及以柳田国男为代表的日本近代民俗学②。但大多数学者均忽视了周作人所受德国近代民俗学者特别是赫尔德（Johann Gottfried Herder，1744—1803）思想的影响。民歌即赫尔德所谓 Volkslied。而美国青年学者李海燕近年发表的研究中

---

① 其著述具体体现在吴平、邱明一编：《周作人民俗学论集》，上海，上海文艺出版社，1999，周作人对民俗学的贡献，见吴平撰编后记，410～423 页。有关研究见钱理群：《周作人研究二十一讲》，北京，中华书局，2004，第五讲《民俗学研究与国民性的考察》。有关中国 20 世纪初起的民间文学运动，可参考户晓辉：《现代性于民间文学》，北京，社会科学文献出版社，2004；洪长泰著、董晓萍译《到民间去，1918—1937 年的中国知识分子与民间文学运动》（*Going to the People：Chinese Intellectuals and Folk Literature，1918-1937*），上海，上海文艺出版社，1993；赵世瑜：《眼光向下的大革命——中国现代民俗学思想史论》，北京，北京师范大学出版社，1990；钟敬文：《钟敬文自选集——民间文艺学及其历史》，济南，山东教育出版社，1998。这些著作多数都提到周作人的民俗学研究及其接受的西方与日本学术影响，但未讨论到赫尔德的影响。

② 如赵京华在《周作人与柳田国男》一文中梳理了周作人民俗思想中的两种外来渊源，并追溯了周作人在柳田民俗学说影响下对于中国道教和民间宗教的研究；见《周作人与柳田国男》，载《鲁迅研究月刊》，2002，第 9 期。

国现代民歌运动的文章特意回顾了近代德国民族主义和民歌运动的联系，并把赫尔德看作是开创者，并指出德国的民歌运动影响了日本和中国①。这一观点十分重要，虽然令人遗憾的是，作者并没有注意到周作人笔下的赫尔德。

而首先深入探讨周作人与赫尔德之间思想联系的学者是旅美中国学者刘皓明先生②。刘先生的文章重点在探讨周作人1918—1921年之间在文学和哲学看法上的浪漫主义倾向及其所受赫尔德思想影响。他主张应将周作人这三年之间的活动放在浪漫主义的历史与理论语境中来考察，其重点主要集中在周作人的白话诗、周作人论儿童文学、周作人文学中的超自然主义、超越主义、社会乌托邦思想等议题。他注意到周作人早在1908年即在《论文章之意义暨其使命因及中国近时文论之失》一文中引用了赫尔德论民声的著作。他也注意到赫尔德乃是现代人类学先驱。通过讨论童话的浪漫主义起源，刘先生追溯了赫尔德对于古典神话学的研究，并认为周作人通过安特路朗（Andrew Lang）的作品以及其他著作吸收了德国文学中的浪漫主义因素，通过分析周作人《欧洲文学史》中对赫尔德的介绍，指出周作人作为赫尔德的再生出现，周作人通过推动儿童文学和童话、民歌等活动，寻找中国文学中正统传统以外的选择，让中国文学重新恢复活力。

刘先生的研究非常敏锐地关注了赫尔德对周作人的思想影响，但仍有值得补充之处。所以本章除了评论周作人著作中的赫尔德之外，亦试图从另外一个方法如周作人作品中的一些德文词汇来看周作人通过日本近代学术熏陶所受到的德国学术中赫尔德的影响。因此，本章一方面提供更多资料支持德国民歌运动在中国的影响一说；另一方面将周作人与赫尔德思想的联系放在我十分关注的德国思想家赫尔德对于近代中国学

---

①　Haiyan Lee, "Tears That Crumbled the Great Wall: The Archaeology of Feeling in the May Fourth Folklore Movement," *JAS*, Vol. 64, No. 1（2005），pp. 35-65，特别是35～36页。

②　Haoming Liu, "From Little Savages to hen kai pan: Zhou Zuoren's（1885-1968）Romanticist Impulses around 1920," *AM*, 3rd series, 15：1（2002），pp. 109-160.

术的影响这一更为宽广的背景下考察。

清末民初最早注意赫尔德的中国学者是王国维和周作人。前者 1904
年提到赫尔德，后者 1908 年提到赫尔德。有趣的是，当时中国和德国的
交往并不密切，前往德国留学的学者也极少，对于德国思想和人物的介
绍当然处于萌芽阶段。无论是王国维还是周作人，都没有留学德国乃至
欧洲的经历，他们的西学知识很大程度上受益于日本学者，他们两人都
曾游学日本，或跟随日本学者学习西学。他们对于赫尔德的了解很有可
能是经过日本学者的介绍或启发。因此，周作人论述中出现的民俗学、
民族主义思想可能均通过日本近代学术而受到赫尔德的影响。周作人与
赫尔德的关系不过是赫尔德对近代中国思想学术影响之一例。

第一节 民俗学与民族文学

我们首先应该注意到周作人使用的很多民俗学名词均给出了其西文
原语，而这些西文原语很多是德文，从这一现象可知周作人的民俗学知
识和德国文化的影响分不开。事实上，民国初年的周作人经过在日本学
习的阶段，对德国文化和学术已经有所了解。如果从词汇来看，他使用
的很多术语均提供外文原文，而这些原文显然是德语，比如童话
（Märchen）、儿童学（Paidologie）以及人类学（Anthropologie）①。又比
如他在 1919 年发表的《祖先崇拜》一文中提到生物学，使用的原文
Biologie 一词也是德语②。他也在日本留学期间接触了德语文学，如他对
歌德的了解来自日本学者森鸥外（1860—1922）。他在 1922 年 7 月 24 日
发表的纪念文《森鸥外博士》中列举了森鸥外翻译介绍欧洲文学的功绩，
提到森鸥外翻译了歌德的《浮斯忒》，以及介绍歌德生平的《哥德传》和

---

① 见周作人 1920 年 10 月 26 日在北平孔德学校的演讲，收入《儿童文学小
论·中国新文学的源流》，石家庄，河北教育出版社，2002。

② 该文收入民国八年出版的《谈虎集》，见《知堂小品》，4 页，西安，陕西人
民出版社，1991。他还提到其他一些德国学者如弗洛伊德（周写作弗洛伊特），氏著
《北河沿通信》，见《知堂小品》，195 页。

介绍歌德名作的《浮斯忒考》①。森鸥外原本学医学，爱好文学，1884—1888 年曾留学莱比锡、德累斯顿、慕尼黑等地，对德国文化及文学颇为留心，也是介绍德国美学特别是哈特曼的美学思想到日本的重要人物②。大概周作人也读过他的德语作品翻译。森鸥外可能影响到了日本著名民俗学者柳田国男（1875—1962）。后者 1890 年在东京结识森鸥外。柳田是日本民俗学的奠基者③，而博闻强识的周作人也的确读过他的著作，如《退读书历》④、《远野物语》等。

周作人在 1931 年 11 月 17 日专门撰写《远野物语》一文，指出该文指示了民俗学的丰富趣味，柳田虽然不使用民俗学这一称呼，但他和高木敏雄编辑发行的《乡土研究》一刊促成了民俗学在日本的发达⑤。周作人在 1943 年 7 月 5 日撰写的《我的杂学》一文中对日本民俗学的兴起略有评说："《乡土研究》刊行的初期，如南方熊楠那些论文，古今内外的引证，本是旧民俗学的一路，柳田国男氏的主张逐渐确立，成为国民生活之史的研究，名称亦归结于民间传承。"⑥ 周作人倡导民俗的研究，固然跟柳田对他的影响不能分开，但柳田或许受森鸥外影响，而森氏又从德国吸收了一定的思想资源。所以这其中有从德国到森鸥外、从森鸥外到柳田、再到周作人的学术传承。

周作人在撰述民俗学作品时使用的民歌、童话等词均来自德文。比如民歌，周作人同时给出了两种原文即德文 Volkslied 和英文 Folksong。具体而言，周作人参与了 1918 年开始的北京大学征集歌谣活动，成为主要编辑者之一，共收集了一千多首民歌，其中在《北京大学日刊》上连

---

① 收入《谈龙集》，见《周作人自编文集》，24～27 页，特别是 24 页，石家庄，河北教育出版社，2002。

② 神林恒道：《美学事始：芸術学の日本近代》，81～86 页，东京，劲草书房，2002。

③ 对柳田国男民俗学与日本近代思想关系的研究，见子安宣邦：《日本近代思想批判——一国知の成立》，第一部分，东京，岩波书店，2003。

④ 周作人：《和尚与小僧》，1934 年 5 月作，见《夜读钞》，《周作人自编文集》，123～126 页。

⑤ 周作人：《夜读抄》，《周作人自编文集》，7～13 页。

⑥ 周作人：《我的杂学》，见《周作人民俗学论集》，25 页，上海，上海文艺出版社，1999。

图六十五　**1911 年的森鸥外**

图六十六　青年周作人

载了一百四十八首。他在 1919 年 9 月 1 日为刘半农所写的《江阴船歌序》一文对民歌有详尽的阐说，"民歌（Volkslied，Folksong）的界说，按英国 Frank Kidson 说，是生于民间，并且通行民间，用以表现情绪或抒写事实的歌谣。中国叙事的民歌，只有《孔雀东南飞》与《木兰》等几篇，现在流行的多半变形，受了戏剧的影响，成了唱本"；他又说，"民间这意义，本是指多数不文的民众；民歌中的情绪与事实，也便是这民众所感的情绪与所知的事实，无非经少数人抇出，大家鉴定颁行罢了，所以民歌的特质，并不偏重在有精彩的技巧与思想，只要能真实表现民间的心情，便是纯粹的民歌"①。这里周作人加在民歌一词之后的第一个外文词德文可见其思想的德国渊源。

他的民歌思想还在他给诸多民歌集所写序文中有所阐释。如他曾为刘经庵1927年在商务印书馆刊行的《歌谣与妇女》一书作序。1927年4月3日他在给林培庐写《潮州畲歌集序》一文中说，"歌谣是民族的文学。这是一民族之非意识的而是全心的表现，但是非到个人意识与民族意识同样发达的时代不能得着完全的理解与尊重"。他在《歌谣》一文中说民歌是原始社会的诗，可以从文艺和历史两个方面进行研究，历史的研究就是民俗的研究，从民歌中去考见国民思想、风俗与迷信。他把民歌分成这样几类：情歌、生活歌、滑稽歌、叙事歌、仪式歌、儿歌等②。除儿歌外，他还重视童话。他自称对于童话的了解来自哈忒阑（Hartland）的《童话之科学》和麦扣洛克（Macculloch）的《小说之童年》以及后来夷亚斯莱（Yearsley）的《童话之民俗学》③。1918年6月周作人撰《安得森的十之九》一文专门讨论丹麦童话作家安徒生及其作品，顺便也提到童话的起源和格林兄弟收集童话的贡献。该文中他给出的童话原文Märchen即来自德文，这也反映了周作人的童话知识有其德语来源。1927年12月15日他在《花束序》中提到安徒生的文学童话创作和格林兄弟搜集民间故事的活动④。

他对于民歌的兴趣显然和他早年去日本留学注意民俗学（德语Volkskunde，中文民俗学一称来自日文）有关。根据他自己的回忆，他

---

① 周作人：《谈龙集》，见《周作人自编文集》，47~48页。

② 周作人：《儿童文学小论》，见《周作人自编文集》，51~54页。

③ 周作人：《知堂回想录》下二〇〇《拾遗》子篇，见《周作人自编文集》，761页。哈特阑的作品为 Edwin Sidney Hartland, *The Science of Fairy Tales*: *An Inquiry into Fairy Mythology* (London: Walter Scott, 1891)；麦扣洛克的著作为 John A. Macculloch, *The Childhood of Fiction*: *A Study of Folk Tales and Primitive Thought* (London, 1905)；Macleod Yearsley 的作品为 *The Folklore of Fair-tale* (London: Watts & Co, 1924).

④ 周作人：《永日集》，见《周作人自编文集》，70页。周作人将格林写成格列姆，但提供了原文 Grimm，现通译作格林。

1906 年初去日本留学，读过日语学校之后，进入立教大学，学习希腊文，读过色诺芬的《远征记》，他接触西方古典文化较早，后来翻译希腊文学成绩也不小。他还在日本开始学习文化人类学，并从文化人类学进入到民俗学。据周作人撰于 1943 年 7 月 5 日的《我的杂学》："我因了安特路朗的人类学派的解说，不但懂得了神话及其同类的故事，而且也知道了文化人类学，这又成为社会人类学，虽然本身是一种专门的学问，可是这方面的一点知识于读书人很是友谊，我觉得也是颇有趣味的东西。"他还交代自己是"到东京的那年，买得该莱的《英文学中之古典神话》，随后又得到安德路朗的两本《神话仪式与宗教》，这样便使我与神话发生了关系。"①

事实上，他接触到神话完全是偶然，乃是因为他刚到东京，在住所收到丸善书店寄给鲁迅的该莱（Gayley）编辑的《英文学中之古典神话》，这才对安特路郎的人类学感兴趣。随后在骏河台的中西屋书店买到安特路朗的书②。他在 1926 年 11 月 1 日所写《发须爪序》中提到他在东京买到所谓"银丛书"（The Silver Library）中的安度兰（Andrew Lang，即安特路朗）的《习俗与神话》③；随后在 1928 年所写的《荣光之手》一文中，他已经引用了安特路朗的《习俗与神话》（Andrew Lang, *Custom and Myth*）中所收论文《摩吕与曼陀罗》④。

周作人接受英国学者好立得（W. R. Halliday）的意见，主张应该注

---

① 见周作人：《周作人民俗学论集》，10、13～14 页，上海，上海文艺出版社，1999。总而言之，周作人是在东京接触到文化人类学。他自己的回忆还见于《知堂回想录》下二〇〇《拾遗》子篇，《周作人自编文集》，760～764 页。

② 周作人：《知堂回想录》上册七三《筹备杂志》，见《周作人自编文集》，231 页。

③ 周作人：《谈龙集》，见《周作人自编文集》，36 页。按，银丛书的这本《习俗与文化》出版于 1904 年，但周作人 1906 年即在东京买到此书，可见当时日本接受西方学术作品之迅速。他在 1907 年在日本即开始翻译英国哈葛德安度阑二人合著的小说《世界欲》，后改名《红星佚史》在上海出版。见《夜读抄》，《周作人自编文集》，14 页。

④ 周作人：《永日集》，见《周作人自编文集》，19 页。此文中安特路朗作安特路阑。

意民间故事的研究主要是一个文学史上的研究①，所以他对于民歌与民间文学的关系十分重视。这可能和他注意到赫尔德的民声思想有关。他是最早注意赫尔德文学思想的中国学者之一。周作人早在 1908 年就提到赫尔德的写作之民声说。他在《论文章之意义暨其使命因及中国近时文论之失》一文中说，"英人珂尔陲普（Courthope）曰：'文章之中可见国民之心意，犹史册之记民生也'。德人海勒兑尔（Herder）字之曰民声。吾国昔称诗言志。"②此处海勒兑尔即是赫尔德。珂尔陲普（William John Courthope，1842—1917）为英国近代著名诗人及文学批评家，牛津大学毕业，后来执教于牛津，著有著作多种，其中最负盛名的是六卷本《英国诗歌史》（1895—1910 年成书）。周作人之所以把他和赫尔德列在一起，因为赫尔德也在 1778 年完成编辑六卷本《民歌》（*Volkslieder*）（后来改名为《诗歌中各族人民的声音》*Stimmen der Völker in Liedern*），他还在 1773 年发表了《论莪相和古代民族的诗歌》。赫尔德的思想影响了格林兄弟，后者正是德国民俗学的奠基者，他们收集出版德国的传说和童话。应该说赫尔德的民声说其实影响到了周作人。

在赫尔德时代，由于他的倡导，德国近代民俗学和人类学开始萌芽，且两者关系十分密切③。正如德国学者林克（Uli Linke）所指出，民族学、人类学和民俗学都是 18 世纪下半叶德国学者开始对他者感兴趣而逐渐创立的学科，而民俗学的出现在英国与德国呈现出不同的走向。在英国，因为对印度的征服而开始关注他者，在德国则由于自己的民族身份认同问题关注自身和他者之区别，这使得民俗学在德国的兴起与浪漫主义的民族主义分不开。林克还提到 19 世纪德国学者里尔（Wilhelm Heinrich Riel，1823—1897）认为德国浪漫派收集民歌的行为类似于博物学家收集植物标本以及蝴蝶收集者的行为，先收集，然后分类，进行标

---

① 1930 年 10 月 14 日《重刊霓裳续谱序》，《看云集》，《周作人自编文集》，98 页。

② 此文发表于 1908 年 5、6《河南》，第 4、5 期，署名独应；参见陈子善、张铁荣编：《周作人集外文》，37 页，海口，海南国际新闻出版中心，1995。

③ 刘晓春梳理了民俗学与欧洲浪漫主义的关联，见《从维柯、卢梭到荷尔德——民俗学浪漫主义的根源》，载《民俗研究》，2007，第 3 期，41～67 页。

本化，民俗学实际是一种政治意识形态工具，可以用来推行文化政治政策。这和浪漫派的初衷有不小的差距。德国浪漫派则是为了国家的统一和民族的身份认同来从民俗学中找到德意志民族的共同文化遗产①。

　　但是赫尔德本人并没有使用 Volkskunde 一词。根据鲁茨（Gerhard Lutz）的调查，Volkskunde 一词在德文文献中的使用最早出现在 1783 年汉堡出版的周刊《旅行者》中②，这本杂志主要介绍当时城市上层精英特别是诗人不了解但十分重要的乡村生活。总之，赫尔德的民声说实在是民俗学和人类学在近代德国的思想合集。所以周作人辗转从日本学习民俗学、文化人类学其实已经着了赫尔德民声说的先鞭③。事实上，在周作人看来，民俗学和社会人类学、文化人类学是一种学问的不同说法：

　　　　"风俗研究本是民俗学的一部分，民俗学或称社会人类学，似更适当，日本西村真次著有《文化人类学》，也就是这种学问的别称。民俗学上研究礼俗，并不是罗列异闻，以为谈助，也还不是单在收录，它的目的是在贯通古今，明其变迁，比较内外，考其异同，而于其中发见礼俗之本意，使以前觉得荒唐古怪不可究诘的仪式传说现在都能明了，人类文化之发达与其遗留之迹也都可知道了。④

---

　　①　Uli Linke，"Folklore，Anthropology and the Government of Social Life，" *CSSH*，Vol. 32，No. 1 (1990)，pp. 117-148.

　　②　Gerhard Lutz，"Die Entstehung der Ethnologie und das spätere Nebeneinander der Fächer Volkskunde und Völkerkunde in Deutschland，" in H. Nixdorff and T. Hauschild eds.，*Europäische Ethnologie*，Berlin：Dietrich Reimerverlag，1982，pp. 29-46，esp. 34-37.

　　③　赫尔德也被认为是现代人类学的先驱，参见 Klaus-Peter Koepping，"Questions in the History of Anthropology，" in Han F. Vermeulen and Arturo Alvarez Roldan，eds.，*Fieldwork and Footnotes：Studies in the History of European Anthropology*. European Association of Social Anthropologists. London and New York：Routledge，1995，pp. 75-91；John H. Zammito，*Kant，Herder，The Birth of Anthropology*，Chicago：University of Chicago Press，2002，pp. 309-345.

　　④　见周作人：《鸦片祭社考》，撰于 1927 年 12 月 4 日，见《周作人民俗学论集》，230 页，上海，上海文艺出版社，1999。

这种将民俗学和社会人类学、文化人类学等同的看法，反映了该学科在中国出现初期的模糊定义，但其中单以周作人而言，乃是受到了赫尔德的思想影响。

1920 年北京大学歌谣研究会成立，周作人是主事者之一。1922 年《歌谣周刊》创办，周作人是编辑之一，他在 12 月 17 日刊出的发刊词中提到了"国民的心声"："搜集歌谣的目的，一是学术的，一是文艺的。学术的，即民俗学的研究"；"歌谣是民俗学上的一种重要的资料，我们把它辑录起来，以备专门的研究；这是第一个目的"；"从这些学术的资料之中，再由文艺批评的眼光加以选择，编成一部国民心声的选集。"① 这里所谓"国民的心声"应该即是周作人前文所说的"德人海勒兑尔（Herder）字之曰'民声'"；此实际上即指赫尔德所编 *Stimmen der Völker* 一书。

同时，周作人很早就试图将文学和民俗研究联系起来。比如 1921 年 8 月 16 日他在《在希腊诸岛》的译后记中说："希腊的民俗研究，可以使我们了解希腊古今的文学；若在中国想建设国民文学，表现大多数民众的性情生活，本国的民俗研究也是必要，这虽然是人类学范围内的学问，却于文学有极重要的关系"②。

后来周作人在北京大学讲授欧洲文学史，谈德国文学特别提到赫尔德对于诗歌的看法，并注意到赫尔德把民族和文学联系起来一起讲。他的由各种英文本各国文学史杂凑而成的讲稿在 1918 年出版，题为《欧洲文学史》，其中第五章即是 18 世纪德国之文学，其中这样讲到赫尔德：

> Johann Gottfried Herder（1744—1803）盖批评家而非文人，故别无创作。幼读 Rousseau 书，又受博言学者 Hamann 教，以为研究

---

① 原刊《歌谣》周刊，参见陈子善、张铁荣编：《周作人集外文》，478 页。有学者怀疑该文不是周作人所作，而是常惠的手笔，见施爱东：《〈歌谣〉周刊发刊词作者辨》，《民间文化论坛》，2005，第 2 期，91～97 页；其实，从使用所谓"国民的心声"一语和周作人曾说赫尔德有所谓"民声"说来看，这篇作品应该是出自周作人之手。

② 周作人：《永日集》，44 页。关于希腊的民俗，周作人在《花束序》中还提到了洛孙（J. C. Lawson）的《希腊现代民族与古宗教》，见《永日集》，69 页。

人类历史，当自元始状态始。故其论诗，亦以古代或原人之作为主。其说曰，诗者人类之母语。古者治圃之起，先于田功，绘画先于文字，故歌谣亦先于叙述。各国最古之作者，皆歌人也。且其诗歌，各具特色，不可模拟。盖缘言为心声，时代境地，既不相同，思想感情，自各殊异。古歌虽美，非今人所能作，但当把其精英，自抒情思，作今代之诗，斯为善耳。Ossian 诗出，Herder 著论称赏，谓可比 Homeros。且曰，凡民族愈质野，则其歌亦愈自由，多生气，出于自然。Homeros 与 Ossian 皆即兴成就，故为佳妙。歌人作而诗转衰，及人工起而天趣灭矣。Herder 本此意，为诗选六卷，曰民声（*Stimmen der Völker in Liedern*），分极北希腊拉丁族北欧日耳曼诸篇，以示诗歌标准。所尊重者为自然之声，感情锐敏，强烈而真挚者也。千七百七十年，Herder 就医 Strassburg，乃遇 Goethe。其后新潮郁起，Goethe 为之主，而动机即在此与 Herder 相识时也。①

其中有些观点值得留意，从中可以看出周作人在 1919 年即已经十分清楚地抓住了赫尔德的主要成绩、贡献以及赫尔德的思想资源。第一，周作人指出赫尔德不是文人，而是批评家，这使赫尔德和前文提到的珂尔陲普有些不同。珂尔陲普是诗人兼批评家，而赫尔德在周作人看来仅仅是批评家。的确，赫尔德似乎并没有令人称道而足以傲世的文学作品。第二，周作人已经指出赫尔德的历史观强调研究人类历史原始状态的重要；强调研究古代民歌的重要，主张凡民族愈质野，则其歌亦愈自由。第三，周作人正确地注意到赫尔德受到了卢梭和哈曼的影响，这两人的作品是

---

① 周作人：《欧洲文学史》，见《周作人自编文集》，171 页。周作人这样介绍狂飙运动："Strum und Drang 者，本 Maximilan Klinger（1752—1831）所造，以名其曲，人因取以号当时之思潮。其精神在反抗习俗，以自由天才精力自然四者相号召。重天才，故废弃法则。崇自然，故反对一切人为之文化，于社会制度，多所攻难，或别据感情判断，以定从违，以情感本能，为人性最高之元素。凡刚烈之士，与社会争，或绁世网者，为人生之悲剧之英雄，皆所乐道。"

赫尔德的思想资源①。第四，周作人还介绍了赫尔德编辑《诗选》六卷，题为《民声》，这个信息早已出现在他 1908 年的文章之中。第五，周作人注意到赫尔德在停留斯特拉斯堡期间影响了后来的大诗人歌德。

周作人提到的赫尔德所编《民声》即 *Stimmen der Völker in Liedern* (1778—1779)，收集了各国各个时代的 182 首民歌。赫尔德收集和出版民歌的活动跟他的文化民族主义思想分不开，他的文化民族主义以及对民歌的看法也推动了歌德提出世界文学的说法。他的文学批评主张体现在《关于近期德国文学的断片》（*Fragmente ueber die neuere deutsche Literatur*，1767）与《批评的丛林》（*Kritische Wälder*，1769）等书②。

赫尔德对于诗歌的看法受卢梭影响，认为回到自然原始的质朴才是真正有艺术美的诗歌，原始的力量造就了优美的民歌，而诗应该被看作是历史和自然环境的产物。在文学批评的取向上，赫尔德用历史主义来挑战当时以理性为中心的启蒙主义。1783 年他完成《论希伯来诗歌的精神》（*Vom Geist der Ebräischen Poesie*），指出《圣经》中包含丰富的反映古代犹太人精神的诗歌③。赫尔德对于德国文学的贡献还在于他对民族精神的重视体现在将民间歌谣、民间艺术、民间诗歌等概念引入德国文学④。

---

① 有学者指出，哈曼关于原始人乃是诗人、音乐家、思想家、历史学家、教士的想法影响了赫尔德，但哈曼和赫尔德在对语言的看法区别较大，哈曼认为语言乃天所赋，因而有时难以完全理解，而赫尔德认为语言由人所造，有其自然、有机的成长经历，而且有历史性的相对视角；见 Paul F. Marks, "The Application of the Aesthetics of Musci in the Philosophy of the Sturm und Drang: Gerstenberg, Hamann, and Herder," in: Harold E. Pagliaro ed., *Studies in Eighteenth-century Culture: Racism in the Eighteenth Century*, Cleveland and London: The Press of Case Western Reserve University, 1973, pp. 219-238.

② 贺麟等人引用《批评的丛林》，认为赫尔德对于现象的认识影响了黑格尔的精神现象学；见黑格尔著、贺麟、王玖兴译：《精神现象学》，北京，商务印书馆，1979，译者导言（二）《现象学的来源和意义》。

③ John D. Baildam, *Paradise Love: Johann Gottfried Herder and the Song of Songs*, Journal of the Study of Old Testament, supplement series, No. 298, Sheffield: Shefield Academic Press, 1999, pp. 98-101.

④ Nicolas Saul, *Philosophy and German Literature*, 1700-1990, Cambridge: Cambridge University Press, 2002, pp. 46-47.

　　总体而言，周作人对于赫尔德的把握较为准确。唯独令人遗憾的是他提到奥西恩（Ossian）时没有指出这位所谓苏格兰吟游诗人的作品《芬格尔》是伪作，这些伪作居然在很长一段时间影响了启蒙运动中的许多文人。1760 年苏格兰诗人麦克菲尔森（James Macpherson）出版了《苏格兰高地收集的诗歌断片》（*Fragments of Ancient Poetry Collected in the Highlands of Scotland*）一书，接着次年宣称他发现了奥西恩留下的史诗《芬格尔》（*Fingal*），并在 1765 年出版了他翻译整理的《奥西恩著作集》（*The Works of Ossian*）①。这些作品的"发现"让不少欧洲文学家深感振奋，并影响到了德国的歌德②。而"思想敏锐"的赫尔德闻讯后写了一篇《一封关于奥西恩和古代人歌谣的信札节选》（*Auszug aus einem Briefwechsel über Ossian und die Lieder alter Völker*）的文章称颂奥西恩的作品③。现代学者倾向于认为麦克菲尔森的确收集了一些古代民歌，但自己做了很多加工，注入了不少他自己的想法④。也正如

---

　　① 新的整理版见 Howard Gaskill ed., *The Poems of Ossian and Related Works*, with an Introduction by Fiona Stafford, Edinburgh：Edinburgh University Press，1996.

　　② 奥西恩在欧洲的影响，参见 Rudolf Tombo, *Ossian in Germany*，1901；New York：AMS Press，1966，reprinted；Paul Van Tiegham, *Ossian en France*，2 Vols.（Paris，1917）；Howard Gaskill，"Ossian in Europe," *CRCL*，Vol. 21（December 1994），pp. 643-675；Kristine Louise Haugen，"Ossian and the Invention of Textual History," *JHI*，Vol. 59（April 1998），pp. 309-327. 有关他在美国的影响，见 Susan Manning，"Why Does It Matter that Ossian Was Thomas Jefferson's Favorite Poet?" *Symbiosis* 1（Oct. 1997），pp. 219-236.

　　③ 写于 1771 年，1773 年发表，收入其作为狂飙运动重要文献的文集 *Von deutscher Art und Kunst：einige fliegende Blätter*，1773；整理本见 Hans Dietrich Irmscher，Hrg.，*Herder Goethe Frisi Möser：Von deutscher Art und Kunst. Einige fliegende Blätter*，Stuttgart：Reclam，1977.

　　④ 当代有关研究见 Derick S. Thomson，*The Gaelic Sources of Macpherson's "Ossian"*（Edinburgh：Oliver & Boyd，1952）；Howard Gaskill，ed.，*Ossian Revisited*（Edinburgh：Edinburgh Univ. Press，1991）；Peter T. Murphy，*Poetry as an Occupation and an Art in Britain 1760-1830*（Cambridge：Cambridge Univ. Press，1993），chap. 1；Gauti Kristmannsson，"Ossian：A Case of Celtic Tribalism or a Translation without an Original?" *Transfer*（1997），pp. 449-462.

有学者指出的，赫尔德对麦克菲尔森所整理的《奥西恩》的真实性深表怀疑，但未遑进行深入研究，况且当时他看到的只是歌德借给他看的德文本。到 1795 年，赫尔德又发表一篇文章《奥西恩与荷马》，则已了解到这部文献的真实性存疑①。

最后，值得注意的是，除了前面引用的两处文献提到赫尔德之外，周作人留下的著述中再未涉及赫尔德。而他有关 18 世纪欧洲文学史的知识并非来自对德文文献的直接阅读，而相当可能来自英文著作。比如他在 1934 年 4 月撰作的《塞耳彭自然史》一文中提到英国戈斯（Edmund Gosse，1849—1888）著《十八世纪文学史》②。这可能是他了解欧洲文学史的来源。这部书首次出版于 1889 年，内容是关于 1660—1780 年间的文学史。他还在《知堂回想录》七八《翻译小说》下篇中提到他曾得到札倍耳的德文《世界文学史》一书③。这可能也是他在北大讲授欧洲文学史的参考书。世界文学（德文 Weltliteratur）的概念，由歌德在 1827 年首先提出，随后广泛传播④。

进一步而言，日本学者研究民俗学和俗文学或许也和日本走向现代社会有关。在这一现代化过程中，一些日本学者试图走出他们在传统社会所尊崇的汉文学和国文学的樊篱。他们在研究汉文学特别是中国的汉文学时，实际上有追随中国的高雅文学传统和高雅文化的意味，这造成一种他们对于自身的日本文化的劣势感。而研究他者，研究俗文学，研究所谓的"未发育完善"的文化和文学，似乎能给日本学者带来新的自我认知，以及新的心理态势。

对于周作人而言，这种学术趋势则与文化优势感无关，却和他的民族心理有关。他对于民族的关心似乎并不比鲁迅对于民族的关心表现更弱，但对新学科体系的好奇则更加非同寻常。因此，我们应该进一步研

---

① Howard Gaskill, "Ossien, Herder, and the Idea of Folk Song," in: David Hill ed., *Literature of the Sturm und Drang*, Rochester, NY: Camden House, 2003, pp. 96-97.

② 周作人：《夜读抄》，见《周作人自编文集》，99 页。

③ 周作人：《知堂回想录》上，见《周作人自编文集》，246 页。

④ 有关世界文学思想的传播史参见 John Pizer, *The Idea of World Literature: History and Pedagogical Practice*, Barton Rouge: Louisiana State University Press, 2006.

究日本学者如何看待研究日文国文学、汉文学与民俗和民间文学之间的主次关系，并与之和印度人研究梵文文学与其他民间文学进行比较，以及欧洲人如何看待拉丁文学与民族文学。这是非常值得注意的趋势。英国人自然要注意英国文学，但正如一些英语文学史学者指出的，英国文学在近代英国一向仅仅作为圣经文学的一部分来介绍。事实上，中国的雅文学一向也是经学的附庸，隋唐时期科举考试一开始也主要是考明经，后来才加入文学创作。

周作人之喜欢民歌，受到赫尔德的影响，他还对民歌和传统弹词等文学形式进行比较，指出民歌的优点在于叙事清澈。1927 年 3 月 30 日，周作人在给刘半农编译的《海外民歌》所写的序中说他很喜欢读民歌，因为民歌"代表民族心情，有一种浑融清澈的地方，与个性的诗之难以捉摸不同，在我们没有什么文艺修业的人常觉得较易领会"①。接着他举例说他很喜欢英国的民歌（ballad）和日本的小呗。他还认为歌词是叙事诗，性质在弹词和节诗之间，弹词太长太有结构了，而节诗太流畅。歌词有些套语在民歌中则别有趣味。而中国弹词也有这种倾向，譬如他举出《再生缘》卷一为例。但他认为弹词太庸熟，同样句调重叠太多，令人生厌。而民歌没有这个缺点。

与周作人对弹词的看法类似的学者还有寅恪先生。寅恪虽然喜欢弹词《再生缘》，却认为弹词繁复冗长。他说，"寅恪少喜读小说，虽至鄙陋者亦取寓目。独弹词七字唱之体则略知其内容大意后，辄弃去不复观览，盖厌恶其繁复冗长也"②。他写《论再生缘》完全是因为感怀作者陈端生的身世。尽管在重视民歌这一点上周作人受赫尔德影响，但与赫尔德是浪漫主义运动的早期开创者不同，周作人和寅恪也都对浪漫主义的革命文学保持清醒的疏离。周作人在 1927 年 5 月 29 日所写《答芸深先生》一文中说，"现在高唱入云的血泪的革命文学，又何尝不是浪漫时代的名产呢?"③欧洲学者在经历了第一次世界大战之后才反省浪漫主义的缺陷。而周作人此时已经目睹了辛亥革命、五四运动、国民革命等一系列政治革命运动，一定对浪漫主义革命的缺点有所思考。

---

① 周作人：《谈龙集》，见《周作人自编文集》，42 页。

② 陈寅恪：《寒柳堂集》，1 页。

③ 周作人：《谈龙集》，见《周作人自编文集》，94 页。

周作人虽然是近代中国第一位注意到赫尔德收集民歌的中国学者，但不是唯一一人，也值得附论于此。另一位敏锐的中国学者是曾经留学德国的陈铨。他撰文对中国和德国文学进行比较研究，并注意中国文学对德国的影响，也提到赫尔德对民歌的收集。陈铨早年求学清华大学，毕业后留学美国奥柏林学院，后转往德国，留学基尔大学，回国后任教武汉大学、清华大学、西南联大等大学；曾和李长之、张荫麟、钱钟书被并称为清华四才子①。陈铨的主要学术贡献之一是讨论中国文学与德国的关系。他特别提到赫尔德收集编译了全世界的民歌，并感叹在赫尔德的民歌集中竟然没有中国这样一个伟大民族的一首诗歌。他说，

> 欧洲第一次翻译的中国纯文学载在当时全欧风行的法国人杜哈尔德（Du Harlde）一七三六年出版的《中国详志》中间。这一本书里面有法文翻译的一本《元曲》，四篇《今古奇观》里面的短篇小说，十几首《诗经》的诗。这些翻译非常地不完全，特别关于《诗经》选择同翻译，闹得一塌糊涂，所以后来黑尔德（Herder）选辑全世界的民歌，大概也就因为这个关系，连中国这样伟大一个民族，却一首诗歌都没有选。②

后来他在该书第四章《抒情诗》部分再次提到赫尔德称歌德翻译的有关薛瑶英的诗是男性的翻译③。

陈铨的感叹是有道理的，在赫尔德的时代，德国对于东方特别是中国的了解十分有限，赫尔德更认为中国文化是停滞的文化："这个帝国是一具木乃伊，它周身涂有防腐香料、描绘有象形文字，并且以丝绸包裹起来；他体内血液循环已经停止，犹如冬眠的动物一般。所以，它对一切外来事物都采取隔绝、窥测、阻挠的态度。它对外部世界既不了解，更不喜爱，终日沉浸在自我比较的自负之中。"④在这样的历史认知下，赫尔德当然不可能搜集到中国诗歌，再说当时欧洲对中国文学的认识以及翻译的中国文学作品极其有限。其实中国的《诗经》中的国风部分倒

---

①　陈铨生平与学术经历参见季进、曾一果：《陈铨——异邦的借镜》，北京，文津出版社，2005。

②　陈铨：《中德文学研究》，9页，上海，商务印书馆，1936。

③　同上书，135页。

④　夏瑞春编、陈爱政等译：《德国思想家论中国》，82～91页，南京：江苏人民出版社，1989。

是十分符合赫尔德所谓反映古代人民思想感情的民歌，和赫尔德同时代的大学问家章学诚也试图把《诗经》从儒家经典中剥离出来，看作是历史的反映。

第二节　民族性与国民性

周作人的民俗学思想和欧洲近代民族主义思想的东渐密切相关。赫尔德是欧洲近代民族主义特别是文化民族主义之父，所以受其影响的周作人也参与了近代中国民族主义思潮兴起过程中学界对于民族性与国民性的讨论①。这些民族性和国民性的讨论又牵涉到赫尔德对于民族精神、国民性的阐释。和德国近代民俗学的兴起与赫尔德的文化民族主义思想分不开一致，中国民俗学的兴起也与 20 世纪初的民族主义思潮分不开。本节我们在一个围绕赫尔德文化民族主义思想入华历史语境的探求中可窥知周作人之对民俗学、国民性、民族性感兴趣的时代思想背景。

赫尔德的文化民族主义在哲学与历史思想上之表现经何炳松（1890—1946）先生介绍入华。何炳松在 1930 年在上海商务印书馆出版了《通史新义》一书，介绍西方的现代史学②。在该书第十七章《各类

----

①　当代已经有学者专门著书探讨中国近代知识分子对国民性的讨论，如孙隆基，*The Chinese National Character：From Nationhood to Individuality*（Armonk：M. E. Sharpe，2002），p. 148 讨论梁启超受到的欧洲思想影响。

②　李洪岩指出中国近代史学受德国影响甚大，见他在施耐德（Axel Schneider）组织的莱顿大学 Modern Chinese Historiography and Historical Thinking 会议上宣读的论文"中国近代史学中的德国资源"，其论文摘要提到，"在近代早期的徐继畬《瀛环志略》、魏源《海国图志》中，还看不到德国的名字，许多中国人尚不知德国之所在。尔后，由邹沅帆《五洲列国志》、日本人著《万国史记》、英国 R. Mackenzie《泰西新史揽要》及王韬的《普法战纪》，德国开始进入中国人视野。到 20 世纪初，德国成为中国人最重视的西方国家之一。其后，经过留学、翻译、授课、介绍等渠道，在中国近代史学中发出许多德国的声音。马克思、恩格斯代表的唯物史观，依靠意识形态的力量，在指导思想上，早已一统天下。但在马、恩以外，德国思想资源的影响，也很大。梁启超与 H. Rickert，王国维与 I. Kant、A. Schopenhauer、F. Nietzsche，何炳松与 E. Bernheim、K. Lamprecht，朱谦之与 G. W. F. Hegel、H. Driesch，傅斯年与 L. von Ranke，雷海宗与 O. Spengler，是近代史学中最突出的对话者。而在 30 年代社会史论战等思潮中，也可以看到德国思想的影响。"

历史联合之必要》的第一节讲历史研究中的"静的研究——事实之连锁、孟德斯鸠、德国派——习惯之共通性、集合行动之共通性"中特别提到"必要连锁之观念实倡于德国之海尔得尔（Herder），其形式为半含玄学性之哲学"，但"同时又杂以一种半含玄学性质民族精神（Volksgeist）观念，借以说明同一民族各种活动之共通性。"①据此，我们知道何炳松注意到赫尔德的历史哲学思想注意历史事实的必要连锁，同时还了解赫尔德的民族精神观念，用于说明一个民族各种活动的共通性。

图六十七　何炳松

但是，何炳松没有特别留意赫尔德关于语言对民族身份认同的强调，也没有将赫尔德有关民族的思想背景揭示出来。另，德文 Volks 也有国民、民众之意，Volksgeist 亦可指国民精神、民众精神。何炳松并未曾留学德国，却在 1912 年至 1916 年先后留学美国加州大学伯克利分校、威斯康星大学和普林斯顿大学，学习西方现代史学和政治经济学，所以他对于赫尔德的了解来源于他在美国的学术积累，显然不够全面，也未

---

①　何炳松：《通史新义》，见《民国丛书》，第三编第 61 册，221 页，上海，上海书店影印本，1992。

能注意赫尔德思想的深刻语境。

赫尔德对于民族和历史的看法有其特定的时空性。就时代而言，赫尔德所处的时代是启蒙时代，注重人的历史地位，也进而注重民族及其文化的历史地位。但启蒙的冲击与挑战在欧洲各地表现不同。赫尔德强调每个民族的文化有其在历史和地理层面的独特性，并且依赖于民族的独特语言而存在与发展，这种民族文化的内核是民族精神，这种民族精神植根于民族全体对于自身语言、象征和风俗的集体认同①。这被称作是赫尔德的文化民族主义（cultural nationalism）②。

以空间而言，赫尔德的思想和当时欧洲的政治与思想文化的地域分野有关。在他所处的时代，欧洲大陆上法国在欧洲政治和文化事务中处于主导地位，法国启蒙文化的发展使法兰西民族对其他民族有一种文化上的心理优势③。而赫尔德的这种民族独特性的思想可能受他当时旅行到法国被法国文化的强势刺激所激发，他反对以先进和落后来评判民族文化④，反对启蒙主义运动中发展起来的已启蒙民族与被启蒙民族不同文化的所谓先进与落后二元化主张，而认为各个民族文化中均有其独特

①　Frederick M. Barnard, *Self-Determination and Political Legitimacy*: *Rousseau and Herder* (Oxford: Clarendon Press, 1988), p. 224.

②　有关赫尔德的文化民族主义思想，参见 Robert Ergang, *Herder and the Foundations of German Nationalism* (New York: Columbia University Press, 1931); Frederick M. Barnard, *Herder's Social and Political Thought*: *From Enlightenment to Nationalism* (Oxford: Clarendon Press, 1965); Frederick M. Barnard, *Herder on Nationality*, *Humanity*, *and History* (Montreal and London: McGill-Queen's University Press, 2003).

③　有学者指出，赫尔德一方面强调文化多元价值，一方面又特别强调德国的民族特性，这与当时法国的文化霸权有关；见 Todd Kontje, *German Orientalisms*, Ann Arbor: University of Michigan Press, 2004, pp. 64-83.

④　近代欧洲学者的一个看法就是东方乃是政治上专制主义盛行之地，不但中国是如此，中东亦被视为同样如此；有关孟德斯鸠、托克维尔、密尔、马克思、韦伯等欧洲近代思想家对东方专制主义看法的讨论，参见 Michael Curtis, *Orientalism and Islam*: *European Thinkers on Oriental Despotism in the Middle East and India*, Cambridge: Cambridge University Press, 2009.

的幸福观，这种论调带有很强的反法国式启蒙运动的意味①。他的历史思想也受到卢梭的启发，着重自然主义的质朴和直接，反对当时启蒙时代所流行的都市中的奢华和怠惰②。赫尔德还受哈曼影响，认为天才是能量的源泉，把直觉置于理性之上。这有些反启蒙主义的倾向，这种倾向为当代思想史家柏林在研究多元主义的思想源流时所注意③。但是，他的所谓多元主义主要依赖于他对于印度作为文明的摇篮的认知，依赖于他对印度孕育了雅利安文明的认知，因为德国民族和印度有着雅利安文明的联系。而他对于中国的知识极为有限，对中国的文化并不看好，认为作为智能载体的中国的语言也很僵化，中国人较为懒惰落后④。

赫尔德在《论希伯来诗歌的精神》中提出了犹太民族或种族认同的一些共同点，比如作为全民族共同遗产的土地、契约式律法、共同使用的语言以及民间记忆、对家庭纽带的强调、对于先人的热爱和尊崇。土

---

①　最近二十多年来，随着对赫尔德思想的深入研究，很多赫尔德研究者指出，德国近代所谓反启蒙主义并不是准确的提法，狂飙运动实际上是启蒙运动内部的分野，主要是不同意一些启蒙运动的看法，但不能视为反启蒙运动；而赫尔德也并非反启蒙，他所提倡的文化民族主义也并非带有强烈反法色彩的民族主义；关于这些反思见 John H. Zammito, Karl Menges, and Ernest A. Menze, "Johann Gottfried Herder Revisited: The Revolution in Scholarship in the Last Quarter Century," *Journal of the History of Idea*, Vol. 71, No. 4, (October, 2010), pp. 661-684, 跟这里相关的讨论特别见于 pp. 664-669。

②　Nicolas Saul, *Philosophy and German Literature*, *1700-1990*, Cambridge: Cambridge University Press, 2002, p. 46.

③　Isaiah Berlin, "Herder and the Enlightenment," in *Three Critics of the Enlightenment: Vico, Hamann, Herder*, Princeton: Princeton University Press, 2003, pp. 168-242; 柏林论反启蒙见 Joseph Mali and Robert Wokler eds., "Isaiah Berlin's Counter-Enlightenment," *Transactions of the American Philosophical Society* 93: 3, Philadelphia: American Philosophical Society, 2003. 关于赫尔德思想中的多元主义倾向，还可参见近年的政治思想研究：Sankar Muthu, *Enlightenment against Empire*, Princeton: Princeton University Press, 2003, chapter 6; 哈曼和赫尔德对语言的研究见 Andrew Bowie, "The Discovery of Language: Haman and Herder," in *Introduction to German Philosophy: from Kant to Habermas*, Cambridge: Polity Press, 2003, pp. 41-57.

④　David M. Jones, *The Image of China in Western Social and Political Thought*, New York: Palgrave, 2001, pp. 70-75.

地和律法对于犹太民族的重要性可以用赫尔德自己的话说，"土地属于律法，律法属于耶和华的土地。"①他后来更认为不同种族或民族的内在心理特性，或者说国民性、民族性，与其社会政治制度有关联②。我们在此有必要稍微回顾一下中国学者在 20 世纪初叶使用国民性或者民族性的历史，这两个词应该都借自日本学者的著述。赫尔德所提出的民族精神（Volksgeist）和中文话语中的民族性、国民性概念可能有所关联。

　　中文的国民性概念可能借自近代日本，也可能直接译自德文，来自德国学术。正如巴纳德（Frederick M. Barnard）所指出，近代思想史上很多术语和概念均有赫尔德思想源泉，如 Nationalcharakter（民族性、国民性），Volkslied（民谣、民歌），Zeitgeist（时代精神）以及 Einfühlungsvermögen（同感能力）等③。尽管他没有提到 Volksgeist，但何炳松显然对这个词更为留意。有学者认为严复最早于 1909 年翻译孟德斯鸠 1748 年写成的《论法的精神》一书时将 national spirit 一词译成"国民精神"。该词最早由孟德斯鸠使用，后来伏尔泰也继承了该词的用法，德国学者莫泽（Friedrich von Moser）于 1765 年在一本名为《关于德国国民精神》（Von dem Deutschen Nationalgeist）的小册子中将该词引入德文。但该词到了赫尔德那里变成影响更为深远的 Volksgeist 一词④。国民性一词及其德文较早出现在汉语中可能是 1903 年在上海明权社出版的汪荣宝和叶澜著《新尔雅》，国民性用来翻译德文 Mentalität des Volks；Staatsbüger 则被译成国民。后来 1911 年卫礼贤在他编辑的《德英华文科学字典》中把 Bürger 译成国民。单以"国民"一词而言，

---

　　①　Frederick M. Barnard，*Herder on Nationality*，*Humanity and History*，Montreal and London：McGill-Queen's University Press，2003，pp. 20-21. 赫尔德很重视律法，认为摩西不仅是犹太民族而且是全世界最早的立法者之一。

　　②　Frederick M. Barnard，*J. G. Herder on Social and Political Thought*，Cambridge：Cambridge University Press，1969，pp. 117-169.

　　③　Frederick M. Barnard，*Herder on Nationality*，*Humanity，and History*，Montreal and London：McGill-Queen's University Press，2003，pp. 5-6.

　　④　Lung-kee Sun，*The Chinese National Character：From Nationhood to Individuality*，New York and London：M. E. Sharpe，2002，p. 52.

早在 1852 年就出现于魏源的《增广海国图志》一书，后来王韬、载泽等清朝出洋大臣的行记均使用国民一词。国民作为 nation 的汉字对应词，并见于前引 1881 年出版井上哲次郎与有贺长雄编《哲学字汇》①。民族精神一词出现很早，绝不是何炳松首先使用，早在 1921 年 2 月 26 日朱谦之致胡适的信中就使用了民族精神一语②，但尚难确定该词最早出现于何时。

明确说民族精神是赫尔德使用的 Volksgeist 一词的学者无疑是何炳松。国民性的历史很长，梁启超 1902 年发表了《新民论》，1903 年发表《中国之品格》等文章都涉及国民性格问题。梁启超在《新民论》中说"苟有新民，何患无新制度，无新政府，无新国家。非尔者，则虽今日变一法，明日易一人，东涂西抹，学步效颦，吾未见其能济也。"这个说法和前面提到的赫尔德认为民族特性和国家制度有关联可谓相通。梁启超的《中国积弱溯源论》更直接批评中国人的性格有奴性、愚昧、懦弱、无动等特征，指出国家的强弱与国民的志趣品格关系密切③。

国民性在民国初年逐渐成为文化界的热门词语。如 1917 年《新青年》有一人署名光升发表《中国的国民性及其弱点》的文章，直接使用国民性作标题。之后鲁迅发表一系列文章，成为激烈批判中国国民性的

---

① 以上信息均参考德国爱尔兰根大学《近现代汉语学术用语语料库》（WSC databases，见 http：//www. wsc. uni-erlangen. de）。

② 中国社科院近代史所中华民国史研究室编：《胡适来往书信选》上，128 页，香港，中华书局，1983："我想真正的革命家，应该了解那地方的民族精神才好。"但编者不能确定此信确切年代，推测是 1921 年。虽然无法知道此信确切年代，但其年代在何炳松著作发表之前应无问题。

③ 郑匡民先生将梁启超这种思想归结为福泽谕吉的影响，见《梁启超启蒙思想的东学背景》，55～82 页，上海，上海书店出版社，2003。有关梁启超与日本近代学术的关联，参见狭间直树编：《共同研究：梁启超——西洋近代思想受容与明治日本》，东京，みすず书房，1999。王汎森先生则指出近代国家意识和国民意识的兴起与梁启超关系密切，而梁启超的国民思想论一是受其国家思想的影响，二是受日本学者尤其是德富苏峰的影响；见《晚清的政治概念与新史学》，载《学术史与方法学的省思："中央研究院"历史语言研究所七十周年研讨会论文集》，125～146 页，此文揭示了史学思想与时代政治变化之关系。

新文化运动名人①。其他还有罗素著、愈之译《中国国民性之几个特点》，刊 1922 年《东方杂志》第十九卷第一号。另外民族、种族、国民的区别也逐渐提上讨论日程。梁启超在 1922 年演讲《中国历史上民族之研究》中区别了民族、种族和国民，认为民族与种族不同，种族主要为人种学研究对象，注重研究骨骼及其他生理区别，同一种族可能解析为无数民族，同一民族可以包含无数种族。而民族与国民不同，国民主要是法律学研究对象，其标志是同居一地域、有一定国籍。他又将民族成立的有力条件归结为血缘、语言、信仰，还有民族意识。但他认为民族意识又是民族心理学研究的范围。

　　而民族心理学的德文 *Volkspsychologie* 最早出现在汪荣宝、叶澜 1903 年出版的《新尔雅》，显示其德国学术渊源。同一年雨尘子在《经济竞争论》中用民族主义来指英文 *nationalism* 一词，可能是此类对应翻译出现的最早一例②。另一个和国民性类似的词是民族性，中国学者也和日本学者一样使用这一术语，如 1926 年 7 月周作人特意撰文评论了安冈秀夫于该年四月东京聚芳阁出版的《从小说上看出的支那民族性》③。在 20 世纪 20 年代，鲁迅更是批判中国国民性的先锋人物④。1933 年马

　　① Vera Schwarcz，*The Chinese Enlightenment：Intellectuals and the Legacy of the May Fourth Movement of 1919*（Berkeley：University of California Press，1986），pp. 121-122；Lydia H. Liu，*Translingual Practice：Literature，National Culture，and Translated Modernity——China，1900-1937*（Stanford：Stanford University Press，1995），pp. 47-49.

　　② 雨尘子：《经济竞争论》，载《新学大丛书》，上海，积山乔记书局，1903。此词的信息和民族心理学的德文信息均来自《近现代汉语学术用语语料库》。

　　③ 周作人：《支那民族性》，收入《谈虎集》，见《周作人自编文集》，346～347 页。

　　④ 伍国：《灵魂与国民性和鲁迅的关系再考》检讨了国民性思想的欧洲起源，认为这种思想与 19 世纪民族主义思潮的兴起有关，作者并注意到鲁迅已经接触到法国学者勒庞的《民族进化的心理》一书并受到欧洲民族主义思想影响；此文见于《学术中国》网站。其他相关讨论亦可参见丸尾常喜著、秦弓译：《人与鬼的纠葛：鲁迅小说论析》，北京，人民文学出版社，2006，第三章：国民性与民俗。其实，周作人也很熟悉勒庞此书。他称勒庞为吕滂，此书书名作《民族发展之心理》，见其作于 1929 年 5 月 13 日《伟大的捕风》一文，收入《知堂文集》，见《周作人自编文集》，18 页。《北河沿通信》一文则称此书为《群众心理》，见《知堂文集》，37 页。

克思主义影响下的左翼学者陈高佣在《新中华》一卷 24 期发表《中华民族性的历史观》，认为民族性是一个民族的根本态度，自然环境不同影响到民族性不同。他引用了维柯的话说明民族发展有着共同的道路。接着作者描述了中国古代思想传统特别是孔、老、墨家以及佛教入华之后各思想流派对中国民族性的论述以及近代的民族性①。可见当时民族性或国民性这一论题日益引人注目。

中国学者对于国民性以及民族性的讨论晚了欧洲一个多世纪。正如吉野耕作指出的，国民性或民族性（national character）在 18 世纪的德国和法国学者笔下十分普遍。比如康德认为法国人礼貌、亲切、活泼、轻浮；英国人善变；德国人冷静、真诚、热爱秩序、勤勉。而孟德斯鸠则在《论法的精神》一书中指出影响一个民族一般精神的种种因素，比如气候、历史、政府形式、宗教、法律、风俗习惯等。而赫尔德则强调民族的个体性。吉野还指出在荷兰，知识分子在 20 世纪 30 到 40 年代也热衷于民族性的讨论。吉野接着特别讨论了 Volksgeist 的概念，认为这个概念是德国浪漫主义的特征，根源于反启蒙主义的审美主义运动。而赫尔德则是这一概念的集大成者，体现了他对于民族认同的定义强调共同文化的认同而非对于统一政权的认同，这种对于共同文化的认同来自于内在的民族意识，而非外在的接受；同时，共同使用一种语言来表达内在的感受和思想也是民族精神的重要表现，语言之外，民族认同的重要因素还包括神话、民歌、仪式、风俗习惯等体现民族共同个性的文化纽带。赫尔德的这种以民族精神为核心的文化民族主义思想首先在丹麦受到欢迎，接着在其他国家和民族中得到认可②。

---

①　这篇文章改名为《从中国文化史上所见的中国民族性》，收入陈高佣：《中国文化问题研究》，上海，商务印书馆，1937（1992 年上海书店影印民国丛书第四编 39），原书 107～119 页。

②　Kosaku Yoshino, *Cultural Nationalism in Contemporary Japan：A Sociological Enquiry* (London and New York：Routledge，1992)，pp. 54-59. 吉野的讨论引用了 Aira Kemiläinen 的观点，见 *Nationalism：Problems Concerning the World，the Concept and Classification* (Jyväskylä：Kustantajat Publishers，1964). 另一本讨论日本近现代民族主义的论文集也涉及了一些日本人论思想的讨论，见 Sandra Wilson ed.，*Nation and Nationalism in Japan* (London and New York：Routledge，2002)，特别是 pp. 1-20，135-162。

可惜的是，吉野是社会学者，他的研究专注于"日本人论"思想的社会学考察，注意文化民族主义的国家比较，而没有提供"日本人论"思想的历史根源，特别是通过思想史文献的梳理来找到西学的影响，使得我们无法了解赫尔德是否对日本近代文化民族主义者产生了影响。

但通过考察以上各种信息的相互关联，我们可以看到赫尔德的这种文化民族主义思想居然在不同层面和方面对中国 20 世纪初叶的知识分子产生了影响，周作人接受了赫尔德论述民歌民俗方面的启发，而何炳松接受了赫尔德民族精神论述的影响。另一方面，令人惊讶的是，民国时期入华的西方移情思想也引起了历史学者的注意，比如寅恪先生，他的"了解之同情"一说可能也受赫尔德影响①，尽管他的论著没有明确提到是否受到赫尔德的思想影响。另一个例子是姜蕴刚，他所著《历史艺术论》的自序中也提到移情法：

> 希特勒每次的讲演，其布景，姿态，声调，内容，确是艺术化了的。所以他在德国每次胜利。一个油漆匠，在短期内一跃而为一国之领袖；岂是偶然的吗？他能充分理解人类的通性，所以他的讲演乃至他的著作《我的奋斗》，都是采用艺术家所谓的"感情移入"（Einfühlung）法。希特勒之盟友墨索里尼，就曾经明白宣言过："政治家必同时为艺术家。"②

虽然这个说法把历史和艺术家使用的移情法联系在一起了，但这里并没有提到赫尔德。寅恪和姜两人均未直接提及赫尔德，最主要还是因为当时学者对于历史主义并没有太多概念，即使在西方学术界，对于赫尔德的移情理论也是后来才逐渐为众多学者留意。

所谓"了解之同情"，其实和赫尔德发明的另一个术语有关，即德文 Zeitgeist 一词。这个词或者可以译成"时代精神"，应该是理解赫尔德了解之同情思想的关键词。在他看来，一个特定的时代有它特定的思想、态度、渴望和动力，一个社会就像一个有机体，有它自己特定的脾气。

---

① 参见本书第八章的相关讨论。

② 姜蕴刚：《历史艺术论》，3 页，上海，商务印书馆，1944。本书初版原为华西大学文学院《学术丛刊》第三种，发行于民国三十年五月。

赫尔德还认为只有顺应这种脾气历史人物才可能成功，他们的思想才可能被接受。他举例说路德改革正是因为顺应了时代精神才获得成功。神圣罗马帝国皇帝约瑟夫二世（1741—1790，1765—1790在位）改革失败乃是因为时代精神反对他。所以历史学家要理解过去，就必须重新活在过去，重建过去，重新思考过去，抓住过去的时代精神。

因为时代精神的复杂性，赫尔德认为历史学家必须能够有一种洞察力去认识历史上活动的人们的动机。这就需要历史学家尽可能知道很多历史事件的细节，花很大力气去搜集有关历史的事实①。他说他仅仅书写出现在他视野中的历史，他刚好知道的历史。如果了解尽可能多的事实，才可以把它们进行相互连锁的考察，从而重建过去，重新生活其中，真正和古人心息相通。这不是何炳松《通史新义》一书中评论的所谓半含玄学性历史哲学，而是十分实用的史学研究方式。这种处理历史的方式看似十分主观，但以其治学的态度而言应该说十分客观，带有一些经验主义和自然主义的倾向。

而何炳松在《通史新义》中提到的所谓历史研究中的"必要连锁"一说，应该是指赫尔德使用的德文 Zusammenhänge 一词，对这个词，巴纳德有精彩的讨论，他认为这个词反映了赫尔德相信存在历史内在因果力量，但赫尔德也认为历史的这种内在力量十分复杂，所以可能对于历史必要连锁的完全的理解是难以实现的，这才需要了解之同情，同情为目的，了解为途径。巴纳德还指出赫尔德把内在性假设的支持建立在形而上学意义的所谓一种超越性的能量上，这种超越性的能量包括所谓历史发展的第一推动（First Cause）以及产生所有存在的核心②。赫尔德描述这种所谓超越性能量的德文是 Kraft 一词，我想大概相当于中文的"造化"，而巴纳德认为它也可以理解为 Dasein 的神圣源泉。这种关于历

---

① Frederick M. Barnard, *Herder on Nationality*, *Humanity and History* (Montreal and London: McGill-Queen's University Press, 2003), p. 108.

② J. G. Herder, *Sämtliche Werke* (Berlin: Weidmannsche Buchhandlung, 1877-1913), XVI, pp. 547-551; 巴纳德的讨论见 Frederick M. Barnard, *Herder on Nationality*, *Humanity and History* (Montreal and London: McGill-Queen's University Press, 2003), pp. 112-113.

史起源和变迁的思想可能是所谓半玄学性质的历史哲学。赫尔德的史学思想有其内在矛盾的一面，他在讨论民族精神时从集体认同出发，强调民族、种族的文化共同性，而在讨论时代精神时则如巴纳德所说主张时代精神由少数个人引领，但又不承认历史由少数天才创造。赫尔德并不是强调共性而否认个性的思想家，其实在他讨论民族精神时，他仍然强调的是个性，即民族的个性，特别是德意志民族的个性。换言之，民族精神思想的提出是针对民族个性；而时代精神的提出是针对个体个性。这仍然是他一贯以社会为有机体的思想。

结　语

民俗学、国民性的讨论是五四新文化运动的一部分。对于民间、民俗的重视在于 19 世纪末 20 世纪初帝国政治和社会秩序的崩溃，使得人们开始关注下层和民间生活。正如许多学者指出的，随着清政府的灭亡，附属于它的传统精英文化也受到怀疑，因而一些学者比如胡适和陈独秀、周作人等开始寻找保留在民间的文化，将农民阶层语言和传统理想化，寻找传统文化史上不被重视的民间因素①。另一方面，周作人在日本受到日本强势文化的一些刺激，可能引发了他研究中国民族特性的兴趣。而这种兴趣则通过他对欧洲文学的了解接触到了赫尔德的主张和思想，从而使得德国的文化民族主义因素被引入其著述之中。

而近代中国学者笔下一些常见的用语如民族性、国民性、民族精神等可能均受赫尔德思想影响，大多数情况是通过日本学术转折入华，偶尔也有如何炳松等直接介绍入华。周作人在晚年所写的《知堂回想录》

---

① Chao Weipang, "Modern Chinese Folklore Investigations," *AFS*, Vol. 1 (1942), pp. 55-76；2（1943），pp. 79-88；Yen Chun-chiang, "Folklore research in communist China," *AFS*, Vol. 26（1967），pp. 1-62；Sandra Eminov, "Folklore and Nationalism in Modern China," *JFR*, Vol. 12, No. 2-3（1975），pp. 257-277；又载 Felix J. Oinas, ed., *Folklore, Nationalism, and Politics*（Columbus：Slavic Publishers, 1978），pp. 163-183. 日本也有类似的例子：Richard M. Dorson, "National Characteristics of Japanese Folktales," *JFR*, Vol. 12, No. 2-3（1975），pp. 241-156.

中，承认自己早年刚到日本时是民族革命的一信徒，信奉民族主义思想。并认为民族主义必含有复古思想，反对清朝，但觉得清朝以前或者元朝以前中华未被胡族统治前差不多都是好的①。他并得出结论日本在第一次明治维新时是竭力挣扎学德国②。而当时明治年间日本这种学习德国的氛围竟然影响到他，从而使他的撰述中出现了赫尔德的思想。

---

① 周作人：《知堂回想录》上册六七《日本的衣食住上》，见《周作人自编文集》，210 页。

② 周作人：《知堂回想录》上册七〇《结论》，见《周作人自编文集》，220 页。

第十一章　自由与真理：个人主张与近代思想

导　言

寅恪的学术未见得能被普通世人所了解，但他那两句"独立之精神，自由之思想"却往往为世人所引用。这两句话出自他给清华大学留下的《海宁王先生之碑铭》，其中之"士之读书治学，盖将以脱心志于俗谛之桎梏，真理因得以发扬。思想而不自由，毋宁死耳"这一句很容易让人想到《圣经·约翰福音》第八章第三二节，其文略云"你们必晓得真理，真理必叫你们得以自由。"这句话可以看作是上帝对知识人的最佳教导。追求真理是知识人的天职，而其目的乃是为了得自由。可是，不同的知识人对于真理的认知也非常不同。所以，尽管都在追求真理的道路上奔波，而能真正得到自由的知识人少之又少。

有学者认为从 19 世纪末到 20 世纪末是犹太人世纪（Jewish Century），因为犹太知识人为世界提供了物质世界和人类世界的各种解释。如古典社会学的三大奠基人，马克思（Karl Marx，1818—1883）、韦伯（Max Weber，1864—1920）、迪尔凯姆（émile Durkheim，1858—1917）都是犹太人，共产主义运动的诸多早期领袖也是犹太人，在代表自然科学成就最高荣誉的诺贝尔奖颁发的第一个一百年之中，几乎五分之一的得主是犹太人，有很多人认为这在历史上可称之为"犹太世纪"①。

---

①　Yuri Slezkine, *The Jewish Century*, Princeton: Princeton University Press, 2006; Benjamin Harshav, *Language in Time of Revolution*, Stanford: Stanford University Press, 1999, chapter 9.

一些学者将所谓犹太世纪的起源追溯到 18 世纪一部分犹太拉比的贡献。这些拉比从工业革命以来资本主义兴起的现实中意识到一个伟大时代的到来，这个伟大时代的出现即是现代化。而当时犹太长老们认为犹太人的选择无非两种，一是保守本民族的文化和特色，不受这一转变的影响，保持传统的犹太性（Jewishness）；二是参与这种巨变，让犹太民族在认识真理的过程中获得自由，犹太性获得新的生命。这些长老们决定选择后者。后来的历史证明正是这种参与使得犹太人在自然科学和人文社会科学领域脱颖而出，明星辈出。

而 20 世纪对于中国而言，也同样面对现代化的冲击，正是所谓天朝大国面临三千年未有之变局。中国的知识人对于真理和自由有更深切的渴望。而其中最为杰出的代表之一则是寅恪先生。本章的重点是在现代语境下来理解寅恪的自由观①，尽管引用、谈论寅恪所论自由的坊间作品很多，但仍缺乏细致而深入的学术探讨。这里打算就寅恪先生论著中所出现的"自由"一词以及其文字、言论中所体现的"自由"从学术角度作一番辨析。

寅恪和许多活跃在 20 世纪上半叶的知识分子不同。首先，他出身于清末的清流政治家庭，他的祖父陈宝箴（1831—1900），因参与 1898 年康有为（1858—1927）、梁启超等策划的维新变法而受政治迫害。他自幼受过极好的儒家经学教育。如其妹夫俞大维（1897—1993）所说，他幼年念过《说文解字》和高邮王念孙、王引之父子二人的书，"我们这一代

---

① 有关寅恪的研究非常之多，有关评述和介绍参见刘克敌：《二十年来之陈寅恪研究述评》，载《山东师范大学学报》48：5，2003，60～65 页。有关研究中对讨论寅恪史学较重要者包括陈弱水：《一九四九年前的陈寅恪——学术渊源与治学大要》，载《当代》133，台北，1998，18～29 页；蒋天枢：《陈寅恪先生编年事辑》，上海，上海古籍出版社，1981；陆健东：《陈寅恪的最后二十年》，北京，生活·读书·新知三联书店，1995；王汎森：《陈寅恪与近代中国的两种危机》，载《当代》123，台北，1997，44～63 页；王汎森：《主义崇拜与近代中国学术社会的命运：以陈寅恪为中心的考察》，收入氏著《中国近代思想与学术的系谱》，463～488 页，台北，联经出版有限公司，2003；汪荣祖：《史家陈寅恪传》，台北，联经出版有限公司，1997 年增订。因为其他大多数文章和本章主题寅恪的自由观关系不甚密切，所以此处不对这些论著一一评论。余英时先生的《陈寅恪晚年诗文释证》则对本章的思路启发良多。唯本章另有侧重，试图从一些新的角度来看寅恪的自由观。

的普通念书的人，不过能背诵《四书》、《诗经》、《左传》等书。寅恪先生则不然，他对《十三经》不但大部分能背诵，而且对每字必求正解。因此《皇清经解》及《续皇清经解》，成了他经常看读的书。"①其次，他青年时代游学欧美日本，在柏林大学、哈佛大学等名校学习历史、比较语言学、东方学，受过很好的西方现代学术训练。由于在欧美游学多年的经历，他对欧美一般社会风尚和习气的观察也十分敏锐。

再次，他不像胡适、蒋廷黻、俞大维等人或出任政府要职或出使域外，他一生从未亲身参与政治活动，甚至连学术行政工作都未真正参与，但他却十分关心政治，亦可以说从未与政治绝缘。他的祖父、父亲均与晚清政治关系密切②，而他本人一生的各个阶段均和政治人物发生各种瓜葛。如在重庆时期，即曾参加蒋介石为中研院举办的宴会。而晚年亦曾经有一段时间颇受政府的关注，陶铸副总理对他颇为礼遇。他的妹夫俞大维官居国民政府交通部长、国防部长。他与胡适、傅斯年等作为学术领袖掌握许多学术界人力和物力资源和学术界主导权不同，虽然曾位居部聘教授，但在学术界并不像胡、傅那样掌握权力③。虽然他的文集看上去似乎都是学术文章，可是在好友吴宓留下的日记中可以看出日常生活中寅恪对东西方政治、文化、社会风俗有颇多议论。最后，他虽然留学欧美多年，竟然从未拿过任何学位。这一点和他同时代的一些留学海外的知识人非常不同。他在哈佛的同学韦卓民、吴宓、汤用彤都至少拿了硕士，赵元任、俞大维、李济等则拿到哈佛博士。甚至其他大学的学习人文学科的留学生如胡适、冯友兰等均拿到博士。

寅恪先生的晚年饱受批判，但以七十九岁去世在中国传统而言仍算高龄，其身后留下的诗作颇多，在后世引起颇多讨论。这一点颇类似王

---

① 俞大维：《谈陈寅恪先生》，见《谈陈寅恪》，1～14 页，台北，传记文学杂志社，1970。

② 参见陈寅恪：《寒柳堂记梦未定稿》，见《寒柳堂集》，184～234 页。

③ 王汎森先生指出，傅斯年有学术之外的网络和绵密的政府关系，所以能称为学术领袖。他和国民政府自由派官员关系密切，也和当时中基会、中英庚款委员会的胡适、朱家骅等师友联系紧密，他实际上是大学者和政府及基金会之间的桥梁，所以能成为帮助和照顾知识分子的知识分子；见《思想史与生活史有交集吗？——读"傅斯年档案"》，收入《中国近代思想与学术的系谱》，514～515。

国维（1877—1927）的身后事。王国维生前虽然也看似一纯粹学人，却是清朝末代皇帝宣统的老师，更在 1927 年大革命的北伐声势如日中天之际突然以五十岁之学术英年投昆明湖自尽，从而在知识人的圈子中引发许多猜测和议论①。

和 20 世纪的许多中国知识人不同的是，寅恪先生是少数时常将"自由"二字形诸文字的学人。较早的例子如 1927 年为纪念王国维撰写的《清华大学王观堂先生纪念碑铭》所彰显的自由思想和独立精神②，晚年的名作《论再生缘》以及《柳如是别传》中亦颇见有关自由思想的议论，可见寅恪一贯坚持思想自由。陈弱水先生早已指出寅恪先生一生对自由问题极为敏感，"时时表达对学术自由的坚持，在现代中国实属罕见。"③他认为寅恪对于学术与自由不可分的看法与现代西方知识哲学暗合。此说会被寅恪认可，应无问题。

我们后世学者亦有责任清楚地梳理他对于自由的阐释及其时代的语境。本章认为寅恪的自由观可分为个人的自由和民族的自由两个层次，这两者又可从思想的自由和政治的自由两个角度展开讨论，此处的讨论也围绕这两部分从这两个角度展开，探讨寅恪个人主义自由观的内涵与实质，及其中国文化传统和西方思想传统的因素，主要从思想之自由、不从流俗的少数主义、民族学术的独立等各方面展开。对于寅恪民族自由观的探讨，此处亦将注重其历史语境。

第一节　思想自由

寅恪先生一生的作品，对"自由"两个字非常偏爱。这种偏爱从其历年的诗作中可见一斑：

---

① 王氏晚年境况的分析，参见张广达：《王国维的西学与国学》，收入《张广达文集》之《史家、史学与现代学术》，1～41 页，桂林，广西师范大学出版社，2008。

② 较近的研究见 Ya-pei Kuo, "New Investigations into the Theory that Wang Guowei Sacrificed Himself for Freedom—On Chen Yinque's and Wu Mi's View of Modern Chinese Revolutionary Politics," *HEW*, Vol. 2, No. 2 (2006), pp. 205-227.

③ 陈弱水：《现代中国史学史上的陈寅恪》，65 页。

图六十八　清华校园内的海宁王先生之碑铭

1930 年《阅报戏作二绝（庚午）》"弦箭文章苦未休，权门奔走喘吴牛。自由共道文人笔，最是文人不自由。"

1938 年 8 月《戊寅蒙自七夕》："人间从古伤离别，真信人间不自由。"

1945 年 7 月《十年诗用听水斋韵并序》："赢得声名薄幸留，十年梦觉海西头。檗钗合钿缘何事，换羽移宫那自由。"

1953 年《答北客》："多谢相知筑菟裘，可怜无蟹有监州。柳家既负元和脚，不采苹花即自由。"①

上述诗作中的"自由"一语，贯穿寅恪一生，可见其在寅恪思想中的重要。然而，寅恪对自由最为著名的阐释却见于 1927 年所撰《清华大学王观堂先生纪念碑铭》，其文云：

① 陈寅恪：《陈寅恪集·诗集》，以上四首分别见 20，25，44，100 页。还有类似于自由的说法自在亦出现在诗中，如 172 页，1965 年 10 月作《重九日作》："黄花不见何由采，空负东篱自在身。"反映了极为相似的理念。

海宁王先生自沉后二年，清华研究院同仁咸怀思不能自己。其弟子受先生之陶冶煦育者有年，尤思有以永其念。今日，宜铭之贞珉，以昭示于无竟。因以刻石之词命寅恪，数辞不获已，谨举先生之志事，以普告天下后世。其词曰：士之读书治学，盖将以脱心志于俗谛之桎梏，真理因得以发扬。思想而不自由，毋宁死耳。斯古今仁圣同殉之精义，夫岂庸鄙之敢望。先生以一死见其独立自由之意志，非所论于一人之恩怨，一姓之兴亡。呜呼！树兹石于讲舍，系哀思而不忘。表哲人之奇节，诉真宰之茫茫。来世不可知者也，先生之著述，或有时而不章。先生之学说，或有时而可商。惟此独立之精神，自由之思想，历千万祀，与天壤而同久，共三光而永光。①

在这篇雄文中，自由一词出现三次，独立一词出现两次，独立精神与自由思想并列出现，并特别提到有独立自由意志。寅恪先生在这里主要强调的是思想和精神的自由，特别是个体的思想和精神的自由，当然也牵涉到个体在政治上的自由，下文将详说。

寅恪先生所论"独立之精神，自由之思想"实际上也引起了误解。比如李慎之先生在《独立之精神、自由之思想——论作为思想家的陈寅恪》一文中认为"思想而不自由，毋宁死耳"一句出自美国独立战争时期的英雄帕特立克·亨利（Patrick Henry，1736—1799）。此人以在演讲中喊出"给我自由或给我死亡"（Give me liberty or give me death）一语闻名。他于 1775 年 3 月 23 日在里士满的圣约翰教堂对弗吉尼亚议会（House of Burgesses）发表演讲。当时在场的听众中有美国独立运动领导人华盛顿和杰斐逊。他在说到这一句时拿着一把象牙制成的拆信刀对准自己的心脏。他的雄伟演讲极大地刺激了弗吉尼亚议会支持独立战争的军事行动。李慎之指出独立之精神、自由之思想之出典固然不错，但出典之语境更牵涉到政治的自由，强调的是北美殖民地人民所要求的政治自由，而非寅恪所论之思想自由。

---

① 陈寅恪：《陈寅恪文集》之三《金明馆丛稿二编》，218 页，上海，上海古籍出版社，1980。

　　不过，李慎之这里指出其出典可证明寅恪之所为自由之思想并非来自中国传统文化之语境。他还指出胡适认为寅恪是一个文化遗民，而他不同意胡适此说，并举寅恪表彰陈端生、柳如是的自由独立精神为例，不认为寅恪是旧文化保守主义者。他比较了寅恪和曾国藩对中国旧文化的看法，认为寅恪已经对专制主义的中国旧文化看得十分清楚，但从《王观堂先生挽词序》中可以看出寅恪在感情上对纲纪之说有所依恋。李慎之认为三纲六纪之外，寅恪对中国文化的第二个定义是以儒、释、道三教为中心的中国思想。李慎之先生的说法虽有其独到之处，但也有不足。他前面讲政治自由，后面又转向文化，谈思想自由。

　　我们必须细致地分析寅恪先生所撰这篇纪念碑铭，并结合寅恪所处的历史时代才可以确知寅恪的自由观。这篇纪念碑铭传达的意思，值得重视的有这样数端。首先，寅恪特别注重士人的身份认同。他在文中指出王国维是士，士的使命是读书治学。我们稍读余英时先生的《士与中国文化》一书可知，士是中国特有的社会阶层，处于四民社会中所谓士、农、工、商四民之首，是中国文化的创造者和守护者。寅恪所谓士之读书治学，不仅指出了王国维的社会身份与个人使命，实际上也是自我期许，因为他自己也正是一位士人。中国传统中的士人不同于一般意义上的读书人、学人，也不同于西方的知识人，因为他在传统中国社会中的政治关怀、政治参与以及家族观念赋予了他独特的地位。寅恪所称颂的王国维的自由之思想是否也带有政治性呢？应该是有的，他所说王国维的自由之思想应该也包括了王国维之不受当时政治意识形态之影响，而有其独立之判断。从这个意义上说，这当然指个人之自由意志不受政治局势之左右。

　　其次，寅恪对王国维独立精神自由思想的阐释颇受西方思想传统的影响，将个人的自由归结为个人之意志之自由。主张"士之读书治学，盖将以脱心志于俗谛之桎梏，真理因得以发扬。思想而不自由，毋宁死耳。"他显然将士人的使命确定为脱离俗谛，发扬真理，且思想上必须是自由的，否则不如死去。换言之，士人以外的人所信奉的所谓真谛，抑或真理，乃是俗谛。只有具有自由思想的士人才能发扬真理而得到自由。这颇让我们想起本文开篇引用的《圣经》中的话，"你们必晓得真理，真理必叫你们得以自由。"寅恪虽然没有明说他的说法受到《圣经》的影响，但是从寅恪其他著述可知他对于作为西方文化重要经典的《圣经》却毫不陌生①。比如他在《冯友兰〈中国哲学史〉下册审查报告》中提到"以新瓶而装旧酒"一语②，指用新的形式来讨论旧的内容。其实这句短语出自在西方人尽皆知的《圣经》中所谓"旧瓶装新酒"一语，见于《马太福音》第九章第十七节，"没有人把新酒装在旧瓶里。若是这样，旧瓶就裂开，酒漏出来，连旧瓶也坏了。惟独把新酒装在新瓶里，两样就都保全了。"以及《马可福音》第二章第二十二节，"没有人把新酒装在旧瓶里。恐怕酒把旧瓶裂开，酒和旧瓶都坏了，惟把新酒装在新瓶里。"除了将真理与自由结合在一起讲颇有渊源于西方思想的嫌疑之外，寅恪所谓"先生以一死见其独立自由之意志"一句中"自由意志"的说法应该也是舶来品。中国思想传统中当然也有所谓"自由意志"的因素，但"自由意志"本身这一说法，应来自近代西方思想似无疑义③。

再次，寅恪非常强调王国维"先生以一死见其独立自由之意志，非所论于一人之恩怨，一姓之兴亡"，这主要讲王先生在政治上不受一个王朝之束缚，因而可以说这里强调的是政治上的个人自由。在他看来，王的死不是像一些人猜测的因为王国维与罗振玉的个人恩怨，也并非因为清政府的覆亡，而仅仅是个人的独立自由意志。我们应该注意到，在王国维自杀的时代，清帝下诏退位已经多年，甚至袁世凯登基的闹剧也渐渐为人们所遗忘，王国维当然不太可能仍为清朝廷尽忠，他对于旧文化的依恋远超对旧政权的依恋。而值得注意的是，1927 年正是广州革命政府组织的北伐节节胜利之际，而北方知识界新派学人颇有同情革命者，虽然 1917 年以来新文化运动开展了一系列批判传统文化的活动，但南方革命政府在政治上和军事上的革命则以暴力摧毁了许多文化遗产，也结束了许多旧派士人的生命。对于这一现状，王不可能不有所警觉。寅恪

---

①　相关讨论参见本书第三章第二节。

②　原刊 1934 年 8 月商务印书馆冯友兰著《中国哲学史》，收入《金明馆丛稿二编》，285 页。

③　比如吴宓：《吴宓日记》，第二册，35 页记吴宓使用了自由立意一词，后附原文英文词（free-will）。

强调王国维的个人的独立自由意志，其意义乃在于揭示王国维生命中的不服从暴力，不服从当时深受新派学人欢迎的革命俗谛。而这种独立之精神、自由之思想正是士人所不同于凡夫的独特性格。

最后，值得注意的是，寅恪的这篇纪念文中仍然透露出他所深受的中国传统思想之熏陶。虽然他所使用的真理与自由等概念有源自西方思想的嫌疑，但他使用的俗谛一词，却是地地道道的佛教术语（梵文 *saṃvṛti-satya*，也称为世谛，世俗谛，覆俗谛，覆谛），与真谛（*paramartha-satya* 也称为第一谛，胜义谛）相对而言。这一词的使用反映了寅恪在佛学上的修养和熏陶[1]。

佛学之外，寅恪该篇纪念碑铭亦有一句话透露出儒家的思想渊源："斯古今仁圣同殉之精义，夫岂庸鄙之敢望。""仁"与"圣"是儒家思想中的核心概念。儒家传统中圣人的特性之一正是"仁"。寅恪因自幼饱读儒家经典，自然在撰写这篇纪念碑铭时对儒家的核心概念顺手拈来。这一句中并把仁圣和庸鄙区别开来。所谓仁圣同殉精义，正是独立自由；而庸鄙所望的不过是俗谛而已。成仁成圣，正是中国儒者的一生理想，而历史上能克竟其功者，少之又少。寅恪这篇文章则将追求真理以进自由与儒家的成仁成圣理想结合在一起，似乎可以看作是出身士大夫家庭的影响。

寅恪学贯中西，他虽然不专门研究经学，但可以看出他的思想中儒家思想已经深入骨髓。而他所研究的学术主题则优游佛、道两教之间，他的名篇中有关道教的作品有《崔浩与寇谦之》和《天师道与滨海地域之关系》。他的自由思想中也有中国传统道家的因素。老子《道德经》第十三章："宠辱若惊，贵大患若身。何谓宠辱若惊。宠为下，得之若惊，失之若惊，是谓宠辱若惊。何谓贵大患若身。吾所以有大患者，为吾有身，及吾无身，吾有何患。故贵以身为天下，若可寄天下；爱以身为天下，若可托天下。"陈寅恪诗句曾出现三次：

1931 年《辛未九一八事变后刘宏度自沈阳来北平既相见后即偕

---

① 参见拙撰《文献主义与民族主义：近代佛学视野中的陈寅恪》，载《新哲学》，第七辑，2007，216～237 页，收入本书第七章。

游北海天王堂》略云："空文自古无长策，大患吾今有此身。"①

1943 年 3 月 30 日《致史语所第一组诸友》："沧海生还又见春，岂知春与世俱新。读书渐已师秦吏，钳市终须避楚人。九鼎铭词争颂德，百年粗粝总伤贫。周妻何肉尤吾累，大患分明有此身。"②

1966 年 1 月《丙午元旦作》："雀噪檐间报早春，今朝聊作太平人。小冠久废看花眼，大患犹留乞米身。"③

寅恪的自由观似乎也深受近代人文主义思想的影响④。他所主张的独立之精神与自由之思想具有恒常性和普遍性，反映在所谓"历千万祀，与天壤而同久，共三光而永光。"这一句中寅恪用与天壤以及日月星三光同样长久的隐喻来暗示独立自由的恒常性，这实际上也可以解释为普遍性。虽然在寅恪的时代，他非常重视个人的思想自由，可是在现代语境下，思想自由不是知识人的专属权利，而是社会上每一个个人所应该享受的基本人权，是个人尊严的基本保障，具有普遍性。而对于这种人权中自由独立之普遍性的认识，出自近代人文主义对个人价值的肯定。我们前面虽然讨论了寅恪自由观的西方和中国思想渊源，如何在现代语境下理解寅恪的自由观仍是一个问题。

寅恪所谓独立精神和自由思想，已经和我们当前语境中理解的个人自由非常接近⑤。我们当前理解的个人自由乃是近代社会天赋人权观念的一个重要组成部分，自由不是特权，而是天赋人权。我们今天日常话语中的自由，是现代意义上的自由，无疑带有很强的舶来色彩。这种现代的自由，在英文中有时以 freedom 出现，有时以 liberty 出现，后者更强调的是自由于自我审查和外界强加因素。这种个人自由可以是哲学意

---

① 陈寅恪：《陈寅恪集·诗集》，20 页。
② 陈寅恪：《陈寅恪集·书信集》，233 页。
③ 陈寅恪：《陈寅恪集·诗集》，174 页。
④ 陈寅恪的人文主义思想受烈维、白璧德影响，参见本书第三、四章。
⑤ 周勋初主陈寅恪所主张的中国文化本位论，并非提倡陈腐的封建礼法，而看重的是人的尊严和思想的自由。参见周勋初：《陈寅恪先生的中国文化本位论》，见北京大学中古史中心编：《纪念陈寅恪先生诞辰百年学术论文集》，20～31 页，北京，北京大学出版社，1989。

义上的自由，也可以是政治意义上的自由。哲学上的自由强调个体可以不受约束的行动，不需要服从和被强制。在佛教中，自由常常和自在通用，指个人不受贪婪、嗔心、痴迷三毒的约束，不受八苦的烦恼。道家讲无所待也是一种哲学意义上的自由。现代意义上的自由，主要包括思想上不受因为政治强制而产生的自我审查和外在压迫的自由，主要指言论、出版以及宗教信仰的自由。

自由意志（free will）主要指选择的自由（the freedom of choice）。思想自由（the freedom of thought, freedom of ideas）主要指良知的自由（freedom of conscience），这常常被看作是个体最基本的自由。这常常也表现在宗教的自由和信仰的自由。美国《权利法案》（*Bill of Rights*）和宪法第一修正案（*First Amendment*）对这些自由予以法律保障。这种思想和良心的自由，已经为现代文明世界普遍接受。《普遍人权宣言》（*Universal Declaration of Human Rights*）第十八条：每个人均有思想、良心和宗教的自由，包括从一种宗教或信仰变成另一种宗教或信仰的自由，这种自由可以是个人的，也可以是社区的，可以是公开，也可以是私人的，也包括个人彰显其宗教教义、实践、礼拜以及仪式的自由。第十九条：每个人均有表达观点而不受干扰的自由。西方学者一般认为，在大多数民主社会，思想自由乃是极其根本的若干原则之一。而极权主义以及威权主义政权则试图压制思想自由。他们可能使用各种手段来限制言论自由，如焚书、书报检查制度，以及宣传，甚至对当事人进行逮捕、判刑。

中国近代知识人特别注意思想自由的重要性。而这一点也反映在1949 年 9 月 29 日中国人民政治协商会议第一次全体会议所通过的《共同纲领》之中，该纲领第一章总纲第五条宣称中华人民共和国人民有思想、言论、出版、集会、结社、通讯、人身、居住、迁徙、宗教信仰以及示威游行的自由权。该纲领并宣称婚姻、新闻、贸易、宗教自由。1954 年9 月 20 日第一届全国人民代表大会第一次会议通过《中华人民共和国宪法》则宣称中华人民共和国公民有言论、出版、集会、结社、游行、示威的自由。公民还有宗教信仰的自由，人身自由，居住和迁徙的自由，进行科学研究、文艺创作和其他文化活动的自由。

从《共同纲领》到 1954 年《宪法》所规定的公民自由权利可以看

出，《共同纲领》强调的第一条自由即是思想自由。我们知道，《共同纲领》的制定有众多无党派知识分子的参与，这里对思想自由的强调可能跟制定者中有众多知识分子有关，而他们当时关心的自由主要是思想自由。1954年《宪法》反而没有这一条。这虽然是个小小的差异，但可反映其背后的阶级变化和权力变迁。其实，早在1929年中国知识人之间的人权论战中，思想和言论自由的论题已经讨论得热火朝天，胡适、罗隆基等人在上海《新月月刊》发表一系列文章如《人权与约法》、《论人权》、《我们什么时候才可有宪法》，主张一个人总有思想，有思想就需要表达，需要有表达的自由。当时寅恪正在北平清华大学任教，虽无意做一个公共知识分子，未参与任何论战，但他显然一向主张思想自由。

第二节 少数主义

寅恪先生所谓个人的自由，所谓脱俗谛，亦可看作是少数主义，这一点特别表现在寅恪文章之中常常流露出在政治上、思想上和学术上不从"流俗"的态度。寅恪一生经历非常复杂，因早年长期留学得以游历欧、亚、美各大洲，又出身世家，在学问上、为人上立意甚高，识见尤其不凡，故而相当自负，动辄斥责所谓"流俗"、"庸鄙"。其诗作中颇多这一态度的反映。如1945年4月30日《忆故居并序》："一生负气成今日，四海无人对夕阳。"①寅恪在哈佛留学期间，对同辈中国留学生大多看不上。吴宓1919年9月8日的日记中记载寅恪评论说当时的中国留学生十之八九欺世盗名，不过是假爱国利群、急公好义之名行贪图倾轧之实，以遂功名利禄之私而已②。这种自负也让他在许多问题上处在少数派的立场，不愿意随波逐流。而这种立场，正是他所一贯奉行的自由主义立场，其核心价值即是独立精神、自由思想。因此，个人的自由和脱离俗谛其实也可以看作是少数主义原则。

少数主义，对于知识人而言非常重要，个人的观点、主张、看法和

---

① 陈寅恪：《陈寅恪集·诗集》，42页。
② 吴宓：《吴宓日记》，第二册，66~67页，1998。

立场均应该基于个人的判断，不可随波逐流。寅恪先生可谓是少数主义的身体力行者。在他看来自由是不随波逐流，对所谓正统和所谓主流的叛逆，比如他对王国维投湖而死的理解即与当时北平主流知识界的流俗主张不同。当时北平知识界的主流是拥抱新文化运动，所以周作人等新派知识分子成为青年学生的偶像，很多学者接受大革命的现实。他和王国维并不盲从这一主流。在1949年之后寅恪也不从于思想界的主流，当时连精于国学的学者如冯友兰也摇身一变开始学习主流思想，而寅恪却提出"我决不反对现在政权，在宣统三年（1911）时就在瑞士读过《资本论》原文。但是我认为不能先存马列主义的见解，再研究学术。我要请的人，要带的徒弟都要有自由思想，独立精神。因此，我提出第一条，允许中古史研究所不宗奉马列主义，并不学习政治。"①寅恪这样故作惊人之语来拒绝主流、自甘边缘的立场和态度也反映在他在1957年发表的《论韩愈》一文，在他看来，在唐宪宗迎佛骨的问题上，上自皇帝，下至普通民众，无不为佛骨倾倒，而韩愈本人作为一位士大夫，却对这种行为坚决反对，甚至不惜被贬斥边荒。可见韩愈代表不畏主流意识形态甚至民意的立场，也即是少数派的立场。韩愈当时也并不反对皇帝，只是不苟同于当时所谓长安上下崇迎佛骨的流俗。

寅恪的立场也不可仅仅被理解为反对政治专制制度，更应该看作是学术思想上的少数主义，是在思想学术上主张不能搞少数服从多数，不能搞民主集中制，因为这正是寅恪自由思想的核心。真谛就是真谛，不因为它只为少数人理解和掌握才是真谛。如果一个人认为自己真理在手，那他即认为自己得到真正的自由，他也因此有虽千万人，吾往矣的勇气。

寅恪是一位关心时事且对东西方政治均十分敏感的历史学家②，虽然我们无法得知他是否在《资本论》之外也读过《联共（布）党史教

---

① 陈寅恪：《陈寅恪集·讲义及杂稿》，464页。

② 他的很多看法和立场均不以政治言论出现，而以诗作或学术论文的形式表达。吴宓在日记中记录了陈在50年代政治运动中的态度"寅恪述十二年来身居此校能始终不入民主党派，不参加政治学习而自由研究，随意研究……然寅恪自处与发言亦极审慎，即不谈政治，不论时事，不臧否人物，不接见任何外国客人。尤以病目，得免与一切周旋，安居自守，乐其所乐，斯诚为人所难及。"（《吴宓日记》1961年8月31日）

程》，但他对于苏联的历史和现状应当十分了解，当时他留学哈佛时校园内屡有相关讲座和讨论。或许寅恪的少数主义也可以看作是与布尔什维主义不合流，因为布尔什维主义在俄文中的原意正是所谓多数主义，与孟什维克主义相对而言。布尔什维主义在这里仅从修辞意义上反映其所谓代表革命群众、代表多数人民大众，而这种宣称并不能为其获得正义性、合法性。布尔什维克在 1910—1920 年代在国际话语中实际上乃是当时俄共的代名词，号称多数派，实际是过激派。

寅恪先生从未在著作中明确提到布尔什维主义。但他的好友吴宓在 1919 年 3 月 27 日的日记中则特别提到"今世之大患，莫如过激派 Bolshevism，德、俄已全归糜烂，爱尔兰久已骚动。"①寅恪和吴宓两人当时均在哈佛留学，交往十分密切，一定对这些欧洲时政议论颇多。在 1919 年 2 月 4 日的哈佛校报（*The Crimson*）说"布尔什维主义不再被认为是一种令人费解之物，它是在每个国家都不断成长的活着的力量，"还说"如果我们决定了俄国人可求得自己的解放，则必须保持严格的中立"。吴宓很可能看到了校报上的这个报道。1919 年 2 月 10 日的校报又登出消息，维讷教授（Leo Wiener, 1862—1939）将在 11 日晚七点半做关于布尔什维主义的报告②。寅恪本人的一些诗作及其弟子们的回忆文章均可看出寅恪并不赞成苏俄式共产主义，如石泉回忆说寅恪很怕俄国人，浦江清回忆说寅恪不赞成俄国式共产主义，金应熙指出寅恪担心马列主义会以夷变夏③。

---

① 吴宓：《吴宓日记》，第二册，23 页。余英时先生对 20 世纪中国的激进化有很精辟的论述，见 Yu Ying-shih, "The Radicalization of China in the Twentieth Century," *Daedalus* 122：2 (1993), pp. 125-150.

② 维讷出生于俄国，后赴美，先是在堪萨斯城教书，以他通晓 20 余种语言的能力，于 1896 年获聘到哈佛任教，系美国第一位讲授斯拉夫文学的教授。毕生翻译了多达 24 卷的托尔斯泰著作。《吴宓日记》，第一册，139 页，记 1920 年 3 月 16 日旁听此君参加的辩论。1936 年 5 月 29 日吴宓致陈逵的信亦云"宓以种种感触，对于道德、名誉、爱国、民族主义、改良社会、共产、革命 etc.，一体厌恶、痛恨。"这里面有些价值为吴宓之不喜，当然有感情用事的一面，但他对共产、革命的痛恨是和其早期的思想一脉相承的。见《吴宓书信集》，204 页。

③ 关于寅恪这一立场，除余英时先生在阐释寅恪诗作时多所论述之外，王震邦亦有提示一些旁证，见于《独立与自由：陈寅恪论学》，232 页。

寅恪主张独立自由的思想，不可看作是单纯的反抗上层强权和专制，即使是同辈人和普通民众均十分欢迎的立场和主张，作为一个知识人，亦应当采取独立自由的立场审视。这种独立自由思想，在现代西方学术中常常被认为是批判性思维（critical thinking）的精髓。但凡在西方受过正规教育的大学生都会了解，批判性思维是西方人文主义教育中的基本核心内容，几乎出现在所有人文社会科学学科的教学要求中。现代知识分子的重要特点，即是能不从流俗，对于主流民意亦持批判态度。

寅恪主张自由思想，也对时局多有评论，但他的表达常常是隐喻式的、非直接的。他在《朱延丰〈突厥通考〉序》中宣称"寅恪平生治学，不甘逐队随人，而为牛后。"①表明自己不从流俗的学术取向。此文写于1942年桂林。发表于1943年1月《读书通讯》第58期。此文并主张"惟默察当今大势，吾国将来必循汉唐之轨辙，倾其全力经营西北，则可以无疑"。加上1951年所发表的《论唐高祖称臣于突厥事》，似乎寅恪1943年所谓经营西北是指中国不得不全力处理与苏联的关系。

寅恪在《读吴其昌撰〈梁启超传〉书后》一文中，不同意很多论者认为梁启超的问题在于不能与中国政治绝缘的不幸，他举梁启超撰《异哉所谓国体问题者》为例，认为梁启超之卷入政治实在是情非得已。所以他论学论治，迥异时流。寅恪晚年尤其撰有《论再生缘》一文，多处发表不合时宜、在当时足以惊世骇俗的言论。比如该文说，"承平豢养，无所用心，忖文章之得失，兴窈窕之哀思，聊作无益之事，以遣有涯之生云尔。"②此所谓无益之事，并非是没有用处，而是他这种研究女性历史与当时主流史家强调研究古史分期、农民战争、资本主义萌芽、土地所有制问题、汉民族问题五朵金花而为当世所用非常不合拍。寅恪还指出：

> 总之，不枝蔓有系统，在吾国作品中，如为短篇，其作者精力尚能顾及，文字剪裁，亦可整齐。若是长篇巨制，文字逾数十百万言，如弹词之体者，求一叙述有重点中心，结构无夹杂骈枝等病之作，以寅恪所知，要以《再生缘》为弹词中第一部书也。端生之书

---

① 陈寅恪：《陈寅恪集·寒柳堂集》，162页。

② 同上书，1页。

> 若是，端生之才可知，在吾国文学史上中，亦不多见。但世人往往
> 不甚注意，故特标出之如此。韩退之云：发潜德之幽光。寅恪之草
> 此文，犹退之之意也。①

此处并非证明寅恪喜欢故作惊人之语，而只是表明寅恪不从流俗，要学习韩愈，甚至不惜自贬潮州。寅恪对于流俗之不屑，亦见于他 1932 年 9 月 5 日在天津《大公报》文学副刊发表的《与刘叔雅论国文试题书》一文。他在这篇文章中指出欧美比较语言学的发达，印欧语言有性、数、格的特点，而中国语文的优点体现在对对子之中。最后，他坦诚他的意见可能遭到流俗的讥笑。但这些讥笑他的人实在是因为他们昧于世界学术之现状，又不懂得汉语文的特性，不过是拿 19 世纪下半叶的格义学来非难他②。

寅恪作为知识人的批判性思维，虽然体现在他对自由独立的珍视，但并非精英知识人的顾影自怜，相反，他亦十分注重少数群体（minority group）以及在主流话语中不受重视的群体（unrepresented group），比如女性。女性形象在中国传统社会中，长期遭受主流儒家意识形态的扭曲，她们的声音和思想并不能得到传统士大夫的重视。寅恪所著《论再生缘》特别提到陈端生自由独立自尊的思想在当时惊世骇俗，为一般人非议。所谓一般人，不仅包括精英阶层的士大夫阶级，亦包括贩夫走卒。寅恪说：

> 至端生所以不将孟丽君之家，而将皇甫少华之家置于外廊营者，
> 非仅表示其终身归宿之微旨，亦故作狡狯，为此颠倒阴阳之戏笔耳。
> 又观第一七卷第六七回中孟丽君违抗皇帝御旨，不肯代为脱袍；第
> 一四卷第五四回中孟丽君在皇帝之前，面斥孟士元及韩氏，以致其
> 父母招受责辱；第一五卷第五七回中孟丽君夫之父皇甫敬欲在丽君
> 前屈膝请行，又亲为丽君挽轿；第八卷第三十回中皇甫敬撩衣向丽
> 君跪拜；第六卷第二二回、第二三回、第二四回；及第一五卷第五
> 八回中皇甫少华向丽君跪倒诸例，则知端生心中于吾国当日奉为金

---

① 陈寅恪：《陈寅恪集·寒柳堂集》，68 页。
② 陈寅恪：《陈寅恪集·书信集》，165 页。

> 科玉律之君父三纲，皆欲借此等描写以摧破之也。端生此等自由及
> 自尊及独立之思想，在当日及其后百余年间，俱足惊世骇俗，自为
> 一般人所非议。①

寅恪显然不能苟同于所谓一般人对于女性的认知，所以才撰写《论再生
缘》以发扬陈端生的独立、自尊和自由思想。中国普通人的自由乃是在
传统儒家礼制下的自由，礼制是正统思想，逃离礼制被看成是对正统叛
逆的自由。其实，寅恪早年即已经注意到婚姻自由问题。吴宓在日记中
记录寅恪学问渊博、识力精到。1919 年 3 月 26 日傍晚和吴宓谈话，细述
在欧洲学习所了解的欧洲社会现状，让吴宓了解到欧洲人婚姻之不能自
由，乃过于中国人之包办婚姻②。可见寅恪早就对中西方的婚姻自由状
况有所关注。当然，欧洲当时仍是传统深厚的贵族社会，在婚姻问题上
受家族传统礼制束缚可想而知。

另外，寅恪亦在唯物主义取得主流之时表彰外国宗教哲学的伟大。
寅恪在《论再生缘》中还提出，"外国史诗中宗教哲学之思想，其精深博
大，虽远胜于吾国弹词之所言，然止就文休立论，实未有差异。"③ 此文
撰于反右运动兴起之后，当时全国上下一片革命的声音，思想界开始全
面宣传辩证唯物主义和历史唯物主义，这些主义已经取得统治地位，而
寅恪却能在这样的环境下指出外国史诗中宗教思想的精神博大，容易被
视为顶风作案，这可能也反映了他一贯不从流俗的态度，身体力行主张
自由表达自己的思想。

寅恪的时代，一般历史学者均认为宋朝积贫积弱，偷安一方。新文

---

① 陈寅恪：《陈寅恪集·寒柳堂集》，65～66 页。

② 吴宓：《吴宓日记》，第二册，20 页。1925 年则在中国知识人之间爆发了关
于新性道德的论战，很多问题发表在《妇女杂志》、《现代评论》、《莽原》等杂志上，
讨论妇女的地位、婚姻自由问题，如章锡琛在《妇女杂志》第一一卷一号发表《新
性道德是什么》主张自由平等乃是人类共同的要求，凡侵害他人自由即为不道德。
周建人在《莽原》第 14 期发表《答一夫多妻的新护符》，引用美国学者皮尔逊《自
由思想的伦理》，主张恋爱属于个人自由。

③ 陈寅恪：《陈寅恪集·寒柳堂集》，71 页。余英时先生《陈寅恪〈论再生缘〉
书后》讨论了其中所反映的寅恪本人之感怀身世，见《陈寅恪晚年诗文释证》，227～
242 页。

化运动中的一些激进知识分子更认为宋代理学正是以理杀人的道德基础。但寅恪却认为宋朝一代思想最为自由。他认为"六朝及天水一代思想最为自由，故文章亦臻上乘，其骈俪之文遂亦无敌于数千年之间矣。"①六朝的思想自由在于贵族政治，王权受到世家大族的平衡，士大夫得以自由表达。而赵宋之际思想权威下移，士人能够比以前更为自由地思考，并以自己的思想和价值观作为权威。如程颢认为自己已经明道，当然可以不以皇帝的意志为转移②。

故而寅恪认为庾信有自由的思想，所以能写出家国兴亡的名篇。而陈端生也因为思想自由，所以能下笔成名篇。最后他得出结论，"无自由之思想，则无优美之文学。"而且从这一个例子可以推知其余。他甚至说这是显而易见的真理，世人却常常并不知晓，可谓愚不可及。正是因为这种自由，宋朝并非一般人认为的那样积贫积弱，不是中国历史上的黑暗时代。吴宓的日记也记载了寅恪对宋代的较高评价："故宋元之学问、文艺均大盛，而以朱子集其大成。朱子之在中国，犹西洋中世之 Thomas Aquinas，其功至不可没。而今人以宋元为衰世，学术文章，卑劣不足道者，则实大误也。"③

20 世纪初北大和清华两校学术思想特点较为不同，前者兼容并包，后者抱残守缺。北大学术思想的代表是蔡元培、胡适、陈独秀等人，北大的特色是极保守的旧派与极激进的新派学者共事。而清华抱残守缺学术思想的主要代表人物则包括王国维、陈寅恪。兼容并包意味着容忍异端思想，主流与非主流，东方与西方，传统与现代；而抱残守缺，强调的是残与缺，抱残守缺意味着少数主义的自由，不随波逐流的自由。寅恪是清华国学研究院的导师，自然也代表了这种少数主义的自由。前面我们探讨了寅恪独立自由思想中的少数主义，现在我们或许可以以胡适为例看看北大的兼容并包精神。20 世纪 20 年代蔡元培执掌北京大学时所奉行的兼容并包的自由主义传统，在北大出身的教授胡适的言论中有

---

① 陈寅恪：《陈寅恪集·寒柳堂集》，72 页。

② 有关讨论见 Peter K. Bol, *This Culture of Ours*：*Intellectual Transitions in T'ang and Sung China*, Stanford：Stanford University Press，1992.

③ 吴宓：《吴宓日记》，第二册，103 页，1919 年 10 月 14 日。

最好的体现，特别是《容忍和自由》的演讲。胡适在 1959 年 3 月 12 日
演讲《容忍与自由》中指出：

> 十七八年前，我最后一次会见我的母校康奈尔大学的史学大师
> 布尔先生（George Lincoln Barr）。我们谈到到英国史学大师阿克顿
> （Lord Acton）一生准备要著作一部《自由之史》，没有写成他就死
> 了。布尔先生那天谈话很多，有一句话我至今没有忘记。他说，"我
> 年纪越大，越感到到容忍（torlerance）比自由更重要。"
>
> 布尔先生死了十多年了，他这句话我越想越觉得是一句不可磨灭的
> 格言。我自己也有"年纪越大，越觉得容忍比自由还更重要"的感想。
> 有时我竟觉得容忍是一切自由的根本，没有容忍，就没有自由。……
>
> 我到今天还是一个无神论者，我不相信有一个有意志的神，我
> 也不信灵魂不朽的说法。但我的无神论和共产党的无神论有一点最
> 根本的不同。我能够容忍一切信仰有神的宗教。也能够容忍一切诚
> 心信仰宗教的人。……
>
> 我自己总觉得，这个国家、这个社会、这个世界，绝大多数人
> 是信神的，居然能有这雅量，能容忍我的无神论，能容忍我这个不
> 信神也不信灵魂不灭的人，能容忍我在国内和国外自由发表我的无
> 神论的思想，从没有人因此用石头掷我，把我关在监狱里，或把我
> 捆在柴堆上用火烧死。我在这个世界里居然享受了四十多年的容忍
> 与自由。我觉得这个国家、这个社会、这个世界对我的容忍度量是
> 可爱的，是可以感激的。
>
> 所以我自己总觉得我应该用容忍的态度来报答社会对我的容忍。
> 所以我自己不信神，但我能诚心的谅解一切信神的人，也能诚心的
> 容忍并且敬重一切信仰有神的宗教。①

这篇文章后来登载在《自由中国》杂志。胡适与寅恪的经历非常不同，
1949 年以后两人又分隔两地，但两人在自由主义的思想层面上则有某些
相通之处。不过，胡适对自由的认识比寅恪可能更清醒，他们俩在言论、

---

① 胡适：《胡适时论集》，《胡适文集》第 11 集，欧阳哲生主编，823～825 页，
北京，北京大学出版社，1998。

思想、学术、民族自由的看法上应无二致，但对政治自由的认识可能略有差别。1948 年 10 月 5 日，胡适在武昌发表《自由主义在中国》的演说中指出"中国历代自由的最大失败，是只注意思想言论学术的自由，忽略了政治的自由。所谓政治的自由，就是要实现真正的民主政治，否则一切基本自由都是空的。"这确实是一针见血、切中时弊①。

第三节　民族学术

生在 19 世纪末 20 世纪初，读书人既有大幸又有大不幸。大不幸的是腐朽没落的清朝廷岌岌可危，中华政治经济文化均面临三千年未有之变局，而帝国主义列强虎视眈眈，民族危机日益深重。大幸的是朝廷岌岌可危，对思想控制减弱，而各种新思想、新思潮涌进中国，在新旧思想的激荡中正可以做一番大事业，学术界群星璀璨，正所谓天才结群而来。寅恪先生的幸运在于有机会游学日本欧美各地，但不幸的是正生在一个民族忧患深重的时期。更不幸的是他的家世与民族的危机从未绝缘。他的祖父因参与戊戌维新被罢官回乡。他的父亲在日本侵华时期困死北平。他妻子的祖父则是台湾抗日英雄唐景崧。他一生经历两次世界大战，正如《赠蒋秉南序》中所说"寅恪亦以求学之故，奔走东西洋数万里，终无所成。凡历数十年，遭逢世界大战者二，内战更不胜计。"这些家世和个人因缘使得他对于民族和文化的命运产生比常人更深刻的感触。他一定也没有想到，他在 20 世纪末再次成为所谓国学运动中的焦点人物。

20 世纪 90 年代，中国渐渐出现一股国学热，在这股国学热中，寅恪被看作是国学大师中的大师。这股国学的热潮与 80 年代的西学热潮形成鲜明对比，以 90 年代初为分水岭，代表了两个时代知识分子的不同关怀和价值取向。国学热一方面反映了 90 年代以来随着西学热的衰退，一些学者对于传统历史思想和文化的重新加以审视；另一方面也反映了1949 年之后数十年间主流意识形态在一些学者心目中已经不再作为潜在的思想资源。在这场热潮中，20 世纪初期比较活跃的国学家们的学术和

---

①　参见周质平：《胡适光焰不熄——纪念胡适 120 岁生日》，载《明报·文化人间》D 版，2011 年 11 月 18 日。

品格被重新发掘，作为中国学者引以为傲的思想与学术传统。这其中包括王国维、陈寅恪、钱穆、刘师培、章太炎、沈曾植等人。他们虽然在世时在学术界也颇有名声，但 1949 年以后因为阶级出身与政治立场与官方正统史观不合，很长时期内并不受学界重视。这些国学大师重新被发掘出来，亦可以说明现今的学者已经能够以平常的心态看待历史上的政治争斗，不以一时胜负为判断高下。

尽管国学热在一般民众中的拓展有狭隘民族主义的因素，但在知识界亦有其正面的意义。在这些国学大师之中，因为仍然健在的众多弟子、门人们的推波助澜，寅恪先生作为传统上非主流的学者被迎上历史前台，充当了在全球化时代中国学术在国际上处于弱势甚至失语状态下一些爱国学者的精神图腾。在这个意义上，国学热的兴起亦可看作是中国知识人重新寻找思想和文化认同的一个过程。不过这一过程中当代知识人对寅恪的认识以想象和托付为多。

我们在下文试图结合 20 世纪历史发展的背景来重新审视寅恪自由思想中的民族因素。在这样的背景中，至少有两点值得注意，寅恪所论的自由也包括民族的自由，这与他生活的历史环境密切相关。比如他于 1942 年 6 月 19 日在桂林写给朱家骅、叶企孙、王毅侯、傅斯年等人的信中称云南、四川等大后方为“自由中国”，这个说法在当时抗战进入艰难阶段的境况中具有非同寻常的意义①。寅恪在海外游学多年，可能也因为他的民族和国家出身，遭受过被洋人视为东亚病夫的诸多刺激②。对此，我们没有直接证据，但通过一些旁证可知，许多那个时代的留学生都对此颇有感触。比如吴宓在 1918 年 1 月 1 日的日记中即提到“美国人多知日本，少知中国。一尊一卑，固由强弱判分，亦因日本人常事鼓吹，极力抽叙东洋情形。中国则顾虑乌能为此。”③这种美国人多知日本、少

---

① 陈寅恪：《陈寅恪集·书信集》，85 页。

② 有关中国留美学生的民族主义思潮、运动及其背景的探讨，见 Weili Ye, *Seeking Modernity in China's Name*：*Chinese Students in the United States*，1900-1927，Stanford：Stanford University Press，2001，pp. 17-49.

③ 吴宓：《吴宓日记》，第二册，9 页。该书 13 页则记载陈通夫来吴宓住处谈，叙述在美西见到华人被美国人蔑视欺辱的情形；同书 135 页 1920 年 3 月 4 日日记更提到白璧德曾担忧吴宓回国之后中国已亡而吴宓不得不从日本人手中领取薪资。这些均可探知当时中国遭受的深重民族危机。149 页 1920 年 4 月 10 日日记则说美国人对于日本人畏而忌，对于中国人则贱而凌。

知中国的状况其实一直延续到今天，只要稍微熟悉一点美国东亚研究现状的人，均深有体会。其次，寅恪的民族自由观有其特定历史语境，特别是因为中国在政治、文化上遭受外界强权挑战的危机，换言之，他特别强调民族思想与学术的自由。

寅恪的著作中明确主张应表彰中华民族独立之精神和自由之思想。寅恪在《柳如是别传》的缘起中说："披寻钱柳之篇甚于残阙毁禁之余，往往窥见其孤怀遗恨，有可以令人感泣不能自已者焉！夫三户亡秦之志，九章哀郢之辞，即发自当日之士大夫，犹应珍惜引申，以表彰我民族独立之精神，自由之思想。"①这也反映出寅恪对于中国民族独立的潜在关怀。他通过祖父、父亲了解了甲午战争中大清的失败，自己也了解第一次世界大战后巴黎和会上列强对中国重新划分势力范围，他本人后来又经历了非常痛苦的难民生活，因为日军侵华，不得不从北平撤到香港，又被日军不断骚扰。这些都对他个人关心民族独立有极大的刺激作用。

除了在政治上民族必须独立之外，寅恪也指出中国必须在思想上独立，而不能完全输入外来思想："中国自今以后，即使能忠实输入北美或东欧之思想，其结局当亦等于玄奘唯识之学，在吾国思想史上，既不能居最高之地位，且亦终归于歇绝者。其真能于思想上自成系统，有所创获者，必须一方面吸收输入外来之学说，一方面不忘本来民族之地位。此二种相反而适相成之态度，乃道教之真精神，新儒家之旧途径，而二千年吾民族与他民族思想接触史之所昭示者也。"②思想和政治制度分不开。李慎之认为寅恪30年代在《冯友兰〈中国哲学史〉下册审查报告》中所明确指出的"二千年来华夏民族所受儒家学说之最深最巨者，实在制度法律公私生活之方面"一句主要指政治和伦理制度。寅恪认为当时中国处于数千年未有的变化之中，中国文化所凝聚的学人与之共命同尽，所以造成王国维的自沉。但是我们必须注意到这种变化形成的原因主要

---

①　姜伯勤先生认为此书亦反映了寅恪先生的心态；见《陈寅恪先生与心史研究——读〈柳如是别传〉》，载《新史学》6卷2期，1995，189～202页；收入胡守为编：《〈柳如是别传〉与国学研究——纪念陈寅恪教授学术讨论会论文集》，92～102页，杭州，浙江大学出版社，1996。

②　陈寅恪：《陈寅恪集·金明馆丛稿二编》，284～285页。

是社会经济制度的变迁和外族的入侵。

寅恪也极力主张学术的民族独立地位。他对于中国学术的现状有颇多不满意甚至耻辱感，如他在 1929 年 5 月所写的诗作《北大学院己巳级史学系毕业生赠言》云："群趋东邻受国史，神州士夫羞欲死。"①这是表明学术与士大夫民族自尊存在密切关系，他希望后学小辈能重建中国学术的信心。他又在《吾国学术之现状及清华之职责》中说特别阐明："吾国大学之职责，在求本国学术之独立，此今日之公论也。"②

寅恪十分在乎中国学术的形象问题。他在一封致傅斯年的信中解释中央研究院历史语言研究所在聘请福兰阁（Otto Franke，1863—1946）为外籍研究员一事需要慎重。寅恪并未明言弗兰克研究中国史的成绩不够资格，只是表明他担心以弗兰克的汉学造诣而言，中研院如果聘他可能造成外国学术界认为中国学术界的学术趋向和标准大成问题③。在聘请外国人担任通讯或客座研究人员方面，寅恪十分留意外国学术界的评价，在今天中外交流日益频繁而中国学界常常聘请海外学者的情形下，这一点仍然具有十分重要的现实意义。

寅恪多次为中国图书在战乱中可能被外国人收购去而担心。他在 1929 年致傅斯年的一封信中感叹山东聊城杨氏海源阁藏书恐怕被日本人收购去而中国无力阻止④。他还在给傅斯年的另外一封信中说到如果李盛铎的藏书落入外国之手，"国史之责托于洋人，以旧式感情言之，国之耻也。"⑤ 他本人深受日本侵华的干扰，除了生活颠沛流离之外，正所谓"乃南驰苍梧瘴海，转徙于滇池洱海之区，亦将三岁矣。此三岁中，天下之变无穷。先生讲学著书于东北风尘之际，寅恪入城乞食于西南天地之间，南北相望，幸俱未树新义，以负如来。"他遭受的直接损失是学术笔记和资料的散失，如他所说，"年来复遭际艰危，仓皇转徙，往日读史笔记及鸠集之资料等悉已散失。"但他对于同时代的日本学术也非常留意。

---

① 陈寅恪：《陈寅恪集·诗集》，19 页。
② 陈寅恪：《陈寅恪集·金明馆丛稿二编》，361 页。
③ 陈寅恪：《陈寅恪集·书信集》，53 页。
④ 同上书，23 页。当然这批藏书很多并未被日人收购，而是毁于战火。
⑤ 同上书，24 页。

他曾介绍朱芳圃翻译的日本学者评论高本汉（Bernhard Karlgren，1889—1978）《中国音韵学》（*études sur la phonologie chinoise*. 1915—1926）的文章给容庚，希望发表在容氏主编的《燕京学报》。他还嘱托人翻译《支那学》发表的新城新藏所著《周初之年代》一文以及有关春秋历日的文章。1934 年 4 月 6 日他在致陈垣的信中说近来日本人的佛教史有极佳的著作，但很多不能取材于教外典籍，中国学者可以进行补正①。

在经济上，寅恪也有所考虑。比如 1945 年 2 月 2 日他给傅斯年的信中说到被聘为教育部部聘教授的薪水问题，云"部聘教授薪，问之方桂，似较史语所略多。又，弟现在燕大之薪金出于哈佛燕京社，方桂亦如此。若弟之将来收入一部分出自教部，则尚受中国人之钱，比全由美国人豢养，稍全国家体面。"②这里主要讲他和李方桂在燕京大学兼职的薪水出自哈佛燕京学社的补助，有损"国家体面"，这说明他还是很看重民族气节。只不过，抗战期间，他有心脏病、眼疾，太太也有心脏病，为生活所迫，他不得不努力赚钱，在燕京大学兼课，以改善生活条件，维持基本的健康。

他对于西方学术的优点也毫不迟疑地进行表彰。如《与妹书》中说如果用西洋的历史比较语言学来研究汉藏语比较，肯定可以比清代乾嘉考据学要更上一层楼③。总体而言，寅恪对于当时中国学术现状十分担忧。他于 1931 年 5 月在《国立清华大学二十周年纪念特刊》上发表《吾国学术之现状及清华之职责》一文，更是对中国学术的落后深感失望，他说西洋的文学、哲学、艺术、历史等，如果能忠实输入已经属于难能可贵，但谈不上创获。而社会科学比如政治、经济、财政、经济等方面基本上仰赖外人的调查资料，中国人的成绩并没有可以研究谈论的资本。而东邻日本在三十年之内研究中国历史取得的巨大成绩，中国学者已经追不上。中国的国文教育不能通解和剖析民族文化，不成其为一种人文主义教育。以材料而言，奇书珍本不是落入外人之手，就是被私家收藏秘不示人，这些人可以被称为中国学术独立的罪人。寅恪最后指出这种

① 陈寅恪：《陈寅恪集·书信集》，130 页。
② 同上书，109 页。
③ 同上书，1 页。

令人失望的学术现状乃是有关中国民族精神生死的一件大事①。中国学术的自由、独立，在寅恪看来，显然不是现在时，而是进行时或者将来时。从以上讨论来看，寅恪的自由观中也有追求民族学术自由的因素。

寅恪对民族学术独立和自由的认识可能也有他受西方近代文化民族主义思潮影响的原因。前文我们已探讨了寅恪的种族文化观可能受德国学者赫尔德影响。赫尔德的文化民族主义认为，每个民族、每种文化均有其快乐的源泉，故而每个民族均有其历史上的独特地位。赫尔德的文化民族主义乃是针对近代法国在启蒙运动时期占据欧洲思想界主导地位而表示不满所发展起来，其实质是激发德意志民族的自信心、自尊心和自豪感。他的文化民族主义，在以赛亚·柏林看来，可以看作是德意志民族意识觉醒中的文化多元主义，而这种多元主义也同时激发了东欧一些被压迫民族反抗民族压迫，争取民族独立自由的斗争②。民族的独立和自由，其根源在于民族文化的独特性与不可替代性，这也完全符合寅恪所说的即使中国忠实输入北美、东欧的思想文化，这种外来思想文化也不可能在中国生根。总而言之，寅恪的民族主义，不是民族自大、民族至上主义，而是植根于文化多元主义，是对中华民族面对挑战的正常反应，但其背后有德国学者赫尔德的思想影响。

结　语

通过以上对寅恪先生一些学术著作、诗文、信件中所透露出来的信息的详细解读，此处试图将寅恪作品中的所谓自由归结为以个人主义为核心的思想自由和精神独立、少数主义，以及寻求民族的自由，特别是民族思想与学术的自由。我们亦可以看到，寅恪对自由的理解中不仅有将真理和自由联系在一起的考虑，亦有儒家和道家思想的渊源。寅恪个人的自负性格亦在他追求自由中起了相当大的作用，这种自由使他为人处世和治学研究迥异时流，自成一格。他特别强调思想自由，而这种思想自由主要通过在学术上和政治上的主张而得以表达，即不甘逐队随人，

---

① 陈寅恪：《陈寅恪集·金明馆丛稿二编》，361～363 页。

② 参见本书第八章。

不跟风做学问，也不接受主流意识形态之控制和影响。

　　他早年留学海外，深得西方现代学术批判性思维的精髓，在思想和学术上奉行少数主义，这也是他所强调的独立精神自由思想的一个特色。寅恪对于民族思想学术自由的考虑也有德国近代学术和思想，特别是赫尔德文化民族主义思想的影响。

附录一　1919 年哈佛中日留学生之比较研究[①]

导　言

　　1919 年是世界史上非常重要的一个年份，这一年随着第一次世界大战的结束，各主要参战国在巴黎凡尔赛宫举行了和平会议，帝国主义重新划分势力范围，各主要国家重新议定国际秩序。而对于东亚来说，则是一个验证各国实力的角斗场。因为日本实力的不断上升，它谋求夺取"一战"中德国战败后在中国山东所丧失的特权。在中国，则因为外交的失利，引发了五四运动。对于 1919 年所发生的诸多事件的研究，学界成果可谓汗牛充栋。哈佛当时正处于战争之中，从哈佛校报《绯红》(The Crimson) 报道的信息来看，哈佛学生在第一次世界大战中参与很多，不少学生也在欧洲战场阵亡，1919 年时整个哈佛仍旧笼罩在战争的氛围之中，军事项目在校园中十分受重视[②]。本文则试图利用新资料来梳理当

　　①　与严平合撰，《1919 年哈佛中日留学生之比较研究》，载《中国人民大学教育学刊》，2011，第 4 期，150～170 页。

　　②　从哈佛校报《绯红》(The Crimson) 1919 年 5 月 23 日周五出版的统计信息来看，美国各大学一共在"一战"中损失了 4920 人，其中哈佛损失了 297 人，在全美各大学中排第一。这只是当时的统计，编者指出全美各大学在"一战"中损失的人数最后统计结果可能接近 6000 人。报道还指出，当时参加"一战"的全美大学师生人数约为 15 万人，战损率为 4%，而全美参加"一战"损失的人数是 7 万 3 千人。美国各个大学参加"一战"损失的师生人数排名紧随哈佛之后者包括耶鲁 (186 人)、康奈尔 (158)、哥伦比亚 (128 人)、普林斯顿 (120 人)。从这些数字可以看出当时美国常青藤大学师生对"一战"的贡献比其他美国大学都大。牛津大学参战人数据不完全统计至少有 11176 人，1412 人死于"一战"，100 人失踪。剑桥大学参战人数至少是 13128 人，1405 人死于战争，212 人失踪。巴黎大学损失了 634 人。

时中日两国留学生在哈佛留下的行迹，来探讨当时两国教育、学术及其与美国的联系，从中可看出当时两国学生出洋留学的一些异同，通过这些异同又可以分析两国当时所处的发展环境和状态。

关于近代中国留学问题的研究很多，研究理论和方法也很多元，其出发点主要是国际关系和留学史，学界已经注意到当时官方派遣留学生事业的进展，认识到官方派遣留学生与晚清洋务运动与自强运动的密切联系，也留意了中国留学生以理工科专业为主导的趋势①。但当前学界几乎没有论著对一个年份之中、在一所北美大学之内中日两国留学生进行比较研究。而在我们看来，对1919年哈佛中日留学生进行个案研究，既可帮助我们了解当时东亚留学生在美国留学的共性，又可以理解当时特定时间特定地点留学生群体的个性。

我们之所以选取在哈佛的中日留学生作为研究对象，主要理由有以下数条：

一、1919年是一个重要的年份，当时"一战"结束不久，新的国际关系处于讨论和酝酿之中，中、日两国都派遣留学生到哈佛学习。他们的专业是否与当时的国际、国内形势发展、哈佛的学术环境有所联系，均值得探讨。

二、哈佛乃是当时中日留学生赴美的主要目的地之一，而且保留了

---

①　这里举出一些比较重要的论著：叶维丽 Weili Ye，*Seeking Modernity in China's Name：Chinese Students in the United States*，*1900-1927*，Stanford：Stanford University Press，2001；这部著作以现代化为主要视角集中探讨了中国留美学生在日常生活中处理民族主义、种族、女性、道德等问题的经验和认识。李喜所：《近代留学生与中外文化》，天津：天津教育出版社，2006；李喜所：《中国留学史论稿》，北京，中华书局，2007，主要谈了一些宏观问题；胡连成：《走向西洋——近代中日两国官派欧美留学之比较研究（1862—1912）》，长春，吉林大学出版社，2007。史黛西·比勒著、张艳译：《中国留美学生史》，北京，生活·读书·新知三联书店，2010，也是比较宏观的简史，提供了留美学生史的分期，但主要讨论了1909—1930年间第二阶段的留学生。较早出版的有 Wang Y.C.，*Chinese Intellectuals and the West*，*1872-1949*，Chapel Hill：University of North Carolina Press，1966（中文版，汪一驹著、梅寅生译：《中国知识分子与西方》，台北，久大文化股份有限公司，1991），提供了一些留学生人数、奖学金的统计数据。还有很多单篇文章，这里从略。

较为完整的资料，这一年的注册手册、目录、校报也基本上全面公开。
我们可以知道很多学生注册的细节，如年、月、日，如他们的住址，他
们的注册专业等，这些信息可帮助我们了解当时的留学生如何在哈佛学
习时仍以地域、专业为中心结成小群体并形成一个共同体。一方面，这
帮助我们还原当时的留学场景，考察留学生构建的社会关系网络；另一
方面，也可以了解一些社会生活史的细节。

三、当时两国留学生在哈佛人数排在国际学生前列，可以提供很大
的样本，这些样本所提供的信息也许会看出当时哈佛留学生在整个中国
留学学生群体中的独特性。尽管当时中国留美学生中以学习理工、农科
为主，但哈佛中国留学生所学专业分布却与整个留美中国学生的专业分
布较为不同，这些不同背后的原因值得讨论。

四、这一年在哈佛留学的中、日留学生中后来很多人非常出名，比
如担任过国民政府交通部长、国防部长的俞大维（1897—1993）、著名文
史学者陈寅恪（1890—1969）、日本海军将领山本五十六（1884—1943）、
日本政治学家高木八尺（1889—1984），因而他们早年的留学活动值得特
别关注。

我们以下将主要探讨两国学生的来源地、国内学校背景、在哈佛学
习的专业，通过分析这些因素来看当时两国高等教育发展状况以及他们
和美国高等教育的关系。首先我们要看一下哈佛当时的政策、学制、制
度、学费等问题，并结合其他资料，看看这些政策、学费对中、日留学
生的影响。其次我们将以若干学生为例，说明当时中、日留学生在哈佛
所学专业的分布及其背景之同异以及产生这些同异的原因①。

一、1919 年哈佛教育政策与制度之概要

我们先看一下当时哈佛的政策、制度，主要依据的资料包括 1919 年
哈佛大学出版的《哈佛大学目录，1918—1919 学年》（*Harvard
University Catalogue*，*1918-1919*）、《哈佛大学登记手册，1918—1919

---

① 我们将在其他文章中将这些留学生的个人背景和命运与当时的国际形势结
合起来，探讨他们如何参与当时的国际纷争。

学年》(*Harvard University Register*，1918-1919)、哈佛校报《绯红》
(*The Crimson*)。《哈佛大学目录》由哈佛大学校方出版，全面记录了大
学的学科和系所设置、学费、奖学金、教学辅助单位、出版、医疗单位
以及全校师生员工名录、住址。《哈佛大学登记手册》由哈佛学院学生会
编辑出版，记录了校方管理、学生会管理、奖学金、校园出版物、学生
俱乐部、学生社团、学生名录和住址等信息，可以和前面的《哈佛大学
目录》相互补充印证。哈佛校报《绯红》也由哈佛学生组织出版，除节
假日和周末，每周出版五次，号称是哈佛学生每天早餐桌上的报纸。

　　这里先根据《目录》和《登记手册》介绍一下当时哈佛的基本情况。
根据 1918—1919 学年《目录》，哈佛大学当时的主要学术单位包括：哈
佛学院 (Harvard College，即本科生学院)、哈佛文理研究院 (Graduate
School of Arts and Sciences，即哈佛研究生院，成立于 1905 年)、特殊
学生服务处、工学院、建筑学院、景观建筑学院、布赛研究所 (Bussey
Institute)①、商业管理研究院 (Graduate School of Business
Administration，即后来的哈佛商学院 Harvard Business School)、神学
院、法学院、医学院、牙医学院、医学研究院、阿诺德植物园 (Arnold
Arboretum)、大学图书馆、比较动物学博物馆 (Museum of
Comparative Zoology)、毕巴底美国考古学与民族学博物馆 (Peabody
Museum of American Archaeology and Ethnology)、大学博物馆、植物
花园 (Botanical Garden)、格雷标本馆 (Gray Herbarium)、天文馆
(Astronomical Observatory)。从中可看出当时有些学院和现在设置不
同，比如医学院和医学研究院现在已合成哈佛医学院 (Harvard Medical
School)，格雷标本馆已并入哈佛标本馆 (Harvard University Herbaria)
并成为该馆主要收藏单位，而景观建筑学院现已改为哈佛设计研究院
(Graduate School of Design)。之所以在这里列举这些学术单位，乃是为
了方便下文我们讨论中、日留学生具体学习的专业，读者可大概了解他
们的专业在当时哈佛学术单位所处的位置。

---

　　①　最早设立于 1871 年，原本为本科生农学院，由哈佛毕业生布赛 (Benjamin
Bussey) 及其亲属捐赠设立。后来 1883—1994 年间作为哈佛生物研究所存在，成为
世界知名的植物和动物研究中心，后来并入哈佛植物园。

再简单介绍一下一些重要的哈佛教育领导人。当时哈佛大学校长是罗维尔（Abbott Lawrence Lowell，1856—1943，1909—1933 任哈佛校长）。哈佛学院和哈佛文理研究院上还设有一个统筹两个学院的文理学院（Faculty of Arts and Sciences），院长是布里格斯（LeBaron Russell Briggs，1855—1934）。哈佛学院院长是政府学教授姚曼斯（Henry A. Yeomans），但 1919 年 2 月 1 日起他去法国巴黎的美国大学联盟出差，代理院长是英语系教授格林纳夫（Chester N. Greenough）。文理研究院院长是欧洲中古史教授哈斯金斯（Charles Homer Haskins，1870—1937），文理研究院代理院长是穆尔（Clifford H. Moore，1866—1931），因哈斯金斯作为美国总统顾问去参加巴黎凡尔赛和会，穆尔于 1918 年 12 月 1 日至 1919 年 3 月 31 日任代理院长①。这些是主要领导人，其他各个学院还有各自的院长、代理院长和助理院长。哈佛当时没有副校长和副院长的设置。其他还有一些管理人员，这里不再细说。

图六十九　哈斯金斯

当时哈佛学制一学年分为三个学期，即秋、冬、春三个学期。我们根据《哈佛大学目录》将 1919 年比较重要的时间列出，读者可略窥当时哈佛学生学习生涯的一些重要日程。1918—1919 学年第二学期于 1919

---

① 穆尔也是当时哈佛校友会副主席，见 *Harvard University Register*，1919，p. 23.

年 1 月 2 日周四开学，但 6 日才开始正式上课。1 月 15 日是硕士和博士生入学考试申请截止。1 月 22 日大一奖学金申请截止。3 月 1 日哈佛文理研究院和法学院研究生申请奖学金截止。3 月 21 日开始放春假，至 27 日结束。3 月 28 日周五开始第三学期。3 月 31 日周一神学院研究生奖学金申请截止。4 月 1 日周二是以下专业博士生提交论文的截止时间：古代语言、现代语言、历史、政府、经济学。4 月 10 日周四商业管理研究院毕业生提交论文截止。5 月 1 日周四其他专业博士生提交论文截止，医学学位、牙医学位学生提交学位申请截止，医学院奖学金申请截止。5 月 31 日周六至 6 月 14 日周六为期末考试时间。6 月 19 日毕业典礼。7 月 1 日开始暑期学期第一阶段课程，8 月 11 日开始第二阶段课程。1919 年 9 月 15—18 日为哈佛学院与牙医学院入学考试时间。1919—1920 学年开始于 1919 年 9 月 22 日，第一学期开学。9 月 24 日周三上午 9 点开始上课，至 12 月 20 日结束，开始放圣诞节假期，至 1920 年 1 月 2 日开学。

哈佛允许学生在不同的时间注册学习，因此进入哈佛的学生可能在任何一个时间入学，其学生人数也常常在变动。以这一年入学的中、日学生为例，有几个人都来晚了。比如陈寅恪于 1919 年 1 月底到坎布里奇，1 月 29 日注册，其实比开学时间已经晚了。再比如山本五十六于 1919 年 4 月 5 日被派到美国，5 月 20 日才动身。他入学肯定在 5 月 20 日以后，主要是学英文，1921 年 7 月回国①。当时哈佛的学生分为三类，本科生、研究生、特殊的注册学生，特殊的注册学生包括一些半途退学去参军的美国本科学生，也包括像山本五十六这类由日本政府派出的进修生，其实研究生中也有些人只是注册上课，并不追求学位，陈寅恪属于这类②。哈佛当时的校报《绯红》（*The Crimson*）常常会登出注册学生的人数，但通常本科生人数相对变化较小，而研究生人数总在变化之中，全校学生总人数变化较大。比如 1 月 20 日的《绯红》列出了 1916—

①　他在哈佛上英文课，得了 C＋。见 Ken Gevertz, "History of the Japanese at Harvard," http://news. harvard. edu/gazette/2004/02. 26/11-japan. html.

②　有关陈寅恪和山本在哈佛的学习情况，参见拙撰《陈寅恪留学哈佛史事钩沉及其相关问题》，《清华大学学报》（哲学社会科学版），2012，第 5 期，20～36 页。收入本书第一章。

1919 年本科生注册人数，1918—1919 学年增加了工学院①，所以学生额外增加了 46 人。其学生总数构成如下：

	1916—1917 学年	1917—1918 学年	1918—1919 学年
大四（Seniors）：	424	215	176
大三（Juniors）：	640	359	301
大二（Sophomores）：	651	446	434
大一（Freshmen）：	694	559	494
未分类（Unclassified）：	123	77	233
完成课业（Out of Course）：	50	25	56
总数：	2582	1681	1694
工学院（Eng. School）：	—	—	46
总人数：	2582	1681	1740

到 1 月 23 日，校报又列出了新的人数清单：

	1916—1917 学年	1917—1918 学年	1918—1919 学年
哈佛学院：	2504	1581	1756
哈佛文理研究院：	500	202	195
商业管理研究院：	202	63	28
建筑学院：	28	13	8
景观建筑学院：	17	—	6
布赛研究所：	11	3	6
神学院：	57	16	38
法学院：	804	234	122
医学院：	354	374	389
牙医学院：	229	185	158
全校注册人数：	4706	2671	2706

---

① 哈佛最初在 1847 年设立了劳伦斯科学学院（Lawrence Scientific School），1890 年并入文理学院，后又在 1906 年设立应用科学研究院，1914 年与麻省理工学院签订合作协议，但这一协议在 1917 年被法庭宣布为非法，于是 1918 年哈佛设立工学院。见 *Harvard University Register*，1919，p. 19.

从上可以看出，因为美国 1917 年开始参与第一次世界大战，哈佛学生无论本科还是研究生注册人数急剧减少。其中只有医学院注册人数一直呈现上升趋势，其他学院均减少，这可能说明战时医生的培养还是非常重要，因而当时申请入读医学院的人非常之多。而商业管理学院更是从 1916—1917 学年的 202 人减少到 1918—1919 学年的 28 人，法学院从 804 人减少到 122 人。

那外国学生人数如何呢？哈佛在当时也是外国学生留学的主要目的地之一。哈佛学院要求入学的学生完成一些准备课程，通过英语考试，并参加数学、物理、化学三科任选一门的考试。如果是读文学士，还需要通过一门古代语言如希腊文或拉丁文的考试①。但当时在哈佛读本科的中、日留学生并不多，大多数人都是读研究院或者专业学院，如商学院、神学院和牙医学院。根据 1919 年 11 月 20 日哈佛校报《绯红》的报道，当时外国学生人数如下：阿尔巴尼亚 2 人，亚美尼亚 2 人，澳洲 1 人，巴西 1 人，加拿大 51 人，智利 1 人，中国 43 人，古巴 3 人，丹麦 3 人，埃及 3 人，英格兰 6 人，法国 8 人，黄金海岸 1 人，希腊 2 人，荷兰 2 人，匈牙利 1 人，印度 6 人，英属西印度 2 人，日本 33 人，墨西哥 3 人，挪威 10 人，俄国 4 人，暹罗 1 人，南非 12 人，瑞典 6 人，瑞士 4 人，土耳其 2 人，委内瑞拉 1 人，西非 1 人。很显然，排名前三甲者为加拿大、中国、日本②。加拿大是美国邻邦，想必出国到美国念书也并非难事。而当时德国刚刚战败不久，还没有人来哈佛留学，所以其留学生尚未出现在哈佛统计名单中。

这些中国、日本留学生在哈佛毕业后，大多数都回国了。只有少数

---

① 当时哈佛工学院要求学生至少在大三开始前必须掌握两门外语，可以通过选课或者通过口试达到要求。外国学生如果母语不是英语则也算在内；见《哈佛大学目录，1919—1920》，680 页。

② 有学者指出，至 1940 年代，全世界派往美国留学学生人数最多的国家便是中国，20 世纪前半叶中美之间的教育交流远远超过政治、经济、军事交流；见 Hongshan Li, *U. S.—China Educational Exchange：State，Society，and Intercultural Relations，1905-1950*，New Brunswick，NJ and London：Rutgers University Press，2008，p. 1.

商科、牙医专业的学生留在美国工作。有一位日本学生岩本（Iwamoto Masahito）在哈佛期间，与一位美国女士玛格瑞特（Marguerite Magruder）结婚，但毕业后不久两人也都回日本了。中国留学生住得比较分散，但基本上是围绕哈佛校园居住，便于上学，很多人找同乡作室友。而日本人主要住在哈佛大学北侧和波士顿西郊，其中波士顿西郊则以布鲁克林（Brookline）为主，这和现在日本人主要住在这里类似，可见历来如此。这一片可能算是日本城（Japantown），或日人街。当时山本五十六等人都住在此处。另外哈佛医学院和牙医学院在这里，所以上医学院和牙医学院的学生也多半都住在这一带。

1919 年中、日留学生在留学哈佛时的专业选择非常值得研究，因为这和当时两个国家的现代化程度、对不同专业的重视，以及学生背景都是相互联系的。正如我们下文将讨论的，中、日两国留学生所学专业均较为复杂，涉及文（人文、社科）、理（理、化、生）、工、商、农、医、神学、艺术等各个领域，但其中以学经济、商科者为多，学习人文、艺术的学生人数则不比学习理工的学生少。因为哈佛的工学院刚刚在 1918 年成立，所以中、日学生学习工科者均较少。

二、1919 年哈佛中日留学生之相同之处

总体来说，中、日留学生在地域和公私学校来源以及专业选择等方面方面较为接近。首先，中国、日本留学生在国内来源地域均局限在两个主要城市，首都和主要经济城市，特别是港口城市。以地域而言，中国留学生主要来自北京和上海，这两地的学生加起来占了全部中国留学生人数的一半以上。在《哈佛大学登记手册，1918—1919 学年》174 页，当时哈佛有中国留学生 43 人，226 页列有当时留学哈佛的中国学生名录，但人数不全。不过，从这一名录来看，以来自上海、北京的学生最多，其中上海 9 人，北京 7 人。这里所谓来自上海、北京并非是指学生出生地或籍贯，而是入学哈佛时登记的住址。但是有些学生入学时自北京考入哈佛，却列上了自己的籍贯。比如林语堂，他自北京大学考入哈

佛，却列上自己的籍贯厦门①。而日本留学生主要来自东京和大阪这两个地区，而出身京都者比较少。日本留学生中注册时列为来自东京的人包括武田健一、福泽八十吉、武内义成、土方成美、岩本正人、芦泽进、渡边（Shigezo Watanabe）、绵贯哲雄、高木八尺、越智孝平、佐藤顺也、今井三郎、伊藤春之、伊野（Dan Ino）。我们应该注意到，上海和大阪还有个共同点，就是它们都可以算是港口城市，这意味着对外贸易和对外交流较为频繁，因而其所在地区的人民对外界较为了解。

以国内出身的大学而言，也有类似之处。即中、日留学生除了来自国立大学之外，也有相当部分学生来自私立大学。比如中国留学生主要通过两个渠道来哈佛，一个是公立清华学校的留美项目来美，一个是私立教会大学来美，特别是圣约翰大学，其次是文华大学。1918 年留美学生大约总数是 1200 人。当时留美学生主要经济来源占第一位的是政府公费资助，其次是教会资助，但即便是拿政府奖学金，大多数学生仍来自家境较好的家庭②。实际上，圣约翰大学与文华大学均是美国圣公会支持的教会学校。而日本留学生则以出身东京帝国大学和私立早稻田大学、庆应义塾者较多。

中、日两国留学哈佛的学生所学专业也有类似之处，即最流行的专业仍然是商业管理，学习商业管理的学生在全部留学哈佛的学生人数中占据比例最高，中国 7 人、日本 6 人，一共 13 人，几乎占当时哈佛商学院全部注册学生人数（28 人）一半。以专业而论，当时在哈佛的中国留学生中，以经济和管理专业的留学生最多，至少有 11 人，其次是人文类留学生，一共 9 人。工程院学生大概只有 3 人，医学院有 4 人。中、日

---

①　据《中华留美学生名人录》，林语堂的信息如下，1895 年 10 月 10 日生；1919 年 8 月到美国；1916 年上海圣约翰 BA，哈佛研究院比较文学 AM＼PhD 候选人；国立北大奖学金；CSA（editor monthly）、CSC Harvard；Associate editor，"Chinese Social and Political Science Review，"；1916—1919 年任清华英文教师；计划 1922 年夏回北大；在哈佛住址为 51 Mt. Auburn St.，Cambridge. 见 Chinese Students' Alliance in the United States of America，*Who's Who of the Chinese Students in America*，Berkeley：Lederer Steet and Zeus Co.，1921，p. 56.

②　Ye Weili，*Seeking Modernity in China's Name：Chinese Students in the United States*，*1900-1927*，p. 10.

两国 1919 年均无人选择注册哈佛法学院和景观学院。这和当时全美中国留学生所学专业以理工科为主以及改革开放后中国留美学生以理工科专业为主的情况均完全迥异。我们将提示为何中、日留学生学习经济、商科为多，以及为何工科学生较少的具体原因。

以下我们来具体看看中日学生在专业选择和职业发展方面的相似之处。当时学习经济学和商业管理的中国留学生至少有 11 人，几乎占全部中国在哈佛的留学生总数之四分之一，其中商学院研究生 7 人①。这些经济学、商管专业学生包括两名来自上海圣约翰大学的毕业生，即金麒章、朱展宜。金麒章毕业后在纽约的通用电气公司工作。其他人大多在拿到工商管理硕士学位之后，返回上海任职。因为大多数人在商业单位任职，亦并未成为卓越之企业家，这里不一一去谈论这些人。少数人后来从事学术工作，如朱中道在哈佛学习成绩优异，曾获得约翰·哈佛奖学金，1920 年以《中国的关税问题》论文获得博士学位，毕业后回国在东吴大学任教。其实上海圣约翰大学毕业后来到哈佛念经济学回国最有影响的校友之一是宋子文（1894—1971），1915 年哈佛毕业。而另一位值得注意的校友是孔祥熙的儿子孔令侃（1916—1992），他于 1933 年圣约翰毕业，1943 年哈佛毕业。这两位和中国近代政治、经济关系密切，但因 1919 年不在哈佛，这里不赘述。

日本留学生学习商业管理的相当一部分学生来自私立早稻田大学和庆应义塾大学，这也和中国留学生类似，中国留学生相当一部分学习商业管理的学生也来自私立学校，特别是圣约翰大学。当时在哈佛学习经济学和商科的日本留学生有 18 人，其中明确注明商学院的研究生一共 6 人②。这些人包括来自大阪的村本福松（Muramoto Fukumatsu，1890—1973），1910 年大阪高等商科学校毕业，毕业后回日本工作。曾任京都

---

① 包括来自浙江金华的何德奎（1896—1983，从哈佛硕士毕业后到美国银行实习，后回国任教于杭州盐务中学、光华大学、大同大学、南洋大学，后从政，先后任上海工部局副总办、上海市副市长、市政府秘书长。与何炳松、何炳棣并称何氏三杰，德奎系炳松、炳棣之堂侄），来自北京的 Cyrus C. Lowe，来自上海的金麒章、Kwang Lim Kwong（1897—1955，出生于澳洲达尔文市，澳洲华人邝仕德之子）、Frederic C. Tse、曹茂德，来自胜州的 Samuel Nieu。

② 包括内藤博、石田新吉、相原和男、河原良雄、中田浩、岩上幸。

产业大学教授,著有《经营学概论》一书(昭和 17 年)。他的室友是来自长津的相原和男(Aibara Kazuo),是商业管理研究院特殊学生。来自福井的小林新(Kobayashi Arata),1916 年早稻田大学商学士,任早稻田大学讲师,以一年学术休假在哈佛学习经济学。福泽八十吉(Fukuzawa Yarokichi,1893—1947)①,来自东京,住在梅森街 7 号②。1918 年庆应义塾大学理财学士,哈佛经济学专业一年级。小熊信一郎(Shinichiro Oguma),来自北海道,住在牛津街 16 号。1919 年庆应义塾大学理财学士,1919 年下半年入学,哈佛经济学研究生一年级③。武内义成(Takeuchi Yoshinari),来自东京,当时住在布鲁克林大学路 104号,1917 年庆应义塾大学理财学士,哈佛经济学专业二年级④。藤田义彦(Fujita Yoshihiko),来自和歌山,住在维尔街 7 号,和北昑吉住在一起。1916 年同志社大学经济学学士,经济学专业一年级。土方成美(Hijikata Shigeyoshi,1890—1975),来自东京,住在百老汇 473 号。1914 年东京帝大法学士,东京帝大法学院助理教授,当时正在休假中。哈佛经济学研究生二年级,一年级时他住在布鲁克林罗森路 188 号。岩本正人(Iwamoto Masahito),来自东京,住在阿加西街 24 号,1917 年早稻田大学经济学士,哈佛经济学专业一年级⑤。芦泽进(Ashizawa Susumu),1914 年东京帝国大学法学院研究生。来自东京,哈佛商业管理研究院特殊学生,住在波士顿海明威路 119 号。他其实主要在麻省理工学院学习。后来曾担任住友银行纽约支店长。横野(Yokono

---

① 他是庆应义塾创始人福泽谕吉的孙子、福泽一太郎长子,毕业后回庆应义塾接任塾长。

② 当时圣公会神学院圣经文学和阐释学教授凯尔讷(Maximilian Lindsay Kellner)的地址也在这里,估计是凯尔讷的房子,福泽暂时租住在此。

③ 他 1920 年搬到 21 Chauncy St. 期间曾和山本五十六住在一起,两人喜爱下日本将棋。

④ 他 1917—1921 年在哈佛。刚入校时住在 Claverly Hall 28(Mt Auburn,corner of Linden St.)。

⑤ 早稻田 1917 年毕业,1918—1924 年哈佛念书,1926 年哈佛经济学博士。他娶美国人 Marguerite Magruder 为妻,女儿 Mary Estelle Iwamoto(1926—1979)是小提琴家。1919 年他住在 24 Agassiz St.,1920 年住 21 Wendell St.,1921 年住在 21 Frost St.。

Tamisaburo）来自新潟，住在克莱基街 24 号（24 Craigie St.），经济学和英语专业特殊学生。三好香苗（Miyoshi Kanae），来自长崎，住在波士顿汉诺威街 56 号，商业管理特殊学生。还有来自中巨摩的内藤博（Hiroshi Naito）、来自神户的石田新吉（Ishida Shinkichi）、来自名古屋的河原良雄（John Yoshio Kawahara）①、来自西茨城条里的中田浩（Nakata Hiroshi，后来任早稻田大学工业会计学教授）、来自横滨的商业管理专业特殊学生岩上幸（Iwakami Koh）②、来自三河之国在哈佛主修贸易的山内壮一（Yamauchi Soichi）③。

具体而言，日本留学生中至少有 10 人学习经济学和工商管理，大多数来自早稻田、庆应义塾，少数几人来自东京帝大。日本在哈佛的经济学和商业管理专业留学生以研究生为主，本科生只有两位，其一是 1919 年上半年入学而未决定专业方向的本科新生武田健一（Takeda Kenichi），来自东京，住在沙漪堂 60 号（Thayer 60），1922 届本科新生。其二是一位本科进修生森村勇（Isamu Morimura，1897—1980），列名 1919 年哈佛特殊学生④。他是男爵森村市左卫门之子，后来担任日本法琅社长、日本航空会社监查役、全日空社长、会长。他战前和山本五十六就已经认识，两人甚至可能在哈佛时代便有交往。

事实上，庆应义塾大学部的创立与哈佛密不可分，这大概是该校理财科多名学生得以进入哈佛学习的主要原因。当初福泽谕吉创办庆应义塾大学部时，请求哈佛大学校长艾略特（Charles Eliot）帮助。艾略特推荐了三位教授出任庆应义塾最初设立的三个学科担任主任教师，维格摩尔（John Henry Wigmore，1863—1943）负责法学科，包括法律和社会科学，德洛普斯（Garret Droppers，1860—1927）负责理财科，里斯坎

---

① 他是 1918 年斯坦福文学士，1918—1920 年在哈佛，毕业论文为 A classification of stock of the stationery division in Harvard cooperative society and a method of the stock record，1920，共 53 页。毕业后回名古屋。

② 他当时住在 21 Wendell St.，和河原良雄、大黑（Kaoru Ohguro）是室友。

③ 他当时住在 71 St Mary's，Brookline。

④ 当时住在 Dunster Hall 35（16 Dunster St.）。

布（William S. Liscomb，1848—1893）负责文学科①。所以，庆应义塾的留学生中之所以很多人负笈哈佛，可能和庆应义塾长期以来一直聘用哈佛出身的教授并且和哈佛有合作关系有关。

庆应义塾在20世纪初连续聘用了三位哈佛出身的经济学教授，包括德洛普斯、维克斯（Enoch Howard Vickers，1869—1957）、麦克拉任（Walter Wallace McLaren，1877—1951）。德洛普斯来自威斯康星，1887年毕业于哈佛大学，之后留学柏林大学。1889—1898年任教于庆应义塾，1894—1898年任日本亚洲学会秘书长，1899—1906年任南达科大学赤城（Vermillion）分校校长。1907—1908年任教芝加哥，1908年以后任威廉姆斯学院政治经济学讲座教授。维克斯1890年毕业于西弗吉尼亚大学，1894年毕业于哈佛大学，获硕士学位。随后1894—1895年在柏林大学、1895—1897年在巴黎索邦大学游学，1897年回到哈佛任教。1898—1910年在庆应义塾大学任政治经济学和公共财政学教授，1910年返回西弗吉尼亚大学任教。麦克拉任是加拿大人，1908年获得哈佛大学博士之后，即到庆应义塾任教。1914年回美国，任威廉姆斯学院经济学教授，1945年转任哈密尔顿学院教授。不过，这里很奇怪的是，庆应义塾派出的学生中没有人到哈佛学习法科。

中、日两国学习理工科的学生人数在两国全部留学哈佛的学生总人数中所见的比例大体相当，和学习经济与商科、人文社科专业的学生人数相比，都不算占主导地位。不过，哈佛并不以工程学科知名，这大概是当时在哈佛学习工程的中、日留学生较少的主要原因。哈佛工学院迟至1918年才成立，1919年注册学生仅46人。

日本理工科学生有以下数位。武居高四郎（Takei Takashiro，1893—1972），来自大阪，1917年京都帝国大学工学士，一年级研究生，住在柯南堂（Conant Hall）32号。毕业后又去英国利物浦大学留学。1926年任京都帝国大学都市计划讲座，1955年兼任金泽大学教授，退休后任京大名誉教授。著有《都市计划图谱》、《地方计划之理论与实践》

① 庆应义塾编：《庆应义塾百年史》上卷，东京，庆应义塾，1958，394～432页回顾了庆应义塾采纳美国高等教育制度和风气的历程；中卷，35～36页叙述了聘用三位外国主任教师的历程。

等书①。清水武雄（Shimizu Takeo，1890—1976），来自日本石川县金泽，1914 年东京帝国大学理学士，住在牛津街 14 号。他作为日本大阪盐见研究所的旅行研究员留学哈佛，当时是物理学二年级研究生。他毕业后回东大教书，任理化研究所主任研究员，后任日本物理学会首任会长。松本忠和（Matsumoto Tadakazu），来自枥木下都贺，住在牛津街 79 号，室友是绵贯哲雄。1916 年东京帝国大学理学士，帝大地理学和岩石学助教，哈佛矿物学一年级研究生，1919 年 1 月 8 日注册。谷宗雄（Muneo Tani，1919 年下半年入学）专业化学，1921 年在《美国化学学会会刊》发表文章，毕业后回日本，在福冈县工作。渡边重藏（Shigezo Watanabe）1919 年下半年入学，1924 年毕业，1919 年是工学院一年级研究生，毕业后回国住在东京赤坂，在三井物产会社供职。

当时中国在哈佛学习理工的学生也不多，理、工科一共只有 10 人左右而已，两者加起来也不比人文、艺术类学生多很多。其实 1903 年以前清政府并不重视留学生的专业选择。当时梁启超访美，发现学工程的学生人数很少。1908 年以后清政府开始强调工程学习，朝廷要求学生学习工程、农学、自然科学。1909 年新设立的庚子赔款奖学金更要求百分之八十的公费生必须学工程、农学和矿业②。当时注册哈佛工学院的全部学生仅为 46 人，而中国学生 3 人，其实按比重来算，也不算小。而这些人当中，成材率也相当高。寅恪曾在 1919 年 12 月 14 日与吴宓聊天时批评当时中国留学生以学工程为主的风气，据吴宓所记，其意略为："今则凡留学生，皆学工程实业，其希慕富贵，不肯用力学问之意则一。而不知实业以科学为根本，不揣其本，而治其末，充其极，只成下等之工匠。"③好在当时哈佛此风未盛，寅恪与吴宓等人尚可享受相互砥砺论学

---

① 米谷荣二：《日本都市計画学会顧問武居高四郎博士の御随去を悼む》，载《都市計画》73 号，昭和四十七年 11 月。

② 刘真主编：《留学教育——中国留学教育史料》，145 页，台北，"国立"编译馆，1980；Wang Y.C.，*Chinese Intellectuals and the West*，1872-1949，Chapel Hill：University of North Carolina Press，1966，p. 58；Weili Ye，*Seeking Modernity in China's Name*：*Chinese Students in the United States*，1900-1927，Stanford：Stanford University Press，2001，p. 53.

③ 吴宓：《吴宓日记》，第二册，101 页。

之乐。

学习理科的学生当中比较知名的是后来成为数学家的姜立夫（1890—1978）、心理学家唐钺（1891—1987）以及钟心暄（1892—1961）①。姜立夫 1915 年毕业于加州大学，旋即入哈佛攻读博士学位，获约翰·哈佛奖学金②，1919 年 5 月博士毕业，被聘为讲师，但当年 10 月因兄去世回国。他后来任南开算学系系主任、西南联大数学系教授、中国新数学会会长、中研院数学研究所所长、岭南大学数学系主任、中山大学教授。唐钺 1920 年获哈佛心理学博士，毕业后任教北大，后转任清华大学心理系教授，以及中研院心理研究所所长。1949 年以后再转回北大任教。钟心暄当时在哈佛学习植物学。他是江西南昌人，先后在清华学校、伊利诺伊大学学习，1917—1920 年在哈佛，1920 年以《中国木本植物名录》论文获得硕士学位，毕业后到南开任教。有意思的是，后来还有一位江西人到哈佛学习植物学，这便是胡先骕。他 1913—1916 年在加州大学农学院学习，获学士学位，毕业后曾任教于南京高师，任生物系系主任。1923—1925 年求学于哈佛，获得博士学位后回东南大学任教。后创办静生生物调查所，任所长。又发起成立中国植物学会，任会长。

哈佛中、日两国学习文学、艺术的学生人数也旗鼓相当。日本当时在哈佛学习英文专业的学生有三位，其中包括一位来进修英文的海军军官。末国章（Suyekuni Akira），来自广岛县，住在特罗桥街 19 号。1916 年早稻田大学文学士，哈佛一年级研究生，主修英语、比较文学、哲学。松野（Matsuno Keizo），来自仙台，住在柯南堂 34A 宿舍。1917 年印第安纳德堡大学文学士毕业，哈佛英文专业一年级③。越智孝平（Ochi Kohei，1889—1968，1918 年 12 月 1 日至 1920 年 12 月 25 日驻美武官），

---

① 饶毓泰（1891—1968）于 1917 年自芝加哥大学毕业，1918 年进入哈佛学习了一年便转到耶鲁，后于 1920 年又转到普林斯顿大学，1922 年获得物理学博士学位。

② Harvard University ed.，*Harvard University Catalogue of Names*，*1917-1918*，1917，p.123.

③ 他写了一篇文章，"The Japanese Student in America," in *The North American Student*，New York，October，1917，pp.438-439；他也投书哈佛校报《绯红》，"The Japanese Student at Harvard," in *The Crimson*，February 27，1919.

来自东京，住在埃格蒙街 60 号（60 Egmont St. Brookline）。他是海军军官，英语专业特殊学生，只注册了 1918—1919 学年第二、第三学期。学习美术的学生一位，即伊野（Dan Ino），来自东京，住在学生宿舍克拉弗利堂 18 号（Claverly 18），他是 1917 年东京帝国大学文学士毕业，当时在哈佛念美术专业一年级。

中国学习文学的学生有林语堂、张歆海、吴宓三位，学习戏剧的有洪深。张歆海从哈佛大学毕业后即回国任教，先后任北大英文系系主任、清华学校西文系、东南大学文学系系主任、上海光华大学副校长。1928 年转入外交界工作，曾任外交部欧美司司长，民国政府驻葡萄牙、波兰、捷克公使。洪深是著名剧作家，自清华学校留美，先去俄亥俄州立大学化工系学习陶瓷制造技术，后转入哈佛学习戏剧，1922 年毕业后回上海，先后任教于复旦大学、暨南大学，后担任中山大学英文系系主任。

中日两国均有学生学习神学和宗教学，但日本学生人数较多。1919 年至少有四位日本学生在哈佛学神学和宗教学。其一是松原岩（Matsuhara Iwao，1889—1967），来自鸟取，住在安多弗楼 3 号（Andover 3），1917 年南加州大学文学士，安多弗神学院、哈佛神学院学生。回日本住在东京杉并町阿佐谷。其二是佐藤胜也（Sato Katsuya），来自东京，东京帝国大学文学硕士，姉崎正治（1873—1949）的学生。住在沙漪堂 8 号。哈佛特殊学生。他到哈佛大学学习应该是姉崎正治推荐的结果，大概是进修生。姉崎正治 1913—1915 年应伍兹（James Haughton Woods，1864—1935）邀请在哈佛哲学系任客座教授，1913—1914 年曾举行一系列讲座，讲授大乘佛学，特别是《法华经》以及龙树中观哲学。这些讲座吸引了很多学生，包括深受东方思想影响后来成为著名文学家的艾略特①。佐藤 1888 年出生于熊本县，1917 年毕业

---

① Cleo McNelly Kearns，*T. S. Elliot and Indic Traditions：A Study of Poetry and Belief*，Cambridge：Cambridge University Press，1987，pp. 76-77；此节题为 "Masaharu Anesaki and Mahayana Buddhism." 实际上哈佛神学、宗教学和日本学者的联系早已有之。1885 年同志社英学校神学科毕业的岸本能武太即到哈佛留学，学习宗教哲学和比较宗教学。后来他和姉崎正治共同发起组织比较宗教研究会。岸本先后在东京高等师范学校和早稻田大学任教，著有《明治宗教思潮之研究》等书。他也是著名的社会活动家，与片山潜、幸德秋水组织了社会主义研究会。

于东京帝大，1918—1919 年留学哈佛，也曾在安多弗神学院上课，专攻宗教学，获神学院嘉睿奖学金（Cary Scholarship）[1]。回国后任教九州大学，曾任法文学部部长。下半年入学的神学院学生有今井三郎（Saburo Imai），住在神学堂 34 号[2]，他是 1919—1920 年神学院威廉姆斯奖学金（Williams Scholarship）得主。毕业后回东京，主持最大的美以美会教堂。从上可知，至少三位学生中的两位是拿奖学金在神学院读书。多田贞三（Tada Teizo），1919—1920 年在哈佛神学院学习，毕业后任教于横滨的关东学院。

中国留学生中，尽管汤用彤原本注册为哲学系学生，但他和韦卓民后来均以研究宗教知名。汤用彤是现代佛教研究的奠基人，从哈佛毕业回国后先后在东南大学、南开大学、中央大学、北大任教，并担任过东南大学、北大哲学系系主任，后来曾任北大文学院院长、副校长。而韦卓民当时求学哈佛神学院，回国后主要从事神学和基督教研究，后长期担任华中大学校长。

三、哈佛中、日留学生求学之差异

1919 年在哈佛的中日两国留学生当然存在很多不同之处，我们前文已提示了哈佛中日留学生的居住习惯有所不同，中国留学生大多数住在校园附近，而很多日本留学生刚到哈佛时选择住在波士顿西郊的日本人聚居区，后来才住到校园附近，似乎比较谨慎，也比较抱团，可能也是生活习惯问题。不过，除此之外，两国留学生群体在其他方面也存在很大差异。

其一，同样主要来自两个大城市，日本学生仍然主要来自东京，来自大阪者要少很多。而中国留学生注册时表明来自上海的人最多，这当然包括祖籍来自其他地方而从上海圣约翰大学出来留学的学生。这说明当时上海乃是教育水平较高、西学教育较为发达的地区，从圣约翰大学

---

[1] *Harvard University Catalogue*，1919-1920，1920，p. 314.

[2] 神学堂 35 号当时住着犹太学家沃夫森（Harry Austryn Wolfson，November 2，1887—September 20，1974）。

出来的学生因为学术背景接近美国，英文基础好，也比较容易被哈佛大学录取，学生进入哈佛之后，也比较容易适应。例如俞大维，他入学之后，在哈佛表现极为优异，不仅每年都拿奖学金，还能指出神学院教授穆尔（George Foot Moore，1851—1931）书中的失误①。中国留学生注册标明来自北京，乃是因为很多人通过清华学校的留美考试来哈佛，清华学校当时是利用美国返还的庚子赔款而设立的留美预备学校，所以当然会吸引很多学生参加其选拔考试②。

其二，这里值得注意的是日本留学生有五人在哈佛学习牙医，这是与中国留学生最大的不同，因为当时中国留学生似乎无人学习牙医。日本非常重视牙医，早在 1890 年即酝酿成立相关组织，当时牙医数量不多。至 1903 年即成立了牙医的专业组织，即齿科医师会。1926 年改名为日本联合齿科医师会。1931 年日本设立学校齿科医制度，1940 年设立齿科军医制度。1907 年中原市五郎（1867—1941）创办私立共立齿科医学校，这是日本第一所专业牙医学校，后来改制为日本齿科大学。

当时哈佛牙医学院的日本留学生有五位③。上半年入学的有伊藤春之（Ito Frank Haruyuki），加州大学 1915 年牙医学位（D. D. S，牙医在当时日本叫齿科），来自东京，住在亨廷顿大道 706 号（706 Huntington Ave. Rox.），就在哈佛医学院边上。他后来又回到加州大学，1927 年毕业。下半年入学的有来自千叶县的塚本平一郎（Tsukamoto Heiichiro）和来自栃木的冈崎直四郎（Okazaki Naoshiro，他们两人都住在波士顿波伊斯顿街 272 号（272 Boylston St.）。老生有来自御津郡的四年级老生高塚（Josuke Takatsuka，4Dn，伊藤春之室友）、四年级增原（Taiji

---

① 参见本书第一章。

② 有关清华留美预备学校在中国留学史上所扮演角色的研究，见李洪山 Hongshan Li, *U. S. —China Educational Exchange：State, Society, and Intercultural Relations, 1905-1950*, New Brunswick, NJ and London：Rutgers University Press, 2008，第三章："Qinghua：The First Joint Experiment," pp. 60-91.

③ 哈佛牙医学院在波士顿，成立于 1867 年 7 月 17 日，但到当年 11 月第一个周三才第一次开始上课，一直上到来年三月。第一次牙医学位候选人考试在 1869 年 3 月 6 日举行（*Register*，1919，p. 18.）。

Mashihara)，他毕业后在波士顿行医①。

　　1919 年在哈佛的中国留学生中倒是有多人在医学院学医，基本上都是洛克菲勒基金会资助的学生，他们在国内上过相当于哈佛大学预科的哈佛中国医学院。当时哈佛医学院的五位中国留学生，即林文秉（1893—1969）、乐文照（1896—1979）、金铸、胡正祥（1896—1968）、吴旭丹（1892—1988）②。林文秉和乐文照 1916 年刚入学哈佛时是室友，都住在剑桥街 1709 号（1709 Cambridge St.）。他们都是从上海哈佛医学院毕业之后被送到哈佛来留学的。当时在上海的中国哈佛医学院（Harvard Medical School in China）一共送了六位毕业生到哈佛医学院，一位到约翰·霍普金斯大学医学院，毕业后每人都取得很高的医学成就。他们主要由洛克菲勒基金会设立的中华医学基金会（Chinese Medical Board）资助到哈佛留学③。

　　林文秉之前曾求学于东吴大学、红十字会医学院、中国哈佛医学院。除了获得洛克菲勒基金会医学奖学金之外，1918 年他也因成绩优异而获得哈佛校方颁发的约翰·哈佛奖学金④。乐文照原本在北京大学学习地质学，后转入上海的中国哈佛医学院学习医学。毕业后 1922 年到北京协和医学院工作，1923 年又转到上海圣约翰大学医学部任教。金铸是武昌

---

① 地址为 107 Queensberry St. Boston。

② 除了他们之外，还有两位华裔医学学生，一位是来自夏威夷的 Mon-Fah Chung，另一位是来自首都华盛顿的 C. H. B. Huang. 两人均参加了哈佛中国同学会，但注册时未列入来自中国的学生名册。Chung 是当时波士顿华人医学协会（The Chinese Medical Club of Boston）会长，该会 1920 年时一共 19 人，其中 10 人来自哈佛医学院或毕业于哈佛医学院，护士三人。见 *The Chinese Students' Monthly*，Vol. 16，November 1920-June 1921，p. 610.

③ 参见 The Rockefeller Foundation，*The Rockefeller Foundation Annual Report*，1916；张大庆：《中国现代医学初建时期的布局：洛克菲勒基金会的影响》，载《自然科学史研究》，2009，第 2 期，137～155 页；夏媛媛、张大庆：《昙花一现的中国哈佛医学院》，载《中国科技史杂志》，2010，第 1 期，55～69 页；蒋育红：《美国中华医学基金会的成立及其对中国的早期资助》，载《中华医史杂志》，2011，第 2 期，90～94 页。1916 年中国哈佛医学院停办，学校迁往北京，成立协和医学院。

④ Chinese Students' Alliance in the United States of America，*Who's Who of the Chinese Students in America*，Berkeley：Lederer Steet and Zeus Co.，1921，p. 57.

人，曾求学于上海南洋中学，考入中国哈佛医学院。再转入哈佛医学院。胡正祥来自江苏无锡，从南洋公学考入中国哈佛医学院①，1922 年毕业后到麻省总医院从事病理学研究，1925 年回国到北京协和医学院工作。吴旭丹毕业后先后在波士顿肺病医院和麻省总医院工作，1923 年回北京协和医学院。

但中国留学生对牙医并不重视。一般认为中国现代牙医始自加拿大传教士林则（Ashely Woodward Lindsay，1884—1968），他 1892 年到重庆在仁济医院开设牙科，后来在 1917 年帮助华西协和大学开设牙医科，1921 年培养出第一位中国牙医黄天启，是为中国牙医事业之开端。总之由此可见，至少在牙医和齿科的发展上，日本要比中国更为领先一些。

其三，虽然中国当时是农业大国，但并未有人来哈佛学习农学，大概因为当时学习农学的中国留学生大多数去康奈尔，是以哈佛农学并未吸引中国留学生。哈佛当时学习农学的条件和设施还是不错的，有阿诺德植物园、比较动物博物馆、标本馆、植物花园等教学和实践辅助单位。

日本留学生学习农学者也不多。只有坂村徹（Sakamura Tetsu，1888—1980）来哈佛学习农学，回国后成为著名小麦专家。坂村徹来自北海道，住牛津街 14 号，和清水武雄住在一起。1913 年北海道帝国大学农学士毕业后进入研究院学习细胞遗传学。1919 年 2 月 3 日在哈佛注册为一年级植物学研究生。毕业后仍回北海道大学任教，1930 年任植物生理学讲座教授。1941 年出版《植物生理学》上、下卷。他是日本小麦研究的权威，最突出的成就是 1918 年首次在实验观察中发现了小麦染色体的正确数目。

日本很早便注意美国的农学教育。1872 年日本政府为开发北海道设立了开拓使临时学校，1876 年改制为札幌农业学校，聘请麻省农学院的克拉克（William Smith Clark，1826—1886）前来主持校务，该校遂朝着美国公立大学的建设方向发展。克拉克培养了很多著名日本学者，其中最为知名的便是农业经济学家新渡户稻造（1862—1933）。新渡户1884 年自东京帝大赴美留学，进入约翰·霍普金斯大学，学习政治学和

---

① Chinese Students' Alliance in the United States of America, *Who's Who of the Chinese Students in America*, 1921, p. 45.

经济学三年，同学中有后来成为普林斯顿大学校长和美国总统的威尔逊。新渡户在美留学期间，已获札幌农学校聘用，但要求必须获得博士学位，于是他从美国转赴德国哈勒大学，获得博士学位。他后来先后在札幌农学校、东京帝大任教，1918 年任东京女子大学校长。由上述可见日本农学一早便受到美国影响。

中国也有一些学生通过考清华学校的庚子赔款留学考试出国留学，学习农学。比如胡适，他最初通过庚子赔款留学项目到康奈尔大学，即在农学系学习农学，后因兴趣转向哲学和文学，遂放弃农学。中国早期受美国影响的农学家大多在康奈尔大学受过训练，较著名者如邹秉文（1893—1985）、钱天鹤（1893—1972）、沈宗瀚（1895—1980）等人。邹秉文 1912 年入康奈尔学习机械工程，次年转入农学院，1915 年回国任金陵大学教授，1918 年任南京高师农学教授、农科主任。钱天鹤 1913 年入康奈尔大学农学院学习，获硕士学位，1919 年回国任金陵大学农学教授、蚕桑系系主任。沈宗瀚 1923 年赴佐治亚农业大学学习，1924 年转到康奈尔大学农学院，1927 年获得农学博士，回国在金陵大学农学院任教。

其四，1919 年在哈佛的中国学生当中，以学习人文的学生较多，而学习社会科学的学生较少，但这些学习人文的学生后来回国之后个个都是名家，对中国人文学的发展起了极大的推动作用，几乎都是本领域的现代奠基者。而日本留学生则多学习社会科学。日本哲学、政治学、社会学专业包括以下三位。

绵贯哲雄（Watanuki Tetsuo，1885—1972），来自东京，住在牛津街 79 号。1915 年东京帝国大学文学士，以东京高等师范学校社会学教授学术休假身份来美。1919 年 1 月 24 日注册哈佛，就读经济学专业一年级。他先后在东京高等师范学校、东京帝国大学学习，1914—1918 在东京高师任教。1919 年起先后在美、英、德、法等国留学。回国后先后任教于东京文理科大学、东京高等师范学校、中央大学、国士馆大学等校。出版了《社会学通论》、三卷本《维新与革命》等著作。

北昤吉（Kita Reikichi，1885—1961），来自一宫（今爱知县一宫市），住在维尔街 7 号（7 Ware St.）。1908 年早稻田大学毕业，1913—

1918年任早稻田大学哲学教授。哈佛大学哲学与政府专业一年级研究生，北一辉之胞弟。他早年从新潟佐渡中学校毕业，进入早稻田大学学习哲学，思想上受伯格森、李凯尔特、克罗齐等人影响。1918年6月赴美，进入哈佛大学。后来又到法国、英国、瑞士、德国游学。1922年回国，加入大东文化协会，任大东文化大学教授，兼任大正大学教授。1936年参政，被选为自由党众议员。著有《战争哲学》、《近世哲学史》等多种著作。

图七十　日本新潟佐渡两津的北一辉、北晔吉兄弟彰德碑

高木八尺（Yasaka Takagi，1889—1984，当时住在1640 Cambridge St.），一年级研究生，由日本文部省派出，以便镀金之后回国接任东京帝大美国历史和宪法学赫本讲座[1]。他是著名政治学家、美国通，长期担任东京帝大教授，并获选为学士院会员。他也是位贵族，位列从三位、勋一等，曾任贵族院议员。此人早年从东京帝大毕业，在校期间深受新

---

[1]　Hepburn Chair in American History and Constitution；见 *The Japan Review*：*A Herald of the Pacific Era*，Volume 4，edited by Committee on Friendly Relations Among Foreign Students，1919，p. 28.

渡户稻造、内村鑑三影响。新渡户去世后，曾和前田多门一起编了《新渡户博士追忆集》①。

中国当时在哈佛学习人文学科的学生很多，这些人后来无一例外都在学术界崭露头角，从事学术工作取得优异成绩，成为当时的著名学者。这些人比日本人文社科学者在本国的影响要大很多。这批学生成才率之高，举世罕见②。当时在哈佛学习人文的学生包括陈寅恪（历史）、俞大维（哲学）、林语堂（文学）、张歆海（文学）、顾泰来（历史）、吴宓（文学）、汤用彤（哲学）、韦卓民（神学）、洪深（戏剧）等九人。其中只有陈寅恪未拿学位，俞大维、张歆海两人分别拿到哲学和文学专业的博士学位，其他人则拿到硕士学位。其中九人之中张歆海、汤用彤、韦卓民三人后来分别担任过光华大学副校长、北大副校长、华中大学校长。林语堂 1954 年曾被新加坡聘为南洋大学首任校长，但未赴任。

这九位人文学者之中有三人中年以后改行。其中，恰恰是获得博士学位的俞、张两人后来弃学从政。这大概因为上个世纪前期中国面临民族危机，在国际上地位比较边缘，而知识人有着强烈的以天下为己任的责任感，他们急切地想要以实际行动参与救国图存，以所学知识报效国家③。俞大维以数理逻辑专业哲学博士毕业，因成绩极为优异而获得哈佛校方颁授的谢尔顿游学奖学金资助，赴德国柏林大学进修，曾在爱因斯坦主编的顶尖期刊《数学现况》上发表关于数理逻辑的学术论文。1928 年改行进入政界，任民国驻德使馆商务调查部主任，后主要在军政部负责兵器工业。抗战胜利后曾任交通部长、国防部长。

---

① 前田是新渡户的门人，两人和赖世和（Edwin O. Reischauer, 1910—1990）的父亲 August Karl Reischauer（1879—1971）在东京交往密切；见 George R. Packard, *Edwin O. Reischauer and the American Discovery of Japan*, New York: Columbia University Press, 2010, pp. 19-20. 又，胡适在 1936 年 7 月 17 日访问东京时曾与高木八尺会面；见曹伯言编：《胡适日记全编》，第六册，603 页。

② 当然，这之前还有 1918 年获得哲学博士的赵元任，这之后有 1920 年入学、1923 年获人类学博士的李济，也都是人中之龙。1928 年中研院史语所成立，赵元任为语言组主任、陈寅恪为历史组主任、李济为考古组主任。

③ 关于留美学生民族主义意识和实践的讨论，见 Weili Ye, *Seeking Modernity in China's Name: Chinese Students in the United States, 1900-1927*, Stanford: Stanford University Press, 2001, pp. 17-49.

陈寅恪、顾泰来当时是室友。1919—1920 学年上学期时，陈寅恪为二年级研究生，顾泰来为一年级研究生，他们都住在赭山街 35 号（36 Mt. Auburn St.），后来两人均成为历史学家。陈寅恪任教于清华学校国学研究院，后任清华大学历史系、中文系合聘教授。顾泰来任教东南大学历史系，后来从政到外交部工作，任秘书、情报局第二科科长等职。林语堂、吴宓则以研究文学知名。林语堂曾任北大英文系系主任、厦门大学文学院院长。吴宓和汤用彤是室友，两人当时住在维尔德堂 51 号（Weld Hall 51）。吴宓回国后先后在南京高师（1921 年改称东南大学）、东北大学、清华学校任教，以筹办清华学校国学研究院知名于当时。

还需要说明的是，这些人到哈佛之前已经受过很好的传统和现代教育，而这又与他们的教育和家庭背景密切相关。首先，其中林语堂、俞大维、韦卓民均有在美国所办教会大学的学习背景。林语堂出身基督教家庭，父亲是基督教牧师，他 1912—1916 年在上海圣约翰大学学习。俞大维 1918 年毕业于圣约翰大学。韦卓民毕业于武昌文华大学。因为教会大学普遍采用英文教学，圣约翰大学当时更是中国最好的以英文教学的大学①，所以这些人的英文训练都非常好。圣约翰大学是在美国注册的教会大学，其学历亦获得美国高等教育界的承认②，这对哈佛录取圣约翰大学毕业生当然是非常有利的因素。再者说，这些人文类留学生当中，多人出身名门，陈寅恪祖父陈宝箴是前湖南巡抚，参与戊戌变法的主要地方大员。俞大维的外祖父是晚清中兴名臣曾国藩。俞大维也是陈寅恪的表弟，其姑母即寅恪母亲俞明诗。洪深是乾嘉时期著名学者洪亮吉之六世孙。

其五，日本当时派出的青年海军武官也都送到哈佛、普林斯顿进修。1919 年在哈佛学习的日本海军军官有山本五十六和越智孝平。这之前被日本派到哈佛的海军军官还有上田良武（1878—1957），他 1910—1911 年在哈佛进修；以及西崎胜之（1883—1918），他 1911—1912 年在哈佛进修；永野修身（1880—1947），他 1913—1915 年在哈佛进修。他们都

---

① 林语堂：《林语堂自传》，67～68 页，南京，江苏文艺出版社，1995。

② 有关圣约翰大学的发展，见熊月之、周武编：《圣约翰大学史》，上海，上海人民出版社，2007。

是日本派驻美国使馆的海军武官。

山本五十六作为特殊学生出现在 1919 年 11 月出版的《哈佛大学登记手册》中。《哈佛登记手册》321 页记录了一位特殊学生 Yamamoto Isoroku，住在 157 Maple Road，Brookline，当时是波士顿西郊，现在已成为大波士顿市一部分。山本五十六当时是日本海军少佐，由日本海军省派出在驻美使馆任武官。他 1919 年 5 月 20 日离开横滨赴美，进入哈佛大学学习，主要是进修英文①。1921 年 5 月 5 日被海军部召回，同年 8 月 10 日任北上号巡洋舰副舰长。山本刚入校时住在波士顿西郊的布鲁克林，后来搬到坎布里奇和小熊信一郎住在一起。他 1919 年 12 月 1 日被提拔为海军中佐。山本后来在 1925—1927 年再次到华盛顿任日本驻美武官。他因为颇为了解美国，当时是位亲美反战的海军青年军官，不过，他当时受德国影响，对美国人持一种"其人因被奢华生活宠坏而意志力薄弱"的认识②，所以认为一旦击败美国，美国人必将丧失战斗意志。当然，在哈佛时恐怕没人会想到这位当时年仅三十五岁的年轻人后来会成为偷袭珍珠港的主谋以及太平洋战场的主角之一。

越智孝平当时作为海军大尉任日本海军省派驻日本驻美使馆武官，刚入校时也住在波士顿西郊，1919 年下半年搬到坎布里奇。但山本和越智并未列入《登记手册》227 页的日本留学生名单，可能因为他们是驻美武官身份。日本海军省持续派人到驻美大使馆做武官，多人去哈佛进修③。在 1910 年代，除了山本、越智之外，还有上田良武、西崎胜之等

① 山本在留学哈佛期间，结交了很多美国朋友，但喜欢下将棋和打扑克，最长的一次曾连续打了 26 小时扑克；他也访问了得克萨斯和墨西哥一带的石油工业，因为他非常注意和海军、空军有关的信息；见 Alan Schom，*The Eagle and Rising Sun：The Japanese-American War*，*1941-1943*，*Pearl Harbor through Guadalcanal*，New York：W. W. Norton & Company，2004，p. 296.

② John Costello，*The Pacific War 1941-1945*，New York：Rawson，Wade，1981，pp. 81-82.

③ 日本驻美使馆的海军武官中也有人到普林斯顿进修，如山口多闻（Yamaguchi Tamon，1892—1942），1921—1923 年在普林斯顿大学进修；见 Princeton University ed.，*Catalogue of Princeton University*，*1921-1922*，1922，p. 339. 山口多闻后于 1942 年 6 月在中途岛之战中与他指挥的航母飞龙号一同被美军炸沉。

人，后来这些人都是太平洋战争时极其活跃的海军高级将领，也是获得重用的知美派人物。当时哈佛的中国留学生似乎无人提到校园里的日本海军留学生，一方面可能这些日本来的年轻军官比较低调，另一方面也可能他们大多住在波士顿地区，和校园生活并无太大瓜葛。但亦由此可见当时日本留学生背景多样化之一斑。

中国政府当时并未派出专业军官特别是海军军官到哈佛受训。中国自晚清以来政府也选送了一些学生到英国和德国学习军事，尤其是海军。清朝最后十年则随着新军的兴起，各地新式讲武堂派遣了青年军官到日本和欧洲学习军事，尤以到日本学习者为多，而到美国学习者甚少。当时毕竟清政府与欧洲列强和日本打交道为多，二次鸦片战争、中法战争是与英、法海军交锋，甲午战争是北洋水师败给了日本海军，清政府也看到日俄战争中日本打败了俄国，因此清政府海军军官试图去欧洲和日本学习军事，以便"师夷长技以自强"是完全可以理解的。这可能也是当时中日两国政府教育、军事策略之区别。

日本明治以来长期实行脱亚入欧政策，处心积虑培养各方面人才，并利用派遣外交人员的机会将其海军青年军官送到美国最好的哈佛大学受训，这也是其称霸亚洲策略的一部分。在第一次世界大战结束后，日本至少在海、空军发展方面已将中国远远甩在后面。

结　论

通过以上考察，我们可以得出一些基本结论，这些结论可以看出哈佛中、日留学生群体之独特之处。我们首先探讨了哈佛中日两国留学生的相似之处，发现在哈佛的中日两国留学生在地域来源、公私学校来源、专业选择方面均有极为类似之处，比如两国留学生大体主要来自近代经济、文教发达的都市地区，日本以东京、大阪为主，中国以北京、上海为主，而大阪与上海各自是两国当时对外交往最为频繁的港口城市之一。哈佛中、日留学生当时均来自主要公私大学，但私立学校则主要是与美国联系密切的学校。如日本是以美式教育为模式发展起来的、与哈佛关系密切的庆应义塾大学，而中国是以全英文教学的、有所谓"东方哈佛"

之称的圣约翰大学。

哈佛中、日留学生在专业选择方面也存在非常有趣的相似之处，两国当时在哈佛的留学生均有相当部分人选择注册经济学和商科，而选择注册人文社科的学生并不比注册理工科学生的人数少，两国均无人注册法学院和景观学院。还需要说明的是，国内的教育状况也和学生到哈佛选择的专业有关。庆应义塾当时聘用多名哈佛毕业生担任经济学教授，负责理财科，有哈佛毕业的教授给庆应义塾的学生写推荐信申请哈佛，这些学生才能比较顺利地进入哈佛念书。而当时哈佛大学邀请过日本著名宗教学家姉崎正治到哈佛讲学，姉崎正治回国后遂推荐自己的学生到哈佛神学院学习。类似的情况其实也发生在中国，陈寅恪回国后，他的学生周一良、杨联陞先后到哈佛念书，均获得博士学位。

当时在哈佛的中国留学生似乎学习上比日本留学生更为优异，除了赵元任、俞大维先后获得荣誉极高的谢尔顿游学奖学金之外，1919 年留学哈佛的中国学生中，经济学专业的朱中道、数学专业的姜立夫、医学专业的林文秉均获得约翰·哈佛奖学金。相比之下，日本留学生略为逊色一些。

我们也考察了两国留学生群体之不同，这主要体现在两方面，首先是中日留学生在哈佛居住地分布较为不同，日本学生比较喜欢一开始住在波士顿西郊的日本人聚居区，适应之后再到校园附近找房子住。其次是专业选择上，日本有学生在哈佛学习农学和牙医，而中国留学生则无人选择农学，尽管有人学习植物学。中国学生当时无人学习牙医。再次，人文社科分野方面，中国学生在哈佛似乎人文学生较多，这些学生也大多在学术上取得丰硕成果，回国后在各自领域成就一番不朽的事业。而日本人文社科类学生以学习社科为主，也有不少人成为著名学者。最后，日本政府持续派遣海军军官到哈佛进修，了解美国的政治、军事发展状况，并磨炼了英语能力，以帮助日本打造现代海军，这是当时中国政府没有注意的举动。

附录二 没有过去的历史：学术史上的日本东洋学

——读《日本的东方：将过去转化为历史》

为何关心日本的中国学？日本的中国学处于世界中国学的领袖地位，无论在理论思想框架的建立、新方法的发明还是在新材料的发现与整理、旧材料的重新审视与阅读方面都对世界的中国研究产生了深刻的影响，至今英语世界的中国学学者均在很大程度上需要借鉴日本的中国学成果，很多大学并在制度上要求中国学专业的学生必须具备日文学术材料的阅读能力。虽然对于中国而言，现在不再是陈寅恪所谓"群趋东邻受国史"的旧时代，但日本的中国学仍然是中国学者难以忽略的。今天我们尚在讨论是否有复兴国学的必要，尚在议论所谓传统国学的价值，日本学者早在近一个世纪前已经在主流学界几乎全面颠覆了其传统汉学，并开辟了东洋学以及所谓支那学的新纪元，并迅速在20世纪确立了其在中国学研究上难以撼动的国际领先地位。认真审视日本中国学的发达史十分有助于我们今天讨论中国学术诸层面。而本文所要特别讨论的一个读本是田中斯蒂芬在1993年刊出的《日本的东方：将过去转化为历史》[①]。考虑到当代中国学界有关近现代国学、汉学、西学的争论[②]，可以看到所谓国学、汉学等讨论在中国尚没有过去，并没有成为历史。

学界基本上都认为日本第二次世界大战前有汉学和支那学，战后才

---

① Stefan Tanaka，*Japan's Orient*：*Rendering Pasts into History*，Berkeley：University of California，1993.

② 近代国学史的研究参见罗志田：《国家与学术：清季民初关于"国学"的思想论争》，北京，生活·读书·新知三联书店，2003。

有中国学之称①。日本的汉学和支那学、中国学研究近年随着改革开放之后对海外中国研究的重视，已然渐成显学，参加这一新领域建设的中国学者很多②，并有很多丛书出版③，甚至日本学者反思中国学的著作也被译介过来④。许多重要的论题被反复讨论，如日本汉学与国学的关系、中国国学的说法与日本国学名称的联系、日本汉学与支那学、东洋

①　诸葛蔚东：《战后日本知识界与中国》，载《北京大学学报》，41 卷 1 期，2004，92～100 页。

②　如从事文化研究的孙歌，代表作如《日本汉学的临界点》，《世界汉学》，第一辑，1998，收入《主体弥散的空间——亚洲论述之两难》，215～246 页，南昌，江西出版社，2002；《亚洲意味着什么——文化间的日本》，台北，巨流出版社，2001；从事日本汉籍流布调查和日本中国学史研究的严绍璗，代表作如《日本的中国学家》，北京，中国社会科学出版社，1980；《日本中国学史》（第一卷），南昌，江西人民出版社，1991；《汉籍在日本流布的研究》，南京，江苏古籍出版社，1992；《日本藏汉籍珍本追踪纪实》，上海，上海古籍出版社，2004；还有李庆所著多卷本的鸿篇巨制《日本汉学史》，上海，上海外语教育出版社，2002—2004。其他还有不少零散文章。在台湾，近年旅日回台的学者陈玮芬发表了许多有关日本东洋学的著述，如对斯文会的研究，参考《“斯文學會”の形成と展開——明治期の漢學に關する一考察》，载九州大学《中国哲学论集》，1995，21 号，86～100 页；《和魂与汉学：斯文会及其学术活动史》，载《原学》1996，第 5 辑，368～383 页；《近代日本と儒教——“斯文會”と“孔子教”を軸として一》，福冈市：九州大学大学院文学研究科中国哲学史研究所，博士学位论文；《近代日本东洋学的成立与发展试论》，见《庆祝莆田黄锦鋐教授八秩·日本町田三郎教授七秩嵩寿论文集》，357～395 页，台北，文史哲出版社，2001；《由“东洋”到“东亚”，从“儒教”到“儒学”——以近代日本为镜鉴谈“东亚儒学”》，载台湾大学东亚文明研究中心《台湾东亚文明学刊》，2004，第 1 期，201～232 页；《“汉学”、“儒教”、“孔子教”与“支那学”——“儒学”在近代日本的表述及相关的宗教性论争》，载《新哲学》2004，第 3 期，109～130 页；《近代日本汉学的关键词研究——儒学及相关概念的嬗变》，台北，台大出版中心，2005，如此书 23 页云“汉学家们先使用‘东洋’这个语词，寻求与‘西洋’平等对话的可能，并凸显‘支那’的非近代性，把日本当作东洋文化的表征”。

③　如北京大学比较文学研究所主持出版的《国际中国学文库》，其中包括多种日本中国学者的个案研究，如《内藤湖南研究》、《吉川幸次郎研究》、《津田左右吉研究》、《服部宇之吉研究》、《德富苏峰研究》等。

④　沟口雄三著，李苏平、龚颖、徐滔译：《日本人视野中的中国学》，北京，中国人民大学出版社，1996；葛兆光：《重评 90 年代日本中国学的新观念——读沟口雄三〈方法としての中国〉》，载《二十一世纪》网络版，2002，12 月号总第 9 期。

学的关系、西方汉学与日本中国学的比较等，这些努力使得我们日益清晰地看到日本研究中国的历程及其历史语境。但是相当多的论著特别关注日本汉学以及中国学的贡献以及和中国的交流、和西方汉学的比较，从而忽视了其变化的内在历史机制和日本近代中国学者的心态分析。田中的著作特别注重站在亚洲以外的立场来挖掘当时日本支那学者的心态和历史语境，并同时兼顾了西方近现代学术（而非汉学）与日本近代东洋学的联系。

　　田中 1986 年获得芝加哥大学历史学博士，日本现代史专家。他的主要学术兴趣包括明治时期的审美、信仰与国家性，以及儿童史。他的日本史学术曾受益于著名的日本史家华盛顿大学的派勒（Kenneth B. Pyle）、芝加哥大学的奈地田哲夫（Tetsuo Najita）和哈鲁图尼安（Harry Harootunian）、哈佛大学的入江昭（Akira Iriye）①；而此书在修改阶段也得到一些著名学者的指点，如阿萨德（Talal Asad）以及魏斐德（Frederic Wakeman），从这一名单可以更清楚地看出田中的学术背景。《日本的东方》一书获得 1993 年度美国历史学会费正清奖，当时田中任教麻省克拉克大学。获奖后自 1994 年起执教于加州大学圣地亚哥分校，目前担任加州大学日本研究项目主任。加大圣地亚哥分校是美国东亚近现代史研究中心，中国学者熟悉的周锡瑞（Joseph Esherick）也在该校任教。田中认为自己没有去东大或京大学习而进了立教大学十分幸运，因为他研究的主题和东大与京大关系密切，如去可能反而对他不利。

---

　　① 入江昭的父亲是日本著名国际法专家入江启四郎，而入江昭本人是赖世和和费正清在哈佛的学生，其岳父为日本著名法国文学专家前田阳一（1911—1987）。前田 1934 年留学法国，并任日本驻巴黎公使馆副领事，在巴黎辅导留学索邦大学的赖世和学习。前田阳一的父亲前田多门（1884—1962）则是赖世和父亲在日本的好友。前田多门早年求学于东京帝大，深受新渡户稻造和内村鑑三影响，参加了内村组织的圣书研究会，晚年则和新渡户一起加入基督教教友会。多门曾任日本驻纽约文化会馆馆长、新潟县知事、日本文部大臣。前田阳一系其长子，阳一执教东京大学时，受其影响较大的学生是大江健三郎。前田多门的长女是留学美国的精神科医生神谷美惠子（1914—1979），次女势喜子嫁给企业家井深太。井深太和盛田昭夫系东京通信工业株式会社的早期创始人，该会社即索尼公司的前身。前田则是东京通信工业的第一任社长，但实际事务由井深和盛田负责，前者负责技术，后者负责经营。

从理论和方法论上说，正如作者在撰述缘起中特别提到的，他受到当代西方学者反省西方撰述中的东方思潮影响，并以之为参照来研究所谓日本撰述中的东方，有很强的知识考古学意味①。影响和启发他的思想家包括巴赫金、德塞尔多（Michel de Certeau，1925—1986）、福柯、列维纳斯（Emmanuel Levinas，1906—1995）。这些学者对于意识形态的研究，启发了田中思考日本的所谓东洋学，特别是巴赫金论发现和维护社会的多样性、福柯论思想的优越系统、塞尔多论话语中的人群、列维纳斯论真相的压制。此书虽然主要围绕日本现代东洋史的奠基人白鸟库吉的著作展开论述，但不是人物传记，而是一部研究以白鸟库吉为中心的明治大正时期日本的学术思想与社会观念史著作。

田中此书主要包括导论、正文和结语三部分，其中正文部分则包括两部分：第一部分名为找到相等，包括两章，第一章从汉学到东洋史——寻找历史，第二章东西方的聚合；第二部分名为创造差异，包括插曲——差异与传统，第三章支那——把日本从中国分开，第四章支那——日本出现的叙事，第五章支那——一种话语的权威化，第六章考古学：支那的制度化。

导论部分最值得注意，田中不仅介绍了他选择日本东洋史兴起这一主题的理由，还提供了一些日本近现代史的背景，并概括和提示了全书主要内容。田中指出现代化的兴起引发了观念和术语的改变，随着西方现代的发展，一些术语的对立开始分化，比如西方与东方、文明的与野蛮的、现代的与传统的、理性的与非理性的、高级的与落后的、知道者与被知者等。从 19 世纪开始，日本的主要史学家开始接受现代化的历史观念，接受西方启蒙主义和浪漫主义历史学中的信仰，即所谓科学研究中存在真理、客观性和进步的可能性。而日本当时话语中的东洋成为日本学者重建历史的资源，其中又主要以支那为主。支那一词在 20 世纪上

---

① 张广达先生指出，20 世纪一些西方学者出于与西方以外的"他者"的深化接触，开始越来越自行质疑西欧中心论，考虑西方的重新定位，越来越多其他领域的专家也把"西方中的东方"（the East in the West）纳入研究和著述之中。他举英国剑桥大学的 Jack Goody 为例。见张广达：荣新江著《中古中国与外来文明》序，北京，生活·读书·新知三联书店，2001。

半叶使用最为普遍，第二次世界大战后还原为明治维新前使用的中国一词。作者指出，支那一词被一些近代时期许多有不同目的的群体使用，比如日本的国学家使用支那与日本来区分野蛮与文明、外与内等含义；而20世纪初期的中国革命者用支那一词把他们和清朝政府区分开；在日本，支那还把落后愚昧的中国与现代亚洲国家区分开。

虽然第二次世界大战后大多数日本学者已经弃用支那一词称呼中国，仍有少数不同声音。白鸟库吉的传人、东大教授、东洋文库的理事长榎一雄就坚持使用支那一词。他甚至在1983年出版的《欧罗巴与亚细亚》一书中还提供了所谓坚持用支那代替中国一词的理由：中国只是中国人用来称呼他们自己国家的词，外国人不需要附和使用；支那一词在明治维新以前已经在日本生根，早在9世纪空海大师从中国携回的佛经中已经出现，而且明治维新以后支那成为比清国含义更广的名词；中国一词暗示了中心性，代表了一种以中国为中心、视中国文化更古老更文明的文化沙文主义态度；日本使用中国的方块汉字，所以必须区别中国和支那两个词。他坚持认为支那一词更准确，更中性，以China的形式为世界各国使用，而且明治以后在日本广为人知。换言之，他认为汉字中国一词在日本历史上使用是因为当时日本很弱，现在日本已经是现代国家，不必再使用中国一词。但是正如田中所指出，其实在第二次世界大战后的日本，支那人一词实际成为弱者和牺牲品的代名词。

田中指出，东洋一词虽然不是日本学者发明，但东洋史却是日本学者的创造。东洋史的首席建筑师则是东京帝国大学历史学教授白鸟库吉。田中认为白鸟建立了日本人的新历史观，这种历史观让日本人重新认识以东洋、西洋划分的世界，而在这一世界中，日本和西洋有着同等的地位，是亚洲最发达的最高级的国家，而在文化、智识与制度结构上超越了中国。白鸟对东洋史的影响除了方法论的客观之外，还在于他把东洋史发展成跨学科研究领域，综合了现代比较语言学、民族学、神话学。田中进一步指出了日本大正年间的关键性历史发展，通过重新谈判修改不平等条约，取得和西方列强同等的地位，通过日清战争取得东亚的霸权，通过日俄战争取得世界强权的地位。这些历史事件是日本学者重新解释历史的背景。因为日本学者开始以所谓科学的先进的方法研究所谓东洋特别是支那，他们甚至认为他们比中国人更了解中国的历史。比如京都帝大教授内藤湖南在巴黎和会中国外交失败引发中国学生运动之后谴责中国青年对于历史和时局的无知，他认为他知道何事对中国最好，而中国学生不知。他们对于自己东洋知识的优越感体现在这种现实处理之中。

白鸟库吉是兰克史学在日本的传人，他的老师里斯（Ludwig Riess，1861—1928）是兰克的弟子。里斯二十六岁受聘东京帝大讲授历史和史学方法论，强调所谓史学客观方法论，极大地影响了白鸟的东洋史学。这种对客观的追求使得东洋史学的第三代、朝鲜史学者旗田巍称东洋史为所谓"无思想的史学研究"。当然，对这种东洋史的批评还有很多，比如缺乏阶级意识等。这可能跟"二战"后马克思主义对于日本史学影响很大有关。

图七十一　白鸟库吉

田中在接下来的几章中研究了白鸟参与的一些日本学术界的论战，并通过分析其主要观点和理论来进一步推测白鸟的心态。比如他特别研究了白鸟库吉和林泰辅讨论中国上古史①，和井上哲次郎讨论日本的起

———————————

① 李庆在《日本汉学史》中对于所谓白鸟的"尧舜禹抹杀论"有所讨论，并暗示了其对于顾颉刚的影响；而贺昌群则认为二者实际是殊途同归而已，不存在影响的问题，他指出白鸟的"尧舜禹抹杀论"，"与我国顾颉刚氏诸人所讨论之《古史辨》，虽时序有先后，而目的则同，方法各异，白鸟氏运用其丰富之东西历史语言之知识，纵横驰论；顾氏诸人则专精于先秦典籍之解剖。此则时代思潮与治学方法之进步。传统之学者，虽欲维护陈说，亦无可如何也。"见《日本学术界之"支那学"研究》，载《贺昌群文集》，第一卷，443页，北京，商务印书馆，2003。

源、和内藤湖南讨论邪马台的位置。田中的主要观点认为东洋史试图把日本和中国分离，离开所谓中国文化的影响；把儒家从经学放回史学，关注儒家的历史发展，而不是作为一种官方意识形态。田中认为东洋史的主要目的仍然是把已经逐渐进入现代国家的日本在意识形态和政治伦理等各方面和中国进行分离，从而抬高日本的国际地位，和西方列强不仅在科学技术和政治组织层面平起平坐，并在文化和文明开化上作为亚洲的优越国家藐视其他尚待进行现代化的国家。从田中的叙述和分析可以看出，东洋史的兴起其实和当时明治以来的政治变化分不开，也和日本近代学者日益高涨的民族主义心态分不开。田中指出，京都学派的早期开创者内藤湖南甚至认为他比中国年轻人更了解中国的历史和中国的问题①。

通过田中的叙述，我们可以清楚地看到，日本近代东洋学的兴起，不全是西方东方学以及汉学的影响，而主要是西方现代学术的影响，特别是德国兰克学派的影响。在兰克弟子里斯带来的所谓科学方法整理史料的风气影响下，东洋学注重历史原始材料的科学搜集与科学整理，白鸟倡导参与的南满铁路调查局的工作即是一例；并在一开始就和西洋所谓东方学差不多在同一轨道上，这就是白鸟在方法上注重运用历史比较语言学寻找亚洲大陆诸民族的历史和文化联系。白鸟仰仗日本明治维新以来脱亚入欧的努力和成绩，在研究东洋学上采取俯视亚洲其他民族的立场。总而言之，从田中书中可以看出，对于日本学者而言，无论是作为研究对象的中国，还是作为研究工具的西方学术，都是他者。站在近代日本民族主义的立场，有些日本学者一方面要寻求的是借用西方的一些观念重建日本的自信，并试图与世界强权共天下；一方面又以亚洲领头羊自居，藐视其他亚洲国家。

田中没有特别注意比较日本东洋学和西方的近代汉学。应该说，一般认为"二战"之前，西方的东方学主要贡献在内陆亚洲民族、语言、

---

① 日本学者也注意到这一现象，并有所论说；如子安宣邦指出的，"政治的言说"和"学术的言说"相交织不仅是京都大学，可以说是整个近代日本中国学的一个鲜明特征（子安宣邦：《近代知と中国认识——支那学の成立をめぐって》，岩波讲座现代思想15《脱西欧の思想》，1994，61～97页）。

宗教、美术、物质文明的历史，基于汉文史料的汉学远远没有形成规模，除了在法国和英国有若干学者之外，尚没有系统地大规模研究。甚至在第二次世界大战结束初期，西方的汉学主流还主要是伯希和的学术传统。如在北美，则以哈佛为中心，伯希和的弟子法籍俄裔学者叶理绥长期担任哈佛燕京学社学长，直到 1956 年才退休。

当时东亚出身的学者也认为西洋学者长处在周边地区研究。如旅美华人学者何炳棣所说，"1948 年我尚无机会系统地翻检西方汉学著作，但已经知道他们的长处在物质文明、宗教、欧亚大陆诸民族及其语言、中西交通等方面个别性的专题研究，百余年来积累的成果可观，但不能对中国历史上几度动态大演变加以分析、解释、论断。"① 而当时日本学者根本不认为北美的汉学家有能力系统处理汉文材料并有学术创新。如吉川幸次郎在京都见到一位美国学者 A 君，在翻译《历代名画记》，为研究和翻译里面的官名，去请教梅原末治②。但吉川也指出，在日本，一般像散骑常侍这类官名不需要翻译，所以日本学者相比较而言较懒，不如美国学者字字翻译这样彻底。他同时也感到日本学者对西洋人的支那学比较漠然；其次，吉川谈到他与狩野直喜、仓石武四郎会见的另一位美国学者 B 君，此人正在研究乾隆朝的和珅，令吉川十分惊讶，以他的了解，西洋人的支那学侧重美术史及塞外史，着重使用支那汉文文献以外的材料，而此人居然研究主要是用汉文材料；吉川并提到，早期全美只有大约十所大学设有支那学讲座，十年间增长四倍，而且美国的支那学者必须知道日本的学术杂志《东洋学报》、《东方学报》、《支那

---

① 何炳棣：《读史阅世六十年》，247 页。

② 虽然吉川没有提示，但这位美国学者很有可能是指埃克尔（William Reynolds Beal Acker）。埃克尔是美国 20 世纪上半叶重要的亚洲艺术史家，曾任职史密森尼博物馆，翻译编辑出版了多种著作，如《若干唐以前及唐代绘画著作》（*Some T'ang and Pre-T'ang Texts on Chinese Painting*，tr. and ed. William Reynolds Beal Acker，Leiden：E. J. Brill，1954），翻译内藤东一郎的《法隆寺壁画》（Naito Toichiro，1897-1939. *The Wall Paintings of Horyuji*. Translated and edited by William Reynolds Beal Acker and Benjamin Rowland，Jr.. Baltimore：Waverly Press，Inc.，1943）。

学》①。

西方的东方学在研究中国周边民族、语言、宗教研究方面，对于日本学者而言，并非高不可攀，日本也培养出许多著名学者，印度学、伊朗学自然不必说，而回鹘突厥研究有羽田亨、庄垣内正弘、山田信夫、护雅夫、百济康义、梅村坦、小田寿典、森安孝夫等人，西夏文有西田龙雄，藏学有山口益、佐藤长、上山大峻等人。如果说东方学日本学者只是可以和西方学者平起平坐，基本上在方法上、理论框架上尚借鉴西洋，而东洋学则可以在提出问题、发明新模式和发掘史料三方面均傲视群雄，独成一系。虽然前文我们提到"二战"前西方东方学的领先地位，实际当前中国学术界在民族宗教语言物质文明等研究领域无疑也仍落后于西方和日本。而现在追赶起来更为困难，除了熟悉亚洲古代语言，更需要精通至少英、法、德、日、俄等目前通用的学术语言，方可登堂入室。

日本学者其实是比较独立地发展出自己别具特色的东洋学史学传统以及中国学传统，其学术来源其实是一般意义上的西方近现代学术观念、理论与方法，绝对不是西方的汉学。梁启超在近一个世纪前就在《中国之旧史》一文中指出，"于今日泰西通行诸学科中，为中国所固有者，惟史学。"反观今日所谓复兴国学的争论，中国史学也正是因为这种所谓固有的传统，其现代化更难。日本的汉学能走出传统，固然是其国家民族逐渐迈入现代使然，也和日本学者如白鸟库吉接受所谓西方科学史学方法反省日本传统汉学有关。今日中国欲提升中国研究的品质，恐怕引入和研究日本、西方汉学根本不够与其抗衡，而更应该注意其背后蕴含的西方近代学术的理论与方法背景，从而发展出中国学界自己的学术特色。

---

① 吉川幸次郎：《アメリカの支那学》，见《支那について》，127 页，大阪，秋田屋，1946。

附录三 日本中古史巨擘黑田俊雄

　　黑田俊雄（1926—1993），日本中古史学界影响深远的一代大家。他所提出的一些革命性和极富争议的理论可以说几乎完全改变了日本中古史的面貌，并且促进了学界重新考虑中古史的许多问题。1994—1995年，日本京都法藏馆出版了八卷本的《黑田俊雄著作集》，使我们有机会在黑田俊雄逝去不久即能一窥黑田史学的全貌。

　　尽管黑田史学在日本学界影响很大，但日本以外的学界是在他逝世之后才开始慢慢了解他的学术贡献的。1996 年由西方学界最有影响之日本宗教研究刊物《日本宗教研究学刊》（*Japanese Journal of Religious Studies*）刊出"黑田专辑"之前，只有三篇展示黑田史学的英文论文，而这个专辑则选译了五篇黑田最具代表性的论文，试图全面介绍黑田史学的大纲。中文学界似乎还缺乏对黑田史学的介绍，他的作品值得组织人员翻译出版。这对于理解日本中古史，理解日本宗教与社会将会有很大益处。而中国与日本在中古史方面或有相似之处，或能借鉴其理论方法来研究中国中古史。

　　1926 年，黑田俊雄出生在日本富山县东砺波郡庄下村大门，他的父母是净土真宗派虔诚的信徒。在这样的家庭成长起来的黑田逐渐对于宗教研究产生了浓厚的兴趣。他在 1945 年春季进入京都大学学习。太平洋战争的结束，使黑田得以逃脱服兵役的命运，把宝贵的时间投入到学习中。1948 年，他完成本科毕业论文，题为"真宗教团史初考——特别是社会生活与信仰之关系"。这篇论文的一部分修改后于 1959 年发表。毕业后，黑田进入京都大学研究院继续读日本史方向的研究生，同时在附近的一间中学教书，直至他 1951 年从这个中学辞职。1951 年以后他全力专注于研究生学习。在此期间，黑田开始接受马克思主义史学的影响，注重庄园制在日本中古史中的作用。1955 年他没有得到学位即离开了京都大学研究院，在神户大学教育学部任专任讲师。1960 年任教育学部助教授。1961 年转往大阪大学任助教授，1965 年任兵库县伊丹市史编纂委员，1967 年任历史科学协议会代表委员。1975 年升为大阪大学文学部教授，并担任日本科学者会议大阪支部事务局长。1979 年担任大阪大学评议员。因他在史学上的杰出成就，在 1983 年被大阪大学授予文学博士学位，论文即《日本中世的国家与宗教》。1984 年担任大阪大学文学部长，1989 年从大阪大学退休，改任私立大谷大学文学部教授。1991 年转为大谷大学特任教授。1993 年去世。

1995 年出齐的《黑田俊雄著作集》一共八卷，现介绍如下，以便略窥其著述的规模。第一卷"权门体制论"，包括共包括三大主题：权门体制的提出与展开，权门体制的基本问题，权门体制与天皇。第二卷"显密体制论"，分四方面内容：显密体制的展开，日本佛教的展开，显密体制论的立场，宗教史方法。第三卷"显密体制与寺社势力"，也有四方面内容：显密佛教与知识体系，显密佛教与镇魂，寺社势力的展开，显密佛教的周边。第四卷"神国思想与专修念佛"，包括三方面的内容：中世国家与神国思想，显密佛教与一向专修，亲鸾与莲如。第五卷"中世庄园制论"，包括三方面内容：庄园制与封建制，庄园社会论，庄园制与亚细亚的社会构成。第六卷"中世共同体论——身份制论"，包括两个主题：村落共同体的展开，中世身份制极其相关问题。第七卷"变革期的思想与文化"，包括：建武政权与南北朝时代论，中世的历史观，中世文学的人间形象，日本文化史（中世）序章，中世的国家与社会。第八卷"历史学的思想与方法"，主要是些散稿。

黑田俊雄的著作涉及面十分广泛，日本中古政治经济宗教社会思想等都是他关注的主题，而他建立的两大理论则是他试图用来解释整个日本中古史诸现象之间相互关联的主要贡献。这两大理论就是：权门体制和显密体制。黑田阐述其理论的主要论著包括《中世的国家与天皇》（岩波书店，1963）、《庄园制社会与佛教》（京都法藏馆，1967）、《日本中世的国家与宗教》（岩波书店，1975）、《中世寺社势力论》（岩波书店，1975)、《寺社势力——另一个中世社会》（岩波书店，1980）、《王法与佛法——中世史讲图》（法藏馆，1983）等，以上诸书均见于《黑田俊雄著作集》。

权门体制认为，日本中古史的社会政治秩序完全由三大权门控制：公家、武家和寺家。公家指天皇帝室与上层贵族，武家指幕府势力及依附于幕府的武士阶级，寺家指那些大型寺院势力。他们都是以家族或类家族结构世代相传而组织起来的力量，通过控制和争夺经济生产的组织化单位——庄园来实现对于整个社会的控制。这些势力大多盘踞在京都及其附近地区，尽管偶尔是相互争夺资源，但通常是以合作的方式实现统治中古社会的目的。这个权门体制理论在很大程度上冲击了传统史学界把中古史看成是"武士时代"的看法，它使得中古史学者不得不重新考虑贵族和寺社在挑战镰仓幕府权威过程中对整个社会的作用与影响。

权门体制重新定位了日本中世纪国家中的宗教。它把宗教放到国家统治机构同等地位上来考虑，的确是别出心裁，也引发了广泛的争论。在黑田看来，在日本中古史上，宗教不是简单地寻求出世和思想上追求一种在国家权威上的边缘化，而是整个社会的重要一极。这个看法就体现在他的"寺社势力论"一文中。同时，黑田还通过清理传统学术史，从史观和方法论上强烈批评传统史学界对日本宗教史的看法，认为他们的看法受到两方面的扭曲：一是德川时代以来以宗派佛教为中心的现实使得人们考虑中古宗教问题时，也以德川宗教为标准力图区分出佛教宗派；二是明治时期的神佛分离运动使得人们相信神道和佛教在历史上就已经有了清楚的界限。黑田极力反对这种为现实和历史扭曲的史学。他对于宗教与政治经济相互关系的研究使得他在很多方面大大修正了传统佛学学术的看法，超出了传统佛学专注于教义与教团传承研究的范围。他关心的是宗教教义和实践是怎样来满足寺社势力作为统治阶级的利益，以及下层民众是出于什么自身利益考虑来接受佛教教义和实践的。应该说这是典型的马克思主义的社会分析。

显密体制是黑田俊雄对于日本中古佛教史的重新定位。黑田以前的传统佛教史家把日本中古佛教史视作是三个阶段的佛教：奈良佛教、平安佛教和镰仓佛教。奈良佛教指从中国移植来的佛教传统所建立的奈良六宗，而平安佛教指平安朝开始创立，和贵族社会联系密切的天台和真言宗，这个平安佛教系统在日本占据着长达四百年的统治地位。镰仓佛教则指后来基于净土、禅、日莲宗而在12、13世纪建立的各种新教派。因而日本中古佛教史被解释成奈良平安旧佛教与镰仓新佛教发展的历史。黑田反对这种对日本佛教的归纳，他认为奈良平安时期的佛教教派可以用显密体制来归纳，统称为显密佛教，它代表了一种崭新的佛教世界观。这种佛教包含着密教实践和显教教义，而密教更具主导地位。一些神道的实践也被包容在显密体制之中。像御灵信仰和念佛等传统实践都被纳入到密教仪式系统，成为净化灵魂安抚亡魂的重要机制。

黑田不仅把显密佛教视作是一种崭新的世界观，还把它看成是中古国家的一种意识形态，用黑田的术语而言，即显密主义。其中的关键在于王法与佛法的互相依赖与支持。古代日本一直流行关于佛教是镇护国家的力量的看法，但实际上王法与佛法系统到后来发展成一种更为复杂和紧凑的意识形态。国家和佛教就在这种意识形态的支撑下相互支持，共同发展，而显密佛教也通过为国家提供意识形态上的支持而成为中古社会的一个重要力量，具体表现为寺社成为三大权门势力之一。比如延历寺、东大寺、兴福寺三大寺就通过控制土地庄园和劳动力来扩展其影响，甚至还建立了他们自己的军事力量，比如位于比睿山的延历寺就有自己的僧兵。他们在社会中的很多活动已经和其他两个权门（朝廷与幕府）没有什么两样。因为黑田把显密佛教视作是中古社会的正统，而在镰仓时期兴起的新佛教教派就被视作是异端，他们的兴起被称作是"异端改革运动"。这些异端不仅包括从净土、禅、日莲宗发展出的教派，还包括从显密佛教中分出来的教派以及一些被镇压的地下教派。对于有些教派，显密佛教采取了宽容政策，并试图把他们纳入显密体制；对于有些教派，显密佛教则非常不宽容，并运用各种力量进行打击甚至镇压。

黑田也重新解释了中古日本社会中佛教和神道的关系。传统观点认为神道是日本土生土长的宗教，包含了许多日本的固有特质。而黑田则认为神道不能和显密佛教分离，应该被纳入显密佛教的世界观体系之中。日本传统的神固然在8、9世纪被看作是佛教诸神的保护者，但在10世纪以来，在"本地垂迹"理论中已经和佛教的佛与菩萨相结合，降临日本来接引众生。传统学界所界定的日本传统神道发展出的"神国"思想在黑田体系下也变成了显密体制的产物。

　　黑田俊雄的理论在日本中古史学界和佛教学界真是一石激起千层浪，引发了广泛的争论。他在大阪大学的弟子平雅行等人也不断为他的理论进行辩护，比如平雅行就曾发表《黑田俊雄与显密体制论》反驳今井雅晴和家永三郎对黑田的质疑，除了强调黑田在研究整个体制的同时并不忽视对一些关键人物比如亲鸾的研究，他也承认黑田的某些概念缺乏清晰的说明和解释，同时，黑田把本觉思想看作是显密佛教最具代表性的思想也是值得商榷的。另外，当代极为活跃的佛教史家末木文美士则指出，黑田俊雄对本觉思想的强调是受了末木导师佛教思想史名家田村芳朗的影响。末木文美士来自和黑田俊雄极为不同的学术传统，虽然他高度评价了黑田试图把佛教纳入到整个中古社会历史的努力，但也指出黑田的显密佛教似乎是指一种容纳了显教因素的密教形式，因为黑田在许多概念上的解释实际相当含混不清。

　　目前中国学界似乎尚缺乏一个能够解释中古史的宏观理论框架，能够把中古社会诸因素糅合为一体的解释性学说，这不能不说是一个遗憾。反观黑田史学，或许会给我们一些启发。

参考文献

缩略语

AFS＝*Asian Folklore Studies*《亚洲民俗研究》

AHR＝*American Historical Review*《美国历史评论》

AJPH＝*The Australian Journal of Politics and History*《澳洲政治学与历史学刊》

AM＝*Asia Major*《泰东》

AS＝*The American Sociologist*《美国社会学家》

ASSR＝*Archeologie de Sciences socials des Religieux*《宗教社会科学之考古》

BAS＝*Bibliography of Asian Studies*《亚洲研究文献目录》

BCS＝*Buddhist-Christian Studies*《佛耶研究》

BMFEA＝*Bulletin of the Museum of Far Eastern Antiquities*《远东古物博物馆馆刊》

BSOAS＝*Bulletin of the School of Oriental and African Studies*《伦敦大学亚非学院学报》

BZJ＝*Bonner Zeitschrift für Japanologie*《波恩日本学刊》

CLEAR＝*Chinese Literature：Essays，Articles and Reviews*《中国文学》

CRCL＝*Canadian Review of Comparative Literature*《加拿大比较文学评论》

CSSH＝*Comparative Studies in Society and History*《社会与历史比较研究》

EB＝*Eastern Buddhist*《东方佛教徒》

HEW＝*Historiography East and West*《东西方史学史》

HJAS＝*Harvard Journal of Asiatic Studies*《哈佛亚洲研究学报》

HR＝*History of Religions*《宗教史》

HT＝*History and Theory*《历史与理论》

IDP＝*International Dunhuang Project* 国际敦煌项目

IJPA＝*The International Journal of Psycho-Analysis*《国际心理分析学刊》

JA＝*Journal Asiatique*《亚洲学报》

JAOS＝*Journal of the American Oriental Society*《美国东方学会会刊》

JAS＝*Journal of Asian Studies*《亚洲研究学刊》

JCP＝*Journal of Chinese Philosophy*《中国哲学学报》

JFR＝*Journal of Folklore Research*《民俗研究学刊》

JHI＝*Journal of the History of Ideas*《思想史学刊》

JIABS＝*Journal of the International Association of Buddhist Studies*《国际佛教学会会刊》

JJRS＝*Japanese Journal of Religious Studies*《日本宗教研究学刊》

JLR＝*Journal of Law and Religion*《法律与宗教学刊》

JPTS＝*Journal of Pali Text Society*《巴利圣典学会会刊》

JRAS＝*Journal of Royal Asiatic Society*《皇家亚洲学会会刊》

JSS＝*Jewish Social Studies*《犹太社会研究》

MN＝*Monumenta Nipponica*《日本学志》

MS＝*Monumenta Serica*《华裔学志》

MSOS＝*Mitteilungen des Seminars für orientalische Sprachen*《东方语言研究所通讯》

ORE＝*Oxford Review of Education*《牛津教育评论》

PAAAS＝*Proceedings of the American Academy of Arts and Sciences*《美国文理科学院院刊》

PBA＝*Proceedings of the British Academy*《英国学术院院刊》

PEW＝*Philosophy East and West*《东西方哲学》

PNAS＝Proceedings of the National Academy of Sciences of the United States of America《美国国家科学院院刊》

RESS＝Revue européenne des sciences sociales《欧洲社会科学学刊》

SCEAR＝Studies in Central and East Asian Religions《中亚与东亚宗教研究》

SLM＝Schaumburg-Lippische Mitteilungen《绍姆堡-利珀通讯》

TP＝T' oung Pao《通报》

ZDMG = Zeitschriften der Deutschen Morgenländischen Gesellschaft《德国东方学会会刊》

一、中、日文文献

巴斯蒂（Marianne Bastid-Bergère）：《梁启超与宗教问题》，张广达译，《东方学报》卷70，323～379页，1998。

白璧德：《文学与美国的大学》，张沛、张源译，北京，北京大学出版社，2004。

卞僧慧编：《陈寅恪先生年谱长编》（初稿），北京，中华书局，2011。

曹伯言编：《胡适日记全编》，合肥，安徽教育出版社，2001。

蔡鸿生：《仰望陈寅恪》，北京，中华书局，2004。

陈兵：《中国20世纪佛学研究的成果》，载《宗教学研究》，1999，第4期。

陈兵、邓子美：《20世纪中国佛教》，北京，民族出版社，2000。

陈高佣：《中国文化问题研究》，上海，商务印书馆，1937，1992年上海书店影印民国丛书第四编39。

陈怀宇：《论韩愈反佛》，载《唐研究》，第七卷，39～53页，2001。

——《白璧德之佛学及其对中国学者的影响》，载《清华大学学报》（哲学社会科学版），2005，第5期，31～47页。

——《陈寅恪与赫尔德——以了解之同情为中心》，载《清华大学学报》（哲学社会科学版），2006，第3期，20～32页。

——《文献主义与民族主义：近代佛学视野中的陈寅恪》，载《新哲学》，第七辑，2007，216～237页。

——《赫尔德与中国近代美学》，载《现代哲学》，2008，第4期，77～85页。

——《近代中国自由观念的变迁：以陈寅恪为例》，见陈俊伟、樊美筠、谢文郁编：《自由面面观》，79～105页，北京，中国社会科学出版社，2009。

——《赫尔德与周作人：民俗学与国民性》，载《清华大学学报》（哲学社会科学版），2009，第5期，54～65页。

——《从陈寅恪论钢和泰的一封信谈起》，载《书城》，2009，第6期，13～18页。

——《佛教、佛学、佛法：中国佛教与现代性》，载万俊人主编：《清华哲学年鉴2008》，164～210页，2009。

——《陈寅恪著述中的西典》，载《书城》，2009，9月号，29～34页。

——《东方学之目录学之前传》，载《文景》，2011，6月号。

——《近代传教士论中国宗教：以慕维廉〈五教通考〉为中心》，世界宗教关系史文丛，上海，上海人民出版社，2012。

——《1944年陈寅恪获选英国学术院通讯院士始末》，载《东方早报·上海书评》，2012年2月26日。

——《1947年陈寅恪获选美国东方学会荣誉会员始末》，载《东方早报·上海书评》，2012年6月17日。

——《陈寅恪留学哈佛史事钩沉及其相关问题》，载《清华大学学报》（哲学社会科学版），2012，第5期，20～36页。

——《陈寅恪与德国的早期学术联系新证》，北京大学国际汉学家研修基地编，载《国际汉学研究通讯》2012，第5期，135～148页。

——与严平合撰，《1919年哈佛中日留学生之比较研究》，载《中国人民大学教育学刊》，2011，第4期，150～170页。

陈继东：《清末仏教の研究：杨文会を中心として》，东京，山喜房佛书林，2003。

陈俊启：《吴宓与新文化运动》，载《"中央研究院"近代史研究所集刊》56期，44～89页，2007。

陈流求、陈小彭、陈美延：《也同欢乐也同愁——忆父亲陈寅恪母亲唐篔》，北京，生活·读书·新知三联书店，2010。

陈美延编：《陈寅恪先生遗墨》，广州，岭南美术出版社，2005。

陈铨：《中德文学研究》，上海，商务印书馆，1936，1992年上海书店民国丛书影印本。

陈弱水：《一九四九年前的陈寅恪——学术渊源与治学大要》，载《当代》133，18～29页，台北，1998。

——《现代中国史学史上的陈寅恪——历史解释及相关问题》，见"中央研究院"历史语言研究所七十周年研讨会论文集编辑委员会编：《学术史与方法学的省思："中央研究院"历史语言研究所七十周年研讨会论文集》，27～65页，台北，"中央研究院"历史语言研究所，2000。

陈受颐：《中欧文化交流史论丛》，台北，台湾商务印书馆，1970。

陈寅恪：《陈寅恪集》，北京，生活·读书·新知三联书店，2001—2002。

陈应年：《20世纪西方哲学理论东渐述要》（上），载《哲学译丛》2001，第1期，64～74页。

陈智超编注：《陈垣来往书信集》，增订本，北京，生活·读书·新知三联书店，2010。

陈子善、张铁荣编：《周作人集外文》，海口，海南国际新闻出版中心，1995。

程恭让：《欧阳竟无先生的生平、事业及其佛教思想的特质》，载《圆光佛学学报》，第4卷，141～191页，1999。

——《欧阳竟无佛学思想研究》，台北，新文丰出版公司，2000。

程美宝：《陈寅恪与牛津大学》，载《历史研究》，2000，第3期，152～164页。

——和刘志伟合撰：《"虚席以待"背后——牛津大学聘人陈寅恪事续论》，见胡守为主编：《陈寅恪与二十世纪中国学术》，693～708页，杭州，浙江人民出版社，2000。

邓小南：《论五代宋初胡汉语境的消解》，载《文史哲》，2005，第5期，57～64页。

邓子美：《传统佛教与中国近代化》，上海，华东师范大学出版社，1996。

杜正胜：《史语所的过去、现在与未来》，载《学术史与方法学的省思："中央研究院"历史语言研究所七十周年研讨会论文集》，"中央研究院"历史语言研究所会议论文集之六，1～22页，台北，"中央研究院"历史语言研究所，2000。

樊书华：《美国铝业大王查尔斯·马丁·霍尔与哈佛燕京学社的缘起》，载《世界历史》，1999，第2期，78～82页。

冯蒸：《汉藏语比较研究的原则与方法：西门华德〈藏汉语比较词汇集〉评析》，载《词典研究丛刊》10，177～203页，成都，四川辞书出版社，1989。

卫藤即应：《仏教の宗教学的研究に就て》，载《日本仏教学协会年报》2，29～42页，1930。

藤田宏达：《原始仏教·初期仏教·根本仏教》，载北海道印度哲学仏教学会编《印度哲学仏教学》2，20～56页，1987。

藤田正胜编：《日本近代思想を学ぶ人のために》，京都，世界思想社，1997。

高平叔编：《蔡元培美育论集》，长沙，湖南教育出版社，1987。

葛兆光：《西潮又东风：晚清民初思想、宗教与学术十论》，上海，上海古籍出版社，2006。

——《论晚清的佛学复兴》，见《学人》第十辑，南京，江苏文艺出版社，1996；收入《西潮又东风：晚清民初思想、宗教与学术十论》，77～101页，上海，上海古籍出版社，2006。

——《西潮却自东瀛来——日本东本愿寺与中国近代佛学的因缘》，载《二十一世纪》，1996，第2期，29～41页。收入《西潮又东风：晚清民初思想、宗教与学术十论》，47～66页，上海，上海古籍出版社，2006。

——《中国（大陆）宗教史研究的百年回顾》，载《二十一世纪》，1999，第1期，41～49页。

——《关于近十年中国近代佛教研究著作的一个评论》，载《思与言》，37卷第2期，259～278页，1999。

龚颖：《哲学、真理、权利在日本的定译及其他》，载《哲学译丛》，2001，第3期。

古留加著，侯鸿勋译：《赫尔德》，上海，上海人民出版社，1985。

狭间直树编：《梁启超・明治日本・西方》，北京，社会科学文献出版社，2001。

——《共同研究：梁启超——西洋近代思想受容と明治日本》，东京，みすず书房，1999。

韩书堂：《中日近代美学学科生成源流考——兼论王国维美学新学语的来源》，载《理论学刊》，2011，第3期，114~118页。

何炳棣：《读史阅世六十年》，桂林，广西师范大学出版社，2005。

何炳松：《通史新义》，《民国丛书》，第三编61册，上海，上海书店影印本，1992。

何兆武：《何谓第雄论文》，载《读书》，2002，第9期，31页。

贺昌群：《贺昌群文集》第一卷，北京，商务印书馆，2003。

贺麟：《哲学与中国哲学史》，北京，商务印书馆，1990。

赫尔德著，姚小平译：《论语言的起源》，北京，商务印书馆，1998。

——张玉能译：《赫尔德美学文选》，上海，同济大学出版社，2007。

——张晓梅译：《反纯粹理性：论宗教、语言和历史文选的新描述》，北京，商务印书馆，2010。

黑格尔著，贺麟、王玖兴译：《精神现象学》，北京，商务印书馆，1979。

平川彰：《原始仏教の定義の問題》，《仏教研究》1，1~18页，1970。

侯宏堂：《"新宋学"之建构——从陈寅恪、钱穆到余英时》，合肥，安徽教育出版社，2009。

侯建：《梁实秋先生的人文思想来源——白璧德的生平与志业》，见余光中编：《秋之颂》，69~85页，台北，九歌出版社，1988。

胡戟主编：《二十世纪唐研究》，北京，中国社会科学出版社，2002。

胡先骕：《胡先骕文存》上卷，张大为、胡德熙、胡德焜合编，南昌，江西高校出版社，1995。

户晓辉：《现代性与民间文学》，北京，社会科学文献出版社，2004。

黄忏华：《美学略史》，商务印书馆，1924；上海，上海书店，1992年影印。

黄进兴：《"文本"与"真实"的概念——试论德希达对传统史学的冲击》，载《开放时代》，2003，第2期，83~100页。

黄夏年：《王恩洋先生著述小考（1920—1923年）》，载《佛学研究》，第7期，1998。

——《王恩洋先生早年七篇论文提要》，载《广东佛教》，第5期，1998。

——《王恩洋先生1924年著作考述（上、下）》，载《宗教学研究》，1998，第3、4期。

——《王恩洋先生著述目录》，载《世界宗教研究》，第4期，1998，65～76页。

——《王恩洋先生的唯识学著作》，载《浙江佛教》，第1期，2000。

黄兴涛：《"美学"一词及西方美学在中国的最早传播：近代中国新名词源流漫考之三》，载《文史知识》，2000，第1期，75～84页。

洪长泰著，董晓萍译：《到民间去，1918—1937年的中国知识分子与民间文学运动》，上海，上海文艺出版社，1993。

洪金莲：《太虚大师佛教现代化之研究》，台北，法鼓文化事业公司，1999。

池田英俊：《近代仏教における哲学・宗教問題》，载《印度哲学仏教学》16，2001，224～243页。

米谷荣二：《日本都市計画学会顧問武居高四郎博士の御随去を悼む》，载《都市計画》73号，1972年11月。

拉明·贾汉贝格鲁（Ramin Jahanbegloo）著，杨祯钦译：《伯林谈话录》（*Conversations with Isaiah Berlin*），南京，译林出版社，2002。

季进、曾一果：《陈铨——异邦的借镜》，北京，文津出版社，2005。

季羡林：《从学习笔记本看陈寅恪先生的治学范围和途径》，见《纪念陈寅恪教授国际学术讨论会文集》，74～87页，广州，中山大学出版社，1989。

江灿腾：《明清民国佛教思想史论》，北京，中国社会科学出版社，1996。

——《中国近代佛教思想的诤辩与发展》，台北，南天书局，1998。

蒋天枢：《陈寅恪先生编年事辑（增订本）》，上海，上海古籍出版社，1997。

蒋育红：《美国中华医学基金会的成立及其对中国的早期资助》，载《中华医史杂志》，2011，第2期，90～94页。

姜伯勤：《陈寅恪先生与心史研究——读〈柳如是别传〉》，载《新史学》，6卷第2期，1995，189～202页；收入胡守为编《〈柳如是别传〉与国学研究——纪念陈寅恪教授学术讨论会论文集》，92～102页，杭州，浙江大学出版社，1996。

姜蕴刚：《历史艺术论》，上海，商务印书馆，1944，上海书店影印，1992。

神林恒道：《美学事始：芸術学の日本近代》，东京，劲草书房，2002；中译本，杨冰译：《美学事始：近代日本美学的诞生》，武汉，武汉大学出版社，2011。

卡岑巴赫（Friedrich Wilhelm Kantzenbach）著，任力译：《赫尔德传》，北京，商务印书馆，1993。

柯林武德著，何兆武、张文杰译：《历史的观念》（*The Idea of History*），北京，中国社会科学出版社，1987。

庆应义塾编：《庆应义塾百年史》上卷，东京，庆应义塾，1958。

木村竜寛：《根本仏教より法華経まで》，载《大崎学报》79，1927，225～302页。

林淳：《近代日本における仏教学と宗教学：大学制度の問題として》，载《宗教研究》333，2002，29～53页。

林寺正俊：《南条文雄・笠原研寿の留学目的とF・マックス・ミュラーの期待》，载《印度哲学仏教学》18，2003，273～290页。

子安宣邦：《日本近代思想批判——一国知の成立》，东京，岩波书店，2003。

——《近代知と中国认识——支那学の成立をめぐって》，岩波讲座现代思想15《脱西欧の思想》，61～97页，1994。

仓石武四郎：《仓石武四郎中国留学记》，北京，中华书局，2002。

仓田保雄：《エリセーエフの生涯——日本学の始祖》，中公新书系列，东京，中央公论社，1977。

——《夏目漱石とジャパノロジー伝説——「日本学の父」は門下のロシア人・エリセーエフ》，东京，近代文芸社，2007。

赖瑞和：《追忆杜希德教授》，载《汉学研究通讯》，26卷第4期，2007，24～34页。

蓝吉富：《印顺的思想与学问》，台北，正闻出版社，1985。

李长之：《迎中国的文艺复兴》，1944 年重庆初版；上海，商务印书馆，1946 年再版，1992 年上海书店影印版。

——《德国的古典精神》，上海，东方书社，1943 年初版，1992 年上海书店影印。

李广良：《心识的力量：太虚唯识学思想研究》，上海，华东师范大学出版社，2004。

李海帆：《为何称第雄论文》，载《读书》，2003，第 1 期，47 页。

李红岩：《中国近代史学中的德国资源》，载《白云论坛》第 1 卷，北京，北京图书馆出版社，2004。

李良明、张洪运、申富强编：《韦卓民年谱》，武汉，华中师范大学出版社，2010。

李庆：《日本汉学史》，上海，上海外语教育出版社，2002—2004。

李庆新：《陈寅恪先生与佛学》，见胡守为主编：《陈寅恪与二十世纪中国学术》，378～406 页，杭州，浙江人民出版社，2000。

李四龙：《欧美佛教学术史：西方的佛教形象与学术源流》，北京，北京大学出版社，2009。

李向平：《救世与救心：中国近代佛教复兴思潮研究》，上海，上海人民出版社，1993。

李雪涛：《日耳曼学术谱系中的汉学：德国汉学之研究》，北京，外语教学与研究出版社，2008。

——《此心安处即吾乡：德国汉学家傅吾康在中国的十三年（1937—1950)》，载《東アジア文化交渉研究》别册第 4 号（2009），63～106 页。

——《耳闻、目见、足践——福兰阁的东亚旅行日记散论》，载《文景》，2010，10 月号，56～61 页。

——《行万里路，读万卷书——汉学家福兰阁的东亚旅行日记》（上、下），载《读书》，2010，7 月、8 月号，105～111 页、100～107 页。

——《作为德国汉学家的白乐日》，见阎纯德主编：《汉学研究》第 12 集，360～367 页，北京，学苑出版社，2010。

——《不做一只不舞之鹤——有关胡适获普鲁士科学院通讯院士的几份史料》，载《万象》，2011，第 5 期，36～55 页。

李怡：《论学衡派与五四新文化运动》，载《中国社会科学》，1998，第 6 期，150～164 页。

李玉梅：《陈寅恪之史学》，香港，三联书店有限公司，1998。

李元平：《俞大维传》，台中，台湾日报社，1992。

李约瑟、李大斐编著，余廷明、滕巧云、唐道华等译：《李约瑟游记》，李约瑟研究著译书系，贵阳，贵州人民出版社，1999。

连清吉：《日本京都中国学与东亚文化》，台北，学生书局，2010。

梁启超：《佛学研究十八篇》，台北，中华书局，1978。

梁实秋：《影响我的几本书》，陈子善编：《梁实秋文学回忆录》，20～21 页，长沙，岳麓书社，1989。

シルワ゛ンレヴィ著，山田龙城 訳：《仏教人文主义》，东京，大雄阁，1928。

林语堂：《林语堂自传》，南京，江苏文艺出版社，1995。

刘成有：《论 20 世纪中国佛学对科学主义思潮的回应》，载《首都师范大学学报》（社会科学版），2000，第 4 期，99～105 页。

——《近现代居士佛学研究》，成都，巴蜀书社，2002。

刘海峰：《科举制对西方考试制度影响新探》，载《中国社会科学》，2001，第 5 期，188～202 页。

刘后滨、张耐冬：《陈寅恪的士大夫情结与学术取向》，载《中国文哲研究集刊》，第 23 期，2003，351～369 页。

刘家锋：《晚清来华传教士与穆斯林的相遇与对话》，载《世界宗教研究》，2009，第 1 期，108～111 页。

刘健明：《论陈寅恪先生的比较方法》，见纪念陈寅恪教授国际学术研讨会秘书组编：《纪念陈寅恪教授国际学术讨论会文集》，225～244 页，广州，中山大学出版社，1989。

刘晓春：《从维柯、卢梭到荷尔德——民俗学浪漫主义的根源》，载《民俗研究》，2007，第 3 期，41～67 页。

刘悦迪：《美学的传入与本土创建的历史》，载《文艺研究》，2006，第 2 期，13～19 页。

——《中国二三十年代审美主义思潮论》，载《思想战线》，2001，第 6 期，55～58 页。

刘真主编：《留学教育——中国留学教育史料》，台北，"国立"编译馆，1980。

陆健东：《陈寅恪的最后二十年》，北京，生活·读书·新知三联书店，1995。

陆扬：《西方唐史研究概观》，见张海惠、薛昭慧、蒋树勇编：《北美中国学：研究概述与文献资源》，83～110页，北京，中华书局，2010。

吕效祖主编：《吴宓诗及其诗话》，西安，陕西人民出版社，1992。

罗常培：《唐五代西北方音》，上海，中研院史语所专刊，1933。

罗钢：《历史汇流中的抉择——中国现代文艺思想家与西方文学理论》，北京，中国社会科学出版社，1994。

罗志田：《国家与学术：清末民初关于"国学"的思想论争》，北京，生活·读书·新知三联书店，2003。

——《二十世纪的中国思想与学术掠影》，广州，广东教育出版社，2001。

——《乱世潜流：民族主义与民国政治》，上海，上海古籍出版社，2001。

——《权势转移：近代中国的思想、社会与学术》，武汉，湖北人民出版社，1999。

——《民族主义与近代中国思想》，台北，东大图书公司，1998。

吕澂：《美学概论》，商务印书馆，1924；上海，上海书店，1992年影印。

——《现代美学思潮》，商务印书馆，上海，上海书店，1992年影印。

麻天祥：《汤用彤评传》，南昌，百花洲文艺出版社，1993。

——《晚清佛学与近代社会》，台北，文津出版社，1992。

——《20世纪中国佛学问题》，武汉，武汉大学出版社，2007。

马汉茂、汉雅娜、张西平、李雪涛主编：《德国汉学：历史、发展、人物与视角》，郑州，大象出版社，2005。

前田惠学：《日本における近代仏教学》，载《禅研究所纪要》4/5，1975，249～353页。

——《何故"原始仏教"か》，载《印度学仏教学研究》98，2001，259～266页。

丸尾常喜著，秦弓译：《人与鬼的纠葛：鲁迅小说论析》，北京，人民文学出版社，2006。

三田商业研究会编：《庆应义塾出身名流列传》，东京，实业之世界社，1909。

中村元：《和辻学の未来的意義》，载《思想》444，1961，141～145 页。

沟口雄三著，李苏平、龚颖、徐滔译：《日本人视野中的中国学》，北京，中国人民大学出版社，1996。

聂振斌：《蔡元培及其美学思想》，天津，天津人民出版社，1984。

小川誉子美：《日本語講師北山淳友の事績——戰間期の対独時代を中心にー》，载香港日本语教育研究会编：《日本学刊》第 14 号，2011，4～15 页。

大西薫：《日本近代仏教学の起源》，载《日本仏教学会年報》66，2001，161～180 页。

欧阳竟无：《谈内学研究》，原载《内学》第二辑，收入《现代佛学大系》51 册，《欧阳渐选集》，10～21 页，台北，弥勒出版社，1984。

——《欧阳竟无集》，北京，中国社会科学出版社，1995。

彭明辉：《现代中国南方学术网络的初始（1911—1945)》，载《政治大学历史学报》，第 29 期，2008，51～84 页。

浦江清：《清华园日记·西行日记》，北京，生活·读书·新知三联书店，1999。

钱理群：《周作人研究二十一讲》，北京，中华书局，2004。

樱部建：《近代仏教学の歩みとわれらの先学》，《真宗教学研究》2，1978，14～19 页。

桑兵：《晚清民国的国学研究》，上海，上海古籍出版社，2001。

——《国学与汉学：近代中外学界交往录》，杭州，浙江人民出版社，1999。

——《陈寅恪的西学》，载《文史哲》，2011，第 6 期，54～69 页。

沈国威编著：《〈六合丛谈〉附解题·索引》，上海，上海辞书出版社，2006。

——《近代日中语汇交流史——新汉语 の生成と受容》，东京，笠间书院，1994。

——《〈新尔雅〉とその语汇研究·索引·影印本付》，东京，白帝社，1995。

沈卫威：《回眸学衡派：文化保守主义的现代命运》，北京，人民文学出版社，1999。

盛邦和：《陈寅恪：走出史料学派》，载《江苏社会科学》，2002，第3期，98～103页。

释圣严：《近代的佛教学》，载《现代佛教学术丛刊》，第10期，1980，19～34页。

释惟贤：《深切怀念恩师王恩洋先生》，载《佛学研究》，第7期，1998。

施爱东：《〈歌谣〉周刊发刊词作者辨》，载《民间文化论坛》，2005，第2期，91～97页。

苏渊雷：《略论我国近代学者对于佛学研究的主要倾向及其成就》，载《法音》，1982，第5期，5～10页。

末木文美士：《近代日本と仏教——近代日本の思想・再考》，东京，トランスビュー（Transview出版社），2004。

——《和辻哲郎の原始仏教論》，见《北畠典生博士古稀记念论文集：日本仏教文化论丛》上卷，327～346页，京都，永田文昌堂，1998。

铃木宗忠：《原始仏教の研究に就いて》，载《大崎学报》6，1921，19～28页。

孙歌：《日本汉学的临界点》，载《世界汉学》第一辑，1998。

——《亚洲意味着什么——文化间的日本》，台北，巨流出版社，2001。

孙尚扬、郭兰芳主编：《国故新知论——学衡派文化论著辑要》，北京，中国广播电视出版社，1995。

孙尚扬：《汤用彤》，台北，东大图书公司，1996。

玉井是博：《支那社会经济史研究》，东京，岩波书店，1942。

汤用彤：《汉魏两晋南北朝佛教史》，北京，中华书局，1982。

寺本婉雅：《根本仏教に於ける浄土教の起源》，载《日本仏教学协会年报》4，1933，1～94页。

高橋審也：《原始仏教と初期仏教》，载《木村清孝博士還暦记念论集：東アジア仏教—その成立と展開》，373～388页，东京，春秋社，2002。

高崎直道：《仏教学の百年》，载《东方学》100，2000，229～242 页。

——《インド仏教学の現状》，载《驹沢大学大学院仏教学研究会年报》3，1969，2～16 页。

田崎正浩：《根本仏教を基盤として根本的に建て直した社会科学の新体系》，载《印度学仏教学研究》9，立正大学における第七回学術大会紀要（一），1957，152～153 页。

砺波护、藤井让治编：《京大东洋学の百年》，京都，京都大学学术出版会，2002。

宇井伯寿：《印度仏教史研究所感》，载《驹沢大学仏教学会年报》1，1931，27～41 页。

和辻哲郎：《原始仏教の根本的立場》上，载《思想》54，1926，46～75 页。

——《原始仏教の根本的立場》中，载《思想》55，1926，24～51 页。

——《原始仏教の根本的立場》下，载《思想》56，1926，1～35 页。

——《原始仏教の縁起説》上，载《思想》57，1926，1～27 页。

——《原始仏教の縁起説》中，载《思想》58，1926，33～67 页。

——《原始仏教の縁起説》下，载《思想》59，1926，1～29 页。

——《原始仏教に於ける "道"》，载《思想》60，1926，193～218 页。

——《原始仏教に於ける業と輪廻》，载《思想》62，1926，29～50 页。

——《和辻哲郎全集》，东京，岩波书店，1962。

王邦维：《论陈寅恪在佛教研究方面的成就及其在学术史上的意义》，见胡守为主编：《陈寅恪与二十世纪中国学术》，365～377 页，杭州，浙江人民出版社，2000。

王丁：《陈寅恪的"语藏"：跋〈陈寅恪致傅斯年论国文试题书〉》，载《科学文化评论》，第二卷第 1 期，2005，60～77 页。

王恩洋：《大乘非佛说辩》，原载《学衡》，收入《现代佛学大系》51 册《王恩洋选集》，527～529 页，台北，弥勒出版社，1984。

——《中国佛教与唯识学》，北京，宗教文化出版社，2003。

王汎森：《陈寅恪与近代中国的两种危机》，载《当代》123，44～63 页，台北，1997。

——《晚清的政治概念与新史学》，载《学术史与方法学的省思："中央研究院"历史语言研究所七十周年研讨会论文集》，125～146页，台北，"中研院"史语所，2000；收入《近代中国的史家与史学》，6～48页，香港，三联书店（香港）有限公司，2008。

——《中国近代思想与学术的系谱》，台北，联经出版事业股份有限公司，2003。

王国维：《王国维遗书》，上海，上海书店出版社，1983年影印本。

王国忠：《李约瑟与中国》，上海，上海科学普及出版社，1992。

王俊中：《救国、宗教抑哲学？——梁启超早年的佛学观及其转折（1891—1912)》，载《史学集刊》，第31期，1999，93～116页。

王启龙：《钢和泰学术年谱简编》，北京，中华书局，2008。

王启龙、邓小咏：《1949年以前藏传佛教研究的回顾》，载《法音》，2001，第8期。

王晴佳：《西方的历史观念——从古希腊到现代》（修订版），北京，北京师范大学出版社，2013。

——《白璧德与学衡派：一个学术文化史的比较研究》，《"中央研究院"近代史研究所集刊》，37期，2003，41～92页。

——《陈寅恪、傅斯年之关系及其他——以台湾"中研院"所见档案为中心》，《学术月刊》，2005，第11期，91～148页。

王水照：《陈寅恪先生的宋代观》，载《中国文化》，17、18期，2001，284～292页。

王永兴：《陈寅恪先生史学述略稿》，北京，北京大学出版社，1998。

王震邦：《独立与自由：陈寅恪论学》，台北，联经出版公司，2011。

汪荣祖：《陈寅恪评传》，南昌，百花洲文艺出版社，1992；增订本《史家陈寅恪传》，北京，北京大学出版社，2005。

韦卓民：《韦卓民学术论著选》，武汉，华中师范大学出版社，1997。

韦卓民纪念馆编印：《韦卓民博士教育文化宗教论文集》，台北，华中大学韦卓民纪念馆，1980。

吴宓：《吴宓自编年谱》，北京，生活·读书·新知三联书店，1995。

——《吴宓日记》，北京，生活·读书·新知三联书店，1998。

——《吴宓书信集》，吴学昭整理、注释、翻译，北京，生活·读书·新知三联书店，2011。

吴平、邱明一编：《周作人民俗学论集》，上海，上海文艺出版社，1999。

吴学昭：《吴宓与陈寅恪》，北京，清华大学出版社，1992。

夏东元编：《郑观应集》，上海，上海人民出版社，1988。

夏瑞春编，陈爱政等译：《德国思想家论中国》，南京，江苏人民出版社，1989。

夏媛媛、张大庆：《昙花一现的中国哈佛医学院》，载《中国科技史杂志》，2010，第 1 期，55～69 页。

谢金良：《欧阳渐非宗教非哲学思想衍论》，载《现代哲学》，2005，第 3 期，83～89 页。

谢文郁：《道路与真理：〈约翰福音〉的思想史密码》，上海，华东师范大学出版社，2012。

——《自由与生存：西方思想史上的自由观追踪》，上海，上海人民出版社，2007。

——《约翰福音和古希腊哲学》，载《外国哲学》，2004，第 3 期；参见《道路与真理：〈约翰福音〉的思想史密码》，上海，华东师范大学出版社，2012。

徐伯阳、金山：《徐悲鸿年谱》，台北，艺术家出版社，1991。

严绍璗：《日本的中国学家》，北京，中国社会科学出版社，1980。

——《日本中国学史》（第一卷），南昌，江西人民出版社，1991。

——《汉籍在日本流布的研究》，南京，江苏古籍出版社，1992。

——《日本藏汉籍珍本追踪纪实》，上海，上海古籍出版社，2004。

杨平：《康德与中国现代美学思想》，北京，东方出版社，2002。

杨武能：《歌德与中国》，北京，生活·读书·新知三联书店，1991。

叶隽：《近代学术视野中的留德学人》，上海，同济大学出版社，2004。

——《另一种西学——中国现代留德学人及其对德国文化的接受》，北京，北京大学出版社，2005。

吉川幸次郎：《支那について》，大阪，秋田屋，1946。

清田实：《近代仏教学の動向：日本と西洋の比較》，见《真宗総合研究所研究所紀要》1，1983，85～102 页。

俞大维等：《谈陈寅恪》，台北，传记文学出版社，1970。

余英时：《论戴震与章学诚：清代中期学术思想史研究》，台北，东大图书公司，1996。

——《陈寅恪晚年诗文释证》，台北，东大图书公司，1998，增订版。

张大庆：《中国现代医学初建时期的布局：洛克菲勒基金会的影响》，载《自然科学史研究》，2009，第2期，137～155页。

张凤：《哈佛燕京学社七十五年星霜》，载《汉学研究通讯》22卷4期，2003，23～34页。

张广达：《王国维的西学和国学》，载《中国学术》，2003，第4期，100～139页。

——《内藤湖南的唐宋变革说及其影响》，载《唐研究》第11卷，2005，5～71页。

——《史学、史家与现代学术》，桂林，广西师范大学出版社，2007。

——荣新江《中古中国与外来文明》序，北京，生活·读书·新知三联书店，2001。

张国刚：《陈寅恪留德时期柏林的汉学与印度学——关于陈寅恪先生治学道路的若干背景知识》，见胡守为主编：《陈寅恪与二十世纪中国学术》，210～220页，杭州，浙江人民出版社，2000。

——《隋唐五代史研究概述》，天津，天津教育出版社，1996。

张华：《杨文会与中国近代佛教思想转型》，北京，宗教文化出版社，2004。

张辉：《德国美学的东渐及其媒介研究》，《北大中文研究》，创刊号，354～381页，北京，北京大学出版社，1998。

张曼涛编：《大乘起信论与楞严经考辨》，台北，大乘文化出版社，1978。

张渭涛：《宗白华意境理论的继承和贡献》，载《共爱学园前桥国际大学论集》5，2005，51～71页。

张玉能：《赫尔德与狂飙突进的浪漫主义美学思潮》，载《青岛科技大学学报》，2004，第2期。

章学诚著、仓修良编：《文史通义新编》，上海，上海古籍出版社，1993。

赵京华：《周作人与柳田国男》，载《鲁迅研究月刊》，2002，第9期。

赵世瑜：《眼光向下的大革命——中国现代民俗学思想史论》，北京，北京师范大学出版社，1990。

郑匡民：《梁启超启蒙思想的东学背景》，上海，上海书店出版社，2003。

郑师渠：《在欧化与国粹之间——学衡派思想文化研究》，北京，北京师范大学出版社，2001。

中国蔡元培研究会：《蔡元培研究集：纪念蔡元培先生诞辰130周年国际学术讨论会文集》，北京，北京大学出版社，1999。

中国社科院近代史所中华民国史研究室编：《胡适来往书信选》上，香港，中华书局，1983。

钟国发：《神圣的突破：从世界文明视野看儒佛道三元一体格局的由来》，成都，四川人民出版社，2003。

钟敬文：《钟敬文自选集——民间文艺学及其历史》，济南，山东教育出版社，1998。

周启锐编：《载物集——周一良先生的学术与人生》，北京，清华大学出版社，2003。

周淑媚：《学衡派与新文化运动者的多重对话》，载《东海中文学报》第17期，2005，127～152页。

周勋初，《陈寅恪先生的中国文化本位论》，见北大中古史中心编：《纪念陈寅恪先生诞辰百年学术论文集》，20～31页，北京，北京大学出版社，1989。

周一良：《周一良集》，沈阳，辽宁教育出版社，1998。

——《毕竟是书生》，北京，北京十月文艺出版社，1998。

周运：《姚从吾西方史学藏书点滴》，载《南方都市报》2011年11月13日网络版。

周志煌：《近代中国佛教改革思想中"回溯原典"之意涵及其实践进路——以太虚、印顺、欧阳竟无之论点为核心的开展》，载《中华佛学研究》，第1期，1997，157～193页。

周质平：《胡适光焰不熄——纪念胡适120岁生日》，载《明报·文化人间》D 版，2011 年 11 月 18 日网络版。

——《光焰不熄：胡适思想与现代中国》，北京，九州出版社，2012。

周作人：《知堂小品》，西安，陕西人民出版社，1991。

——《周作人民俗学论集》，上海，上海文艺出版社，1999。

——《周作人自编文集》，石家庄，河北教育出版社，2002。

诸葛蔚东：《战后日本知识界与中国》，载《北京大学学报》，41 卷 1 期，2004，92～100 页。

朱光潜：《朱光潜全集》，合肥，安徽教育出版社，1987。

朱谦之：《印度佛教对于原始基督教之影响》，原刊《珠海学报》，第 2 集（1949），重刊《佛学研究》，第 5 期，1996，52～54 页。

朱庆之：《佛典与汉语音韵研究——20 世纪国内佛教汉语研究回顾之一》，《汉语史研究集刊》第二辑，302～320 页，成都，巴蜀书社，2000。

朱玉麒：《古斯塔夫·哈隆与剑桥汉学》，载《国际汉学研究通讯》，第 3 期，261～310 页，北京，北京大学出版社，2011。

宗白华：《宗白华全集》，合肥，安徽教育出版社，1994。

二、西文文献

（按：西方学者如有通用汉名，西文文献如有通用中文译本，一并列出以备读者参考）

Acker，William Reynolds Beal translated and edited. *Some T'ang and Pre-T'ang Texts on Chinese Painting*. Leiden：E. J. Brill，1954.

——And Benjiamin Rowland Jr. translated. *The Wall Paintings of Horyuji*. By Naito Toichiro，1897-1939. Baltimore：Waverly Press，Inc.，1943.

Adler，Hans and Wulf Koepke eds. *A Companion to the Works of Johann Gottfried Herder*. Rochester，NY：Camden House，2009.

Adluri，Vishwa P. "Pride and Prejudice：Orientalism and Germany Indology," *International Journal of Hindu Studies* Vol. 15，No. 3 (2011)，pp. 253-292.

Ahmerst College，*Amherst Graduates' Quarterly*，Vol. 11，November，1921.

Almond，Philip. *The British Discovery of Buddhism*. Cambridge：Cambridge University Press，1988.

Anderson，Benedict. *Imagined Communities：Reflections on the Origin and Spread of Nationalism*. London and New York：Verso，1991，revised edition. 吴叡人译，《想象的共同体：民族主义的起源与散布》，上海，上海人民出版社，2005。

Andree，Richard. *Die Anthropologie：Eine Enthographische Studie*. Leipzig：Veit & Co.，1887.

Ankersmit，Frank R. "Historicism，An Attempt at Synthesis," *HT* Vol. 34（1995），pp. 143-161.

—— "Reply to Professor Iggers," *HT* Vol. 34（1995），pp. 168-173.

Ashiwa，Yoshiko 足羽与志子 and David L. Wank. *Making Religion，Making the State：The Politics of Religion in Modern China*. Stanford：Stanford University Press，2009.

Babbitt，Irving 白璧德 . *Rousseau and Romanticism*，with a new introduction by Claes G. Ryn. New Brunswick，NJ：Transaction Publishers，2009.

——*Literature and the American College：Essays in Defense of the Humanities.* New York and Boston：Houghton Mifflin Company，The Riverside Press，1908. 张沛、张源译：《文学与美国的大学》，北京，北京大学出版社，2004。

——*The Dhammapada：Translated from the Pāli with an Essay on Buddha and the Occident*，Originally published by Oxford University Press，New York，1936；New York：New Directions Publishing Co. 1965，first paperback.

Baildam，John D. *Paradise Love：Johann Gottfried Herder and the Song of Songs.* Journal for the Study of Old Testament Supplement Series No. 298，Sheffield：Sheffield Academic Press，1999.

Balázs，István（Étienne）白乐日 . "Beiträge zur Wirtschaftsges chichte der T'ang-Zeit，618-906," *MSOS*，Vol. 34（Berlin，1931），pp. 1-

92; Vol. 35 (1932), pp. 1-73; Vol. 36 (1933), pp. 1-62.

—— "Buddhistische Studien. Der Philosoph Fan Dschen und sein Traktat gegen den Buddhismus. " *Sinica*, Vol. 7 (1932), pp. 220-234.

—— "EinVorläufer von Wang An-schï. " *Sinica*, Vol. 8 (1933), pp. 165-171.

—— (Étienne) Review: *Chinese Thought and Institutions*, edited by John K. Faibank, Comparatice Studies of Cultures and Civilizations, Chicago: University of Chicago Press, 1957, in: *JAS*, Vol. 19, No. 3 (May, 1960), pp. 321-325.

—— "La société des Tcheou," in Paul Demiéville et al. , *Aspects de La Chine: Langue, historie, religions, philosophie, literature, arts, volume premier*, Paris: Presses universitaires de France, 1959, pp. 50-54; "La révolution de Ts'in Che Houang-ti," pp. 59-63; "Les T'ang," pp. 76-81; "Les Song," pp. 89-94.

——*Chinese Civilization and Bureaucracy.Variations on a Theme*. Translated by H. M. Wright, edited by Arthur F. Wright. New Haven and London: Yale University Press, 1964.

——*Political Theory and Administrative Reality in Traditional China*. London: School of Oriental and African Studies, University of London, 1965.

Bambach, Charles R. *Heidegger, Dilthey and the Crisis of Historicism*. Ithaca: Cornell University Press, 1997.

Barnard, Alan. *History and Theory in Anthropology*. Cambridge: Cambridge University Press, 2000.

Barnard, Frederick M. *Herder on Nationality, Humanity, and History*. Montreal and London: McGill-Queen's University Press, 2003.

——*Self-Determination and Political Legitimacy: Rousseau and Herder*. Oxford: Clarendon Press, 1988.

——*J. G. Herder on Social and Political Thought*. Cambridge: Cambridge University Press, 1969.

——*Herder's Social and Political Thought*：*From Enlightenment to Nationalism*. Oxford：Clarendon Press，1965.

Barshay，Andrew E. *State and Intellectual in Imperial Japan*：*The Public Man in Crisis*. Berkeley：University of California Press，1988.

Bawden，C. R. "Professor Emeritus Walter Simon," *BSOAS*，Vol. 36，No. 2，In Honour of Walter Simon（1973），pp. 221-223.

Beiser，Frederick C. "The Political Theory of Herder," in *Enlightenment*，*Revolution*，*and Romanticism*：*The Genesis of Modern German Political Thought*，*1790-1800*. （Cambridge：Harvard University Press，1992）.

Berlin，Isaiah. "The Counter Enlightenment," in *The Dictionary of the History of Ideas*：*Studies of Selected Pivotal Ideas*，edited by Philip P. Wiener. New York：Charles Scribner's Sons，1973-1974），Vol. 2，p. 105.

——*Vico and Herder*：*Two Studies in the History of Ideas*. London：Chatto and Windus Ltd. ，1976.

——*Three Critics of the Enlightenment*，ed. Henry Hardy. Princeton：Princeton University Press，2000.

Berman，Nina. *German Literature on the Middle East*：*Discourses and Practices*，*1000-1989*. Ann Arbor：University of Michigan Press，2011.

Birnbaum，Raoul 欧阳瑞. "Buddhist China at the Century's Turn." *The China Quarterly* 174（2003），pp. 428-450.

—— "Master Hongyi Looks Back：A Modern Man Becomes a Monk in Twentieth- Century China," in Steven Heine and Charles S. Prebish，eds. ，*Buddhism in the Modern World*. Oxford：Oxford University Press，2003，pp. 75-124.

Bol，Peter K. 包弼德. *This Culture of Ours*：*Intellectual Transitions in T'ang and Sung China*. Stanford：Stanford University Press，1992. 中译本，刘宁：《斯文：唐宋思想的转型》，南京，江苏人民出版社，2001。

van den Bosch，Lourens P. *Friedrich Max Müller*：*A Life Devoted to the Humanities*. Leiden: E. J. Brill, 2002.

Bowie, Andrew. "The Discovery of Language: Haman and Herder," in *Introduction to German Philosophy: from Kant to Habermas*. Cambridge: Polity Press, 2003, pp. 41-57.

Brentzel, Marianne. *Mir kann doch nichts geschehen: Das Leben der Nesthäkchen-Autorin Else Ury*. Berlin: Edition Ebersbach, 2007.

The British Academy ed. *Proceedings of the British Academy*, Vol. 30, 1944.

Brockelmann, Carl. *Syrische Grammatik, mit Paradigmen, Literatur, Chestomathie und Glossar*. Berlin: Reuther & Reichard, 1912.

Brook, Timothy 卜正民 and Gregory Blue eds. *China and Historical Capitalism: Genealogies of Sinological Knowledge*. Cambridge: Cambridge University Press, 1999.

Brough, John. *The Gāndhārī Dharmapada, edited with an Introduction and Commentary*, London Oriental Series. London, 1962.

Bruford, Walter H. *Culture and Society in Classical Weimar, 1775-1806*. Cambridge: Cambridge University Press, 1962.

Buch, Richard P. "Fair-Harvard's Intellectual Giants of the Early 1930s," *Modern Age* 32, No. 2 (1988), pp. 113-121.

Burnouf, Eugène. *Introduction to the History of Indian Buddhism*. Translated by Katia Buffetrille and Donald S. Lopez Jr. Chicago: University of Chicago Press, 2010.

Buswell, Robert and Timothy S. Lee eds. *Christianity in Korea*. Honolulu: University of Hawaii Press, 2007.

Cabezón, José Ignacio. "Buddhist Studies as a Discipline and the Role of Theory," *JIABS*, 18: 2 (1995), pp. 231-268.

Callahan, Paul E. "T'ai-hsü and the New Buddhist Movement," *Papers on China* 6 (March 1952), pp. 149-188.

Chan, Sin-wai 陈善伟. *Buddhism in Late Ch'ing Political Thought*. Hong Kong: The Chinese University Press, 1985.

Chan, Wing-tsit 陈荣捷. *Religious Trends in Modern China*. New York: Columbia University Press, 1953.

Chandler, Stuart 钱思渡. *Establishing a Pure Land on Earth: The Foguang Buddhist Perspective on Modernization and Globalization*. Honolulu: University of Hawaii Press, 2004.

Chao, Weipang 赵卫邦. "Modern Chinese Folklore Investigations," *AFS* Vol. 1 (1942), pp. 55-76;

—— "Modern Chinese Folklore Investigations," *AFS* Vol. 2 (1943), pp. 79-88.

Chau, Adam Yuet 周越. *Miraculous Response: Ding Popular Religion in Contemporary China*. Stanford: Stanford University Press, 2005.

Chen, Carolyn. *Getting Saved in America: Taiwanese Immigration and Religious Experience*. Princeton: Princeton University Press, 2008. 陈怀宇书评 in *JLR*, Vol. 25 (Fall, 2009), pp. 101-106.

Chen, Hsi-yuan 陈熙远. "Confucianism Encounters Religion: The Formation of Religious Discourse and the Confucian Movement in Modern China." Ph. D. Dissertation. Harvard University, 1999.

Ch'en, Kenneth K. S. 陈观胜. *Buddhism in China: A Historical Survey*. Princeton: Princeton University Press, 1964.

Chen, Linshu 陈麟书. "Studies on Religions in Modern China," *Numen* 41: 1 (1994), pp. 76-87.

Chinese Students' Alliance in the United States of America, *Who's Who of the Chinese Students in America*, Berkeley: Lederer Steet and Zeus Co., 1921.

Chu, William P. 朱倍贤. "A Buddha-Shaped Hole: Yinshun's (1906-2005) Critical Buddhology and the Theological Crisis in Modern Chinese Buddhism," University of California at Los Angeles, Ph. D. Dissertation, 2006.

Clark Jr., Robert T. *Herder: His Life and Thought*. Berkeley:

University of California Press，1955.

Costello，John. *The Pacific War 1941-1945*. New York：Rawson，Wade，1981.

Corider，Henri 高第. *Bibliotheca Sinica：Dictionnaire biblio gra phique des ouvrages relatifs à l'Empire chinois*. 4 Vols. Paris：Librairie Orietale，1878-1908.

Colish，Marcia. *Medieval Foundations of the Western Intellectual Tradition，400-1400*. New Haven：Yale University Press，1997.

Crossley，Pamela Kyle 柯娇燕，Helen F. Siu 萧凤霞，and Donald S. Sutton 苏堂栋 ed. *Empire at the Margins：Culture，Ethnicity，and Frontier in Early Modern China*. Berkeley：University of California Press，2005.

Curtis，Michael. *Orientalism and Islam：European Thinkers on Oriental Despotism in the Middle East and India*. Cambridge：Cambridge University Press，2009.

Dakin，Arthur H. *Paul Elmer More*. Princeton：Princeton University Press，1960.

Dale，Thomas E. A. *Relics，Prayer，and Politics in Medieval Venetia：Romanesque Painting in the Crypt of Aquileia Cathedral*. Princeton：Princeton University Press，1997.

de Certeau，Michel. *The Practice of Everyday Life*，translated by Steven Rendall. Berkeley：University of California Press，1984.

de Pee，Christian. "Cycles of Cathay：Sinology，Philology，and History of the Song Dynasty（960-1279）in the United States," *Fragments：Interdisciplinary Approaches to the Study of Ancient and Medieval Pasts*，Vol. 2（2012），pp. 35-67.

Debon，Günther und Adrian Hsia 夏瑞春 Hrsg. *Goethe und China — China und Goethe. Bericht des Heidelberger Symposions*. Frankfurt：Verlag Peter Lang，1985.

Deleuze，Gilles. *Bergsonism*. New York：Zone Books，1988.

Dilthey, Wilhelm. *Die Geistige Welt: Einleitung in die Philosophie des Lebens*. Stuttgart: B. G. Teubner, 1957.

Dirks, Nicolas B. ed. *Colonialism and Culture*. Ann Arbor: University of Michigan Press, 1992.

Dirlik, Arif. "Chinese History and the Question of Orientalism." *HT* Vol. 35, No. 4 (1996), pp. 96-118.

Doak, Kevin M. "Nationalism as Dialectics: Ethnicity, Moralism, and the State in Early Twentieth-Century Japan," in James W. Heisig and John C. Maraldo eds. , *Rude Awakenings: Zen, the Kyoto School, and the Question of Nationalism*. Honolulu: University of Hawaii Press, 1994, pp. 174-196.

Dobbek, Wilhelm. *Johann Gottfried Herders Jugendzeit in Mohrungen und Königsberg, 1744-1764*. Würzburg: Holzner-Verlag, 1961.

—— "Johann Gottfried Herder in Bückeburg 1771 bis 1776," *SLM* Vol. 20 (1969), pp. 37-56.

Dodds, Eric R. 陶育礼. *Missing Persons: An Autobiography*. Oxford: Clarendon Press, 1977.

Dorson, Richard M. "National Characteristics of Japanese Folktales," *JFR* Vol. 12, No. 2-3 (1975), pp. 241-156.

Duane, William, H. H. Palmer, and Chi-Sun Yeh 叶企孙. "A re-measurement of the Radiation constant, h, by means of X-Rays," *PNAS* Vol. 7, No. 8 (August, 1921), pp. 237-242.

Duara, Prasenjit 杜赞奇. "Knowledge and Power in the Discourse of Modernity: The Campaigns against Popular Religion in Early Twentieth-Century China," *JAS* Vol. 50 (1991), pp. 67-83.

Dubuisson, Daniel. *The Western Construction of Religion: Myths, Knowledge, and Ideology*. Translated by William Sayers. Baltimore, MD: Johns Hopkins University Press, 2003.

Duyvendak, J. J. L. 戴闻达 "Early Chinese Studies in Holland," *TP*, Second Series, Vol. 32, No. 5 (1936), pp. 293-344.

Ejdlin，Lev Zalmanovich 艾德林．"The Academician V. M. Alexeev as the Historian of Chinese Literature," trans. by Francis Woodman Cleaves. *HJAS* Vol. 10，No. 1 (June，1947)，pp. 48-59.

Eliade，Mircea. *Yoga：Immortality and Freedom*. Princeton：Princeton University Press，1970.

Eliot，Samuel Atkins ed. *Heralds of Liberal Faith*，Vol. 3. Boston：American Unitarian Association，1910.

Eliot，T. S. 艾略特 *After Strange Gods*. New York：Harcourt，Brace and Company，1934.

——*The Waste Land*. London：Faber & Faber，1961.

Elisséeff，Serge 叶理绥/英利世夫．"To the Memory of Baron Alexander von Staël-Holstein," *HJAS* Vol. 3，No. 1-2 (1938)，pp. 2-6.

Elman，Benjamin 艾尔曼．*From Philosophy to Philology：Intellectual and Social Aspects of Change in Late Imperial China*. Los Angeles：UCLA Asian Pacific Monograph Series，2001，2nd，revised edition.

Eminov，Sandra．"Folklore and Nationalism in Modern China," *JFR* Vol. 12，No. 2-3 (1975)，pp. 257-277.

Ergang，Robert R. *Herder and the Foundations of German Nationalism*. New York：Octagon Books，1931.

Fairbank，John K. 费正清 ed. *The Chinese World Order：Traditional China's Foreign Relations*. Cambridge：Harvard University Press，1968.

Fasel，Christoph．"Der späte Herder im klassischen Weimar," in *Herbergen der Christenheit. Jahrbuch für deutsche Kirchengeschichte* 19 (1995)，pp. 145-163.

Filliozat，Jean．"The Enigma of the 256 Nights of Aśoka," in Jean Fillozat，translated by Mrs. R. K. Menon，*Studies in Aśokan Inscriptions*. Calcutta：Indian Studies，past and Present，1967，pp. 11-19.

Finegan，Jack. *The Archaeology of World Religions：The Background of Primitivism，Zoroastrianism，Hinduism，Jainism，Buddhism，Confucianism，Taoism，Islam，and Sikhism*. Princeton：Princeton

University Press，1952.

Fletcher, Joseph. Review: *Manchu Books in London: A Union Catalogue*, by W. Simon and Howard G. H. Nelson, in *HJAS* Vol. 41, No. 2 (Dec. , 1981), pp. 653-663.

Form, William. "An Accidental Journey: Becoming a Sociologist. " in *AS* Vol. 28, No. 4 (1997), pp. 31-54.

Forster, Michael N. "Introduction," in J. Herder, *Philosophical Writings*, translated and edited by Michael N. Forster. Cambridge: Cambridge University Press, 2002, pp. vii-xxxv.

——*After Herder: Philosophy of Language in the German Tradition*. Oxford: Oxford University Press, 2010.

Frank, S. L. *Man's Soul: An Introductory Essay in Philosophical Psychology*. Translated by Boris Jakim. Athens, OH: Ohio University Press, 1993.

Franke, Otto 福兰阁. "*Sagt an, ihr fremden Lande*" *Ostasienreisen. Tagebücher und Fotografien* (1888-1901) . Hrsg. von Renata Fu-sheng Franke 傅复生 und Wolfgang Franke 傅吾康. Sankt Augustin: Nettetal, 2009.

Franke, Wolfgang 傅吾康. *The Reform and Abolition of the Traditional Chinese Examination System*. Cambridge: Center for East Asian Studies, Harvard University, 1960.

Franklin, J. Jeffrey. *The Lotus and the Lion: Buddhism and the British Empire*. Ithaca: Cornell University Press, 2008.

Franklin, Michael J. *Orientalist Jones: Sir William Jones, Poet, Lawyer, and Linguist*, 1746-1794. Oxford: Oxford University Press, 2011.

Friederici, Charles. *Bibliotheca Orientalis: A Complete List of Books, Papers, Serials and Essays published in 1876 in England and the Colonies, Germany and France on the History, Languages, Religions, Antiquities, Literature and Geography*. London: Trübner & Co. , 1881.

Fung，Edmunds S. K. 冯兆基. *The Intellectual Foundations of Chinese Modernity：Cultural and Political Thought in the Republican Era*. Cambridge：Cambridge University Press，2010.

Gauss，Charles Edward. "Empathy." in Philip P. Wiener ed. , *The Dictionary of the History of Ideas*, Vol. 2 (1973—1974)，pp. 85-89.

Gamble，Richard M. "The 'Fatal Flaw' of Internationalism：Babbitt on Humanitarianism." *Humanitas* 9：2 (1996)，pp. 4-18.

Gaskill，Howard ed. *The Poems of Ossian and Related Works*, with an Introduction by Fiona Stafford. Edinburgh：Edinburgh University Press，1996.

—— "Ossian in Europe." *CRCL* Vol. 21 (December 1994)，pp. 643-675.

——ed. , *Ossian Revisited*. Edinburgh：Edinburgh University Press，1991.

—— "Ossian，Herder，and the Idea of the Folk Song." in David Hill ed. , Literature of the Sturm und Drang，Rochester. NY：Camden House，2003，pp. 95-116.

Geary，Patrick J. *Furta Sacra：Thefts of Relics in the Central Middle Ages*. Princeton：Princeton University Press，1978.

——*Living with the Dead in the Middle Ages*. Ithaca：Cornell University Press，1994.

Gernet，Jacques. *Buddhism in Chinese Society：An Economic History from the Fifth to the Tenth Centuries*. Translated by Franciscus Verellen，New York：Columbia University Press，1995.

Gluck，Carol. *Japan's Modern Myths：Ideology in the Late Meiji Period*. Princeton：Princeton University Press，1985.

Goldfuss，Gabriele. "Binding Sutras and Modernity：The Life and Times of the Chinese Layman Yang Wenhui 杨文会 (1837-1911)," *SCEAR* Vol. 9 (1996)，pp. 54-74.

Goldman，Merle and Leo Ou-Fan Lee 李欧梵 eds. *An Intellectual History of Modern China*. Cambridge：Cambridge University Press，2002.

Gombrich，Richard F. *What the Buddha Thought*. London：Equinox Publishing，2009.

——*How Buddhism Began：The Conditioned Genesis of the Early Teachings*. London and Atlantic Highlands：Athlone Press，1996.

Gomez, Luis O. "Unspoken Paradigms：Meanderings through the Metaphors of a Field. " *JIABS*，Vol. 18，No. 2 (1995)，pp. 183-230.

Goodrich，Luther Carrington 傅路特 and Chü T'ung-tsu 瞿同祖. "Foreign Music at the Court of Sui Wen-ti," *JAOS*，Vol. 69，No. 3 (July-Sept. ，1949)，pp. 148-149.

Goossaert，Vincent 高万桑. "1898：The Beginning of the End for Chinese Religion?" *JAS*，Vol. 65，No. 2 (May，2006)，pp. 307-336.

—— "The Concept of Religion in China and the West. " *Diogenes*，Vol. 205 (2005)，13-20.

—— "State and Religion in Modern China：Religious Policies and Scholarly Paradigms. " Paper for the Panel "State and Society," "Rethinking Modern Chinese History：An International Conference to Celebrate the 50th Anniversary of the Institute of Modern History. " Academia Sinica，Taipei，Republic of China，June 29-July 1，2005. 中文版《近代中国的国家与宗教：宗教政策与学术典范》载《"中央研究院"近代史研究所集刊》，54，2006，169～209 页。

—— "Le destin de la religion chinoise au 20e siècle. " *Social Compass* 50：4 (2003)，pp. 429-440.

—— "Les Sciences Sociales Découvrent le Boudhisme Chinois du XXᵉ Siècle. " *ASSR*，No. 120 (2002)，pp. 33-45.

——and David A. Palmer. *The Religious Question in Modern China*. Chicago：University of Chicago Press，2011.

Grünwedel，Albert. *Altbuddhistische Kultstatten in Chinesisch-Turkistan：Bericht über archäologische Arbeiten von 1906 bis 1907 bei Kucha，Qaraœahr und in der Oase Turfan*. Berlin：Reimer，1912.

——*Alt-Kutscha：archäologische und religionsgeschichtliche*

Forschungen an Temperagemälden aus buddhistischen Höhlen der ersten acht Jahrhunderte nach Christi Geburt. Berlin, 1920, 2 Vols.

Hallisey, Charles. "Roads Taken and Not Taken in the Study of Theravada Buddhism," in Donald S. Lopez Jr. ed. *Curators of the Buddha: The Study of Buddhism under Colonialism.* Chicago: University of Chicago Press, 1995, pp. 31-61.

Hamilton, Clarence H. "The Idea of Compassion in Mahayana Buddhism," *JAOS* Vol. 70, No. 3 (1950), pp. 145-151.

Han Lih-wu 杭立武. "Research Movements and Instititions," in *The China Christian Year Book 1938-1939*, November, 1940, pp. 47-58.

Hardacre, Helen. *Shinto and the State: 1868-1988.* Princeton: Princeton University Press, 1989.

Harfield, Henry C. *Winckelmann and His German Critics.* 1755-1781. *A Prelude to the Classical Age.* New York: King's Crown Press, 1943.

Harrison, Peter. *"Religion" and the Religions in the English Enlightenment.* Cambridge: Cambridge University Press, 2002.

Hartland, Edwin Sidney. *The Science of Fairy Tales: An Inquiry into Fairy Mythology.* London: Walter Scott, 1891.

Harshav, Benjamin. *Language in Time of Revolution.* Stanford: Stanford University Press, 1999.

Harvard University ed., *Graduate School of Business Administration of Harvard University*, 1922.

Harvard University ed., *Harvard Alumni Bulletin*, Vol. XXIII, No. 1, September 30, 1920.

Harvard University ed., *The Harvard Graduates' Magazine*, Vol. 30, 1922.

Harvard University ed., *Harvard University Catalogue*, *1918-1919*, 1919.

Harvard University ed., *Harvard University Catalogue*, *1920-1921*, 1921.

Harvard University ed. , *Harvard University Catalogue of Names*, *1922-1923*, 1922.

Harvard University ed. , *Harvard University Register*, Vol. 45, 1919.

Harvard University ed. , *Harvard University Register*, Vol. 46, 1920.

Harvard University ed. , *Irving Babbitt*. Harvard Class Reports, Class of 1889, 50th Anniversary Report (1939), pp. 90-96.

Harvard University ed. , *Report of the President and the Treasurer of Harvard College*, *1917-1918*, 1919.

Haugen, Kristine Louise. "Ossian and the Invention of Textual History," *JHI* Vol. 59 (April, 1998), pp. 309-327.

Haux, Cordula. *"Eine empfindsame Lieb"*: *Der Brautbriefwechsel zwischen Caroline Flachsland und Johann Gottfried Herder*. M. A. thesis. Bielefeld Universität, 1988.

Hayes, Carlton J. H. "Contributions of Herder to the Doctrine of Nationalism," *AHR* Vol. 32, No. 4 (Jul. , 1927), pp. 719-736.

Haym, Rudolf. *Herder nach seinem Leben und seinen Werken dargestellt*, 2 Vols. , Berlin: R. Gaertner, 1880-1885, reprinted in 1985.

Heine, Steven and Charles S. Prebish, eds. *Buddhism in the Modern World*. Oxford: Oxford University Press, 2003.

Heisig, James W. and John C. Maraldo eds. *Rude Awakenings*: *Zen, the Kyoto School, and the Question of Nationalism*. Honolulu: University of Hawaii Press, 1994.

Herbsmeier, Christoph 何莫邪. "Vasilii Mikhailovich Alekseev and Russian Sinology," *TP* Vol. 97, No. 4-5, 2011, pp. 344-370.

Herder, Johann Gottfried. *Auch eine Philosophie der Geschichte zur Bildung der Menschheit*: *Beitrag zu vielen Beiträgen des Jahrhunderts*, in *Sämtliche Werke*, Vols. 1-2, Karlsruhe: Im Büreau der Deutschen Klassiker, 1820-1829.

——Bernhard Suphan, Carl Redlich, Reinhold Steig et al.,
Sämtliche Werke. Berlin, Weidmannsche Buchhandlung, 1877-1913.

——*Reflections on the Philosophy of the History of Mankind*.
abridged and with an introduction by F. E. Manuel, Chicago: University
of Chicago Press, 1968.

—— "Essay on the Origin of Language," in *On the Origin of
Language Two Essays. Jean-Jacques Rousseau, Johann Gottfried
Herder*, trans. with Afterwards by John H. Moran and Alexander Gode.
Chicago: University of Chicago Press, 1986, pp. 87-166.

——*Selected Early Works*, 1764-1767, *Addresses, Essays, and
Drafts; Fragments on Recent German Literature*. Edited by Ernest
A. Menze and Karl Menges, translated by Ernest A. Menze with Michael
Palma. University Park, PA: Pennsylvania State University Press, 1992.

——*Philosophical Writings*. Translated and Edited by Michael
N. Forster. Cambridge: Cambridge University Press, 2002.

——*Another Philosophy of History and Selected Political Writings*.
Translated with Introduction and Notes by Ioannis D. Everigenis and
Daniel Pellerin. Indianapolis and Cambridge: Hackett Publishing
Company, 2004.

——*Selected Writings on Aesthetics*. Translated and Edited by
Gregory Moore. Princeton: Princeton University Press, 2006.

Hess, Jonathan M. "Johann David Michaelis and the Colonial
Imaginary: Orientalism and the Emergence of Racial Antisemitism in
Eighteenth-Century Germany," *JSS* Vol. 6, No. 2 (Winter, 2000,
New Series), pp. 56-101.

Hodges, H. A. *Philosophy of Wilhelm Dilthey*. London:
Routledge and Paul, 1952.

Hoenle, A. F. Rudolf. *Manuscripts of Buddhist Literature found
in Eastern Turkestan*. Oxford: The Clarendon Press, 1916.

Honey, David B. *Incense at the Altar: Pioneering Sinologists and the Development of Classical Chinese Philology.* New Haven：American Oriental Society，2001.

Houben，Heinrich Hubert. *Verbotene Literatur von der klassischen Zeit bis zur Gegenwart. Ein kritisch-historisches Lexikon über verbotene Bücher，Zeitschriften und Theaterstücke，Schriftsteller und Verleger.* 2 Bde.，Berlin：Rowohlt 1924；Band 2，Bremen：Schünemann 1928.

Howard，Thomas Albert. *Religion and the Rise of Historicism：W. M. L. de Wette，Jacob Burckhardt，and the Theological Origins of Nineteenth-Century Historical Consciousness.* Cambridge：Cambridge University Press，2000.

Huang，Julia C. 黄倩玉. *Chrisma and Compassion：Cheng Yen and the Buddhist Tzu Chi Movment.* Cambridge：Harvard University Press，2009.

——And and Robert P. Weller 魏乐博. "Merit and Mothering：Women and Social Welfare in Taiwanese Buddhism," in *JAS* Vol. 57，No. 2 (1998)，pp. 379-396.

Hughes，E. R. 修中诚. "Epistemological Methods in Chinese Philosophy." in *Essays in East-West Philosophy：An Attempt at World Philosophical Synthesis.* Edited and with an introduction by Charles A. Moore. Honolulu：University of Hawaii Press，1951，pp. 49-72.

——*The Great Learning and Mean-in-action：Newly translated from the Chinese，with an Introductory Essay on the History of Chinese Philosophy.* London：J. M. Dent and Sons，1942.

——*The Invasion of China by the Western World.* The Pineer Histories Series. London：Adam and Charles Black，1937.

Hultzsch，E. *Inscriptions of Aśoke，Corpus Inscriptionum Indicarum.* Vol. 1，Oxford：Clarendon Press，1925.

Hummel，Arthur W. 恒慕义. "Orientalia：China," *Quarterly Journal of Current Acquisitions* Vol. 10，No. 2 (1953)，pp. 75-78.

Hung，Ho-Fung 孔诰烽. "Orientalist Knowledge and Social Theories：

China and the European Conceptions of East-West Differences from 1600-1900," *Sociological Theory* 21: 3 (2003), pp. 254-280.

Huntington, C. W. "A Way of Reading," *JIABS*, Vol. 18, No. 2 (1995), pp. 279-308.

Iggers, Georg G. *German Conception of History: The National Tradition of Historical Thoughts from Herder to the Present.* Middletown, CT: Wesleyan University Press, 1968.

——"Historicism," *The Dictionary of the History of Ideas: Studies of Selected Pivotal Ideas.* edited by Philip P. Wiener. New York: Charles Scribner's Sons, 1973-1974, Vol. 2, p. 459.

——"Comments on F. R. Ankersmit's paper, 'Historicism: An Attempt at Synthesis'," *HT* Vol. 34 (1995), pp. 162-167.

Irmscher, Hans Dietrich Hrg. *Herder Goethe Frisi Möser: Von deutscher Art und* Kunst. *Einige fliegende Blätter*, Stuttgart: Reclam, 1977.

Jaffe, Richard M. *Neither Monk nor Layman: Clerical Marriage in Modern Japanese Buddhism.* Princeton: Princeton University Press, 2001.

The Japan Review: A Herald of the Pacific Era, Volume 4. Edited by Committee on Friendly Relations Among Foreign Students, 1919.

Johanyak, Debra and Walter S. H. Lim eds. *The English Renaissance, Orientalism, and the Ideas of Asia.* New York: Palgrave MacMillan, 2010.

de Jong, J. W. *A Brief History of Buddhist Studies in Europe and America.* Tokyo: Kosei Publishing Co., 1997, 此为结合作者在日本演讲加以增补的修订本。初版有霍韬晦译：《欧美佛学研究小史》，台北，华宇出版社，1985。

——"The Study of Buddhism: Problems and Perspectives," in *Buddhist Studies.* Berkeley: Asian Humanities Press, 1979, pp. 15-28.

Jones, Charles Brewer. *Buddhism in Taiwan.* Honolulu:

University of Hawaii Press，1999.

Jones，David M. *The Image of China in Western Social and Political Thought*. New York：Palgrave，2001.

Josephson，Jason Ananda. "When Buddhism Became a 'Religion'：Religion and Superstition in the Writings of Inoue Enryō," *JJRS* Vol. 33，No. 1 (2006)，pp. 143-168.

——*The Invention of Religion in Japan*. Chicago：University of Chicago Press，2012.

Journal of the American Oriental Society，Vol. 67，No. 3，1947.

Kaplan，Benjamin J. *Divided by Faith：Religious Conflict and the Practice of Toleration in Early Modern Europe*. Cambridge：Belknap Press，2007.

Karl，Rebecca E. 柯瑞佳 and Peter Zarrow 沙培德 eds. *Rethinking the 1898 Reform Period：Political and Cultural Change in Late Qing China*. Cambridge：Harvard University Asia Center，2002.

Karlgren，Bernhard 高本汉. "Tibetan and Chinese." *TP*，Vol. 28，No. 1-5，(1931)，pp. 25-70.

Kearns，Cleo McNelly. *T. S. Elliot and Indic Traditions：A Study of Poetry and Belief*. Cambridge：Cambridge University Press，1987.

Kemiläinen，Aira. *Nationalism：Problems Concerning the World，the Concept and Classification*. Jyväskylä：Kustantajat Publishers，1964.

Ketelaar，James Edward. *Of Heretics and Martyrs in Meiji Japan：Buddhism and Its Persecution*. Princeton：Princeton University Press，1990.

King，Richard. *Orientalism and Religion：Postcolonial Theory，India，and the Mystic East*. London：Routledge，1999.

Kippenberg，Hans G. *Die Entdeckung der Religions geschichte. Religionswissenschaft und Moderne*，München：Beck，1997. 英译本 *Discovering Religious History in the Modern Age*，translated by Barbara Harshav，Princeton：Princeton University Press，2002.

Klatt, Johannes and Ernst Kuhn eds. *Literatur-Blatt für orientalische Philologie*. Leipzig: Otto Schulze, 1884-1888.

Klimkeit, Hans-Joachim. *Gnosis on the Silk Road: Gnostic Texts from Central Asia*. San Francisco: Harper Collins Publishers, 1993.

Koch, Carl Henrick. "Schools and Movements." In: Knud Haakonssen ed., *The Cambridge History of Eighteenth-century Philosophy*. Cambridge: Cambridge University Press, 2006, pp. 45-68.

Koepke, Wulf. *Johann Gottfried Herder*. Boston: Twayne, 1987.

——ed. *Johann Gottfried Herder: Language, History, and the Enlightenment*. Columbia, SC: Camden House, 1990.

——ed. *Johann Gottfried Herder: Academic Disciplines and the Pursuit of Knowledge*. Columbia, SC: Camden House, 1996.

——"Herder and the Sturm und Drang." in David Hill ed., *Literature of the Sturm und Drang*. Rochester, NY: Camden House, 2003, pp. 69-93.

Koepping, Klaus-Peter. "Questions in the History of Anthropology," in Han F. Vermeulen and Arturo Alvarez Roldan, eds., *Fieldwork and Footnotes: Studies in the History of European Anthropology*. European Association of Social Anthropologists. London and New York: Routledge, 1995, pp. 75-91.

Kontje, Todd. *German Orientalisms*. Ann Arbor: University of Michigan Press, 2004.

Krech, Volkhard. "From Historicism to Functionalism: The Rise of Scientific Approaches to Religions around 1900 and Their Socio-Cultural Context." *Numen* 47: 3 (2000), pp. 244-265.

Kristmannsson, Gauti. "Ossian: A Case of Celtic Tribalism or a Translation without an Original?" *Transfer* (1997), pp. 449-462.

Kuo, Ya-pei 郭亚珮. "New Investigations into the Theory that Wang Guowei Sacrificed Himself for Freedom—On Chen Yinque's and Wu Mi's View of Modern Chinese Revolutionary Politics," *HEW* Vol. 2,

No. 2 (2006)，pp. 205-227.

Lautz，Terry. "Christian Higher Education in China: The Life of Francis C. M. Wei," *Studies in World Christianity*，Vol. 18，No. 1 (2012)，pp. 21-40.

Leaf，Murray J. *Man*，*Mind*，*and Science*: *A History of Anthropology*. New York: Columbia University Press，1967.

Lévi，Sylvain 烈维. *Mémorial Sylvain Lévi*. Delhi: Motilal Banarsidass Publishers，1996.

——"L'Apramāda-varga: étude sur les recensions des Dharmapadas," *JA* No. 2 (1912)，pp. 207-223.

——"Vyuthena 256," *JA* (January-February，1911)，pp. 119-126.

——"L'énigme des 256 nuits d'Aśoke," *JA* (1948)，pp. 143-153.

——*Eastern Humanism*: *An Address Delivered in the University of Dacca on 4 February* 1922. University of Dacca Bulletin，No. 4. Oxford: Oxford University Press，1925.

Li，Hongshan 李洪山. *U. S.*—*China Educational Exchange*: *State*，*Society*，*and Intercultural Relations*，*1905-1950*. New Brunswick，NJ and London: Rutgers University Press，2008.

Lieu，Samuel N. C. 刘南强. *Manichaeism in the Later Roman Empire and Medieval China. A Historical Survey*. Manchester: Manchester University Press，1985.

Lincoln，Bruce. *Theorizing Myth*: *Narrative*，*Ideology and Scholarship*. Chicago: University of Chicago Press，1999.

Linke，Uli. "Folklore，Anthropology and the Government of Social Life," *CSSH* Vol. 32，No. 1 (1990)，pp. 117-148.

Lipps，Theodore. *Aesthetik*: *Psychologie des Schönen und der Kunst*. Hamburg und Leipzig: Leopold Voss，1906.

Liu，Haoming 刘皓明. "From Little Savages to hen kai pan: Zhou Zuoren's (1885-1968) Romanticist Impulses around 1920," *AM* 3rd series，15: 1 (2002)，pp. 109-160.

Liu，Lydia H. 刘禾. *Translingual Practice：Literature，National Culture，and Translated Modernity—China，1900-1937*. Stanford：Stanford University Press，1995. 宋伟杰译：《跨语际实践：文学、民族文化与被译介的现代性中国，1900—1937》，北京，生活·读书·新知三联书店，2002。

Lloyd-Jones，Hugh. "E. R. Dodds," in *Gnomon*，52：1，1980，pp. 78-83.

Long，Darui 龙达瑞. "An Interfaith Dialogue between the Chinese Buddhist Leader Taixu and Christians," *BCS* Vol. 20 (2000)：167-189.

Lopez Jr.，Donald S. ed. *Curators of the Buddha：The Study of Buddhism under Colonialism*. Chicago：University of Chicago Press，1995.

——*Elaborations on Emptiness：Uses of the Heart Sūtra*. Princeton：Princeton University Press，1996.

Lu，Yang 陆扬. "Narrative，Spirituality and Historical Interpretations in Buddhist Biography：A Close Reading of Huijiao's Biography of Kumārajīva," *Asia Major*，third series，17：2 (2004)，pp. 1-43.

Ludden，David. "Orientalist Empiricism：Transformations of Colonial Knowledge," in Carol A. Breckenridge and Peter van der Veer eds. *Orientalism and the Postcolonial Predicament：Perspectives on South Asia*. Philadelphia：University of Pennsylvania Press，1993，pp. 250-278.

Lütteken，Anett. *Heinrich von Kleist：eine Dichterrenaissance*. Tübingen：Niemeyer，2004.

Lutz，Gerhard. "Die Entstehung der Ethnologie und das spätere Nebeneinander der Fächer Volkskunde und Völkerkunde in Deutschland," in H. Nixdorff and T. Hauschild eds.，*Europäische Ethnologie*. Berlin：Dietrich Reimerverlag，1982，pp. 29-46.

Macculloch，John A. *The Childhood of Fiction：A Study of Folk Tales and Primitive Thought*. London，1905.

Mali, Joseph and Robert Wokler eds. *Isaiah Berlin's Counter-Enlightenment. Transactions of the American Philosophical Society* 93: 3. Philadelphia: American Philosophical Society, 2003.

Mallgrave, Harry Francis and Eleftherios Ikonomou eds. *Empathy, Form, and Space: Problems in German Aesthetics, 1873-1893*. Los Angeles: The Getty Center for the History of Art, 1993.

Manchester, Frederick and Odell Shepard eds. *Irving Babbitt: Man and Teacher*, New York: G. P. Putnam's Sons, 1941.

Manning, Susan. "Why Does It Matter that Ossian Was Thomas Jefferson's Favorite Poet?" *Symbiosis* 1 (Oct. 1997), pp. 219-236.

Marchand, Suzanne L. *German Orientalism in the Age of Empire: Religion, Race, and Scholarship*. Cambridge: Cambridge University Press, 2009.

Marks, Paul F. "The Application of the Aesthetics of Musci in the Philosophy of the Sturm und Drang: Gerstenberg, Hamann, and Herder," in Harold E. Pagliaro ed. , *Studies in Eighteenth-century Culture: Racism in the Eighteenth Century*. Cleveland and London: The Press of Case Western Reserve University, 1973, pp. 219-238.

Markworth, TiNo. "Zur Selbstdarstellung Herders in den ersten Bückeburger Jahren," in *Bückeburger Gespräche über Johann Gottfried Herder* 1988, ed. Brigitte Poschmann. Rinteln: Bösendahl, 1989, pp. 81-97.

Marshall, P. J. *The British Discovery of Hinduism in the Eighteenth Century*. Cambridge: Cambridge University Press, 1970.

Marti (1855-1925), Karl. *Kurzgefasste Grammatik der biblisch-aramäischen Sprache : Litteratur, Paradigmen, Texte und Glossar*. Berlin, New York: Reuther & Reichard, 1911.

Maspero, Henri 马伯乐. *La religion des Chinois*. Paris: Civilisation du Sud, S. A. E. P. , 1950.

——et Étienne Balazs. *Histoire et institutions de la Chine ancienne:*

de origins au XIIe sièle après J.-C.. Texte revise par Paul Demiéville. Paris: Presses universitaires de France, 1967.

Masuzawa, Tomoko 增泽知子. *The Invention of World Religions: Or How European Universalism was Preserved in Language of Pluralism.* Chicago: University of Chicago Press, 2005.

——*In Search of Dreamtime: Quest for the Origin of Religion.* Chicago: University of Chicago Press, 1993.

Mather, Frank Jewett. "Irving Babbitt," *The Harvard Graduate's Magazine.* December 1933, pp. 65-84.

Matsuno, Keizo. "The Japanese Student in America," in *The North American Student*, New York, October, 1917, pp. 438-439.

——"The Japanese Student at Harvard," in *The Crimson.* February 27, 1919.

Mayo, E. L. "The Influence of Ancient Hindu Thought on Walt Whitman and T. S. Eliot," *The Aryan Path* 29 (1958), p. 173.

Mazur, Mary G. "Discontinuous Continutiy: The Beginnings of a New Synthesis of 'General History' in 20th Century China," in Tze-ki Hon and Robert J. Culp eds., *The Politics of Historical Production in Late Qing and Republican China*, Leiden: Brill, 2007, pp. 109-142.

McClintock, Anne. *Imperial Leather: Race, Gender, and Sexuality in the Colonial Contest.* New York and London: Routledge, 1995.

McCutcheon, Russell T. *Manufacturing Religion: The Discourse on Sui Generis Religion and the Politics of Nostalgia.* Oxford: Oxford University Press, 1997.

McNeill, William H. "Arnold Joseph Toynbee, 1889-1975," in *PBA*, Vol. 63, 1977, pp. 441-469.

Meinecke, Friedrich. *Die Entstehung des Historismus.* Munich: R. Oldenbourg, 1965, 2d ed.

——*Historism: The Rise of a New Historical Outlook.* Translated by J. E. Anderson，revised by H. D. Schmidt，with a foreword by Sir Isaiah Berlin，London：Routledge and K. Paul，1972.

Michelson，Truman. "The Interrelation of the Dialects of the Fourteen-Edicts of Aśoke. 1：General Introduction and the Dialect of the Shuhbazgarhi and Mansehra Redactions," *JAOS* Vol. 30，No. 1（Dec.，1909），pp. 77-93.

Millward，James A. 米华健. *Eurasian Crossroads：A History of Xinjiang.* New York：Columbia University Press，2007.

Mirsky，Jeannette. *Sir Aurel Stein：Archaeological Explorer.* Chicago：University of Chicago Press，1998.

Molendijk，Arie L. "Religious Development：C. P. Tiele's Paradigm of Science of Religion," *Numen* Vol. 51，No. 3（2004），pp. 321-351.

——*The Emergence of the Science of Religion in the Netherlands.* Leiden：Brill，2005.

Moody，A. David. *Thomas Sterns Eliot：Poet.* Cambridge：Cambridge University Press，1994.

Mookerji，Radhakumud. *Aśoke.* London：Macmillan & Co.，1928.

Moore，George Foot. *History of Religions*，Vol. 1：China，Japan，Egypt，Babylonia，Assyria，India，Persia，Greece，Rome，International Theological Library，revised edition with corrections and additions，New York：Charles Scribner's Sons，1922.

Mote，Frederick W. 牟复礼. *China and the Vocation of History in the Twentieth Century：A Personal Memoir.* Edited by Nancy Norton Tomasko 南熙 .Princeton：East Asian Library Journal in Association with Princeton University Press，2010.

Müller，Gotelind. "Buddhismus und Moderne：Ouyang Jingwu，Taixu und das Ringen um ein Zeitgemäßes Selbstverständnis im chinesichen Buddhismus des frühen 20. Jahrhunderts," Dissert. München：Ludwig-Maximilians-Universität München，1992.

Murphy，Peter T. *Poetry as an Occupation and an Art in Britain*

1760-1830. Cambridge: Cambridge University Press, 1993.

Muthu, Sankar. *Enlightenment againts Empire*. Princeton: Princeton University Press, 2003.

Nag, Kalidas. *Discovery of Asia*. Calcutta: The Institute of Asian African Relations, 1957.

Natanson, Maurice. *Literature, Philosophy, and the Social Sciences: Essays in Existentialism and Phenomenology*. The Hague: Martinus Nijhoff, 1962.

Neff, Emery. *The Poetry of History: The Contribution of Literature and Literary Scholarship to the Writing of History since Voltaire*. New York: Columbia University Press, 1947.

Nedostup, Rebecca Allyn 张倩雯. *Supersitious Regimes: Religion and the Politics of Chinese Modernity*. Cambridge, MA: Harvard University Press, 2009.

——"Religion, Superstition, and Governing Society in Nationalist China," Ph. D. dissert. New York: Columbia University, 2001.

——"Civic Faith and Hybrid Ritual in Nationalist China," In Dennis Washburn and A. Kevin Reinhart, eds. , *Converting Cultures: Religion, Ideology and Transformations of Modernity*. Leiden and Boston: Brill, 2007, pp. 27-56.

Needham, Joseph 李约瑟. *Science and Civilization in China*, Vols. 1-2. Cambridge: Cambridge University Press, 1956.

Nevin, Thomas R. *Irving Babbitt: An Intellectual Study*. Chapel Hill: University of North Carolina Press, 1984.

Ng, William Yau-nang 吴有能. "Yinshun's Interpretations of the Pure Land," *JCP* Vol. 34, No. 1 (Mar. , 2007), pp. 25-47.

Nöldeke, Theodor. *Compendious Syriac Grammar*. With a table of characters by Julius Euting. Translated from the second and improved German edition by James A. Crichton, London: Williams and Norgate, 1904.

Norton, Robert Edward. *Herder's Aesthetics and the European Enlightenment*. Ithaca: Cornell University Press, 1991.

Nosco, Peter ed. *Confucianism and Tokugawa Culture*. Honolulu: University of Hawaii Press, 1984.

Oinas, Felix J. ed. *Folklore, Nationalism, and Politics*. Columbus: Slavic Publishers, 1978.

Oldenberg, Hermann. *Die Religion des Veda*. Berlin: Verlag von Wilhelm Hertz, 1894.

Olender, Maurice. *The Language of Paradise: Race, Religion, and Philology in the Nineteenth Century*. Cambridge: Harvard University Press, 2008.

Ong, Chang Woei 王昌伟. "On Wu Mi's Conservatism," *Humanitas* 7: 1 (1999), pp. 42-55.

Orientalische Bibliographie. Edited by August Müller (1887-1891), Ernst Kuhn (1892-1894), Lucien Scherman (1895-1912, 1926). Leipzig: Otto Schultze, 1888-1928.

Packard, George R. *Edwin O. Reischarer and the American Discovery of Japan*. New York: Columbia University Press, 2010.

Panichas, George A. and Claes G. Ryn eds. , *Irving Babbitt in Our Time*. Washington, D. C. : Catholic University of America Press, 1986.

Peake, Cyrus H. "Documents Available for Research on the Modern History of China," *AHR* Vol. 38, No. 1 (Oct. 1932), pp. 61-70.

Peiris, William. *The Western Contribution to Buddhism*. Delhi: Motilal Banarsidass, 1973.

Phillips, David. "War-time Planning for the 'Re-education' of Germany: Prof. E. R. Dodds and the German Universities," *ORE*, Vol. 12, No. 2, 1986, pp. 195-208.

Pigman, G. W. "Freud and the History of Empathy," *IJPA* Vol. 76, No. 2 (April, 1995), pp. 237-256.

Pittman, Don A. 白德满. "The Modern Buddhist Reformer T'aihsu on Christianity," *BCS* Vol. 13 (1993): 71-83.

——*Toward a Modern Chinese Buddhism: Taixu's Reforms*. Honolulu: University of Hawaii Press, 2001. 郑清荣译:《太虚——人生佛教的追寻与实现》, 台北, 法鼓文化出版公司, 2008。

Pizer, John. *The Idea of World Literature: History and Pedagogical Practice*. Barton Rouge: Louisiana State University Press, 2006.

Pollock, Sheldon. "Deep Orientalism? Notes on Sanskrit and Power Beyond the Raj," in *Orientalism and the Postcolonial Predicament: Perspectives on South Asia*. Ed. Carol A. Breckenridge and Peter van der Veer. Philadelphia: University of Pennsylvania Press, 1993, pp. 76-133.

Prickett, Stephen. *Narrative, Religion and Science: Fundamentalism versus Irony, 1700-1999*. Cambridge: Cambridge University Press, 2002.

Princeton University ed. *Catalogue of Princeton University, 1921-1922*. Princeton: Princeton University, 1922.

Rahula, Walpola. *What the Buddha Taught*. with an Introduction by Paul Demiéville. New York: Grove Press, 1986, 2nd edition.

Rao, G. Nageswara. "A Famous Poet and Student of Sanskrit," *The Literary Criterion* 8 (1967), pp. 19-32.

Redekop, Benjamin W. *Enlightenment and Community: Lessing, Abbt, Herder and the Quest for a German Public*. Montreal: McGill-Queens University Press, 2000.

Reill, Peter Hans. *The German Enlightenment and the Rise of Historicism*. Berkeley: University of California Press, 1975.

Reischauer, Edwin O. 赖世和. "Serge Elisséeff 英利世夫先生小传," *HJAS*, Vol. 20, No. 1/2 (June, 1957), pp. 1-35.

Riepe, Dale. "The Indian Influence in American Philosophy: Emerson to Moore," *PEW* Vol. 17, No. 1-4 (1967), pp. 135-136.

Ringer, Fritz. *Methodology: The Unification of the Cultural and Social Sciences*. Cambridge, MA: Harvard University Press, 1997.

Robinson, Fred N. Jeremiah D. M. Ford, and Louis J. A. Mercier. "Minute on the Life and Services of Professor Irving Babbitt," *Harvard University Gazette* (October 14, 1933), pp. 13-14.

Rocher, Ludo and Rosane Rocher. *The Making of Western Indology: Henry Thomas Colebrooke and the East India Company*. London: Routledge, 2009.

The Rockefeller Foundation ed. *The Rockefeller Foundation Annual Report*. New York, 1916.

Rosenthal, Michael. *Nicholas Miraculous: The Amazing Career of the Redoubtable Dr. Nicholas Murray Butler*. Farrar, Straus and Giroux 2006.

Ruegg, D. Seyfort. "Some Reflections on the Place of Philosophy in the Study of Buddhism," *JIABS* Vol. 18, No. 2 (1995), pp. 145-181.

Russell, Donald. "Eric Robertson Dodds, 1893-1979," *PBA*, Vol. 67 (1981), pp. 357-370.

Ryn, Claes G. *Will, Imagination, and Reason: Irving Babbitt and the Problem of Reality*. Chicago: Regnery Books, 1986.

——"Irving Babbitt and the Christians," *Modern Age* 32: 4 (1989), pp. 345-349.

Said, Edward. *Orientalism*. New York: Vintage, 1979. 王宇根译：《东方学》，北京，生活·读书·新知三联书店，2007。

Saine, Thomas P. "J. G. Herder: The Weimar Classic Back of the (City) Church," In: Simon Richter ed., *The Literature of Weimar Classicism*. Rochester, NY: Camden House, 2005, pp. 113-115.

Saul, Nicolas. *Philosophy and German Literature, 1700-1990*. Cambridge: Cambridge University Press, 2002.

Schafer, Edward H. 薛爱华. "What and How is Sinology?" Inaugural Lecture for the Department of Oriental Languages and Literature, University of Colorado, Boulder, 14 October, 1982; *Tang Studies*, Vol. 8/9 (1990-1991), pp. 23-44.

Schierlitz，E. "In Memory of Alexander Wilhelm Baron von Staël-Holstein." *MS* Vol. 3 (1938)，pp. 286-291.

Schmidt-Glintzer，Helwig 施寒微，Achim Mittag，and Jörn Rüsen eds. *Historical Truth，Historical Criticism，and Ideology：Chinese Historiography and Historical Culture from a New Comparative Perspective.* Leiden：E. J. Brill，2005.

Schneider，Axel 施奈德. "Liang Qichao's changing views of history — evidence for Buddhist influence," a paper presented to the Workshop "Is there a "Dharma of History?" organized by Alexander Mayer and Axel Schneider，Leiden，May 29-31，2006；收入 *History，karma and human freedom，in Is there a Dharma of History?* hrsg. von Axel Schneider und Alexander Mayer，Leiden Series in Comparative Historiography Vol. 6 (Leiden：Brill，2012) .

——"The One and the Many：A Classicist Reading of China's Tradition and Its Role in the Modern World,"《中国文学历史与思想中的观念变迁国际学术研讨会论文集》，台北，台湾大学文学院，2005，pp. 65-108.

——*Wahrheit und Geschichte：Zwei chinesische Historiker auf der Suche nach einer modernen Identität für China.* Wiesbaden：Otto Harrassowitz，1997；关山、李貌华译：《真理与历史：傅斯年、陈寅恪的史学思想与民族认同》，北京，社会科学文献出版社，2008。

Schom，Alan. *The Eagle and Rising Sun：The Japanese-American War，1941-1943，Pearl Harbor through Guadalcanal.* New York：W. W. Norton & Company，2004.

Schüler，W. "Hu Shi und die Preußische Akademie der Wissenschaften," *Ostasiatische Rundschau*，No. 19 (1932)，pp. 398-399.

Schwarcz，Vera 舒衡哲. *The Chinese Enlightenment：Intellectuals and the Legacy of the May Fourth Movement of 1919.* Berkeley：University of California Press，1986.

Scott，David. "Kipling, the Orient, and Orientals：'Orientalism'

Reoriented?" *Journal of World History* Vol. 22. No. 2 (2011)，pp. 299-328.

Seaman，Gary，Laurence G. Thompson，and Zhifang Song eds. *Chinese Religions：Publications in Western Languages*. Produced for the AAS by Ethnographics Press，Center for Visual Anthropology，University of Southern California，2002.

Seibt，K. Michael. "Einfühlung，Language，and Herder's Philosophy of History，" in Karl J. Fink and James W. Marchand ed. *The Quest for the New Science：Language and Thought in Eighteenth-Century Science*. Carbondale，IL：Southern Illinois University Press，1979.

Sharf，Robert H. *Coming to Terms with Chinese Buddhism：A Reading of The Treasure Store Treatise*. Honolulu：University of Hawaii Press，2002.

——"The Zen of Japanese Nationalism，" in Donald S. Lopez，Jr.，ed.，*Curators of the Buddha：The Study of Buddhism under Colonialism*. Chicago：University of Chicago Press，1995，pp. 107-160.

Sharpe，Eric J. *Comparative Religion：A History*. 2nd ed.，La Salle：Open Court，1986.

Sheehan，Jonathan. *The Enlightenment Bible：Translation，Scholarship，Culture*. Princeton：Princeton University Press，2005.

Sikka，Sonia. *Herder on Humanity and Cultural Difference：Enlightened Relativism*. Cambridge：Cambridge University Press，2011.

Simon，Walter. *Tibetisch-chinesische Wortgleiehungen：Ein Versuch*. Berlin：W. De Gruyter，1930.

——"Zur Rekonstruktion der altchinesischen Endconsonanten，" *MSOS*，Vol. 30，1927-1928，pp. 147-167；Vol. 31，1928-1929，pp. 157-204.

Singaravélou，Pierre. *L'École française d'Extrême-Orient ou l'institution des marges. Essai d'histoire sociale et politique de la science coloniale* (1898-1956). Paris/Montréal: L'Harmattan, 1999, réédition 2001.

Skinner, Quentin. *Visions of Politics*, Vol. II, *Renaissance Virtues*. Cambridge: Cambridge University Press, 2002.

——*Visions of Politics*, Vol. I, *Regarding Method*. Cambridge: Cambridge University Press, 2002.

Slezkine, Yuri. *The Jewish Century*. Princeton: Princeton University Press, 2006.

Smith, Jonathan Z. *Imagining Religion: From Babylon to Jonestown*. Chicago: University of Chicago Press, 1982.

Smith, Vincent A. *Aśoke: The Buddhist Emperor of India*. Oxford: Clarendon Press, 1920, 3rd ed.

Snodgrass, Judith. "The Deployment of Western Philosophy in Meiji Buddhist Revival," *EB* Vol. 30, No. 2 (1997), pp. 173-198.

Sommervogel, Carlos. *Bibliothèque de la Compagnie de Jésus*. Editions de la Bibliothèque S. J., Collège philosopgique et théologique, Louvain, 1960; Mansfield Centre: Martino Fine Books, 1998.

Spencer, Vicki. "Herder and Nationalism: Reclaiming the Principle of Cultural Respect," *AJPH* Vol. 43, No. 1 (1997), pp. 1-13.

Staatliche Museen zu Berlin, Preußischer Kulturbesitz, *Berliner Museen*, Vol. 48, No. 4, 1927.

Stache-Rosen, Velentina. *German Indologists: Biographies of Scholars in Indian Studies Writing in German: With a Summary on Indology in German Speaking Countries*. New Delhi: Max Müller Bhavan, 1990.

Stanley, Brian. *The Bible and the Flag: Protestant Missions and British Imperialism in the Nineteenth and Twentieth Centuries*. Leicester: Apollos-Inter-Varsity Press, 1990.

Stoler, Ann Laura. *Race and the Education of Desire: Foucault's "History of Sexuality" and the Colonial Order of Things*. Durham and

London：Duke University Press，1995.

Stone，Jacqueline I. "A Vast and Grave Task：Interwar Buddhist Studies as an Expression of Japan's Envisioned Global Role," in J. Thomas Rimer ed. ，*Culture and Identity：Japanese Intellectuals during the Interwar Years*. Princeton：Princeton University Press，1990，pp. 217-233.

Stone，Jon R. ed. *The Essential Max Müller：On Language，Mythology，and Religion*. New York：Palgrave，2002.

Strandenaes，Thor. "Anonymous Bible Translators：Native Literati and the Translation of the Bible into Chinese，1807-1907," in Stephen Batalden，Kathleen Cann and John Dean eds. ，*Sowing the Word：The Cultural Impact of the British and Foreign Bible Society，1804-2004*. Sheffield：Sheffield Phoenix Press，2004，pp. 121-148.

Strong，John. *Relics of the Buddha*. Princeton：Princeton University Press，2004.

Stroumsa，Guy G. *A New Science：The Discovery of Religion in the Age of Reason*. Cambridge，MA：Harvard University Press，2010.

Stueber，Karsten R. "Understanding Other Minds and the Problem of Rationality," in Hans Herbert Kögler and Karsten R. Stueber eds. *Empathy and Agency：The Problem of Understanding in the Human Sciences*. Boulder，CO：Westview Press，2000，pp. 144-161.

Sun，Lung-kee 孙隆基. *The Chinese National Character：From Nationhood to Individuality*. Armonk：M. E. Sharpe，2002.

Tanaka，Stefan. *Japan's Orient：Rendering Pasts into History*. Berkeley：University of California Press，1993. 拙撰书评《没有过去的历史：学术史上的日本东洋学》，载《国际汉学》，第 17 辑，2009，275～281 页。

Tarocco，Francesca. *The Cultural Practices of Modern Chinese Buddhism：Attuning the Dharma*. London：Routledge，2007.

Taylor，Charles. *A Secular Age*. Cambridge：Belknap Press，2007.

Taylor, Mark C. ed. *Critical Terms for Religious Studies*. Chicago: University of Chicago Press, 1998.

Thelle, Notto R. *Buddhism and Christianity in Japan: From Conflict to Dialogue, 1854-1899*. Honolulu: University of Hawaii Press, 1987.

Thomas, D. Winton. "Stanley Arthur Cook, 1873-1949," in *PBA*, Vol. 36 (1950), pp. 261-276.

Thomas, Edward J. *The Life of Buddha as Legend and History*. New Delhi: Motilal Banarsidass, 1997, reprinted.

Thomas, Frederick William. "Les vivāsāh d'Aśoke," *JA* (May-June, 1910), pp. 507-522.

Thompson. Laurence G. *Chinese Religion in Western Languages: A Comprehensive and Classified Bibliography of Publications in English, French, and German through* 1980. Tucson, Arizona: Published for the Association for Asian Studies by the University of Arizona Press, 1985.

——*Chinese Religion: Publications in Western Languages, Vol. 2: 1981 through 1990*. Association for Asian Studies, 1993.

——*Chinese Religions: Publications in Western Language, Vol. 3: 1991 through 1995*. Association for Asian Studies, 1998

Thomson, Derick S. *The Gaelic Sources of Macpherson's "Ossian,"* Edinburgh: Oliver & Boyd, 1952.

Thomson, J. A. K. "Gilbert Murray, 1866-1957," *Proceedings of the British Academy*, Vol. 43 (1958), pp. 245-270.

Tien, Po-yao 田博尧. "A Modern Buddhist Monk-reformer in China: The Life and Thought of Yin-shun," California Institute of Integral Studies: Ph. D. Dissertation, 1995.

Tillemans, Tom. "Remarks on Philology," *JIABS* Vol. 18, No. 2 (1995), pp. 269-277.

Tipton, Elise K. and John Clark eds. *Being Modern in Japan:*

Culture and Society from the 1910s *to the* 1930s. Honolulu：University of Hawaii Press，2000.

Tombo，Rudolf. *Ossian in Germany*，1901；New York：AMS Press，1966，reprinted.

Toynbee，Arnold J. *A Journey to China or Things which are Seen.* London：Constable & Co. LTD. ，1931.

—— *Acquaintances.* London：Oxford University Press，1967.

Trainor，Kevin. *Relics*，*Ritual and Representation in Buddhism：Rematerializing the Sri Lankan Theravada Tradition.* Cambridge：Cambridge University Press，1997.

Tribe，Anthony & Paul Williams. *Buddhist Thought：A Complete Introduction to the Indian Tradition.* London：Routledge，2000.

Tweed，Thomas A. *The American Encounter with Buddhism*，*1844-1912：Victorian Culture and the Limits of Dissent.* Chapel Hill and London：University of North Carolina Press，2000.

Twitchett，Denis C. 杜希德. *Financial Administration under the Tang Dynasty.* Cambridge：Cambridge University Press，1962.

Unno，Taitetsu 海野大徹. "Religious-Philosophical Existence in Buddhism，" *EB* Vol. 23，No. 2 (1990)，pp. 1-17.

——"The Past as a Problem of the Present：Zen，the Kyoto School，and Nationalism，" *EB* Vol. 30，No. 2 (1997)，pp. 245-266.

Van der Veer，Peter. *Imperial Encounters：Religion and Modernity in India and Britain.* Princeton：Princeton University Press，2001.

Van Gulik，R. H. 高罗佩. "Review of *Harvard Journal of Asiatic Studies*，Vol. 3，No. 1，April，1938，" *MN*，Vol. 1，No. 2 （July，1938），pp. 623-625.

Van Tiegham，Paul. *Ossian en France*，2 Vols. Paris：Rieder，1914.

Vergati，Anne. "Histoire des études indiennes：Sylvan Lévi et l'idée de l'humanisme，" *Studia Asiatica* Vol. 1 (2000)，pp. 25-35.

Walker, Annabel. *Aurel Stein: Pioneer of the Silk Road*. Seattle: University of Washington Press, 1999.

Wallerstein, Immanuel et al. *Open the Social Sciences: Report of the Gulbenkian Commission on the Restructuring of the Social Sciences*. Stanford: Stanford University Press, 1996.

Walravens, Hartmud 魏汉茂. *Wolfram Eberhard* (1909-1989): *Sinologe, Ethnologe, Soziologe und Folklorist; Schriftenverzeichnis*, zusammengestellt mit einer biografischen Einleitung von Hartmut Walravens, Wiesbaden: Otto Harrassowitz, 2009.

——*Wilhelm Grube* (1855-1908): *Leben, Werk und Sammlungen des Sprachwissenschaftlers, Ethnologen und Sinologen*, bearbeitet von Hartmut Walravens und Iris Hopf, Wiesbaden: Otto Harrassowitz, 2007.

——*Albert Grünwedel: Briefe und Dokumente*. Wiesbaden: Otto Harrassowitz, 2001.

——*Asia Major* (1921-1975): *eine deutsch-britische Ostasien zeitschrift: Bibliographie und Register*. Wiesbaden: Otto Harrassowitz, 1997.

——*Die ost- und zentralasienwissenschaftlichen Beiträge in der Orientalistischen Literaturzeitung*, 1976-1992: *Bibliographie und Register*, herausgegeben von Hartmut Walravens, Berlin: Akademie, 1994.

——*Die ost- und zentralasienwissenschaftlichen Beiträge in der Orientalistischen Literaturzeitung: Bibliographie und Register, 1898-1975*, herausgegeben von Hartmut Walravens, München: Kraus International Publications, 1980.

Walzel, Oskar Franz. *Gespräche mit Heine*. Potsdam: Rütten und Löning, 1926.

Wang, C. H. (Ching-hsien Wang 王靖献) "Ch'en Yin-K'o's Approaches to Poetry: A Historian's Progress," *CLEAR*, Vol. 3, No. 1 (Jan., 1981), pp. 3-30.

Wang，Fan-sen 王汎森. *Fu Ssu-nien：A Life in Chinese History and Politics*. Cambridge：Cambridge University Press，2000.

Wang，Q. Edward 王晴佳. *Inventing China Through History：The May Fourth Approach to Historiography*. Albany：State University of New York Press，2001.

Wang Y. C. 汪一驹. *Chinese Intellectuals and the West，1872-1949*. Chapel Hill：University of North Carolina Press，1966. 汪一驹著，梅寅生译：《中国知识分子与西方》，台北，久大文化股份有限公司，1991。

von Wangenheim，Wolfgang. *Der verworfene Stein：Winckelmanns Leben*. Berlin：Matthes & Seitz，2005.

Weber，Max. *Methodology of Social Sciences*. Translated by Edward A. Shils and Henry A. Finch. Glencoe，Ill.：Free Press，1949.

Wei，Francis C. M. 韦卓民. "The Doctrine of Salvation by Faith as Taught by the Buddhist Pure Land Sect and its Alleged Relation to Christianity," *The Chinese Recorder and Missionary Journal*，Vol. 20 (1920)，pp. 395-489.

Weinstein，Michael A. "Irving Babbitt and Postmodernity：Amplitude and Intensity," *Humanitas* 6：1 (1992)，pp. 42-48.

Welch，Holmes H. 尉迟酣. *The Practice of Chinese Buddhism*，1900—1950. Cambridge：Harvard University Press，1967.

Werblowsky，Raphael Jehudah Zwi. *The Beaten Track of Science：The Life and Work of J. J. M. de Groot*. Edited by Hartmut Walravens，Wiesbaden：Otto Harrassowitz，2002.

Westlinning，Margot. "Der junge Herder in Königsberg," in *Königsberg und Riga*，ed. Heinz Ischreyt，Tübingen，1995，pp. 69-85.

Whitton，Brian J. "Herder's Critique of the Enlightenment：Cultural Community versus Cosmopolitan Rationalism," *HT* Vol. 27，No. 2 (1988)，pp. 146-168.

Will，Pierre-Étienne 魏丕信，et Isabelle Ang 洪怡沙 ed. *Actualité*

D'Étienne Balazs（1905-1963），*Témoignages et réflexions pour un centenaire*. Paris：Collège de France，Institut des Hautes Études Chinoises，2010.

Wilson，Ming and John Cayley eds.，*Europe Studies China. Papers from an International Conference on The History of European Sinology*. London：Han-Shan Tang Books；The Chiang Ching-kuo Foundation for International Scholarly Exchange，1995.

Wilson，Sandra ed. *Nation and Nationalism in Japan*. London and New York：Routledge，2002.

Windelband，Wilhelm. *Lehrbuch der Geschichte der Philosophie*. Tübingen und Leipzig：Verlag von J. C. B. Mohr，1908，原刊于1889年；英译本 *A History of Philosophy：With Special Reference to the Formation and Development of its Problems and Conceptions*，translated by James H. Tufts，New York：The MacMillan Company，1901；文德尔班著，罗达仁译：《哲学史教程》，北京，商务印书馆，1997。

Winsor，Justin ed. *Harvard University Bulletin*，No. 53，October，1892.

Wittfogel，Karl A. 魏特夫. *Oriental Despotism：A Comparative Study of Total Power*. New Haven：Yale University Press，1967.

Woolner，A. C. *Aśoke Text and Glossary*，Vols. I-II，Oxford：Oxford University Press，1924.

Wriggins，Sally Hover. *The Silk Road Journey with Xuanzang*，Boulder：Westview Press，2004.

Wright，Arthur F. 芮沃寿. "Ernest Richard Hughes，1863-1956," *JAS* Vol. 16，No. 2（Feb.，1957），p. 333.

Wright，Arthur F. 芮沃寿 and Denis C. Twitchett 杜希德 eds. *Perspectives on the T'ang*. New Haven：Yale University Press，1973.

Wyatt，Don 韦栋. *The Blacks in Premodern China*. Encounters with Asia Series. Philadelphia：University of Pennsylvania Press，2010；拙撰书评见 *The Historian*，Vol. 73，No. 3（2011），pp. 605-606.

Yang，Wuneng 杨武能. *Goethe in China*，1889-1999，Frankfurt：Verlag Peter Lang，2000.

Ye，Weili 叶维丽. *Seeking Modernity in China's Name：Chinese Students in the United States，1900-1927*. Stanford：Stanford University Press，2001；周子平译：《为中国寻找现代之路：中国留学生在美国（1900—1927）》，北京，北京大学出版社，2012。

Yearsley，Macleod. *The Folklore of Fair-tale*. London：Watts & Co，1924.

Yeh，Chi-sun 叶企孙. "The Effect of Hydrostatic Pressure on the Magnetic Permeability of Iron，Cobalt，and Nickel," *PAAAS*，Vol. 60，No. 12（Dec.，1925），pp. 503-533.

Yeh，Wen-hsin 叶文心. "National Learning and International Study：Travel and Translation in the Writing of Chinese History," in *Gloabel Conjectures：China in Translational Perspective*. Eds. By William C. Kirby，Mechthild Lectner，Klaus Mühlhahn，Berlin：LIT Verlag，2006，pp. 8-21.

Yen，Chun-chiang. "Folklore research in communist China," *AFS* Vol. 26（1967），pp. 1-62.

Yoshino，Kosaku 吉野耕作. *Cultural Nationalism in Contemporary Japan：A Sociological Enquiry*. London and New York：Routledge，1992.

Yu，Ying-shih 余英时. "The Radicalization of China in the Twentieth Century," *Daedalus：Journal of the American Academy of Arts and Sciences* 122：2（1993），pp. 125-150.

Yuan，T'ung-li 袁同礼. *China in Western Literature：A Continuation of Cordier's Bibliotheca Sinica*. New Haven：Yale University，1958.

Zagorin，Perez. *How the Idea of Religious Tolerance Came to the West*. Princeton：Princeton University Press，2003.

Zammito，John H. *Kant，Herder，and the Birth of Anthropology*. Chicago：University of Chicago Press，2002.

———with Karl Menges and Ernest A. Menze. "Johann Gottfried Herder Revisited: The Revolution in Scholarship in the Last Quarter Century," *JHI*, Vol. 71, No. 4, (October, 2010), pp. 661-684.

Zaremba, Michael. *Johann Gottfried Herder: Prediger der Humanität*. Köln: Böhlau, 2002.

Zeitschriften der Deutschen Morgenländischen Gesellschaft ZDMG Vols. 75-85, 1921-1931.

Zenker, Julius Theodor. *Bibliotheca Orientalis: Manuel de Bibliographie Orientale*. Leipzig: Chez Guillaume Engelmann, 1846.

Zhu, Shoutong 朱寿桐. "Chinese Reactions to Babbitt: Admiration, Encumbrance, Vilification," *Humanitas* 17: 1 & 2 (2004), pp. 26-45.

Zurndorfer, Harriet T. 宋汉理 "Not Bound to China: Étienne Balazs, Fernand Braudel and the Politics of the Study of Chinese History in Post-War France," *Past and Present* 185 (November, 2004), pp. 189-221.

———"Sociology, Social Science, and Sinology in the Netherlands before World War II: With Special Reference to the Work of Frederik van Heek," *RESS*, T. 27, No. 84, *Sociologie de la Chine et Sociologie chinoise* (1989), pp. 19-32.

图书在版编目(CIP)数据

在西方发现陈寅恪：中国近代人文学的东方学与西学背景／陈怀宇著.—北京：北京师范大学出版社，2013.3（2018.12重印）

（新史学＆多元对话系列）

ISBN 978-7-303-16099-0

Ⅰ．①在… Ⅱ．①陈… Ⅲ．①陈寅恪(1890～1969)－学术思想－研究 Ⅳ．① K825.81

中国版本图书馆 CIP 数据核字（2013）第 057502 号

营销中心电话	010-58802181 58805532
北师大出版社高等教育分社网	http://gaojiao.bnup.com
电 子 信 箱	gaojiao@bnupg.com

ZAI XIFANG FAXIAN CHENYINKE

出版发行：北京师范大学出版社 www.bnupg.com
北京新街口外大街 19 号
邮政编码：100875

印　　刷：北京京师印务有限公司
经　　销：全国新华书店
开　　本：160 mm × 230 mm
印　　张：34
字　　数：550 千字
版　　次：2013 年 3 月第 1 版
印　　次：2018 年 12 月第 4 次印刷
定　　价：68.00 元

策划编辑：谭徐锋　　　　责任编辑：赵雯婧　谭徐锋
美术编辑：王齐云　　　　装帧设计：蔡立国
责任校对：李 菡　　　　责任印制：马 洁